The History of Trout Flies

ザ・ヒストリー・オブ・トラウトフライズ

鱒毛鉤の思想史

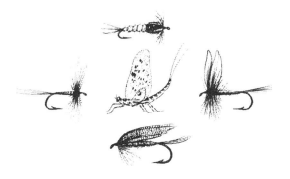

錦織　則政

2018

C&F DESIGN

Copyright © 2018 by Norimasa Nishikori
Book Design Copyright by Ohkawa Design Inc.
Fly photography by Tomonori Higashi

C&F Design Ltd.
9-4 Ohmaru, Tsuzuki-ku, Yokohama, Kanagawa 224-0061
JAPAN

All rights reserved including the right to reproduce this book or portions thereof in any form.
Inquiries and correspondence should be addressed to the publisher.

PRINTED IN JAPAN

謝　辞

　今を遡ることおよそ10年前、前作「The History of Bamboo Fly Rods」(つり人社刊)の構想を練っているころより、私にはその物語のなかに残された空白部分の存在が気がかりであった。下書きの文面に散らばるいくつかの隙間に、当時まだ老眼ではなかった我が目を寄せて覗き込めば、なんと、素晴らしい別世界が広がっているではないか。めくるめく歴史絵巻の展開に魂を奪われそうになった瞬間、私はすんでのところで我に返った。「これは危ない。こんなものにまで手を出せば、身がいくつあっても足りない。そのうち誰かがやってくれるだろう。」と逸る心を落ち着かせ、その場は辛くも難を逃れた。ところが哀しいかな、何年経っても誰も書いてくれないのだ……。実はもうすっかり魂を奪われていた私が、ほかの誰もやらぬとあれば致し方なしとて、ようやく重い腰を上げたのが、今から5年前のことである。

　それから、たくさんの流れが橋の下を通り過ぎた。悶絶の末に書き上げたはいいが、あまりの長編に我ながら呆れた。しかもテーマは前代未聞の「毛鉤の思想史」。こんな酔狂にいったい誰がつき合ってくれるというのか。どの出版社に打診しても断られる日々が続いたある一夜のこと、懇意にさせて頂いている㈱シーアンドエフデザインの米ノ井公夫社長に悩みを打ち明けたところ、後日、社員の方々に「他社では取り扱えないこんな作品を世に出すことこそ、我が社の使命ではないか。」と説かれたのだという。本著の出版は、米ノ井社長の有り難いご酔狂から始まったのだ。

　総合プロデューサーとして八面六臂の活躍を演じられたのは東知憲氏で、その才能と人徳を欠いては本著の出版など望むべくもなかった。彼の陣頭指揮の下、長田規孝氏には確かなタイイング手腕で数々の銘毛鉤を原典に忠実な姿で再現して頂き、これに用いる希少なマテリアルはCANAL八王子の岩崎徹氏と卜部誠氏にご提供頂いて、大川進氏には格調高いデザインで構成・装丁して頂いた。また販売面では、なんとか採算を確保すべく、上田将生氏と佐々木岳大氏に尊い汗──冷たいのではないことを祈る──をかいて頂いた。これら篤志家の方々を含め、ご協力頂いた皆様に厚く御礼申し上げる。そして最後に、本著を執筆する上で欠くことのできない貴重な諸史料を快くご提供下さった高橋健氏に、格別の謝意を献ずることとしたい。

平成30年2月

錦織　則政

まえがき

　西洋毛鉤は二千年近くにもわたる永い歴史のなかで育まれ、それぞれの地域特性を反映さ
せつつ、ときには釣り人の革新的アイデアも織りまぜながら、着実に発展を遂げてきた。その
全貌は広大無辺な大洋にも例えられるべきもので、およそ本稿のごとき小論で語り尽くせるも
のではない。特にサーモン毛鉤の世界はシンプルな機能論を超えて、もはや造形芸術の領域
とも呼ぶべき絢爛たる展開を遂げており、およそ論評の彼岸にあるといっても過言ではない。

　このため、本稿では主に英米で開発された鱒毛鉤のうち、ウエットフライ、ドライフライ、そし
てニンフの3類型に焦点を当て、20世紀半ばまでのフライフィッシングの展開を俯瞰するととも
に、銘品と評されるフライ・パターンの故事来歴も紹介しながら、毛鉤をめぐる思想史の変
遷を詳らかにしたい。

　ここであらかじめ筆者の立場を明らかにしておきたい。釣竿をはじめとするさまざまな釣具
の発展を語るとき、人々がめざしたのは主に物理的制約からの解放（例：釣竿であれば軽量
化と遠投性能向上の両立）であった。したがって、その展開すべき論理は明快であり、アプロー
チにいくつかのバリエーションはあっても、進むべき方向はひとつである。

　しかるに毛鉤の場合はどうか。フライフィッシングの場面で魚が興味を寄せるのは釣竿や
リールではなく、ひとえに毛鉤である。釣竿の影を嫌って逃げる魚はいても、釣竿に魅せられ
て寄ってくる魚というのは想像し難い。竿に寄るのはトンボとマニアだけである。言い換えれば、
毛鉤こそ釣り人が鱒と対話できる唯一のコミュニケーション手段なのだ。

　毛鉤の発展を大きく牽引してきたのが、この「いかに魚を魅了するか」という課題であること
に異論の余地はない。こうした課題に立ちむかった歴代の釣り人たちは創意工夫の末に解
答を積みかさね、彼らの理論はいつしか科学という名の衣装をまとい始めた。

　しかし、これはまったくの難問であった。相手となる魚の嗜好が魚種や季節、地域によって
異なるのはもちろん、同じ魚種でも一匹一匹に個性があり、たとえ一匹の同じ魚が同じ条件下
にあってもなお、その行動には揺らぎの余地が残されている。物理の法則ではなく生物の生
態を研究対象とすることの難しさは、こうした点にある。

　答えのない謎を解くために、釣り人たちが客観的・科学的アプローチだけで満足することは
なかった。魚を惹きつけるための理論の検討は、結果として釣り人自身をも惹きつける芸術文
化を産み落とすに至ったのだ。かくして生じた科学と芸術文化の分かち難い融合——人はそれ
を美学と呼ぶ——こそ、数ある釣法のなかでもフライフィッシングには特別な地位が与えられてい
る所以である。

　科学と芸術文化の狭間で揺れうごきながら、毛鉤のあり方をめぐってはあらゆる可能性が
検討されてきた。あるときは色彩について、またあるときは形態について、傑出した釣り人たち
が釣魚史を賑わせながら喧々諤々の論争をかさねてきた。徹底的に検討し議論し尽くされた
その末に、毛鉤の歴史もまた自らの存在を虚しくする最終段階へと突きすすんでゆく。

　はたして、釣り人は毛鉤で釣ってきたのか、それとも毛鉤に釣られてきたのか。そんな想いを
胸に秘め、フライフィッシングの開拓者たちが鉤に絹糸を巻き続けた歴史を、これからゆっくり
と紐解いていきたい。

The May Fly
SPRING TIDE [1850]

THE CHASSIS AND PARTS OF FLIES

フライフックと各部の名称について
― 本書をお読みいただくためのパーツガイド ―

鉤のサイズ規格について

19世紀以前の「旧規格」(Old Scale)の時代、鉤のサイズは同じ番手表示であっても地域や製造者によりバラバラな状態であった（例：Kendal ScaleとRedditch Scale）。「新規格」(New Scale)は、H.S.ホールが1879年に環付鉤 (eyed hook) を発明した後、H.C.ペネルらによって導入された統一規格で、英国では1970年頃まで利用された。しかしこの時代、ドライフライ用の鉤にはペネルのNew Scaleが用いられる一方で、ウエットフライ用の鉤にはOld Redditch Scaleが用いられるなど、様々な混乱が生じていた。第二次世界大戦後に、いわゆる「アメリカ規格」(American Scale)が急速に普及し、グローバル・スタンダードとなって今日に至る。

Old Scale (Redditch)	18	17	16	15	14	13	12	11	10	9	8	7
New Scale	000	00	0	1	2	3	4	5	6	7	8	9
American Scale	17	16	15	14	13	12	11	10	9	8	7	6

鉤の形状について

毛鉤用の鉤の形状は、各メーカーによって様々なスタイルが開発された。フトコロ全体が均等に屈曲するラウンド (Round [別名：Perfect]) 型のほか、フトコロが2点で大きく屈曲して箱形を成すスネック (Sneck) 型や、フトコロがカエシ手前側の1点で大きく屈曲するリマリック (Limerick) 型といったものが、代表的なスタイルとなる。

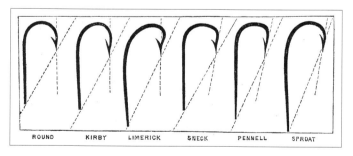

尺間・重量の単位について

1インチ ≒ 2.5cm

1フィート = 12インチ ≒ 30.5cm

1ヤード = 3フィート ≒ 91.4cm

1マイル ≒ 1.6km

1オンス ≒ 28.3g

1ポンド = 16オンス ≒ 453.6g

A：ヘッド Head
B：ウイング Wing
C：ショルダー Shoulder
D：ハックル Hackle
E：ボディー Body
F：リブ Rib
G：ボディーハックル Body Hackle
H：テイル Tail
I：バット Butt
J：ティップ Tip
K：ウイングケース Wing Case
L：アブドメン Abdomen
M：ソラックス Thorax

各部分の呼称は、時代や地域、タイプによって若干異なります。たとえばハックルは、ニンフの場合レッグとも呼ばれることが多く、ティップのなかで大きくフレアしたものはタグと呼ばれる、などです。クラシックなサーモンフライはさらに細かなパーツに分かれていますが、本書の対象とはしませんのでご了承ください。

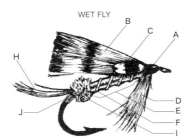

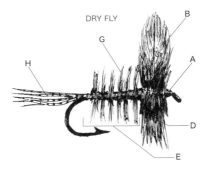

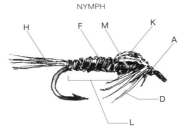

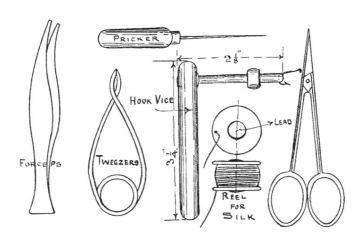

目 次

第1部 ウエットフライの歴史

第1章 毛鉤のはじまり
- 古代ローマ帝国の記録 ……………………………………(12)
- 世界各地の記録 ……………………………………………(14)
- 英国最古の毛鉤指南 ………………………………………(21)

第2章 近代化への道のり
- ルネサンスの輝き …………………………………………(25)
- コットンの同世代と視認性主義 …………………………(28)
- 近世フライフィッシングの伝統と革新 …………………(31)
- スコットランドの伝統的ウエットフライ ………………(36)
- ファンシーフライの由来 …………………………………(38)

第3章 近代フライフィシングの幕開け
- アップストリーム学派の台頭 ……………………………(44)
- ダウンストリーム学派の抵抗 ……………………………(48)
- イミテーション思想の興隆 ………………………………(50)
- ノースカントリー・スタイルへの到達 …………………(53)
- アングリング・エントモロジストの登場 ………………(59)

第4章 海外普及と国内停滞
- 新大陸に渡ったフライフィッシング ……………………(65)
- 米州北部・西部のウエットフライ文化 …………………(71)
- ドライフライ革命前夜 ……………………………………(76)

第2部 ドライフライの歴史（前編）

第5章 ドライフライ創世記
- ドライフライの誕生 ………………………………………(92)
- 初期ドライフライとその釣り ……………………………(98)
- イミテーショニズムをめぐる議論 ………………………(101)

第6章 ドライフライ革命
- ハルフォードの登場 ………………………………………(106)
- ドライフライ用タックルの刷新 …………………………(109)
- 「厳格なる模倣」の絶頂 …………………………………(114)
- 厳格なる色彩理論 …………………………………………(119)
- ハルフォード・パターン …………………………………(124)

第7章 革命の伝播
- ドライフライ・ストリームとは何か ……………………(127)
- 北方への普及 ………………………………………………(132)
- 革命の輸出 …………………………………………………(137)

第8章 ドライフライ純粋主義
- ドライフライ・シンドローム ……………………………(148)
- 毛鉤の弾数をめぐる美学 …………………………………(154)
- セッジの釣りをめぐる美学 ………………………………(160)
- メイフライの釣りをめぐる美学 …………………………(166)
- ハルフォードの実像 ………………………………………(172)

第3部 ドライフライの歴史（後編）

第9章　ネオ・イミテーショニストの理論と実践
「厳格なる模倣」主義との訣別.................................(196)
印象派絵画理論と毛鉤の関係.................................(198)
フィッシュウィンドウ理論.......................................(203)
「形態」模倣論の深化...(206)
「姿勢」の記号論...(210)
「曖昧さ」の技法...(215)
「透明性」の表現をめぐって....................................(220)

第10章　米国ドライフライの展開
東海岸のアヴァンギャルドたち................................(227)
ドライフライの西漸運動..(238)
ネオ・イミテーショニズムの到達点...........................(252)
キャッツキルの系譜...(265)
米国における釣り人昆虫学のあゆみ........................(278)

第4部 ニンフの歴史

第11章　ニンフvsドライ論争
古き酒を新しき革袋に..(308)
スキューズ・スタイルのニンフフィッシング.................(316)
ハルフォーディアンとの抗争..................................(324)
スキューズ・ニンフの変遷.....................................(333)

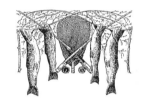

第12章　スキューズの申し子たち
ニンフの福音..(342)
ウエイテッドニンフの登場と毛鉤の終焉....................(356)

注：本作品出版時に著作権が有効である引用文のうち、同一の原典から複数回引用するものについては、文化庁所管の担保金供託制度を活用して権利者の保護に努めています。

We are no fishers,
Only well wishers
Unto the game.

我らは漁る者にあらず、
ただこの釣りの愉しみを
讃える者なり。

Sir Walter Scott
(THE QUARTERLY REVIEW Vol.38［1828］)

第1部
ウエットフライの歴史
Part 1 : Wet Flies

THE ROXBURGHE BALLADS [1874]

第1部　ウエットフライの歴史

第1章　毛鉤のはじまり

Thus must you goe to work with your Flies,
light for darkness, and dark for lightness,
with the wind in the South,
then that blows the Flie in the Trouts mouth.

しからば往きて汝が毛鉤で釣れ
暗き日には明るき鉤を明るき日には暗き鉤を
南風さへ吹き添へば
そは毛鉤を鱒の口へと導かん

Thomas Barker (THE ART OF ANGLING [1651])

【古代ローマ帝国の記録】

"Namque quis nescit, Avidum vorata decipi scarum musca?"
『スカルスが躍り上がるのを誰が見なかったというのか？欺きの羽虫におびき寄せられ、殺されるのを。』

　このラテン文は、紀元1世紀ごろに活躍した古代ローマ帝国の詩人、マルクス・ヴァレリウス・マルティアリス(Marcus Valerius Martialis [AD40-102])が書き遺した一節であると伝えられる。釣り人ならば、一読してこれはまさにフライフィッシングに違いないと心躍ることだろう。だが、その解釈をめぐっては碩学の間で論争がかさねられてきた。
　たとえば、文中の"scarum"に相当する「スカルス」(scarus)というラテン語が海水魚のアオブダイを指す学名であることに、歴代の釣魚史家はみな頭を悩ませてきた。英国の歴史家ウィリアム・ラドクリフ(William Radcliffe)は大著「草創期の釣り」(FISHING FROM THE EARLIEST TIMES [1921])のなかで、「『アオブダイ』という言葉は、マルティアリスが博識を誇って用いただけで、あくまで魚類全般を指しているにすぎない」という他の学説を引用し、これが淡水魚である可能性を否定しなかった。

南イタリア・ポンペイ遺跡の壁画(再現図)

《註釈1》この魚はブラウントラウト(Salmo trutta)であろうというのが釣魚史家の一致した意見である。英国で「トラウト」といえばこの種を指し、Spotted Beauty (斑点つきの別嬪さん)との愛称で呼ばれる。シューベルトの歌曲「鱒」(DIE FORELLE)に登場する魚もこの種とされる。

《註釈2》ユスリカ類(Chironomidae)の総称。なお、この引用文はO.Lambertの英訳文に依るものであるが、後にオックスフォード大学の研究者A.J. Butlerが著書 SPORT IN CLASSIC TIMES [1930]において同引用文の誤訳を指摘し、文中の「ミッジやミツバチ」は単に「ミツバチ」であり、後段のサイズに関する訳語も「ミッジ」ではなく「ミツバチ」だったとした。

《註釈3》20世紀英国の釣魚史家F.BullerはTHE FLY-FISHERS' CLUB BULLETIN [Summer 1997]のなかで、ギリシア語でHippoが「馬」を意味することから、この羽虫はウシアブ(Horse fly)かハナアブ(Drone fly)ではないかと推測している。

《註釈4》A.J.Butlerは、この羽毛が虫の翅の色彩を的確に再現している一方、毛糸の緋色はスズメバチの体色にまったく似ていないことについて、『アエリアヌスは毛鉤のマテリアルに詳しくなかったのだろうか。』と疑問を呈している。

また、この"musca"（羽虫）という単語が実は"musco"（苔）の誤記ではないかという説も唱えられていたが、ラドクリフはそれに対して、『確かにブダイは海藻を食べるが、はたして海底に豊かに生える海藻ではなく鉤に取りつけられた小さな藻屑のほうに魅せられるものだろうか？』と疑問を呈し、やはりこの「欺きの羽虫」は毛鉤か生きた羽虫の餌であると結論づけている。冬季にハバノリ餌でブダイをねらう我が国の伝統釣法を知る筆者としては、彼の主張にやや疑問を感じないでもないが、釣魚史に寄せるラドクリフの熱情に接してほほえましい共感を抱かぬフライフィッシャーなどあろうはずもない。

この一例に限らず、物事の起源に迫ろうとする歴史家の作業にはいくつもの困難がともない、仮説検証の助けを借りながら読み解くよりほかに術はない。しかしごく稀に、我々は目を見張るべき鮮やかな過去の記録に遭遇して驚かされることもある。自らの生きた時代を後世に伝えようとする先人の懸命な努力のおかげで、フライフィッシングというまことに狭小な分野においてさえ、我々は古代文明の実像をうかがい知ることができるのだ。このラドクリフの著作では、紀元3世紀ごろに活躍した古代ローマ帝国の文筆家クラウディウス・アエリアヌス（Claudius Aelianus [AD170-230]）が著した「動物の本性について」（DE NATURA ANIMALIUM）の有名な一節が紹介されているので、それを引用してみよう。

『マケドニアの釣り方について伝え聞くところを紹介したい。ベレア（Beroea）とテッサロニカ（Thessalonica）の間にアストレウス（Astraeus）と呼ばれる川が流れている。さて、そこには斑点模様を身にまとう魚[1]がいる。原住民がその魚を何と呼ぶか、それはマケドニアの人々に問われたい。この魚は川面の上を飛びまわるこの地方特有の羽虫を捕食するが、この羽虫はどのハエにもまったく似ていない。スズメバチにも似ておらず、ミッジ[2]やミツバチとも形が異なるのだが、これらの昆虫と共通する特徴がある。それはハエのように大胆で、大きさはミッジほどであり、体色はスズメバチに似て、飛ぶときの翅の音はミツバチのようだという。原住民はこの虫をヒッポウロス（Hippouros）[3]と呼ぶ。

アエリアヌスの毛鉤（長田規孝氏作成）

この虫は川面の上で好みの餌を探している。しかし、彼らもその下を泳ぐ魚の観察から逃れることはできない。この魚が水上のヒッポウロスを見つけると、水面を乱して獲物を怯えさせることのないよう、音も立てずに忍び泳ぎ上がる。そして虫の影に入って近づくと、まるで狼が羊を群れのなかから狩り出すように、あるいはワシがガチョウをひと掴みにして野原から舞い上がるように、アゴをひろげてその虫をひと呑みにした後、波紋の下へと潜り込むのだ。

さて、釣り人たちはこのような出来事を承知してはいるものの、実際にこの虫を魚の餌に用いることはない。なぜなら、人の手がこの虫に触れれば、本来の色彩は失われ、翅も萎れてしまって、魚が口にすることはないからだ。魚はそんな釣り餌には近づかない。そこで釣り人は腕を磨き、次のような計略でもって魚を欺くのである。

まず釣鉤に緋色の毛糸を巻きとめ、雄鶏の肉垂の下に生える羽毛を2本取りつけるのだが、その羽毛には蜜蝋の色を帯びたものを選ぶ[4]。釣竿の長さは6フィートで、釣糸の長さもそれと同じくする。この疑似餌を水面に落とすと、魚はその色彩に魅了され、興奮する。傍らまで泳ぎ寄り、これを眺めては素晴らしいご馳走にありつけると夢想しながら大きな口をあけたところ、釣鉤に引っかけられ、痛い饗宴であることにようやく気づくのだが、つまりそれは彼が釣られてしまったということなのだ。』

アエリアヌスの描写のなんと簡潔にして的確なことか。古代毛鉤のドレッシング・スタイルにまで接する機会をあたえられた我々は、古代ローマ文明の叡智にただ感服するよりほかにない。この毛鉤の再現に取り組んだ現代のフラ

イドレッサーによる作例は、フックシャンクに厚く巻かれた毛糸の下にハックルフェザーを2本取りつけただけの実に簡素な造りとなっているが、その姿のなかには必要最小限のイミテーションが実現されている。

ここで、それに続く毛鉤の発展史についても詳らかにしたいところなのだが、残念なことに、大陸欧州におけるフライフィッシングのその後の展開についてはわずかな資料が断片的に遺されているだけで、そこから後の英国フライフィッシングとのつながりをたどることは難しい。このためであろうか、J.W.ヒルズ（John Waller Hills）[5]は釣魚史書の傑作として名高い「鱒を狙うフライフィッシングの歴史」（A HISTORY OF FLY FISHING FOR TROUT[1921]）のなかで、この史実を『重要というよりは興味深い』と評するにとどめている。

ところが今日、この古代フライフィッシング文化はバルカン半島からイベリア半島にかけての山間地で代々伝承されてきたのではないかと考えられている。我が国のテンカラ釣りにも似たこの中欧・南欧の伝統釣法は、例えばイタリアでは"セシア渓谷流"（"Alla Valsesiana"）フライフィッシング[6]と呼ばれ、今日も盛んに行われている[7]。使われる毛鉤は、基本的にボディーにはシルクフロスを用い、ソフトハックルが前傾するよう巻きとめただけの造りで、和式毛鉤でいう「逆さ毛鉤」に酷似したものであるが、これは偶然の一致なのだろうか。この釣法が19世紀末のボスニアで行われているのを旅行中に実見したG.E.M.スキューズは、著書「サイドラインズ・サイドライツ・アンド・リフレクションズ」（SIDE-LINES, SIDE-LIGHTS, AND REFLECTIONS [1932]）のなかで次のように報告している。

『1897年9月、私は休暇を利用して友人とボスニアを訪れ、ロマンチックな絶景のなかで16日間も過ごし、切り立った峰々の合間を縫って流れる幾筋かの渓流で地元民の姿をみた。彼らはみな同じ道具立てでフライフィッシングを愉しんでいた。彼らは、8〜9フィートの硬木製のワンピースロッドを用いていたが、そこにリールや糸巻きは取りつけられていなかった。ポニーの雄馬の尾から採った馬素を組んで作ったラインを竿先に取りつけ、そこから順に細くなるよう太さの異なるラインを3本継いでいくことでテーパーを造り、その先端にはポイントフライが取りつけられ、その他2本のドロッパーもつけてある。これらの毛鉤は、ガチョウやフクロウ、ワシの羽根を用いた、きわめて柔軟なハックルを備えたものであり、鉤も地元製である（一部はフランス製品の箱に入っていた）。毛鉤のサイズはリマリックの9番に相当する。彼らはこの仕掛けをダウンストリームで釣り、3/4ポンドのグレイリング[8]をそのまま抜き上げて、左手でキャッチしていた。・・・（中略）・・・別の谷でも同じ手法で釣っていたので、これはおそらくこの地方の伝統的な釣法であると考えられる。そしてこれは、アエリアヌスによって記録されたときとほとんど変わらない状態で今日に伝えられた釣法である可能性が高いように、私には思われるのだ。』

【世界各地の記録】

このほかにも、欧州各地にはフライフィッシング草創期の痕跡がわずかながら遺されているところ、そのいくつかを紹介してみたい。ときは1500年ごろ、南欧に発したルネサンス運動の波が北方諸国にも押し寄せるなか、神聖ローマ帝国が支配するバイエルン地方で静かに釣魚の記録にいそしむ者があった。この不詳の筆記者は馬素を用いたテーパーラインの製作法を記し、それを竿先に取りつけてどのように操作するかを語り、ランディングネットでの獲物の取り込み方についてまで解説しているという。

この13枚の断片化された書簡は、その発見地の名を冠して「テーゲルンゼー文書」（TEGERNSEE MANUSCRIPT）と呼ばれる[9]。このなかでは50パターンを超える毛鉤について詳述されており、当時のゲルマン人はこれらを3または4本鉤のドロッパー仕掛けに用いて、鱒のみならず鯉や鮒、果ては鯰やパイク（Pike）[10]まで狙い、ときにはその毛鉤に生き餌を取りつけて獲物をさそったという。それでは、同文書を収録した「古代ドイツ誌」（ZEITSCHRIFT FÜR DEUTSCHES ALTERTHUM [1869]）のなかから、鱒釣りに関する次の一節を引用することにしよう。

『9番目の鉤にはガーマンダー（gamander）と呼ばれる羽虫に似せたものが巻かれなければならない。これは鱒釣り用で、

《註釈5》1867年、ロンドン生まれ。オックスフォード大学を卒業後、保守党所属の国会議員として活躍。後に財務次官を務める。ホートンクラブの会員としてテスト川で釣り、G.E.M.スキューズの提唱するニンフの釣りにも熱心に取り組んだ。釣魚作家／釣魚史家として数々の重要な作品を発表し、なかでも「テスト川のひと夏」[1924]は英国釣魚史上有数の傑作として知られる。1938年没。

《註釈6》T.Felizattoの報告（THE AMERICAN FLY FISHER [Vol.5 No.3]）によれば、イタリア北部を流れるポー川（Po）の支流であるセシア渓谷（Valsesia）では、釣り人が12フィート以上の延べ竿を用い、馬素で組んだテーパーラインの先に4〜5本の枝鉤（鉤のサイズは#12〜16）をつけ、スペイキャストに似たスタイルで投射しながら鱒やグレイリングを釣り、竿の弾力を活かして獲物をゴボウ抜きで取りこむという。

《註釈7》A.HerdとG.Grubicの報告（THE FLYFISHERS' CLUB BULLETIN [Winter 2000]）によれば、旧ユーゴスラビア共和国圏内の山岳地域においてもこうした釣法が広く用いられているという。

《註釈8》タイムの香りがすることからThymallus thymallusとの学名が授けられる鮭鱒類の一種。欧州から北米にかけて広く分布して、鱒よりも穏やかな流れを好み、水質悪化に弱い。鮮やかな色彩を帯びた大きな背鰭と美しい流線型の体躯が特徴。

そのウイングの色調は蜜蝋色のなかに灰色の斑が入っていなければならない。ボディーには羽虫に似せた黄色と茶色の絹糸を巻き、その胸部は茶色、シュティングル(stingl)[11]の周りも茶色とする。

(中略)

さて、ギリシアから来た名人が自分の息子に伝授した、平地や丘の上、あるいは森や山のなかにある小さな釣り場をたやすく狙う方法を紹介しよう。澄んだ水のなかでは赤銅色の斑の入った暗色のフェザーを用いなさい。しかし、もし日中に快晴となってしまったら、雲のかかる場所まで行き、ガーマンダーを捕りそれを餌にして釣りなさい。もし曇り空となれば、この地方でヤーネット(Janet)と呼ばれる虫と、全体に黒っぽい斑の入ったゲシュプレングト(gesprengt)[12]を併せて用いなさい。8月の山間地では、黄色と鉛色の絹糸で巻いた毛鉤で釣りなさい。

ここで注意が必要となるのだが、5月のイヴニングには、金虫(goltwurm)に似た斑の入った毛鉤を用いなさい。もしその釣り場で許されるならば、陽光で暖められた明るい場所でその生き餌を鉤につけて釣りなさい。しかし日中に暗くなるときがあれば、石虫(staincheder)を捕らえてなかの蛹(さなぎ)をとり出し、鉤に掛けてその上のほうを濃い青と緑の絹糸で巻きなさい。』

視線をさらに西方へと向けてみよう。1492年、イベリア半島南端のグラナダに落ちのびたイスラム王朝を陥落させてレコンキスタ（失地回復運動）を達成したスペイン王国は、続く大航海時代に大規模な海外進出を果たし、16世紀には「日の沈まぬ帝国」を築き上げた。スペインの船団が海外植民地からもたらす富は同国を欧州随一の先進国へと押し上げ、あらゆる芸術文化がイスパニアの地で栄えることとなったのだが、むろん、釣魚の文化もその例に漏れることはなかった。

16世紀中ごろ、アラゴン地方(Aragón)に住むフェルナンド・バスールト(Fernando Basurto)は、対話形式で記された釣魚文学の最初の例となる「猟師と釣師の対話」(DIÁLOGO DEL CAZADOR Y EL PESCADOR [1539])を発表した。当時、貴族の遊びとしてすでに認知されていた鷹狩や狩猟に対して、遅れて普及した釣魚を擁護するその内容は、英国の釣魚史につながり得るものと評価されている[13]。

また、17世紀スペインのフライフィッシング事情を記録した「アストルガ文書」(EL MANUSCRITO DE ASTORGA [1624])[14]は、レオン地方(León)の小都市アストルガに住んだファン・デ・ベルガラ(Juan de Bergara)が手書きで編纂したものと伝えられる[15]。同書は季節の順に33種の鱒毛鉤を紹介しているが、そのボディーはさまざまな色の絹糸で飾られ、1本の毛鉤に5種類もの異なるハックルをかさね巻きする指定も見られるなど、きわめて技巧的な独特のスタイルが完成されているところからは、毛鉤文化が高度に発達していたようすが窺える[16]。

レオン地方一帯は、古くから毛並みの特異な品種の鶏、ガッジョ・デ・レオン(Gallo de León)を産することで知られているが、これらのハックルはプルマ・デ・レオン(Pluma de León)と呼ばれて今日もなお世界中のハックル愛好家に珍重されている[17]。ここでは同文書のなかから3月の毛鉤を解説するくだりを引用してみよう。

『3月のエンチュビエルタス(Enchubiertas)[18]：明るく光沢のあるネグリスコ(negrisco)のフェザーを巻く。次いでカワセミのフェザー、かすかに明るめの斑点を備えたパルド(pardo)と順に巻き上げて、最後に先頭部を冒頭と同じネグリスコで仕上げる。この最後の部分は、牛糞鶏[19]から採った鮮明な赤いフェザーに代えることもできるが、いずれの場合も一回転分しか巻いてはならない。スィエヴェ(sieve)[20]のボディーに白い糸を巻きつけて、紫の細いスレッドで仕上げる。よく釣れる鉤だ。』[21]

世に羽虫を追う魚のある限り、それを羽虫の模倣物で捕らえようとする者が必ずや現れることは、洋の東西を問わない。その証拠に、我が国でも古くから鮎のドブ釣り[22]用に独特の毛鉤文化が発達してきたことが知られている。

17世紀後半、江戸時代初期にあたる延宝年間のこと、早くも京の都では鮎毛鉤を商う者があったと伝えられる。鎖国時代に発達した我が国固有の毛鉤が、その構造を西洋毛鉤とほぼ同じくすることには驚きを禁じ得ない。羽

《註釈9》ドイツ語でTEGERNSEE ANGEL－UND FISCH-BÜCHLEINと題されるこの筆稿集は、19世紀に南ドイツのテーゲルン湖の畔に立つ修道院で発見され、現在、その原本はミュンヘンのバイエルン州立図書館に収蔵されている。

《註釈10》学名を*Esox lucius*というアヒルの嘴のような吻部に鋭い牙を並べた猛魚。物陰に潜んで通りがかりの魚や蛙、ときには水鳥や水泳客にさえ喰らいつく。最大で60ポンド級にまで成長。

《註釈11》この言葉は本来、「茎」あるいは「枝」といった意味を持つことから、毛鉤のテイルあるいはボディーを指すのではないかとする説もある。

《註釈12》現代ドイツ語上は「膨らんだ」あるいは「破裂した」との意だが、本文における意味は不明。

《註釈13》J.バーナーズの「鉤による釣魚論」[1496]においても、鷹狩や狩猟の愉しみは釣魚に及ばないと論じられている。なお、F.バスールトは、毛鉤で釣る場合にはまず川で鱒の喰っている羽虫を捕らえ、それに似た毛鉤を用いるよう指南しているという。

《註釈14》この原本は幾人もの所有者の間をわたり歩き、第二次世界大戦後にはレオン自治政府から当時スペイン総統の座にあったフランコ将軍に贈呈された。彼は大の釣り好きとして知られ、米国との蜜月時代にはブラックバスを国内移植し、北部ではダニューブ・イトウまで放流した。1975年にこの独裁者が亡くなると同原本は所在不明となるが、後のフランコ邸の火事で焼失したとも噂される。

第1部　ウエットフライの歴史

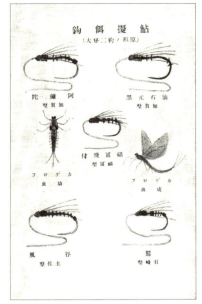

鮎を釣るまで[1932]の挿絵

加賀毛鉤のタイイング風景(「鮎を釣るまで」[1932]より)

枝(ストーク)でリブづけされた金箔掛けの胴(ボディー)にハラリと薄く巻かれたコーチン鶏の蓑毛(ハックル)、ツノ(テイル)には雀の風切羽を短く添えて、最大の特徴である漆玉に金箔を貼ったヘッドの金玉[23]がアクセントを添えるといったぐあいで、その繊細さ、艶やかさは他国の毛鉤文化の追随を許さない。「青ライオン」、「イタリヤ中金」、「阿弥陀」といった銘パターンの謎めいた呼び名もまた、観る者の想像意欲を掻きたてる。我々日本のフライフィッシャーは自国の毛鉤文化にもしっかりと向き合うべきではないだろうか。

それでは、戦前における鮎釣り指南の傑作とされる「鮎を釣るまで」(藤田榮吉[1932])のなかから、この伝統毛鉤の由来と昭和初期の鮎毛鉤事情を記した一節を紹介したい。

『この擬餌鉤、即ち毛鉤製造の起原沿革も甚だ漠としてこれを詳かにすることが出来ない。昔、京の公家達が手内職に巻いた蚊頭——蚊ばりといふ單純なものが金澤にはひり、それが金澤藩士の手によつて段々精巧なものに改良されたのだとい

ふことがどうも事實らしいのである。世は徳川の泰平で無事に苦しんだ百萬石の藩士が閑にまかせて小鳥の羽を集めてはおのがしゝ好みの鉤を巻いて鮎つりをやつた。釣の秘密は昔も今も變らず、互ひに隠しては色々の工夫を凝らして新しい鉤をつくつて自慢の釣をやる、藩主のお鷹狩の邪魔だとあつて百姓や町人の河の中に立つことは八釜しく取締つたから鮎つりも藩中のもの——それも士分以上のものでないとできなかつた。かくて一つ階級の人々によつてのみ鮎つりが許されたのであるから、自然鮎の濫獲といふこともなく犀川も手取川も年々素晴らしい蕃殖を見たといふことは想像される。そこで愈よ藩士の間には鮎つりが精進され毛鉤製作の技も進んだのである。

(中略)

金澤ではかうして毛鉤の製作が祕密であつたが愈よ癈藩となつて、製作も解放されて、自然町家にもこれが製造を業とするものが出來た。初めの中は市内の釣好の連中が犀川や手取川で使用するごとに一、二本づゝ註文して巻かせたのであるが、それが追々他地方へも賣り出されることとなつた、が、何といつても

《註釈15》アストルガは、サンティアゴ・デ・コンポステーラへ向かう有名な「巡礼の道」の宿場町。なお現在、同文書はファン・デ・ベルガラ以外にも何人かの筆によって記されているのではないかと考えられている。

《註釈16》現在のスペインには、モスカ・アオガーダ(Mosca ahogada)と呼ばれるウエットフライの系群が存在する。絹糸で紡錘状に巻いたボディーにプルマ・デ・レオンのハックルが扇状に広がったもので、通常、これを3、4本の枝素に結びつけ、先端に飛ばし浮子を設けた仕掛けで用いられる。

《註釈17》プルマ・デ・レオンは大別して、斑の入ったパルド(pardo)と単色のインディオ(indio)の2種類からなり、

前者には赤茶地に微斑(rubión)や乳白地に中斑(aconchado)、茶地に大斑(corzuno rojiso)等、後者には黒(negrisco)や金(amarillo)、スティールブルー(acerado)といった色彩概念が存在する。なお、このハックルは生きた鶏からフェザーを一本ずつ引き抜いて採取される。

《註釈18》現代スペイン語のなかでこれに類似する単語encubrirは「隠す」「覆う」の意。これが羽虫の名を示すのか、それとも毛鉤の名を示すのかは不明。

《註釈19》引用元の英訳文上はCow-dung Cock。黄色と褐色の混ざった牛糞色の鶏を指すと考えられる。なお、英国の伝統パターンCow-dung Flyはヒメフンバエのイミテーションとされ、黄褐色のダビングボディー

に濃灰色のウイングを備える。古くはC.コットンの「釣魚大全」第二部[1676]のなかでCow-turd flieとの名で登場する。

《註釈20》sieveの意味は不明だが、類似のスペイン語にはnieve(「雪」)やsiete(「7」)がある。

《註釈21》THE EVIDENCE FOR EARLY EUROPEAN ANGLING: THE MYSTERIOUS MANUSCRIPT OF ASTORGA (Richard C. Hoffmann [THE AMERICAN FLY FISHER (Vol.16 No.3)])より引用。

《註釈22》2、3本の枝素に毛鉤をつけた胴突き仕掛け

16

百萬石の格式で威張つていた土地だけにその發達も遲かつた。今ではさういふことはないが、以前は遠いところへ移出される品は、「遠所行」といつて品物が落ちて居た、よい出來のは四、五本づゝ註文される土地のものにのみ使用されてたといふ。

しかし今日では鮎つりは金澤專門のものでなくなつて、全國に亙りその釣方が進歩したのだから鉤の使用やその選擇も本場のものより却つて他府縣のものゝ眼が利くから決して所謂「遠所行」の品では承知しない。故に金澤の製造家にあつても、そこに留意し他府縣への移出品に注意を加へねばならぬ。土佐製の鉤もその耐久力について兎角の評判があつたが、それも段々改良されるし、同地鮎つりの名手福富正枝氏は率先して色々の適中鉤を考案した。大阪の鮎友會では同氏の製品中より二十種の鉤を選び出して研究をつゞけてゐる。また、鮎掛ばりの製産で著名な兵庫縣播磨（播州）でも近年毛鉤の製作を初めて販路の擴張に努めつゝあり、更に石崎長潔氏製作の石崎鉤もありて、いよく鮎擬餌ばりは非常な勢ひを以て製作が進んでゐる。金澤にての製造も既に大いに改善されたと聞いてゐる。今、同地生産額の概要を傳聞するに、一流どころの製造店の年生産高は十萬本位、第二位が五萬本〜二萬本、次で三千本位の店もありて全體の製出高は五十萬本位の見込だといふ。これも營業者側の調べではないから正確ではあるまいが、逐年その生産高の増加しつゝあることは確かである。

鉤の製造の増加に伴つて、その名聲も種々雜多で中には頗る滑稽なものもある。なんでも鉤の製出された當時は頗る卷方も簡単であつた。初めは鴨の羽とか鴛鴦の羽とかいふもので單純に卷いたのであるがそれが色々變化して複雑になつた。加賀鉤の中にお染といふのがある、お染といふ名稱はどこから出たのかといふに、雉子の尾羽の染めたのを卷いて──尾染──である尾染ではどうも面白くないといふので──お染──と改めて賣り出した、ところが茶番氣のあるものが、お染一人では淋しかろうといつて──久松──といふ番ひばりをつくつて賣り出した[24]、かうしたことは商略としてはよいことかも知れないが、しかし、釣をやるものゝ方からいふと、こんな出鱈目な製作はやめてもらひたいのである。確乎とした研究の上からこの鉤ならきつと釣れるといふ、何か依り所のあるものを捉へて製造して欲しいのである、が、さてその依り所といふのが頗る難物であるから依り所のあるまでは現在の鉤の製作だけで無闇に新ばりを濫出することを止めてもらひたいのである。』[25]

我が國の毛鉤文化を語る上で欠かせないのが、イワナやヤマメを狙う和式毛鉤の釣り、いわゆる「テンカラ釣り」[26]の歴史である。今日、スポーツフィッシングとして普及が進むこの釣りも、源をたどれば職漁師の間に口伝で継承され、閉鎖社会のなかで命脈が保たれてきた漁法であるという。そのためであろうか、この釣りのようすについては、昭和期の国内史料がいくつか遺されているものの、それ以前の時代に活躍した毛鉤釣師の姿を窺い知ることは難しい。一例を江戸時代の史料に尋ねると、1834年（天保5年）に城東漁父が著した「魚猟手引草 二巻」には、当時の鮎毛鉤として4点が描かれているところ、その最後に描かれた「蜂がしら」というパターンが他の3点よりも遙かに大型であることから、これをテンカラ毛鉤とみなす説もあるが、傍証に乏しいのが残念だ[27]。

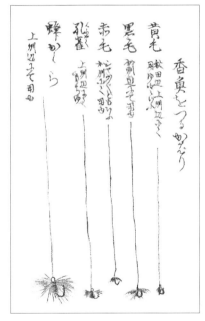

魚猟手引草二巻「香魚をつるかばり」（左端が「蜂かしら」）

を川底からシャクリ上げて鮎を誘う釣法。戦前は鮎釣りといえばこの釣法が主流であって、当時、友釣りを行う者は少なかった。一説には、友釣りは囮を用いるため、武士から「卑怯者の釣り」として敬遠されたという。

《註釈23》英国ノースカントリー・スタイルのウエットフライにも、ヘッドに光沢感のあるピーコックハールを玉状に巻くBrown Owl等の例がみられる。

1. WINTER BROWN
(J. Swarbrick 1807)

2. BROWN OWL
(Pritt 1885)

《註釈24》1710年、大阪にあった油問屋の娘お染めと、その店で丁稚として働く久松が、身分違いの恋の叶わぬを苦に心中した事件を題材とする、近松門左衛門の歌舞伎演目「女殺油地獄」が、これらの命名の背景となっている。

《註釈25》引用文中一部の旧漢字には便宜上、常用漢字を充てている。

《註釈26》「テンカラ」との呼称は、昭和期に入って山本素石が用いたことから広まったもので、それ以前には全国共通の呼称は存在しなかった。その語源については諸説ある。

《註釈27》同文中、「蜂かしら」の解説として、『上州辺にて ゆ』と記されていることから、現在の群馬県一帯で用いられていたことが分かるが、他の3点のなかには「蜂かしら」をほぼスケールダウンしただけの「孔雀」という同じく上州地方の毛鉤も描かれていることから、「蜂かしら」が単に大きめの鮎毛鉤である可能性は否定しきれない。

第1部　ウエットフライの歴史

さて近年、この釣法は海を越え、「シンプル・フライフィッシング」と名を変えて米英の釣り人たちの間でも大いに人気を博しているところだが、実のところ、アングロサクソンの釣り人が和式毛鉤と遭遇したのはこれが最初ではなかった。我々はその証拠を海外史料のなかにはっきりと確認することができる。19世紀末の英米で出版された釣魚雑誌を紐解いてみれば、明治期の日本に駐在した西洋人たちが我が国の釣技を目の当たりにして驚嘆した記録をいくつも発見することだろう。それでは、これら史料のなかから、1899年の米国フォレスト＆ストリーム誌に掲載された記事[28]の一節を紹介したい。明治政府が横浜に定めた外国人居留地で茶の輸出業を営んでいた米国人貿易商J.O.アヴェリル（J.O.Averill）なる人物が、釣友たちとともに近くの渓流へ釣りに出かけたときの回想部分から、この記事の少々長い引用をはじめることにしよう。

『我々3人——皆、日本駐在歴の永い者ばかり——は、「通商港」[29]近辺で外国人が銃を使うことを許される半径わずか25マイル程の狭い地域においてそれまで愉しんできた狩猟が大幅に制限されることを知り、ならば今後は鱒釣りでもやってみようかということになったのです。

日本のこの地域で、我々は頻繁に鱒を食べてきました。日本の釣り人が鱒を釣る姿はたまに見かけておりましたが、その多くのケースで毛鉤が用いられているとは露とも存じませんでした[30]。前に聞いた噂によれば、それぞれに技量の異なる英国人や米国人のフライフィッシャーが何人も、それぞれのやり方でこの国の鱒を狙ってはみたものの、ほとんど誰も獲物を捕らえることができなかったのだそうです。また、日本の漁師は主に網で捕らえるのだとも聞いておりました。我々はこれらの噂話に流されることなく詳細に調査してみたところ、やはり彼らの漁法は罠漁や網漁が主流であるものの、漁獲量のそれなりの割合が毛鉤によって釣り上げられている事実を突きとめたのです。勇気づけられた我々は、実際に釣りに出かけてみることにしました。少々の長旅をした後、我々は雨後の濁りが入った流れに出くわしたのですが、これこそまさに英国や米国で実践されている釣法にとって都合のよい状況だったのです。

我々三人組のなかのひとりは英国人で、かなりの腕前を誇るフライフィッシャーです。イングランドやスコットランド、ウェールズを釣ってほかの仲間たちよりずっとたくさんの獲物を仕留めることができる者なのです。彼は早速この雨後の濁った川で釣りはじめ、通常のウエットフライ・スタイルで何匹かを釣り上げました。ところが驚いたことに、一般に認められた作法にしたがい彼が「水面を鞭打って」（"whipped a pool"）[31]みたものの鱒が出なかった場所で、彼の跡を追いながら竿を振る日本人のアシスタントが彼と同じ岩の上に立ち、和式フライフィッシングでまさにその同じポイントから次々と良型の鱒を釣り上げたのです。しかも、このような出来事が一度のみならず、毎回同じように繰り返されたのです。この二つの釣法を競わせて常に変わらぬ結果となったことに衝撃を受けて、フライフィッシングの初心者たる私は、いったん通常のフライフィッシングのことは忘れて、先入観を排して和式フライフィッシングに取り組んで研究してみようと思い立ち、この日本の釣り人を注意深く観察しながら、彼の作法にならうことにしました。それでは、この観察結果と気づきの点に基づきながら、彼らの釣法について解説してみることにしましょう。

まずは道具立てについて。この日本の釣り人は竹林のなかから一番真っ直ぐで軽めの竹を一本切り出してきて、枝を落とし、およそ10から13フィートの穂を得ます。先端に向けて徐々にテーパーが絞られ、その穂先はまるで紐のような細さですが、そこに取りつけた釣糸を思い切り引っ張ってみたところで、釣糸が切れることはあっても穂先が折れることはありません。この穂を、その根元を差し込んできちんと固定することのできる長さおよそ6から8フィートの穂持ちに取りつけて、全長およそ16から18フィート、重量にしておよそ7から9オンスの釣竿を得ることになります。この釣竿、穂に至るまでの部位は硬めなのですが、穂先の部分は軽めの鞭のようにしなやかな造りとなっています。先端には軽量な釣糸を結びつけます。釣糸には通常、3本の馬の尻毛を組んだ馬素か、あるいはそれと同じくらいの太さに編んだ絹糸を用いて、長さは12から15フィート程度とします。この先端に最も細い規格のテグス製リーダーを5フィートほど取りつけて、それに毛鉤を1本だけ結びます。釣糸もテグスも軽量で繊細なものを用います。毛鉤は常に簡素なハックル・パターンで、ハックルには黄味がかった灰色と赤味がかった茶色の2色の

《註釈28》JAPANESE FLY-FISHING (FOREST & STREAM [February 1899])

《註釈29》1858年、江戸幕府は米国政府と日米通商修好条約を締結し、神奈川（現在の横浜）、函館、長崎の3港を開放した（後に新潟と神戸を加えて5港開港）。開港付近には外国人向けの居留地が造成され、海外の商人はそこを拠点に活動した。

《註釈30》1904年11月の英国フィッシング・ガゼット誌には、日本駐在歴40年のカナダ人釣師の報告として、日本には鱒の毛鉤釣りが存在せず、あるのは鮎とハヤの毛鉤釣りだけであるとし、日本人釣師に訊ねても鱒の毛鉤釣りなど知らなかったとする記事が掲載されている。

この記述からも、当時、イワナやヤマメ用の和式毛鉤がごく限られた層の釣り人によってのみ用いられていた状況が窺える。

《註釈31》whipとは「鞭打つ」との意。19世紀半ば以降盛んになったドライフライの釣り人たちは、鱒の居そうな流れの川面をあたり構わず何度もラインで打ちつけて毛鉤を流すウエットフライの釣り人たちのことをflogger（鞭打つ者）と呼んで蔑んだ。

《註釈32》J.O.アヴェリルはこの理由について、『川辺の昆虫が飛翔する姿を観察すると、羽ばたく翅が柔らかな後光を発する効果を生み出すとき、その光の色彩はほぼ常に先ほどの2色のいずれかを帯びることになる。』と解説している。

《註釈33》上田尚が大正期に記した「釣り方圖解第三集」[1925-26]によれば、当時の『京都で作るアマゴ鉤』は、播州加東郡で出来るイワナ鉤と同じく、もどりなしの小型の蚊がしらであったという。これを念頭に置きながら、1899年4月に英国のフィッシング・ガゼット誌上で紹介された和式毛鉤の写真（次頁参照）を見ると、筆者には少なくとも上の2本はイワナ／ヤマメ毛鉤のように見えるのだが、読者諸兄はどのように思われるだろうか。

《註釈34》ここでJ.O.アヴェリルはハックルのことを"bristles or hackles"と記している。bristleとは「剛毛」を意味することから、野鳥の剣羽がこの時代から和式毛鉤に用いられていた可能性もあるのではないか。

ものだけが利用されます[32]。ボディーの色は実にさまざまで、熟練したフライタイヤー各々の好みに応じて決められます。彼らは川岸に座りながら、ほんの数分のうちに毛鉤を仕上げることができるのです[33]。

　和式毛鉤にはハックル[34]がほんのわずかな量しか巻かれませんが、鉤軸に対して垂直に屹立しており、我々の毛鉤のように垂れた状態のものではありません[35]。我々の毛鉤と対比させた和式毛鉤の外観はこの図に示したようなものです[36]。

　キャスティング法はというと、釣り人は川岸の上か流れのなかに立ち、アップ・アンド・アクロスで毛鉤を投げて、必ず鱒が潜んでいるものと思しき岩の傍や瀬のなかに直接毛鉤を落とし込みます。その投法は、竿を持つ手の手首と前腕を素早くかつ強く振り、バックキャストの際にはその竿が垂直より後方に倒れることはありません。それを鋭く前方に振り返し、ほとんど水平になるまで竿を前に倒し込みます。このとき、わずかに手首で調整することによって、毛鉤が仕掛けから千切れてしまうのを防いでいるようです。このキャスティング法によって、釣糸は流れを横切りながら毛鉤を先頭に真っ直ぐ伸びていきます。すると、毛鉤が着水する直前にやや竿先が上げられ、仕掛けのなかで毛鉤だけが川面に乗ることになる[37]のですが、それはまさに「アザミの綿毛」のごとく、ふわりと流れに舞い降りてゆくのです。いったん毛鉤が着水するや、竿先は鋭く、しかし繊細かつ徐々に段階を踏みながら操作されて、毛鉤は微小な一連の跳躍やもがきを演じることになります[38]。その動きはまるで生きているかのように演出され、傍で観ている者に生きた虫餌ではないかと疑いを抱かせるほどなのです。ほんの2, 3フィートだけ流すと、毛鉤は素早くピックアップされ、前とほぼ同じ場所に向けてキャストし直されるのです。毛鉤は決して水面下に沈むことを許されません。それは水面上に保持され、ほぼ一定の動きが与えられ続けるのです。

（中略）

　古くから愛されてきた「ブラウンハックル」("Brown Hackle")[39]が、この日本の地でも愛用されていることを発見した私は驚き、そして喜びを禁じ得ません。ところで、古きよき時代のコットンは、どの毛鉤を使うべきか解らないときには、最初の

フィッシング・ガゼット誌[1899]に掲載された日本の毛鉤

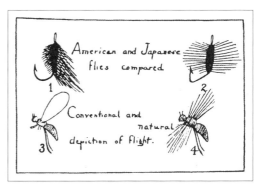

アヴェリルが描いた日米毛鉤の比較図

《註釈35》後に『同封した毛鉤のハックルを日本風に刈り取った状態で返送して欲しい』との手紙が各地から編集部に寄せられたという。

《註釈36》ある同誌読者からの投稿によれば、当人がJ.O.アヴェリルから送ってもらった和式毛鉤は、『驚くほどSpider patternに似ていた』という。

《註釈37》18世紀以前の古い英国釣魚本のなかで、毛鉤だけを水面上に保持し、テグスや釣糸はなるべく水につけないよう指南されている点は、ここに描かれた和式毛鉤釣法と同様である。アヴェリルはこの方法の効果に驚き、和式毛鉤釣りがドライフライフィッシングよりも優れた釣法であると絶賛した。

《註釈38》この点についてJ.O.アヴェリルは、『水面上での跳躍はほんのささやかなもので、おそらく一度に1インチを越えて跳ぶことはなく、通常はもっと小幅なものでしょう。わずかにもがくような動きを伝達することは、彼らの竿の穂先から手許までに備わる「鞭のようなしなやかさ」のおかげであって、それを我々の竿で再現することは不可能ではないにせよ、相当難しいに違いありません。』と記している。

《註釈39》古くから存在する米国伝統のウエットフライ。ピーコックハールで巻き上げた胴体の前方に赤茶のハックルを巻いた簡素なパターン。

第1部　ウエットフライの歴史

一匹が釣れるまではまずダンハックル(dun hackle)で狙ってみて、鱒が釣れたらその腹を裂き、どの羽虫を食べているか確認した上で、これに似た毛鉤を用いるよう指南していたように私は記憶しています[40]が、次なる鱒を狙うために、どうしてこの優れたハックルフライを使い続けないのでしょうか[41]？少々脱線が過ぎたかもしれませんが、私が強調しておきたいのは、あの永い歴史を誇る、そして皆さんもよくご存じのはずの、ハックルの威力なのです。

　いかなる状況においても効果を発揮するこの毛鉤について検討しながら、日本人がそれを生命感豊かに操る姿を観察したところ、私は毛鉤の外観を飛翔中の昆虫と比較すべきことに思い当たりました。軽めにハックルが巻かれた毛鉤の姿と、川の上を飛んでいる普通の羽虫の姿の両方をご覧になったことのある方であれば、どなたも両者の間に明確な共通点を見出されるのではないでしょうか。飛翔中の羽虫は私の目に、図1に示した姿ではなく、図2のような姿として映るのです[42]。その翅ははっきりとした輪郭線を持たず、その体躯の周り全体に薄いもやがかかっているように見えるはずです。

　虫が高速で飛翔している姿、あるいは翅を激しくばたつかせ

奥入瀬川のヤマメ釣師（「写真解説 日本の釣」[1939] 松崎明治 著）

ている姿を撮影した写真を是非観てみたいものです。そして、日本人が作る毛鉤の手法に準じて上手に巻かれたハックルを撮影した写真をこれらと比べてみたいと思うのです。いつかそんな機会に恵まれることを私は切に願っています。この羽虫の動きに関する理論は私独自のものであって、よそで見聞きしたことはありません[43]。これを語る日本人に出会ったこともありません。それでもなお、日本人とその外国の友人たちはどちらもハックルを愛用しているのです。』

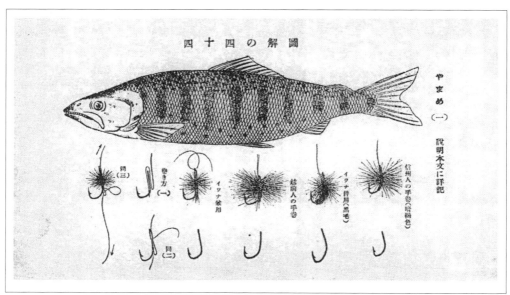

大正期における和式毛鉤の例（「釣り方圖解第三集」[1925-26]より）

《註釈40》C.コットンは「釣魚大全」第二部 [1676] のなかで『ライズが見られないとき、あるいはどの羽虫が喰われているか判らないとき、水が澄んでいれば小さなハックル毛鉤を、濁っているときにはそのより大きめの毛鉤を流れに投じ。1匹釣れたら魚の鰓に指を掛けて臓物を引き摺り出し、ナイフで裂いて、なかにどの羽虫が入っているか確かめ、以後はそれを模した毛鉤を用いよ。』と記している。

《註釈41》我が国では、西洋鱒毛鉤の歴史がもっぱら羽虫の模倣を通じて進歩してきたと論ずる向きもあるが、それは史実の一面にのみ光を当てた理解でしかない。17世紀の昔から、フライフィッシャーの間には魚から見た毛鉤の視認性を重視する思想（例：水が濁ったときは大きな目立つ毛鉤）が存在していた。この釣りの歴史は、「模倣性主義」と「視認性主義」というふたつの主題が絡まりあって展開される、長大な二重変奏曲である。

《註釈42》上田尚の「釣り方圖解第三集」に収録された和式毛鉤の解説図のなかには、英国のPalmerパターンを彷彿とさせる姿が描かれているが、これはJ.O.アヴェリルが描いた和式毛鉤の姿と整合的である。

《註釈43》20世紀のネオ・イミテーショニストたちは、毛鉤のハックルが生み出す煌きこそ羽虫の翅の羽ばたきを暗示する要素であると考えた。

《註釈44》この魚の学名（Oncorhynchus mykiss）の種小名「ミキス」は、かつてインディアンの麗しい青年が自ら弓矢で捕らえたニジマスを恋人に贈り、『魚がまとう数知れぬ黒斑は私の口づけ（my kiss）』という愛の言葉を添えた、との伝説に基づく。

《註釈45》FISHING AT HOME AND ABROAD（Sir Herbert Maxwell [1913]）より引用。

《註釈46》15世紀、ハートフォードシャーのセントオルバンズ地区に所在したソプウェル修道院で神に仕える同名の修道女が実在したことは確認されているが、実際にこの女性が著者であったことを疑う釣魚史家は多い。なお、当時は高貴な家柄の出身でなければ修道女になれなかったという。

浅学なる筆者は、アジアにおける毛鉤の歴史をいまだ我が国以外に見出すことができていない。しかしながら、極東アジアの民が発見したことを北アメリカの民もまた気づいたであろうことは、太古の時代にモンゴロイドの一族がベーリング海峡をわたってインディアンの祖先となったことを考え合わせれば、まったくもって当然のように思われる。
　それを証明するかのごとく、かのセオドア・ゴードンは、20世紀初頭の英国人に向けて米国のフライフィッシングを紹介する文書に、真偽のほどはさておき、次の興味深い一節を寄せている。

『私は常々、カリフォルニアのフェザー川（Feather River）を訪れてみたいと思っている。数年前、どこかの雑誌でとても面白い記事を見つけたのだが、そのなかで紹介されていたこの川の命名の由来が実に興味深いものであった。この河畔には柳が立ち並び、その垂れた枝先はときどき川下から吹くそよ風に押され、清らかな流れに触れては川面に波紋を作り出すのだった。かつてこの地を支配していたインディアンの部族は、目ざとくこの自然条件を上手に利用していた。彼らは野ガモや鷹から採った小さな羽根（feather）を柳の枝の先端に結びつけて、風に揺られた枝が川面に羽根を踊らせたのだ。ニジマス[44]の大物がこの粗野な「毛鉤」めがけて繰り返し跳びかかっているところを、狡猾なインディアンたちは物陰から長いヤスで突いたり、弓矢で射たりするのだった。初めてこの地を訪れた白人は、羽根の造り物が美しい川面の上に並んで揺れている光景を目にしたところ、さっそくこの川をフェザー川と命名したのだという。』[45]

【英国最古の毛鉤指南】

　これらの事例からも明らかなように、フライフィッシングは必ずしも英国だけのスポーツではなかった。しかし、この野外スポーツを愉しみ、研究し尽くすことで毛鉤の発展を推し進め、15世紀末から20世紀中ごろまでの永きにわたり世界中にフライフィッシングの思想と技術を発信し続けたのは、この国の釣り人たちをおいてほかにない。その出発点となったのが、ジュリアナ・バーナーズ女史（Dame Juliana Berners）[46]の作とされる「鉤による釣魚論」（A TREATYSE OF FYSSHYNGE WYTH AN ANGLE [1496]）[47]である。
　ときはまさにコロンブスが大航海を繰り返し、ヴァスコ・ダ・ガマがインド航路を目指そうとする時代のこと、列強に後れをとる英国では薔薇戦争終結の後にようやく専制君主体制が確立され、農村地帯では第一次囲い込み運動が始まりつつあったちょうどそのころ、狩猟や鷹狩等の野外スポーツを解説する「セントアルバンスの書」（BOKE OF ST. ALBANS [1486（初版）]）と題する合冊本がイングランドで再出版される運びとなった。新たにそのなかに加えられることになったのが、このJ.バーナーズの小冊子であった。
　「鉤による釣魚論」は単なる釣技指南ではない。釣りの技術や魚の生態、釣り具の製作法などを解説した後、釣りの倫理についても深い考察を記している。釣りは愉しみのため、そして身体と魂の健康のために行われるべきものであって、

「鉤による釣魚論」[1496]

《註釈47》邦訳に「釣魚論」（訳：椎名重明 [1997]）がある。

第1部　ウエットフライの歴史

金儲けや出費を浮かすための強欲に駆られて行ってはならない、と読者に教え諭す一節は、早くもこの時代に釣りが「漁労」から「スポーツ」へと発展しつつあったことを如実に示している。

20世紀米国を代表する釣魚史家ジョン・マクドナルド（John McDonald）[48]は「釣魚の起源」（THE ORIGINS OF ANGLING［1963］）を著し、このなかに「鉤による釣魚論」の原文とその現代語訳を掲載して徹底的な検証を行っている。このなかから、同書について概説する次の一節を引用してみたい。

『この「小論」は、これまで見てきたように、まず竿・糸・鉤の用法を通じて釣りを定義した後、狩猟など他の健全な野外スポーツよりも素晴らしいものと賛美する。釣りは愉しみに満ちたもので、後になって悔やむこともなく、長命をもたらしてくれるという。よき人生は朗らかな心持ち、ほどよい勤労、そして節度ある食事に由来するものであり、仲間内での論争、性分に合わぬ仕事、放蕩三昧の生活といったものは避けなければならないとも指摘している。釣り人の勉めとして早起きをせよ、さすれば汝は敬虔で健やかに、そして幸福のなかに暮らすことができよう、と著者は諭す。続いて、釣り具と釣り方（水底から水面までのあらゆる釣り）、魚の種類[49]、天候を読者に学ばせて、餌、鉤、毛鉤、そして竿の作り方を解説し、最後に著者は釣り人のルールを示してこの説諭を結ぶ。釣魚の出発点を高らかに宣言するその一節は次のとおり記されている。

「高貴なる者たちすべての名において読者らに課し求める。貧しき者の所有する釣り場において・・・その所有者の許諾と厚情もなく釣ることはならず。」汝、他者の罠仕掛けを壊すことなかれ。生垣を破ることなかれ。牧場の門は閉めるべし。物質的利得のためでなく、慰めのため、そして身体と魂の健康のために釣るべし。さすれば汝、怠惰の悪癖を避けること可うべし。獲物を数多釣り過ぐること、この小論の教えに従う限りいと容易なれど、それは厳に慎むべし。水のなかの魚を愛護すべし。かようにして釣魚を愉しまば、汝、神と聖ペテロ（St. Peter）[50]の恩寵に浴さん。

これ以降、愉しみを探究する釣り人の姿が、さまざまな書物のなかで哲学者や学者、あるいは教師の姿を借りて登場することになる。そして彼らのスポーツもまた、穏やかで密やかな、瞑想的で情熱的な、そして明朗で無邪気な愉しみとして描き出されていくことになる。』

この作品の白眉とされるのは、釣り具の製作に関する記述である。いまだ釣具商など存在しない15世紀とは、釣り具を自作できて初めて釣り人と名乗ることが許される時代であった。竿は冬に採っておいた木の枝をオーブンで熱したあと真っ直ぐになるよう整え、煙で燻しながら乾燥させる[51]。釣糸は馬素の白くて径が真円なものを選んで、釣ろうとする流れの濁りに応じて染色し、器械を用いて撚り合わせた短い糸を互いに結び合わせて長くし、これを竿の穂先に取りつける[52]。鉤は鉄製の縫い針を木炭の火で赤くなるまで熱したものを少々冷ましたところにナイフで切れ目を入れてカエシを作り先端を尖らせる。そこでもう一度熱を入れてフック状に成型し、鉤素に用いる馬素[53]が載りやすくなるよう鉤軸の基部を叩いて平たくし、ヤスリを掛ける。最後にその鉤を水に入れて一気に冷やせば出来上がりというぐあいだ[54]。

続いて12種の鱒毛鉤が解説されるのだが、この記述こそ、毛鉤に関する現存史料のなかで英国最古のものとなる[55]。

『4月から9月にかけて、鱒は跳ねる。この小論の巻末で紹介する各月に応じた毛鉤でこの鱒を釣ることができる。
（中略）
3月：ダンフライ（Dun Fly）
灰茶色の毛糸のボディーとヤマウズラ（Partridge）のウイング。もうひとつのダンは、黒い毛糸のボディーとマガモ（Drake Mallard）の一番黒い羽根のウイングに、ウイングとテイル両方の下にカケス（Jay）の羽根。
4月：ストーンフライ（Stone Fly）
ボディーは黒い毛糸が主体で、ウイングとテイルの下の部分は黄色。ウイングは雄ガモ（Drake）。5月の初めに効く毛鉤は、赤く染めた毛糸のボディーの上に黒い絹糸を巻きつけて、ウイングは雄ガモとレッドコック（紅鶏：Red Capon）のハックル。
5月：イエローフライ（Yellow Fly）
黄色い毛糸のボディー、レッドコック・ハックルと黄色に染めた雄ガモで作ったウイング。ブラックリーパー（Black Leap-

---

《註釈48》1906年デトロイト生まれ。30年代には米国共産党に深く関わり、亡命中のトロツキーを支援するが、後に共産主義と決別。45年にはフォーチュン誌の編集者となって活躍し、ゲーム理論や企業統治論の著作を世に送り出した。30年代、ニューヨークの大学で教鞭を執っていたダン・ベイリーに連れられて訪れたキャッツキルの川で、初めてフライフィッシングの虜となる。釣魚史を熱心に研究し、T. ゴードンの功績を世に知らしめた。98年死去。

《註釈49》『鱒（troughte）は、その狡猾な性格に似合わず淡白で美味な魚である。また積極的に餌を追うので、その点については後述する。漁期は3月からミカエル祭（※訳者注：9月29日）までの間で、流れのなかの清潔な砂礫底に潜んでいる。この魚は漁期を通じてブッ込み釣りやフカセ釣りで釣ることができるが、これが水面を跳ねているときだけは毛鉤（dubbe）で狙うのが宜しい。』
（「鉤による釣魚論」[1496]より引用）

《註釈50》新約聖書では、キリストの最初の使徒となったペテロはガラリヤ湖の漁師であったとされる。このため、欧米では聖ペテロが釣り人の守護聖人とされている。

《註釈51》この釣竿のティップはリンボク（Blackthorn）や西洋カリン（Medlar）等の穂先部とハシバミ（Hazel）の穂持部を互いにスプライスでつないでティップを作り、これをハシバミかナナカマド（Rowan）で作ったバットの継ぎ口に差し込んで使用すると解説されている。なお、このバットの中心を焼き鏝くり抜き、分解したティップをその空洞のなかに収めて持ち運ぶべきことも記されている。その挿絵は下記のとおり。

《註釈52》ここに紹介される撚器の挿絵は下記のとおり。

er)は黒い毛糸のボディーにピーコックテイルのハールを巻きつけ、レッドコックのハックルと青いヘッド。
6月：ダンカット(Dun Cut)
黒い毛糸のボディーの両側に黄色い横縞の一線、ウイングはノスリ(Buzzard)の羽根を染色した麻糸で留める。モールフライ(Maure Fly)は浅黒い毛糸のボディーに雄の野ガモの一番黒い羽根。聖ウィリアムの日（訳者注：6月8日）にはタンディーフライ(Tandy Fly)。これは黄褐色の毛糸のボディーと、野ガモの真っ白な胸から採った2枚1組のフェザーを背中合わせで対にして巻きとめたウイング。
7月：ワスプフライ(Wasp Fly)
黒い毛糸のボディーに黄色の糸を巻きつけ、ノスリのウイング。聖トーマスの日（訳者注：7月7日）にはシェルフライ(Shell Fly)。これは緑の毛糸のボディーにピーコックテイルのハールを巻きつけ、ノスリのウイング。
8月：ドレイクフライ(Drake Fly)
黒い毛糸のボディーに黒色の絹糸を巻きつけ、ウイングには黒ガモの胸のフェザーを使う。黒いヘッド。』

　まず注目されるのは、用いるべき毛鉤が月ごとに指定されている点である。これは本来、季節の進行に応じた水生昆虫の羽化スケジュールを念頭に置いたものであったが、各時代の権威が定めたメニューはときに金科玉条のごとく釣り人たちに墨守される風潮もみられた。この慣習は、水生昆虫の分類学が発達をみせる19世紀を迎えるまで永く英国の釣り人に親しまれることになる[56]。
　この解説にはウイングとテイルの両方の下に羽根を入れるなど一部に趣旨不明な点もあるが、他方、ボディーにはリブが巻かれ、フェザー2枚を背中合わせで対にしてウイングに用いるなど、現在も利用されるドレッシング法がすでに登場している点は注目に値する。とはいえ、多くのパターンにおいてウイングはひとつまみのフェザーファイバーの束で表現され、ハックルの概念もいまだ存在しなかったとみられるなど、技術的には発展途上な部分も散見されるのは当然のことであろう。
　これらの毛鉤の名称は読者の目に新しく映るかもしれないが、そのうちのいくつかは名を移し、姿を変えて現代の釣り人にも愛用されている。J.W.ヒルズは「鱒を狙うフライフィッシングの歴史」のなかでこの12本の毛鉤を近代フライ・パターンに同定すべく取り組んでいるので、これを表記順に解説することとしたい[57]。
①ダンフライは明らかにフェブラリーレッド(February Red)[58]を指すとしているが、これは現在のパートリッジ・アンド・オレンジに相当する。
②2番目のダンフライ[59]はブルーダン(Blue Dun)[60]かオリヴダン(Olive Dun)ではないかとする。
③ストーンフライはカワゲラそのものを模した毛鉤。
④「5月の初めに効く毛鉤」は明らかにレッドスピナー(Red Spinner)[61]。
⑤イエローフライは小型種のイエローメイダン(Yellow May Dun)[62]。
⑥ブラックリーパーはブラックパーマー(Black Palmer)

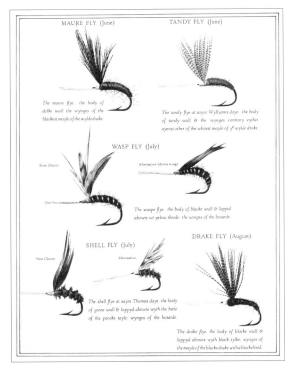

J.バーナーズの毛鉤の再現図（「釣魚の起源」[1963]より）

《註釈53》鉤素に用いる馬素は、小さな鉤であれば細いものを1本、大きな鉤であれば縒り合せずに2本を使い、鉤の長く平たいチモトに載せたところを絹糸で上から巻きとめて結節した。なお、この馬素には雄の尻毛が用いられることが多かったというが、これは雌馬の尻毛は尿で濡れるので強度が落ちるとの風説によるものであった。

《註釈54》J.W.ヒルズによれば、当時の鉤は径が太く鉤軸が短いものの、現在の番手で#14程度の小さな鉤まで製作できたという。

《註釈55》毛鉤の絵を初めて掲載した英国釣魚本は、THE SECRETS OF ANGLING (John Dennys [1613])であるとされる。（下記参照）

《註釈56》「鉤による釣魚論」[1496]では、毛鉤釣りに限った話ではないものの、大きな魚が釣れたら腹を裂いて、その内容物と同じ餌を使うよう指南されていることから、J.W.ヒルズは、当時からマッチング・ザ・ハッチの考え方が存在していた可能性を指摘している。

《註釈57》G.E.M.スキューズは「サイドラインズ・サイドライツ・アンド・リフレクションズ」[1932]のなかで上記J.W.ヒルズの推論の多くに異を唱え、次の説を主張した。①March Brown、②〜④ヒルズの説に同意、⑤Yellow MayflyかYellow May Dun、⑥Red Palmer、⑦Welshman's Buttonに代表される各種セッジ毛鉤、⑧Alder、⑨Oak Fly(シギアブ)、⑩Crane Fly(ガガンボ)、⑪Green-bellied Sedge(緑色の腹のトビケラ)、⑫不明

第1部　ウエットフライの歴史

かコッシーボンドゥ (Coch-y-bonddu)[63]のように思われるが断定はできないとしている。
⑦ダンカットは明らかにイエロー・ダン (Yellow Dun)。
⑧モールフライと⑨タンディーフライはメイフライ[64]で、色調の暗いものと明るいものをそれぞれ指すのではないかとする。
⑩ワスプフライは読んで字のごとく蜂の毛鉤。
⑪シェルフライは外形的にはグラノム (Grannom)[65]だが、これは4月の虫なので時期が異なると悩んで結論を出さず。
⑫ドレイクフライはオールダー (Alder)[66]を指しているのではないかと記している。

残念なことに、この小論は魚の生態や毛鉤を含む釣り具の作り方について解説する一方、肝心の毛鉤の用い方については何ら言及していない。また多くの釣魚史家は、ここに記された内容も作者のオリジナルではないだろうと結論づけている[67]。

それでもなお、この著作の歴史的価値はなんら貶められるべきものではない。出版当時にはすでに確立されていたであろう中世英国の釣魚の実像に迫るその記述を読み解く者は、謎めいた作者が貴人に乞うては薄暗い書庫のなかから差し出される書物を恭しく借り受ける姿、あるいは遠方に名人を訪ねてはその言葉を聴き洩らすまいと耳をそばだてる姿を想像して、釣魚史に秘められた情景を心ゆくまで堪能することになるだろう。

米国の釣魚史家アーノルド・ギングリッチ (Arnold Gingrich)[68]も「活字のなかの釣り」(THE FISHING IN PRINT［1974］)において、この作者の労苦に想いを馳せながら次のように語っている。

『釣魚文学史におけるデイム・ジュリアナ・バーナーズの立ち位置は、あらゆる実践的挑戦のまさにその始まりを象徴する者であるという意味で、英国文学史におけるチョーサー[69]の立場に擬せられる。もちろん、両者の前にはそれぞれに歴代の権威者たちが連なっているのだが、骨折りしながら彼らの業績をひとつずつ調べ上げ、語った内容をまとめ上げるのは、いわば碩学の宿命というものだ。チョーサーの先輩たちは今の学生にとっても馴染みのある者ばかりだ。我々も高校生のころにはラングランドの「農夫ピアズの夢」[70]を難儀して読んだものだが、はたしてこの本に、私がそれに費やした苦労の千分の一の価値もあったかどうかは疑わしい。その後大学に入り、今度は「ベーオウルフ」[71]のページをチラリと覗いたところ、私には隅から隅までチンプンカンプンで、ラテン語のような底抜けの難しさには本当に参ってしまったものだ。』

《註釈58》北イングランド以北に多くみられるカワゲラの一種(学名：Taeniopteryx nebulosa)で、濃い茶色を帯びた中小型種。カワゲラには珍しく、植生の多い緩やかな流れを好み、2〜4月に羽化。

《註釈59》英国の鱒釣りにおいて「ダン」(dun) という表現は、水生昆虫の亜成虫段階を指す場合と、灰茶色を指す場合がそれぞれあることに注意。

《註釈60》C.コットンの作品でも紹介された古来のパターン。シギ(Snipe)のウイングとモグラ(Mole)かカワネズミ(Water Rat)のボディの組合せは伝統とされ、G.E.M.スキューズの著作でも用いられた。

《註釈61》コカゲロウ属の中型種であるMedium Olive (Baëtis vernus)の成虫(spinner)は、総身が深い赤茶色に染まるため、こう呼ばれる。

《註釈62》英国全土に生息するキハダヒラタカゲロウ属の中型種(Heptagenia sulphurea)。特徴的な明るい黄色を帯びている。主に夏期に羽化し、そのニンフは接着型。

《註釈63》ピーコックハールのボディと赤銅色のハックルを備えたウェールズ地方の伝統毛鉤(その名は「赤・及び・黒い胴」の意)で、甲虫や蟻といった小型のテレストリアルを模しているとされる。

《註釈64》Mayflyとの呼称は、英国ではモンカゲロウ属(Ephemera)の3種を指す一方、米国ではカゲロウ目全般を意味する点に注意。

《註釈65》シーズン初期に出る同名の小型トビケラ(Brachycentrus subnubilus)を模した毛鉤。

《註釈66》我が国でいうセンブリ。英国では全土に生息し、5〜6月が羽化の最盛期。古くから鱒の好物とされるが、F.M.ハルフォードはまったく評価しなかった。

《註釈67》J.W.ハルズは、「鉤による釣魚論」[1496]の内容が、15世紀初頭にヨーク公エドワード(Edward Duke of York)が他の王族に対する蛮行の罪で幽閉中

第2章　近代化への道のり

【ルネサンスの輝き】

　「鉤による釣魚論」のなかで紹介されたフライフィッシングの基本は、以後19世紀初頭に至るまで、大きく変わることなくそのまま次の世代に継承されていった。確かに、17世紀後半には最初期のリール[72]が開発され、18世紀には軽量で弾力に富む南洋木材や竹材が釣竿製作に用いられ始めたが、毛鉤の用法については、J.バーナーズの時代から数世紀にわたってほとんど変わらなかったと考えられている。J.W.ヒルズは「鱒を狙うフライフィッシングの歴史」[1921]のなかで、こうした初期フライフィッシングの姿について次のように解説している。

　『我々はもうひとつの視点を忘れてはならない。それは、当時のフライフィッシングの手法についてであるが、このやり方は永く引き継がれていくことになる。当時の釣り人は背後から吹く風に乗せて川下に向けてキャストした。そして、用いる馬素製のラインは太いものであったが軽量だったので、毛鉤を流れに載せている間にもほとんどすべてのラインを水面から離して保持することができた。初期の釣魚作家たちはこの点について、ラインよりも毛鉤のほうが必ず先に着水して、ラインはできるだけ水面に触れさせないようにしなければならないと説いている。また、彼らのうち数名は、毛鉤を投じた後にそれができる限り水面近くを流れるように保持し、毛鉤は水面近くに留まれるよう特殊な構造を備えなければならないと指摘している。それゆえ、ラインは太くともそのほとんどの部分が空中にあることから、結果的に水面上に置かれている場合よりも鱒の目に留まる可能性をずっと低くすることができる。またラインは太くとも、白くて半透明な馬素を用いれば、想像するよりもずっと目立たないものだ。』

　この一節を読んで最初に気づくのは、早くもこの時代から、毛鉤を流すべき層として水面直下が意識されていた点であろう。もちろん、場合によっては深い層まで毛鉤を送り

チャールズ・コットン

込む[73]こともあったが、基本はあくまで水面直下の釣りであった。また、川下に向かって毛鉤を投じて流していく釣法とは、今日我々がダウンストリームの釣り（down-stream fishing）と呼ぶものであることにも注目すべきであろう[74]。フライフィッシングのスタイルは時の経過に伴って変遷していく[75]のだが、「水面直下」と「ダウンストリーム」というふたつのアプローチ法は、以後永きにわたり英国のフライフィッシャーを支配し続けることになる。

　こうしたスタイルのフライフィッシングをバーナーズ女史から引き継いで大きく発展させた世代は、どのような顔ぶれであったろうか。それでは、次なる舞台を17世紀の中ごろ、英国に革命の嵐が吹き荒れる時代へ移すことにしよう。

　1642年、チャールズ一世の圧政とそれに反発する議会勢力との緊張はついに内戦へと発展し、議会派側にオリバー・クロムウェル率いる部隊が参戦したことによりチャー

に自らフランス語の原本を英文に翻訳した、狩猟の指南書「ゲームの達人」（MASTER OF GAME）と酷似している点に注目して、「鉤による釣魚論」がJ.バーナーズのオリジナル作品ではない可能性について言及し、この著作年も実際には50年以上古いはずだと主張した。なお、ヒルズは英国の野外スポーツの諸起源がフランスにあると説いている。

《註釈68》1903年、ミシガン州生まれ。33年、当時最先端の都市文化を発信した男性誌「エスクァイア」（ESQUIRE）の創設に携わり、その編集者（52年からは発行総責任者）として活躍。ユーモアとダンディズムあふれる筆致で

知られ、釣魚関係の代表作は「穏やかなる釣り人」[1965]。76年死去。

《註釈69》Geoffrey Chaucer [c.1343-1400]は、当時の支配階層であったノルマン貴族が用いたフランス語や聖職者が用いたラテン語ではなく、世俗言語であった古英語を初めて物語文に用いて「カンタベリー物語」を書いた文人。

《註釈70》14世紀ごろにイングランド西部の方言で書かれた寓意詩。

《註釈71》8世紀初頭に古英語で英雄ベーオウルフの活躍を綴った叙事詩。

《註釈72》長い釣糸を手持ちの「糸巻き」に巻きつけて釣糸の長さを調整する方法は古くから餌釣りで利用されていた。ウインチ式のリールを初めて絵入りで紹介したのは、17世紀のT.バーカーやR.ヴェナブルズであったとされる。

第1部　ウエットフライの歴史

ルズ一世は捕らえられて処刑、英国史上唯一の共和制が49年に成立する。その後クロムウェルの軍事独裁政権が英国を支配し、60年には王政復古が実現するも、引き続き内憂外患が絶えることはなかった。しかし、王権の揺らぐ不穏な時代にあっても、英国の釣り人は戦乱の合間を見つけては川面に毛鉤を投ずることを忘れなかった。これから紹介する3名の釣魚作家が王党派・クロムウェル派の双方から輩出されたという史実は、どんなに不幸な歴史であろうとも、釣り人から水辺の愉しみを奪い取ることなどできはしないことを我々に教えてくれる。

J.W.ヒルズは「フライフィッシング史上の四賢人」として、J.バーナーズの次に、チャールズ・コットン (Charles Cotton)[76]を挙げている。彼の名は、アイザック・ウォルトン (Izaak Walton)の歴史的名著、「釣魚大全」(COMPLEAT ANGLER [1653])の第二部「澄んだ流れでの鱒やグレイリングの釣魚指南」(INSTRUCTIONS HOW TO ANGLE FOR A TROUT OR GRAYLING IN A CLEAR STREAM)[77]の作者として、当時のフライフィッシングの姿を詳細に解説したことで知られている。ウォルトン本人も第一部のなかで毛鉤とその釣り方について若干触れているが、この内容は他人の著作からの借り物に過ぎず、独創性豊かに17世紀のフライフィッシングを描いたという点において、ウォルトンは弟子のコットンに遠く及ばない。

コットンがJ.W.ヒルズから高い賞讃を受けたのは、彼がフライフィッシングにおけるキャスティングの重要性について史上初めて書き記した点についてであった。コットンは、従来のしゃがんでストーキングしながらできるだけ獲物に接近して毛鉤を投げ込むスタイルに対して、長い竿と長い釣糸を駆使[78]し、魚から見えないよう離れた位置から、立った状態で毛鉤をより精確に操作することの優位性を唱えた。彼が釣魚大全に書き遺した、『「遠くから繊細に」こそ鱒釣りの大鉄則』("To fish 'fine and far off' is the first and principal Rule for Trout Angling.")との一節は、後世の釣魚作家たちに語り継がれる名句となっている。また、コットンは毛鉤についても見識に富み、イミテーション性を重視する立場[79]から、新しいドレッシングを用

いた65種類もの毛鉤を紹介している。なかには今日まで使い習わされてきた有名パターン[80]もいくつか含まれているが、その他多くの毛鉤にまつわる史実はいまだ謎に包まれている。

毛鉤をめぐる時代考証はさておき、今日の釣り人がこの作品を読み進めるなかで最も胸躍らせるのは、軽快な筆致で綴られた17世紀フライフィッシングの情景に触れるときであろう。ウォルトンが導入した対話録スタイルは後世の釣魚作家たちによって踏襲されていくが、コットンほどその文体を己が血肉と化した作家はほかにいない。

イングランド中央部 (Midland)のダービーシャー (Derbyshire)を流れるダヴ川 (River Dove)[81]の畔で、作者自身の投影である「釣師」(Piscator Junior)とその見習いである「猟師」(Viator)とが織りなす対話録は、世間の瑣事など忘れて魚とたわむれる無垢なフライフィッシャーたちの姿を、読者の心象スクリーンに鮮明に映し出してくれる。牧歌的な釣り風景と精神の自由を讃美する彼の作品を高く評価したJ.W.ヒルズは、釣魚史上、この世紀を『文学書の時代』("age of literary")と讃えている。

活字からあふれ出さんばかりにフライフィッシングの愉しみを謳い上げるコットンの著作は、これを厳格な戒律主義から人間性の解放を進めた中世ルネサンス時代の文化芸術運動になぞらえれば、「釣魚史におけるルネサンス期」の記念碑的作品と位置づけることもできよう。それでは、同作品で「釣師」が「猟師」を指南する有名な一節のなかに、コットンの名調子を垣間見ることとしよう。

『猟師：今のはどうでしたか、師匠？
釣師：そうですね、私には魚が見えていましたが、その魚は貴方の姿を認めて手前で逃げてしまいましたよ。ここで獲物を手に入れたいのなら、もっと離れた場所から狙わないとだめですよ。この川はしょっちゅう釣り人に狙われていますからね。それにしても、さっきの鱒はよい型でしたねぇ。鉤掛りはしていましたか？
猟師：いいえ。それにしても、惜しかった。釣り上げられると思ったんだけどなぁ。そら、また出た。あぁ、これは素晴らしい毛鉤ですね。

《註釈73》R.ヴェナブルズは、流れの緩やかな場所で水面直下に鱒が出てこない場合、ダウン・アクロスで投射した毛鉤を沈ませてから、ゆっくり弧を描くように操作すると効果的であるとした。

《註釈74》当時、毛鉤を自然に流すためには、竿を立てた状態で着水させ、追い風がラインを浮き上がらせる力も勘案しながら、ゆっくりと竿先を下げていくことでラインを送り込む手法がとられていた。

《註釈75》例えば、C.コットンの時代のフライフィッシングではいまだドロッパー（枝鉤）を用いず、一本鉤で釣るのが通例とされていた。

《註釈76》1630年、スタッフォードシャーの貴族の家に生まれる。詩人として活躍するも、64年までの時点で実家が没落、以降、金銭面で苦しみ続ける。自身と同じく王党派の立場にあった37歳年上のI.ウォルトンを「心の父」と仰ぎ、交友を重ねた。後に経済的困窮のためロンドンに移り住み、87年死去。ちなみに、20世紀英国の作曲家ベンジャミン・ブリテンが作曲した歌曲集「セレナード」のなかでは、A.テニスンやJ.キーツら英国を代表する詩人と並んで彼の作品が歌詞に用いられている。

《註釈77》この第二部は、1676年、釣魚大全の第五版が出版された際に初めて世に出た。邦訳にはいくつかあるが、筆者は特に「釣魚大全II」(訳：霜田俊夫 [1998])を推薦する。フライフィッシングに造詣の深い訳者が的

確に翻訳し、註釈においても毛鉤の解説をはじめとするさまざまな時代考証に取り組むなど、きわめて高い完成度を誇る。

《註釈78》C.コットンは、竿の長さは通常の鱒川であれば5、6ヤードあれば足り、釣糸の長さは　竿の長さに1ヤード半あるいは2ヤードのバカを出すよう説いた。また、大きな川で釣る場合であっても、これより長い竿は使い難いだけで役に立たず、そんな長竿を使うことについて、『いったいそのどこにスポーツと呼ぶべき点があるというのか？』("Where lies the sport?")と喝破している。なお、この時代には、向かい風でもキャストできるよう、馬素とシルクを混紡した重量のある釣糸も登場している。

釣師：天候さえ合えば、これは効果抜群の毛鉤なのですが、今日のようすを観察すると、魚は毛鉤の端をかじっているだけで、しっかり喰いついていないようですね。さあ、それではいったん釣り小屋に戻りましょう。この瀧場(とろば)は今日はあまり調子がよくないようです。もし宜しければ、ご自分で毛鉤を巻いてみませんか？それを流れのなかでお使いになってはいかがでしょう？私の毛鉤で釣り上げる20匹よりも、お手製の毛鉤で釣る1匹のほうがずっと喜びも大きいというものです。シラフ（訳者注：従者の名）、もう一度鞄をとっておくれ。どうぞ、これをご覧下さい。鉤や馬素、絹糸、そしてウイング用のフェザーがありますよ。これらを使って巻いてみませんか？それと、ダビング材も探してみましょうね。きっと何かありますよ。

猟師：これはまた、なんとも小さな鉤ですね。

釣師：ご参考までに申し上げれば、これは極小の毛鉤に用いる鉤なんですよ。ウイングもそれに合わせて小さく作らなければなりません。できるだけ小さくまとめて下さいね。そこも細かく巻いて。あぁ、実に素晴らしい！貴方はなんと器用に指先を運べるのでしょう。私はまるで自分の師匠に向かって教授していたようなものですね。さあ、ここにダビング材がありますよ。

猟師：これはまた真っ黒なダビング材ですね。

釣師：掌の上ではそう見えるでしょう。でも、ドアを出てこれを陽光にかざしてごらんなさい。すると紅色に輝くことでしょう。それ以外の方法でダビング材の本当の色を見分けることができる人など、このイングランドにはいませんよ。ですから、必ず今日のような明るいお天気の日を選んで毛鉤を巻くよう心掛けて下さい[82]。そもそも、こんな日に釣りに出かけたところで釣果など期待できませんからね。さて、それを取りつけたら、ボディーはできるだけ細身に造る

「釣魚大全」第二部［1774年版］の挿絵（タイイングの場面とグレイリングを釣り上げる場面）

よう注意して下さい。よく出来ました！実に美しい毛鉤に仕上がりましたね。

猟師：そう仰って頂き感謝します。我が生涯初の一本です。

釣師：これで貴方はもうフライドレッシングの先生です！しかし慢心されても困るので、褒めるのはこのくらいにしておきましょう。釣糸に結びつけて、あそこに見える小さなフットブリッジ[83]の下手にある大岩の間の流れまで行って、貴方の作品を試してみましょう。この岩の下で私の跡を追って歩くとき、足を滑らせて水に落ちないよう気をつけてください。さあ、釣り場に着きましたよ。毛鉤を投げてみて下さい。

猟師：実に素晴しい流れだ。そこにいるぞ。掛けた！

釣師：貴重な1匹ですよ。さあ、抜き上げて！竿さばきもお上手です。これはまた可愛らしい坊やだこと。水に戻してやりましょう。次の釣行のころには、逃がすのが惜しくなるほど大きく育っていることを期待しましょう。

猟師：これはどうしたものか、どんどん魚が釣れてきますよ。

《註釈79》一例を挙げると、C.コットンは同文中でロンドンの釣り人が毛鉤のボディーをあまりにも太く長く巻くことを批判し、本物の羽虫と同じ繊細なスタイルで作るべきことを指摘している。これに着目したJ.W.ヒルズは、コットンを「厳格なる模倣」主義の先駆者と位置づけている。

《註釈80》その例として、Blue Dun、Black Gnat、Green Drake、Flying Antが挙げられる。

《註釈81》ダヴ渓谷を流れる釣り場の一画には、1674年にC.コットンが建てた石造りの釣り用コテージが今も保存されている。

《註釈82》V.C.マリナロは「現代のドライフライ規範」［1950］のなかで「釣師」のこの一節を引用して、羽虫の透明な部位の色彩が陽光にかざして見ると劇的に変化することを指摘し、毛鉤の色彩感を確認するためのC.コットンの手法は現代においても有効であって、彼のタイイング思想は20世紀英国のJ.W.ダンやネオ・イミテーショニストたちにも受け継がれている、と説いた。

《註釈83》石や木の板でできた簡素な歩行者用の橋。

第1部　ウエットフライの歴史

そら、もう1匹！

釣師：しかも一歩も動かずに、ですよ。

猟師：いやぁ、本当によい釣り場ですね。また来た！グレイ
リングだ。なんとも思いどおりに釣れるものだなぁ。

釣師：さて、それではこちらへ。フットブリッジを通って向こ
う岸へわたり、下流に行くともっとよい流れがあります。ここ
よりずっとよい釣りが愉しめますよ。ごらんなさい、これがそ
の流れです。スペースは充分あるので、離れて遠くから釣る
のですよ。この流れを名人のような技で釣って下さいね。そ
うすればいつかは大物も掛かるはずです。ほらさっそく、どう
ですか？

猟師：いや、逃げられました。でも、鉤先で獲物の口を引っ
掻いた感触だと、結構な型だったなぁ。

釣師：ひと言アドバイスさせて下さい。貴方は気がはやり、
せっかちになったために失敗したのです。向こうアワセで掛
かるのでもない限り、大物が出たときには、獲物が毛鉤を咥
えてその頭を反転させるまでアワセをくれてやってはなりま
せん。また、アワセのときには仕掛けに力を入れたりせず、優
しく鉤掛りさせなければなりませんよ。もう一投してみましょ
う。この流れを細かく区切りながら毛鉤を精確に流して下さ
い。鱒やグレイリングの超大物が潜んでいますからね。そこ
ですよ、そこ。その向こう側の大岩の傍。そこでは10匹に1
匹は型のよい鱒が出ますよ。

猟師：やぁ、出た！底のほうに潜ったままで、どんな奴なのか
ここからでは見えないな。でもこの重量からすると、相当な
大物には違いない。それにしても、ちっとも引かないぞ。

釣師：貴方の仰ることから判断すると、どうやらそれはグレ
イリングのようですね。これは最も臆病な魚で、大物ほど釣
りやすいのです。ほら、ごらんなさい、説明したとおりの奴で
すよ。(訳者注：従者に向かって)ランディングネットをここ
へ！さあ、貴方の獲物ですよ。これは大物ですね、16インチ
はあるでしょう。私だって今年はまだこんな大物は釣ってい
ませんよ。・・・(中略)・・・それではこの辺で次の場所
に移りましょう。そろそろ夕飯の時刻が近づいていますしね。
この下流にはとても開けた素晴らしい流れがあるんです。そ
こにある水門の下にはこの川で一番深いプールがあって、確
実に大物が期待できる場所なんですよ。』

【コットンの同世代と視認性主義】

　続いて、コットンとほぼ同時代に活躍したふたりの釣魚
作家が描く17世紀毛鉤の特徴とドレッシング手法を解説
することを通じて、この世紀が釣魚史上に果たした技術的
意義を明らかにしていきたい。

　この時代の毛鉤を大別すると、J.バーナーズの時代に
も見られたハックルを持たずウイングを真上に立てただけ
のパターンと、パーマー(Palmer)[84]と呼ばれる新しい
パターンが存在した。後者は基本的に絹糸や毛糸製のボ
ディー全体をコックフェザーで巻き上げて毛むくじゃらに
仕上げた単純なものであったが、19世紀に至るまで永く英
国フライフィッシャーに愛用され続け、鱒の喰っている羽虫
がわからないときのサーチング・パターンとして特に重宝
されてきた。このパターンは木の枝から落下した毛虫をイ
メージして創られたとも言われているが、英国毛鉤の歴史
のなかでも異様なまでに強烈なアトラクター性が確認され
る[85]。しかし、これらの点以上に重要な特性として指摘さ
れているのが、そのぶ厚く巻かれたボディーハックルには、
流れに対する強い摩擦抵抗でもって毛鉤に浮力を与える
機能も期待されていた点である。

　コットンの同世代の一人であるトーマス・バーカー
(Thomas Barker)[86]は、自著「釣魚の技法」(THE
ART OF ANGLING [1651]))のなかで毛鉤について論
じ、基本的にはシーズンを通じて5つのパターンだけで通
用するとしながら、もし毛鉤をふたつだけに絞らなければな
らないとすれば、それはメイフライとパーマーであると記し
ている。バーカーがこれらに寄せる信頼は、次の一節から
も明瞭に読みとることができる。

『それでは3月の毛鉤釣りから始めよう。風が強かったり曇り
空であったりすれば、こんなときにうってつけのパーマーがいく
つかある。

　まずは、ボディーを銀糸でリブづけしたブラックパーマー
(Black Palmer)。次いで、褐色がかったオレンジ色のボ
ディーを備えたブラックパーマー。3つめに黒ずくめのブラック
パーマー。4つめが金糸でリブづけしたレッドパーマー(Red

《註釈84》Palmerの名の由来には諸説あるが、聖地遠
征を終えて帰国した十字軍の戦士がシュロ(Palm)の葉
を身につけていたという故事にちなみ、毛虫のあちこち
を歩きまわる行動が彼らの戦旅に似ているとして、その
名がつけられたとも伝えられる。

《註釈85》F.フランシスは、毛虫が落水することなど皆無
に近いので、Palmerは毛虫のイミテーションであろうは
ずがない、と主張している。

《註釈86》シュルーズベリー生まれで生没年不詳。クロ
ムウェル軍に雇われて料理人を務め、自著のなかでは魚
の料理法も解説した。なおI.ウォルトンは、T.バーカーの
著作を下敷きにして「釣魚大全」第一部のフライフィッシ

ング解説を書いたと伝えられる。

《註釈87》学名はBibio marci。和名はフルカ。4月
から5月にかけて大量に発生し、サンザシ(Haw-
thorn)の植生の傍で多く見られることからこの英名
がつけられた。

各種パーマー (Art of Angling and Complete System of Fly-making and Dyeing of Colours [William Blacker (1842)])

Palmer)。5つめは褐色がかった派手なオレンジ色のボディーを備えたレッドパーマー。これらの毛鉤にはすべてハックルが取りつけられなければならない。そうすれば一年を通じ、朝な夕なに、風が吹いたり曇ったりしたときに用いることができるであろう。これらの毛鉤なしには、一日の釣果を確保することなどできはしない。月ごとに1種類の最適な毛鉤があるという言い伝えを聞くこともあるが、これは伝承に過ぎない。それでもなお、確かに特定の月向けの毛鉤というものがひとつだけある。それはメイフライである。そして、大気が澄んでいれば、ホーソンフライ (Hawthorn Fly)[87]を模する必要がある。これは全身が黒くて体は小さく、毛鉤は小さければ小さいほど効く。5月にはメイフライを選んで、これを模すがよい。ボディーをセーム皮の切れ端で製作し、そこに黒く染めた馬の尻の毛を巻きつける者もある。他の方法としては、薄茶の豚の毛で作ったボディーに黒い絹糸を巻きつけるやり方もある。また作り手の好みに応じて、これにマラード・フェザーのウイングを取りつけることも

ある。・・・（中略）・・・以上、これまで挙げてきた種類の毛鉤は、季節と天気を勘案しながら用いれば、一年を通じて役に立つ。特に、曇りがちで暗い日には明るめの毛鉤を、明るい日には一番暗めの毛鉤を、そしてこれら以外の天候であれば残りの種類の毛鉤を用いるべきことを肝に銘じよ。あとは経験に裏づけられた判断が貴殿を指南するであろう。』

この著作は、「バーカーの愉しみ」(BARKER'S DELIGHT)との副題が示すとおり、素朴で朗らかな釣りの愉しみを謳い上げ、毛鉤釣りと餌釣りの間にまだ明確な境界線が引かれていなかった時代の釣り模様をいきいきと現代に伝えてくれる。また、護国卿クロムウェルに料理番として仕えたT.バーカーは、釣った魚の調理法をさまざまに紹介し、自ら腕を振るった魚料理で主君のみならず国内諸侯や各国大使までもてなした記録を綴っている点も興味深い。それでは、彼が護国卿の命に応じて、食材調達のために朝マ

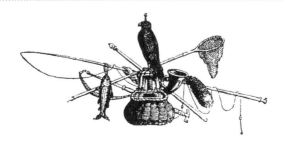

第1部　ウエットフライの歴史

ズメの川を訪れた際の一節を、この著作のなかから次のとおり引用してみたい。天気のようすと毛鉤の色彩との密接な関係を説き続けたバーカーの面目躍如たる一文である。

『ある日曜日のこと、我が主君から「明朝6時までに格別の鱒料理を用意せよ。」とのご下命があった。知らせを受けとった私はそのまま窓のところまで行って、空のようすを窺ってみた。そこで主君への返事には「神の思し召しにより、明日の天気は心配ございません。ご指定の時刻までに用意いたします。」と書いておいた。

さて翌朝、私が川の畔に立ったときには、辺りはまだ真っ暗闇であった。3本の絹糸と2本の馬素を撚り合わせた釣糸の先に、2本の絹糸を撚り合わせた先糸を結び、その先端に造りのしっかりした釣鉤を結びつけた。鉤には2匹のドバミミズを用い、暗闇のなかで少しでも見やすくするため、ミミズ餌の両端が垂れ下がるように房掛けにした。仕掛けを川面に送り込んだところ、やはり真っ暗闇で何も見えない。こういうときこそ、いつも私が水面を毛鉤で釣るときと同じくらい、ミミズ餌を使って釣果に恵まれるものなのだ。

水面からはライズの音が聞こえるかもしれないが、釣り人は思い切って釣糸を緩め、餌を出来る限り川底まで沈めてやらなければならない。釣糸を張っていると、魚が喰う手応えを感じることになるが、釣り人はじっと待たなければならない。この餌を飲み込まない鱒など20匹に1匹もいないのだから、心配ご無用。しばらくしてから軽くアワセてやれば、しっかりと鉤掛りする。何回か魚のヒキをいなしてやれば、そいつは釣り人の手中に収まることだろう。

空が白み始めると、私はミミズ餌を外して、大振りの鉤に巻いたホワイトパーマーにとり換えた。この毛鉤でスポーツを愉しんだ後にもう少し明るくなると、ホワイトパーマーをとり外して大型のレッドパーマーに交換した。空がすっかり明るくなるまでの間、この毛鉤でもよい思いをすることができた。そこで今度はレッドパーマーからブラックパーマーに換え、また何匹かを追加したところで、料理に充分な数の獲物を得た。そこで私はあわてて竿をたたみ、約束の時刻に我が主君のご朝食を給仕できるよう、なんとか間に合わせることができたのだ。』

3人目の傑出した釣魚作家はロバート・ヴェナブルズ (Robert Venables)[88]である。彼は名著「熟達した釣り人」（THE EXPERIENCED ANGLER [1662]）[89]のなかで、バーカーの著作よりも一層詳細にフライドレッシング法を解説した。このなかで読者の目を惹くのは、触角とテイルの取りつけ、ボディーを成型するためのダビング術[90]、鱒が最も注目する羽虫の腹部を模倣するための2色ダビング[91]、といった技術であったが、この時代の毛鉤に特徴的にみられる、フェザーウイングを前方に向けて取りつけ、根元を絹糸で反対側に折り曲げるように留める手法は、初期英国毛鉤の大きな特徴のひとつとなっている。この手法による、直立あるいは若干前方に倒されたウイングはリバースウイング（reverse wing）[92]と呼ばれるが、これについてヴェナブルズは、独自に考案したキールフライを解説するなかで次のように述べている。

「熟達した釣り人」[1662]

《註釈88》1612年、チェシャー生まれ。クロムウェル派の軍人として活躍し、49年には鎮圧軍の司令官としてアイルランドに進駐する一方、同地の釣りを堪能。54年にはジャマイカでの対スペイン戦に将軍として派遣されるも敗退し、帰国後その責任を問われて入獄。恩赦後の60年、チェスターの知事に任ぜられ、任期中にこの本を著した。87年没。

《註釈89》この著作は、I.ウォルトンから序文を献呈され、また釣魚大全の第五版において、その第三部にUNIVERSAL ANGLERと改題したものが収録されるほど高い評価を受けた。

《註釈90》R.ヴェナブルズはそのダビング材として、毛糸や野兎、犬、狐、熊、牛、豚の獣毛を紹介している。

《註釈91》『虫の体節を表現するためにふたつの配色を考える場合は、まずある色を鉤先に向けて均等に巻きつけ、その上から別の色の1本を間隔を空けながら巻き上げるとよい。』（「熟達した釣り人」[1662]より引用）

《註釈92》「元来、毛鉤のウイングは虫の脚部の模倣である。」とする説が古くから存在する。細く薄めのリバースウイングが鉤のチモト付近に設けられた古い毛鉤をみると、その意味がよく理解できる。後にG.E.M.スキューズが古風なウエットフライのなかにニンフの幻影を見たのも、これが為ではなかろうか。

《註釈93》J.W.ヒルズによれば、初期のリバースウイングは1枚のフェザーから切り出したひと束のファイバーを鉤軸に取りつけ、必要な場合はその根元を絹糸で2分割したという。

《註釈94》J.W.ヒルズは、T.バーカーやR.ヴェナブルズが模倣性よりも視認性を重視したことから、彼らをファンシーフライの先駆者と位置づけている。

《註釈95》「鱒を狙うフライフィッシングの歴史」[1921]より引用。

『まず始めに、馬素をフックシャンクの内側に沿わせ、チモトの側から羽虫に似せた色の絹糸でその上を巻いて固定し、ウイングを固定する足場にちょうどよいところまで巻き上げていく。そこに羽虫の翅に似せた色のフェザーを鉤の前方に突き出すような形で絹糸の足場に固定してウイングとする(93)。次に、何枚かのフェザーがつけ根の羽根軸の表皮でつながった状態のものを剥ぎとってきてフックシャンクに固定し、全体に巻きつけていく。フックシャンクの背側に張り出したハックルを刈り込んでおけば、鉤の内側に残されたハックルが流れに抵抗して、この毛鉤は鉤先を上にして泳ぎ、ウイングも川に押し流されて飛翔時の姿勢をとることになろう。これに対して、もしウイングを後ろ向きに取りつけたならば、柔らかいウイングが鉤のフトコロに引っ掛かりねじ曲がってしまうのは、往々にして経験されるところだ。』

　J.バーナーズが紹介した毛鉤の「月次分類法」はこの時代の釣り人たちにも引き続き支持されていたが、先のバーカーの引用文にも確認できるように、その考え方に異論を挟む者が現われ始めた。単なる自然の模倣にとどまらず、天気や流れの状況に応じて毛鉤を使い分ける流派が登場したのだ。

　彼らの理論の背景には、水のなかが明るく澄んで見やすいときには毛鉤の荒い細工をごまかすため目立たないようにし、反対に水のなかが濁って見難いときには毛鉤が目立つようにする、といった鱒からの視認性を重視する思想がある。ヴェナブルズは前掲の著書のなかで、バーカーの見解とは若干異なるものの、毛鉤を選ぶ上で着目すべき点を次のとおり列挙している。

『増水後の濁った流れでは大きめの毛鉤、澄んだ流れでは小さめの毛鉤を用いるべし。』
『水位が低く澄んだ流れでは、ボディーが小さめで細身のウイングを備えた毛鉤を用いるべし。』
『雨後の流れが澄み始めたならば、赤かオレンジ色の毛鉤を用いるべし。』
『空が晴れれば細身のボディーとウイングを備えた明るい色調の毛鉤を、曇りのときや濁った流れでは暗い色調の毛鉤を用いるべし。』
『流れが乳白色に濁れば黒か茶色の毛鉤を用いるべし。』

　このように釣り場の状況に応じて毛鉤を選択する思想、すなわち「視認性主義」は、以後さまざまに姿を変えながら、スコットランドや北部イングランドを中心に各地へと広がっていくことになる(94)。

【近世フライフィッシングの伝統と革新】

　続く18世紀から19世紀初頭にかけての期間、すなわちフライフィッシングの近世とはいかなる時代であったか。当時の英国の世相を振り返ってみると、1707年にイングランドはスコットランドを併合して大英帝国が成立、国内的には蒸気機関を用いた紡績業を中心とする産業革命が興り、対外的にはようやく大航海時代を迎えてインドや米州大陸へと本格的に進出していった。

　J.W.ヒルズは、釣魚史の観点からこの時代を『教則書の時代』("age of manual")と表現した。彼が指摘するとおり、新しい世代はその先達が築いた輝かしい作品群に比肩する釣魚文学を世に送り出すことができなかった点については、他の釣魚史家も認めるところである。しかし、この認識は釣魚史の停滞を意味するものではない。否、むしろこの時代にこそフライフィッシングの歴史は大きく展開し、特にその技術面において顕著な発展を遂げたのだ。このプロセスは、名前さえ遺さぬ無数の人々によってたゆまず進められていった。ヒルズはその道程について、『この発展はその都度確認できるものではなく、我々が最終地点に到達した後で振り返ってみて、ようやくその長い道のりに気づかされることになる。』(95)と感慨深く書き記している。

　その一例として、まず釣竿への新素材導入が挙げられる。米州植民地の開発は母国にさまざまな物資をもたらし、西インド諸島からは弾力性に富むランスウッド(lancewood)、北米からはヒッコリー(hickory)、そして高い耐水性を備えた英領ギアナ産のグリーンハート(greenheart)といった木材が新たに釣竿の素材として用いられるようになった。これに加えて、東インド会社を通じて英国の実効

第1部　ウエットフライの歴史

18世紀のフライフィッシャー（THE ART OF ANGLING (Richard Brooks [1781])）

支配が強まるインドからも竹材が輸入されるようになり、従来の国産材を利用する竿とは比較にならないほどの弾力化や軽量化が実現された。

また、リールの発明自体は前の時代の功績であるが、その改良と商品化の進展は18世紀の成果であり、早くも1770年の釣具広告のなかでは真鍮製の両軸受けリールが大々的に宣伝されている。リールと歩調を合わせる形で進歩したのがシルクラインで、紡績技術の発展は充分な長さと精密なテーパーを可能とした。

これら技術革新のおかげで、フライキャスティングでは遠投が可能となり、コットンの時代には20フィート近い長さがあった毛鉤竿も15フィートを切るまでになった。鉤は高品質な鋼鉄製のものが登場(96)する一方、従前の馬素製リーダーが18世紀初頭に開発されたガットリーダー（gut leader）(97)に取って代わられたことにより、釣り人はリーダーが水に濡れて強度が落ちるのを心配する必要もなくなった。

それでは毛鉤の分野ではどのような進歩が見られたのだろうか。マテリアルの面からいえば、それまでは身近な野鳥の羽根の利用にとどまっていたものが、貿易の拡大によって世界各地の珍鳥の羽根まで手に入るようになった。多彩なマテリアルを用いる表現手法の広がりは、主にサーモン毛鉤において顕著となり、この分野で生まれた美しいパターンのいくつかはスケールダウンされて華やかな鱒毛鉤へと装いを新たにした(98)。

こうした流れとは別に、鱒毛鉤の分野で新しいマテリアルを活用したパターンを探してみると、J.W.ヒルズはメイフライ・パターンをその例に挙げている。この毛鉤を完成せるためには、アメリカ産のサマーダックやエジプト産のガチョウがウイングに使われ、ハックルは中国産のゴールデンフェザント、ボディーにはイタリア産のトウモロコシ繊維やアフリカ産の天然ゴムといった新素材が利用されたと伝えられる。しかし、当時製作された毛鉤を広く眺めてみると、マテリアルの大きな変化を経験したのはごく一部のパターンに限られるのであって、鱒毛鉤の大宗には引き続き国内産のマテリアルが用いられていたことが分かる。この点について、J.W.ヒルズは「鱒を狙うフライフィッシングの歴史」[1921]のなかで次のように述べている。

『さて、ここで注目すべきは、国産品で間に合っているようなマテリアルについては、我々もジュリアナ女史が用いていたのと同じ素材を使い続けているという点である。だからこそ、彼女の毛鉤は4世紀にわたる歴史の試練と五大陸での競争にも耐えることができたのだ。ヤマウズラ（Partridge）のハックルとオレンジの毛糸か絹糸で作られるフェブラリーレッドは、4世紀半の昔と変わるところなく、同じものが来シーズンの3月にも使用されることだろう。19世紀にフランシス・フランシスが

《註釈96》かつては釣り人が自製していた釣鉤も、17世紀半ばまでには専業メーカーが製作するようになっていた。初期の鉤は強度に劣るものであったが、18世紀前半に質の高い鋼鉄製の鉤が一般に導入されて以降、多数のメーカーが同事業に参入するようになる。この時代、イングランドではケンダル（Kendal）やレディッチ（Redditch）の地にフックメーカーが集積し、18世紀後半にはアイルランドのリマリック（Limerick）でも生産が盛んとなった。なかでも特に製鉤業が盛んとなったレディッチには、1823年時点で17社も集積していたという。各地で固有の釣鉤スタイルが発展することになったが、それは同時に釣鉤のサイズ規格の乱立をも招いた。

《註釈97》gutとは、カイコガの繭糸腺を加工して得られる繊維体で、我が国ではテグスと呼ばれる。古くはスペイン文学の傑作「ラマンチャのドン・キホーテ」[1605, 1615]のなかにも登場する。19世紀、その一大生産地となったスペイン南部のムルシア地方では、生産高の7割が釣魚用（残りは医療用縫製糸等）に生産されたという。これを縒り合せて強度を増すために、ツイスト・エンジン（twist engine）と呼ばれる撚り機が用いられた（右図）。

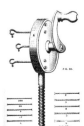

《註釈98》代表例としては、スコットランドを流れるテイ川（River Tay）沿いの街の名を冠したDunkeld、そしてスコットランドのJ.ウィルソン博士によって開発されたBlack DoctorやSilver Doctorが挙げられる。

《註釈99》有名なハックル・パターンとしては、白黒の縞模様を帯びたクックー（Cuckoo）、黄または蜂蜜色のファイバーが羽軸周辺のみダンカラーに染まったハニーダン（Honey Dun）、白または乳白色のファイバーが羽軸周辺のみ黒に染まったバジャー（Badger）、そして赤茶色のファイバーが羽軸周辺のみ黒く染まったファーネス（Furnace）が挙げられる。

巻いたレッドスピナーのドレッシングは、15世紀のジュリアナ女史のそれとほとんど同じままである。なぜなら、これらふたつの毛鉤のいずれにも、我々は国産の鳥の羽根を用いているからだ。』

　他方、当時最も身近なマテリアルのひとつであったコックハックルについては、大きな変化が見られた。それはゲームコック (game cock) と呼ばれる優美な鶏の登場によってもたらされたものである。

　英国では古くから闘鶏 (cock fighting) が盛んに行われていた。この大衆の娯楽は18世紀に流行をきわめ、その勝負をめぐっては喚声と大金が飛び交い、養鶏家たちは闘争心が強く毛並みのよい鶏を育て上げることに心血を注いだ。これらの品種は掛け合わされ、外観のよい優れた血統だけが残されていったことから、いつしか特徴的な色調や紋様を備えた羽根軸の長いハックルを身にまとうようになった。この時代の釣り人たちはゲームコックの芸術的なハックル[99]に魅了されて、これを求め争ったと伝えられる。

　20世紀の英国フライドレッサーたちもまたハックルへの審美眼を研ぎ澄まし、その収集自体がひとつの趣味として成立するまでになった。それでは、エリク・タヴァーナー (Eric Taverner) の大著「鱒釣り全書」(TROUT FISHING FROM ALL ANGLES [1929]) のなかから、ハックルの選択に関する一節を紹介しよう。

闘鶏場の様子

《註釈100》一般に、英語で雄鶏はコック (cock)、雌鶏はヘン (hen) と呼ばれるが、鶏全体を指してコックと呼ぶこともある。

《註釈101》織物などの表面を硬いもので擦ったときに摩擦熱によって生じる筋模様を指す。

《註釈102》灰茶色の地に赤味がかった金色の斑 (rust) がちりばめられたハックル。ラスティダン (Rusty Dun) とも呼ばれる。

『ドライフライに用いられるハックルのほとんどは雄鶏[100]のネックから得られるが、なかでも最上級の品質を備えたものだけがドライフライのドレッシングに値する。そうしたハックルを光にかざして見ると明瞭に輝き、そのファイバーの一本一本が羽根軸からしっかりと屹立していることが確認できる。ハックルを収集するのに最適な時期はクリスマスの直前となるが、これはそのころになると歳をとった鶏が〆られるためだ。中ぐらいのフェザーの張りが必要なウエットフライを巻くときに、若い雄鶏のハックルが用いられる場合もある。雌鶏のハックルは柔らかく、あまり陽光を透過させない。その柔らかさと抵抗が少ない性質を考慮すればウエットフライに適しているといえよう。

（中略）

　フェザーの高品質を確かめるためには、光沢のある面を上に向けて暗めの背景の上に置き、フェザーの全体、特にその外縁部分にはっきりとした輝きが見られることで判別できる。フェザーの最先端部が一方向に軽くカールし、そこに十分な弾力があることも確認すべきだ。カットクリフは次のように述べている。「あらゆるハックル用の鶏のなかで最上なのはオールドイングリッシュゲーム・コック (Old English Game Cock) であるが、これは今となっては非常に入手困難となっている。」「インディアン種の鶏から採った全体的に赤みを帯びたハックルもあるが、これはフライフィッシングにはまったく不向きである。こうしたハックルは裏側にチョークマーク[101]が入っているので、コレクター諸兄はこの点に注意しながら収集されたい。」「さまざまな種類のフェザーがあるなかで、あらゆる面から判断してラスティ (rusty)[102] なものが最も価値が高い。したがって、ラスティ・ブルーのフェザー一式や、ノウサギの背部と同じ色調をしたフェザーが収集できるよう全力を尽くす必要がある。これらのフェザーは暗い背景で金色や黄色に美しく光り輝き、非常に稀少である。あらゆるフェザーのなかで、急流の釣りに最適なのはこうした種類のものである。」』

　1835年にイングランドで闘鶏が禁止されると、ゲームコックの供給は著しく細り、19世紀の釣り人たちは上質なハックルを探して全国を駆けめぐった。後にインディアン

第1部　ウエットフライの歴史

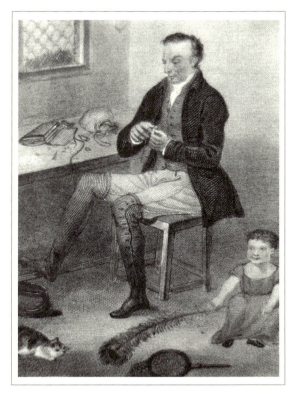

手だけで毛鉤を巻く男

端に向かって徐々に細くなっていくハックルのことである[103]。私がまだ子供だったころ、こういう毛並みの鶏はどの鶏舎のドア越しにも見ることができた。ところが今では、これを求めて数百マイルを旅したとしても、ちょうどよい色合いの鶏には出会えないことだってある。これはきっと、ゲームコックの飼育数が落ち込んでいるせいに違いない。』[104]

続いて毛鉤のスタイルの変遷について見てみよう。ここでは、リチャード・ボウルカー（Richard Bowlker）[105]の著作「釣魚の技法」（THE ART OF ANGLING [1747]）を例に挙げたい。彼はそのなかで、J.バーナーズの時代から営々と引き継がれてきた古典的毛鉤のうち、効果が認められず由来も明らかでないものを列挙してすべて打ち捨て、一年を通じて役に立つ29のパターン[106]だけに解説を絞り込んだ。

確かに、彼のドレッシング手法はまだコットンの時代を踏襲するものであり、その毛鉤は依然としてリバースウイングで巻かれていたのだろう。しかし他方、かつて人気を誇ったパーマーは影を潜め、代わりにウイング・パターンが存在感を示し始めていることは注目に値する変化である。そしてこれらのウイング・パターンには、今日のウエットフライに見られるように、ウイングのつけ根から下に向けて取りつけられた薄めのハックルが確認できる。さらには、これら毛鉤のなかに、後に独自の発展を遂げるソフトハックル・パターンの原型まで登場していることにも注目すべきであろう。

このボウルカーによるフライ・パターンの大掃除は、およそ160年後にF.M.ハルフォードが本格的に取り組むことになる毛鉤の体系化・標準化の先駆けと位置づけられるべきものである。J.W.ヒルズがこの著作を『近代フライドレッシングの出発点』[107]として高く評価したのは、こうした歴史的意義に着目してのことであろう。

ここにきて、我々はようやく馴染みのある英国パターンの名をいくつか見つけることができる。これらのパターンは、ボウルカーの指定したドレッシングから大きく変わることなく、今もなお広く用いられている。この著作のなかから、アイアンブルー（Iron Blue）[108]とカディス（Caddis）、そしてレッドスピナーについて解説した部分を引用してみよう。

種やアンダルシアン種などさまざまな鶏種が導入されたが、伝統的なオールドイングリッシュゲーム種への需要は衰えることがなかった。この時代に活躍した有名な釣具商であるジェームズ・オグデンは、ウェールズ地方伝統のコッシーボンドゥ・パターンを解説する一節のなかで、良質なコックハックルを手に入れることの難しさを次のように語っている。

『この毛鉤には良質なファーネス・ハックルを用いることがきわめて重要である。良質なファーネス・ハックルとはどのようなものか紹介しよう。それは、ファイバーの両面が可能な限り等しく血のように赤黒く、羽根軸周辺と毛先の部分は黒くなっている、すなわちファイバーの中ほどの部分だけが赤黒いもので、先

《註釈103》この特殊な色調のハックルは、用いられる毛鉤の名と同じく「コッシーボンドゥ」と呼ばれる。

《註釈104》「オグデン、フライフィッシングを語る」[1887]より引用。

《註釈105》シュロップシャー生まれで、1779年に没したこと以外は詳細不明。彼の死後も息子チャールズが同著書の出版を続け、1854年までに16版を重ねた。

《註釈106》Red Fly、Blue-dun Fly、Brown Fly、Cowdung Fly、Stone Fly、Graham Fly、Spider or Gravel Fly、Black Gnat、Black Caterpillar or Hawthorn Fly、Iron-blue Fly、Sally Fly、Canon or Down-hill Fly、Shorn Fly、Green Drake、Grey Drake、Orl Fly、Skycoloured Blue、Cadis Fly、Fern Fly、Red Spinner、Blue Gnat、Large Red Ant、Large Black Ant、Welshman's Button、Little Red Ant、Little Black Ant、Little Whirl Blue、Little Pale Blue、Willow Fly（以上はリチャードによる選。後にチャールズが一部修整）。

《註釈107》「鱒を狙うフライフィッシングの歴史」[1921]より引用。

《註釈108》英国全土に生息するコカゲロウ属の中型種（Baëtis muticus/niger の総称）。そのダンはボディー／ウイングともに濃い灰色を帯び、スピナーになるとウイングは透明となり、その♂はボディーまで透明となって尾部の先端には特徴的な紅色が差すことが知られている。

《註釈109》古英語には小さな袋状のものを指すcodという言葉があった。これを踏まえ、J.バーナーズは「鉤による釣魚論」[1496]のなかで、営巣するトビケラの幼虫をCodwormeと呼んだ。後にCod-baitあるいはCadbaitと呼ばれるようになり、遅くとも18世紀までにはそこから転じてCadis（R.ボウルカーによる綴り）という名が生まれたと考えられている。

マテリアルの指定もさることながら、当時の釣り人による水生昆虫の生態の捉え方が大変興味深い。

『アイアンブルーは5月に入って1週間の後に出始めて、6月の半ばまで続く。彼らは寒い荒天の日には川面へ大量に降りてくるのだが、暖かい日にはほとんど見られない。流下の際、彼らは翅を背の上にピンと立て、翅と同じ色をした尾は反り返っている。彼らはこぢんまりとした奇妙な羽虫で、どんなに繊細に毛鉤を巻いたとしても繊細過ぎることはない。午前11時ごろから午後3時までの間に使うことをお勧めする。この羽虫が水面に現れるとき、魚は他の虫を無視してこれだけを捕食する。あらゆる種類の魚がこの羽虫を好む。その毛鉤のウイングには鵜（Cormorant）の翼の下部に生えるフェザーか、ダークブルーの雌鶏の翼の裏に隠れている体側部のフェザーを使う。ボディーにはカワネズミの体毛を巻いて、黄色の絹糸でリブづけし、その全体をブルーのコックハックルで巻き上げる。フックサイズは＃8か＃9。』

『カディスは6月10日ごろに現れる。4枚翅を持った大型の羽虫で、翅と胴体は黄褐色を帯びており、7月の初旬まで水面に現れ続ける。成虫は筒虫（Cod-bait）(109)という小型の奇妙な虫から生じる。このイモムシ状の幼虫は釣り餌として珍重される。彼らが身体にまとう筒状の衣は小石や砂を器用に繋ぎとめたものだ。この毛鉤は水が澄み始めたときに用いるのが一番だが、同じタイミングで現れる他の羽虫のほうが魚にとってはより魅力的なので、私がここに挙げる毛鉤のなかで価値は最も低い。ウイングには黄褐色の雌鶏から採ったフェザーを用い、ボディーは同じく黄褐色のモヘア、脚部には薄い黄色のハックルとする。フックサイズは＃6。』

『レッドスピナーは6月の中ごろに現れ、8月の終わりまで続く。とても暑い日のイヴニングにおいてのみ、7時以降のまだ視覚が効く時間帯の釣りに用いられる。このスピナーには2とおりあって、ひとつは鴨の灰色のフェザーで赤銅色の光沢が掛かったものをウイングに用いて、ボディーにはリスの毛の赤みがかった部分を巻いた上から金糸でリブづけし、レッグにはレッドコックの繊細なハックルを、そして長くカーブしたテイルにもこの鶏のハックルファイバーを取りつける。もうひとつのスピナーには、ムクドリ（Starling）の翼から採ったハックルを用い、鈍い赤色のモヘアのボディーを金糸でリブづけし、さらにその上からレッドコックの繊細なハックルで巻き上げて、長いテイルは最初のものと同じくする。これらはいずれも、特に川において必殺の毛鉤である。釣り場の規模に応じて、フックサイズは＃7か＃8を選ぶ。』

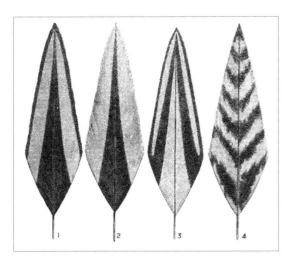

左からCoch-y-bonddu, Furnace, Kneecap, Cuckoo

ゲームコック

【スコットランドの伝統的ウエットフライ】

　1830年にリバプール・アンド・マンチェスター鉄道が開業して以降、英国では長距離鉄道開発が進められ、40年代には蒸気機関車が主要都市間を結ぶ鉄道網が完成する。従来、馬車での移動を余儀なくされてきた英国の釣り人は、これにより遠距離交通の自由を得た。その結果、イングランドの富裕層の間では避暑を求めて夏のスコットランドに滞在することが流行し、雄大な自然のなかでサーモン釣りや鱒釣りを満喫したいと願う釣り人にとって、スコットランドは格好のリゾート地と目された。イングランドからの釣り客によってもたらされたフライフィッシング文化は、北の大地に適応するスタイルへと姿を変えながら地元の釣り人たちにも広く受容されていく。

　スコットランドの急峻な地形は川の流れを荒くし、鱒のライズを確認し難くする。このため、南部イングランドで「ライズを釣る」("fishing the rise")手法が発達したのに対して、この北の大地では「流れを釣る」("fishing the water")手法、すなわち経験に基づいて獲物の潜んでいそうな流れを叩きながら釣る方法が一般的となって今日に至る。毛鉤をダウン・アンド・アクロスで狙った筋に流し込む伝統的フライフィッシングには、スコットランド人の手によってさらなる工夫が加えられた。それが今日ドロッパー仕掛けと呼ばれる枝鉤仕掛けである。通常、3または4本の毛鉤が取りつけられ、一番先端の鉤はリードフライ(lead fly)、枝素に取りつけられる鉤はドロッパー(dropper)と呼ばれる[110]。

　ドロッパー仕掛けは、一線上に並んだ毛鉤を下流に向かって扇状に展開させることから、広い流れを面的に探る上で効果を発揮し、異なる種類の毛鉤を同時に流すことによってその日の当り鉤を探し出すことも容易になるという点で非常に効率的な仕掛けといえよう。大きな流れではロングキャストによって遠くから広い範囲を狙い、近くの狭い範囲を狙うときにはリールラインを水面につけないようにし

19世紀初頭のスコットランドの釣り人

《註釈110》リードフライはend fly, point fly, tail flyあるいはstretcherと呼ばれ、ドロッパーのうち一番手前側に結ぶものはbob flyとも呼ばれる。流れが激しい場合、あるは大型の毛鉤を用いる場合には2本に絞られることもあったが、スコットランドでは1本だけの利用は伝統的とはみなされない。なお、地方によっては5本以上の毛鉤を用いることもある。

《註釈111》T.ストッダートは、ときどき毛鉤を震わせて魚を誘うのがよいとしている。また、毛鉤の着水時に一番魚が出やすいので、できるだけ繊細に、リードフライから着水させるよう説き、風のある日に釣ることを勧めている。

《註釈112》1820年、北部イングランドのダーラム近郊生まれ。46年に司祭となり、54年にダーラム大聖堂で聖俗事務を取り仕切る聖堂参事会員(Canon)に就任して永くその任を務める一方、考古学者としても名声を博した。大の釣り好きとして知られ、90歳を超えてもなお看護婦同伴で釣りに興じたと伝えられる。1918年没。

《註釈113》J.ライトはサーモンフライの開発者としても知られ、彼の作品にはウイングにジャングルコックを大胆に用いたパターンがあるが、その毛鉤にはDurham Rangerというこの釣魚クラブの名が与えられている。

《註釈114》1813年、ダーラム近郊に生まれる。長じて実家の営む絨毯工場を引き継ぐ。48年、ダーラム市長に任ぜられ、50年には同市議会議長に選出されるが、多忙のなかでも国内外の釣り旅行を欠かすことはなかったと伝えられる。91年没。

《註釈115》W.グリーンウェル翁がR.B.マーストンに送った手紙では、これらのマテリアルを必ず黄色の絹糸で巻くよう指示されている。

《註釈116》学名は*Rhithrogena germanica*(ヒメヒラタカゲロウ属)。英国北部を代表するカゲロウで、そのニンフは接着型。F.M.ハルフォードは『水に浮く毛鉤とその作り方』[1886]のなかで、この急流を好むカゲロウは南部イングランドのチョークストリームではほとんど

て繊細に釣ることもできる(111)。他方、毛鉤を投げ込みながら漫然と釣り下るだけでも釣りになることから、他の流派の釣り人からは「放り込んであとは運任せ」("chuck and chance it")と揶揄されることもあったが、この釣法は北部イングランドや南西イングランド、ウェールズ、アイルランドにまで広く普及し、それぞれに地域色豊かな発展を遂げていくことになる。

なかでも19世紀スコットランドにおける毛鉤の発展には注目すべきものがあり、その傑作ウエットフライの数々は今もなお我々のフライボックスのなかで輝き続けている。このうち比較的イミテーション性の高い毛鉤の代表格として知られる、グリーンウェルズグローリー(Greenwell's Glory)にまつわる有名な故事を紹介しよう。

ときは1854年の春、ダーラム(Durham)の名士ウィリアム・グリーンウェル(William Greenwell)(112)は、彼の所属する釣魚クラブ(113)の仲間とともに年に一度のスコットランド釣行へと出かけた。勇んでツイード川(River Tweed)に鱒を狙ってみたものの、獲物は彼の投ずるマーチブラウンには見向きもせず、ただ川面を流れる特定の羽虫だけをついばんでいた。悩んだ末にグリーンウェルはこの羽虫を捕まえて、当地の腕利きフライドレッサーとして知られるジェームズ・ライト(James Wright)の許に持ち込み、その毛鉤の製作を求めた。この依頼に応じて創り出された新作のウエットフライの顛末については、ウィリアム・ヘンダーソン(William Henderson)(114)の佳作「我が釣師たる人生」(MY LIFE AS AN ANGLER [1879])が次のとおり伝えている。

『5月にはウィリアム・グリーンウェル氏とジェームズ・ライトが、ツイード川はレドン・ホーの釣り場で想い出深い釣りを愉しんだ。連日朝方から釣りに繰り出しては、ブローズと呼ばれる瀬の上の、広く静かに流れる瀞場のなかに深く立ち込む彼らの姿が見受けられた。運よく、毎朝西から風が吹いて水面を乱し、そのおかげで彼らは毛鉤を魚の頭上にゆったりと留め置くことができた。この好条件に加え、コットンの「遠くから繊細に」との教えにも助けられて、彼らは夕方ともなれば満杯の魚籠を人に見せることができた。そのときの記憶はスプ

J.ライトが巻いたグリーンウェルズグローリー

ウィリアム・グリーンウェル

ウストンの住人たちの心のなかに今もしっかりと残っている。この釣果の多くは、とある一本の毛鉤、クロウタドリ(Blackbird)の翼から採った羽毛をウイングに用い、ボディーにコッシーボンドゥのハックルを巻いたパターンによるものであった(115)。この毛鉤は目覚ましい威力を発揮したため、その体験の記念として「グリーンウェルの栄光」("Greenwell's Glory")との名を授かることになった。春や初夏の釣りには、私のドロッパー仕掛けに不可欠な一本となっている。ただ一本だけマーチブラウンという例外を除けば、これほど釣れる鉤はほかにない。』

このグリーンウェルズグローリーと並び賞されたマーチブラウン(March Brown)(116)は、斑の入った翅と褐色の体躯をもち、流れの激しいフリーストーンの川に生息する同名の中型カゲロウを模倣した毛鉤である。R.ボウルカーはこの鉤をブラウンフライ(Brown Fly)と呼び、ノウサギやリスの毛を混ぜ合わせたダビングボディーの上にキジの羽根のウイング、そしてヤマウズラのハックルを用いるよう指定している。

このマーチブラウンは特にスコットランドや北部イングランドの釣り人に重宝されるパターンで、19世紀スコットランドの代表的釣魚作家として知られるトーマス・ストッダート(Thomas Tod Stoddart)(117)の著作「釣り人の伴侶」(THE ANGLER'S COMPANION [1847])のなかでも、早春のスコットランドでは大型の鉤に巻いたマーチブラ

見かけられず、そこに棲む鱒がこれを喰うのを見たこともないので解説を省略する、と冷淡に記している。

《註釈117》1810年、エジンバラ生まれ。エジンバラ大学で法学を学ぶが、哲学科のジョン・ウィルソン博士と出会ったのを契機に釣りにのめり込む。29歳のときに専業の釣魚作家として出発し、スコットランドの釣りと自然の喜びを謳う解説書や詩文を生涯にわたり数多く発表する。ツイード川の汚染問題にも取り組み、政府に改善措置を実現させた。37年、ツイード川沿いの町ケルソ(Kelso)に転居して、同地での鱒釣りを最も好んだと伝えられる。80年没。

ウンで釣るのがよいと紹介されている。その理由について
彼は、『この地の川で鱒がライズし始めるのは4月中旬のこ
とだが、最初に現れるのがこの羽虫であって、ハッチが始ま
る前でもこれを模した大振りな毛鉤であればなんとか喰い
気を誘うことができる』からだと説いている。

　こうした解説からは、19世紀スコットランドの釣り人によ
る水生昆虫の生態への深い洞察が読みとれるのだが、彼
らは後に南イングランドの釣り人たちが唱えることになる厳
密なイミテーション性の追及には拘泥せず、一般的な虫ら
しさが確保されていればよしとし、むしろそのような毛鉤こ
そさまざまな状況下において高い汎用性を発揮するもので
あると考えた。この姿勢はストッダートの前掲の著作にお
いても、次のように明確に示されている。

『多くの釣り人が鱒毛鉤の選択にあまりにもうるさいのには、
いつも驚かされる。私が釣りに行くと、5、6ダースもの毛鉤を
持ち歩いて毛鉤をとっ替えひっ替えしながら、一番喰いの立つ
せっかくの時間帯を無駄に過ごす釣り人の姿を何度目撃した
ことか。彼らは、ある毛鉤の色が暗過ぎるから、あるいはティ
ンセルがついていないからといって外してみては、代わりに当
り鉤とされる最新式のスタイルなんぞを、むやみやたらと取り
つけたがる。

　そんなときに訊ねてみたくなるのだが、鱒の好みというか、そ
の視力について彼らはいったいどう考えているのだろう？この
魚は水面を流れる餌に関して、「本日のメニュー」と選んだもの
以外には一切目もくれないほど執着心が強いというのだろう
か？あるいは、食欲の誘惑すら打ち破ることのできない一風変
わった嗜好があるとでもいうのだろうか？彼らは、虫の翅や胴
体、あるいは触角の色彩を隅から隅まで完璧に識別できる視
力が鱒に備わっているとでも夢見ているのだろうか？本物の虫
と比べてわずかに色調が異なっていたり、形が違っていたりす
るのを鋭く見分ける能力があるとでもいうのだろうか？それが
彼らの結論だとするならば、私は、彼らがこの鱒のことをまった
くもって驚くべき味覚を備えた美食家だと盲信していると認め
ざるを得ない。しかし、だからといって、私は彼らの結論を完
全に否定するものでもない。問題は、彼らが鱒の能力を過大
評価している点にあるのだ。・・・（以下略）

　私の30年近い経験によれば、3種類、多くともせいぜい4
種類の鱒毛鉤が手許にあれば、いかなる川や湖でもシーズ
ンを通じて充分な成功を保証するに足るものと確信する。ここ
で私が「種類」というのは、色や形、用いるマテリアルの違いと
いった要素を指しているのであって、サイズについては別の話
である。毛鉤のサイズは、季節や水位の高低、あるいは風の強
弱といった自然環境に大きく左右されるものだ。

　鱒釣師の手許には、色彩面から見て次の3種類の毛鉤があ
れば充分だと考える；
1.赤か茶のハックルを備えたもので、ウイングはあってもなく
ても可
2.黒のハックルを備えたもので、ウイングはあってもなくても可
3.ノウサギの耳の毛かカワネズミの毛のボディーにウイング
をつけたもの』

【ファンシーフライの由来】

　スコットランドの鱒毛鉤の特徴としてしばしば指摘され
るのが、ファンシーフライ（fancy fly）[118]の多様性である。
この毛鉤は、魚が捕食している羽虫を模倣するイミテー
ションフライと対照をなす存在であって、一般に、「虫っぽ
さ」（"buggy-ness"）とも呼ぶべき昆虫の特徴を誇張するこ
とにより、獲物の食欲を刺激して喰いつかせるためのものと
されている。

　こうした毛鉤の起源は、主に湖沼でブラウントラウトや
シートラウト[119]を狙うために、スコットランド各地で独自
に開発されてきた地域色豊かな毛鉤の系群にあるとされ、
これらの毛鉤は一般にロッホ・スタイル（loch style）と呼
ばれる釣りに用いられていた。この釣法では、ロッホと呼
ばれる湖沼[120]の泥炭層の岸辺に広がる葦原の際に沿っ
て回遊する鱒をウエットフライのドロッパー仕掛けで丹念
に探っていくのが基本とされる。湖岸から釣るケースもな
い訳ではないが、眼前に広がるムーアランド（moorland）
[121]の小高い丘や流れ雲の風景と一体となって、ドリフトさ
せたボートから毛鉤を無心に打ち返していく釣りは、まこと
にのどかで牧歌的な魅力にあふれている。

　この釣りについて、ハロルド・ラッセル（Harold John

《註釈118》ファンシーフライによく見受けられるX's
Fancyという形式の名称は、「X氏のお気に入り」の意。

《註釈119》ブラウントラウトの降海型で、2歳魚のころ
からスモルト化して降海し、近海で生活する。大物は30
ポンド級にも達し、ウェールズではセウイン（Sewin）、ア
イルランドではホワイトトラウト（White Trout）、ウェス
トカントリーではパール（Peal）と呼ばれる。英国では
夏から秋にかけて川に遡上し、夜間に行動することから、
これを夜釣りで狙うのが夏の風物詩とされている。

《註釈120》ロッホとは本来、スコットランドやアイルラン
ド等で氷河が渓谷を削ってできた細長い止水域を指す
が、釣り人によって広く解され、これら地域の湖沼一般

を指す言葉として用いられることが多い。なお、規模の
小さい池はターン（tarn）などと呼ばれる。

《註釈121》主にスコットランドやイングランド北部に見
られる荒地帯。草原と灌木の植生がみられ、泥炭質の
土壌を流れる川の水は常時薄い褐色を帯びる。

《註釈122》1868年、ベッドフォード侯爵家の長男とし
てパリに生まれる。長じて法廷弁護士として活躍し、
1926年に逝去。

Hastings Russell)[122]は名著「チョークストリームとムーアランド」(CHALKSTREAM AND MOORLAND [1911])のなかで、古きよき時代の風景を懐かしみながら次のように回想している。

『誰しもロッホ毛鉤のなかにはお気に入りのパターンというものがある。湖沼の釣りでは鱒にある程度の選択枝を与えてやる必要があるので、私は3本の毛鉤で釣ることにしているが、一度に4本を超える毛鉤をつけたからといって、それで効果が増すとは思わない。もし決まった4本鉤の仕掛けだけで釣らなければならないとすれば、私が選ぶのはマーチブラウン、ズールー、ティール・アンド・クラレット、そしてレッドパーマーとなるだろう。

(中略)

ロッホ・コー (Loch Cor)は周囲1マイルほどの円い湖で、湖底の一部は岩盤で非常に水深があり、ほかの部分は泥底で浅くなっている。ふたつの岬が向き合う形で突き出ていて、そのうちのひとつには緑の葦や背の高い灌木が生い茂り、その岸辺の水面は睡蓮の葉が埋め尽くしている。その沖には開けた水面が広がっており、湖の真中にある小島には朽ち果てた古代の遺構が見える。それ以外、ロッホ・コーに人の手が入った形跡は見られない。私は到着するやいなや、竿をケースから取り出してフェルールを継ぎ始めた。ボートを漕いでもらうために雇った灰色の顎髭を生やした地元の老人が舟内の水を錆びた小さな缶で掻い出してしまう前に、私はもう釣り支度を済ませてしまっていた。釣り人の皆さんならご理解頂けると思

スコットランドのロッホ(Loch Leven)

第1部　ウエットフライの歴史

湖上の闘い

うが、釣りたくてどうにも我慢ならない日というものがある。この日はちょうどそんな状況で、私は岸辺から意味もなくキャストし始めた。そうこうしているうちに、我々のボートは岸辺を離れ、老人は葦原を割りながらオールを漕ぎ始めた。ゆっくり進むボートが開けた水域に到達するまでの間も、私は葦や睡蓮の葉の合間を見つけてはそのひとつひとつに毛鉤を投じてみた。そうやって私は自分の逸る気持ちをなだめていたのだ。

最初の1時間はまったく反応がなく、獲物は1匹も掛からなかった。西からほどよい微風が吹いて、やや茶色がかった透明な水面にはさざ波が起こり、葦原が揺らいだ。天気はというと、朝方は心地よい陽光だったのが、いまや困るほどに強い日差しとなって降り注いでくる。小さな雲が沢山浮かんでいるが、どれも太陽の顔を隠してくれるほどではない。私は、地平線のこちらからあちらへと流されていく雲が日差しを遮ってはくれまいかと願いながら、遠くを眺めていた。まずは定石に従

い、私は葦のおおいい被さる岸際を斜めに攻めてみた。すると4つのまことに小さなライズを得たが上手く乗らず、それぞれ2度目を狙ってはみたものの、小物のくせにどいつも再び出てはくれなかった。小物の鱒が1匹掛かってきたが、水面上を元気に跳ねたところで外れてしまった。今度はもう一方の湾に行くと、岩石で敷き詰められた湖底は水深およそ3フィートで均一に広がり、湖水はちょうどよい色をしていたが、ライズはまったく見られなかった。老人によれば、5、6月には一投ごとにライズがあったというが、今回は彼も失望していた。彼は首を振り、太陽に向かって手をかざした。彼は、天気が良過ぎるし、ロッホ・コーにとってはシーズンが遅過ぎると考えていた。そんな訳で、我々は岸に揚がって昼食をとることにした。私は座ってヘザーに囲まれながら弁当を食べ、煙草を吸った。午前中の陽気と興奮は自然と治まっていった。

午後にはちょっとした変化がみられた。よくあることだが、早朝くっきりと晴れる日は、夕方には雨が降るものだ。暗い壁のような雲が西のほうから沸き起こり、まもなく雨が降りそうなことは明らかだった。それまでの時間を大切に使うことが重要で、今や太陽には雲が掛っている。我々は急いで葦の間からボートを押し出し、小島と向こう岸の間のよさそうな水域で竿を出すことにした。何投もしないうちに2匹の魚が同時に向こうアワセで毛鉤に掛かり、私はなんとか2匹ともランディングネットに押し込んだ。どちらも同じサイズで、ほんの小物だった。もう少し先に進むと、島から離れた深みとなり、ここでもう1匹を掛けた。永い貧果の後に良型を掛けるというのは、胸が高鳴るものだ。こいつは深く潜って、驚くべきことに私のリールからラインをかなり引きずり出した。しばらくの間はボートのほうに寄せることができなかった。なんとか疲れさせて寄せた後も、ラインに水草の塊を絡ませながら、こいつは水面に躍り出て暴れ続けたのだ。そいつの引き締まった体躯と大きなサイズをほかの小物2匹と並べてみると、私は笑みを漏らさずにはいられなかった。

（中略）

今や空は暗雲に覆われ、驟雨の前に一瞬の静けさが訪れた。さざ波は止み、岸辺を覆う灰色に揺れる葦原の影が薄茶の湖面に映し出された。私は、まだチャンスがあるうちにさっきと同じサイズの大物が釣れるだろうかと心配になってきた。

《註釈123》こうしたスコットランド毛鉤には、Teal and BlackやGrouse and Purple、Mallard and Greenといった例が挙げられる。

《註釈124》一般に小魚のイミテーションとして用いられ、深く沈めて早曳きするとよく釣れるとされる。かつての英国ではあまりに釣れ過ぎるため、使用を禁止する釣り場もあったという。

《註釈125》1844年、デンマーク王室に生まれる。63年に英国のエドワード王太子（後のエドワード7世）に嫁いでプリンセス・オブ・ウェールズの称号を贈られる。1901年、義母ヴィクトリア女王の崩御に伴い英国王妃となる。美貌に恵まれたが、夫の不倫に生涯振りまわされ

た。25年没。ちなみに、エドワード7世は釣り好きで知られた。

《註釈126》19世紀初頭に南アフリカに興った黒人王国に対して、1879年、英国が宣戦布告。同年、圧倒的な火力を誇る英国軍の勝利により同王国は英国の間接統治下に入るが、火器をほとんど備えずとも善戦し、いくつかの会戦では英国軍を敗走させたズールー兵の勇敢な闘い振りに、英国民は強い印象を受けた。

《註釈127》1785年、ペイズリー生まれ。弱冠12歳にしてグラスゴー大学に入学した天才。オックスフォード大学を卒業した後、湖水地方で悠々自適の生活を送るが、詐欺に遭って多くの財産を失い、1810年代にエジ

ンバラに転居。以後雑誌編集者として健筆を振い、クリストファー・ノース（Christopher North）とのペンネームでトーリー党側の論客として名を馳せる一方、野外スポーツをこよなく愛し、詩人ワーズワースとも親交を持った。20年にエジンバラ大学で道徳哲学の教授に選任され、51年に退職を迎えるまで奉職した後、54年没。なお、彼の兄であるJames Wilson博士は銘パターンGrizzly Kingの考案者とされる。

そんな気持ちでボートをドリフトさせている最中、幸運にもドロッパーにつけておいた明るい色の大きなレッドスピナーに鱒が跳びついた。暗い空を背景に、この毛鉤は湖面にくっきりと浮かび上がって見えたに違いない。その魚は大きな水飛沫を立ててライズし、アワセを入れると、私は即座にそいつがボートのなかに横たわる大物の仲間入りをするにふさわしい獲物であることを確信した。私は老人に向かって叫び、ボートを葦原の岸辺に近づけないよう指示した。すると、鱒がボートの下に潜り込んだので、私は舟尾のほうに移動してこれを回避した。ボートが湖の中央に向かうまでには何度か息の詰まりそうな瞬間もあったが、延び切ったラインの先に闘う魚体がやっと見えると、私は神に感謝の言葉を呟いた。この鱒が無事ランディングされたちょうどそのとき、湖面には最初の雨粒がポツリと落ちた。』

この釣法向けのファンシーフライのなかには、用いたマテリアルの名称がそのまま呼び名となっているケース[123]も数多くみられるが、そのほかフライパターン誕生の故事にちなんだ興味深い名称も散見され、これらの名の由来を知ることは釣魚史の愉しみを一層味わい深いものにしてくれる。

ここにその例のいくつかを挙げてみよう。ウイングとしてピーコックハールを大胆に用いることで有名なアレグザンドラ (Alexandra)[124] は、元来レディー・オブ・ザ・レイク (Lady of the Lake) との名で知られていたが、後に英国王室のアレグザンドラ王妃[125]にちなんでその名が授けられたと伝えられる。ブッチャーは、その名が示すとおりケントシャーで肉屋 (Butcher) を営む人物の協力によって生まれた毛鉤であるが、同時にそのウイングの濃紺色とテイルの紅色がそれぞれ肉屋のエプロンと肉の色を表しているとも伝えられる。ピーターロス (Peter Ross) は、パースシャーで小間物屋を営んでいたその開発者の名を冠しているが、彼は伝統的なティール・アンド・レッド (Teal and Red) の尾部にシルバー・ティンセルをわずかに加えるだけで鱒の反応が格段に上がるこの毛鉤を偶然に発見したのだった。いにしえのパーマーの末裔にあたるズールー (Zulu) はその名の由来も定かではないが、一説には真っ黒なボディーと赤いタグの組合せが、ズールー戦争[126]において英国兵が遭遇した黒人戦士の姿を想起させることから名づけられたともいわれる。

これらファンシーフライをめぐるさまざまな伝承のなかでも特に人口に膾炙してきた、プロフェッサー (Professor) とコーチマン (Coachman) にまつわる逸話は、それぞれ次のような形で遺されている。

『古い伝承によると、ジョン・ウィルソン博士 (Professor John Wilson)[127] は湖での釣りの最中に手持ちの毛鉤が尽きたところ、鱒が盛んにライズし始めた。鉤と絹糸はいくらか手許にあったので、博士は身の周りにあるマテリアルでなんとか急場をしのげないかと頭をひねった。ところが周囲には役に立ちそうなものがほとんどなかったため、仕方なくキンポウゲの黄色い花びらをボディーに巻き、ウイングやハックルにはそ

アレグザンドラ王妃(右)

第1部　ウエットフライの歴史

スコットランドのロッホ・アングラーたち [1881]

の葉や乾いた草のかけらを用いてみた。驚いたことに、彼はこの毛鉤で良型を何匹も釣り上げたので、家に戻るとその毛鉤をより耐久性のあるスタイルへと作り直したのであった。』(128)

『竿と釣糸の完璧な操作は、馬車の運転に鞭を巧みに振るうのと同様、不可欠で重要な作業である。この例えは、我々が知っている最も技量の高いキャスティングが鞭のようなものであることを思い起こさせてくれる。ここで有名な英国王室の御者 (coachman)、トム・ボズワース (Tom Bosworth) について触れてみたい。このトム翁、若き日にはジョージ4世、ウィリアム4世、そして永く玉座に君臨したビクトリア女王の3代にわたってよく御者を務めた。トム翁は優れた釣り人であり、筆者が知遇を得たときにはすでに彼に並ぶ者はなかった。彼は、

技量よりも体力のほうが勝っているような釣り人たちの跡をたどって釣り、彼らの3倍の釣果を上げることもしばしばであった。それは、おおかたの釣り人では毛鉤を投じることなどまったく思いもよらぬ難しい流れに向けて、細心の注意を払いながら器用にキャストして得られた成果であった。ときには気まぐれに、注意深く計算された鞭の一投で、道を歩く通行人の口からパイプを奪い取る曲芸まで披露した。彼のその才能は、短距離での竿さばきにおいても同じく見事に発揮された。夜釣りに威力を発揮するコーチマン・パターンを開発したのも、このボズワースである。』(129)

　魚はなぜ、ファンシーフライの極彩色に魅了されるのだろうか。これまでにも述べてきたとおり、元来、毛鉤は羽虫の

《註釈128》「鱒毛鉤辞典」(C.ウィリアムズ [1949]) より引用。

《註釈129》SCIENTIFIC ANGLER (David Foster [1815]) より引用。

《註釈130》このファンシーフライは1850年ごろにウースターシャーで開発され、78年にはF.M.ウォルブランがヨークシャーの川に持ち込んで、グレイリング用の必須パターンとして広めたと伝えられる。ピーコックボディーに派手な色調の大きなタグをつけたハックルフライのバリエーション群は、一般にウィッチ・パターンと総称されるが、この名は、大振りなハックルの後ろでウールやフロスを大きくフレアさせた形が、ちょうど大きなハットを

被った魔女 (witch) が空飛ぶ箒に乗っている姿を想起させることからつけられたものである。

《註釈131》W.ヘンダーソンは「我が釣師たる人生」[1879] のなかで、1836年の早春にコケット川 (River Coquet) で体験した話を紹介している。彼の毛鉤は鱒に齧られてボディーと赤いシルクスレッドだけの無残な姿になったが、交換の時間を惜しんでそのまま使い続けても、獲物たちは変わらずこの毛鉤に跳びついた。関心を抱いたヘンダーソンは釣友に頼んで、Blue Dunに赤いタグを取りつけた毛鉤を作ってもらい皆で釣ってみたところ、3人が3日間釣って合計575匹を仕留めたという。彼はこの毛鉤について『エントモロジーに対する大胆な挑戦』と記しているが、後にG.E.M.スキューズはこれ

を『結果的にIron Blueのイミテーションとなっているに過ぎない。』と一刀両断にした。

《註釈132》明らかにF.M.ハルフォードら「厳格なる模倣」学派を揶揄する一文。

42

忠実な模倣から始まった。これに派手な色彩を施して獲物を刺激しようと考えたのは、英国では主に北方の釣り人たちであったと伝えられる。また米国においても、アトラクター性の高い毛鉤が発展したのはメイン州をはじめとする北部地域であった。

　なぜこれらの寒冷な地域でファンシーフライが発展したのかについては諸説あり、寒冷地には羽虫の種類が少ないからだとする説や、北方の対象魚はアトラクター性を好む降海性の鮭鱒類が中心だからだとする説があれば、泥炭地を流れる川は常に濁りを含むので魚にとって視認性の高さが必要だとする説もある。もしこれらの議論のなかに一抹の真実が含まれているとすれば、このきらびやかに着飾った淑女の一群は、釣り人の美意識の産物というよりも——むろん、そういう側面も濃厚にあるからこそフライフィッシングは面白いのだが——、むしろ機能性を追求した成果であったと結論づけるべきなのかもしれない。

　歴代の釣魚史家もこの問題についてはずいぶん頭を悩ませてきた。そのなかから、ノースカントリー・スタイルの大家として後述する、T.E.プリットの議論をとり上げてみたい。彼はその著書「釣り人のバスケット」(AN ANGLER'S BASKET [1896])のなかで、銘毛鉤レッドタグ(Red Tag)[130]を引き合いに出し、グレイリングを惹きつけてやまぬこのタグの赤色の意味をめぐって次のように考えあぐねている。

ロッホスタイルのウエットフライ各種

『グレイリングはなぜ「レッドタグ」と呼ばれる毛鉤に喰いつくのだろうか？この現象は、英国兵士の赤い正装がなぜ淑女の一群に対して圧倒的な魅力を発揮するのだろうかという問題と同様、これからも謎であり続けることだろう。これとは対照的に、狐狩りの紳士が着るピンクの衣装にはなぜ同じ魅力が備わっていないのだろうか？・・・(中略)・・・こんなことすら解らない我々が、どうして「グレイリングがレッドタグに喰いつく理由」を解明することなどできようか？注目すべきは、グレイリングは確かにレッドタグに喰いつき、しかもほかにどんな毛鉤が投げ込まれようとも、やはりレッドタグのほうを選び好むことが多いという事実である。例えば、このレッドタグがグレイリングにとって目新しいもので、同じリーダーの枝素に取りつけられたほかの毛鉤もまたこの魚には同様に目新しく映っていると仮定してみよ

う。言い換えれば、どちらも大なり小なりファンシーフライ、すなわち自然が生み出したものより遙かに魅惑的なものであったとしても、結果は同じことだ。あるいはレッドタグと、魚がいつも目にしている本物の羽虫を完璧に摸した毛鉤の両方を流してみても、グレイリングが一日中関心を示すのはレッドタグのほうで、もう片方の毛鉤は完全に無視されることだろう。やはり決め手はその赤いタグなのだろうか？[131] 人間の視覚がある色をその色調のままに知覚できるのと同じように、魚も色を見分けているのだろうか？もし魚に色覚がないとすれば、我々と同世代の誰かさんが羽毛や絹糸で正確な色彩を再現しようと躍起になっているその姿の、なんと虚しきことか！[132]』

43

第1部　ウエットフライの歴史

第3章　近代フライフィッシングの幕開け

　フライフィッシングは18世紀から19世紀初頭にかけて着実に発展を遂げ、この間に今日もなお根強い愛好家を擁する伝統的ウエットフライフィッシングの基礎が固められた。そして、この近世の時代を鱒毛鉤の思想史という観点から眺めれば、C.コットンが序曲を奏でた後に幕開けるフライフィッシングの発展期は、英国の釣り人たちに多くの技術革新をもたらして、依然おおらかで牧歌的な雰囲気は残しつつも、彼らに毛鉤の諸問題に係る気づきの機会を提供した、と評価することができよう。

　それでは、これに続くフライフィッシングの近代とはいかなる時代であったろうか。歴代の釣魚史家は異口同音に、この時代区分が19世紀中ごろに一斉に花開いたと語っている。彼らは、いくつかのより科学的で趣味性の強いフライフィッシングのアイデアがこのころに登場して、数多の釣り人たちを虜にしていった史実を詳細に記録している。米国の釣魚史家J. マクドナルドは「釣魚の起源」[1963]のなかで、この時代を特徴づける3つの出来事について端的に記しているところ、その一節を次のとおり引用してみたい。

　『19世紀に達成された真の業績は、エントモロジーの創造、アップストリーム・アプローチへの決定的な移行、そしてドライフライの発明である。これらが三位一体となって、フライフィッシングが誕生して以来最大の革命をひき起こしたのだ。』

　これら3つの出来事のうち、「ドライフライの発明」については第2部で紹介することとして、本章では「アップストリーム・アプローチへの決定的な移行」と「エントモロジーの創造」について順を追いながら解説するとともに、これらの舞台背景をなす「イミテーション思想の興隆」についても触れてみることとしたい。

【アップストリーム学派の台頭】

　これまで解説してきたとおり、近世のフライフィッシングでは、下流に向けて毛鉤を投じるダウンストリームの釣り（down-stream fishing）が永らく基本とされてきた。それが今日通常行われている、上流に向けて毛鉤を投じるアップストリームの釣り（up-stream fishing）に取って代わられたのは、いつの時代であったろうか。我が国ではこれがドライフライの流行を機に進められたとの誤解もあるが、19世紀半ばのスコットランドにおいて、その理論が一人のウエットフライマンによって確立されたことは、欧米では広く知られた史実となっている。彼の名はウィリアム・スチュアート（William Clouston Stewart）[133]。J.W.ヒ

W.C.スチュアート（左）

《註釈133》1832年、エジンバラ生まれ。弁護士として身につけた明晰な論理力と鋭い弁舌を活かし、弱冠24歳で「実践的釣り人」の初版を完成させる。特にツイード川での鱒釣りを愛した。72年、39歳の若さで天然痘のため死去。生涯未婚であった。

《註釈134》J.W.ヒルズは「鱒を狙うフライフィッシングの歴史」[1921]のなかで歴代の釣魚作家をこの観点から分類し、17世紀ではT.バーカーやJ.チェサムが明確なダウンストリーム学派であり、R.ヴェナブルズはダウンストリーム学派寄り、C.コットンはややアップストリーム学派に近い中立派であったと記し、18世紀のR.ボウルカーはアップストリーム学派だったのではないかと分析している。

《註釈135》R.ヴェナブルズは、ダウンストリームの釣りの場合、アワセるときの力は、毛鉤を魚の口から引き抜く方向に働かざるを得ない点についても言及している。

《註釈136》20世紀英国を代表するニンフ毛鉤の理論家O.カイトは、この著作を『これまで書かれた釣魚文学のなかで間違いなく一番で、かつ最も理路整然と書かれた作品である。なにより素晴らしいのは、スチュアートがこれをすべて自らの経験に基づいて記している点だ。なんと多くの釣魚作家たちが他人の著作からアイデアを借用していることか。ウォルトンでさえその例外ではない。』（「実践ニンフフィッシング」[2000年版]）と絶賛した。

《註釈137》当時のスコットランドの鱒釣りでは、13フィート程度のダブルハンド竿が一般的とされていたが、W.C.スチュアートは10フィート程度の軽量で硬めのシングルハンド竿を、取りまわしがよく繊細に釣れるのでウェーディングに最適であるとして推薦している。

《註釈138》W.C.スチュアートは、毛鉤を水面上で流す距離は2、3ヤードで十分であると説く。

《註釈139》W.C.スチュアートに先んじることおよそ20年前、A.ロナルズがすでに「フライフィッシャーの昆虫学」[1836]のなかで、鱒は必ず上流を向いていて、背後となる下流側は見え難くなっていることに言及している。

ルズが「フライフィッシング史上の四賢人」の3人目に数える偉人であるが、残念ながら我が国で彼の功績を知る者は少ない。

むろん、アップストリームの釣りはスチュアートが初めて唱えたものではない。アップストリームとダウンストリーム、どちらのアプローチで釣るかという論争はかなり古くから存在していた(134)。その最初期の例としてしばしばとり上げられるのが、17世紀のR.ヴェナブルズによる議論である。

ヴェナブルズは「熟達した釣り人」[1662]において両方の釣り方があることを記した上で、アップストリームの場合は釣り人の姿や竿の影が魚に察知され難いという長所があるが、ダウンストリームの場合でもラインを長く出して遠くから釣れば問題は回避できるとした。他方、アップストリームの短所としてラインの影が魚に掛かるリスクに言及し、またこの場合ウェーディングが不可欠となるため結果的に狙える範囲が狭くなると論じた(135)。こうした検討の結果、彼は小渓ではアップストリームを、大きな河川ではダウンストリームを推奨した。この議論のなかでヴェナブルズはダウンストリームのほうが自らの好みであることを隠そうとしていないが、重要なのは、早くもこの時代からアップストリームの釣りが試みられていたことが証言されている点である。

時代が下るにつれてこの種の議論は盛んになっていったが、それに一応の決着をつけたのがスチュアートであった、というのが多くの釣魚史家の一致した意見である。彼は名著「実践的釣り人」(THE PRACTICAL ANGLER [1857])(136)のなかで舌鋒鋭くダウンストリーム学派を糾弾し、アップストリーム・アプローチの意義を訴えた。

スチュアートの主張によれば、アップストリームの釣りのほうが遙かに難しく、より高い技量と魚の生態に対するより深い理解を必要とするという。釣り人はシングルハンドの短い釣竿(137)を手に持って上流に向かい、ライズのある場所あるいは魚の居そうな場所を狙って、ごく短距離のキャスティングによって毛鉤をそっと着水させ、なるべくリールラインを水面につけないように張りながら序々に竿先を上げていく(138)。そのとき毛鉤を常に水面直下に維持して、毛鉤へのライズや水面下で魚体が翻ったときの煌めきを確認すれば即座にアワセるという手法であった。この釣りのメリットは同著書のなかで次のように解説されている。

『ダウンストリームで狙う手法が、一般に広く認められ、指南書でも勧められているやり方であることは承知しているが、これは大きな過ちである。釣り人はアップストリームで釣り上がるべきなのだ。現在、100人のフライフィッシャーのうち99人はダウンストリームで釣っているといっても過言ではない。彼らは自分の釣り方を見直すことなど思いもよらず、自分が釣れないのは実はその釣り方のせいであることに夢にも気づかない。それでは、澄んだ流れをダウンストリームで釣ることの最大の欠点を、理論的・実践的に明らかにしたい。これまでの釣行で私が出会ったフライフィッシャーのなかで、アップストリームで釣り、しかもそれを真に芸術的なスタイルで釣ることのできた者は、アマチュアで1人か2人、プロで2、3人に過ぎない。風が川上に向けて吹くときには、緩やかな流れであれば――ましてや急流となれば絶対に思いつきもしない――たまにはちょっとアップストリームで釣ってみようかという者も現われる。しかしそんなときでも、彼らが適切に釣ることはできず、彼らの従来の方法による釣果とさほど変わることはないだろう。それに彼らが「釣り上がる」というとき、実際には「川上に向かって歩いている」というだけで、プールの流れ込みのところまで上がってはダウンストリームで釣っているに過ぎないのであって、アップストリームにラインを投じることはない。

それでは、アップストリームの釣りの利点について、その優位性を古い手法と対比させながら詳細に論じてみよう。

最初にして最大の利点は、釣り人の姿が鱒から発見され難いことである(139)。よく知られているように、鱒は頭を上流のほうに向け、常に泳ぎまわっている。この場合、彼らは前方と両横を見ることはできるが、後方まで監視することはできない。したがって、ダウンストリームで釣る者は20ヤード先でも感づかれてしまう一方、アップストリームで釣る者は後ろからであれば2、3ヤードでも見破られることはない。この優位性はいくら強調しても足りない。・・・(以下略)

もうひとつのアップストリームで釣ることの利点は、鱒が毛

第1部　ウエットフライの歴史

鉤にライズしたときの鉤掛りのよさにある。ダウンストリームの場合、ライズした鱒に釣り人が入れるアワセは、魚の口のなかから鉤を引き出す方向に働くリスクが高い。他方、アップストリームの場合は後ろから引くことになるので、アワセの力は鉤を鱒の顎に確実に引っ掛ける方向に働く。やったことのない者には重要性が判らないかもしれないが、この違いが一日のスポーツを終えたときにバスケットの中味を決めるのだ。これを理解するには身をもって学ぶよりほかに術はない。

　続いて、釣り場をより荒らさない点が挙げられる。いかにも釣れそうなプールをダウンストリームで釣る場合を想像してみよう。もちろん、釣り人はプールの一番上から始めることになるが、ここには一番大きな鱒、そして一番喰い気のある鱒が陣取っている。そこで数投して魚を掛けると、獲物はすぐさま下流にダッシュし、予期せず水面に跳ね上がった後であちこち泳ぎまわり、周囲の仲間たちを警戒させてしまう。そうなれば次のライズを狙うことはほぼ不可能となるだろう。アップストリームならばこれを防ぐことができる。釣り人はプールの一番下から釣り上がり、掛けた鱒を下流に引き寄せれば上流の釣り場を荒らすことはない。これは非常に重要なことであって、特に小渓の場合などは、そうやって一本のプールから1ダースの鱒を釣り上げることもできるが、ダウンストリームで狙ったりすれば、2、3匹に留まることだろう。

　最後に挙げるべきは、毛鉤の動きをより本物の羽虫の動きに似せることができるメリットである。一般にも言われることだが、本物の羽虫が一定の状態にあるときの動きを毛鉤が真似ることができた分だけ、成功を収める確率は高くなる。鱒がどんな毛鉤を咥えるにせよ、不自然な動きよりも自然な動きのほうが鱒を騙しやすくなることは明らかだ。』

　この説得力あふれる主張に後押しされる形で、以後、アップストリーム・アプローチによるウエットフライの釣りは英国全土に広まっていったが、そのスタイルは各地域の特性に応じて柔軟に姿を変えていくことになる。その典型として、ウェストカントリー (West Country) におけるアップストリーム学派の議論を例にとってみよう。

　イングランド南西部に位置するコーンウォール半島の山岳渓流は日本の渓流を彷彿とさせるフリーストーンの流れであって、源流部は岩々を縫って流れ落ち、小さなプールの連続する険しい釣り場となっている。このような流れに棲む鱒を攻略するために、デヴォンシャー (Devonshire) 北部で活躍したH.C.カットクリフ (H.C. Cutcliffe) は特殊なアップストリーム釣法を編み出した。

　カットクリフは著書「急流における鱒釣りの技法」(THE ART OF TROUT FISHING ON RAPID STREAMS [1863])のなかで、餌を送り込んでくれる流れがあって、傍にいつでも逃げ込める岩陰さえあれば、どんなに浅く狭いスポットでも必ず良型の鱒が潜んでいることを指摘し、こうした場所に居着く鱒を狙う上で最も求められるのが密行能力であるとした。鱒に気づかれぬよう必ず真後ろからアプローチし、釣り人や竿の姿を隠すためにできるだけ頭を下げて行動し、岩陰を最大限に活用せよと説く(140)。狙っているプールに向かって真下のほうからできるだけ近づいたら、10フィートほどの竿でウエットフライを2個だけ取りつけたドロッパー仕掛け(141)を精確かつ繊細に送り込む、という独特の釣法について、カットクリフは次のように解説している。

『何回か練習すれば、毛鉤（訳者注：リードフライを指す）を置くポイントが判ってくることだろう。毛鉤の着水した場所を確認したらすぐに、ドロッパーを水面に浮かせるように竿先を上げていく。流れはすぐに枝素を貴方のほうに向かって押し流すだろうから、その操作だけで充分だ。もちろん、ラインをしっかりと張ってドロッパーを水面上に維持できるよう、手と竿を動かさなければならない。もし狙う場所が流速の速い部分であれば、毛鉤を投じた後しばらく手の動きを止めて、毛鉤を流れに任せてみる。そうすれば、毛鉤は水面下に潜り込み、それを鱒が喰えれば魚体が翻るのが見えるはずだ。獲物のライズを期待してはいけない。貴方は眼を皿のようにして毛鉤を凝視し、流れのなかに獲物の煌きを見つけたら即座にアワセをくれてやらねばならないのだ。アップストリームの釣りをしている限り、毛鉤は水面直下を流れるケースがほとんどとなるが、その位置こそ鱒が食事を摂る場所である。鱒は毛鉤が水面に落ちた瞬間に跳びかかることもあり、こんなときにはライズを目視で

《註釈140》ほかにもH.C.カットクリフが、遅くとも朝6時までには川辺に出て朝マズメを狙うべきこと、流芯ではなくその両脇の筋を狙うべきこと、そしてポイントのひとつひとつをすべて探り尽くすべきことなど、我が国の渓流釣りスタイルと相通ずる見解を示しているのは興味深い。なお、南イングランドのチョークストリームでは、通常、早朝の釣りは禁じられている。

《註釈141》H.C.カットクリフは、リードフライにはアトラクター性の強い派手な毛鉤を用いて積極的に鱒を誘い、ドロッパーにはイミテーション性のある地味な毛鉤を用いてあくまで付属品として用い、リードフライを送り込めないような岩や葦の際を探るときにはドロッパーを積極的に活用せよ、と解説している。

AN ANGLER PLAYING A FISH（Philip Reinagle [1749-1833]）

きるのだが、その場合も視覚を鋭敏にして、魚体が翻るのに即座に反応しなければならない。』

　アップストリーム学派の隆盛は、釣魚史上いかなる含意を持つのであろうか。スチュアートが説くさまざまなメリットは当然認めるにしても、それとはまた別のところに、この釣法に与えられた大きな歴史的意義がある。彼が図らずも実現することになったこの釣りの愉しみについて、米国のJ.マクドナルドが披露した卓見をご覧頂きたい。この点こそ、後に産声を上げるドライフライフィッシングの根幹をなす要素であり、フライフィッシング発展の歴史が釣法の違いを超えて途切れることなく続いてきたことの証しでもある。

『スチュアートが登場して、フライフィッシングはその草創以来、史上初となる大飛躍をなし遂げることになる。スチュアート以前のフライフィッシャーたちは、魚を釣り上げるのに毛鉤の色彩と形態に頼りきっていた。スチュアートはそこにアクションの概念を導入したのだ。彼はいかにしてこれを実現したか。それは上流のほうに顔を向けることであったのだが、米国西海岸フライフィッシャーの多くはいまだこれに馴染めていないありさまだ。コットンの時代からアップストリームで釣る者たちは何人かいた。しかし、スチュアートは「さらなる高みへと歩み」("went upstream")、これを擁護する議論を行ったのだ。アップストリームの釣りは、ウエットであれドライであれ、さまざまな理由からより優れた釣り方だとされるが、その優位

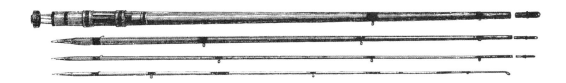

性の本質はある一点に尽きるといえよう。それは、上流を向くことによって釣り人が毛鉤の位置をコントロールするようになったということである。それゆえ、この釣りには一層精確なキャスティングが求められ、偶然の要素が働く余地は限りなく小さくなるのだ[142]｡』[143]

【ダウンストリーム学派の抵抗】

　では、もう一方のダウンストリームの釣りは廃れてしまったかというと、現在の状況が示すとおり、もちろんそういう結末にはならなかった。ウエットフライの愛好家たちは今日も流れの筋に毛鉤を送り込みながら、黙々と川を釣り下っている。大きな流れを広く探るときにダウンストリームの釣りが有効であることは、歴史上、多くの釣魚作家も認めるところである[144]｡

　当時、スチュアートに対抗してダウンストリーム学派側の論陣を張ったのが、H.C.ペネル(Henry Cholmondeley-Pennell)[145]である。彼はまず始めに、「水面上」を「乾いた状態」で流れてくる羽虫を模倣するために、「水面直下」を「濡れた状態」で流下させる毛鉤に工夫をいくら重ねても、そのふたつの本質的な相違点を解消することは不可能であると宣言する[146]｡このため、アップストリーム・アプローチによって毛鉤をより自然に流下させようとしても、それでは本物の羽虫が流れ下る動きを十分に再現する[147]ことにはならないとして、ペネルはその著書「現代の実践的釣り人」(THE MODERN PRACTICAL ANGLER [1870])のなかで次のように皮肉を込めながら、露骨なスチュアート批判を展開している。

『澄んだ流れでの鱒釣りに関する現代の良書の一冊を著したスチュアート氏は、「鱒は毛鉤を本物の羽虫と思い込んで喰いつく」というロナルズ氏と同じ健全な仮説に立ちながら、「本物の羽虫が川に押し流されていくように、毛鉤も同じく操作されなければならない。」と主張する。しかし、本物の羽虫が「乾いた状態」で流されるのに対して、毛鉤は「濡れた状態」で流されざるを得ない以上、彼の議論は類推の誤謬におちいっている。この誤りを正すのに、広く行われてきた伝統技法について敢え

て言及するまでもないだろう。100人のフライフィッシャーのうち99人は、毛鉤には流れのなかでも僅かな動きを与えるに留めておくことが最善であると知っている。
（中略）
　一般に、川を釣る場合にはダウン・アンド・アクロス(down and across)で狙うのが最適の方法である。これは、最初にできるだけ対岸の傍に毛鉤を投じて流下させ、最後に自分側

H.C.ペネル

《註釈142》F.M.ハルフォードを筆頭とする19世紀末のドライフライ純粋主義者たちは、ライズ中の鱒だけを狙ってアップストリームで毛鉤を投ずるところに、この釣りの愉しみを見出した。

《註釈143》「毛鉤釣魚大全」[1949]より引用。

《註釈144》E.M.トッド博士はWET FLY FISHING [1903]のなかで｢スチュアートはツイード川下流域のような大河川での釣りは不得手だった｣と語っている。なお、W.C.スチュアート自身も、濁りのある大河川の深場を狙うときなどには、例外的にダウンストリームの釣りの優位性を認めている。

《註釈145》1836年、ロンドン生まれ。釣りのみならず狩猟や射撃、スケートといった野外スポーツ全般に秀でるのみならず、60年代初頭には釣魚作家としての活動を開始するのみならず、66年から75年まで英国政府の海面漁業調査官も務めた。1915年没。

《註釈146》H.C.ペネルはその唯一の例外としてMayflyを模したドライフライを挙げ、サイズが大きいので十分本物に似せた毛鉤で狙うことができると記している。

《註釈147》H.C.ペネルはドロッパーを1本だけ取りつけて、これが水面上をスキップするように竿先を操作すれば、水面から飛び立とうとする羽虫の姿を再現して鱒をよく誘うと論じた。

《註釈148》1876年、ウースターシャーの牧師の家に生まれる。ケンブリッジ大学に進みジャーナリストとして働く。1903年、ランボーン川(River Lambourn)で鱒釣りをしていた際、当時フィールド(FIELD)誌の編集長を務めていたW.シニアと出会い、同誌の釣魚担当編集者への就任要請を受けた。以後、数々の釣魚文学作品を著すとともに、F.M.ハルフォードやG.E.M.スキューズらの執筆

の岸辺に寄せていくやり方である。スチュアート氏の優れた弁舌にもかかわらず、今やほとんどのフライフィッシャーはアップストリームの釣りがいつでも、そしてあらゆる状況下において、実践的に誤りであるとの結論に達している。私も、これまでフライフィッシングを観察するなかで見つけたいくつかの理由によって、その釣法が理論的にも誤りであると気づくに至った。川上に向けて強い風が吹くときには、確かにアップストリームの釣りが不可欠となる場合もあるが、そもそもそんなときには大して釣果を望むことなどできはしない。』

かくして両者の間で論争が始まり、大勢の人々を巻き込む騒動へと発展していく。当時の進歩的な釣り人の多くがスチュアートのスタイルを支持する一方、古くからのフライフィッシング愛好家はダウンストリームの釣りにこだわり続けた。

さまざまな釣りを分け隔てなく愛したことで知られる20世紀初頭の釣魚作家H.T.シェリンガム（Hugh Tempest Sheringham）[148]は、スチュアートと同じく、ウエットフライの釣りには短く硬めのファスト・アクションの竿を用いて、アップ・アンド・アクロスで流れの筋を刻みながら狙うスタイルを愛好したが、他方、伝統に裏づけられたダウンストリーム釣法の実力も十分に認め、必要に応じて両者を使い分けながら各地を釣り歩いた。彼の著書「鱒釣り　記憶とモラル」（TROUT FISHING MEMORIES AND MORALS［1920］）のなかから、ダウンストリーム釣法の効果的な用法を解説した次の一節をご覧頂きたい。

『かつて、私がアップストリーム教徒の一人だったころ、ダウンストリームで釣っている釣り人を見かけようものなら、そいつはきっとヘタクソに違いないと心のなかで軽蔑してしまうほど、私はこの流派に心酔しきっていたことを告白しておかねばならない。しかしそれはずっと昔の話だ。そのとき以来、私はさまざまな川で釣りを経験して、多くの釣り人たちを観察しながら彼らと語らってきた結果、ダウンストリーム学派に対する古い偏見をきっぱりと捨て去った。他方、だからといって私はアップストリームの釣りが嫌いになった訳でもないので、今では両方が使えるようになったことに大きなメリットを感じている。ある手法が効かないときに、もう一方の手法に切り替えら

れるというのは、実に便利なものだ。私もかつては、アップストリームの釣りが無理な状況下で、なんとも心許ない手つきでダウンストリームの釣りを試していたものだが、今ではどちらの場合でも自信を持って投ずることができる。

もちろん、ダウンストリームの釣りといってもさまざまな手法がある。個々人の趣味にもよるが、アップストリームの釣りに限りなく近いスタイルのものもある。ラインに多少スラックを入れた状態でダウン・アンド・アクロスに投じ、これを2、3ヤードほど自然に流下させるやり方だ。これは、大きな川や深場、あるいはウェーディングが困難な場所で私が好んで使うやり方であって、一流のダウンストリーム愛好家が頻繁に用いるスタイルだ。その原理はアップ・アンド・アクロス釣法とほとんど異なるところがない。また、ほかにもいくつかのスタイルがある。そのひとつがドロッパーを水面上で横切らせる方法だ。これはまことに愉しく、ときに素晴らしい効果を発揮する技術で、しっかり鉤掛りさせることは少々難しいかもしれないが、毛鉤が水面で弧を描くようにドラグを掛けてやると、魚をよく誘い出すことのできる非常に優れた方法だ。また別のスタイルでは、サーモン釣りでやるように、下流に向かって45度の角度で毛鉤を投射し、時折竿先でしゃくりながら毛鉤を躍らせる。そして、ラインを長く出してやり、岸辺の草叢が覆いかぶさった辺りや橋の下のトンネルといった普通では投げ込むことのできないような場所まで毛鉤を送り込み、流し切ったところで単純に逆曳きしてやる方法によっても、何匹かの鱒を掛けることができるだろう。

実際、ダウンストリーム手法のあらゆる可能性を考慮すれば、その利用を拒絶することは自らの釣りに効率上のハンディキャップを課す結果となるだろう。ダウンストリームの釣りはアップストリームの釣りと等しく、また場合によってはそれよりも一層、効果的となる。こういったダウンストリームに有利な場合の典型例としては、後年、私は嫌というほど思い知らされるのだが、鱒の喰いが悪いときが挙げられる。アップストリームでさんざん狙ってみても鰭ひとつ動かさないような鱒に対しては、岸に揚がって上流にまわり込み、ダウンストリームでやってみる価値が必ずある。毛鉤を草叢や岸辺の真下に投げ込んで、それを川の中央に向かって流れを横切らせながら竿先でわずかばかり曳いてやると、ライズのひとつやふたつは

活動を後押ししたことでも知られる。ドライフライの釣りからチャブの浮子釣りまで幅広い釣りに通じたことから、Piscator Rotundus（「オールラウンド・アングラー」の意）とのペンネームを用いた。分野を越えて多くの釣り人から愛され、ピスカトリアル・ソサエティの会長職に推挙されるところであったが、その直前の30年に癌のため死去。

必ず現れることだろう。しかし、その同じ場所をアップストリームで狙ってみても、反応がまったく見られないというのはよくあることだ。』

釣魚史を振り返るとき、我々はいわゆる学派（school）なるものの議論が、往々にして陥穽におちいりやすいことに気づく。かのグレイ卿が喝破したように、『釣りにおいて、「常に〜である」（"always"）と「決して〜でない」（"never"）というふたつの言葉は禁句』(149)であって、釣り人は状況の変化に応じてしなやかに順応していかなければ、釣果を確保することはできない。もちろん、筆者はひとつの釣法にこだわる愉しみを否定するものではない。むしろ、現代の我々が知るフライフィッシングの姿は、それにこだわり抜いた者たちの成果であったとさえ評価することができよう。しかし他方、そのこだわりが個人の密やかな愉しみに留まることを許されず、多くの釣り人たちを縛りつける行為規範へと祭り上げられるとき、歴史の舞台では水辺の三文役者たちが終幕のない悲喜劇を演じ続けたことを忘れてはならない。

ウィリアム・ネルソン（William Nelson）(150)は、1870年代の北部イングランドはイーデン渓谷における自身の少年期の釣りを回想し、釣りの師匠ボブとの交流を詩情豊かに綴った佳作「イーデン川の釣り」（FISHING IN EDEN [1922]）のなかで、このふたつの釣魚スタイルをめぐる議論について、まことに婉曲な批評ではあるが、次のように述べている。はたして、論争はR.ヴェナブルズの時代へと振出しに戻ったのか。

『当時の人々はラインを長く出してダウンストリームで釣り、ウェーディングしないのが一般的だった。一方、ボブや私はというと、ウェーディングしながらアップ・アンド・アクロスで釣っていた。なぜなら、こちらのほうがずっと釣れることが判っていたからだ。そのころ、「アップかダウンか」という問題が議論されていることなど知る由もなかった。私たちはふたりとも自分の流儀で釣っていて、判断には自由な余地があったのだ。

後に、アーモント山脈の裾野に広がるイーデン川下流部を釣ったとき、私は状況に応じてアップかダウンか選ぶべきことを発見した。流れが大きく魚は散らばっており、獲物を探しながら釣る必要があるときには、ダウンストリームが有利だった。しかも、幼いころにイーデン川上流部やその細流をダウンストリームで狙ったときほどには、魚を怯えさせることがなかった。

私たちの場合、理論より実践のほうが先行していたのだ。書物に記された釣りの知恵を知らずに過ごした無為の歳月に後悔を覚える私であったが、後日、科学に理解のある友人から、「実際、理論というものは常に実践の後についてくるもので、実験室での経験こそが教科書に素材を与えてくれるのだよ。」と教えてもらったことに、どれだけ慰められたことか。もし私がボブに「これについてボブの理論はどう？あれについては？」などと訊ねようものなら、経験豊かな彼であればこそ、きっと途方に暮れてしまったことだろう。ボブのやり方は風説に基づくものではなかった。水辺に立ち、ライズされている特定の羽虫を見つけると、彼は豊かな経験を基に、それに限りなく近い毛鉤を頭のなかのリストからいつでも選び出すことができたのだ。』

【イミテーション思想の興隆】

毛鉤の流し方をめぐって鋭く対立したスチュアートとペネルであったが、その形態と色彩のあり方については双方どのように考えたのであろうか。当時、ドライフライの普及に併せて広まりつつあった「厳格なる模倣」（"exact imitation"）の思想に対抗する形で、その愚を説く点において両者は立場を一にしたが、彼らの導き出した結論は互いにやや異なるものであった。

スチュアートの結論は、細身のシルクボディーにハックルを軽く巻いただけのごくシンプルなウエットフライであった。彼はこれをスパイダー（Spider）と呼び、なかでも特に効果のある3種類のドレッシングを紹介した(151)。これらの毛鉤のフックシャンクには単色の絹糸をごく短く巻き、ハックルも一番柔らかいものを3、4回だけ巻いて(152)小さめに仕上げることが推奨された(153)。スパイダーは特に夏季、飽食した鱒が警戒心を強くしているときなどには、通常のウイングつきの毛鉤よりも遙かに効果的であると指摘している。

《註釈149》FLY-FISHING [1899]より引用。

《註釈150》1862年、北イングランドのアップルバイに生まれる。家具職人として働く傍ら、苦学を重ねて教師となり、地元の聾学校に永く奉職して校長職にまで務め、1926年没。A.ランサムの釣友としても知られ、彼は名著ROD AND LINE [1929]のなかでネルソンの逝去を悼んでIN MEMORIAM: WILLIAM NELSONという一文を捧げている。

《註釈151》W.C.スチュアートは黒、茶、赤、灰茶（dun）の4色が経験上効果的な色彩であるとし、なかでもBlack Spider（ムクドリ [Starling]）のフェザーと茶色の絹糸）、Red Spider（クイナ [Landrail]）のフェザーと黄色の絹糸）、Dun Spider（コバシチドリ [Dotterel]）のダンカラーのフェザー）の3種を推薦している。なお、これらには現在のサイズで#14程度の鉤が用いられた。

《註釈152》G.E.M.スキューズは1909年1月のフィッシング・ガゼット誌に投稿した記事のなかで、当時、多くの釣具店が販売するSpiderにはハックルが薄くヘッド部にだけ巻かれていたが、これはW.C.スチュアートの記すスタイルとは異なるものだと指摘した。彼は「実践的釣り人」[1857]のなかからSpiderのドレッシング法を解説する一節を紹介し、ヘッド部よりずっと後方の位置で野鳥の羽根をタイイングシルクに捩りつけた状態で一緒に軽く巻き上げるのがオリジナルだと解説した上で、『スチュアートのハックルフライはPalmerの一形態である。』と喝破している。

《註釈153》W.C.スチュアートは、Spiderをなるべく小さめに仕上げるのは、スレた鱒に毛鉤が偽物であることを気づかせないためであると説明している。

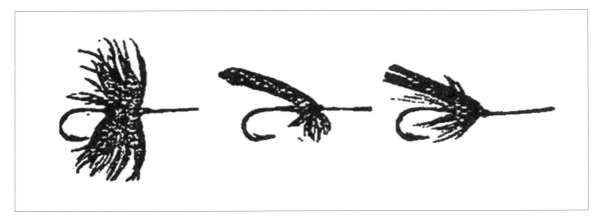

「実践的釣り人」[1857]の挿絵（左端がSpider pattern）

スチュアートは視認性主義の立場から、このパターンが最適である理由を次のように整理している。

『特定の羽虫を模す毛鉤に期待された効果が、実際に発揮されることもある。しかしそれは、鱒の眼に毛鉤とその模倣対象となる羽虫との相似点が確認されたからではなくて、たまたまサイズと色彩が適切であったからに過ぎない。シーズン中毎日毛鉤をつけ替える釣り人の釣果が、3、4本の毛鉤だけでひとシーズンを通す釣り人と比べて、さほど多いとは思わない。ならば、前者は誤った原則に基づいて、時間と労力を無駄にしていると結論づけるよりほかにない。

鱒がある色の毛鉤を他の色の毛鉤よりも積極的に追うことがあるのは事実だが、推論を試みるには議論の余地があまりにも大き過ぎるため、その理由を皆が納得できるほど明確に示すことはまず不可能であろう。我々は、ある色のほうが他の色よりも効果が上がるのは、そちらのほうがより見つけやすいからであると考える。澄んだ流れのなかで黒い毛鉤ほど効くものはほかにないが、こうした状況で黒い毛鉤はとても目立つものなのだ。濁った流れのなかでは、ボディーの黄色い毛鉤やくすんだ白色の毛鉤がよく釣れるが、これらもやはり濁りのなかで目立つ色である。7月のツイード川では、日没直後であれば、明るめの黄色い毛鉤の評判が高いが、そうした毛鉤は他の毛鉤よりもずっと魅力的に見えることだろう。

（中略）

フライドレッシングにおいて重要な点は、毛鉤の形状を本物の羽虫に似せることであるが、すべての水生昆虫に共通する著しい特徴となっているのが、彼らのきわめて軽量で細身の体躯である。我々が日常的に用いている毛鉤はあまりにも毛ムクジャラなものであって、澄んだ流れのなかでも自信を持って使えるほどによく出来た毛鉤は釣具屋に行ってもほとんど手に入らないことが大きな問題となっている。軽めに巻かれた毛鉤にはあらゆる利点が秘められている。それはもうほとんど本物の羽虫のようなもので、より軽く着水するのだが、釣り人はみな毛鉤を静かに落下させることの重要性をすでによくご存じのことと思う。そして、取りつけたマテリアルが少ないことから、人工物の特徴がより勘づかれ難いという利点もある。さらには、鉤先が羽毛でさほど隠されないことから、鱒が跳びついたときに鉤掛かりがよくなるのだ。読者諸兄には、厚く巻いた毛鉤（bulky fly）を避けることの必要性を特に強調しておきたい。』

他方ペネルの場合はというと、この「毛鉤の形態と色彩」というテーマについても、先に述べた「水面直下」を「濡れた状態」で流下するというウエットフライの避け難い不自然さから議論を出発させる。その不自然さにもかかわらず、通常のウエットフライでも十分に鱒が釣れているという

第1部　ウエットフライの歴史

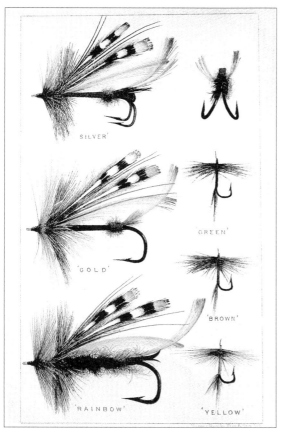

「現代の実践的釣り人」[1870]の挿絵（右列の3本がペネルハックル・パターン）

現実に鑑みれば、鱒が認識できるのはせいぜい毛鉤の形態や色彩、サイズといった構成要素をまとめた総体的なイメージでしかないはず。だとすれば、毛鉤の形態は鱒に見破られない程度にその特徴が「虫っぽく」造られていれば足りるのではないか、というのが彼の立場であった。

そこでペネルは必要にして十分な毛鉤の種類はいかにあるべきかを検討し、最終的にはふたつの形態にそれぞれ3つの色彩があれば、あらゆるケースに対応できるはずだ、という結論に至った[154]。このアイデアに基づいて、彼はごくシンプルなハックルフライをそれぞれ緑・黄・茶の単一

色のみで巻き上げた3パターンを用いるよう提唱した。これが世に言うペネルハックル（Pennell Hackle）パターンである。それでは、この論点に関するペネルの主張を、彼の同じ著作のなかから引用してみよう。

『あらゆる見地から考えて、最も際立った、鱒に愛される種族の羽虫に焦点を絞って毛鉤に模倣することが適切であろう。このとき、そのなかの個々の種ではなく、あくまでその種族全般の特徴を模倣することが重要である。そしてこれに用いる色調は、それぞれの種族全般を代表する色彩として選んだ単一色で表現するのがよい。それでは、鱒たちに最も愛されている羽虫の種族とは何か？ それは明らかにカゲロウ類とトビケラ類である。

（中略）

次の論点は色彩である。捕ったばかり（というのも、昆虫学者の標本は色褪せてしまっているので）のカゲロウやトビケラを子細に観察すると、まずはっきりと気づくのは翅や胴体、あるいは脚部に共通して見られる、まったくの同一色ではないにせよ総体として近い色彩、あるいは飛び抜けて特徴的な、全体を象徴する色彩といったものが存在することだ。それは、緑色、黄色、そして茶色の3色である。それゆえ、私がここで解説する毛鉤は、これら3色をはっきりと用いるものである。』

この毛鉤の形態と色彩をめぐる議論において、ふたりの議論がすれ違っているのはどの点だろうか。錯綜した論点を解きほぐしてその本質を明かにするためには、彼らの毛鉤が、①「水生昆虫全般」、②「水生昆虫のなかの一系統」、あるいは③「水生昆虫のなかの一特定種」のいずれに焦点を当てながら模倣しているのか、吟味する必要がある。

この整理法に従えば、スチュアートは全般的な虫らしさの模倣という意味で①のイミテーションを、ペネルはカゲロウ類やトビケラ類の模倣という意味で②のイミテーションを、そして後に登場するF.M.ハルフォードら「厳格なる模倣」学派は③のイミテーションを、それぞれ実現すべく試みたのだと理解することができよう。鱒毛鉤の歴史を理解する上で羅針盤として働くこの概念枠組みは、以後の各章で

《註釈154》「毛鉤には3色だけで充分だ」とする説について、G.E.M.スキューズは1899年1月のフィッシング・ガゼット誌に投稿した記事のなかで、『この理論はようやく寿命が尽きたようだが、もし今も世にのさばっていたならば、釣具店主たちは大損害を被ったことだろう。』と記している。

《註釈155》1884年、リーズ生まれ。新聞社の特派員として革命時代のロシアにわたりレーニンやトロツキーと接触する一方、英国政府の諜報員としても暗躍。トロツキーの秘書と再婚して1925年ごろ

に帰国。イングランド北部の湖水地方に居を構え、一転して著作活動に専念。SWALLOWS AND AMAZONS [1930]等の児童冒険文学の名作を世に送り出すとともに、釣魚本の名著ROD AND LINE [1929]の作者として今日もなお英国の釣り人たちに親しまれている。67年没。

《註釈156》John Younger [n.a.-1860]はスコットランドの靴職人で、ANGLING FOR SALMON AND TROUT [1840]の著者。

《註釈157》THE FISHERMAN'S LIBRARY（A. Ransome [1955]）より引用。

《註釈158》上流域での降雨を直接に水源とし、雨量の多寡により流れが大きく変化する河川を指す。

紹介する釣魚史家の議論に繰り返し登場することになる。

　さて、スチュアートとペネルの論争に話を戻すのだが、結局、このふたりの諍いは終生収まることがなかった。ペネルの著作の表題がスチュアートのものに酷似していたことから、スチュアート側の出版社はペネル側に抗議したが、これがまったく受け入れられなかったことを契機に、スチュアートはペネルが出版した翌年に「釣り人への警告」（A CAUTION TO ANGLERS [1871]）と題する小冊子を発表する。この紙面で彼はペネルと交わした互いの書簡を公開し、ペネルの非論理性、反論への回答拒否、その挙句には盗作・誹謗中傷もあるとさえ訴える始末であった。

　ウエットフライの鱒釣りをこよなく愛したアーサー・ランサム（Arthur Mitchell Ransome）[155]は、このふたりの大人げないライバル関係を次のように揶揄するのであった。

『ここにW.C.スチュアートの1857年版「実践的釣り人」の一冊がある。J.W.ヒルズはこれを、「これまでに書かれたその種の本のなかで最高の傑作」と語っている。スチュアートは、ヤンガー[156]と同様、鱒をアップストリームで狙う釣法を提唱した。他方、チョームリー・ペネルは「現代の実践的釣り人」のなかで敢えてこれを嘲笑したが、おそらく彼はそのときと同じ意固地さでもって、「自然を模倣する必要などなく、毛鉤には赤、緑、黄の3色だけで充分だ」と言い放ったのだろう。「釣り人への警告」という小パンフレットのなかでふたりはみっともない論争を交わしているが、それは盗作や虚偽記載、果ては腕前も知れたもの、といった罵詈雑言にあふれている。はてさて、ご両人とも今となっては墓の下だが、彼らは三途の川でも釣りを愉しんでいることだろう。ひとりは釣り上がり、もうひとりは釣り下り、すれ違うときには互いに交わす言葉もなく・・・。』[157]

【ノースカントリー・スタイルへの到達】

　19世紀末、伝統的ウエットフライの発展は、ノースカントリー（North Country）と呼ばれる北部イングランド地域においてその頂点をきわめる。特にこの地域の中心とされるヨークシャー（Yorkshire）は、18世紀中ごろに始まる英国産業革命の中核を担った紡績業の盛んな地域として知られているが、当時の釣魚文化の隆盛もこの地に流れ込んだ富や人口と無関係ではないはずだ。数多くの中産階級の釣り人たちがワーフ川（River Wharfe）に代表されるスペートリバー（spate river）[158]の銘川で鱒やグレイリングを狙い、釣技を競ってさまざまな毛鉤を開発していったのである。

　その過程でこの地方独特のフライ・パターンとして定着していったのが、ノースカントリー・スタイルと呼ばれるソフトハックルフライ（soft-hackled fly）の系群である。今日もなおノースカントリーではこの毛鉤を用いた伝統的なウエットフライの釣りが盛んに行われているが、その理由の一端を有名なエドモンズとリー（H.H. Edmonds & N.N. Lee）の共著「渓と川の鱒釣り」（BROOK AND RIVER TROUTING [1916]）が次のように解りやすく示している。

『ノースカントリーの川では、なぜドライフライよりもウエットフライのほうが好まれるのか、と問われるかもしれない。その理由はさほど難しくない。この地方で見られる川の流速とその荒さに原因があるのだ。羽化しようと川床から泳ぎ上がる虫のうちかなりの割合が、水面に到達するまでに何ヤードもの距離を流されることになる。そのうち何匹かはニンフの殻を脱ぎ捨てて羽化するのに適さない激流に捕らえられ、水中で致命的なほど翅が濡れてしまうものが出てくる。他方、数多くの虫たちが困難な状況を乗り越え、水面に出て完全な姿になってもなお、翅を使って飛び立つ間もなく急流の波に揉まれて水びたしになってしまうものもある。したがって、鱒たちは水中あるいは水面直下を流れてくる状態の虫を捕食するのが日常的となるのだ。そのため、こうした河川条件が変わらない限り、ノースカントリーの釣り人の魚籠を満たすためには、ウエットフライの使用が最優先であり続けるのだ。』

　通説によれば、18世紀にはソフトハックルフライの基礎がイングランド領内で確立されたという。その起源はパーマーにあるといわれ、時代が下がるにつれてこのパーマーのハックルが薄くなってゆき、最終的にはノースカントリー

第1部　ウエットフライの歴史

T.E.プリット

において、主に地元で獲れる野鳥の羽根を1,2巻きしただけの簡素な、ボディーもシルクフロスで巻かれた細身なものへ発展していったと考えられている。このスタイルに基づいて、パートリッジ・アンド・オレンジ(Partridge and Orange)やスナイプ・アンド・パープル(Snipe and Purple)[159]といった、今日もなお盛んに用いられる銘ウエットフライの系群が開発されてきたのだ。

　このノースカントリーの伝統を初めて体系化し広く世に紹介したのがT.E.プリット(Thomas Evan Pritt)[160]である。彼は「ノースカントリーの毛鉤たち」(NORTH COUNTRY FLIES [1886])[161]において、ノースカントリー・スタイルに期待される効果を次のように解説している。この一節のなかには、科学的思考を頼りに19世紀ウエットフライが到達したひとつの極点を確認することができる[162]。

『ひとつ重要な点は、ヨークシャーの釣り人の、そしてあらゆる北部イングランドの釣り人の嗜好には、この25年の間にある変化が生じてきたことだ。ウイングフライよりもハックルフライのほうが好まれるようになってきたことは、今や誰もが認めざるを得ない。この理由はそれほど難しいことではなく、納得のいくものである。つまり、流れの水面に到達しようともがく、まだ完全に変態しきっていない状態の虫にそれなりに近いものを製作することよりも、虫を完璧に模した上で、これに水面上あるいは水面下で機能する生命感を与えることのほうが遙かに難しいのだ。鱒はハックルフライを、間違いなくピューパ段階あるいは半分溺れた状態のまま水面上に這い上がろうとしている虫とみなして捕らえている。そして、ハックルファイバーが開いたり閉じたりする動きは毛鉤に生命感を与えるのだが、この生命感こそ、最も器用な釣り人であってもウイングフライには与えることのできない要素なのだ。もっといえば、鱒たちにとって水面下を流れるきちんと型の整ったウイングフライなどは見慣れぬものでしかない。水流に巻き込まれた羽虫というものは常に溺れた姿に見えるのであって、空腹の鱒がウイングフライに積極的に掛かることもあるかもしれないが、一般に、ハックルフライこそが最も多くの鱒を釣り上げる。おそらく、毛鉤のウイングにはあまりにも多くの関心が払われ過ぎており、ボディーへの関心があまりにも少な過ぎるのだ。・・・(中略)・・・もう一点。程度の問題かもしれないが、ヨークシャーの川やそれと同規模の川に適した毛鉤(川の規模が大きくなれば、多少毛鉤のサイズを大きくする)は、ハックルをいくら控え目に巻いても控え目過ぎるということはない。鱒のように非常に鋭敏な視覚を持つ生き物に向けて送り込む毛鉤のサイズを仮に間違えることがあったとしても、それは大き過ぎる毛鉤よりも小さ過ぎる毛鉤であったほうがまだマシだろう。

(中略)

　本書でお示しした一連の毛鉤の解説を注意深くお読み取りになられた読者諸兄は、その大部分が本物の羽虫を精緻に模倣しようとするものではないことにお気づきであろう。ある種類の羽虫を模倣するためには、たくさんの異なるドレッシング法がある。これらの毛鉤は細かい部分ではそれぞれに大きな違いが生じるが、サイズと色彩の2点において、最終的にはほ

《註釈159》シギ(Snipe)の翼の外側から採ったフェザーと紫のシルクボディーのみからなる毛鉤。Iron Blueのイミテーションともいわれ、早春の釣りに効くとされる。

《註釈160》1848年、ヨークシャーに生まれる。銀行家として活躍し、92年には自らも出資して設立した銀行の頭取を務める傍ら、その私生活を釣りとノースカントリーの毛鉤調査に捧げた。実釣では10フィートのグリーンハートロッドを用い、グレイリング釣りと鱒釣りを分け隔てなく愛した。95年に有名なTHE BOOK OF THE GRAYLINGを世に送り出したが、同年中に逝去。

《註釈161》同書は、初版であるYORKSHIRE TROUT FLIES [1885]を改題して再出版されたもの。

《註釈162》ソフトハックルフライの伝統は後に米国にも伝えられる。ペンシルバニア州のジェームズ・レイゼンリング(James E. Leisenring [1878-1951])はTHE ART OF TYING THE WET FLY [1941]のなかで、自らの開発によるソフトハックルフライをフリンフ(Flymph：flyとnymphの合成語)と呼んだ。彼は微妙な色彩を使い分けたこの毛鉤をなるべく自然に流すスタイルの釣り方を好み、羽化しようとするニンフの動きを模すために、上流に投げていったん沈めた毛鉤をゆっくりと引き揚げる、いわゆるレイゼンリング・リフト(Leisenring Lift)と呼ばれる手法を提唱した。

《註釈163》このシルクフロスを黄色に換えれば、もうひとつの銘パターンPartridge & Yellowになる。また、Partridge & Orangeの頭部に小さくピーコックハックルを巻きとめれば、Brown Watchetとなる。なお、こうしたノースカントリーの伝統に対抗してか、スコットランドのE.M.トッド博士はWET-FLY FISHING [1903]のなかで、パートリッジハックルに最適なボディー・マテリアルは『短い毛を取り除いたピーコッククイル』であると主張した。

《註釈164》T.E.プリットは「ノースカントリー」の毛鉤たち [1886]のなかで、このパターンはA.ロナルズの「フライフィッシャーの昆虫学」[1836]で紹介されたTurkey Brownに相当するものであると解説している。ちなみに、

とんど相違ないものとなるはずだ。というのも、私は、これら
ふたつの要素こそ、北部の川においては毛鉤の形態よりも遙
かに重要であるという意見に大いに賛同するからである。カ
ゲロウ類というのは実に強固な体躯を持ち、その羽虫の毛鉤
は厳格に模倣されたもののみが獲物を仕留めることを許され
る。それでもなお、このように考える釣り人ですら、流れに巻
き込まれ、それゆえに形態の崩れたこの羽虫、あるいは羽化に
失敗したこの羽虫が、腹を空かせた鱒に発見され、飲み込ま
れることを疑ったりはしないだろう。このどちらの場合でも、羽
虫の形態は失われるものの、そのサイズと色彩はそのまま残る
のだ。このため、ベテラン釣師のほとんどは、サイズと色彩が
概ね正しければ、形態の正確さは鱒が大目に見てくれるという
見解に同意してくれる。これらを理解すれば、そのふたつの要
素を兼ね備えた、柔らかく繊細な羽毛を用いたハックルフライ
が、なぜ北部の川ではウイングフライよりもずっと好まれるの
か、その理由はおのずから明らかとなろう。』

19世紀のソフトハックルフライ

　これらソフトハックルフライのなかでも、今日に至るまで
最も愛用され続けてきたパターンがパートリッジ・アンド・
オレンジであることは論を待たない。T.E.プリットのレシ
ピによれば、オレンジ色のシルクフロス(163)で鉤軸を薄く巻
き上げ、よく斑の入ったフェザーをヤマウズラ (Partridge)
の背部から採ってハックルに巻くだけ、というのがヨーク
シャー流である(164)。20世紀に入っても多くの釣り人が
これを愛好し、コートニー・ウィリアムズ (Courtney Wil-
liams)(165)は英国毛鉤を総覧する大作「鱒毛鉤辞典」(A
DICTIONARY OF TROUT FLIES [1949])のなかで、
このパターンを絶賛したことが知られている(166)。

　この魅力的な毛鉤の噂が南方の釣り人たちの耳に伝わ
らないはずはなかった。開明的なチョークストリームのフラ
イフィッシャーたちも、1910年にG.E.M.スキューズが新し
いアップストリーム・ウエットの釣り(167)を提唱して以来、何
とか理由をつけては、この必殺パターンを穏やかな川面に
投じる機会を窺い続けてきた。そのなかのひとりであった
テスト川の伝説的リバーキーパー、ウィリアム・ランが開発
したこの毛鉤の派生パターンとなるビッグ・オレンジ・パー
トリッジハックル (Big Orange Partridge Hackle)と、そ

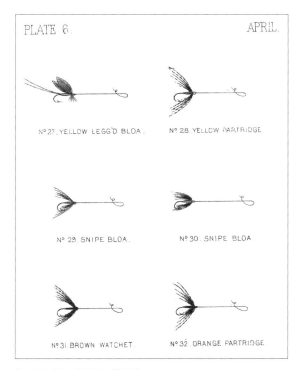
「ノースカントリーの毛鉤たち」[1886]

A.ロナルズはこの毛鉤をMarch Brownが終わるころ
から6月までの寒い日に用いるべしと書き、エドモンズと
リーは3月から5月中ごろまでの期間に利用すべきと説
いているのに対して、プリットだけは『4月から9月にかけ
ての暖かい日には不可欠な毛鉤』と記している。

《註釈165》1893年、レディッチで操業する有名な釣具
製造企業オルコックス社 (Allcocks)の経営者の家に生
まれる。長じて同社の経営に参画する一方、さまざまな
釣りを愉しんだ。彼が編纂したこの著書（その初版は別
の題名で1932年に発表）は、米国が生んだM.O.マルベ
リーの「愛される毛鉤たちとその来歴」[1892]に匹敵
する唯一の英国毛鉤辞典となった。51年没。

《註釈166》C.ウィリアムズは同著のなかで、ヨーク
シャーの川を毎日釣り続けた結果、Partridge & Or-
ange、Snipe & Purple、そしてWilliam's Favoriteの
3本だけで釣果全体の85%を占めたことを報告し、なか
でもPartridge & Orangeが一番たくさん獲物を掛け、
特にシーズン初期に威力を発揮したと記している。

《註釈167》G.E.M.スキューズもその最初の著作のなか
では、伝統的ウエットフライを一本だけ用いるアップス
トリームの釣りを提唱するに留まる。水に沈む毛鉤をニ
ンフのイミテーションとして厳格に用い、本格的なニンフ
毛鉤を巻くようになるのは後のことである。このように、
鱒毛鉤の思想史は一歩ずつ切れ目なく進展していく。

第1部　ウエットフライの歴史

の対をなすリトル・レッド・パートリッジハックル (Little Red Partridge Hackle)について、J.W.ヒルズが解説する一節を次のとおり引用してみたい。これらのソフトハックルフライこそ、ドライフライ革命の波及に脅かされ続けた北方のウエットフライマンが敵陣に報いた反攻の一矢であったに違いない。

『釣り人が自らの記憶を遡るならば、小型のスペントスピナーも水面下の毛鉤も、どちらも1917年までの時点ですっかり確立された存在となっていたことを思い出すことだろう。スキューズ氏は1910年に「小戦術」を著し、そのころハルフォードはすでにスペントスピナーを巻いていた。このため、ランが次なる関心を沈む毛鉤に向けるのは当然のことであった。その後何年も費やした後で、彼はあの有名なパートリッジハックル・パターンを編み出したのだ。このパターンは元々彼が発明したものではない。これはとても歴史の古いノースカントリーフライであって、1496年に英語で書かれた最も古い毛鉤リストのなかにもそれに関する記述がみられる[168]。誰がパートリッジハックルをテスト川に持ち込んだのかは解らない。カンバーランドのイーデン川で永くパートリッジ・アンド・オレンジに慣れ親しんできた私は、1912年ごろにこれをケネット川へ持ち込んだのだが、その際にはこの毛鉤で釣る機会は少なかった。このパターンはストックブリッジの地にしっかりと根づき、そこを拠点に方々へ広まっていった。これは浮かせても、水面膜に引っ掛けても、沈ませても、とにかく釣れるのだ。しかしながら、本稿ではこのパターンが発展していく上でランの果たした役割について述べてみたい。1916年のこと、彼は赤味がかった小さなヤマウズラの羽根をハックルに用い、サイズ#000の鉤に巻くボディーには濃い赤色を帯びたシルクを選んだ[169]。これはオレンジパートリッジと同様、ヨークシャーでは一般によく知られたパターンであったが、ここテスト川ではまったく知られていなかったように記憶している。それ以降の7年間というもの、ランはパートリッジハックルといえばこれしか巻かなかった。しかし1923年になると、ランは相当大型のオレンジパートリッジをもたらしたが、これは前の作品とはまた違う魅力を備えていた。明るいオレンジ色を帯びた人造シルクをボディーに巻き、これにゴールドワイヤーでリブ

づけして、最後はこの一族に共通するように、頭部にだけハックルを巻く[170]。そして重要なのが、これを大きな鉤に巻くという点である。ランはサイズ#1だというが、私は#2や#3といった大型のものさえ使う。天候や流れの状況がどうあれ、鱒とグレイリングの両方にとって重要な毛鉤となるのだ。特に、オリヴのイミテーションにライズさせはしたもののアワセを外してしまい、かつその魚の口に鉤先が触れていないような状況において、この毛鉤は特に効果を発揮するものと私は考えている。また一方では、風のない日に穏やかな流れの上で魚が明らかにスマッティングしているような場面でも役に立つのだ。これら2本の毛鉤——非常に小さく巻いたリトル・レッド・パートリッジと非常に大きく巻いたオレンジパートリッジ——は、他のパートリッジ・パターンなど比べものにならぬほどの素晴らしい毛鉤だった。私は、この2本の中間のサイズのパターンで釣れた試しがない。・・・(中略)・・・これらのパートリッジハックルは、ストックブリッジにおいて他のウエットフライやニンフ毛鉤よりも遙かに優れた水面下用の毛鉤である。他の沈む毛鉤をみな足し合わせても、これらのパターンによる釣果には及ばない。そこにはある決定的な利点がある。小型で柔らかい羽毛からなる毛鉤は、魚が吸い込みやすいのだ。ランはこの点をきわめて重要視した。特にシーズンが進んだ後、鱒たちは肥えて怠惰となり、本物だろうが偽物だろうが、これらを咥えようとするときにも、彼らはきちんと口を開かない。彼らは鰓蓋を動かすことで口のなかに向けて一筋の水の流れを作り出し、これに餌を乗せて吸い込もうとするのだ。ある暑い日、流れの緩やかな場所で釣り人が鱒を狙い、この鱒が釣り人の毛鉤を吸い込もうとしたところ、ほとんど開いていない鱒の唇の間で毛鉤が弾かれてしまう場面をランは目撃した。ランはその場から釣り人に声を掛け、毛鉤をリトル・レッド・パートリッジに交換するよう指示した。すると、鱒はこの毛鉤を静かに吸い込み、しっかりと鉤掛りして釣り上げられたのだった。』[171]

　さて、本節の締めくくりに、舞台を再び19世紀末の北イングランドに戻そう。この時代の釣り人たちはソフトハックル・パターンを使ってどのようにウエットフライの釣りを愉しんだのであろうか。ノースカントリーを釣る人々の間でも、アップストリームとダウンストリームのどちらを選ぶかが問題

《註釈168》J.バーナーズの作とされる「鉤による釣魚論」[1496]を指す。ちなみに、J.W.ヒルズはこのように記しているものの、15世紀の時点ではまだハックルの概念は誕生していなかったというのが大方の釣魚史家の意見である。

《註釈169》W.J.ランのレシピによれば、加えてリブにゴールドワイヤーを巻き、テイルに薄い黄褐色のフェザーファイバーを取りつける。

《註釈170》W.J.ランのレシピによれば、Little Red Partridge Hackleと同様、テイルに薄い黄褐色のフェザーファイバーを取りつける。

《註釈171》「リバーキーパー」[1936]より引用。

《註釈172》ダウン・アンド・アクロスの場合、流し切ってラインが一直線になったところで数秒間待つと、最後の一瞬に鱒が跳びつくことが多いとされた。

ウエットフライマン

とされたが、状況に応じて使い分ける者が多かったと伝えられる。彼らは、10フィート前後のスプリットケーンロッドを用いて、ガットリーダーに取りつけた3、4本のドロッパー仕掛けを繊細に流した。毛鉤の種類はもちろんのこと、それを何番目の枝素に取りつけるべきかについて大いに議論された。常に毛鉤の感触が得られるよう、竿先を操作してラインを張り過ぎず緩め過ぎもせずに絶妙なテンションを確保することが釣果に繋がるとされた[172]。鱒はときにほんの足元でさえ

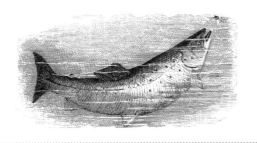

第1部　ウエットフライの歴史

ライズすることから遠投は必ずしも求められず、激しい流れのなかではラインをほとんど出さずに、ラインとリーダーの結び目の動きでアタリを察知することが求められた。

　なかでもウエットフライマンにとって最大の腕の見せどころは、鱒に自らの姿を悟られぬよう気配を消してウエーディングしながら、「流れを読む能力」（"eye for water"）を発揮して鱒の居場所へと的確に毛鉤を流すスタイルの釣りにおいてであった。この技術をきわめた者は、ドライフライの熟練者と比べてもなんら劣るところのないことを、多くの釣魚史家が指摘している。ウエットフライ名人の典型例が描かれた、W.ネルソンの「イーデン川の釣り」［1922］のなかから次の一節を引用したい。

『ボブお気に入りの、長く静かにゆったりと流れるフラットな浅瀬の釣り場にやってきた。我々の手前側には浅瀬が広がり、それが木々の生い茂る向こう岸にむけて徐々に深さを増し、その岸際は4、5フィートの水深となっている。ボブは、テイルフライには明るめのスナイプを、ミドルドロッパーにはブルーホーク（Blue Hawk）[173]、そしてトップドロッパーにはパートリッジ・アンド・オレンジを取りつけるよう私に伝えた。彼はブラック・スカー・ダブの瀬頭まで釣り上がるという。そして私には彼が立っている場所のすぐ上にある最初の瀬で釣るよう指示した。「お前さんは向こう岸に向けてアップ・アンド・アクロスで狙ってみな。ラインは短くして釣らにゃね。毛鉤が水に着いたら竿の先を上げてくのを忘れちゃいけん。だけんて、毛鉤を水面でスキップさせてもいけんよ。毛鉤の隊列を鱒の頭の上で引っ張ったりすりゃ、鱒は驚いて逃げちまうがな。毛鉤ゃぁ流れと一緒に動かんとな。そがお前さんの1、2フィート下んとこまで戻って来たら、また同じことの繰り返しだわぁ。」

　初心者がプロゴルファーの傍に立ち、彼がティーショットを打つのを見守る姿をご覧になったことがあるだろうか？ボブが注意深くウェーディングしながら、上流に向かって毛鉤を打ち込み続けるのを見守る私の姿は、ちょうどそんな感じであった。彼は自分の弟子に対して、本当にそんな風に接しながら教えてくれたのだ。「お前さんら若いもんはジャブジャブと川んなかに入っちょるけど、ありゃ絶対いけん。鱒ってのはな、歩いて渉れる浅場の傍で見つかるもんだけんな。そげなヘマすりゃ、ド素人の街のモンなんて言われるのがオチだわ。若いもんはどげしてもウエーダーのギリギリまで深場に行きたがるけんなぁ。」

　彼は鋭い一投を川辺に張り出した枝葉の下に器用に送り込み、わずかではあるが徐々にラインを緩めていくのを何度か繰り返していると、突然、ふっと安心したような表情をみせるときがある。私には状況がよく解らなかったのだが、そんなときには、アワセの動作も見られなかったのに、1匹の鱒が静かに彼のランディングネットへと導かれているのだ。彼はほとんど水面を乱すことなく、身体と腕の動きを最小限に留める。歩を短く進めながら、再び前腕をリズミカルに振り始める。これら一連の動作はまったく静寂のうちに行われていたので、彼の服装が色褪せているのと相俟って、もし彼がそこにいると知らなければ、彼の姿は近目にも古い樹木の切り株ぐらいにしか見えないのだった。

　ここで我が身を振り返るに、ラインを真っ直ぐに投げさえすれば釣りになるだなんてとんだ勘違いだと、身に沁みて思い知らされるのだった。

（中略）

　ボブが私の傍を通りかかったとき、改めて私にアドバイスしてくれた。「お前さんは竿を大振りし過ぎだけん。肘を身体につけて、も少し静かに振らんと。」そう言い残して彼は再び自分の釣りに戻っていった。しばらくして彼の姿を捜すと、彼は対岸沿いにあるウエーディングできないほどの深い流れを狙っているところだった。

　それはゆったりと流れる深場で、岸辺に並んで生えている樹木の合間には窪みが散らばっている。ボブはその窪みへ慎重にアプローチして、頭上でラインを何度かカールさせていたが、それはまるで毛鉤を乾かそうとしているようにも見えた。軽く一歩踏み込みながら、これを対岸に向けて30°以内の入射角で投げてやると、毛鉤はその樹木の窪みのなかへ奇麗に押し込まれた。そこで鱒が出れば静かにとり込み、出なければ窪みから窪みへと探り渉っていくのだった。

　彼はこの流れを時間もかけずにテンポよく釣り上がり、最後にこう言った。

「アップストリームで釣るときゃぁ、こん時期にこぎゃん場所を見過ごしちゃいけんぞ。大して時間はかからんし、型のいいヤツが潜んどるけんなぁ。」』

《註釈173》モグラの毛を巻いたボディーに黄色いシルクスレッドでリブづけし、コチョウゲンボウ（Merlin）の翼から採った小さな羽根をハックルに巻く、春用のソフトハックル・パターン。

《註釈174》CERTAINE EXPERIMENTS CONCERNING FISH AND FRUITE［1600］

《註釈175》水生昆虫の彩色画が初めて掲載されたのは、「フライフィッシャーの遺産」（G.スコッチャー［1800］）においてであるとされる。

《註釈176》英国北部では古くから、モンカゲロウ属の大型カゲロウを「ドレイク」と称する。一説にこの呼び名は、それを模す毛鉤のウイング材に雄ガモ（Drake）の羽根が用いられたことに由来するという。

《註釈177》カワゲラの幼虫段階を指す北部イングランドでの呼称。

【アングリング・エントモロジストの登場】

釣魚史を振り返るとき、我々が何度も思い知らされるのは、あたかもメロディー展開が通奏低音によって支えられる楽曲のごとく、鱒毛鉤の発展もまた、その基盤が水生昆虫の生態研究によって支えられ続けてきた事実である。そして、この研究に苦労を重ねた歴代釣魚作家の努力が実を結び始めるのは、19世紀もようやく半ばに差し掛かろうとするころのことであった。

いにしえの時代、羽虫は泥や腐敗物から生まれると信じられていた。水生昆虫の生態を初めて世に知らしめたのは17世紀初頭に活躍したジョン・タヴァナー（John Taverner）であった、とJ.W.ヒルズは記している。彼の著作[174]のなかでは、水中を泳ぐメイフライの幼虫が水面に達すると、翅を得て空中に飛び立つさまが描かれているという。しかしここにはニンフ（nymph：幼虫）からサブイマゴ（sub-imago：亜成虫）に羽化するプロセスの描写がみられず、サブイマゴとイマゴ（imago：成虫）の違いについても解説されていない。そうした情報は18世紀半ばのR.ボウルカーによってようやく詳述されることになるのだが、水生昆虫解説の前にはなおもふたつの深刻な問題が立ちはだかっていた。

第1の問題は、各種羽虫の肢体を正確に描く図画を用意できなかったことである。これは、印刷技術の未熟と描き手の技量不足によるものであったが、1800年ごろには彩色印刷技術が登場し[175]、画才を備えた著者も現われ始めたことで大きく改善される。

第2の問題は、羽虫の呼称が英国全土で統一されていなかったことである。我が国でもしばしば散見されるように、水生昆虫の呼称は地域ごとに大きく異なることが知られている。19世紀の英国においても状況は同じで、例えば、メイフライといえば英国南部では当然にモンカゲロウを意味するが、北部では積翅目（カワゲラ）全般を指すような始末であった[176]。この難題については古くから問題提起されており、起源は17世紀にまで遡ることができる。その一例をR.ヴェナブルズの「熟達した釣り人」［1662］のなかから引用してみよう。

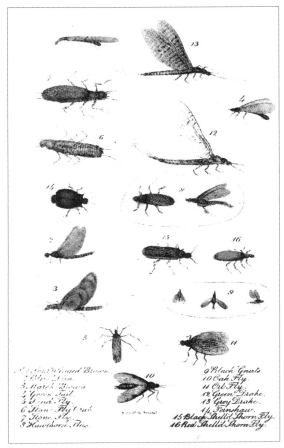

「フライフィッシャーの遺産」（G.スコッチャー［1800］）の挿絵

『ここで明らかにしておきたいのだが、毛鉤の作り方を学ぶためには、どんな優れた指南書に頼るよりも、実際に他人が作っているのを自分の目で確かめるほうがよい。というのも、その専門用語は英国各地で違っているし、そもそもいくつかの羽虫は地域によって呼び名が異なるからだ。ある地方ではアメンボ（water cricket）やキンパク（creeper）[177]が羽化したものを「メイフライ」と呼ぶが、別の地方では同じ虫を「ストーンフライ」と呼ぶ。またクロカワムシ（cad-bait）の成虫のことを「メイフライ」と呼ぶ地方もあれば、それを「ショートフライ」と

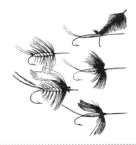

第1部　ウエットフライの歴史

アルフレッド・ロナルズ

「フライフィッシャーの昆虫学」[1836]の挿絵

呼ぶ地方もある。・・・（中略）・・・こんないい加減な呼び名が通用するとは、いやはや、5月（May）に出てくる虫はみんなひっくるめて「メイフライ」と呼んでおけば大丈夫、とでもいうのだろうか。』

　この問題の解決に初めて科学的観点から取り組んだのが、19世紀のアルフレッド・ロナルズ（Alfred Ronalds）[178]である。彼は名著「フライフィッシャーの昆虫学」（THE FLY-FISHER'S ENTOMOLOGY [1836]）[179]のなかで、初めて水生昆虫の一般呼称をラテン語の学名と結びつけて種の同定を試み、それぞれに相当する毛鉤を解説した。また、これらの昆虫とそのイミテーションフライを美しく写実的な彩色版画で示したことも、釣魚史上画期的な事件であった[180]。この2点において、彼は後世のアングリング・エントモロジスト（angling entomologist：昆虫学を身につけた釣り人）たちの模範となり、釣魚史に大きな足跡を残すことになる。

　J.W.ヒルズはこの著作を『完全なオリジナル性を誇るもの』と認め、ロナルズを『近代アングリング・ナチュラリストの父』と讃えた[181]。彼の著作を読み進むとき、我々は、フライフィッシングが近代化に向けて大きな一歩を踏み出し、古き伝統の殻を割って脱皮せんとする歴史的瞬間に立ち会えたことの歓びを知る。A.ギングリッチは自著「活字のなかの釣り」[1974]のなかで、その厳粛さに向き合いながらも、彼一流のユーモアを忘れることなくロナルズの功績を次のように讃えている。

　『そこで舞台にはロナルズが登場する。同時代の他の著作においても羽虫を模倣することの意義は徐々に喧伝されつつあったが、中身はというと混同が激しく、各地域での羽虫の呼び名を寄せ集めただけの、まったく整理されていないものばかりだった。ボウルカーもこれらの古い呼び名を、フライフィッシング文学にフジツボのごとく無数にこびり着いた古臭く余分なドレッシングとともに一掃しようと努めたが、フライフィッシング用語に関する真の大掃除は1836年のロナルズの登場を待たなければならなかった。

　ロナルズの重要性はいくら強調しても足りない。彼はフラ

《註釈178》1802年、ロンドン生まれ。若き日に彫金師／リトグラファーとして働き、30年代初頭にスタッフォードシャーに転居してトレント川（River Trent）やブライス川（River Blyth）を釣った。後者の川には岸に迫り出す形の小屋を建てて魚の観察を行った。36年の著作は爆発的な売れ行きとなり、得られた資金を元手に40年に農業を始める。44年ごろにウェールズへ転居して毛鉤の製作・販売に着手、後に釣具店も経営するようになる。47年に妻が亡くなると、オーストラリアに移住して再び彫金／印刷事業を行う。50年代初頭にはゴールドラッシュに沸くバララットに転居して一攫千金を夢見たが叶わず、後に物販マーケット運営へ事業を切り替えた。60年没。

《註釈179》邦訳には「フライフィッシャーの昆虫学」（訳：川野信之[2011]）がある。

《註釈180》A.ロナルズは、リトグラファーとしての経験を活かして、これらの版画を自ら製作した。

《註釈181》『鱒を狙うフライフィッシングの歴史』[1921]より引用。

《註釈182》Carl von Linné [1707-78]はスウェーデンの博物学者。1753年に「植物の種」を発表。生物の学名を属名と種小名の二語で表す「二名法」を開発して、生物分類の体系化に取り組んだことから、後に「分類学の父」と讃えられる。彼の開発した分類法は、目（order）⇒科（family）⇒属（genus）⇒種（species）の順で細分化が進む構造となっている。

《註釈183》我が国には「A.ロナルズがドライフライのイミテーショニズムを創り上げた」とする俗説が存在する。しかしながら、①ロナルズは著作のなかでウエットフライの釣りにしか言及していない点、②同著作では北部イングランドに生息する昆虫しか対象とされていない点、そして③初期ドライフライ・パターンの多くは伝統的ウエットフライの焼き直しであった点、を考慮すれば、そのような俗説は史実とは異なるといえよう。ちなみに、F.M.ハルフォードのエントモロジーはA.E.イートン博士をはじめとするアカデミックな研究に由来するものであり、ロナルズの研究を直接受け継ぐものではない。

《註釈184》『鱒を狙うフライフィッシングの歴史』[1921]より引用。

イフィッシング史上、コットン以降の最も重要な人物であって、160年の歳月を経てコットンの再来とも呼ぶべき存在である。もちろん、釣魚大全が文学界に与えた影響は特別なものであったし、これからもそうあり続ける訳だが、この「フライフィッシャーの昆虫学」こそ、釣魚界――釣魚史の記録ではなく、釣魚の実践そのもの――に革命的な影響を与えたという点で、ほかに並ぶ作品はないといっても差し支えないだろう。

(中略)

　彼はかつて誰もなし得なかったことをやってのけた。彼はいわば、釣魚の実践と昆虫の科学との間をつなぐ架け橋の役割を担ったといえよう。彼は各地方の呼び名を捨て去ることなく、初めてそれを科学的な名称に結びつけたのだ。実際のところ、彼はこの成功を一気になし遂げた訳ではなかった。彼が作業をようやく完成させたのは、初版から20年後の1856年に発表した第五版においてのことだった。釣り人による呼称を科学的同定法に結びつけるという、その100年前にリンネ(182)が考案してはみたものの誰も億劫がって手をつけてこなかった作業を通じて、彼は羽虫を一種類ずつ区分するという体系的・科学的基礎を初めてフライフィッシングに与えたのだった。

　「発見」という意味において、それは「地球は平らではなく丸かった」というのと同じくらい当然で単純なものだった。もちろん、フライフィッシングというスポーツと昆虫学という科学はともに昔から存在していたのだから、もしかすると以前にも誰かがどこかで似たような考えをめぐらせていたかもしれないと論ずる者もあるだろう。しかし重要なことは、ロナルズ以前にそれを実行した者が誰一人としていなかったという点なのだ。

(中略)

　ロナルズにはもう一つ高く評価すべき点がある。それは、彼が序文のなかで示した謙虚さにも現われているように、彼は革命家を気取ることもなければ、過去の歴史に対して挑発的な態度をとることもなかったということだ。毛鉤の選択について助言するときも、彼の文章には釣魚界の先達の言葉が宿っている。彼は次のように述べている。

「釣り始めは、まずパーマーをリードフライに、そしてその日一番釣れそうに思われる毛鉤をドロッパーにするのがよい。・・・魚が実際にライズしている羽虫が判明するまではこれらを換えてはいけない。パーマーはどんな季節でも効き目があるし、なんといっても美味そうに肥えた餌に違いない。・・・(中略)・・・フライフィッシングの成功の秘訣は、そのとき魚が喰っている羽虫の色彩とサイズを正確に模倣した毛鉤をプレゼンテーションすることに尽きる。しかし、形態の模倣は色彩の模倣ほど厳格に求められるものではないように思われる。なぜなら、羽虫の形は水面上にあるときと水面下にあるときでは大きく異なるからだ。流れが澄んでいるときは、小さな毛鉤がよく用いられる。それは、魚が餌をより見分けやすくなるからであり、小さい毛鉤のほうが模倣しやすいからだ。それでいて、特定の色彩を正確に模倣する必要性は、大きな毛鉤ほどには求められない。」

　実に穏健で、場を和ませる賢明な語り口だ。このなかには、いわば天下の泰平を揺るがすような書き振りは見られない。だからこそ、あの保守的な英国人でさえ、ロナルズが優しく指し示す方針に喜んで従ったのだ。』

　一部の釣魚史家が指摘するように、確かにロナルズの記述にはいくつか分類上の誤りがあったかもしれない。それでもなお、欠点を補って余りある独創性がこの作品に釣魚史上不動の地位を与えている。さらに、筆者はロナルズが果たしたもうひとつの歴史的意義を指摘しておきたい。それは、この作品を遺したアングリング・エントモロジストが生粋のウエットフライマン――しかも頑固なダウンストリーム学派――であったという事実だ。エントモロジーはドライフライマンの専売特許ではない。ウエットフライの時代においてこそその基礎が固められ、ドライフライ革命へと向かう旅路の途行きが、このときはっきりと指し示されたのだ(183)。

　ロナルズ以降、フライフィッシングの担い手たちは次第に科学的嗜好を強めてゆく。特にF.M.ハルフォードと彼の信奉者たちはドライフライを通じて「毛鉤を科学する」ことに心血を注いだ。こうした風潮は19世紀に大きく進んだ科学技術の発展と無縁ではない。家庭には蓄音機や電灯が登場し、街角にはガソリン自動車が走り始めた当時の英国では、科学的究明により知の領域を広げることはあらゆる分野において当然の責務とされていたのだ。

　他方、J.W.ヒルズが『19世紀に入って、釣魚文学に再び光明が差す』(184)と評したように、この世紀は芸術文化とし

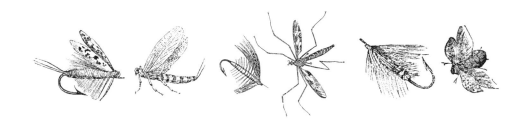

第1部　ウエットフライの歴史

ての釣魚の愉しみが改めて脚光を浴び、これについて盛んに議論された時代でもあった。本稿冒頭でも述べたとおり、J.バーナーズの時代から、毛鉤のなり立ちには科学と芸術文化が互いに深く結びついてきた。ときに一方が他方より強調されることはあっても、常にこのふたつの要素が車の両輪として働き、フライフィッシングを比類なき地位にまで押し上げてきたのだ。

　科学は統合と簡素化を指向し、芸術文化は分散と多様化を指向する。こうした観点から羽虫の学名とその地方色豊かな呼称をめぐる問題をとらえ直すと、単なる進歩論を超えた新たな構図が照らし出される。羽虫の呼称にみられる多様性は釣魚における地域文化の豊饒さそのものであって、それは失うにはあまりにも惜しい価値なのだ。科学技術が大きく進歩する時代にあっても、フライフィッシングのもう一方の根幹をなす芸術文化の愉しみは絶えることなく引き継がれてきた。毛鉤の歴史は常にこのふたつの引力の狭間で揺らぎ続けていくのだ。

　ドライフライが隆盛をきわめる20世紀の時代にも、アングリング・エントモロジストたちはこの難題に立ち向かうことを余儀なくされた。ハルフォードの流れを汲むエントモロジーの集大成とされるマーティン・モズレーの名著『ドライフライ釣師の昆虫学』[1921]は、A.ロナルズ以降の水生昆虫解説のなかでも傑出した作品として知られているが、同序文ではこの水生昆虫学の大権威もR.ヴェナブルズと同じ溜息を洩らしながら、次のように嘆いている。

『(訳者注: 本著の執筆を決心したときの回想)たちどころに私は、フライフィッシャーがとり扱わなければならない膨大な種類の水生昆虫のなかから、どれを省きどれを説明するかを決めるのに大いに悩んだ。釣り人の昆虫学について記す者は、通常その関心を、鱒がより好んで食べると自らが信じる羽虫に限って記述する。その結果、ほとんどの鱒川で大量に現れる虫であってもごくわずかな記述しか与えられないということが珍しくない。このため、釣り人は自身の経験から、限られたデータに基づいて羽虫の同定を行わなければならないこともある。おそらく最初は、飛んでいる羽虫を捕まえてきて、それをフライボックスのなかに並ぶ、本物とは似ても似

つかぬ毛鉤たちに照らし合わせてみるという、古臭くて必ずしも科学的とはいえないやり方を余儀なくされるかもしれない。その次の段階が、獣毛やクイル、そして羽毛といったマテリアルを適切に組み合わせて、本物の羽虫に当てはめていく作業となる。しかし、マテリアルの名称は似たようなものばかりで、釣りの専門用語に混乱が生じた結果、今や鱒毛鉤のパターン名が本物の羽虫のほうへと手当たり次第に割り当てられているような始末だ。それゆえ、ウィッカムズファンシーや神秘的なブルーダンの歴史的ハッチが起きた、などという報告をしばしば耳にするのだが、海の大蛇伝説と同じく、実際に目撃した者など誰もいない。あるいは、不幸なウェルシュマンズ・ボタン (Welshman's Button)をめぐる終わりなき論争[185]、今日まで続くイエローサリー (Yellow Sally)[186]とイエローメイダンの混同、そしてフェブラリーレッドとアーリーブラウン (Early Brown)[187]の区分の不明確さ、といった諸々の混乱が生じている。その他さまざまな難題が入門者に降りかかるのは、すべてこの非分類学的な慣習のせいなのだ。』

　本章の締め括りとして、英国毛鉤をめぐる思想史の全景を「イミテーショニズム」の視座から眺望してみよう。19世紀半ばにドライフライが登場して、釣り人は水面に流れる特定種の羽虫を精確に模倣することで得られる釣果とその愉しみを知った。そして世紀末にはF.M.ハルフォードの唱える「近代ドライフライフィッシング」が英国釣魚界を席捲するに至り、「厳格なる模倣」の潮流はその絶頂を迎える。

　17世紀から20世紀に至るまでの永きにわたり、毛鉤のイミテーショニズムをめぐって百家争鳴の絶えることがなかった英国アングラーたちの思想体系を、J.W.ヒルズは前掲の著作のなかで次のように整理している。彼の生きた時代から百年近い歳月を経た今、我々が取り組む鱒毛鉤の議論はこの構図の新たな展開にどれだけ寄与できていることだろうか。

『釣り人たちが羽虫を模倣しようとするとき、彼らは今日の我々がはっきりと3つに区分することのできる原則に基づいて作業

《註釈185》F.M.ハルフォードはある毛翅目(トビケラ)の中型種 (*Sericostoma personatum*)をWelshman's Buttonと呼び、鱒にとってMayflyよりも魅力的な羽虫であって、その毛鉤を『釣り人の奥の手』と称賛した。他方、G.E.M.スキューズは本来この呼称はある種の甲虫を指すものであり、ハルフォードは間違っていると主張した。この混乱についてM.E.モズレーは後に『この名は元来ウェールズでは甲虫を指していたが、19世紀中ごろにその名が誤った意味で南イングランドに持ち込まれた』と結論づけている。

《註釈186》黄緑色のウイングと黄色のボディを持ち、夏期に現れる襀翅目(カワゲラ)の中型種 (*Isoperla grammatica*など3種の総称)。その体色がカゲロウ目

のYellow May Dunと類似していることから、しばしば混同される。

《註釈187》ウイングと脚部が赤茶色をした、早春に現れる襀翅目の中型種 (*Protonemura meyeri*)。色調や羽化時期が重なっているため、同じ襀翅目のFebruary Redとよく見間違われる。

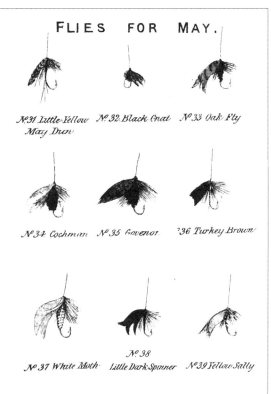

THE ANGLER'S COMPLETE GUIDE（George Little [1881]）の挿絵

を行ってきた。ある者は羽虫を総体的にとらえて模倣し、全体としての虫らしさを模写した毛鉤を創り出したが、それは決して特定の種や系統に由来するものではない。こうした毛鉤はファンシーフライと呼ばれる。この毛鉤には侮り難いほどの支持者が存在し、主にスコットランドに源を発して今日まで生き残っている。スチュアートは彼の有名な、ハックルカラーをそれぞれブラック、レッド、ダンとするスパイダー・パターンに完全な信頼を置いていた。いずれのパターンも、多少の部分に眼をつぶれば、何か特定の種に似ていないこともないが、彼はそれを意図してこれらを開発した訳ではないし、そもそも彼は毛鉤を選ぶとき、どちらかといえば天候や水の状態を見て決めていたのだ。実のところ、それこそがこの学派を特徴づける点である。彼らは虫よりも、光の加減や水の澄み具合、そして空の

状態のほうを重視している。スチュアートの信奉者は今日もなお多数存在する。

次なる学派はジェネラルフライ（general fly）と呼ばれる毛鉤を用いる。それすなわち、ある系統や属を模倣するものであるが、個々の種を模したものではない。彼らは前者とは異なり、光や水の状態よりも虫の形態のほうに多くの関心を払う者たちであるが、それでもなお、精確な虫の模倣は不可能であると考えるか、あるいは仮にそれが可能であったとしても、そこまでする必要はないと考える者たちである。

3番目にして最後の学派は、鱒が捕らえている個々の種の虫（individual species）を可能な限り模倣せずにはいられない者たちである。このなかにはハルフォードが含まれるが、彼も当初は自らの著作のなかにいくつかのファンシーフライや

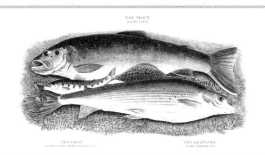

ジェネラルフライを掲載していた。しかし、さまざまな経験を重ねた彼の人生の最終段階では、水や天候がどんな状況であろうとも、特定の種を模倣した毛鉤（specific imitation）が最も優れているはずだと語っている。もちろん、これら3学派の間には互いに交わり合う部分がある。毛鉤というものは程度の差はあれジェネラルな性格を持ち得るものであって、またファンシーとジェネラルの、あるいはジェネラルとインディビデュアルの境界線上にもあり得る。パートリッジ・アンド・オレンジを例にとってみよう。イングランド北部ではこの毛鉤は一年を通じて用いられ、その意味ではファンシーフライと見ることができる。しかし、それはおそらくフェブラリーレッドの模倣としても最高の出来映えであり、その目的で用いればスペシフィック・イミテーションとして働くことになる。また、ブルーウイングド・オリヴ（Blue-winged Olive）(188)のニンフとして使っても効果のある毛鉤なので、その意味ではジェネラルフライなのだ。また、ウィッカム（Wickham's Fancy）(189)はファンシーフライとみなされているが、それでも鱒は鋭敏な視力を活かして、これはレッド・クイル（Red Quill）——レッドスピナーのスペシフィック・イミテーション——とは違うぞ、と見切っているに違いない。このように、我々のほとんどがその3種類をすべて用いている以上、毛鉤の種類や流派を区分する明確な境界線は存在し

ない。しかしそれでもなお、それぞれの特徴は事実存在するのであって、釣魚史を通じてそれが重要な着眼点であり続けてきたのだ。

　これは古くから激しい議論が交わされ続けたテーマであり、これ以上立ち入ることは差し控えたい。私が今から明らかにしようとするのは、——もし私にその才能が備わっていればの話だが——スペシフィック・イミテーションを求め続けた多くの人々の奮闘の記録であり、そして、今日我々の愛用する美しい模倣物へと彼らがたどり着くまでゆっくりと歩んできたその軌跡なのだ。しかし、その前に言及しておかなければならないもうひとつのさらなる区分がある。つまり、インディビデュアル学派もふたつの系統に分かれていて、一方が色彩をより重視する流派であり、他方が形態をより重視する流派である。ハーバート・マクスウェル卿のように何名かの釣り人は、緋色に巻いたメイフライ毛鉤でも通常の色彩を施した同型の毛鉤と同じくらい釣れるものと信じていたし、あるいはオリヴクイルを模した毛鉤のハックルが、この虫が着水した直後の脚部そっくりに見えるよう改良する者まで登場している。この論争について私が言っておかなければならないことは、色彩模倣と形態模倣の両方を追求したとしても決して損にはならないのであって、自然に接近すればするほどそれはよい結果に繋がるということだ。』

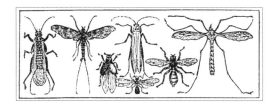

《註釈188》英国全土で最も広く見られるマダラカゲロウ属の中型種（Ephemerella ignita）。適応能力に優れ、急流、緩流、止水いずれにも生息可能。シーズンを通じて羽化するが、6月がピークとされる。ほかのカゲロウ目の尻尾は2本であるのに対して、この種は3本であることが大きな特徴。そのスピナーはシェリー酒のような濃い緋色を帯びることから、Sherry Spinnerと呼ばれる。

《註釈189》一説によれば、19世紀後半にウィッカム博士（T.C.Wickham）が、幼少時にテスト川で用いていたCockerton Flyが廃れてしまったことを嘆き、それを復活させるためにウィンチェスターの有名な釣具商J.ハモンドに依頼して同パターンを再現させたと伝えられるが、他に異説もある。なお、ハモンドはこのパターンのボディーに巻くティンセルの金色が、水中では淡いオリヴ色に見えると考えた。

《註釈190》英国本土から植民地へブラウントラウトの移植が最初に成功したのは、1864年、オーストラリアのタスマニア島に送り届けられた事例である。

《註釈191》このとき 清教徒たちが竿と毛鉤を携行して新大陸に降り立っていたとすれば、彼らのフライフィッシングはそのほぼ同世代となるC.コットンやR.ヴェナブルズが紹介したスタイルのものであったに違いない。

《註釈192》ブルックトラウトが最初に日本に移植されたのは、1902年、米国来の発眼卵から孵った一万五千匹の稚魚が日光の湯川に放たれたときのことだった。この魚が「パーレット鱒」との愛称を授かったのは、その輸入実務を取り仕切った在日英国大使館のハロルド・パーレット（Harold Parlett）の名に由来する。

《註釈193》ブルックトラウトは大らかな性格で警戒心も薄かったことから、19世紀末に欧州からより狡猾なブラウントラウトが移植されると、イミテーション性を重視するドライフライフィッシングの対象魚として後者の釣りに人気が集中したと伝えられる。

第4章　海外普及と国内停滞

【新大陸に渡ったフライフィッシング】

　ここで我々の視線を英国外に転じてみよう。近代英国史は対外伸張の歴史である。1588年、アルマダの海戦でスペインの無敵艦隊を打ち破った英国は海上に覇を唱え、17世紀から19世紀にかけて世界各地に大船団を送っては貪欲に植民地を切り拓いていった。その版図はアフリカ大陸やインド亜大陸は言うに及ばず、アジア、オセアニアそして米州大陸にまで拡大し、植民地の経営を担う国家官僚、治安を維持しさらなる版図拡大を担う職業軍人、そして殖産と貿易を担う企業家といった面々が海を渡って世界中に散らばっていく。

　海外進出の過程で、彼らは英国文化を異郷の地に持ち込むことになった。クリケット競技や綿羊、紅茶といったものがその代表格として挙げられるのだが、この移植リストのなかにしっかりと鱒が入っていたことに、現代のフライフィッシャーは運命の不思議を想わなければならない。19世紀後半から20世紀初頭にかけて、英国産ブラウントラウトをはじめとする鮭鱒類の発眼卵が赤道を越え、喜望峰をまわって世界各地へと送り届けられる原動力となったのは、釣りに対する英国人の熱狂以外の何ものでもない。今日、オーストラリアやニュージーランド、そして南アフリカやカシミール、果ては南米最南端のパタゴニアに至るまで、世界各地でフライフィッシャーを魅了してやまないのは、このときの発眼卵の末裔たちなのだ(190)。

　フライフィッシングの世界史を語る上で欠かせないのが、なかでも米国におけるその発祥の記録であろう。ただし、他の英国植民地と異なり、この地には鱒の固有種がもともと生息していた。したがって、1620年にメイフラワー号が清教徒の一団を乗せて北米大陸東海岸のプリマスに到着したときから、おそらくこのなかにまぎれ込んでいたであろう釣り人は鱒釣りを愉しむことができたはずだ(191)。この東海岸固有種の名はブルックトラウト（Brook Trout）。「トラウト」と名づけられてはいるものの、胸鰭の白い一条がそ

ブルックトラウト

の出自を示すとおり、実際にはイワナの仲間で、米国の釣り人からは「斑点つきの鱒」(Speckled Trout)との名で呼び習わされ、永く愛されてきた(192)。

　派手なファンシーフライを好んで追うこのゲームフィッシュ(193)を讃えて、20世紀初頭の米国の釣魚作家ルイス・リードは「斑点のあるブルックトラウト」(THE SPECKLED BROOK TROUT［1902］)と題する一冊を編集した。このなかから、ブルックトラウトの貪欲な習性について解説する一節を次のとおり引用してみよう。

『鱒類のなかで——いや、実際にはこの国の釣り人たちが追い求めるあらゆる魚のなかで——最も素晴らしい種は、ブルックトラウトあるいはレッドスポッテッドトラウトと呼ばれる鱒、サ

第1部　ウエットフライの歴史

ルベリナス・フォンティナリス（*Salvelinus fontinalis*）である。この学名は、イワナ属の古い呼称であるSalvelinusと、「泉に棲むもの」を意味するfontinalisに由来する。

（中略）

　清冽な流れに棲息するため、当然、この鱒の習性には幾分その環境を反映したようなところがある。つまり、かなりの悪食なのだ。我々がこれを毛鉤で釣り上げるとき、呑み込まれた小魚が鱒の口から半身を突き出していたりするのをしばしば目撃することがある。このことからも推察されるとおり、かなり貪欲な性格であるようだ。しかし一方で、この食欲は川のメニューにおける最も繊細な前菜類、すなわち水生昆虫にも向けられる。この川の美男子を非難するのは自然に唾するような行為であって、釣り人はみな彼のことを大食漢というよりも美食家と呼びたくなることだろう。

　そうはいっても、ブルックトラウトが腹を空かせれば、口に入るものなら何にでも喰いつくのは、人間も含めて他の動物とまったく同じことだ。同族の稚魚に始まって、すべての小魚、ミミズや地虫、そしてザリガニやヘビトンボの幼虫といった、水底に潜むありとあらゆる餌はもちろん、落水した昆虫に至るまで、なんでも平らげてしまう。彼は間違いなく強力な川の掃除屋で、流れのなかで手当たり次第に跳びつくのだ。恐慌状態の小魚たちを浅瀬に追い込んだり、激しい急流に揉まれながら虫など水面を流下してくる餌を待ち受けたり、あるいは夏の日差しのなかに舞うミッジや蚊のようなごく小さい昆虫めがけて何時間も跳躍を繰り返している姿が見かけられる。彼の悪食ぶりは大したもので、小さな蛇まで腹のなかに収めてしまう。しかし、蛇を喰ったところで何を咎められることがあろうか。中国人は子犬を食べるし、メキシコに住むインド人はバッタのケーキをご馳走にしている。この鱒は腐肉を喰うことなどないが、ルイジアナ州に住むフランス系移民は獲ってきた野ガモを台所の外の壁に吊るしておいて、辺りに腐臭がただようまで待ってから調理して食すというではないか。』

　18世紀中ごろ、米国全土が南北戦争で混乱をきわめる時代のこと、後に東海岸における「フライフィッシングの聖地」と讃えられるキャッツキル・ヴァレー（Catskill Valley）へ最初に入植を試みた人々は、製材業を営む者たちであったと伝

タッド・ノリス

えられる(194)。彼らは切り出した材木を筏に組み、遠くフィラデルフィアまで流していた。丸太を加工するため、彼らは川をせき止めて水車小屋を設け、それらの施設をつなぐ道を作った。東海岸の釣り人がこの地を自由に往来するようになるのは、こうしたインフラ整備が整ってからのことである。

　英国本土でフライフィッシングを嗜んだ経験をもつ移民たちは、こぞってキャッツキル地方を訪れ、ウエットフライを用いて野生味あふれるブルックトラウトの釣り堪能をした。この新天地におけるさまざまな釣りを初めて体系的に取りまとめたのは、タッド・ノリス（Thaddeus Norris）(195)であるとされる。南北戦争の騒乱の最中に出版された彼の名作「米国釣師の書」（THE AMERICAN ANGLER'S BOOK ［1864］）のなかでは、キャッツキルの川を渡り歩く最初期のフライフィッシャーの姿が次のように活写されている。

《註釈194》この地域における林業は乱伐の結果、19世紀末には終焉を迎えることになる。なお、この森林伐採によって渓谷の保水力が低下した結果、川の水量が減って水温が上昇したことから冷水を好むブルックトラウトの生息域は狭まり、代わりに、より高水温に耐える移入種のブラウントラウトが生息域を拡大させたと伝えられる。

《註釈195》1811年、バージニア州の名家に生まれる。釣具商として成功を収める一方、南北戦争以前の釣りを描いた本著作を発表したことにより「米国フライフィッシングの始祖」として高く評価される。彼の毛鉤は英国の影響から脱することができなかったとも評されるが、Uncle Tadとの愛称で米国のフライフィッシャーに永く

親しまれた。77年没。

《註釈196》別名Dark Coachman。一説によれば、1870年ごろに英国のH.R.Francisによって考案されたと伝えられるが、実際にはそれよりずっと以前から存在するものと考えられている。白鳥の白いウイングに代えて、ムクドリ（Starling）の濃い灰色、すなわち鉛（lead）色のウイングを用いることからその名がつけられた米国の人気毛鉤。

《註釈197》O'Shaughnessyは18世紀末に創業したアイルランドのフックメーカー。当時、その鋼鉄製の釣鉤は最高級品として称賛され、いわゆるリマリック・スタイルの代表格と位置づけられた。

The History of Trout Flies

『リードフライには何を使おう？水量は充分あるから、ハックルの赤い、尻に金色のティンセルを巻いた奴にしよう。ドロッパーには大振りなレッドウイング・コーチマン (Lead-wing Coachman)[196]だ。野草を2、3度掴みとって魚籠の底に放り込んでおく。この辺りの流れはとても強いので、ランディングネットをしっかりと身につけたのを確認したら、木の枝を杖にして川を横切っていこう。あのゴルジュ帯が見えるかい？それとその一番下の流れ込みの辺りに頭を出している平たい大岩があるだろう？それが水流を分断して下のプールに送り込んでいるよね。あの瀬とプールの両方で釣れるんだ。もしあの灌木の茂みを通り抜けることができれば、僕は瀬頭から釣るよ。さて、この小さな竿の先を前に向けたら通るかな？こんなところで穂先を折ったらおしまいだからね。あれっ、ドロッパーが枝に引っ掛かっちまった！そおっと外して・・・ふぅ、完了。さあ、茂みを通り抜けよう。

（中略）

あれ、川面には羽虫の1匹もいやしない！イミテーションが必要だというけれど、僕には真似るものがない。おっと！浮石に足を掛けたらひっくり返りそうになったよ。流れを渉って大岩の陰に着いたら、平たい岩の両脇から流れ込んでいる瀬の岸近くを狙ってみよう。この瀞場に獲物は居ないようだ。きっと瀬のなかで川虫を獲っているんだろう。僕のコーチマンはお気に召すだろうか？たまには違う食事でもいかがだろうか？・・・それっ。あぁ、外しちまった！でも奴を鉤で引っ掻いてはないぞ。もう一度やってみよう。出た！遂にやったぞ、別嬪(べっぴん)さんかな？ドロッパーを喰いちぎらないでおくれよ。さあしっかり引けよ、オーショウネッシー[197]。お前は世界で一番強い鉤なんだろう？奴はあっという間にラインを引き摺り出して、

BROOK TROUT FISHING (Arthur F.Tait [1862])

第1部　ウエットフライの歴史

強い流れのなかに入っちまった！ここで止めにかかるのは早計だ。あと数フィートだけラインをくれてやって、流れの緩い対岸のほうに進ませよう。さあ、状況は前よりマシになった。余ったラインを巻きとる間は放っておこう。

（中略）

強くラインを引いたら獲物が寄ってきた。竿の胴がねじ曲がっているな。渕のほうに寄せると獲物の姿がぼんやりと見えてきた。しかし変だな？何かがリードフライを引っ張っている。そうか、2匹掛っているんだ。だから最後にドスンと引いたり、底に張りついたりできたんだ。ドロッパーに喰いついた鱒を使って、4フィートのガットリーダーとハンサムなリードフライが着いたまま流れのなかを泳ぎまわらせて、運の悪い鱒が喰いつくまで渕のなかをかきまわすとは、何と賢いトローリングのやり方だろう！どうやってこいつらをいっぺんに魚籠に収めようか？近くまで寄せて、リードフライの獲物のほうから1匹ずつネットで取り込むしかないだろう。しかし、驚かせないように取り込まなきゃいけないぞ。そおっと、そおっと・・・上手くいった。ドロッパーの奴は3/4ポンドは固いな。リードフライのほうは半ポンドといったところか。合わせて1-1/4ポンド。やれやれ、平たい岩の上に腰掛けて、パイプに火でも点けよう。残りのポイントを狙うのはその後だ。半ポンド級を4匹ばかりの釣果では、このプールを離れる訳にもいかんなぁ。・・・』

当時の米国アングラーは、その基本原則を本国から借り受け、釣具の多くも輸入品に頼っていた。しかし1783年の独立戦争終結からおよそ80年の歳月を経て、米国のフライフィッシングがこの地の自然に適したスタイルへと着実に姿を変えていったこともまた事実である。その兆候が最初に顕れたのは、毛鉤のスタイル面においてであった。

イングランドの釣り人にとって、先に記したJ.W.ヒルズによる「イミテーションの3分類」が示すとおり、毛鉤とはあくまで羽虫（fly）を模倣するものであり、装飾性の高いファンシーフライであっても羽虫全般の模倣物と位置づけられてきた[198]。これに対して米国の釣り人は早い時点から、ファンシーフライの派手な色彩が直接、魚の食欲や攻撃本能を刺激して喰いつかせるものと考えていた。この点におい

て、米国におけるファンシーフライのなかには、イングランド人のイミテーション観に必ずしも当てはまらない、「アトラクターフライ」（attractor fly）と呼ばれるものが多いことが知られている[199]。

この理由について、未開の地ゆえ毛鉤を知らぬ鱒たちはアトラクターフライにも簡単に反応したということなのか、それとも、米国移民の多くがファンシーフライ好きのスコットランド人であったせいなのか、歴代の釣魚史家もこの謎解きには明確な解答を用意していない。いずれにせよ、アトラクター性に重きを置くこの思想は、後のドライフライ全盛期にも引き継がれ、今日もなお多くの米国アングラーを魅了している。その最初期の例をT.ノリスの同作品中から引用してみよう。

『さてここで、英国の何名かの作家が懸命に唱えている「月別毛鉤」論と「厳格なる模倣」論についていくつか言及しておきたい。前者は、月ごとに適した毛鉤が決まっているとする考えだが、この理論も今や、フライフィッシングにまつわるまことしやかな大嘘をすべてたたき潰したいと願う実践派の釣り人たちによって葬り去られてしまっているのが実情だ。というのも、4月に効く毛鉤は8月にも役に立つのであって、レッドハックルやブラウンハックル、コーチマン、オールダー、そしてブラウンヘンといったパターンは夏の間もずっと釣れると知られるようになったからだ。

「厳格なる模倣」論のほうはというと、確かに理性に訴えるところはあるが、それでもなお、本物の羽虫をより精緻に模倣した毛鉤のほうにこそ鱒はライズしやすいとする議論には同意いたしかねる。なぜなら、魚の関心が最初に向けられるのは、生命感を備えたモノが水面に落ちたり、水面をかすめたりするときのことだと考えるからだ。魚がライズするのは、それを彼がいつも捕食し慣れた何かだと思う、あるいは何か虫のようなものだと思うからであって、特定の虫であることを確認した上で咥えている訳ではないのだ。場合によっては、水面上でも水面下でも決して見かけられないような、何にも似ていないモノ、例えば真っ赤なフランネル生地の一片や同族の鰭といったモノにまで貪欲に喰らいつかせるような、ペテンの光景を目の当たりにすることさえあるのだ。

《註釈198》英国には、小魚を模した毛鉤や非模倣的なアトラクターフライをルアー（lure）と総称し、また淡水エビやマツムシなどニンフ以外の水棲昆虫等のイミテーションフライをバグ（bug）などと呼んで、これらを羽虫の模倣物であるflyと区別する慣習がある。また、イミテーション性の低いPalmerはあくまでPalmerであって、Palmer Flyと呼ばれることが稀であるのもこうした理解による。

《註釈199》ファンシーフライとアトラクターフライの区別は必ずしも明確ではなく、しばしば同義語として用いられるが、基本的な理解としては、自然界に存在しないような鮮やかな色彩を帯びたファンシーフライをアトラクターフライと呼ぶべきであろう。

《註釈200》鱒の身体から切り取った腹鰭を曳いて獲物を誘うこの釣り（belly fishing）は全米各地で行われ、E.R.ヒューイットもこれを『ブルックトラウトを狙うには最も効果的』と絶賛した。

《註釈201》Thomas C. HoflandはTHE BRITISH ANGLER'S MANUAL [1839]の作者、Delabere P. BlaineはENCYCLOPEDIA OF RURAL SPORTS [1840]の作者、そしてWilliam ShipleyはA TRUE TRIETISE ON THE ART OF FLY-FISHING [1838]の作者である。

《註釈202》1856年、有名なオービス社の創設者であるC.F.オービス（Charles Frederick Orvis [1831-1915]）の長女としてバーモント州に生まれる。76年までの時点で同社の釣具部門の運営を任され、地元の女工たちを率いて毛鉤製造事業を拡大させた。90年の時点で434種ものフライ・パターンを生産していたが、各パターンの標準となる資料が存在しなかったことから、200名を超える全米各地のフライタイヤーにパターン照会の手紙を送り、この著書を編集していったと伝えられる。1904年の夫の死を機に事業を引退して、14年逝去。

68

これをしっかりと確認することのできた最近の例を紹介すると、数年前のある静かな日曜日のこと、ペンシルバニアのビーチウッドと呼ばれる場所で陽気なアイルランド人の友人と休暇を愉しんでいたときの話だ。昼前になって私は自分の魚籠を探したところ見つからない。ほかの人に尋ねてみると、子供たちがそれを持って釣りに行ったという。午後には子供たちが魚籠を鱒で満杯にして戻ってきたが、前日の私の釣果を遙かに上まわるものだった。私は彼らに「ミミズで釣ったのかい?」と聞いてみた。すると子供たちは違うという。それじゃあ毛鉤かねと訊ねると、それも違うという。彼らは毛鉤など持っていなかった。そこで私は自分が子供のころに鱒釣りを愉しんだ「奥の手」のことを思い出した。彼らは鱒の腹鰭を使って水面直下を横切らせたのだ[200]。彼らが用意する必要があったのは最初の獲物を釣るためのミミズ一匹だけで、残りの鱒はすべて、このいい加減な疑似餌を水面で曳いて釣り上げたのだ。この無邪気な子供たちは、ホフランドやブレイン、シップリー、ロナルズといった歴代の優れた学者陣[201]の理論に対して、自分たちが真っ向から喧嘩を売っていたことなど知る由もない。』

メアリー・オービス・マルベリー

19世紀米国のフライ・パターンを総覧する傑作として知られるのが、メアリー・オービス・マルベリー(Mary Orvis Marbury)[202]が編纂した「愛される毛鉤たちとその来歴」(FAVORITE FLIES AND THEIR HISTORIES [1892])である。M.O.マルベリーはこの著作のなかで300種近いパターンの有職故実を解説し、それらの姿を32枚の彩色版画で美しく紹介した。彼女はこの作品のなかで、米国がフライ・パターンの多くをいまだ英国に依存している現状を嘆き、いつの日か北米独自のエントモロジーを確立する「米国のロナルズ」が登場することを期待しているが、同時に、それまでの間は米国が誇るアトラクターフライの文化を大切に護るべきことを読者に訴えかけている。

それではこの作品中に記された、試行錯誤の末に選び抜かれた米国ウエットフライの銘品のなかから、現代の我々もしばしばお世話になるロイヤルコーチマン(Royal Coachman)とパーマシェンベル(Parmacheene Belle)に関する解説文を引用してみよう。

『ロイヤルコーチマンは、1878年、ニューヨーク市のプロタイヤーとして活躍したジョン・ヘイリー(John Haily)によって考案されました。何かの折に、彼は袋に入れたこの毛鉤の試作品を私たち(訳者注:オービス社幹部陣)に見せながら次のように説明してくれました。「ある紳士から、北部の森林地帯で釣りをするのに持っていくコーチマンをいくつか巻くよう依頼がありました。そのコーチマンには特に耐久性を持たせて欲しい、というのが彼の注文でした。このため私は、ピーコックのボディーが解けてしまわないように、ボディーの中央部を絹糸で細く縛りつけてみました。加えて、ウッドダックのフェザーを使ったテイルをつけてみたところ、この毛鉤がとてもハンサムに思われたのです。」これを聞いた数日後、私たちはこの話題の毛鉤について話し合うために集まりました。あるメンバーは「ほかの多くの毛鉤のように意味のない命名をするくらいなら、番号で呼んだほうがましだ。」と主

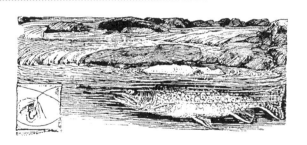

第1部　ウエットフライの歴史

張しましたが、ほかのメンバーたちがこれに同意しなかったところ、彼は続けて「それじゃあ、どうするんだ？コーチマンのつもりが、コーチマンでなくなってしまった毛鉤なんだぞ。もうコーチマンにはまったく似ていないし、いったい何と呼べばいいんだ？」と問い掛けました。するとそこに居合わせた、チャールズ・フレデリック・オービスの兄であるL.C.オービス氏がこう答えました。「そんなの簡単さ。ロイヤルコーチマンでいいじゃないか。とても奇麗に着飾っているんだしさ。」瞬くうちにこの名は広く知れわたり、多くの愛好家に用いられるようになったのです。』

『パーマシェンベルはヘンリー・ウェルズ（Henry P. Wells）[203]氏によって開発されたもので、メイン州のパーマシェン湖にちなんで名づけられました。ウェルズ氏が最初にこのパターンを紹介したのは、「毛鉤の釣り」（FISHING WITH THE FLY）[204]の第二版に収められた彼の興味深い小論「ラングレー地区のフライフィッシング」（FLY-FISHING IN THE RANGELEY REGION）においてでした。後にその内容は彼の佳作「毛鉤竿とそのタックル」（FLY RODS AND FLY TACKLE）に再掲されているので、そのなかから次の文章を引用してみましょう。

『私の一番のお気に入りはパーマシェンベルだ。この毛鉤は私にとって実の息子のようなもので、多少贔屓めな部分もあるかもしれない。ジョンと私は午前11時半から午後4時までの間に釣ることは滅多になかった。そんなとき、私たちは森のなかを散策したり、ライフルで射的を楽しんだりして過ごすのが常だった。その最中にも、私はタイイングボックスを持ち出してみては、「さてジョン、午後はどんな毛鉤で鱒たちをからかってやろうか？」などと持ち掛けるのだった。そうしてふたりで相談しながら、色々な種類のマテリアルを組み合わせてみては実釣を繰り返し、7年かけてようやく編み出したのがパーマシェンベルである。このパターンは大成功で、以来、アンドロスコッギン川の源流域に入るとき、釣りをする時間の4分の3はこの毛鉤を使ってきた。』

『私の理解が間違いでなければ、ここの大鱒は毛鉤を虫ではなく、餌になる何かの生き物だと思って喰らいつくようだ。もしそれが真実だとすれば、ある餌の特徴的な部位だけを模倣した毛鉤であっても、水中で見つかりやすいよう目立つ造りとなっている限り、あらゆる場面において充分に効果を発揮するはずである。この理論を実証するためにこそ、鱒の腹鰭の色彩を模したパーマシェンベルは作られたのだ。』

（中略）

この国で最も普遍的な人気をずっと誇ってきた毛鉤はおそらくコーチマンなのでしょうけれど、パーマシェンベルはその強力なライバルとして認められるようになってきました[205]。私たちは全米各地からその驚くべき効果について報告を受けているところなのです。』

ヘンリー・ウェルズ

《註釈203》1842年、ロードアイランド州生まれ。大学を卒業後、南北戦争に将官として参加。後にニューヨークの法曹界に身を置く。サーモン釣師としても知られ、「サーモンは食欲から毛鉤に喰いつく」と信じ、短い竿を使ってこれを釣るべきと唱えた。1904年没。生涯独身であった。

《註釈204》C.F.オービスが1885年に発刊したフライフィッシングの指南書。「愛される毛鉤たちとその来歴」[1892]に掲載される彩色版画の原型が登場することで知られる。鮭鱒類の釣りと全米各地の有名な釣り場を紹介するだけでなく、フロリダでのソルトウォーター・フライフィッシングについても解説するなど、幅広い内容を誇る一冊。

《註釈205》アメリカン・アングラー誌[May 1920]は全米各地の有名な釣り人たちを対象に、お気に入りの毛鉤を3本だけ選ぶアンケート調査を実施し、その人気順位を次のとおり発表した。①Royal Coachman, ②Coachman, ③Parmacheene Belle, ④Cahill, ⑤Professor, ⑥Brown Hackle, ⑦Black Gnat, ⑧Gray Hackle, ⑨Montreal, ⑩Cowdung, ⑪Silver Doctor, ⑫Queen-of-the-Waters

《註釈206》ウイングからテイルに至るまで全身を深紅のマテリアルで覆い、ボディーに金色のティンセルでリブづけしたウエットフライ。このボディーの色彩だけ変更したバリエーション・パターンには、Silver IbisやWhite Ibisなどがある。

《註釈207》カナダのケベック州に住む警官Peter Cowanが1840年ころに開発したと伝えられるウエットフライ。彼がそのドレッシングをモントリオール在住の釣具店主に伝えて商業生産させたところ、つけられたのがこの名であったと言う。一般に知られるその姿は、真っ赤なフロス・ボディーに金色のティンセルでリブづけし、同じく真っ赤なハックル／テイルとブラウン・マラードのウイングを備えたものとされるが、いくつかのバリエーションも存在する。

《註釈208》BIG INHABITANT OF THE LITTLE MAGALLOWAY（R.M. Kaufman [FOREST & STREAM (May 1916)]）

【米州北部・西部のウエットフライ文化】

20世紀初頭、T.ゴードンやG.M.L.ラブランチらが唱導する米国のドライフライ革命はニューヨーク州キャッツキル地方を中心に勢力を拡げ、まもなくその影響はバーモント州やニューハンプシャー州を侵食して北部国境地帯へと迫った。ところが、広大な森林地帯に無数の連鎖をなす大河川や湖沼群を釣る北方の人々は、この福音の到来を頑なに拒んだのだった。

17世紀の入植以来、メイン州を中心とするこの地域のフライフィッシャーたちは大型ウエットフライを愛好し続け、独特の釣魚文化を創り上げてきた。毎年4月後半から5月にかけて、北国の遅い春を迎えて川面を覆っていた流氷が消え失せると、"Ice is Out!"（「流氷は失せたぞ！」）の呼び声とともに、釣り人たちは川辺へと集った。彼らは大きな沈む毛鉤を太い流れに投じ、水底から何匹もの怪物ブルックトラウトを誘い出した。

古来、この地はスコットランド系の入植者によって占められてきた。そのせいであろうか、彼らが好んで用いたのはスコットランドの色彩感豊かなファンシーフライであったと伝えられる。プロフェッサーやグリズリーキング、そしてシルバードクターといった故国の毛鉤を愛用する彼らが、自ら工夫を凝らして新たなアトラクターフライを創り出すようになるのは当然の成り行きであった。全身に深紅をまとったスカーレット・アイビス（Scarlet Ibis）[206]や、かつてこの地で最も人気を博した真っ赤なボディーのモントリオール（Montreal）[207]といった北部東海岸のオリジナル・ウエットフライは、この地に暮らすフライフィッシャーたちにとって頼れる相棒であり、彼らのプライドの証でもあった。そんなパターン群のなかで、世界中の釣り人たちに最も愛用されているものといえば、やはり先述のパーマシェンベルに並ぶものはないだろう。

それでは、ドライフライの普及著しい1910年代中ごろにあってもなお、この美しいアトラクターフライの威力を頼りに大鱒を狙い続けた北国の釣り人の記録を、当時のフォレスト＆ストリーム誌上に掲載された投稿記事[208]のなかから引用してみよう。

ウィリアムミルズ＆サン社のカタログに掲載された大型ウエットフライ（1920年代）

『かつてマギャロウェイ川（Magalloway River）——大マギャロウェイ川と小マギャロウェイ川が合流した水域——の一部であったこの地域はなかなか面白い釣り場だ。数年前、メイン州ウイルソンズミルズ村の1マイル上流に水力発電用に建設されたアズィコーホーズ・ダム（Azicohos Dam）のおかげで、そこから大小マギャロウェイの合流点に至るまで、13マイルにもわたる区間に細長い湖が形成されている。それは場所によって幅が大きく変化し、もちろん岸沿いの湖面にはかつて森をなしていた無数の枯れ木が立ち並んでいる。この湖は二本の流れが合流する地点で終わる——小さい支流は山中の水源地から流れ下り、大マギャロウェイはラングレー地区の北端に位置するパーマシェン湖から流れ出している。かつては

第1部　ウエットフライの歴史

メイン州の釣りを宣伝する広告 [1910]

激しく水面を波立たせていた川も、今では木立の間をゆったりと流れている。

（中略）

その日のイヴニング、宿営地からみて大マガャロウェイ川の向かい側にある「大淵」というポイントで良型の鱒が1、2匹釣れた。そもそもガイドが言うには、パーマシェン湖から流れ出す水はまだ水温が高いので、この場所にはほとんど鱒がいないという話だった。とすると、この辺りに鱒がいるということは、小マガャロウェイにもいるに違いないと我々は確信した。そして、それは大正解だったのだ！

翌朝、その川には結構なサイズの鱒がたくさん現われて、9時ごろになると我が目を疑うほどの盛んなライズをみせたのには、ガイドたちも大いに驚いた。でも羽虫はどうだ？多くは出ていないぞ。むしろ小魚が追われているようだ。この日、私は1匹の獲物に目をつけた。彼は深いプールの底に貼り着き、障害物の無い開けた場所に陣取っている。それが、3～5分間、時には15分間のインターバルで身を翻している。少なく見積もっても3ポンドはある大物だ。しかし、私のドロッパー仕掛けがちょうど奴の鼻先を通るときでさえ、身を翻してはくれないのだ。ウエットやらドライやらを無駄に試した後で、野生の鴨の羽根で造った細長いルアーまで持ち出したのだが、それでもやはり無視される始末だった。

（中略）

その日、我々は朝4時に起きて、まだ朝霧が川面を覆っている状態の大マガャロウェイを釣っていたものだから、昼食と昼寝をとった後にいったん宿営地に戻り、日没の時間帯になって再び大小両方の川を攻めてみたのだが、やはり私の毛鉤に反応はなかった。それでも夕闇が迫るころになると、私がリードフライに選んでいた大振りなパーマシェンベルに反応する鱒が現われ始めた。特にこの毛鉤を水中で軽くしゃくってやると、ドロッパーにつけている古くからの我が相棒、ブラックナット（Black Gnat）[209]のほうにまでよい反応が見られるようになった。イヴニングを迎えると鱒の嗜好はガラリと変わるもので、大型のウエットフライを適切に操作してやれば、本物の羽虫を一番精緻に模倣したドライフライなんかよりずっと釣れる、といわれているのだ。鱒たちの活性は高く、何度もライズしては毛鉤を喰い損ねるのだが、どの魚も一度ライズすると二度追いすることはなく、ようやく釣れたのは24オンスの1匹だけで、それが私の打ち止めとなった。

川を上ったり下ったりして時間がかかったので、カヌーには今や燈火が灯されている。大小の鱒たちがいたるところで水飛沫を上げていたが、それは明らかに昆虫ではなく小魚を追ったものであった。私は諦めたくなかったのだが、それ以上狙うのは時間の無駄のように思われた。

朝方に狙ったあのデッカイ奴の所在は分からなかった。奴は我々から充分距離をとっているときにだけライズしていたようで、その音を聴く限りどこかに居るような気もしたが、目で見て確認した訳ではなかった。ついに我々は船首を下流に向け、宿営地へと漕ぎ出した。カヌーが奴の棲み家を通りがかったとき、我々をあざ笑うかのように最後のライズが湧き起こった。すると私のガイドは機敏に、そして静かにカヌーを回頭させて泊め、こう言った。

「あと一回だけ、奴さんをやってみなせえ。」

リードフライは奴のすぐ傍に着水したはずだ。というのも、毛鉤が流れに沈むや否や、根掛かりでもしたかのような手応えがあったからだ。すると、私が他人の自慢話に聴き入り、ずっと夢見てきたあのドーンと来る長いダッシュ、小物が背掛りになっても決して演じることのできない大暴走が目の前で繰り広げられたのだ。昔、一流のフライキャスターだった祖父から受け継いだ私のレナードロッドが、そう、陳腐な表現をお許し頂

《註釈209》古くはC.コットンの著作にも確認される伝統的パターンで、オドリバエ（*Bibio johannis*）のイミテーションとされる。この羽虫は水生昆虫ではないが、頻繁に水面上を飛び交い鱒の好餌となることから、歴代の釣り人たちがそのイミテーションを愛用し続けた。F.M.ハルフォードは自ら厳選した33パターンのなかにこの♂と♀のドライフライを登録し、周囲のフライフィッシャーが皆ボウズを喰らう日にも同♂パターンを用いて大釣りした記録を『ドライフライの近代発展』[1910]のなかに遺している。また、G.E.M.スキューズが『チョークストリームの小戦術』[1910]のなかにドレッシング法を記したわずか7つのウエットフライ・パターンのなかにも、このイミテーションが含まれている。

《註釈210》doubleとは、釣り人が竿を向けている方向と、実際に竿先が向いている方向が正反対となる状態を指す英語表現。古いスタイルのウエットフライロッドは竿身全体にわたってよく曲がる構造であったため、しばしばこれに近い状態となった。

《註釈211》William T. Sherman [1820-91]は19世紀の米国軍人。南北戦争の際には北軍の南西方面総司令官として活躍し、北東方面総司令官のグラント将軍と役割を分担した。冷徹な戦略理論家であり厭戦家としても知られ、彼の演説の一節『戦(いくさ)は地獄』("War is Hell.")は全米中に知れわたった。しかし、南北戦争時には各地で徹底的な焦土作戦をとったことから、第二次世界大戦に投入された新式戦車に彼の名が冠された際には、南部出身の兵士たちの間ではこの戦車への搭乗拒否が相次いだと伝えられる。

きたいのだが、文字通りダブルの円弧を描いたのだ(210)。自分で掛けたのでなければこんなことを書いたりしないのだけれど、そいつは本当にデカかった。竿が本当にダブルに曲がっているところなんて、それまでお目にかかったことなどなかったのだ。キャストした場所はほんの近くだったので、竿がすっかり曲がり切り、竿先は水面ギリギリにまで持って行かれてしまった。闘争を目の前にして、私は興奮しながらも努めて心を落ちつかせようとしていた。

「奴さん、旦那が探してた獲物じゃろう。」というのがガイドの第一声だった。次いで彼が「これを逃がしちゃぁ、男がすたるわな。」と吐いたので、私は「逃がすもんか！」と腹立ち紛れに言い返したのだが、その次に彼の言葉──それはシャーマン将軍(211)が戦争について語った言葉だった──を聴いたのは、何時間も後のことのように感じられた。

「どうかしたのかい？」

「旦那、この玉網にゃ穴が開いてるんでさぁ。今、繕うことは無理じゃが、まあ、その獲物のサイズなら穴を通ったりゃせんじゃろ。(でも、この前に釣った1ポンド半の獲物は穴から抜け落ちて、結局は素手で捕まえなきゃならなくなったじゃないか！)穴から抜けそうになっても、どっちかの毛鉤が網目に引っ掛かって止まりますぜ。(あぁ、それが最悪のパターンだというのに・・・)」

再び苦痛なほどのヒキに耐えていると、私の背後でガイドが何やらゴソゴソとやっている。

「ハンティングナイフで玉網の柄から削り取った木片で、網目をつないでるとこですわ。」という彼の声が聴こえてきた。「旦那、奴さんを引き揚げてワシに見せて下せぇ。奴さん疲れてるみてぇですし、ワシが玉網ですぐに掬い取りますじゃ。」

慎重にテンションを掛けながら引き揚げると、奴は水面に浮いてきた。ガイドがネットの補修作業を進めている間は、テンションをごく軽くしながら待っている。これはなんという怪物だ！ずっと夢見てきた大物が腕を伸ばせばすぐ届く距離の暗い水面に横たわっている姿が、私の目にどんな風に映っていたと皆さんはお思いだろうか？人生の一匹と呼べる大物を釣り上げたことのある読者には、言わなくてもお解り頂ける光景だ。そうでない人には、このときの私はまるで気でも触れていたかのように思われることだろう。でも私は嬉しかった。なぜなら、私ひとりで竿と玉網の両方を扱わなくて済んだのだから。

ガイドのエルザは奴の下に玉網を差し入れた。(まだ準備ができていなかったのに・・・)彼は左手をネットの柄の中ほどまで伸ばすと、それを梃子にして玉網を引き揚げた。が、網が舟べりを越えてカヌーのなかに入った途端、再び網目が破けて魚体がズルリと抜け落ちた。エルザはその場で奴を鷲掴みにすると、ナイフの柄で頭部を5、6回殴りつけた。すぐに私がもっとしっかり息の根を止めてくれと頼むと、彼はあと14回ほど叩いただろうか。パーマシェンベルは奴の頬のところに深くしっかりと刺さっていた。奴は獲物を喰い損って、顎の代わりに頬の外側に鉤を引っ掛けてしまったのだ。お陰で鉤掛りは

カヌーからのフライフィッシング[1903]

第1部　ウエットフライの歴史

　万全、その掛け方のせいで奴はグルグルまわることしかできず、プールのなかの隠れ家に逃げ込むことができなかったのだ。しかし、釣り上げるまでは私にそんな状況が分るはずもなかった。「ふぅ、よかった。目方はどれほどあるだろう？」と、私は溜息をつきながら漏らした。
　「まあ、ざっと見積もって3ポンド半ってとこかね。良型。」と、ガイドはぶっきらぼうに答えた。

（中略）

　我々ふたりはずっと一緒にカヌーを漕いでいた。私が心地よい沈黙に浸り切っていたそのとき、エルザがふと話しかけてきた。
　「奴さんの目方を量ってみて下せぇ。」
　そうしたくても出来ないんだよ、と答えかけてはたと思い出した。私が座布団代わりに敷いているコートのポケットにはバネ秤が忍ばせてあったじゃないか。私は秤のフックを鱒の口に掛けて、マッチに火をつけた。
　「4ポンド！」私は思わず息を飲んだ。すると、ガイドは落ち着き払ってこう答えたのだ。
　「やっぱりでさぁ。そうなんじゃねぇかと思ってたんですぜ。旦那にゃ驚いてもらいたかったんでね。」』

　20世紀に入ってもなお米国でウエットフライを愛好し続けたのは、東海岸北部の釣り人たちばかりではなかった。荒漠たるプレイリーを踏破し、険しいロッキー山脈を乗り越えた先には、西海岸の大地が広がっている。そこに根づいたばかりのフライフィッシング文化もまた、沈む毛鉤の伝統を深く受け継いでいた。かのT.ゴードンがドライフライの愉しみを同朋たちに紹介する時代にあっても、カリフォルニアの鱒川ではロイヤルコーチマンやブラックナット、ホワイトミラーといった沈む毛鉤が主役であり続けた[212]。後に米国ドライフライ革命の波がこの新天地に到達した際にも、根強いウエットフライ信仰がその普及を妨げたと伝えられる。

　米国のスコットランド系移民は東海岸のみならず西海岸各地にも入植し、祖先から受け継いだフライフィッシングの伝統に則って、この開拓地での釣りを満喫した。20世紀初頭、カリフォルニア州のとある釣り人——おそらくはスコットランド系移民一世——が、30年来愛用し続けた毛鉤帳のなかを覗き込みながら、懐かしい故郷の想い出に耽るようすを描いた雑誌記事[213]のなかから、新天地でも威力を発揮する英国のファンシーフライについて語る次の一節を紹介しよう。

　『この一束の、ドローン・ガット[214]に取りつけられた最小サイズの可愛らしい毛鉤たちは、ノースカントリーのスパイダーだ。ヨークシャーの岩々を食みながら流れる川の水は豊かで澄みきっている。『遠くから繊細に』というのが、北方の釣り人たちの合言葉だ。これらの毛鉤に巻かれたコバシチドリ (Dotterel) やチドリ (Plover) の羽根のように繊細なものがほかにあるだろうか？その羽根は鉤のチモトを美しく飾りながら、まるで海中に揺れるクラゲの笠のように、緩やかな流れのなかで閉じたり開いたりする。彼らは流れに溺れるクモの姿を偽って、斑点をまとう狡猾な鱒たちを欺く。また、夏の乾期に水量が減った際であれば、西の果てに棲む、あの派手な紅色を身にまとった「レインボー」さえ惑わすことになるのだ。

　お次に仕舞ってあるのは、ウイングつきのより大きな毛鉤たちだ。斑の着いた茶色いウイングの根元に七面鳥やニワトリから抜きとったハックルを巻きとめて、ボディーの上を黄色い絹糸で軽くリブづけして出来るこの毛鉤、マーチブラウンはもちろん春のパターンだが、その名を聞くと、私はツイード川で釣っていたときの記憶がよみがえってくる。ドライバラや"fair Melrose"[215]辺りでサンザシの木が芽吹くころ、あの有名な川で艦隊を組みながら流れ下るのが「ブラウン」[216]だ。春の到来は、ツイード川の澱みの底にじっと潜んでいる大鱒を活気づけてくれる。そして、無数に降り注ぐ羽虫の一群を鱒たちが鼻先でついばみ始めると、まるで雨粒が作り出したかのよう

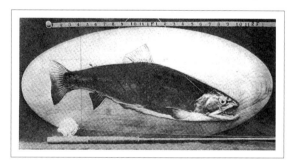

引用記事に登場するブルックトラウトの剥製

《註釈212》C.Z.SouthardはTROUT FLY-FISHING IN AMERICA [1914] のなかに米国各州の人気毛鉤ランキングを掲載し、カリフォルニア州においてはこれら3種の順に人気が高かったことを記している。

《註釈213》AN OLD FLY BOOK (F.W.Reid [WESTERN FIELD (November 1902)])

《註釈214》drawn gut (器械引きテグス) は金属製の研磨器を用いて極細に処理したテグスを指し、一般に、職人の手だけで製作したundrawn gut (手引きテグス) よりも強度が落ちるとされた。

《註釈215》Melrose及びDryburghは、いずれもボーダー地方のツイード川流域に位置する村落の名。前者にはスコットランド王族も埋葬されたメルローズ修道院があり、数々の戦乱によりその建造物の多くは灰燼に帰したが、今日、わずかに遺されたその美しいゴシック様式の外壁部は貴重な文化財として管理されている。19世紀スコットランドの国民的詩人、ウォルター・スコット (Sir Walter Scott [1771-1832]) は、『清 (すが) しきメルローズ修道院 ("fair Melrose") を観るのなら、月夜の薄明かりに訪ねられよ』との冒頭で始まる有名な詩文を詠んだ。ちなみに、彼は熱心な鱒狙いのフライフィッシャーであった。

《註釈216》ここで言う「ブラウン」は、March Brownのスコットランドにおける愛称。

《註釈217》スコットランドにおいては、サーモンは「王の魚」と尊ばれ、fishといえばサーモンを意味し、fishingといえばサーモン釣りを指す慣習が定着している。このため、鱒釣りはtroutingと呼ばれることも多い。

《註釈218》Grilseとはアトランティックサーモンの若魚で、降海後1〜2年で川に遡上するものを指す。

《註釈219》グレイリングの語源は、その背部から見た印象から、"gray thing"「灰色のもの」にあるとされる。同様のイメージはフランスでも共有され、彼の国ではOmbre (英語でumber:「影」) と呼ばれる。なお、続он『斑をまとったその親戚筋』とはブラウントラウトを指す。

な波紋が川面のあちこちに広がってゆく。スコットランドでは、鱒はサーモンより劣る存在として扱われる。彼の地ではサーモンこそ一段優れた「フィッシュ」なのだ[217]。今はどうなっているか知らないが、かつて鱒釣りは誰でも自由に愉しむことができた。だから4月も中旬になると、エジンバラからは大学生たちが、ガラシールズからは織工たちが、そしてピーブルスからはその村人たちがみな集まって、ツイード川の両岸には大勢の釣り人が見かけられたものだ。

マーチブラウンは万能毛鉤で、グリルス[218]の食欲を掻き立てるのにも充分な大きさだが、前に紹介したウイング無しの赤や黒のハックルフライは鱒専門だ。グレイリングもこれらの毛鉤に喰らいつくことだろう。この銀色を帯びた茶色の影（umber）[219]用には、斑をまとったその親戚筋の場合と同じく、これらの毛鉤にも勝る格別のご馳走がある。剛毛を逆立てた全身もじゃもじゃの毛虫、つまりパーマーのことだ。さて、最初に触れた模倣物はスチュアートの発明品ではないかもしれないが、彼のお気に入りであったことは確かだ。このスコットランドの釣り人はフライフィッシングに関するちょっとした本を書いて、この技芸の追求のために多少なりとも尽力した。彼と釣果を競って一度も勝てなかったリバーキーパーの言を借りると、スチュアートと釣行をともにする一日は、「ずっと背を屈めて這いずりまわる24時間」であったそうだから、彼もそれなりに一生懸命釣っていたのだろう。スチュアートの理論はシンプルなものだ。彼は魚の視線から自分の姿を隠す一方、その時期に飛んでいる羽虫をわざわざ調べたりせず、水の色に合わせてハックルの色彩を変えていた。ピート質の土壌で薄茶に染まった水が草むす穏やかな丘陵地帯の谷間を縫って流れる小川にエトリック村の羊飼いが安らぐ牧歌的な情景こそ、彼の毛鉤にとってぴったりの環境なのだ。これらの支流群はボーダー地方に点在する廃墟の数々をかすめながら、遂にはツイード川へと注ぎ込む。あの毛虫のごとき毛鉤とそこから派生した試作品たちは、海外でも充分通用するパターンであって、北はメイン州から南はカリフォルニア州まで、米国全土で鱒たちを魅了している。

（中略）

鳥の羽根や獣の体毛を用いて、微小な生き物の透き通った翅を再現しようと試みたところで、本物の姿には遠く及ぶべくもない。もしも、大きめの粗雑な模倣物が落とす影だけでも

毛鉤を選ぶ米国アングラー［1904］

その儚い妖精の姿に似ていたならば、あるいは、使う羽根の色が本物の羽虫の数えきれぬ色彩の組合せにわずかなりとも馴染んで見えたならば、その製作者は幸運であるといえよう。それでもなお、これらの芸術的なペテンが成功を収め続けてきたおかげで、スチュアートのみならず他の釣り人たちまでが、自然を厳密に模倣することの必要性に疑問を抱くようになり、そこからファンシーフライの思想が芽生えたのだ。創造力に恵まれた頭脳明晰な釣り人たちは、魅力的な色彩を備えたハックルやウイングに関する彼らの理論を毛鉤の上に具体化した。もしこの創造物が鱒たちの人気を博したならば、そのパターンは商品化され、釣具店の陳列棚に並べられた「ホフランズファンシー」（"Hofland's Fancy"）[220]や「グリーンウェル

《註釈220》1830年ごろにT.C.ホフランドによって開発されたファンシーフライで、濃い赤茶のボディーに赤い鶏のハックルとテイルを取りつけ、ウイングにはウッドコックを用いる。C.ウィリアムズは『鱒毛鉤辞典』［1949］のなかでこの毛鉤を、『素晴らしいオールラウンド・パターンであって、日没後に用いれば英国のあらゆる場所や季節で鱒を仕留めるだろう。』と評している。

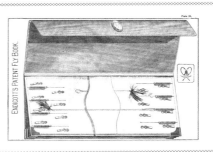

第1部 ウエットフライの歴史

ズグローリー」、そして「フランシス」("Francis")[221]といったパターンの仲間入りを果たすことになる。これら開発者たちの多くは、物静かなカントリー・ジェントルマンであり、その毛鉤に自分の名前を冠する栄誉を授けられた熱心なスポーツマンとして知られるのみの存在だ。ただし、フランシス氏だけは有名で、彼はロンドンのフィールド誌で釣魚担当編集者を務めた人物である。彼のこの特別な毛鉤は、深紅のシルクボディーに灰色のウイングをまとい、カリフォルニアでも特に沿岸地区の流れで非常に威力を発揮することが知られている。

英国の毛鉤が米国の川でも通用するという事実は、本物の羽虫の厳格な模倣など必要ではないことの確かな証拠である。英国で起きるような、群れをなしたカゲロウたちが透明な4枚の翅を開いて何千匹も川面で息絶える情景を、私はこのカリフォルニアの流れで見たことがないのだが、このときだけは、本物の羽虫か、あるいは水面に浮かぶその模倣物を鱒に投じてやらねばならない。しかし、この毛鉤でさえ、それが模倣せんとする薄命なご馳走とは似ても似つかぬ、鱒を侮辱するような代物でしかないのだ。カリフォルニア原産の羽虫は、英国の同族とは多くの点で異なっているに違いない。それでもなお、太平洋沿岸地区の釣りのために作られた毛鉤は、より大きな鉤に巻かれているものの、ほとんどが英国パターンのコピーである。ロイヤルコーチマン[222]、ブラックナット、レッドスピナー、これらはすべて「懐かしき故国」の毛鉤なのだ。』

歴代の米国フライタイヤーに共通して見られる特徴は、アトラクター／イミテーションの別を問わず、「よりシンプルなスタイルへの志向」であるといえよう。この点においても、彼らは旧宗主国の伝統から大きく乖離することになる。古来、毛鉤の熱に浮かされた英国の釣り人たちは羽虫の模倣を競い合い、数知れぬパターンを濫造した[223]が、米国アングラーの多くは決してその遊戯に拘泥することはなかった。イミテーションフライを考案する際にも、彼らはそれを簡略化し、より汎用性の高いものへと練り上げていくことに情熱を注いだ。このため彼らの手になる毛鉤の多くは、J.W.ヒルズの論旨に沿っていえば、ある系統の羽虫全般を模すジェネラルフライを出来る限りシンプルな構造で実現する方向へと進化していく。M.O.マルベリーもまた彼らと同じ視座に立ち、「愛される毛鉤たちとその来歴」[1892]のなかで、英国のフライドレッサーたちがイミテーショニズムに狂奔する姿を次のように揶揄するのだった。

『大英帝国においては、水辺の生態を観察するエントモロジーの研究が慎重に進められ、それに基づくイミテーションフライがいくつも生み出されてきました。しかし残念なことに、こうした検討が各人の好き勝手な形で積み重ねられ、同じ羽虫のイミテーションにも複数の異なる名前がつけられてしまった結果、釣り人は多様性に満ちた極小世界の迷宮に閉じ込められてしまったのです。このなかで、可笑しくなるほどに正確（?）な毛鉤のジャングルを掻き分けながらぐるぐるとさまよい歩き、ようやくたどり着いた場所が元の出発点であったとしても、彼らはそれを感謝しなければなりません。迷路のなかは狭く、所々に「矛盾」や「失われた記録」、「対立する主張」という名の障害物が彼らを待ち受けています。それは、取り除くには重過ぎることもあれば、根が深過ぎることもあり、ときにはとるに足らぬ小さな障害物であったりもするのですが、とにかく、彼らはできるだけ多くの障害物を押し退けるために、決して労苦を厭うことはありません。この隘路を歩む者は、全力を尽くして試練に耐え忍ばなければならないのです。』

【ドライフライ革命前夜】

第1部を締め括るにあたって、19世紀後半、ドライフライ揺籃の地となったイングランド南部のチョークストリームにおいて、伝統的ウエットフライがどのように嗜まれ、ドライフライ革命が吹き荒れるなかでいかにしてその血統が護られたのか、当時の史料のなかからその場面をいくつか掘り起こしてみたい。

元来、英国の釣り人は大自然と獲物を求めて北方の荒涼たる大地の渓流に赴きがちで、南方に広がる白亜の土壌に生じる穏やかな湧水の流れに関心を寄せる者は少なかった。このためであろうか、19世紀末にF.M.ハルフォードによる一連の作品が登場するまで、チョークストリームの釣りに関する著作は必ずしも多くはない。

その少ない事例のなかでも傑出した作品が、湧水の川

《註釈221》F.フランシスは「釣魚の書」[1867]において、一般的な鱒毛鉤の代表例としてこの自作パターンを手前味噌ながら紹介している。ここに紹介されたレシピでは、銅色のピーコックハールのボディーを赤銅色のシルクスレッドではっきりとリブづけして、ハックルにはミディアム・ブルーダンのもの、ウイングには雄鶏から採ったグリズリー・ブルーダンのハックルポイントを用いるべきとされた。

《註釈222》前節でも紹介したとおり、Royal Coachmanは米国の東海岸で開発されたものである。しかし、royalという語感、そしてこのパターンの原型が英国産のCoachmanであること等を考え合わせれば、このように位置づけたくなる気持ちも理解できよう。

《註釈223》フライ・パターンが濫造されたひとつの原因として、ローカルフライの伝統が指摘されている。英国の毛鉤文化は地域性を色濃く反映し、各地で独自のスタイルを発展させてきた。一例を挙げると、C.コットンも「釣魚大全」第二部[1676]の登場人物に『「ローマに入りてはローマ人のごとく振る舞え」との格言どおり、当地では毛鉤をこのスタイルで巻かなければなりませんよ、でないとボウズを喰らうことでしょう。』と語らせている。この結果、同じ種を模倣する毛鉤であっても、地域によって色や形が異なり、名前まで違ってしまう混乱が生じた。

《註釈224》1819年、デヴォンシャー生まれ。ケンブリッジ大学で近代史の教授を務めた後、チェスター大聖堂の聖堂参事会員を務める傍ら、小説家としても活躍してTHE WATER-BABIES [1863]やWESTWARD HO! [1855]などの作品を遺した。チャールズ・ダーウィンの進化論をいち早く支持したことでも知られる。75年死去。

TROUT FISHING (William Jones [circa 1825])

の自然誌と毛鉤釣りをあふれんばかりの熱意と愛情を込めて描いた、チャールズ・キングスレー (Charles Kingsley)[224]の名著「チョークストリームの研究」(CHALK STREAM STUDIES [1873])である。この著作の頁をめくれば、W.C.スチュアートの影響を受けた南部イングランドの釣り人がチョークストリームの大鱒を狙って体力と忍耐力のあらん限りを尽くす姿が躍動感もあらわに浮かび上がってくる。生粋のウエットフライマンであった彼はイングランドの読者に対し、わざわざ遙か北方のスコットランドまで釣りに行くのは時間と金の無駄であって、真の楽園は身近にあると囁きながら、チョークストリームの愉しみを次のように謳い上げるのであった。

『「キーパー、羽虫は出ているかい?」
「昨日の晩はすげえのが出ていましたぜ、旦那!」
リバーキーパーはそう答えながらランディングネット片手に歩いてやって来た。そして彼らは一緒に上流へと歩き始める。
(中略)
排水溝の流れ込みを見つけたとき、自分の姿を隠しながらそのなかに毛鉤を放り込むことができるようなら、必ず一投をくれてやるべきだ。その激しく波立ったポイントには、甲虫や毛虫やらが草生えから落ちて押し流されてくるのを狙う大鱒が1匹や2匹は潜んでいる。本流に注ぎ込む細流は藻床が流れを遮ってあふれんばかりの水量となっているが、サンザシの茂みの下や樫や楡の木の大きな根元の辺りから型のよい鱒を何本か抜き上げてやろう。木の下には水門がある。高さ10フィー

第1部　ウエットフライの歴史

ト、長さ20フィートほどもあるだろうか、その上からは充分な水が流れ落ちて、真下にほどよい波を作っている。ここなら高貴な魚が何匹か居るはずだ、絶対に！もし適切に行動して、私が選んでおいた2本の毛鉤[225]——ガバナー（Governor）[226]とブラック・オールダー（Black Alder）[227]——を用いて科学的に釣れば、1匹ぐらいはきっと仕留められるだろう。まずその小さなプールに向かって、ダウンではなくアップストリームでアプローチしなければならない。もしダウンストリームで投ずれば、貴殿はたちどころに鱒に発見されてしまうだろう。それにそもそもダウンストリームでは、唯一のチャンスが見込める煉瓦（れんが）造りの岸壁に差した日陰のなかに毛鉤を送り込むことなど叶わない。強い日差しにさらされて油のようにギラつく静かな浅瀬に毛鉤を投げ込んだところで、いったい何の役に立つだろうか？

「でもどうやってプールの下流側にまわり込むというのかね？もしかすると・・・」

そう、お察しのとおり、貴殿はチクチクする生垣や木々に囲まれた窪地を這いながらくぐり抜け、その後10フィート程の細流を飛び越えなければならない。やれやれ、ひと汗かかねばなるまい。まるで庭先のようにきれいに整えられたチョークストリームでの釣りを山岳渓流よりも一層困難なものにしているのは、これらの障害物なのだ。全力で駆け抜けようとすれば、開けた荒野よりも執拗に囲い込まれた田園地帯のほうがずっと難しいものなのだ。それをやってみるかどうかは、貴殿次第。けれども、天気のよい日に大鱒を釣りたいのであれば、まだ誰も試していないやり方に訴えなければならないのだ。

貴殿が這いつくばってそこを通りぬけると、キーパーが後ろから竿を渡してくれる。ズボンはグシャグシャになって、シャツにはイバラの棘が絡みつく。ズボンを整えてシャツの棘を抜いたら、さあ、今度は小川を飛び越える番だ。わざわざ助走をつける必要もなかろう——あ、川に落ちやがった。悔やむな。竿先をしっかりと掲げよ。少なくとも、歩を進める度に少しずつ水浸しになっていく、あの責め苦からは逃れることができたのだ。流れの冷たさはどのみち変わらないのだし——Credat Judaeus[228]。

（中略）

さて、草地を40ヤードほど迂回してポイントに向かおう。川岸に近づくときは身を屈めよ。鱒がそのプールの流れ出しの辺りで日向ぼっこしているかもしれない。そいつが貴殿の姿を見つけて上流の仲間に伝えに行くかもしれないぞ。貴殿の被っているその馬鹿げた黒いシルクハットは脱ぎ捨てよ。ホメロスの描く英雄たちは、コルサウスやファレラス[229]を己が身にまとうことで、敵に対して自分が大きく恐ろしげに見えるよう誇示したが、貴殿もそんなおつもりか？三本足で這って歩け。目的の場所に着いても、ひざまづいたままだ。

伸ばすラインはできるだけ短くせよ——アップストリームで釣るとき、ラインはいくら短くても短過ぎることはない。貴殿の傍の油を浮かべたような水面ではなく、上流にある濃い陰の射す岸壁の隅に向かって投げよ。そのとき、毛鉤を煉瓦の壁面に打ち当てて落水させるのだ——で、どうだ？ライズはなかったか？では、毛鉤はそのままにして、動かしたり引っ張ったりするな。でないと、貴殿の手の内はすぐにバレてしまうぞ。手前まで戻ってきたら、さあもう一投。

どうした？毛鉤を水門に引っ掛けちまったって？やれやれ。リーダーが切れるまで強く引け。回収したら新しい枝素を取りつけてもう一度やり直しだ。そら、掛かったぞ！飛び跳ねさせるな！膝を立てたままやり取りせよ。強く引いて、奴にラインをくれてやるな。なんとかして寄せるのだ。キーパーがネットを持ってやってくる間に、グイグイとこちらに引き寄せろ。・・・ふう、ようやく揚がった。目方が2ポンドとは、なかなかの良型だ。さて、そのまま這いつくばりながら後ろに戻って、もう一遍やってみよう。

（中略）

これにどのくらいの運動量が必要かといえば、暑い6月の一日を駆けめぐり、水飛沫を上げ、飛び跳ね、這いずりまわって10時間を過ごし、夜の9時に貴殿の背中や膝頭、前腕がどのくらい痛むかによって判断できるというものだ。もちろん、こんな一日の作業が結局のところ得なのか損なのかは、その者の気性にもよるとは思うが、いったんこの釣りを体験してしまえば、ウェセックスのチョークストリームを釣る人々のことを「生っちょろいロンドンっ子」などと嘲り笑う者など、もはやあろうはずがない。

（中略）

さて、ここで重要な疑問にたどり着く。川のなかは美味なる餌に満ちているのだが、鱒は我々の毛鉤をそのうちのどれだと思って喰らいつくのだろうか？これはもうひとつの疑問を惹き起こす。今朝ほど使った毛鉤は、スコットランドの湖で用い

《註釈225》本引用作品の別の部分で、C.キングスレーはチョークストリームにおいてドロッパー仕掛けを使わぬよう説いているが、その理由は、鉤に掛かった獲物が藻床のなかに逃げ込んだ場合、魚が咥えていないほうの鉤が藻に引っ掛かって獲物をバラす原因となる、というものであった。

《註釈226》キジの羽根のウィング、ピーコックハールのボディ、そしてレッドハックルを組み合わせたイングランド南部の伝統的なファンシーフライ。F.フランシスは『釣魚の書』[1867]のなかで、『多くの流れできわめて有用、特に首都近郊の川ではほとんど万能となる』と、このパターンを高く評価し、羽虫ではなく甲虫のイミテーションであると主張した。他方、C.キングスレーは本引

用作品のなかで、このパターンをジバチのイミテーションと位置づけ、シーズンを通じて効果のある万能パターンであると規定した。彼のこの毛鉤に対する信頼の厚さは、『魚が何を喰っているか判らないときは、Governorでやってみよ。』という彼の記述にも現われている。なお、彼のドレッシングはヤマウズラ（Partridge）のウィング、ピーコックハール・ボディにはゴールドティンセルを巻いて、ティップに黄色のシルクフロスを用いるというものであった。

《註釈227》ピーコックハールのボディにブラウン・マラードのウイングをつけて、黒いハックルを巻いたセンブリのイミテーション。C.キングスレーはこのパターンを溺愛するあまり、本引用作品中これを『毛鉤の女王』と

謳った後も、縷々2頁にわたってその美貌と威力を讃美する詩文を書き綴った。

《註釈228》「征服されたギリシアは、猛きローマを征服した」との名言で知られる、古代ローマの詩人ホラティウス[BC65-AD8]の詩文から引用した一節。『（文句があるなら）ほかの者に言うがよい。』との意。

《註釈229》詳細は不明だが、ギリシア神話に登場する英雄たちは闘いで倒した怪物の皮を剥ぎ、革鎧として身にまとったと伝えられることから、それら怪物の名前ではないかと推測される。

《註釈230》C.キングスレーは続く文章のなかで、その理

The History of Trout Flies

られる毛鉤と比べて、なぜこんなにも大きいのだろうか？[230]
ノースカントリーの釣り人であれば、澄んだ流れに最小サイズのナット（Gnat）[231]だけを用いて釣るのに慣れていることだろうが、我々の流れも同じくらい澄んでいるのだ。これ以上透明な流れがいったいどこにあるというのか？

イングランドの人々が信じるように、魚は我々の毛鉤を本物の羽虫と思い込んで喰いつくのだろうか？それとも、スコットランドの人々が考えるように、毛鉤は魚にとって美味しそうに見える何かでしかなくて、その色彩が彼らの好奇心を刺激している――これはスチュアート氏がその尊敬すべき著書「実践的釣り人」のなかで詳細に、かつ確信を持って唱えた理論――というのだろうか？これまで書物で解説されてきたどちらの議論にも、相当な説得力があるように思われるのだ。

（中略）

おそらく、真実はその両極間のどこかにある。』

このキングスレーの愉しみも、ドライフライ革命の進展により、19世紀末には多くのチョークストリームにおいて禁止の憂き目に遭う。さらにドライフライは英国北部でも流行し始めて、ウエットフライマンからの反論が当時の誌面を賑わせた。

当時、ウエットフライ陣営の大家として知られていたE.M.トッド（E.M. Tod）は、『ウエットであれドライであれ、最も独善的な釣り人とは、年がら年中、同じ川でしか釣りをしないような者である。』[232]と説いた。色々な川を釣りに訪れることは、旅に出て色々な人々の考えに接するのと同様、他地域の釣りに対する偏見を正すことができるとも論ずるトッドは、さまざまな流れをそれに最適な釣法で狙うことの正当性を主張したのであった。もちろん、彼が『ドライフライマンがスコットランドに来たら、スコットランド人がするように釣らなければならない。』とまで断じたのは、その10年後にF.M.ハルフォードが主張した「ドライフライの倫理」と同様、頑迷な偏見として批判されるべきものだが、彼の言明には、ドライフライの隆盛に対する当時のウエットフライたちの危機感がそのまま映し出されている。

その一方で、英国ドライフライマンの間には偏見と高慢が募り、ウエットフライの釣りを見下す風潮が生まれていっ

た。その経緯の詳説については後の章に譲ることとし、ここではJ.W.ヒルズによるウエットフライマンの擁護論を紹介しておきたい。

『初期のドライフライマンの間では、自らの直系の祖先たちを嘲り笑うことが一種の流行りとなっていた。かつてのウエットフライマンは、極太のガットリーダーに2本の毛鉤をつけた仕掛けを使って水面をみっともなく鞭打ちながら、知性のかけらもなく単調に下流へ向けて放り込み、その流れのなかでも一番愚かな鱒が掛かってくるのを待つだけの存在とされた。彼らは、きわめて無能だと軽んぜられるばかりか、釣りの品位に欠け、川のことをまったく知らぬとさえ罵られた。もちろん、なかにはそういう者たちもいたかもしれないが、そんな輩はいつの時代にも必ずいるものだ。しかし、私はこうした考えに真っ向から異議を唱える。沈む毛鉤の釣りは、ドライフライの釣りと同様、厳しくも魅力的な技術なのだ。実のところ、私は、魚が見えないときのアップストリームの釣りが他に抜きん出た最高の技法とは思わない。そして、この侮蔑の対象となったダウンストリーム学派の釣り人のなかにも、ドラグが掛からないように毛鉤を頻繁に打ち返し、深い知識と軽やかな竿さばきで、ライズしている鱒の眼前へと巧みに毛鉤を送り込むことのできる者が実在したことを、是非、読者諸兄の記憶に留めておいて欲しいのだ。スチュアートはアップストリーム学派ではあったが、そのことを知っていたし、そのように記してもいる。』[233]

しかし、すべてのドライフライマンが革命の宴に酔い痴れていた訳ではない。H.C.ペネルやF.フランシスに代表されるオールラウンド・アングラーの系譜[234]は次の世代にも引き継がれ、19世紀末のチョークストリームを釣るドライフライマンのなかにも、ライズが見られないときにはウエットフライが効くことを熟知する者がいた。

19世紀末にフィールド誌の釣魚担当編集長として活躍したウィリアム・シニア（William Senior）[235]は、1870年代のある夏の一日、ケネット川（River Kennet）[236]の畔に居並ぶドライフライ・エキスパートの御前にあっても臆することなく伝統的ウエットフライの威力を披露した。彼が生前に執筆した記事をまとめた好著「愉しき処

由はチョークストリームの豊かな栄養分が羽虫を大きく成長させているためであると結論づけている。

《註釈231》双翅目（Diptera）のなかの系統のひとつで、その多くは陸生昆虫。なお、近縁種のユスリカ類の系統はMidgeと呼ばれる。ちなみに、C.キングスレーは同作品のなかで、『それでもなお、優れた釣り人が小型のノースカントリーフライを蔑むことはないだろう。』と語り、W.C.スチュアート流の小さな黒いハックル・パターンは、Green Drakeの羽化が終わった後の季節にチョークストリームで威力を発揮すると評価している。ただし彼は、鉤が小さいことからバラシが多くなって困るとも嘆いてもいる。

《註釈232》WET-FLY FISHING [1903]より引用。続く引用文も同じ。

《註釈233》「テスト川のひと夏」[1924]より引用。

《註釈234》近代英国の釣魚界において、ウエットフライとドライフライ、ドライフライとニンフ、あるいはゲームフィッシングとコースフィッシング（coarse fishing：非鮭鱒類の淡水魚を狙う餌・ルアー釣り）の間をつなぎ留めようとする役割は、釣魚雑誌の編集者によって担われるケースが多かった。

《註釈235》1838年、ドーセットシャー生まれ。新聞編集者として勤務した後、83年にはF. フランシスの跡を継

いでフィールド誌の釣魚担当編集者に就任し、世界中を釣り歩く。Red Spinnerとのペンネームで数々の著作を発表し、F.M.ハルフォードの支援者としても知られる。ロンドンのフライフィッシャーズクラブの創設者の一人であり、98年には同会長に就任した。1920年死去。

《註釈236》南イングランドを代表するチョークストリームのひとつ。マールバラ郊外に源を発し、バークシャーの中核都市であるニューベリーやレディングを潤した後、テムズ川へと注ぐ。英国の釣り人の間ではMayflyの宝庫として、そしてJ.W.ヒルズやJ.C.モットラム博士らが愛した銘流として知られる。

第1部　ウエットフライの歴史

ウィリアム・シニア

に釣糸を垂れて」(LINES IN PLEASANT PLACES [1920])[237]のなかには、そのときのようすが次のように活き活きと描かれている。彼の釣り姿は、後にニンフの釣りを提唱することになるG.E.M.スキューズの姿と二重映しになって読者の眼前に立ち現れる。沈む毛鉤の歴史は絶えることなく20世紀へと繋がっていくのだ。

『水面を流下する羽虫が見られない日には、私はレッドスピナーやガバナー、オールダー、イヴニングにはコーチマンといったウエットフライを使って何ブレイス[238]かの鱒を釣り上げていた。私の記憶が正しければ、私はこの川でレッドスピナーを用いて一日に6ブレイスもの釣果を上げたのだが、そのときこの毛鉤に強く魅了されたことが、1874年に私がジェントルマンズ・マガジン誌に連載記事を投稿した際、我がペンネームにその毛鉤の名を戴くきっかけとなったのであ

る。また、オペラ歌手のフォリはかつてこの釣り場で、一投で3匹の半ポンド級を同時に掛け、すべてをキーパーが無事掬い上げたこともある。

　ある日、我々は羽虫のハッチやライズする鱒の姿をひとつも確認できないまま午後のひとときを過ごし、イヴニング時にラムズベリー (Ramsbury) で落ち合った。そこにはハルフォードやバジル・フィールド (Basil Field)[239]がいたので、我々はダンも見られずスポーツの機会が得られないことを立ったまま嘆き交わした。我々は竿尻のスパイクを地面に突き立て[240]、辺りをあてどなくさまよい歩き、哀しくパイプを燻らすだけだった。そこで私は、かつての体験をもう一度と思い立ち、ハルフォードを驚かせないよう、「私のことを許し難い輩などと思わないで欲しいのだが、どうか偏見を捨てて、ここで昔ながらのウエットフライを試させてはもらえまいか？」と懇願してみた。当初、彼は笑って取り合ってもくれなかったが、遂には"saying he would ne'er consent, consented."[241]。さて、あとは吉と出るか凶と出るか。難しいのは毛鉤の選択だったが、結局選んだのは、手許にすぐ出てきた#1サイズの鉤に巻いたレッドスピナーだった。普段は2本鉤仕掛けなのだが、今回は鉤を1本だけにして、あとはいつもの戦略どおりにやってみたところ、下流50ヤードを釣り終えて3/4ポンド級の鱒を1ブレイス釣り上げることができた。これらの鱒はその日の釣り場全体で唯一の釣果となった。』

《註釈237》この題名は、旧約聖書（詩編16）に記された、ダビデ王が神エホバから授けられた領地に感謝する一節『（領地を確定する）測りの縄は私にとって快い処に落ちた。』("The lines are fallen to me in pleasant places.")を踏まえたもの。

《註釈238》ポンド通貨には£20紙幣が存在するように、英国では「2」を一単位として計算する文化がある。このため、釣魚の分野でも釣果を2匹1組でbraceと呼ぶ慣習が古くから存在する。例えば5匹の場合はtwo braces and a halfと呼ぶ。

《註釈239》F.M.ハルフォードのよき釣友であったロンドン在住の事務弁護士。職業柄、後にテスト川の釣り

場を失ったハルフォードのために、ラムズベリー地区を流れるケネット川の釣り場のリース契約を主導した。1908年没。

《註釈240》当時の英国の毛鉤竿は、釣りの最中に毛鉤の交換が両手で行えるよう、あるいは獲物の取り込み時に扱い難い長竿を手離せるよう、竿尻を地面に突き立てておくための金属製のスパイクを竿尻にねじ込める設計となっていた。

《註釈241》『決して認められぬと言いつつも、認めてくれた。』との意。詩人であったバイロン卿 (Lord Byron [1788-1824]) 晩年の大作「ドン・ファン」1819-24)の第1編第117節からの一文、『「御心には従えませんわ」と囁きつつも----従った。』("I will ne'er consent" --- consented.)を踏まえた表現。本来は、婦人が色男の誘惑に負けてその身を許したことを後悔する一文。ちなみに、彼は同作品のなかに、釣りの残酷さを訴える有名な詩文を遺している。

The Rise and Fall of Wet Flies

英国伝統の源流
Barners' Dozen

ジュリアナ・バーナーズ女史のレシピに基づき、スネルフックに巻いた12本の毛鉤。左の束は、上からモールフライ、シェルフライ、ワスプフライ、タンディーフライ、ダンカット、ドレイクフライ。右の束は、上からダンフライ、五月の始めに効く毛鉤、ブラックリーパー、イエローフライ、もうひとつのダンフライ、ストーンフライ。

『このときフライフィッシングはいまだ揺籃期にあり、穏やかな6月に3ポンド級の大物が 4x のガットリーダーとサイズ#000の毛鉤で釣り上げられる時代に到着するまでには、かなりの年月を要する。しかし、だからといって「小論」の一行一行に記された知恵の豊かさを見過ごしてしまうのは大きな過ちである。読み進むほどに、作品の内容とその前提となっている当時の釣技に対する賞賛の念が募ってゆくのだ。』

「鱒を狙うフライフィッシングの歴史」[1921]より

カラーページ撮影協力；高橋健氏、金子隆右氏、山城良介氏

The Rise and Fall of Wet Flies

「釣魚の技法」（R.ボウルカー［1854年版］）の挿絵

(1) Red Fly, (2) Blue Dun, (3) March Brown, (4) Cowdung Fly, (5) Stone Fly, (6) Granam or Green Tail, (7) Spider Fly, (8) Black Gnat, (9) Black Caterpillar, (10) Little Iron Blue, (11) Yellow Sally, (12) Canon or Down Hill Fly, (13) Shorn Fly or Marlow Buzz, (14) Yellow May Fly or Cadow, (15) Grey Drake, (16) Orl Fly, (17) Sky Blue, (18) Cadis Fly, (19) Fern Fly, (20) Red Spinner, (21) Blue Gnat, (22&23) Large Red and Black Ants, (24) Hazel Fly or Welshman's Button, (25) Little Red and Black Ants, (26) Whirling Blue, (27) Little Pale Blue, (28) Willow Fly, (29) White Moth, (30) Red Palmer

British Traditionals
英国のトラッド

Red Palmer

Coachman

Red Tag

Professor

Zulu

Butcher

今日もなお英国で愛用され続ける伝統的ウエットフライの数々。その効果は永い年月のテストにより実証済み。特徴的な色彩を組み合わせた美しいファンシー・パターンで、いずれも釣り人の興味をそそる逸話や伝説にこと欠かない。これらの毛鉤に引っ掛かる獲物は魚ばかりではない。

Alexandra

輝き、色彩、動き―誘惑の匙加減
The Various Factors of Attraction

スペインに伝わる伝統的モスカ・アオガーダ各種。扇状に拡げるハックルには、北部のレオン地方で代々受け継がれてきた鶏種ガジョ・デ・レオンから採られたものが用いられる。ヘッドの構造およびテグスの結束スタイルに注目されたい。ハックルの基部を長く残し、テグスがその下部から出るようにしておくことにより、流れの抵抗が毛鉤を躍らせる構造となっている。「バイラドーラ」（踊り子）と呼ばれるスタイルだ。

The Rise and Fall of Wet Flies

オグデン・スミス社カタログ[1940年代]より

"Then we go near her, that her ear lose nothing
Of the false sweet bait that we lay for it."

「さあ、もっと近づいてあげましょう。あの人の耳がしっかりと
私たちが仕掛ける、偽りの甘い餌に喰いつくようにね。」

シェイクスピア戯曲「から騒ぎ」第三幕第一場より

重量級の趣味道具。

ロッドは、19世紀の鱒釣り用グリーンハート竿（ファーロー社製、11フィート10インチ）。リールは真鍮製のシングルアクション（2-1/2インチ）。現代の基準からすればこのリールはあまりに小さい（6オンス半）ようにも思われるが、これには訳がある。19世紀前半のフライフィッシングにライン・シュートの概念は存在せず、長いシルクラインをリールに収納しておく必然性が乏しかったことは勿論だが、なにより問題なのは竿の重さであった。竿自体が重過ぎて、リールでバランスをとりようがなかったのだ。

The Rise and Fall of Wet Flies

「フライフィッシャーの昆虫学」（A.ロナルズ[1921年版]）の挿絵

No.25:SKY BLUE, 26:FERN FLY, 27:ALDER FLY, 28a:GREEN DRAKE, 28b:GREY DRAKE, 29:ORANGE DUN, 30:MARLOW BUZZ (COCH-Y-BONDDU), 31:DARK MACKEREL, 45:RED PALMER, 46:BROWN PALMER, 47:BLACK AND RED PALMER

シルクワーム・ガットリーダーとビンテージ・シザーズ。
現代ではナイロンリーダーとクリッパーに取って代わられた。

いにしえの頃より、川辺を飛ぶ羽虫はフライフィッシャーにとって親しい存在であった。釣り人は思うがままに羽虫を名づけ、いかに鱒の好物であるかを語り続けたが、残念ながら、別の場所に住む釣り人にはそれがどの羽虫を指すのか皆目わからなかった。19世紀に入るとミッドランドの川にアルフレッド・ロナルズが登場し、愛する羽虫たちにラテン語の学名を与えて、そこへ写実性に富み豊かな色彩をまとったリトグラフを添えた。この一冊こそ、近代フライフィッシングの到来を高らかに宣言するファンファーレであった。

The Rise and Fall of Wet Flies

左上から時計回りにグリーンウェルズ・グローリー、マーチブラウン、レッドスピナー、アイアンブルー

スパイダー3種とペネルハックル3種

パートリッジ・アンド・オレンジ（左）とスナイプ・アンド・パープル（右）

イミテーショニズムからの距離の置き方は、ファンシーフライによりそれぞれ異なる。伝統的パターンの多くは模倣しようとする羽虫の特徴をある程度とらえた姿となっているが、これとは対照的に、羽虫の淡いイメージだけを借用したスパイダーもあれば、鱒が好む羽虫の特徴的な色彩だけを借用するペネルハックルもある。

ON THE OTHER CONTINENT
もう1つの大陸で

「愛される毛鉤たちとその来歴」[1892] に掲載された大型ブルックトラウト用ウエットフライ
(36番：アレグザンドラ、40番：ロイヤルコーチマン、60番：パーマシェンベル)

The Rise and Fall of Wet Flies

ウィリアム・ミルズ＆サン社カタログ［1920年代］より

きらびやかな新世界
The Gaudy New World

Permacheene Belle　　Royal Coachman　　Montreal　　Scarlet Ibis

前のページの写真と合わせてみると、一目瞭然。19世紀から20世紀初頭にかけて米国で普及したウエットフライは、豊かな色彩感とぶ厚いドレッシングを備えていた。新大陸のウエットフライマンたちはイミテーショニズムにこだわることなく、鱒の好奇心に訴える極彩色の組合せを創り出すのに心血を注いだのだ。この思想は、今日もなお多くの米国フライフィッシャーによって引き継がれている。

第2部
ドライフライの歴

Part 2: Dry Flies — Genesis

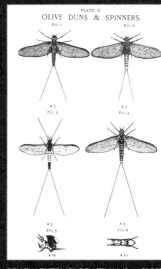

DRY-FLY ENTOMOLOGY (F.M.Halford [1897])

第2部　ドライフライの歴史（前編）

第5章　ドライフライ創世記

Let us glance at this lightsome thing
With its fairy body and gossamer wing,
"Olive encircled with yellowish rings"
Enough; there's the very shade.

優美なる身に薄き羽衣を装いたる
この軽きものを見よ
「黄に縁どられしオリヴ色」
然りそが彩りはまさにかくのごとし

James Ogden (OGDEN ON FLY TYING [1879])

【ドライフライの誕生】

　ドライフライについて語ることは、フライフィッシングの近代発展史を語ることにほかならない。この水に浮かぶ小さな存在をめぐって、どれだけ多くの釣り人がボビン片手に頭を悩ませ、釣友と激論を交わし、そして互いに罵り合ったことだろうか。

　ドライフライの歴史は、新たなアイデアが古い常識を次々と塗り替えていく絶えざる更新の歴史である。その過程では、この毛鉤の怪しいまでの魅力が釣り人の心を惑わすあまり、少なからぬ信奉者たちは従来の釣法を打ち棄て、ときには他の流派に侮蔑の言葉さえ浴びせ掛けた。栄光と没落、そして賛美と怨嗟に満ちた歴史ドラマの幕を開く前に、まずはその起源を尋ねてみることにしよう。

　いにしえの時代、フライフィッシングとは毛鉤釣りであると同時に、生きた羽虫を用いる餌釣りでもあった。C.コットンは「釣魚大全」の第二部第五章でフライフィッシングを指南したが、その文中で先に紹介されたのは、むしろカゲロウやカワゲラを使う餌釣りのほうであった[1]。鉤に取りつけた羽虫を追い風に乗せ[2]、水面に送り込んで鱒のライズを誘うこの釣りは、生餌とテーパーのない細身のラインを用いる点を除いて、当時の毛鉤釣りと基本的にスタイルの変

わるところはなかったし、実際、こちらのほうがよく釣れたのだという。この釣りの伝統は後世にも引き継がれ、いつしかブロウライン (blow line) と呼び名を変えて、19世紀に入っても多くの愛好家たちを愉しませていた[3]。

　水生昆虫の羽化に合わせて鱒を川面に誘い寄せるこの釣法こそ、ドライフライフィッシングの源流のひとつと位置づけられるべきものである。全英で最も格式の高いとされるホートンクラブ (Houghton Club) が管理するテスト川の釣り場でクラブメンバーたちが取り組んだブロウライン釣りの模様について、J.W.ヒルズがその著書「リバーキーパー」(RIVER KEEPER [1936]) のなかで詳しく紹介しているので、その一節を引用したい。

　『1887年、クラブメンバーはグラノム（訳者注：小型トビケラの一種）の季節にこれを模した毛鉤で釣ることもあったが、メイフライ（訳者注：モンカゲロウ）の季節になると、まったく風の吹かない夜釣りの場合を除けば、メイフライの生餌を使ったブロウライン以外の釣りに頼ることはなかった。グラノムの季節においてさえ、ブロウラインの釣りは普通に見られる光景であり、それがメイフライの季節ともなれば釣り場のいたるところで見かけられたものだ。これに用いられる竿は通常、長さ18〜20フィート程度の竹製[4]のものであって、ラインは防水加工を施さない絹糸、それに3ヤードほどのガットリーダーを

《註釈1》C.コットンはこの釣りをデイピング (daping) あるいはダビング (dabbing) という名で紹介している。なお、現在のスコットランドやアイルランドの湖では、ドリフトさせたボートから20フィート前後の長竿を用い、細糸の先の釣鉤にMayflyの生餌を取りつけただけの仕掛けを追い風に任せて送り込み、湖面に餌を踊らせながらライズする鱒を狙うダッピング (dapping) が伝統釣法として愉しまれている。

《註釈2》当時のチョークストリームでは、ブロウラインの釣りに必要な追い風を得るために、川辺の背後林の多くが切り倒されたと伝えられる。

《註釈3》19世紀初頭のチョークストリームの釣り人は、羽虫のハッチがあればブロウラインの釣りを愉しむ一方、ハッチがやめば毛鉤竿に持ち替えることは当然で、水温が低くなって鱒の活性が下がれば小魚餌を使った曳き釣り (spinning) に訴えることも恥ずべきことではなかった。フライフィッシング至上主義は、優れてドライフライフィッシング流行の産物である。

《註釈4》古くは硬木製であったブロウライン用の竿も、19世紀に入ると丸竹 (whole cane) 製のものが主流となる。当初はスペイン産あるいは米国産の竹材が用いられていたが、後により強度のあるインド産の竹材が導入され、19世紀末にはこの竿に日本産の丸竹も輸入された。

取りつけて釣っていた。上手なブロワーになると、この仕掛けを用いて30、40ヤードもの遠方を狙い、もちろん常にラインを着水させないように気を遣いながら、羽虫を巧みにゆったりと操るのだった。羽虫を実際に鱒の鼻先に送り込むことができたとしても、ほんのわずかのリールラインでも水面に落とすような者はヘタクソ扱いされたものだ。なぜなら、防水加工していない絹糸は濡れると腐ってしまうものと信じられていたからである。しかし、この釣法にはひとつの大きな欠点があった。それは、テストヴァレーでしばしば体験する5月の荒れた天気のとき、30ヤードものラインを空中に浮かせていると、強い風にさらわれて羽虫が水面から浮き上がってしまうのを抑えるのが難しい点だ。これについてウィリアム・ランは、リールラインの先端数ヤード分だけを水面に着けておけば、餌が安定して水面に留まり、魚もよく釣れるようになることを発見した。それでもなお、他の諸々の点からいって、ブロウラインの釣りは決して我々が思い込んでいるような、初心者でも愉しめる簡単な代物ではない。30ヤードものラインを操作するのにはかなりの技術が必要とされるのだ。30ヤード先ともなると、あなたの鉤先に掛けた餌のメイフライは、雲のように群がる羽虫のなかに紛れてしまってどこにあるのかを見つけることは実に難しく、加えてこれをライズを繰り返す鱒の眼の前に送り込むというのは、それこそ至難の業だといえよう。あなたの魅力的な餌を導くことは、今日、我々が毛鉤を標的めがけてきちんとキャストする（もちろん、失敗することもあるが）ようには、上手くいかないものだったのだ。激しい風が上流から吹いたかと思えば今度は下流からも吹き上げられ、羽虫は右へ左へと翻弄される。あなたはこの激しく動いている軽い物体を狙った獲物の鼻先へと精確に送り届けるために、視覚を鋭くし、ラインを巧みに操らねばならないのだ。』

もうひとつのドライフライの源流は、ウエットフライの発展過程に垣間見られる。そもそも、毛鉤を水面に浮かせるというコンセプトが初めて書物に登場したのはいつのことだろう。J.W.ヒルズは、ジョージ・スコッチャー（George Scotcher）が1800年に出版した「フライフィッシャーの遺産」（FLY-FISHER'S LEGACY）のなかに、止水域のライズ狙いでは毛鉤が『優しく舞い降りて水面に横たわる』

ブロウラインを愉しむテスト川の釣り人（George Jones［1832］）

("falls lightly and *lies on* the water")べきことを記した件があると指摘している。

しかし、史上初のドライフライに関する記述であると多くの釣魚史家が認めるのは、やはりジョージ・プルマン（George P.R. Pulman）が1841年に著した「鱒を狙うフライフィッシングの手引き」（VADE MECUM OF FLY FISHING FOR TROUT）初版のほうであろう。この指南書は、着水した毛鉤に鱒が寄ってきても、その毛鉤が濡れて沈んでしまえば鱒は逃げてしまうと論じ、それに続く一節では次のとおり「ドライフライ」という用語が初めて登場することが知られている。

『毛鉤を浮かせるのは簡単なことだ。すなわち、濡れて重くなった毛鉤を乾いた軽い毛鉤に交換し、弧を描くように就餌中の鱒の居場所に投じるのだ。そうすればこの毛鉤は、水面上に

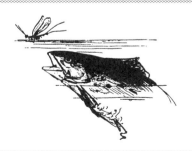

第2部　ドライフライの歴史（前編）

留まる浮力に助けられて、十中八九、まるで本物の羽虫のように貪欲に喰らいつかれることだろう。ただし、これを確実なものとするためには、そのとき優勢にハッチしている羽虫の色彩とサイズをきちんと模倣した毛鉤を用いることが求められる。このふたつの点でドライフライの選択を著しく誤れば、かつて見たこともない代物を目にして魚は驚き、再び食べ慣れた餌がやって来るまで喰いを止めてしまうことだろう。』

　ここで我々が理解しておかなければならないのは、ドライフライの由来が必ずしもイングランド南部のチョークストリームだけにあった訳ではないことだ。スコッチャーはウェールズの人であり、プルマンはもっぱらデヴォンシャーの山岳渓流で鱒釣りを愉しむ人であった。多くの釣魚史家は、このスタイルの毛鉤が19世紀前半の英国各地で同時多発的に用いられ始めたと考えている。つまり、ドライフライはウエットフライの牙城において、その実践の果てに産み落とされたともいえるのだ。

　その有力な証拠のひとつとして、トーマス・ストッダートの「釣り人の伴侶」（THE ANGLER'S COMPANION）第二版［1853］をとり上げてみたい。この生粋のスコットランド人が次のように嬉々としてドライフライの原理を語る姿は、後の世代のスコッチ・アングラーたちが北上するドライフライ勢力に対して激しく抵抗した史実を思い起こせば、釣魚史が戯れに仕掛けたアイロニーのひとつと評すべきであろうか。

『老練な釣り人であれば誰しも、一日の釣りのなかで1投目が最も簡単に釣れたという経験があるはずだ。午前中には毛鉤が流れてきても鰭ひとつ動かさなかった大鱒が、釣り人の昼休憩の後、最初に投げ込まれた毛鉤にはついライズして捕らえられてしまうというのも決して珍しいことではない [5]。多くの場合、こうした出来事は偶然でしかないのかもしれないが、実はその毛鉤に巻かれたフェザーがまだ濡れていない状態であるがゆえに、濡れて本来の軽さを失っている場合よりもずっと、警戒心の強い鱒すら誘惑する大きな魅力を持っているということなのかもしれない。うまく投げれば、毛鉤をまるで本物の昆虫のように水面上に乗った状態で流下させ、あたかも川面で遊ん

でいるかのように見せかけることができる。他方、毛鉤が完全に濡れそぼってしまえば、どんなに巧みに操作しようとも、繊細で気紛れな動きといった要素は失われてしまう。状況によってはこうした要素が、狡猾な鱒を欺く上でサイズや色彩といった要素よりもずっと重要になるのだ。こうした状況、すなわちフライフィッシャーがとり扱わなければならない相手がガラスのように澄んだ流れに棲む鋭敏な感覚の持ち主である場合には、毛鉤の羽毛についた水気を振り払うため、キャストし直す前にラインを空中に保ちながらフィギュア・オブ・エイト [6]で連続して2、3回振ってやることもよくある。「翻し」（"dodge"）とも呼ぶべきこの作業は、イングランドやウェールズの川の釣り人がきわめて重視するものである [7]。なお、この作業を実践する際には、通常、1本鉤仕掛けが用いられることを付言しておきたい。』

　ドライフライフィッシングがイングランド南部のチョークストリームで大いに愉しまれるようになったのは、いつの時代のことであったろうか。通説によれば、クリミア戦争やセポイの反乱などで世情が騒然となる1850年代、ドライフライは全英各地で少しずつ普及していたものの、60年代に入るまでその影響範囲は限られたものであったという。J.W.ヒルズによれば、永くテスト川を釣ったC.キングスレーの膨大な書簡や著述のなかには「ドライフライ」の言葉が見当たらないことから、58年に「チョークストリームの研究」を著した時点では、彼はドライフライのことをまったく知らなかったのではないか、と結論づけている。さらに奇妙なことに、H.マクスウェル卿は、「ホートン釣魚クラブ年代記1822-1908」（THE CHRONICLE OF HOUGHTON FISHING CLUB 1822-1908［1908］）のなかにドライフライに関する言及が一切ないと記している。それにもかかわらず、80年代のテスト川ではもはやドライフライ以外の釣りは多くの釣り場で完全に禁じられていたのだ。

　一部の保守的な釣り人が当時流行中のドライフライを敢えて無視した可能性も否定できないが、確かなことは、この新しいスタイルの釣りが19世紀の後半——一説には60年代以降——になって急速に普及していったという事実である。初期ドライフライマンのなかでもひときわ異彩を

《註釈5》H.T.シェリンガムは、自ら再編集したA.ロナルズの名著「フライフィッシャーの昆虫学」1922年版の序文のなかで、1840年代のウィンチェスター校の学生たちもこれと同じようなドライフライの釣りを体験していたことを記している。この若者たちは昼休みの時間に学校に隣接するイッチェン川畔で毎日鱒釣りを愉しんでいた。しかし昼休みは45分間しかなかったので学生たちは急いで釣らねばならず、ウエットフライを充分に濡らす暇（いとま）もなくそのまま川面に投じたところ、流れの上に浮かぶ乾いた毛鉤にしばしば鱒が喰いついたのだという。

《註釈6》figure of eightとは、フォワードキャストとバックキャストのそれぞれのライン展開時に、竿先を下に落

とすことによって毛鉤に近いほうのラインが竿先に近いほうのラインを跳び越す形で展開される結果、ラインがクロスして円弧を描くようなライン操作をいう。そのラインの軌跡をたどれば「8の字」に見えることからこの名がつけられた。なお、ループが伸び切った時点でパチンと音を鳴らすことができ、これにより毛鉤の水切りが上手くできると論じる向きもあるが、力を入れ過ぎれば毛鉤が切れてしまうので注意が必要。

《註釈7》フォルスキャストに関する史上初の記述は、「鱒を狙うフライフィッシングの手引き」の第三版［1851］で加筆された、『濡れた毛鉤の水分を飛ばすため、毛鉤を空中で前後に数回投ぜよ。』との一節であるとされる。

《註釈8》1806年ごろ、ダービーシャーに生まれる。フライフィッシャーとして有名であった父からタイイングの手解きを受けて育つ。51年までの時点でチェルトナムにて釣漁具を営み始め、釣友のA.ロナルズとともに各地を釣り歩く。独自のデザインによる釣竿やランディングネットを販売し、フライ・パターンについてもOgden's Fancyを開発したことで知られる。80年ごろ死去。

《註釈9》J.オグデンは、自分がドライフライを開発したのは1839年ごろのことであったと記しているが、幾人かの釣魚史家は必ずしも彼をドライフライの発明者とは認めていない。

放っているのが、ジェームズ・オグデン (James Ogden)
[8]である。彼はチェルトナムの有名な釣具商としてフライドレッシングの腕を磨き、真偽のほどは別にしても「ドライフライの発案者」[9]を自称して、テスト川をはじめとする南部のチョークストリームを釣り歩いた初期ドライフライマンの代表格である。彼はその著作「オグデン、フライタイイングを語る」(OGDEN ON FLY TYING [1879])のなかで、当時、いまだブロウラインの釣りが盛んに行われていたミッドランドの川を初めてドライフライで征服したときの出来事を次のように回想している。

ジェームズ・オグデン

『1864年の10月、私はダービーシャーを流れるワイ川 (Wye) とダーヴェント川 (Derwent) へグレイリング釣りに赴いた。ローズレイ・ブリッジのザ・ピーコックという素晴らしい宿に泊まったのだが、私はここでルートランド侯爵の執事に出会った。会話のなかで彼は、私の水に浮くメイフライ毛鉤が侯爵の釣り場でも効果を発揮するだろうか、と話を持ちかけてきた。もしそうだというのなら、彼は生きた羽虫を餌に使うことを禁止したいと考えていたのだ。というのも、その釣り場には全英各地から釣り人が集まって、メイフライの季節ともなれば皆が羽虫の生餌を使って実に巧みに獲物を狙い、侯爵の最高の鱒たちを全部釣り上げてしまうからだという。そこで私は彼に向って、「私はテストやイッチェン、ハンプシャー、ストウ、カンタベリー、その他多くの素晴らしい流れをこの毛鉤で釣って大成功を収めてきました。私の毛鉤ならば貴殿の釣り場でも必ずや効果を発揮することでしょう。ワイ川で釣っていた紳士などは、そこで威力を振るった私のドレイク毛鉤を見て、こんな毛鉤を巻ける人はほかにいない、とさえ仰ったのですからね。」と言ってやった。そこで執事は、来年のドレイクの季節になったら是非とも自分の釣り場に来て、水に浮く毛鉤を試してみて欲しいと頼み込んできたので、私はそれを快諾したのだった。果たして1865年の6月5日、私は自信を胸に秘めながら、水に浮くドレイク毛鉤の一級品を携えて再びこの地に訪れた。同じザ・ピーコック・インでは、数名の釣り人が羽虫の出るのを待っていたが、私はベークウェルのほうに向かった。なぜなら、ローズレイ・メドウの釣り場でハッチが見られる2、3日前には、こちらの釣り場でハッチが起きることを過去の経験で知っていたからだ。ベークウェルのルートランド・アームズというパブでは、羽虫が出るのを待つ多くの釣り人たちと出会った。そこでホブソンという名の初老の紳士が私に、「もしや、ワイ川で知られた最高の釣り人フランク・オグデン翁[10]のご子息では？」と訊ねてきた。そうですが、と答えると彼は「ならば、私に初めて釣りの手解きをして下さったのは貴方の父君なのです。それからずっと永い間ワイやダーヴェントで父君にご一緒頂いて、素晴しいスポーツを堪能させて頂きました。」と私に語りかけた。彼は私に、ドレイクの生餌を使うのかと訊ねてきた。私は、侯爵の執事の依頼に応じて、手製の水に浮くドレイク、すなわちメイフライ毛鉤を試すためにやって来

《註釈10》J.オグデンの父フランク・オグデンは、18世紀末に産業革命を代表する技術革新のひとつである水力紡績機を発明したリチャード・アークライト卿 [1732-92] の生まれたアークライト侯爵家でノウサギ猟用の猟犬係として働き始め、後に侯爵家の御者を務めた。当時の偉大な釣り人／フライドレッサーとして知られ、常に川辺の羽虫を見てから毛鉤を選ぶよう説いたと伝えられる。

第2部　ドライフライの歴史(前編)

NOON ((Robert Seymour [1800-36])

たのだと伝えたところ、彼は是非それを見てみたいと言う。私がそれをフライボックスのなかからとり出したところ、周りの者たちはみな一斉に笑い出した。ホブソン氏ですら「もし貴方のことを有名な釣り人のご子息だと知らなければ、そんな蝶々のようなものを持ってきて我々の川で鱒を狙うなんて、これはとんだ大間抜けだと吹聴するところでした。」などと言う始末だ。私は彼に、鱒が本物のドレイクを喰っているときであれば、私の毛鉤に絶対の自信があることを伝え、私が釣り始めるときにはきちんとお知らせすると約束した。最初に羽虫が出るのを見たのは、ベークウェル・ブリッジの下流にある堰堤の上であった。羽虫は次から次へと鱒に喰われていた。私は、堰堤の上で釣り始めることを

すぐホブソン氏に連絡した。彼は、橋の上から私の釣り姿を眺めたいと返事を寄こし、大勢の釣り仲間を引き連れて見物にやってきた。嬉しいことに、竿を継いでいる最中にも何匹かのドレイクが鱒に喰われている。ガットリーダーをしっかりと水に浸しておき、その浸かりぐあいを確かめた後で私のドレイク毛鉤を取りつけた[11]。この毛鉤は鱒の眼にとても魅力的に映るように巻いたものだが、ドレッシングはというと、麦藁で造ったボディーによくワックスを掛けた赤い絹糸でリブづけし、雌キジの尾羽(おばね)から採った3本のファイバーをテイルに使って、薄い黄褐色で羽根軸の周辺だけは茶色を帯びた、ファイバーが短めのハックルを巻いたもので、ウイングはウッドダックかサマーダックの羽根を真上に

《註釈11》テグスは乾いた状態では硬くて脆い性質を持ち、充分に水を染み込ませることによりしなやかさを得る。釣り場で流れに浸す手間を省くために、内側に湿った生地を貼りつけたダンパー(dumper)と呼ばれるケースのなかに予めガットリーダーを収納しておく方法もとられた。

立てたスタイルであった。最初にライズしていた魚に向かって投じると、私の毛鉤は着水しようとするまさにその瞬間に鱒に喰われた。ホブソン氏は橋の上からこう叫んだ。「あんた生餌を使っただろう！」私は彼に、こっちへ来て自分で確かめるよう伝えたところ、彼は「違うと言うなら、あんたがあの毛鉤で釣ったのだと納得するよ。それにしても、まるで本物の羽虫のように水面に落ちるもんだなぁ。」と返した。私は、その後あっという間に良型を9匹釣り上げた。堰き止められた流れの真ん中辺りを見ると、そこには自分のほうに流れてくる羽虫をみんな平らげている1匹の鱒がいるのに気づいた。彼に毛鉤を送り届けるのにはウェーディングするしかなかったが、それはこの釣り場で禁じられていることだった。それでも執事は、私の毛鉤を徹底的に調べるためにウェーディングすることを許可してくれた。私は流れの中央に向かってできるだけ深いところまで進んでゆき、遠投してギリギリ届く場所から狙ってみると、この鱒は1投目でいきなり私の毛鉤を咥えた。私は彼を川底の藻床に逃げ込ませないよう、竿先を高く掲げ、下流に導いた。そこで私も立ち位置を変えようとしたのだが、泥底にはまって足が動かせない。難儀して右足を抜き上げた後にもう一方の足も引き抜こうとしたところ、私はバランスを失って仰向けに倒れ込んでしまった。もちろん、釣竿も手から落としてしまったのだが、すぐに取り戻してリールを巻いてみると、まだ魚は掛かってはいるものの、藻床の中に潜り込んでいるようだった。そこで下手にまわり込んで、仕掛けの耐え得る限り引っ張ってみたところ、ついには獲物を藻床から引き剥がすことに成功した。彼は再び元の場所に戻ろうと何度か遁走を試みたが、私は彼を下流に導いて、ヘッドキーパーに取り込んでもらった。2ポンドを超える素晴らしいコンディションの鱒だった。そのとき橋の上で見物していた地元の人が「あんたが水に落ちなけりゃ、ここの鱒をみんな釣り上げちまうところだったよ。」と叫んだことを書きとめておきたい。落水した後は上気した気分のまま宿屋に戻って衣服を着替え、それからまた一日中釣り続けたのだが、あとはほと

J.オグデンの釣具店で製作されたメイフライ毛鉤

んど釣りにならなかった。翌日、ベークウェルに戻って前日
のキーパーに会いに行く途中、橋の上で何人かの釣り人た
ちと出くわしたところ、彼らは私のせいで餌釣りが禁止され
てしまったではないかと怒って因縁をつけてきた。こんな
状況ではおちおちこの川で釣りなどできやしないと心配に
なって、執事のところへ相談に行くと、彼は「どうか心配なさ
らないでください、オグデンさん。貴方は私の望みを叶えて
下さった。おかげさまで、今朝から餌釣りを一切禁止する
ことにしました。これまで奴らは毛鉤では釣れないからと
言い訳をしてきましたが、もう二度と生餌を使うことなど許
しませんからね。」と言うと、その場で私に侯爵のプライベー
ト・リバーであるラスキル川 (Lathkill) への招待状を手渡
してくれた。そこで私は愉しい1週間を過ごし、水に浮くド
レイク毛鉤を用いて、驚くほど澄んだ流れのなかであっても
最高のスポーツを満喫することができたのだった。』

【初期ドライフライとその釣り】

　次に、J.オグデンの名声を広めた彼のタイイング技術に
ついて詳しく見てみよう。彼が推薦するドライフライのなか
には、ブルーダンやマーチブラウン、アイアンブルー、ブラッ
クナットといった、当時すでにウエットフライとして確立さ
れ、今日の我々もよく知る伝統的パターンが数多く並んで
いる[12]。この事実は、伝統的ウエットフライの銘品がドラ
イフライとしてアレンジし直されたのが、ちょうどオグデンの
時代であったことを物語っている。

　これに加えて、今日活用されているタイイング技法の多
くがすでにオグデンの教則書のなかで完成されていたとい
う史実は、その重要性をいくら強調してもし過ぎることはな
い。まだ環つき鉤 (eyed hook) が導入されていない点[13]
を除けば、現代のフライフィッシャーが読んでも違和感なく
理解できるタイイング指南が今から百数十年も昔に完成さ
れていたことに、我々は謝意を表して微笑むべきか、それと
も我々の世代が果たしたわずかな貢献を指折り数えてうつ
むくべきなのか。

　「オグデン、フライタイイングを語る」[1879]のなかから、彼
が当時のタイイング手法を解説する次の一節を紹介したい。

『さて、ネジ固定式のきちんとしたフライ・バイス[14]無しに
小さなミッジのドライフライをきれいに巻くことなど、ほとん
ど不可能に近いのではないだろうか。この版画で示したバイ
スは最新式のものである。私が子供のころ、父に毛鉤を巻い
てあげていたときには、こんな道具など思いもつかなかった。
しかし、今やバイスは広く普及し、タイヤーの大きな手助けと
なって、両手が塞がってしまうことはなくなった。・・・(中
略)・・・まず、手をきれいに洗うことが大切だ。そしてテグス、
鉤、ダビング材、ウイング、そしてハックルといったマテリアル
を準備する。小さな豆粒ほどのワックス (私のレシピ[15]に
よるもの) の塊を用意して、絹糸にワックスを充分掛ける (この
絹糸は細くて強いものでなければならない。非常に入手困
難だが、フライドレッサーや釣り人には不可欠な品だ。私は
自分用に、釣り人でもある製糸業者に特注で作ってもらって
いる。使う絹糸の色は可能な限り、模倣する羽虫の色と合わ
せるように)。まず手始めに、フライ・バイスの顎に鉤をしっ
かりと固定する。毛鉤のボディーが巻けるよう、鉤軸を右方
向に向けてバイスからしっかり突き出た姿勢とする。ワック
スを掛けた絹糸を、前方1/8インチ未満の部分だけウイング
とヘッドのために残しておいた状態で、鉤軸周りに3回転だ
け巻きとめる。次に鉤軸と同じくらいの太さのテグスを取り
出し、その太さや形に不均一がないことを確かめるため、手
やインド・ラバーでしごいてみる。それが確認できたら鉤軸
の下側にテグスを沿わせて、その上から、ワックスを掛けた絹
糸で、糸と糸が重ならないよう、また糸が緩むことのないよう
気をつけながら、均一かつ緊密に巻き上げていく。この下地
が滑らかにできていればいるほど、毛鉤の見栄えはよくなる。
このことは、絹糸やシルクフロスのシンプルなボディーとする
場合に特に当てはまる。いったん下まで巻きとめたらテグス
を多少引っ張ってみて、鉤から抜けることがないのを確認し
ておく。ボディーはあまり長くならないよう気をつける。私
の好みをいえば、むしろ短過ぎるくらいのほうがよい。・・・(中
略)・・・今度はウイング[16]の取りつけだが、これはミッジ
フライを巻く上で一番難しい作業だ。まず滑らかで清潔な
ムクドリ (Starling) の翼を1対用意する。その両翼からそ
れぞれセンター・フェザーを抜き取って、端のほうの綿毛を
剥がしておく。それから右手の人差し指と親指で、自分の想

《註釈12》J.オグデンはこれらのドライフライにアップラ
イト・ウイング (真上に屹立する形のウイング) を導入し
た最初期のタイヤーであった。

《註釈13》古くから用いられてきたチモトに金属製の
環のついていないシンプルな釣鉤は gut hook、blind
hook あるいは snelled hook などと呼ばれた。この鉤
を用いる場合、長さ数インチほどの collar 又は snell と呼
ばれるテグスを用意して、その一端を鉤軸に沿わせ、そ
の上から巻き上げて固定する必要があった。毛鉤の接
続は collar とガットリーダーをチチワ同士で連結
する方法が採られた。なお、サーモン毛鉤の場合は gut
eyeと呼ばれる撚り合わせたテグス製の環が毛鉤の頭
部に設けられるのが通例であった。

《註釈14》現代英国の釣魚史家A.Herdはその著書
THE FLY [2003] のなかで、タイイング・バイスに関す
る記述が初めて登場するのはANGLING IN ALL ITS
BRANCHES (Samuel Taylor [1800]) においてだ
と記しているが、実際に広く普及するのは19世紀
後半のことであったと考えられている。

《註釈15》J.オグデンは同書のなかでこのレシピを紹介
し、4オンスの加熱した松ヤニのなかに1/2オンスの新
鮮なラードと1/4オンスの白蝋を混ぜ合わせ、15分間弱
火で煮立てたのち、冷水に注ぎ込んで塊を得、それをし
なやかになるまで練り上げ、最後に30分間火の前で
温めるべし、と解説した。

《註釈16》J.オグデンは、最高のウイング材はエジプシア
ン・グース又はウッドダック／サマーダック、あるいはブ
ラウンマラードであるとしている。

《註釈17》J.オグデンは、ドライフライの場合はウイング
を取りつけた後でハックルを巻くのに対して、ウエットフ
ライの場合はウイングを最後に取りつけるよう指南して
いる。

《註釈18》J.オグデンは、ドライフライのハックルが潰れ
ないよう、毛鉤帳 (fly book) ではなく平たいブリキの箱
のなかに保管するよう勧めている。この辺りがフライ
ボックスの発祥であろう。

The History of Trout Flies

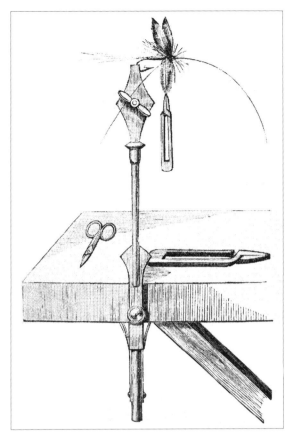

19世紀のバイス（「オグデン、フライタイイングを語る」より）

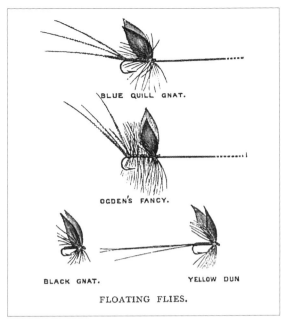

J.オグデンのドライフライ・パターン

定するウイングのサイズに合わせた部分のフェザーを押さえつけて、なかのファイバーをバラバラにしないように注意しながら、それを均等に下のほうに折り曲げる。今度は、折り曲げたフェザーの羽根軸の根元を左手の人差し指と親指で押さえてしっかりと固定し、右手でファイバーを優しく撫でつけながらウイングを整えておく（このやり方は経験だけが教えてくれる）。続いて、左手はそのままの状態で、右手でしっかりとウイングを押さえつけながら、これを鋭く引っ張って羽根軸から切り離す。そのときファイバーを乱れさせたり、指の押さえを緩めたりしてはならない。・・・（中略）・・・ふたつのウイング片を裏合わせにした状態で均等に対となるよう指につまみ、それをフラットな姿で形を崩さぬように鉤軸の最上部に持ってくる。ウイングの長さはちょうど鉤が曲がる辺りまでとし、それ以上長くしてはならない。右手に絹糸を持ち、ウイング片をつまんでいる左手の指の先端をわずかに開いて、ウイング片の基部の上に絹糸を通し、また指先を閉じた上で、その絹糸を充分注意しながら締めつける（でないと切れてしまう）。この作業をあと2回繰り返すが、優しく固定するようにしないと、ウイングはねじれてしまう。今度は絹糸をウイングの後ろにまわしてこれを起こし、ハックルを巻きとめられるようにする[17]。そのハックルは鉤のサイズとテーパーに合ったものを用いる[18]。』

　この毛鉤を用いて、初期のドライフライマンはどの様なスタイルで鱒を釣ったのだろうか。19世紀中ごろに釣魚雑誌の編集者として活躍したフランシス・フランシス（Francis Francis）[19]の名著、「釣魚の書」（A BOOK ON ANGLING [1867]）を紐解きながらご紹介しよう。

《註釈19》1822年、デヴォンシャーの裕福な家庭に生まれる。若き日に小説家を志すも、人気が出なかったことから断念。55年にフィールド誌の釣魚担当編集者として働き始め、英国の淡水魚全種を釣り上げる願をかけて各地を釣り歩いた。フライフィッシャーズクラブの創設メンバーの一人でもあり、晩年はF.M.ハルフォードやG.S.マリエットとも親しく交わった。86年没。

99

第2部　ドライフライの歴史(前編)

ドライフライで釣るF.フランシス

　この時代のドライフライフィッシングに用いられた竿は12〜15フィート程度の硬木製で、後のハルフォードのデザインと比較すればずっとティップの軟らかい先調子であった。このタイプの竿にはダブルハンドロッドとシングルハンドロッドの両方があったが、フランシスは遠投性能を含め汎用性の高さからダブルハンドのほうが優れていると説いた。これにシルク／馬素の混紡ラインを乗せて、テーパーつきのガットリーダーの先にドライフライを1本だけ取りつけるのが当時最先端の仕掛けであった。

　フランシスはこの作品のなかで、毛鉤を直接投じることのできない木の枝が覆いかぶさったポイントに潜んでいる獲物を狙うためには、こうしたタックルを用い、ドライフライをその上流に送り込んでポイントまで流下させれば『20回のうち19回は確実に木の下の魚がライズする』と力説している。現代のドライフライフィッシングにも通じる彼の攻略法は、同著作のなかで次のように解説されている。

　『ドライフライについては先ほど若干触れたところだが、これは場合によって欠くべからざる手段となる。ドライフライをもってすれば、ウエットフライがまったく役に立たない快晴の日にも釣果を上げることができるのだ。よく晴れて風の落ち着いた日には、釣り人はダンと呼ばれる種類の羽虫に気づくことだ

ろう。そして、この羽虫はハッチの際に、一点のシミもない翅をしっかりと空に向けて立て、体躯を真っ直ぐに起立させた状態で、フワリと水面上に乗っているのがお分りになるだろう。これが貪欲な魚にとって実に魅力的なひと口サイズのご馳走となる。そのとき、濡れて半分溺れかかった姿の羽虫を見かけることはほとんどない。それゆえ、釣り人がいくらこのような状態の毛鉤を送り込んで[20]みたところで、魚は見向きもしないことが多い。そんなときには、毛鉤を空中で1回だけでなく、2回、3回と振りまわしてやると、水気を切ることができる。それを魚の居る場所から1ヤードほど上流に真っ直ぐに送り込んで、多少竿先を上げて余分なラインを回収してやると、乾かされたハックルやウイング、そしてガットリーダーのおかげで、毛鉤はまるで本物の羽虫のように、不自然な動きをすることもなく川面を流下する。もしガットリーダーが波打つように歪んだ状態で着水すれば、描かれた曲線が陽光に照り出されて獲物を警戒させる。着水した毛鉤を自分のほうに引き寄せようとすれば、毛鉤はクネクネと蛇行して、乾いたガットリーダーが巨大なムカデのごとく水面上をのたうちまわることだろう。毛鉤には完璧な静止が必要とされるのだ。』

　一方で、F.フランシスはドライフライが最も優れたフライフィッシングの手法であるとは考えなかった。彼は、釣り人にはどんな状況下でもひとつの釣法にこだわり過ぎる傾向があることを鋭く指摘する。そして、先人たちが「アップストリームVSダウンストリーム」という構図で争ったのと同様に、「ドライVSウエット」の諍いが起こり始めていることにさえ言及している。彼は、その置かれた状況に応じて、ドライとウエットのいずれか適切な方法で臨機応変に対応すべきことを説いたのだが、結局のところ、英国中のフライフィッシャーたちがこぞってこの論争に首を突っ込み、互いに非難し合う道を選ぶことになる。そして遂にはフランシス本人でさえ騒動に巻き込まれてしまうのだが、その顛末については後ほど紹介することとして、ここでは、J.W.ヒルズが「鱒を狙うフライフィッシングの歴史」[1921]のなかで解説した、フランシスの功績に関する次の一節をご覧頂きたい。

　『ドライフライは、1860年代の中ごろまでにはイングランド南

《註釈20》この時代のキャスティング法では、今日の我々が親しんでいる、フィニッシュ時のフォワードキャストが生む慣性の力を利用して、手許に弛ませておいたラインを牽引させて距離を稼ぐ「シューティング」(shooting)の技術はまだ利用されていなかった。その開発はF.M.ハルフォードらの功績である。

《註釈21》『ドライ、ウエット、そしてミッドウォーターを賢明かつ完璧に使い分けるは、熟練フライフィッシャーの腕前の証しなり。』との意。F.フランシスはこの一節を記すにあたり、C.コットンが「釣魚大全」第五版[1676]の第二部第四章のなかで鱒の狙い方を『Topは毛鉤釣り、Bottomは浮子の餌釣り、Middleは小魚餌の曳き釣り』と説いたのを下敷きにしている。

《註釈22》F.フランシスは、タイイングの際にはバイスに頼るよりも自分の指だけで巻くべきであり、実際、多くの職業タイヤーもそうしていると説明している。

《註釈23》「釣魚の書」[1867]より引用。

《註釈24》F.フランシスは、ハックルを薄く巻くテクニックのひとつとして、予めハックル・フェザーの片側のファイバーをすべて切り落としておいた上で巻き上げる方法を紹介している。

《註釈25》ノウサギ(hare)の耳たぶの裏側に生える短い毛を指す。これを用いる銘パターンHare's Earは古くから存在し、1839年に発表されたT.C.ホフランドの著作にはHare's ear Dunとの名で登場している。J.オグデンはこの毛鉤のドレッシングについて、ムクドリ(Starling)のウイングが真上を向くような取りつけで、ウサギのマスクから採った毛を黄色い絹糸に貼りつけた状態でボディーに巻き上げ、ゴールドティンセルでティップをつけて、テイルにはレッドコックのフェザーファイバーを3本用い、ウサギの毛を多めに貼りつけた同じ絹糸をさらにウイング根元の鉤軸で2回転させた後、(ハックルを使わない代わりに)その部分のウサギの毛をピックアップして毛羽立たせる、と記しており、後のSkues Nymphを彷彿とさせる構造となっている。

《註釈26》17世紀の昔から毛鉤の視認性を重視し続けたこの流派は、W.C.スチュアートの登場により新たな

部の川で確立され、以後永くこの地を支配する。ハルフォードは1868年にドライフライがウォンドル川（River Wandle）で大いに流行していたことを記し、フランシスは、フィールド誌に寄稿した10年後の1867年に出版した「釣魚の書」のなかで、すでに南部の流れではドライフライが完成された技術として盛んに利用されていたことを報告している。フランシスは、2、3回のフォルスキャストによって毛鉤を乾かす必要があり、明るく落ち着いた天気の日にはウエットフライの出番はなく、ドライフライを最も自信を持って使うことができると説いた。しかし彼は、風の強い波立った釣り場ではウエットフライのほうが望ましいとも解説している。彼は、たとえテストやイッチェンの流れにあっても、決してドライフライだけで釣ろうとする者ではなかった。しばしば引用される銘句、"The judicious and perfect application of dry, wet, and mid-water fly-fishing stamps the finished fly-fisher with the hall-mark of efficiency."[21]を遺したのも彼である。それでもなお、そうではないと主張する者たちが当時から存在した。こうした釣り人は、いついかなる状況にあってもそのどちらか一方のやり方に全幅の信頼を寄せて、「ドライVSウエット」の議論を交わしていた。争いはすでにこのころから始まっていたのだ。』

【イミテーショニズムをめぐる議論】

ドライフライの登場に伴い、毛鉤のイミテーション性を極限まで追求しようとする人々が現れた。彼らは、J.W.ヒルズの言う『鱒が捕らえている個々の種の虫を可能な限り模倣せずにはいられない者たち』であり、その思想は一般に「厳格なる模倣」（"exact imitation"）理論と呼ばれる。ある季節のある時間帯におけるある水域に浮かぶであろうある特定種の羽虫の色や形を再現するために、あらゆる経験とアイデアが尽くされ、費やされる資金と時間が惜しまれることはなかった。

釣り人をここまで駆り立てた要因は何であったろうか。もちろん、毛鉤とは詐術の手段であって、模倣に努めることは釣果の保証につながる。しかし、釣果を欲するだけであれば、なにも釣り人は毛鉤の釣りにこだわる必要はない。

ブロウラインの愛好家が20世紀初頭まで生き残った理由は、まさしくその点にある。フライフィッシャーとは、羽根や獣毛で着飾った釣鉤そのものに価値を見出す者たちなのだ。彼らは、視線の届かぬ沈む毛鉤についてさえ、イミテーショニズムをめぐって議論を重ねてきた。ましてや、水面に浮かぶ毛鉤の真下で鱒が逡巡するようすを覗き見ながら一喜一憂するドライフライマンたちが、その興奮と熱狂を毛鉤の製作に反映させぬはずがない。バイスの先で凝らされる技巧それ自体が、期せずして釣り人の手段から目的へと変容していくのは、現代の我々もまた体験するところであろう。

19世紀中ごろ、「厳格なる模倣」学派のなかで指導的立場にあったのがF.フランシスである。彼は、ライズはあっても既製の毛鉤には反応がない場面では、川辺で自ら毛鉤を巻く必要があると説いた[22]。そして釣り人にはハックルを厚く巻き過ぎる傾向があることを警告し、『6本足の昆虫に似せるのにハックルの毛脚が60本もあるのではまったく模倣にならない』[23]ので、できるだけまばらに巻くよう指南した[24]。さらにボディーに用いるヘアーズイヤー（hare's ear）[25]などのダビング材の色彩を検討する際には、水に濡れると色調が濃くなることを考慮するよう指摘している。

これほどまでにイミテーショニズムを重視するフランシスは、「釣魚の書」のなかで北方のウエットフライマンたちが信奉する理論を公然と批判した。その一節を次に引用してみよう。

『ここにふたつの対立する流派がある。そのいずれの陣営にも熱烈な信者や名手が存在する。そのひとつが模倣学派（entomologist）であり、もう一方は色彩学派（colorologist）とも呼ぶべき者たちである。前者は、自然の姿を可能な限り精緻に模倣することを研究する流派であり、後者は、「天気が晴れて流れも澄んでいるならあの色の毛鉤がよく、あるいは空が曇っていて水も濁っているならこの色の毛鉤が効くはずだ」と考える一派[26]である。それぞれの側のメリットと主張を比較してみよう。現在、帝国内では何千種もの毛鉤が用いられているが、どんな虫であっても、我々が毛鉤で模倣していないも

主張を唱え始める。羽虫の外観を精確に模倣する技術よりも、毛鉤を本物の羽虫のように自然に流下させ、狙ったポイントへ精確に送り届ける技術のほうがより重要であると訴える彼らのことを、後の釣魚史家は「プレゼンテーション学派」と名づけた。

第2部　ドライフライの歴史（前編）

フランシス・フランシス

は、こういう例を何千と紹介することができるのだ。

（中略）

　毛鉤の選択に際して、我々の北方の友人たちが愛好している一般原則も、この地（訳者注：イングランドのこと）ではまったく役に立たない。全シーズンを通じてたった12種類の毛鉤（これらはスチュアート氏の「実践的釣り人」で紹介されている。）に限定するやり方はもちろん簡単な話で、選定に大して困ることもないだろう。そういう手法は北部の川には合っているかもしれないが、南部の我々の川においては、鱒は釣り人にしつこく狙われたため随分と教育されており、強い警戒心を備えてしまっているので、釣り人が鱒の好みに相当配慮してやらねばならない。なぜなら、我々の釣り場では毛鉤で釣れなかったからといって、北部で認められているミノウやミミズや川虫といった生餌に訴えること[27]は許されておらず、フライフィッシングに限定されているからだ。他方、私はスチュアート氏の毛鉤の効果になんら疑問を差し挟む者ではない。──ここで私は彼の名をその発明者としてではなく紹介者として挙げるのだが──私は彼の毛鉤が状況によってはてきめんの効果を発揮することを疑わない。というのも、その最良のパターンは、ダンやスピナー、ミッジ、あるいはブユやシナモンセッジといった、帝国各地の河川で広く見られる何種類かの羽虫にきわめてよく似ているからだ。

（中略）

　さて、魚が羽根や獣毛を組み合わせたものに喰らいつく理由は、魚が水面上に見慣れている羽虫に似ているということにほかならない、と私は理解している[28]。そこで、次のことを確認しておく必要がある。仮にそうでないとすれば、なぜフライフィッシャーはこれら羽虫の形態や色彩、そしてサイズといった要素に対してこれほど執着するのだろうか？なぜ毛鉤には羽虫そっくりのウイングやレッグ、ボディーといったものを備えなければならないのだろうか？なぜ同じサイズでなければならないのか？なぜフライフィッシャーは適当な色のフェザーの束を巻きつけただけの鉤で釣ることはないのだろうか？なぜ彼はマテリアルの品定めをするのだろうか？なぜたくさんの毛鉤を持ち歩かなければならないのだろうか？そして、なぜ釣れる日と釣れない日があるのだろうか？これらの理由をまとめていえば、魚の基本的な嗜好に人間の側がある

のも含めて、水に落ちればほぼ間違いなく鱒に喰われることになる。他方、その逆もまた真なりで、鱒が特定の虫を偏食して、毛鉤で納得させるのが難しい場面もある。さらには、ある鱒が特定の虫を厳しく選り好みして喰っているときにも、その下手な偽物どころか、結構上手に巻いた本物そっくりの毛鉤がわずかに違う流れ方をするものまで無視して、どうしたことかそのとき流れている羽虫とはまったく別種の虫を模した毛鉤のほうに跳びつくことさえある。なぜなら、鱒のなかには餌を選別して喰うものもいれば、そんなことはまったく気にしない鱒もいるからだ。これを根拠に色彩学派の人々は、水面を流れている虫について頭を悩ませる必要はないと論じる。しかし、また別の機会には、魚が狂ったようにライズしているとき、毛鉤帳のなかのあらゆるパターンを試してみても、毛鉤が合っていないのか、1匹として喰いつかせられないということもある。私

《註釈27》ヨークシャーやスコットランドでは、カワゲラの幼虫やその成虫などを用いた餌釣りが今日もなお愛好されている。また、澄んだ流れのなかでミミズを用いる伝統的なフカセ釣りはclear-water wormingと呼ばれ、きわめて軽量な仕掛けを用いてアップストリームでアプローチし、糸フケだけで繊細なアタリをとらなければならないことから、玄人の釣りとされる。鱒釣りのなかで最も簡単な手法とされるのが、ミノウ等の小魚餌を回転翼つきのテンヤに載せて用いる曳き釣りであり、特にシーズン初期に多用される。

《註釈28》F.フランシスは、釣り人が一番頼るべき毛鉤は鱒が最も頻繁に目にしている羽虫で、そうした種の羽虫は多くの河川に生息するものであるから、釣り人がよく知っている種類であるはずだと説いている。

程度寄り添ってやるためには、一定数の選択肢を用意しなければならないのは明白であるからだ。彼に要求されるのは間違いなく詐術の技量であり、羽虫の偽物を使って魚を騙すことができなければならない。その詐術が巧妙であればあるほど魚は騙しやすくなる、という摂理から逃れることができるとは到底思えない。・・・(中略)・・・これ以上、何と説明すればよいのだろうか？色彩学派の信条はずっとシンプルなもので、あまり研究や熟考、多様性といったものを要しないと言うのであれば、私にはなんとも怠惰な議論のように思われる。彼らは釣り人の愉しみの最も興味深い分野を見過ごしてしまっているのではないだろうか。北部では鱒の生息数が南部の我々の川よりも多いと聞く。餌を捕れる期間もずっと短いことだろう。北部の川の大部分は我々の川ほど餌が豊富ではなく、岩肌や砂礫の川床やムーアランドの痩せた大地を流れている。魚はそんな場所で生き残りを賭けて懸命に餌を探さなければならず、ゆえにあまり選り好みせず餌に喰らいつくようになっているのだろう。羽虫の色やサイズが彼らの嫌いなものでもない限り、喰いつかずにはいられないのだ。スコットランドの人々は自分の獲物の数をダース単位で数えるが、我々はこれをブレイス単位で数える。そして、国境の向こう側で1ダース釣り上げるよりも、プレッシャーの高い我々の川で1ブレイス釣り上げることのほうが遥かに難しい。その結果、我々は詐術の腕に磨きをかけて、自然の模倣を一層凝らすことを余儀なくされているのだ。』

これはまた、なんと挑発的な文章であろうか。F.フランシスが論じようとしたのはあくまでイミテーショニズムの意義についてであったはずなのだが、結果としてウエットフライ批判とも受けとめられかねない内容になってしまっている。しかもさらに困ったことに、元々は釣りの実践に関する解説文のはずが、スコットランドの鱒と釣り人を嘲り笑う風刺文へと転化してしまっているのだ。

18世紀初頭のこと、イングランドのスコットランド併合により大英帝国が成立して以来、両地域の「犬猿の仲」は広く知られてきたが、その因縁が21世紀に入ってもスコットランド独立の是非を問う国民投票にまで発展している現状に鑑みれば、イングランド人とスコットランド人の静かないがみ合いはいつの時代にも変わらぬことなのだろう。

いずれにせよ、フランシスの意図するとせざるとに関わらず、この一文がスコッチ・アングラーの激しい反発を買うことは必至であった。売られた喧嘩に応じたウエットフライ学派の泰斗、W.C.スチュアートは彼の著書「実践的釣り人」第二版のなかでフランシスを次のように罵倒した。これはフライフィッシングの実践とは縁遠い議論であるものの、民族意識と釣魚文化の興味深いつながりを示す一例であるに違いない。

『水面にそのとき浮かんでいる特定の羽虫を模倣することが必要だとする説は、近年、フランシス・フランシス氏の強い支持を得ているが、このイングランド理論とも呼ぶべき説を唱える彼は、スコットランドの釣り人たちにまるで殴りかかっているようなものだ。「ほとんど釣り荒らされておらず、釣果をダース単位で数えることが通例となっているスコットランドの川では、ほんのわずかな種類の毛鉤で充分かもしれないが、そんな釣り方は、国境の反対側の釣り荒らされた、釣果をブレイス単位で数えなければならない釣り場ではまったく役に立たない。」というのが彼の論旨である。我々は、イングランドの川では厳格な模倣が不可欠だとするフランシス氏の見解を疑う立場にあるが、仮に正しかったとしても、彼がスコットランドではそれがイングランドほどには必要とされないと主張するのであれば、根拠となる何か別の理由が必要となろう。両国の川における場荒れの程度を比較すると、スコットランドでは通常、釣り場は一般に開放されているが、イングランドでは管理されており、ひと握りの恵まれた人々だけが恩恵にあずかることができる。もし仮に、フランシス氏が鱒を狙って毛鉤を投ずるに足ると認める、ツイード川やその支流域よりも釣り人の多い川がイングランドにあるとすれば、それは我々にとって驚きだ。イングランドの鱒よりもスコットランドの鱒を釣り上げることのほうが技術を要しないなどとするくだらない発想や、毛鉤の学習という点でスコットランドの鱒のほうがイングランドの兄弟よりも劣っているなどとする馬鹿げた思い込みに対して、我々はスコッチ・アングラーの名誉にかけて、侮蔑をもって抗議するものである。実際の話、前に触れた川の住民たちの教育水準がイングランドの川の住民たちよりも優れているのは、ある国の国民の教育

103

第2部　ドライフライの歴史(前編)

19世紀のフライフィッシング風景

水準がもうひとつの国の国民よりも高いのと同様であるからだ。・・・(中略)・・・スコットランドの釣り場で、ブレイス単位で獲物を数えるイングランド人の釣り人に出会ったことがあるが、彼はご自分の貧果を数えるのにまったく困らなかったようだ。さて、スコットランドの釣り人と鱒の擁護はこのくらいにしておいて、模倣するのに何が必要なのか、そして鱒は何を捕らえるのか、いやむしろ毛鉤のことをどう見誤って口にするのかと言うべきか、こういった課題を検討しなければならない。前にも述べたとおり、生命感あふれる外観に騙された彼らは毛鉤を、模倣しようと意図された対象、すなわち羽虫あるいはその他の水生昆虫であると思い込んで喰いつくのだ。』

『特定の羽虫を模す毛鉤に期待された効果が、実際に発揮されることもある。しかしそれは、鱒の眼に毛鉤とその模倣対象となる羽虫との相似点が確認されたからではなくて、たまたまサイズと色彩が適切であったからに過ぎない。シーズン中毎日毛鉤をつけ替える釣り人の釣果が、3、4本の毛鉤だけでひとシーズンを通す釣り人のそれと比べて、さほど多いとは思わない。ならば、この前者は誤った原則に基づいて、時間と労力を無駄に費やしていると結論づけるよりほかにない。

104

鱒がある色の毛鉤を他の色の毛鉤よりも積極的に追うことがあるのは事実だが、その理由を求めようにも自由に推論を試みる余地があまりに大き過ぎるため、皆が納得できるほど明快に説明することはまず無理であろう。我々は、ある色のほうが他の色よりも効果が上がるのは、そちらのほうがより見つけやすいからであると考える。澄んだ流れのなかでは黒い毛鉤ほど効くものはないが、そんな状況の下では黒い毛鉤はきわめて目立つものである。濁った流れのなかでは、ボディーの黄色い毛鉤やくすんだ白色の毛鉤がよく釣れるが、これらもやはり濁りのなかで目立つ色だ。7月のツイード川では、日没直後であれば明るめの黄色い毛鉤の評判が高いが、そうした毛鉤は他の毛鉤よりもずっと魅力的に見えることだろう。』

こうした視認性主義者からの批判はあれど、イミテーショニズムを重んじるドライフライマンの一派は着実にその信奉者を増やしていった。そして、この初期「厳格なる模倣」学派のなかにおいてさえ、早くもふたつの大きな派閥の萌芽が現われ始めていた。それが、J.W.ヒルズの指摘する、羽虫の形態を模倣することに力点を置く流派と、その色彩の模倣を重視する流派であった。このふたつの思想の対立もまた、ドライフライの発展を大きく突き動かしてゆくのだ。

初期ドライフライに関する史料を紐解いてみれば、F.フランシスは特に色彩の模倣を重視して、『魚が注目するあらゆる要素のなかで、色彩が最優先事項である。』と語り、また、J.オグデンも色彩の重要性に早くから注目していたことが明らかとなる。それでは、オグデンの著作のなかから、幼少期に父親とともに訪れた釣り場での出来事を綴った次の一節をご覧頂いて、この古きよき時代の解説を終えることとしたい。

『サイズと色彩のなかに大きな秘密が隠されていることの例証はいくらでも挙げることができる。例えば、私がまだ幼かったころ、父と一緒に釣りに出かけると鱒はあちこちで餌を追いかけていた。私たちはお気に入りの毛鉤を何種類も試してみたが、ひとつも鱒に喰われない。そんなとき、父は決まって「我々は色を間違えているんだ。」と言い、私に生きた羽虫を捕って来るよう命ずるのだった。父は私の捕った羽虫を拡大鏡の下に置き、マテリアル帳の色彩表とその羽虫の色とを見比べることを常とした。父の色彩を見分ける才能はとても優れていて、マテリアルと本物の羽虫を見比べるときには、必ずマテリアルを濡らしておくことを忘れなかった。あるとき、クロムフォード郊外の製帽工場から見てダーヴェント川の向こう岸（故リチャード・アークライト卿の釣り場）で父が釣っていたのを今でも憶えているが、私は流れの上から羽虫を捕ってくると、岸辺に腰をおろしてそれを手本に毛鉤を3本巻き、父のガットリーダーにすべて結びつけた。そこではたくさんの鱒やグレイリングがライズしていたのだが、父の毛鉤にはまったく掛ってこなかったのだ。父が私の3本鉤のドロッパー仕掛けを流れに投じると、すぐさま全部の鉤に魚が掛ってきて、素晴らしい闘いの後に彼らをランディングネットへと導いた。そのとき1匹の獲物が鉤から外れて、息も絶え絶えに水面に身を横たえた。私は、事の成り行きもロクに考えないまま、とっさに川のなかへ飛び込んで、沈んでいく獲物の下にネットを差し入れ、そいつを岸の上に放り投げて残り2匹も無事取り込んだ。父のほうはというと、「溺れちまうかもしれなかったんだぞ！」と私をどなりつけ、大層怒っていたが、私は飛び込みたい衝動をどうしても抑え切れなかったのだ。結局、その日の父はこの毛鉤を用いてバスケットが満杯になるほどの鱒やグレイリングを釣り上げることができたのだが、この一例を挙げるだけでも、フライフィッシングの重要な秘密が色彩のなかに隠されていることは明らかであろう。』

第2部　ドライフライの歴史（前編）

第6章　ドライフライ革命

【ハルフォードの登場】

　19世紀末から20世紀初頭にかけて英国フライフィッシング界に君臨した、フレデリク・マイケル・ハルフォード(Frederic Michael Halford)[29]とはいったい何者であったのか。当時、ある者は彼を『ドライフライ学派のガマリエル[30]』と称賛し、またある者は『フライフィッシングを科学の名の下に貶めた張本人』と非難したと伝えられる。釣魚史上、毀誉褒貶の激しさという点で彼ほど際立った人物は他に存在しないところに、ハルフォードの特異性がある。

　彼は理論家であると同時に実践家でもあり、革命家として登場しながらも独裁者として退場した。30年近くにわたって近代ドライフライフィッシングの発展に持てる精力のすべてを傾け、彼の教理は本人の死後においてさえ亡霊のごとく後世の釣り人たちにとり憑いて離れなかった。ハルフォードとその支援者たちによって確立された近代ドライフライフィッシングは、当時、大勢の釣り人たちからフライフィッシングの理想像として崇められ、その一大ブームは後に「ドライフライ革命」("Dry-Fly Revolution")と評されることになる。

　釣魚史に大きな功績を遺したハルフォードを音楽史上の偉人になぞらえる遊戯がもし許されるならば、近代音楽の基礎となる平均律を築き上げたバッハと、聴衆からの非難を覚悟で第九交響曲を世に問うたベートーベンと、総合芸術たる楽劇を完成させて近代作曲技法を極限まで推し進めたワグナーの、3人の仕事をみんなまとめて一人でこなしてしまった人物だと説明すれば大袈裟に過ぎるだろうか。好むと好まざるとに関わらず、この巨人の足跡をたどらずしてドライフライの歴史を語ることなど許されようはずもない[31]。

　やや能弁に過ぎたかもしれないが、ハルフォードの果たした業績を紹介する前に、まずは彼をそこまで駆り立てたドライフライフィッシングの魅力について碩学の記すところを紹介してみよう。

　J.W.ヒルズは「鱒を狙うフライフィッシングの歴史」[1921]においてドライフライフィッシングの3つの魅力を紹介した。ひとつめは、大物を選んで狙うことの愉しみである。狩猟の世界でいえば、通常の3倍ものサイズのウズラなどいるものではない。仮にそんな大物がいたとしても、この大きな的を銃で仕留めるのは簡単なことであろうが、毛鉤の場合はそうもいかない。大物は用心深いのだ。

　お次は、キャスティングの愉しみ。フライフィッシャーは散々苦労を重ねた末に、いつしか繊細に、そして精確に毛鉤を投じることができるようになる——否、ならねばならない。毛鉤を鱒の4インチ上流に落とさなければならないとすれば、そこから1インチたりとも外してはならない。竿からラインを通じて毛鉤に至るまで、すべては投手の身体の一部と化して、彼の頭脳が命じるところに従って自由自在に弧を描く。ドライフライのキャスティングでは、そんな驚くべき全能感を体験することができるのだ。

　そして最も重要な愉しみが、川面に流れる毛鉤を目視することの愉しみである。これは他の多くの釣魚史家も指摘する点であり、ドライフライフィッシングの根幹に関わる要素であるといえよう。この3番目の愉しみについて

F.M.ハルフォード

《註釈29》1844年、バーミンガムの裕福なユダヤ系商家に生まれる。彼の家は元々 Hyam姓を名乗っていたが、当時の反ユダヤ主義の風潮を反映してか、後にロンドンに移り住んだ際に一家でHalfordと改姓した。彼は長じて家業に従事し、衣料や船舶などさまざまな品を商ったと伝えられる。元々は熱心なコースフィッシングの愛好家で、テムズ川などで餌釣りを愉しんでいたところ、70年代後半にはウィッカム博士が管理するテスト川はホートン地区の釣魚クラブに参加して、支援者とともにチョークストリームでの毛鉤釣りとその研究に没頭する。92年にこのクラブが解散したこともあり、93～96年はケネット川のラムズベリー地区、1905-13年にはテスト川のモッティスフォント地区 (Mottisfont)を中心に釣った。ドライフライの大権威として永く英国釣魚界に君臨し、14年死去。

《註釈30》Gamarielは新約聖書に登場するユダヤ教パリサイ派の律法学者。ペテロらキリストの使徒たちがユダヤ教徒から迫害されかかったところを救ったとされる。また、使徒パウロがユダヤ教徒であったころに師と仰いだのも彼であったと伝えられる。F.M.ハルフォードがユダヤ系であったことを踏まえた渾名。

《註釈31》F.M.ハルフォードに対して否定的な立場にあったJ.W.ヒルズでさえ、彼を「フライフィッシング史上の四賢人」の最後の一人に数えている。

《註釈32》F.M.ハルフォードは幼いころから餌釣りに熱中し、家族から『釣りキチ』("fishing mad")と呼ばれていたと伝えられる。

《註釈33》1877年4月のテスト川でグラノムのハッチが起きたときに、F.M.ハルフォードは市販のグラノム毛鉤を使ってみたところまったく効かなかったことから、イミテーションフライを自分で巻く訓練を重ねるようになったと伝えられる。

《註釈34》1840年、ハンプシャーの富裕な郷紳の家に生まれる。ウィンチェスター校在学時からイッチェン川で鱒釣りに親しむ。58年には第六竜騎兵部隊に勤務してインドへ派遣され、まもなくマレーに配転。後

ヒルズは次のように記している。

『ドライフライフィッシングの魅力はどこにあるのだろうか？そのエッセンスは、ゲームのあらゆる活動がすべて目に見える形で行われるという事実にある。鹿のハンティングでは、常に獲物の姿を視界に収め、その挙動を子細に観察しながら密やかにストーキングすると、ゲームは一層面白くなる。この愉しみは、釣りにもそのまま通じるものだ。いったん獲物を認めれば、その視線を片時も外してはならない。獲物が見つからなければ、水面のライズを捜して歩くことになる。ライズがいつもどおりに見つからないとすれば、それは貴方が獲物を警戒させてしまったということなのだ。獲物を見つければ、貴方はその動きに全神経を集中させる。すると貴方の毛鉤も視界に入ってくる。すべてが白日の下に晒されているのだ。毛鉤が獲物の居場所に差し掛かろうとするとき、獲物がそれを待ち構える姿──あるいは知らんぷりを決め込む姿──のいずれかを目の当たりにする。そして、獲物がライズして毛鉤を咥えれば、ドラマの全編は貴方の眼前で繰り広げられることになるのだ。

貴方は形勢不利な状況のままで、再び攻勢を仕掛けることになる。6月のすべてが静まり返った暑い一日には、貴方の姿は風の吹き荒れる4月の朝よりも随分目立ってしまうことになる。もはや、春に生い茂っていた草木を期待することもできない。流れの量は少なく澄みきって、水面は鏡のように滑らかだ。藻床は厚く、いたるところに広がっている。貴方が使うガットリーダーは極細で、毛鉤は最小のものでなければならない。獲物が腹を空かせていることは確かだが、選り好みが激しいのだ。貴方の毛鉤は、彼を驚かせないようにするだけでなく、鈍い神経を心地よく刺激もしてやらなければならない。彼が毛鉤を鼻先で突いて、そのままプイと横を向いてしまった理由は、偽物と見破ったからではなくて、もしかすると美味そうに見えなかったせいなのかもしれないのだ。』

ハルフォードがドライフライを初めて目にしたのは、1868年、彼がロンドン近郊のウォンドル川を訪れたときのことだった。彼はまだフライフィッシングを始めたばかりで、持ってきたウエットフライはあまりに大き過ぎて釣りにならなかったと伝えられるが、川辺で優雅にラインを操るドライフライマンたちの姿

G.S.マリエット

はこの青年に強い憧れを抱かせたのであった(32)。そして彼は訓練を重ねて手腕を磨き上げ、ついには一人前のフライフィッシャーへと成長していく。

若き日のハルフォードの執念深さを物語るひとつのエピソードがある(33)。彼は、当時この流れに棲みつく1匹の大鱒のことが気になっていた。この鱒はいつも排水溝の流れ込みの辺りに潜んでいたのだが、川辺の木立が邪魔になってどうにも毛鉤を送り込むことができない。最初のシーズンを終えるとき、ハルフォードはキャスティングの障害となる木々の幹に白くペンキを塗っておき、冬の間にすべて伐採してしまったという。この蛮勇のおかげで、次の5月にはようやくこの3ポンド級のトロフィーを手中に収めることができたのであった。

後に実業家として多忙な日々を過ごさなければならなくなったハルフォードが、時間をやり繰りしながらテスト川でドライフライフィッシングを嗜み始めたのは、1877年のことである。ロンドンからハンプシャー (Hampshire)のホートン地区(Houghton)まで足繁く通い続けてようやく3度目のシーズンを迎えようとするころ、彼はたまたまジョージ・セルウィン・マリエット(George Selwyn Marryat)(34)と出会い、それをきっかけに多彩な釣友たちと交流を重ねていく。このフライフィッ

に各地を転々とし、70年ごろに帰国して以降はフライフィッシング三昧の日々を過ごす。彼の優れた才能は釣技のみならずタイイングや新タックルの発明と多岐に渡り、真の天才と賞される。F.M.ハルフォードの最大の支援者として知られ、彼の処女作「水に浮く毛鉤とその作り方」[1886]は実質的にはマリエットの成果であったと評する釣魚史家もいるほどだが、本人は著作を一切出版しなかった。快活なユーモリストとしても知られ万人から愛されたが、見知らぬ人の集まる場所には決して顔を出さない内気な一面もあったという。96年、インフルエンザのため急逝。

第2部　ドライフライの歴史（前編）

シングの将来を決定づけた歴史的瞬間について、当時、フィールド誌の釣魚担当編集者を務めていたW.シニアは「愉しき処に釣糸を垂れて」[1920]のなかで次のように述懐している。

『ハルフォードがホートン地区で釣りをするようになってまだ間もないころのことだが、1879年のシーズンが始まる直前、彼はウィンチェスター（Winchester）[35]にあったジョン・ハモンド（John Hammond）[36]の店に毛鉤を求めて訪れた。このとき、ハルフォードは赤ら顔のジョンから背の高い、かなり痩身の紳士の紹介を受けた。彼こそは誰あろう、ハンプシャーにおいて最も高名な鱒釣師マリエットその人であった。これが、このふたりの生涯にわたる深い友情のきっかけとなった。ハルフォードは誰からの支援にも常に感謝し、受けた恩義を決して忘れることはなかった。ただし、そのアドバイスを受け入れるかどうかは別の話で、彼はいつもそんな調子だったのだが、とにかく感謝だけは忘れなかった。初期においてはマリエット、そして後期においてはウィリアムソン[37]といった、「ある釣り人の自叙伝」[38]に先立つ著作群のなかに記された、ハルフォードの苦労を陰で支えた協力者たちに対して、彼が抱いていた感謝の念は到底文字で書き尽くせるものではない。協力者たちもまた、ハルフォードの著作全編にわたって支援の労を惜しむことはなかった。川面の上でカゲロウを1匹ずつ補虫網で捕らえながら冠水緑地をめぐり歩く彼らの姿をからかう者もいたが、そんな輩は勝手に笑わせておけばよい。それは、何百もの微小な昆虫を収集しては、なかから最適な種を選別し、防腐処理した後に標本化する作業であった。何度も繰り返し魚を解剖して、忍耐強く臓器のなかを確認する作業まで求められた。鋏や鉗子などを使って鱒の胃の内容物を取り出しては、覆いかぶさるように屈み込んで選り分けながら虫を1匹ずつ同定していき、必要なものは顕微鏡の上に置くといった作業に、まるで世界中を探してもこれほど集中を要する作業などほかにないといった気迫で取り組むハルフォードとマリエットの姿には、傍で見ている私も大いに感服したものだ。多くの場合、私はこの儀式の傍観者――残念ながらおかど違いの存在――でしかなかったのだが、ふたりはいつも私を歓待し、その場に居合わせる名誉を与えてくれたのだった。私のほうはというと、いつも申し訳ない気持ちになり、ある意味、彼らの献身的な作業の原動力となっている心の広さと驚くべき知識量を妬ましくさえ思ったものだ。

ハモンドの店でふたりが出会った2日後、彼らはホートン地区で再会することになった。その日、マリエットとフランシスとカーライル[39]、そしてハルフォードの4名が、今となっては思い出深いシープブリッジの釣り小屋に集ったのだが、この集会は以後永く続けられることになる。近所に部屋をいくつか所有していたハルフォードは、皆で泊まって「釣魚談義」をやろうと言い出したのだ。

（中略）

飽かず竿を振り続けた一日を終えて、水車の館で過ごした神々の一夜のなんと素晴らしかったことか！私がこのホストに対して、是非フィールド誌の寄稿者になって欲しいと強く依頼したのはその場でのことだった。彼を説き伏せるのには大変往生したものだ。実際、私の依頼は面倒臭い論議を巻き起こし、彼はかたくなに拒んだので、ベッドルームの蝋燭の灯が消されるまで膝を詰めて話し合うことになった。最後に私は「とにかく、私はもう寝る。君には私の意見を伝えたのだし、それでも君が記事を書かないと言うのなら、それまでだ。じゃあ、おやすみ。」と言ってやった。翌朝、私が物置小屋に置いてあった馬車の車輪に腰掛けて、水車の旋律を聴きながら朝飯前のパイプをふかしているところにハルフォードがやってきた。「やあ、昨晩はすまなかった。」と言って、彼はこう続けた。「ま

マリエット（左端）、シニア（左から二番目）、ハルフォード（右端）

《註釈35》ハンプシャーの中核都市で歴史あふれる有名な観光地のひとつ。市街区を有名なイッチェン川が貫流し、その流程だけは釣魚免許さえあれば誰でも自由に釣ることができるが、ここに棲む鱒はきわめてスレている。ちなみに、11世紀にウィリアム征服王が造営させたと伝えられるウィンチェスター大聖堂には、1683年にこの地で亡くなった釣聖I.ウォルトンが埋葬されている。

《註釈36》1856年から79年までウィンチェスターに釣具店を営んで、多くのフライフィッシャーに交流の場を提供した。テスト川やイッチェン川の釣魚権を買い集め、日釣り券等の形で顧客に販売した。フライドレッサーとしても名高く、当時のメイフライ・パターンの傑作とされるChampionや有名なWickham's Fancyは彼の創作による。82年没。

《註釈37》Edgar Williamsonは「厳格なる色彩理論」の唱導者の一人で、F.M.ハルフォードにその採用を強く勧めたとされる。「ドライフライの近代発展」[1910]の冒頭には彼の肖像写真が掲げられている。1904年死去。

《註釈38》AN ANGLER'S AUTOBIOGRAPHY[1903]は、F.M.ハルフォードが自らの半生を振り返り、数々の釣行や釣友との交流を綴った随筆。

《註釈39》Antony Carlisleは1830年生まれの英国陸軍の職業軍人。53年に西部インド連隊に配属され、55年にライフル銃第三大隊に配属換えの後、有名なセポイの反乱の掃討戦に参加する。熱帯病に罹って本国に移送された先のウィンチェスターでフライフィッシングに魅せられる。少佐まで昇進の後、72年に除隊。帰国後はSouth-Westのペンネームでフィールド誌にユーモアあふれるおおらかな釣魚譚を投稿し、純粋主義者のように細部に拘泥することはなかった。1915年死去。

《註釈40》古いスコットランド訛りの言いまわしで、"I have my doubt."（「腑に落ちない」）との意。

《註釈41》F.M.ハルフォードのペンネーム。

《註釈42》邦訳に「水に浮くフライとその作成法」（訳：

The History of Trout Flies

あ、やってみるよ。だけど、本当のことを言うと "I ha'e ma doots."[40]なんだがね。』これが、フィールド誌に「デタッチト・バジャー」("Detached Badger")[41]の記事が連載されるようになった事の顚末である。』

【ドライフライ用タックルの刷新】

フィールド誌上におけるF.M.ハルフォードのドライフライ論は、その斬新さが読者を魅了し、さまざまな議論を喚起した。これらの議論を通じて、彼は支援者の助けも借りながら、新たな提案を重ねていく。その最初期の成果をまとめた著作「水に浮く毛鉤とその作り方」(FLOATING FLIES AND HOW TO DRESS THEM [1886])[42]において、ハルフォードは早くも近代ドライフライフィッシングの本質を明快に示すことに成功した。

彼は同著のなかでこの釣りを、『ライズ中の鱒に対して、そのとき捕食している昆虫を可能な限り模倣した毛鉤を自然な状態でプレゼンテーションする行為』と定義し、そのプロセスとして、①羽虫を摂っている魚を見つけること、②その羽虫をサイズと色彩の両面で精確に模倣した毛鉤を魚にプレゼンテーションすること、③毛鉤を自然な状態、すなわち水面上にウイングをしっかり起立させた状態[43]で鱒に向けて流下させること、そして④ドラッグが掛からないよう気を配りながら毛鉤を獲物の真上に流し込めるように、毛鉤を優しく着水させること、の4つの手順を挙げた上で、釣り人や竿の姿が獲物に気づかれないうちにこれらすべての作業を完了させる必要がある、と規定した。

今日の我々からすれば、ひとつの方法論として当然のようにも思われるが、彼の時代に至るまで、これほど明確に釣りのスタイルが定義されたことはかつてなかった。これ以降の彼の著作にも共通して見られる「形式へのこだわり」、「ディテールへの注目」、そして「諸要素の統合・体系化」こそ、スタイル面でハルフォードの釣りを決定的に特徴づける要素である。

また、ハルフォードの情熱はその検討がスタイル論だけに留まることを許さなかった。彼にとって、ドライフライフィッシングとは単なる「ドライフライを使う釣り」ではなく、最も美

しいスタイルで取り組むと同時に、最も効率的なタックルを用いて、この水に浮く毛鉤を鱒に咥えさせる行為であったのだ。ハルフォードは己の理想を実現すべく、支援者たちの力も借りながら、ドライフライ用タックルの開発に心血を注いだ。

その実例をいくつか挙げてみよう、彼は強い向かい風のなかでも毛鉤を送り届けることのできるテーパー斜度の高いシルクラインを設計し、浮力増強のため減圧器を用いたオイル含浸処理をシルクラインの製造工程に導入することまで提案した[44]。また、液体パラフィンを毛鉤のフロータントとして用いることを普及させたのも彼の功績であるとされる。さらに彼はロッドデザイナーとしても高い評価を受け、当時最先端の素材であったスプリットケーン（split-cane）を世に広めて、自身のデザインによる軽量でキャスティング性能に優れた鱒毛鉤竿を提唱した[45]。彼の活躍した時代に、伝統的なダブルハンドロッドが新設計に基づくシングルハンドロッドにとって代わられていった背景について、H.T.シェリンガムは次のように解説している。

『旧式の鱒竿は重たいものだったが、そうならざるを得ない理由があった。当時の基本であった太いバットと繊細なティップからなるファスト・テーパーの設定のためには、竿身に用いる素材の量を多くする必要があったのだ。今日の我々が知るように、通常のフライフィッシングに必要とされるより優れたアクションを実現する上で、テーパー設定を緩くすることによって使用する素材の量を減らせば、こうした重量の大部分はまったく不要となる。典型的な旧式の竿では、アクションのほとんどがティップセクションに集中してしまっているのだ。

（中略）

もちろん、旧式の竿にもある程度の弾力は備わっているが、それは今日の釣りに求められるさまざまな状況に対応できるようなものではない。手許まで充分な曲がりを得ることのできない竿では、重量のあるラインを操作することができない。旧式の竿はティップセクションに過大な負荷が掛かるようになっている。こういう竿は馬素製あるいは馬素と絹糸の混紡製の軽量なラインを操作するために設計されているのであって、そうしたラインであれば竿先に大きな負荷を掛けずに済むのだ。

川野信之 [2013]）がある。

《註釈43》一般に、この状態は英語でcockedと表現される。

《註釈44》シルクラインは比重が水より重く、ライン表面の撥水機能が生み出す表面張力によって水に浮くことから、定期的にグリーシングする必要がある。また、製造時にオイルの含浸と乾燥を繰り返してラインコアを硬化させる必要があるが、含浸の不十分な部分が水を含んで沈みやすくなってしまうリスクを回避するため、オイルに浸したシルクラインを減圧器にかけることでライン内の空気を強制的に排出させるというのが、F.M.ハルフォードのアイデアであった。

《註釈45》ハーディー社は彼のロッドデザインを積極的に導入し、Halford Dry Fly 1912 Model Rodをはじめとする10フィート前後のさまざまなドライフライロッドを世に送り出した。

282   HARDY BROTHERS LIMITED

The "Halford" Dry Fly Rod

The original rod of this series was made to the specification of F. M. Halford, Esq., Author of *The Dry Fly Man's Handbook, Modern Development of the Dry Fly, The Dry Fly Entomology*, etc., etc.

第2部　ドライフライの歴史（前編）

H.S. ホール

ホールが開発した環付き鉤(Snecky-bend Limerick型)

　当時のフライフィッシングに係る技術革新のなかで、ドライフライの耐久性とその交換時の利便性に大きく貢献することになったのが、環つき鉤（eyed hook）の実用化である。それ以前にも鉤のチモトに金属の環を設けるアイデア[47]は散見されたが、強度不足や小さい径を作ることが技術的に難しかったことなどから、いずれも商品化には至らなかった。それをようやく実現したのがH.S.ホール（Henry Sinclair Hall）[48]である。1879年、彼はG.S.マリエットの協力を得て、スネックベンド型の環付き鉤を開発し、翌年に販売を開始した。

　ホールの功績は、それまでの慣習を完全に覆したという点で、ドライフライフィッシングに係る技術革新のなかで最も重要なものと位置づけられるべきであろう。いち早く意義を理解したハルフォードは、ホールのアップアイド・フック（up-eyed hook）を熱烈に支持した[49]。その理由について、ハルフォードは「水に浮く毛鉤とその作り方」のなかで次のように語っている。

『鉤軸に沿わせたテグスを上から巻きとめる旧式の毛鉤が廃れてしまうのに、それほど時間を要することはないだろう。環付き鉤の利点は誰の目にも明らかである以上、最も保守的で頑迷な守旧派ですら、これがきわめて有益な改革であることをいつかは認めざるを得なくなるだろう。
（中略）
　環付き鉤に巻いた毛鉤は旧式のものと比べてきちんと浮き、浮かせるためにさほど乾かさなくてもよい。この点についてまだに論争があることは十分承知しているが、この熟慮された意見への批判者は、ワックスの塗布された絹糸でテグスを巻きとめる場合、毛鉤に追加される重量にはそのテグス分だけでなく、テグスの上から巻きつける余分な絹糸とワックスの重量まで含まれることを想起されたい。
（中略）
　私見を申し上げれば、最も重要な利点は、毛鉤との結節点（ここが一番弱くなりやすい）においてテグスの強度が衰え始めたと思うとき、テグスを載せる方式の鉤（訳者注：ガットフックの意）であれば毛鉤そのものを捨ててしまわなければならないのに対して、環付き鉤であればその部分だけ切って繋ぎ直

おそらく、そんな竿を使う釣り人は強風に向かって釣ることなど考えもしなかったことだろう。もし遠投しようと思えば、当時は竿自体を長くするよりほかに選択肢がなかったのだ。・・・（中略）・・・当時、13～14フィートもの長さの鱒竿が使われていたのは、こうした理由によるのだが、これらの竿はすでに無用の長物となっている。今や10フィートの竿で楽々と20ヤードを投じることができる以上、わざわざダブルハンドロッドで苦労しなければならない理由などどこにもないのだ。』[46]

《註釈46》「鱒釣り　記憶とモラル」［1920］より引用。

《註釈47》古くはTHE ART OF ANGLING（Richard Brooks［1781］）の挿絵のなかにもその一例が確認される。

《註釈48》数学教師を務める傍ら、1879年、G.S.マリエットの協力を得て、軽量で環の小さい高品質なup-eyed hookの商業生産に成功する。毛鉤論についても一家言を持ち、F.M.ハルフォードと論争を重ねた。1934年没。

《註釈49》H.S.ホールのup-eyed hook（環が鉤の背の上を向くスタイル）に対して、自らの開発によるdown-eyed hookの優位性を主張したH.C.ペネルは、F.M.ハルフォードに比較実験を依頼したところ、ハルフォードは魚を掛けたときの保持力はどちらも変わらないと結論づけた。なお、ハルフォードは鉤との結節には、結びやすさと強度の点でタール少佐が提唱する結び方（Turle knot）を推奨した。

TURLE KNOT

《註釈50》F.M.ハルフォードはF.フランシスとの論争のなかで、一般的な遠投性能や獲物に対する制圧力、キャスト時に背後の植生に毛鉤を取られ難い点などダブルハンドロッドの優位点を認めつつも、キャスティングの繊細さや正確さといった点ではシングルハンドロッドのほうが優れていると主張した。

《註釈51》H.ラッセルは「チョークストリームとムーアランド」［1911］のなかでグレイ卿が『パラフィンの導入以前の時代に作られた良質なドライフライはとてもよく浮いたものだ。上手く巻かれた毛鉤がよく浮くことは今も変わらない。オイルの入ったプンプン香る小瓶が釣具のなかに紛れ込むことを、私は断固拒否する。』と語っていたことを記している。

110

せば先端数インチ分のテグスを捨てるだけで済むことである。また、環付き鉤であれば、その日の状況に合わせて、太さの違うテグスへ自由に交換できるのに対して、テグスを載せる方式の鉤の場合は、太さの異なるテグスを載せた同じ毛鉤を予め複数用意しておかなければならない点も忘れてはならない。』

　これら技術革新のおかげで、ドライフライマンは釣りそのものに一層専念することが可能となった。いまや、パラフィンを塗れば毛鉤が濡れるのを恐れる必要はなく、環付き鉤を導入することでフォルスキャストの際に毛鉤がチモトからちぎれてしまう事故も激減した。その上、向かい風のなかを釣るときには、昔日の硬木製ダブルハンドロッドでは望むべくもない遠くのポイントめがけて、スプリットケーン製のシングルハンドロッドを振りつつ軽やかにラインをシュートできるようにさえなったのだ。

　ところが、これらの新技術に背を向け、時代の趨勢に抗う者たちが存在した。F.フランシスはハルフォードと論争を交わしてドライフライフィッシングにおけるダブルハンドロッドの優位性を主張し続け(50)、グレイ卿は決してドライフライにパラフィンを塗らなかった(51)。ドライフライの歴史は、実のところその少なからぬ部分が、これらの発展を認めようとしなかった者たちの記録で占められているのだ。その一例として、20世紀のスコットランドで活躍したウエットフライの論客E.M.トッドがフィッシング・ガゼット誌に投稿した、ハルフォードの著作に関する書評記事(52)のなかから次の一節を紹介したい。

『私が最初に指摘しておくべきは、この作品の第1章の第5頁において、ハルフォード氏がフライフィッシングにはシングルハンドロッドを推奨していることだ。この点において私は彼の意見にまったく同意する。しかし、続いて彼がグリーンハート (Greenheart) のことを非常に脆い素材と評して、『いつもティップが折れてしまいがちだ』と記していることには同意できない。確かに、他の大勢の釣り人もそう言っている。だが私や友人たちは、ケルソとロンドンで事業展開しているフォレスト・アンド・サン社製のグリーンハートロッドをもう永いこと愛用して、ついぞそんな目に遭ったことがないのだ。

　無知なのか故意なのかどちらかは分からないが、釣竿製作の細部に気を遣わぬ自称「メーカー」のなんと多いことか。厳選された素材を用い、じっくりと寝かせた後で、熟練した製作者の手によってフェルールをしっかり取りつける限り、グリーンハートは最も信頼すべき素材であると確信している(53)。ただ、鱒竿の素材として一つだけ難点がある。まるで鋼のようで、竿の調子が硬くなり過ぎるきらいがあるところだ。鉤に掛った鱒が頭や尾を振ると、この振動がそのまま釣り人の手許に伝わることから、極細のドローン・ガットを使っている場合には糸切れの原因となってしまう。

　このため、フォレスト社が私の「トッド」という名を冠して販売している竿は、ミドルとバットにヒッコリーを用い、ティップにはランスウッドを使っている。この素材の組合せが、先に述べた問題点を解決し、効率的で実にスウィートな竿を実現してくれているのだ。

（中略）

　第46頁と47頁では、ドライフライの製作に環付き鉤が勧められている。鉤掛りさせる性能と掛けた獲物を保持する性能において、アップアイとダウンアイのどちらがより優れているのかさっぱり判らないが、まあ大した差はないのだろう。実に奇妙な論争だ。私の好みとしては、基本的にガットフックを使うことにしている。この点について、私の偏見はだいぶ薄らいできたところだが、もし私が今よりずっと若ければ、この偏見はさらに弱まっていたことだろう。

　毛鉤を一本しか取りつけない場合やリードフライの場合には、私は環付き鉤を選ぶだろう。しかしドロッパーに用いるとなれば、やはり私は鉤軸に沿わせたテグスの上から巻きつける鉤のほうに古くからの信頼を置いているのだ。

（中略）

　さて、いつもの議論に戻ろう。ハルフォード氏は第56頁で次のように述べている。『このようにウエットフライフィッシングの多くは「流れを釣る」("fishing the water")。ところがこれとは反対に、ドライフライマンが行うのは「ライズを釣る」("fishing the rise") やり方である。』そしてさらにこの著者が仰るには、『ドライフライマンにはより科学的な知識と技術が備わっている』のだという。いやはや、なんと見上げたご謙遜であることか！

《註釈52》"DRY-FLY FISHING IN THEORY AND PRACTICE" BY MR. FREDERIC M. HALFORD — THE OBSERVATIONS AND REFLECTIONS OF A WET-FLY FISHER (FISHING GAZETTE [June 1899])

《註釈53》グリーンハートは弾力性に優れるのみならず高い耐久性も備えることから、釣竿の素材として根強い人気を誇った。このため、スプリットケーン全盛期にも各釣具メーカーはグリーンハート・ロッドの生産を続け、ハーディー社では1950年代に入ってもこれをカタログ掲載していた。

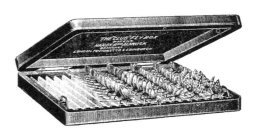

私は声を大にして次のように申し上げたい。本当に優れたウエットフライマンならば、ライズが見られない場合を除き、「流れを釣る」ことはしないものだ。とはいえ、ライズする鱒の一匹も見られない川を狙うとき、真に腕の立つウエットフライマンが発揮する知識と技術、そしてその鋭敏な感覚は、ドライフライ学派の者たちには決して体得することのできない奥義であるといえよう。

（中略）

第169頁にはっきりと記されたこの作者の意見によれば、高額な使用料を支払って釣るドライフライ・ストリームでは、すべからくウエットフライの釣りは禁止されるべきだという。その是非については優れて釣魚クラブのメンバーとその地主の間で議論されるべきものであって、私がとやかく言うべきことではないのだが、それにしても少々暴論に過ぎはしまいか。

スコットランドの釣魚クラブでは、わざわざドライフライの使用を禁ずるまでもない。南スコットランドの鱒たちには、すでに我々がみっちりと教育を施しておりますからな。』

こうした批判はあれど、釣魚スタイルとタックルの両面における刷新を通じて、ハルフォードはドライフライのなかに絶対的な価値を見出していく。つまり、彼の先輩にあたるF.フランシスがドライフライを相対的なものと捉え、ウエットフライと使い分けることを前提に考えたのに対して、ハルフォードはこの新しいドライフライフィッシングこそスポーツと呼ぶに相応しい唯一の釣法であって、それをウエットフライの釣りに置き換えることはできないと確信するに至ったのだ。こうしたハルフォードの信念は、彼の初期の著作に書き記された次の一節のなかにも鮮明に顕れている。

『一定の条件下において、ドライフライはいかなる流れにおいてもウエットフライより優れている。ドライフライがあまり用いられていない川では、魚は頭上に流れ来る水面に起立した本物の羽虫に慣れ切っており、それを模した毛鉤にも疑いを持つことはないので、ドライフライは一層有利な方法となる。このような魚は、最終的に釣り上げられるかどうかは別として、しっかりと喰らいついて、鉤掛りすることがほぼ確実となる。ドライフライに特に適した状況を定義するのは難しいことではない。魚が水面で摂餌しているのが見られるとき、その魚が摂っている虫の種類を釣り人が確認できるとき、その虫を模倣できるとき、本物の羽虫が流れるコース上に毛鉤を正確にたどらせながら、自然な姿勢を維持したままで魚に送り届けることができるとき、そして、狙われていることが気づかれる前に魚を欺くため、これらの諸条件を第一投ですべて満たすことができるときであれば、最も警戒心の強い鱒やグレイリングであってもライズさせ鉤掛りさせることは、ドライフライマンにとって約束されたようなものだ。

（中略）

沈む毛鉤のメリットが多方面でいかに喧伝されようとも、水に浮く毛鉤が必ず効果を発揮するような流れと天候条件というものがある。天候条件についてみると、まったく風のない日に、陽光が強く水が澄んでいれば、通常魚は水面直下に定位するものであるが、ウエットフライマンはこれを最も不利な条件と考える。このような日に獲物を仕留めることこそ最も愉しく、釣り人に深い満足感を与えてくれる。そして、こうした条件下で餌を摂る警戒心の強い一番の大物も、ドライフライマンの技術の前では実に素直に、あっさりと術中にはまってしまうのだ。沈む毛鉤だけが用いられている川では、魚がこれほど自然に、かつ頻繁に掛ってくることはない。また、どんな天候でもドライフライのほうがウエットフライよりも釣果が望める川というものがある。それは、石灰岩の地層で濾過された水が湧き出てくる流れであって、一般にそうした流れは、激しい雨の後であってもきわめて透明度が高く、穏やかな流れの速さを保つ。夏には川底が藻床に覆われ、カゲロウ類やトビケラ類の幼虫や他の水生昆虫が豊富に生息するので、水に浮く毛鉤には特に適している。こうした流れは「チョークストリーム」と呼ばれるが、その最も澄んだ流れにおいてさえ、水に浮く毛鉤よりも沈めた毛鉤のほうがよく釣れる日があると言う人もいる[54]。もしかするとそういうこともあるかもしれないが、永年の経験を経た私でさえいまだ出会ったことのないケースで、はたして偶然によるものかどうか、今後証明が期待される珍しい例外事例と捉えるべきであろう。証明の最も有力な鍵となるのが、シーズンを重ねてこのテーマを熱心に研究し続けてきたハンプシャーの釣り人たちがみな徐々に気づき始めている課題、すなわち可能な限り自然を模倣すること、そしてその模倣物を最も自然な姿勢、つまり水面上に起立させた状態で送り込むことの必要性なのである。

《註釈54》F.M.ハルフォードは同じ著書のなかで、スコットランドの某名人が『南部の鱒など自分の釣法で狙えばいくらでも釣れる。是非ドライフライマンと対決したい。』と吹聴してまわっていたことを記録している。そして、このようなフライフィッシャーが実際に南イングランドのチョークストリームを訪れた際には、ほとんど釣果を上げることができず、『風が悪い』だの『水位が低すぎる』だの言い残して退散したとのエピソードを紹介している。

SAFETY BOTTLE.

"IT ROSE JUST BELOW THAT WEED-PATCH."

ハルフォード（左）とシニア（右）

　数年前のダービーシャーでは、釣り人は2本、多くの場合3、4本、あるいはそれ以上の数の毛鉤を用いてダウンストリームで釣り、しかも獲物の居そうな場所を予想して毛鉤を流し込んでいた。大勢の釣り人たちがこの地方を訪れた結果、今ではこの地の鱒やグレイリングも他の地域と同じぐらい警戒心が強くなってしまった。そして何が起こったか。年を追うごとに、この地方で成功を収める釣り人は水に浮く毛鉤を用いてアップストリームで釣り、ライズしている獲物だけを狙うようになってきたのだ。昔ながらの釣法を愉しむ人がそれなりの釣果を得ることができるのは、風の強い日だけであった。似たような話は英国全土で聞かれるようになったが、各地では地元の釣り人たちが幼いころから沈む毛鉤に慣れ親しんでいたので、ドライフライで釣果を上げる試みなど一笑に付されるだけだった。そんな一例をご紹介しよう。数年前のドーチェスターでは、当時の最も優れたドライフライマンの一人に数えられる人物が、フェアな釣りを行っていないとして地元民からひどく不審がられ、訴えられていた。というのも彼は、地元の釣り人がウエットフライを使って釣果の振るわぬ日にも、首尾よく大物を多数仕留めていたからだ。あるとき、ひとりの地元民が彼の行動をずっと見張り続けたところ、疑いが事実無根であって、自分こそ間違った釣法を永年重ねてきたことに気づく結果となった。この地元民はその優れた釣り人の許を訪ね、彼の弟子にしてもらえるよう懇願し、ドライフライの教えを乞うた。そして遂には彼もこの

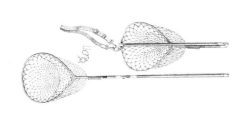

第2部　ドライフライの歴史(前編)

スタイルの信奉者として熟達し、以後ウエットフライを絶つことになった。彼はその教えを他の釣り人にも伝授し、より現代的で効果的なスタイルを広めていく[55]。後に、東西南北あらゆる地域からたくさんの釣り人がウィンチェスターに集い、水に浮かぶ毛鉤の使用法をその目で確かめて、学び、体得していった。以前は日に2、3匹しか釣果を収めることのできなかった彼らが、沈む毛鉤を用いる釣り人たちよりも重い魚籠を抱えるようになるまでに、それほど時間がかかることはなかった。』[56]

【「厳格なる模倣」の絶頂】

　1889年、F.M.ハルフォードは45歳の若さで家業から引退し、晴れて残りの人生をドライフライの研究に捧げることになる。同年、彼は永年にわたる研究の成果をとりまとめて、「ドライフライフィッシング―その理論と実践」(DRY-FLY FISHING IN THEORY AND PRACTICE [1889])と題して発表し、英国内はもちろん、海外からも大きな反響を得た。数々の釣魚史家がハルフォードの最高傑作と絶賛するこの著作は、ドライフライフィッシングのために開発された最新タックルの解説に始まり、キャスティングの技法、ライズへのアプローチ法、鱒の捕食パターン、天候の影響、獲物の取り込み方、果ては鱒の解剖学に至るまで、この釣りをめぐる諸課題について包括的に論じたものである。

　当然のことながら、この作品はドライフライの選び方についても多くの頁を割き、彼が釣り日誌に永年書きとめてきた実例に基づきつつ、鱒と羽虫と毛鉤の交わりを濃密に考察している。このなかから、スペントナット(spent gnat)[57]について論じた次の一節をご覧頂きたい。

『スペントナット、すなわち生涯の最終場面に到達した成虫を捕食する際、鱒は通常水面直下に定位して、鼻先をほとんど水面上に突き出さんばかりにしてゆったりと泳ぎながら、流下するすべての羽虫を静かについばんでゆく。羽虫といえば、ほとんど動くことはなく、明らかに死にかかった状態なので、大物による捕食であっても川面の乱れはきわめて小さいものとな

り、4ポンド級の鱒が引き起こすライズの波紋はミノウのライズで生じる泡ほどのものでしかない。風がパタリと止むのは午後遅く、あるいは日没直前のイヴニングの時間帯であることが多い。そんなとき、すべてが落ち着いて、辺り一面に静寂が訪れる。魚は、深くゆったりと流れる止水のような川の水面下数インチの層を潜航し、悠々と泳ぎながら視界に入るスペントナットを1匹たりとも逃すことなく捕食するのだが、そんな獲物は最大級の怪物であることが多いのだ。こんな風に捕食しているとき、魚は広範囲をクルーズするものだが、そこで生じる波に注目することが望ましい。これによって鱒の進行方向を予測し、その1フィート先に毛鉤を投じるのだ。こうした状況下では、ほんの小さな水飛沫、ガットリーダーのカーブ、振られる竿の影といったごくわずかな異常が生じるだけで鱒の危険信号を鳴らすには十分で、餌を貪り喰っていた奴らはさっさと安全な隠れ家へ逃げてしまうことだろう。

　スペントナットのイミテーションについていえば、我が友マリエットが生涯を懸けた研究の結果開発したパターンに並ぶものはほかにない。ハンプシャーの釣り人にはよく知られているように、この毛鉤は鉤軸から直角に突き出て、水平に寝かせたウイングが取りつけられている。ウイングは透き通ったブルーアンダルシアンのグリズル[58]・コックハックルの先端部分を2対で4枚用い、ボディーは白いシルクフロスの上に端が黄褐色を帯びたピーコックハールでリブづけし、ウィスク(whisk)[59]にはブラウンマラードか黒に近い焦げ茶に染めたガッジーナ(Gallina)[60]、ショルダーにはグレイパートリッジのハックル、ボディーはショルダーからテイルのつけ根までバジャー・コックハックルで巻き上げる。サイズは#3のロングシャンク・フックより大きいものに巻くべきではなく、極めて警戒心の強い鱒にはそれよりずっと小さいものを用いる。』

　生きた羽虫を可能な限り模倣するため、サイズはもちろんのこと、鉤軸の上に生体細部の構造や色彩まで精確に再現しようとする「厳格なる模倣」の思想は、ハルフォードの時代において絶頂を迎える。彼はその伝道師であり、晩年には完璧な模倣物のみが鱒を釣ることを許されるとさえ公言した。

　試行錯誤の過程で、ときに彼は釣竿を捕虫網に持ち替

《註釈55》我が国では「フライフィッシングは英国貴族の釣り」とする俗説が根強い。確かに、近世以前の英国フライフィッシングは富を独占する貴族階級の嗜みという側面が強かったものの、近代以降、産業化社会のなかで中産階級が台頭するようになると、彼らがこの釣りの議論をリードし始めた。19世紀中ごろ以降のフライフィッシング史は、むしろこうした階級の人々によって築き上げられたといっても過言ではない。いくつか例を挙げれば、田舎貴族のG.S.マリエットは別としても、W.C.スチュアートやG.E.M.スキューズは弁護士であり、A.ロナルズやF.M.ハルフォードは事業家、T.E.プリットやM.E.モズレーは銀行家でH.S.ホールは教師だった。

《註釈56》「ドライフライフィッシング――その理論と

実践」[1889]より引用。

《註釈57》一般に「スペント」とは、羽虫が産卵後に水面に降り立ち、力尽きて両翅を水面上に開いて倒した状態を指す。「スペントナット」とは、Mayflyすなわちモンカゲロウのスピナーがスペント状態となったものを指す。

《註釈58》Grizzleとは特定のカラー・パターンではなく、2色構成の縞模様を総称する概念。

《註釈59》本来の意味である触角や髭ではなく、テイル(尾部)を指す英国流の呼称。かつて毛鉤のテイルにはノウサギの髭が用いられていたことの名残りか。

《註釈60》hen hackle(雌鶏のハックル)の意。

《註釈61》F.M.ハルフォードは、羽虫は死ぬとすぐに乾燥し変色してしまうことから、採取後すみやかに標本を保存薬液のなかに収める必要性を説き、その薬液の作り方まで指南している。なお、彼はひとつのフライ・パターンを創り上げるためには、個体差の発生を考慮して、模倣すべき種の標本を200体以上集めなければならないと説いた。

《註釈62》17世紀のR.ヴェナブルズもまた、『毛鉤を巻く際には羽虫の腹部に注目せよ。魚はその色に最も関心を持つ。』と指摘している。

えて、マリエットらとともに川辺をさまよい歩き、羽虫の標本を探し求めた。ハルフォードが「ドライフライの近代発展」(MODERN DEVELOPMENT OF THE DRY FLY[1910])のなかで解説した「厳格なる模倣」のための標本採取論によれば、羽虫は水面上に流れるもの、あるいは水面の上空を飛んでいるものを捕らえなければ意味がなく、鱒についばまれている最中の羽虫を採取できればなお望ましいという(61)。こうして収集した多数の標本群を種類別だけでなく性別にも分類して、そのなかから優勢となる種類と性を抽出し、個体群ごとに共通するサイズと色彩を特定すべしと説いた。色彩を同定するためには標本を明るい背景の上に置き、拡大鏡を用いて観察する必要があるとし、特に羽虫の腹部の色彩に注目することが重要である旨指摘している(62)。

次にマテリアルの選定について、ハルフォードは古くから利用されてきたシルクフロスをボディーに用いる方法を時代遅れであると批判した。それは、J.オグデンやF.フランシスも指摘したとおり、この素材には水やパラフィンを吸うと色調が著しく変化する性質があることを考慮した上での判断であり、これに代えて獣毛を用いたダビングボディーについて検討がなされた。ハルフォードは、獣毛は色変わりせず、濡れれば半透明性を帯び、さらにはボディーからはみ出した細かい繊維が虫らしさを演出する点を評価したが、いったん水に濡れてしまうと再び乾かすことが非常に困難である(63)ことからこの選択肢も捨てて、最終的に、ボディーにはクイル(64)や馬素といった吸湿性の低い素材を用いるべきと結論づけている。

ハルフォードは形態の模倣についても検討を尽くした。ハルフォード・パターンの多くには羽虫の種類に応じた形のウイングが備えつけられ、通常のダン・パターンには垂直に立てられたアップライト・スタイルのクイルウイング(upright wing)(65)を、またセッジ・パターンには後方に寝かせたクイルウイング(flat wing)を、とそれぞれに使い分けられた。また特殊なウイングとして、スピナー・パターン(66)には、その透き通った翅を表現するため、ハックルの先端部を用いたウイング(hackle-point wing)(67)の活用が提案され、そのウイングには本物と同じ2対4枚を取り

F.M. ハルフォード

つけるスタイル(double wing)や、先の引用文にあったように、スペントスピナーを表現するため、このウイングを横に開いた状態で寝かせ、毛鉤のシルエットが丁度十字架を描くようなスタイル(spent wing)も紹介されている。そしてきわめつけは、ひとつの種のイミテーションをダン(亜成虫)とスピナー(成虫)に巻き分けるのはもちろんのこと、さらにはこれらの雌雄の別まで再現しようとする徹底ぶりであった(68)。

このように厳格な態度をとるハルフォードであったが、当初は伝統的なドライフライにも寛容な姿勢を示していた。初期ドライフライマンの間では、水面に羽虫が流れていないときにはファンシーフライを用いることも当然の戦術として認められていた。ハルフォード自身も、「理論と実践」のなかではウィッカムズファンシーやレッドタグを効果的な毛鉤として紹介している。

しかし、時代の変遷は彼をドライフライの権威へと祭り上げ、「厳格なる模倣」の徹底が叫ばれるなか、ハルフォー

《註釈63》濡れた毛鉤を乾かす道具として、アマドウ(amadou:ある種のキノコを乾燥させたスポンジ状の素材)が導入されたのもこの時代であるとされる。

《註釈64》ここで言うquillとは、「フェザーの羽根軸」の意。

《註釈65》E.タヴァーナーは、水面上にきちんとcockした状態で座ることのできる毛鉤を開発したのは、G.S.マリエットとH.S.ホールの功績であると指摘している。

《註釈66》スピナー・パターンのボディーを鉤軸から離れた形で取りつけるdetached-body (extended-body)の芯材には、当時、トウモロコシの皮や麦ワラが用いられた。

《註釈67》小さく先端の尖ったハックルを用いれば小さなIron Blue等のウイングとなり、大きく先端の丸いハックルを用いればメイフライ・パターンのfan wing(扇状ウイング)となる。

《註釈68》F.M.ハルフォードは、性別に応じたイミテーションを重視するひとつの理由として、シーズン初期にハッチするカゲロウ科の羽虫はほとんどが♂であるが、それがシーズン後期になると♀のほうが優勢となるので、季節に応じて両者を使い分ける必要があると説いている。

ドは次第に自らの軌道を修整していく。彼の最後の著作となる「ドライフライマン指南」(THE DRY-FLY MAN'S HANDBOOK [1913])のなかには、ファンシーフライを批判する奇妙な一節が遺されているので、紹介してみよう。

『これまで魚の習性やハンプシャーなどの川で釣る人々の姿を観察してきた結果、私は見解の修整に迫られている。私の研究の初期段階では、他の大勢の人々と同様、鱒でもグレイリングでもファンシーフライに関心を示す場面があるものと考えていた。この「ファンシーフライ」という言葉を、私は「魚が餌として好んで食べる本物の羽虫とは似ても似つかぬような毛鉤」("artificial flies which are not imitations of any natural insects which the fish affect as food")という意味で用いている。古い規範をすべて捨て去り、それに代えて「ドライフライの近代発展」のなかで示した一連の新しいパターンを導入する過程において、私は徐々にではあるが、「鱒がこれらの怪物たちに魅了されることなどまずありそうにもない」との結論に至った。確かにファンシーフライでも釣れないことはない。しかし友人たちがこの毛鉤で魚を釣り上げている最中に、私の新しいパターンでもそれに劣らず釣れていることがほぼ毎回確認されているのだ。』

「厳格なる模倣」の徹底に伴い、アングリング・エントモロジーのさらなる深化が求められるのは当然の帰結であった。この分野においても、A.ロナルズ以降最大の革新はハルフォーディアンの手によって進められた。ハルフォードの片腕としてエントモロジー分野の研究を担ったマーティン・モズレー(Martin Ephraim Mosely)[69]は、名著「ドライフライ釣師の昆虫学」(DRY-FLY FISHERMAN'S ENTOMOLOGY [1921])[70]のなかで、モンカゲロウ科(Ephemeridae：カゲロウ類)[71]、毛翅目(Trichoptera：トビケラ類)、及び襀翅目(Perlidae：カワゲラ類)を中心に、ドライフライマンにとって有用な57種の水生昆虫について近代分類学の技法を駆使しながら解説した。

20世紀前半の英国ドライフライマンは、川面で捕らえた羽虫をこの著作の記述に照らしながら毛鉤を選び出し、その正当性をめぐって釣友と議論を交わす歓びを堪能した。J.W.ヒルズがこの著作を『ロナルズ以降の85年間における昆虫学と釣魚技法の発展を両方反映させた、自宅でも川辺でも参照できる傑作』[72]と称賛したとおり、その記載内容は水生昆虫のアカデミックな分類同定に留まることなく、フライフィッシングにおける各種羽虫の重要性や興味深い有職故実にまで広がっている。そのなかから、メイフライ(モンカゲロウ)を解説する次の一節を紐解いてみよう[73]。

「ドライフライ・エントモロジー」(F.M.ハルフォード [1897])のデラックス版に額装されたハルフォードのメイフライ毛鉤

《註釈69》1877年、ノーサンバーランドのユダヤ系歯科医の家に生まれる。長じてロンドンで銀行員として働く傍ら、休日ともなればチョークストリームを訪れて毛鉤釣りに興じた。F.M.ハルフォードと出会い、後に彼の娘婿になったとも伝えられるが、実際には、ハルフォードの娘とモズレーの従兄が結婚しただけの関係であった模様。釣りの片手間で始めた水生昆虫研究の熱が嵩じ、銀行を退職した1929年には大英博物館自然誌部門の客員研究員に就任して、トビケラの研究に本格的に取り組み、標本採集のため欧州中を飛びまわった。同博物館には現在も彼の八千体近い昆虫標本が保存されているという。48年没。生涯独身を貫いた。

《註釈70》M.E.モズレーは、この著作はF.M.ハルフォードの「ドライフライマン指南」[1913]のエントモロジーに関する章を補完するものでしかないと謙遜し、その冒頭でハルフォードへの献辞を掲げている。

《註釈71》現代の昆虫学ではカゲロウ目(Ephemeroptera)の下にモンカゲロウ科(Ephemeridae)やコカゲロウ科(Baëtidae)、ヒメカゲロウ科(Caënidae)などを並列して置く分類法となっているが、M.E.モズレーの時代には、モンカゲロウ科の下にモンカゲロウ属(Ephemera)やコカゲロウ属(Baëtis)、ヒメカゲロウ属(Caënis)などを置く分類構造が採られていた。

《註釈72》「テスト川のひと夏」[1924]より引用。

《註釈73》M.E.モズレーは、モンカゲロウ科の特徴として、♀のスピナーは産卵行動のために常時水面近くを飛ぶのでよく鱒に捕食されるが、♂のスピナーは一時期を除いて基本的には木立の葉の裏などに隠れていることから、強風でも吹かない限り水面に落ちることはないと解説している。

《註釈74》A.E.Eaton博士は当時のカゲロウ研究の第一人者。主な著書にはMONOGRAPH ON THE EPHEMERIDAE [1870]やA REVISIONAL MONOGRAPH OF RECENT EPHEMERIDAE OR MAYFLIES [1883]がある。これらの作品は当時のドライフライマンたちの拠りどころとなるのみならず、カゲロウ研究者のバイブル的存在として今日もなお学術的に参照されている。

『科（Family）‥‥エフェメリダエ（*EPHEMERIDAE*）
属（Genus）‥‥エフェメラ（*Ephemera*）
種（Species）‥‥ダニカ（*danica*）
　　　　　　　　ヴルガータ（*vulgata*）
　　　　　　　　リネアータ（*lineata*）

　イングランドはおろか英国のフライフィッシャーマンのなかに、我が国で見られるエフェメラ属のいずれかの種に出会ったことのない者がいるとはまず考えられない。我々はこれら3種をまとめてメイフライと呼んでいる。しかし英国北部においては、釣り人がこれとはまったく別の種族、ペルラ・セファロテスやペルラ・マクシマといった襀翅目、すなわちカワゲラの一族にこの呼称を与えているケースもみられる。
　我が国が産するこれら3種は、エフェメラ・ダニカ、エフェメラ・ヴルガータ、そしてエフェメラ・リネアータであるが、この3番目の種は稀にしか見られない。イートン氏[74]はこれらについて次のように解説している。
　　　　　　　　（中略）
「エフェメラ・ダニカ。腹部前方の4ないし5体節はアイボリーホワイトを帯び、その基部の両側に幅広な三角形状の薄い灰色のシミが、その頂点を後方に向ける形で下のほうに並んでいる。その後方の体節（その色は灰色に代えて、松ヤニのような茶色から非常に濃い茶～黄土色までさまざま）では、各節の基部にある1本の細い縞模様の両側に、より長く幅広でテーパーの掛かった縞模様（前方の体節にみられる三角形の斑となることもある）が寄り沿うこともある。この1本の細縞が後方の節に掛かることはない。ときにこれらの模様は合体し、各節の後方に頂点を前方に向けたアイボリーホワイトの三角模様をなすこともある。腹部下方には、1対の茶～黒色をした縦方向に線状の斑が並んでいる。
　この種は通常、エフェメラ・ヴルガータよりも一層冷たくより速い流れのなかに生息する。ダービーシャーのダヴ渓谷や北部イングランドの河川で豊富に見られ、西部ドーセットシャーではアクス川（River Axe）をはじめとする鱒川に生息する。おそらくはイッチェン川でも見られ、ロムゼー（Romsey）上流のテスト川にもいるかもしれない。この種は鱒やグレイリングを狙う釣り人が通常見かけるメイフ

マーティン・モズレー

ライである。」
　若干の補足をするならば、私の調査ではテスト川、イッチェン川、そしてタウ川（River Taw）でもエフェメラ・ダニカを確認している。かつて、ケネット川でこのメイフライが大発生したことがあるが、おかげでサッチャム近郊を通過するグレートウェスタン鉄道の列車がこの羽虫に襲われ、客車のなかが無数のメイフライで埋め尽くされるという事件があった。アイルランドはボイル近郊のアロー湖では、通常、英国南部よりも早い時期にこれが大量に羽化するのだが、10ポンドにも達する巨大な鱒がそのスペントを貪り喰うだけでなく、海鳥たちまでがハッチに誘われてやって来る。私は、黒頭カモメがまるでツバメのような敏捷さで木立のなかを飛びまわり、昆虫料理の絶品を求めて盛んに殺戮を繰り返す姿を観察したことがある。』

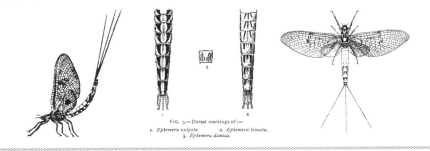

結局のところ、「厳格なる模倣」の思想は後世に何を遺したのだろうか。今日、我々がこの種の議論を耳にすることは皆無といって差し支えない。20世紀末には、化学素材を駆使して本物と見紛うほどのイミテーションを生み出す、「魔術的リアリズム学派」とも呼ぶべきフライタイヤーの一群[75]が登場したが、驚愕をもってこれを迎えた釣り人たちのなかでもその信徒となる者はごくわずかでしかなかった。それでは現代のフライフィッシャーから、J.W.ヒルズの言う『模倣せずにはいられない者たち』の心は失われてしまったのだろうか。筆者はそうとは考えない。ハルフォードの没後、「厳格なる模倣」主義は緩やかにその黄昏を迎える訳だが、これ以降もイミテーショニズムを追求する取組み自体は姿を変えて積み重ねられ、今日へと繋がっているのだ。

それでもなお、「厳格なる模倣」思想が釣魚史上に果たした役割は正当に評価されねばならない。20世紀の前衛フライフィッシャーは、ハルフォードと支援者たちが築き上げた台座の上にもうひとつ椅子を重ね、そこに立つことではじめて、壁の向こう側に広がる新たな模倣性のフロンティアを発見したのだ。その発見は、毛鉤を見つめる者の視点を人から魚へと移すことによってもたらされたのだが、この視点こそ、多くのハルフォーディアンが看過してしまったものである。しかし、この重要な着眼点は、釣り人が羽虫を追って川辺に這いつくばり、拡大鏡によりその交接器の形状を確認し、果ては体節や尻尾の数まで数え上げるといった、気の遠くなるようなプロセスをたどり尽くした後でなければ、決して気づかれることはなかったに違いない。

その後の顛末については第3部で詳しく解説するが、ハルフォーディアンのなかにも、「厳格なる模倣」主義の往く末を予見して新たな実験に取り組む者が現われ始めた。G.E.M.スキューズの親しい釣友としてフライフィッシングをめぐる議論の数々に参画してきたノーマン・マッカスキー（Norman McCaskie）博士[76]は、その死後に取りまとめられた彼のアンソロジー「釣りこそ我が生涯の愉しみ」（FISHING MY LIFE'S HOBBY [1950]）のなかに「厳格なる模倣」と題する一文を遺している。そのなかから、あるハルフォーディアンにまつわる興味深い一節を引用してみたい。

『釣り人の間では、互いに対照的なふたつの思想が対立している。すなわち、成功のためには本物の羽虫に対する厳格な模倣が不可欠だとする考えがある一方、いくら模倣に努めても完璧なコピーを創り上げることなどできない以上、サイズや形態、色彩が著しく相違することのない限り、その不完全さはあまり問題にならないとする考えもある。私自身の立場を言えば、後者の説は、多くの場面で妥当なのかもしれないが、やはり誤りであると考える。この後者の説を支持し、お気に入りの毛鉤1本だけでシーズンを通す者は、基本的に器用な釣り人であって、彼らの使う毛鉤も、流れの上に現れるさまざまな虫たちを総体として模したイミテーションフライなのだ。こうした毛鉤には、レッドスピナーやタップス・インディスペンサブル、そしてセッジといったものが挙げられる。鱒の好みはスピナーで、彼らはあたかも今朝あるいは昨晩出てきたご馳走の味を憶えているかのように、真昼に起きるダンのハッチの最中においてすら、これを模した毛鉤にライズする。タップス・インディスペンサブルのドライフライは明るい色調のスピナーやオリヴ、ペールウォータリィ・ダンを模したもので、そのウエットフライ版は明るい色調のニンフを模している。セッジには360もの種類があり、彼らが水面上に姿を現わさない時間帯はほとんどない。またファンシーフライで釣る者は、鱒の胃のなかには通常さまざまな虫が入っているのだから、昆虫に似たものなら何でも食べるはずだとさえ主張しているが、そのなかには幾許かの真実が含まれていることも事実だろう。・・・（中略）・・・この流派に深く賛同しているのがマーティン・E・モズレー氏である。彼はドライフライで釣るとき、たった2種類の毛鉤—その日の天候に合わせて明るめの毛鉤と暗めの毛鉤を1本ずつ—しか用いない。彼は水生昆虫学の大権威であり、フライドレッサーとしても一流で、なによりフレデリク・ハルフォードの娘婿だというのに、これほどけしからぬ話はない。彼の毛鉤は大型のヴァリアント・タイプで、彼がそれを用いる理由はただひとつ、水面上でとても見やすいからだという。彼は毛鉤のボディーの色やそのマテリアルにはまったく無頓着で、以前手に入れたコンドル・クイル[77]も現在はもう使い切ってしまったという。彼はこれらの毛鉤をドライフライにのみ用

《註釈75》英国ではOLIVER EDWARDS' FLYTYER'S MASTERCLASS [1994]の著者であるオリバー・エドワーズが、米国ではMODERN TROUT FLIES AND HOW TO TIE THEM [1984]を著したポール・ジョーゲンセンがその代表例として広く知られ、彼らの巻く毛鉤は、一般にRealistic Fliesと呼ばれる。

《註釈76》1911年にフライフィッシャーズクラブに入会したロンドン在住の外科医。この年、G.E.M.スキューズとイッチェン川の釣りをともにして、終生良きの釣友となる。チョークストリームをドライフライで釣るその腕前はスキューズも高く評価した。スキューズの説明によれば、医術上の原因（担当患者からの二次感染か）により44年没。

《註釈77》Condor quillは細くて並びの密なファイバーが均一に生えたクイルフェザーで、豊かな光沢感を備えているため、19世紀末にはF.M.ハルフォードやG.S.マリエットがドライフライのボディー素材として珍重した。

《註釈78》「色相」とは赤・青・黄といった「色あい」を指し、「明度」は同じ色あいのなかにも見られる「明暗の程度」（i.e.薄紅とワインレッドの違い）を、「彩度」は「あざやかさの程度」（i.e.新緑の瑞々しい緑と朽ちた葉の灰色にくすんだ緑の違い）をそれぞれ意味する。

羽虫を採取する釣り人

いているのだが、逆にニンフ毛鉤のほうはというと、こちらは可能な限り本物のニンフを模倣しなければ鱒は釣れないと信じているのだそうだ。

　釣りで成功を収めるために、精確なキャスティングのほかに何か別の要素が必要であることを実感しているのは、教育されてスレ切った鱒の棲む難しい流れを釣る者である。こうした流れにおいても鱒は何かを喰っているに違いないが、彼らは水面上を流れる羽虫に限りなく近い毛鉤しか口にすることはないだろう。羽毛と絹糸だけを用いて自然の美と繊細さを再現することなど望むべくもないが、鱒の近視眼を惑わすに足る程度の毛鉤を作るぐらいなら、我々にもできないことはないはずだ。』

【厳格なる色彩理論】

　「厳格なる模倣」思想の変遷を振り返るとき、我々は、その信奉者の関心が羽虫の形態よりも、むしろ色彩のほうに向けられてきたことに気づかされる。羽根と獣毛を用いるだけでは、加工・成形に限界があったことは古くから釣り人の間で認知されていた。その分、フライフィッシャーの情熱が一層色彩模倣のほうに注がれることは当然であって、あらゆる色彩——色相、彩度、明度[78]、そして場合によって

第2部　ドライフライの歴史（前編）

は透明度まで考慮したコンビネーション——を備えた天然素材の利用が検討された。

　一例を挙げれば、金属的な光沢を帯びたピーコックハールは甲虫や小魚を表現するものとして用いられ、斑模様のフェザント・クイルはマーチブラウンの翅のイミテーションとして最適な素材とされた。また、スペントスピナーの翅の透明性を模倣するのに、淡い色彩のペール・ハニーダンのハックルポイント・ウイングは代え難い素材であった。

　「厳格なる模倣」主義の担い手のなかには、色彩の機能をより一層重視し、羽虫をオリジナルの色彩のままに再現しようとする一派が存在した。彼らの信奉する教義は、「厳格なる色彩理論」（"exact shade of colour theory"）と呼ばれた。この流派について、ハロルド・ラッセルは「チョークストリームとムーアランド」［1911］のなかで次のように紹介している。

『現代のドライフライマンが用いる環付き鉤に巻かれた小型の毛鉤は、生きた羽虫の模倣品として完成された最高水準の域に達している。魚が摂っている水面上の羽虫を可能な限り模倣することが、もう何年にもわたってドライフライマンたちの間で流行し続けてきた結果、この微に入り細を穿つ精確な模倣は、ついに同じ種類の羽虫の雄と雌を別々に製作し分ける段階にまで達している。鱒が羽虫の雄と雌のどちらかを選り好みするということがはたしてあり得るのかどうか、その明らかな証拠をいまだ見聞きしたことはないのだが、ドライフライマンのなかには「厳格なる色彩理論」と呼ばれる思想を信奉する異端の流派が存在する。カゲロウはニンフの状態から羽化すると、その体色は個体ごとに多少異なる。同じ種類でも明るめの色調であったり暗めの色調であったりする。ダーク・オリヴがハッチする日があれば、ライト・オリヴがハッチする日もあるのだ。この理論を掲げる者たちは、鱒釣りで一番の成功を収めるのは水面上の羽虫の色を最も正しく再現することのできる者であると信じている。彼らはこの目的を達成すべく、羽虫を観察するための拡大鏡とその場で毛鉤に彩色するための絵具箱を持ち歩くことを常とするという。』

　しかしながら、色彩の認識というものは、ともすれば各人の主観によって左右されがちとなる。羽虫の体色がオリヴ（olive）と表現されるとき、ある者はグリーン・オリヴ（green olive）の色彩をイメージするかもしれないが、別の者はブラウン・オリヴ（brown olive）の色彩と想像するかもしれず、場合によってはペールスモーキー・オリヴ（pale smoky olive）の色彩と受け取る者もいるかもしれない。こうした問題を克服するため、19世紀末以降のドライフライマンの間では色彩論の基盤となる共通概念の構築が急務とされた。

　F.M.ハルフォードもまたこの議論に惹かれた一人であり、自著のなかに精緻な色彩表（color chart）を掲載して、毛鉤に用いるべき色彩の標準化を図った。彼は、1905年に王立園芸協会が発表した色彩表[79]を利用して、釣り人が毛鉤に利用すべき全72色の色彩票を「ドライフライの近代発展」［1910］のなかに掲載し、それぞれの色が毛鉤のどの部位に用いられるべきかを詳細に解説した。そのなかから、ハルフォードが自ら作成した色彩表の意義について触れた一節を引用してみよう。

『（訳者注：王立園芸協会の色彩表について言及して）本来は花や葉、果実などの色彩を同定する手引きとして開発されたものであるが、このなかにはあらゆる種類の色彩が総覧されている。白色系、黄色系、オレンジ系、赤色系、ローズ系、紫色系、ヴァイオレット系、青色系、緑色系、茶色系、栗色系、黒色系、そして灰色系の順にさまざまな色彩が並び、ひとつの色彩につき明度の異なる4つの色彩票が添付された、合計365枚の色彩表が通し番号で管理されている。これは黄色系で38種、緑色系では62種、茶色系で34種、栗色系で13種もの色彩表が提示されていることになる。・・・（中略）・・・何日も費やした調査の結果、私はそのなかから個々の必要な色彩に合致する18頁分の色彩表を選び出すことに成功し、出版者の了解を得て、本著においてこれら色彩表を再現することができた。

　サーモン釣師であれ鱒釣師であれ、フライドレッサーは皆この色彩表の登場を、作業に必要とされるあらゆる色彩を含むものとして歓迎すべきである。そして何より重要なのは、これに基づいて色彩を固有名称で特定することによって、製造

《註釈79》1枚の色彩表のなかに明暗のグラデーションがつけられた色彩票が4枚並べられている。

《註釈80》1845年、エジンバラの貴族の家に生まれる。幼いころに父の執事からサーモン釣りの手ほどきを受ける。名門イートン校で学ぶものの狩猟・釣魚三昧で学業に身が入らず、やむなく実家に戻されて家庭教師から教育を受ける。80年に保守党から出馬して国会議員となる。選挙には強かったがそのために出費が嵩み、これを補うために釣魚本を含むさまざまな出版事業に取り組んだと伝えられる。グレイ卿の釣友としても知られるが、ドライフライの腕はグレイ卿のほうが上であったという。1937年没。

《註釈81》一般に、Mayflyのダンは♂♀共にGreen Drakeと呼ばれ、産卵の準備が整ったそのスピナーの♀はGrey Drake（その♂はBlack Drake）と称される。

者や顧客に対して明確に配色の指定を伝える手段が初めて確立されることになる点である。しかも、わざわざ色彩表を確認する必要性さえなくなる。このおかげで、真っ当かつ概ね正確で、まがりなりにも科学的な色彩言語の体系が確立されることになるのだ。』

　ところが、「厳格なる色彩理論」を唱える者たちの前にはさらなる難関が立ちはだかる。そもそも鱒たちは、この精緻に選び抜かれた色彩をきちんと見分けることができるのだろうか。魚の色覚をめぐっては、古くから議論が重ねられてきた。陸上とは異なり、光量の少ない水中で生活する生物にどれだけ色覚の必要性があるのか疑義を抱く釣り人たちは、澄んだ流れに棲む鱒にさえ色盲・色弱の可能性があることを主張した。
　この説を支持する側の代表的論者としては、ハーバート・マクスウェル卿（Sir Herbert Maxwell）[80]を挙げることができる。彼が自らの仮説を証明するために行った有名な実験について、ハルフォードは「理論と実践」第四版［1902］のなかで次のとおり紹介している。

　『ハーバート・マクスウェル卿はフィールド誌（1897年6月19日号）のなかで、魚類一般、特に鮭鱒類が備える色彩を見分ける能力に疑問を感じると訴えて、彼の理論の是非を明らかにすべく、次に引用する実験を行った。
　『メイフライのドライフライを緋色に染める。その緋色が反射する光の量は、通常のメイフライ毛鉤が帯びているはずの黄色がかった灰色が反射する光の量と同じくなるよう調整しておく。メイフライの季節に入った南部の川で、大鱒が流下する羽虫を貪り喰っているタイミングに、献身的な実験者の協力を得て、これらの毛鉤を使ってみてもらうこととしよう。もし、高度に教育された、神経質なイングリッシュ・チョークストリームの鱒が、通常のグリーンドレイク毛鉤やグレイドレイク毛鉤[81]となんら変わることなく、緋色や桃色、空色、そして黄色をまとった毛鉤にも喜んで喰らいつくことが判明するならば、従前の理論や実践がすべて覆されることは必定であろう。』
　この方針を表明すると、彼は実際に緋色と青色のメイフライ毛鉤を用いて、ハートフォードシャーを流れるゲード川で一日中

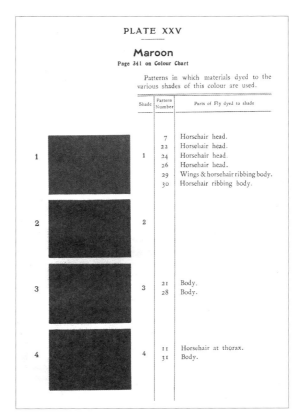

ハルフォードの色彩表（「ドライフライの近代発展」［1910］より）

釣ったところ、はたして大漁を収めたのだが、彼自身も語っているように、本来ならばそれ以上に釣れてもおかしくないほど、当日のコンディションがあまりに良過ぎる可能性もあった。このためその2日後、同じ地域の別の川であるビーン川で改めて同じ実験を行ったところ、そこでもまた釣り人は大成功を収めた。ハーバート・マクスウェル卿は実験結果を総括して次のように結論づけている。
　『次に問われるべきは、その実験結果からいかなる一般的結論が導き出されるかという点である。魚の色覚をめぐる問題に対して、実験結果はいかなる見解を与え得るのだろうか。妥当な結論としては次のふたつの候補が挙げられるように思われる。すなわち、①物体を透過する光、あるいは物体が反射する光の

121

色彩を魚は見分けられない、そしてもうひとつが、②仮に色彩を見分けることができたとしても、魚はその違いを問題にしない、というものである。もし①の結論が受け入れられるならば、これまで信じられてきた魚の色覚が実は存在しないものだったという一点を除いて、なんら驚くべき点はない。しかし、もし②の結論が選ばれるとすれば、教育された鱒の驚くべき鋭敏な視覚が、獲物の形やサイズ、そして明暗の度合に対しては十分発揮されているのにも関らず、色彩に対してはどうして一切反応を示さな

いのか？という疑問が残り、我々はただ顔を見合わせるよりほかにない。私個人の見解を言えば、このふたつの異なる川での鱒の行動を注意深く観察した結果、緋色や青色の毛鉤であっても、色彩が正確に本物の羽虫と同一の明度となっていれば、通常の茶色や灰色の毛鉤を扱うときと同じように自信をもってこれらの毛鉤で釣ることができるものと考える。』 』

　これに対し、鱒の色覚を是認する側の論客としては、C.E.ウォーカー（Charles Edward Walker）博士が登場する。彼はその革新的な著書「古き毛鉤を新しき装いに」（OLD FLIES IN NEW DRESSES [1898]）において、最初にマクスウェル卿の論点を整理した上で、いくつかの問題点を指摘した。

　まずウォーカー博士は、色彩ばかりか姿形も羽虫とはまったく異なる、水面に落ちた白鳥の羽根にすら鱒が跳びついた事例を引用して、鱒がマクスウェル卿の青いメイフライ毛鉤を本物以外の何かと取り違えて喰いついた可能性を指摘した[82]。さらに、この実験は私有釣区（private water）で行われたのであって、多数の釣り人に狙われて警戒心を増した自由釣区（public water）の鱒の反応を調べた訳でもないと論じた[83]上で、遂には人間の眼球構造と魚のそれとを比較して、「鱒が色盲であることを示す決定的な根拠はない。」との主張を展開した。それでは、ウォーカー博士のしたたかで粘り強い議論を記録した次の一節を引用してみよう。

『そこで、魚の自然誌について我々の知るところを検討すると、彼らが色を見分ける能力を有する可能性を示唆する事実はいくつも確認できる。例えば、ある種の魚の雄は、常時あるいは産卵期において、雌よりもずっと派手な色彩を帯びることが知られている。おそらく、雄の姿が雌の眼により魅力的に映るよう進化の過程で身についた特性であろう。また、魚が周囲の環境の色彩を装うケースがあることも知られている。この色彩は、明らかに敵から身を隠すために進化したものであり、敵は他のより大きな魚であることが多い。魚が餌とする水生昆虫の幼虫や他の生物もまた、自らの身を隠すため、周囲の色に応じた体色となっている。これらの事実はすべて、魚に色を見分ける能力があることを支持するものであ

ハーバート・マクスウェル卿

《註釈82》C.E.ウォーカーはこれに加えて、そもそもMayflyの季節で鱒が熱狂しているときに少々変わった毛鉤を投じてみたところで、冷静な状態の鱒の行動を証明したことにはならないと主張している。

《註釈83》英国ではテムズ川のような重要交通河川を除いて、原則、河川の私有が認められている。私有釣区で釣りをするためには、その持ち主から許可状（permission）を得なければならない。行政機関が管理する自由釣区では、場荒れのひどいことが古くから問題となってきた。なお、現在では許可状とは別に、私有・自由釣区の両方について、行政機関に対価を支払って釣魚免許（rod license）も得なければならないが、その手続き自体は至極簡単である。

《註釈84》「ドライフライフィッシング―その理論と実践」（第四版 [1902]）より引用。

《註釈85》F.M.ハルフォードは同じ文中で、晩年のG.S.マリエットが、毛鉤の色を考慮することよりも毛鉤を第一投で精確かつデリケートにプレゼンテーションすることのほうがずっと重要であると考えるようになったと記している。

《註釈86》「ドライフライの近代発展」[1910]より引用。

り、当然に、ハーバート・マクスウェル卿の導き出した結論に反するものである。

　　　　　　　（中略）

　仮に万が一、ハーバート・マクスウェル卿の意見が真実であったとしても、羽虫の模倣の発展がこれほどまでに進められてきた意義が失われる訳ではない。色相のそれぞれに異なる2色であっても、明暗の色調（訳者注：明度を指す）が共通していれば、両者がきわめて近接性の高い存在となることは、我々の目ではなかなか実感しづらいものである。そこで、写真の例を挙げてみよう。赤色と青色は、我々の視覚と同様、印画紙の上にもそれぞれに異なる効果を与えるのだが、その隣接した2色が、白黒しか判別できないモノクロ的な視覚に映るとき、それがどのように見えているのか、我々にはよく解らない。マルチカラーの物体をモノクロ的な視点から正確に模倣することなど、我々にはほとんど不可能に近いのだ。

　　　　　　　（中略）

　たとえこのような困難を克服できたとしても、そしてモノクロ的な視覚に映る各色彩の相対的な明度の一致を推計することが可能であったとしても、なお私は、異なる色彩を、その相対的な明度をわざわざ計算してひとつの色相のなかにさまざまな明暗として表現するよりも、自然な配色のままに模倣することのほうが、明らかに容易であると考える。その容易な後者は、より難しい前者の試みよりも、遙かに正確な模倣を実現することができるのだ。

　　　　　　　（中略）

　これらの検討からも明らかなように、たとえモノクロ的な視覚の持ち主に向けて毛鉤をプレゼンテーションする場合であっても、複数の色彩を用いる毛鉤を使い続けたほうがより無難でより容易である、というのが私の結論である。』[84]

　さて、ドライフライの大権威たるハルフォードは、この議論の応酬をどのように受けとめたのであろうか。彼は「理論と実践」の第四版において双方の議論を紹介し、1880年代には自らもF.フランシスやG.S.マリエット[85]と同じ「厳格なる色彩理論」の信奉者であったことを告白した上で、20世紀を迎えて鱒が色盲であるとの主張を突きつけられ、鱒に色覚があることの確証も得られない状況にありながら、『なおこの信念を捨て去ることはできていない。』と苦しい胸の内を吐露している。

　それに続く著作「ドライフライの近代発展」のなかで、ハルフォードは悩み苦しんだ葛藤の末に、ある種の精神論を展開せざるを得ないところまで追い詰められる。易きに流れがちな筆者からすれば、ハルフォードもいっそ素直にフライフィッシャーの本音――「厳格なる模倣」を実践上の手段としてとらえるよりも、むしろその完成自体を目的として愉しむべき――を認めてしまえば楽になれただろうにと愚察するのだが、このドライフライの泰斗はそんな「淫靡なる遊戯」理論に惹かれながらも耐え忍び、数年後には棺のなかに収まった。次に引用する彼の文章上には、悩める理論家の姿が浮かぶ。

『色彩問題に関する私の見解を明らかにしておきたい。この見解は他の大勢の釣り人たちからも賛同を得ているものである。ハーバート・マクスウェル卿が提唱して以降、数年来勢力を得つつある「魚は色盲である」との理論を、私はこれまで認めたことはなかったし、今もその立場は変わらない。彼の名誉のためにいっておくと、彼自身もすでに主張の一部を撤回しているところだ。私は、鱒であれグレイリングであれ、水中で明暗や色彩をある程度は見分けることができると信じる一方、一例を挙げれば、「アイアンブルーのメスのスピナーを模した毛鉤のボディーに茶の色合いが入っているかどうか」など大きな問題ではなく、このパターンが模倣する本物の羽虫を喰っている鱒が、茶の色彩を備えた毛鉤のほうに喰いつき、ルビー色を着けた古風なパターンには喰いつかないことの確かな根拠にはなり得ないとも考える。また他方、鮭鱒類の色覚が実はきわめて発達しているのではないかと考えざるを得ないような状況も確かに存在するのだ。いずれにせよ、毛鉤のドレッシング・パターンに関心を寄せ、この問題のエントモロジカルな側面を熱心に探求する釣り人たちは皆、従来の一般的な毛鉤には満足できず、より優れた、より本物に近いイミテーションを生み出すことに一層大きな満足感を得ているに違いない。彼らは劣った模倣品よりも改良されたパターンのほうにより一層の信頼を寄せているのだが、前にも記したように、この「毛鉤への信頼」こそ、実践上の効果を引き出す上で最も大切な要素となるのだ。』[86]

第2部　ドライフライの歴史(前編)

パンチ誌に掲載された風刺画「ドライフライ・エントモロジー」[1903]
場面：グレイリング釣りのシーズンに入ったハンプシャーの川岸にて
釣り人：(ライズが止んだところ)『奴らは**シエスタ**をとっているようだね、トンプソン。』
キーパー：『そうでさぁねぇ、旦那。でも、**そんな虫**の毛鉤より、ちょっと赤味のついた毛鉤のほうが効きますぜ。』

【ハルフォード・パターン】

　紆余曲折を経ながらも、F.M.ハルフォードは自らのアレンジによって33種のドライフライ・パターンを完成させる。「ドライフライの近代発展」[1910]のなかで初めて紹介されたこれら標準化された一連の毛鉤は、一般にハルフォード・パターン (Halford Patterns) との呼び名で知られる。ハルフォードは、彼の処女作となる「水に浮く毛鉤とその作り方」[1886]のなかで90種類もの毛鉤に言及していたのを、その24年後に発表した本著のなかでは、通常のメイフライを4種、スペントナットを2種、その他27種の合計33種にまで厳選することに成功したのであった。「ドライフライの近代発展」において彼がこれらのパターンを解説するなかから、ペールウォータリィ (Pale Watery) の厳格なる模倣に関する恐るべき見解を綴った一節を引用してみよう。

『14番と15番の毛鉤はペールウォータリィ・ダンのオスとメスで、16番と17番はそのスピナー形態のオスとメスである[87]。ペールウォータリィ・ダンと総称される羽虫の一群のなかには、ベティス・ビノクラトゥス (Baëtis binoculatus) やベティス・スカンバス (Baëtis scambus)、セントロプティルム・ルテオルム (Centroptilum luteolum)、そしてセントロプティルム・ペヌラトゥム (Centroptilum pennulatum) が含まれている。これらの種の体色はそれほど大きく異なるものではないが、彼ら

《註釈87》「ドライフライの近代発展」[1910]におけるコカゲロウ属 (Baëtis) 2種及びウスバコカゲロウ属 (Centroptilum) 2種の包括パターンに関するマテリアル指定は次のとおり。(鉤のサイズはいずれも#00。)
14番：淡色のムクドリ (Starling) のウイング、Naples yellowにしっかりと染められたコックハックルを2枚重ね巻きしたハックル、sulphury whiteにしっかりと染められたコンドル・クイルのボディー、淡いNaples yellowに染められたヘンハックルのテイル、淡い落ち葉色に染められた馬素で3回巻き上げたヘッド。
15番：淡色のムクドリのウイング、Naples yellowに中程度に染められたコックハックルを2枚重ね巻きしたハックル、sulphury whiteに染められたコンドル・クイルのボディー、Naples yellowに中程度に染められ

たヘンハックルのテイル。
16番：淡いクリーム色のコックハックルを2枚水平に取りつけ、Naples yellowにしっかりと染められたコックハックル1枚で巻いたハックル、ボディーは尻のほうから順に濃い落ち葉色に染めた馬素を3巻き、続いて白い馬素を9巻き、最後に肩の辺りでチョコレートブラウンに染めた馬素を4巻きして作り、あとはNaples yellowにしっかりと染められたヘンハックルのテイルと、濃い落ち葉色に染められた馬素で3回巻き上げたヘッド。
17番：Naples yellowにしっかりと染められたコックハックルを2枚水平に取りつけ、Naples yellowにしっかりと染められたコックハックル1枚で巻いたハックル、Naples yellowにしっかりと染められたコンドル・ク

イルのボディー、Naples yellowにごく薄く染められたヘンハックルのテイル。

《註釈88》古代ローマの詩人ホラティウスの「詩論」(ARS POETICA) のなかから採られた一句。『過ぎ去りし日々を讃える者』の意。

が互いに相違する主な点はそのオスのスピナーの複眼の色である。この点についてイートン博士は、上記の種の順に、レモン色あるいは鮮やかな黄色、丁子色(clove)あるいは暖系のセピアブラウン、はっきりした明るい赤色、そして淡いカドミウムオレンジと記している。私自身としては、こうした微妙な違いまで毛鉤のなかに表現し分ける必要性を感じないが、おそらく超純粋主義者であれば、ペールウォータリィのオスのスピナーを模した毛鉤のヘッドに巻きとめる馬素の色を、イートン博士の指定に従って染め分けることであろう。』

この当時、ハルフォード・パターンは一部の賛同者からドライフライの理想像として称賛された。釣具メーカー各社はこぞってハルフォードと契約を結び、同パターンのフルラインを製造・販売することになった。ハーディー社は、自社で生産したハルフォード・パターンの額飾パネルにハルフォード本人のサインを添えて、ロンドンのフライフィッシャーズクラブに寄贈したと伝えられる。また、ファーロー社は自社カタログに、『ハルフォード氏による「厳格なる色彩」の要件を満たすためにさまざまな苦難を経て、ついにファーロー社はその成果を同氏に認められたということだ。』というフィールド誌の記事の一節を引用して、自社製品の完成度を誇っている。

このように栄光の絶頂にあったハルフォードは、「ドライフライの近代発展」のなかで、自ら開発したパターン群の優位性・正当性について、次のように主張するのだった。

『現実の問題として、己の古い信条にどっぷり漬かってしまって、一切 "laudator temporis acti"[88] な性格の玄人釣師たちがあちこちに存在する。彼らは一切の議論を受けつけず、数々の事実やまとまった反対派の意見を突きつけられてもなお、ウォルトンやコットンの時代に用いられていた毛鉤や70年以上の昔にロナルズが解説した毛鉤に対する彼らの信頼が揺らぐことは微塵もない。彼らの意見は尊重されなければならないし、その忠誠心もまた尊敬されるべきである。しかしながら、色彩と形態とサイズの点で本物の虫をより正確に模倣しようとする革命的な毛鉤の進歩、ひいてはその科学を受け入れようとしない者たちの心理については嘆くよりほかにない。

新しいパターン集を発表するにあたり、私は大勢の友人たちにこれらの毛鉤を試してもらった。そのうちある者はきわめて高く評価し、今後使用することを約束してくれたが、別の者は激しく糾弾した[89]。大部分の人々は、もっと充分に使ってみるまで判らないと判断を留保したが、実際には、ここ数年の間にこれらのパターンだけを用いて釣った者はごく少数でしかない。

(中略)

これまでのところ、この新しいパターンに異議を唱える者はほとんどいないし、何人かの最も経験を積んだチョークストリームの釣り人が他の毛鉤よりもこちらのほうを優先して使ってくれている。職業フライドレッサーの多くがいい加減な方法で色彩を選定していることは咎められるべきで、場合によってはパターンのサイズすら間違っていることがある。将来においては、染色されたマテリアルの色彩はすべて色彩表に照らし合わせて完璧に同定されるようになるだろうから、こうした誤りを言い訳することはできなくなる。それに、フックサイズを含むドレッシング・レシピについても、今日では詳細がくまなく解説されているのだ。』

ハルフォードの自負にもかかわらず、彼のフライ・パターンの人気は第二次世界大戦の勃発を待たずしてあえなく凋落

ハルフォード・パターン一覧 「ドライフライの近代発展」[1910]第3章に基づく			
No.1	Brown May Fly (♂)	No.18	Iron Blue Dun (♂)
2	同上 (♀)	19	同上 (♀)
3	Green May Fly (♂)	20	Iron Blue Spinner (♂)
4	同上 (♀)	21	同上 (♀)
5	Spent Gnat (♂)	22	Blue Winged Olive (♂)
6	同上 (♀)	23	同上 (♀)
7	Olive Dun (♂)	24	Sherry Spinner (♂)
8	同上 (♀)	25	同上 (♀)
9	Dark Olive Dun (♂)	26	Black Gnat (♂)
10	同上 (♀)	27	同上 (♀)
11	Olive Spinner (♂)	28	Brown Ant
12	同上 (♀)	29	Welshman's Button (♂)
13	Olive (Red) Spinner (♀)	30	同上 (♀)
14	Pale Watery Dun (♂)	31	Small Dark Sedge
15	同上 (♀)	32	Medium Sedge
16	Pale Watery Spinner (♂)	33	Chinnamon Sedge
17	同上 (♀)	−	

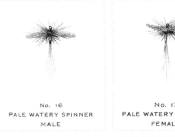

No. 14 PALE WATERY DUN MALE　　No. 15 PALE WATERY DUN FEMALE　　No. 16 PALE WATERY SPINNER MALE　　No. 17 PALE WATERY SPINNER FEMALE

H.T. シェリンガム

的な作風の毛鉤が次々と登場して人気を博した結果、「厳格なる模倣」主義自体が衰退を余儀なくされたことである。この新しい潮流がハルフォード・パターンにとどめを刺すことになったのだ。

　フライ・パターンの体系化・標準化を目指したハルフォードに対して、後にH.T.シェリンガムは次のように痛烈な批判を記すことになるのだが、彼のこの言葉は今日もなおフライフィッシャーの心の奥底に潜み続け、あるときは我々の救いとなり、またあるときには呪いともなって顕われる。

した。これらのパターンが廃れてしまった理由にはいくつかの要因が考えられる。

　ひとつには、あまりに技巧的な構造が必ずしも耐久性を備えたものではなかったこと、また別の要因としては、製作手法が精密過ぎて一般のフライドレッサーたちの手に余るものだったことなどが挙げられる。しかし決定的であったのは、20世紀に入るとハルフォードの掲げるイミテーション思想に反旗をひるがえす勢力が現れ始め、より合理的で印象主義

『釣魚の世界において、毛鉤の問題ほど人々の頭を悩ませ、心狂わせるものはほかにない。これを、ひとつの明快かつ簡潔な体系のようなものに整理することなど、まったくの不可能であるように思われる。何年にもわたって実験を重ね、無数の経験を照らし合わせた結果、ある日、何がしかの一般法則を打ち立てることができたとしても、翌日の釣りでは彼の理論に修整が迫られることだろう。釣魚理論の根幹をなすと信じ込まれた規則性など、魚はいとも簡単に否定する。失意に沈む彼が改めてフライボックスのなかを覗き込むと、片隅にはかつて忘れ去られ、気にも留められることのなかった、古びた、あるいは風変りな毛鉤が転がっているのを見つけ、これを最後の神頼みとばかりに結びつけてみる。するとどうだろう、効き目抜群の新薬を発見することになるのだ。こういった類いの出来事は誰にでも起きることであって、物事をひとつの体系のなかに押し込めてしまおうとする企てにとってみれば、実に厄介な代物なのだ。』(90)

《註釈89》H.S.ホールは、（性別は別として）同じ種の羽虫であっても地域ごとに色の異なるケースが存在する以上、ひとつの種をひとつのカラー・パターンだけで表現するのには無理があるとしてHalford Patternsの標準化を批判し、性別を巻き分けることにも実益はないと主張した。

《註釈90》「鱒釣り　記憶とモラル」[1920]より引用。

《註釈91》1818年、プロイセン（現ドイツ）のユダヤ系家庭に生まれる。36年にベルリン大学でヘーゲル哲学に出会い、左派思想に感化される。その思想ゆえ、大学教授の途を閉ざされたことを契機として言論活動に身を投じ、プロイセン政府の監視下に置かれる。43年以降、自由な活動の場を求めて海外を転々とし、その間にエンゲルスと出会って共産主義思想に目覚める。ロンドンで貧困生活を送りながらも大英博物館の図書室に通い詰めて「資本論」を書き上げ、66年に発表。以後、革命のあり方をめぐり協力者との争いが絶えないなか、83年死去。同じくユダヤ系で生きた時代も重なるF.M.ハルフォードがロンドンの街角で彼と偶然出会うこともあっただろうか。

《註釈92》1919年、レーニンは世界各国の共産主義勢力を支援する国際組織コミンテルンを創設する。ソビエトはこの機関を通じて世界中に共産主義の理念を発信し、各地における革命運動を物心両面から支援した。その成果としては、21年の中国共産党の創設やモンゴル共産主義政権の樹立、30年代のフランス・スペインにおける反ファシズム人民戦線政府の樹立といった事例が知られている。43年に解散。

《註釈93》1862年生まれのジャーナリスト。第一次世界大戦時には従軍記者として前線に赴き、これに関する著作を多数世に送り出した。他方、普段はハンプシャーに暮らし、野外スポーツに関する著作も多い。1934年没。

第7章 革命の伝播

革命の本質とは何か。それは、既得権益にしがみつく旧体制を新たな理念が打ち破り、その理念に基づく新たな体制を構築するところにある。旧体制が堅固であればあるほど、対抗する勢力は理念を一層研ぎ澄まし、抑圧された者の耳に訴えて扇動を増す。革命の力とは、金や武器の力にあらず、ひとえに聴く者の心を揺さぶる理念の力である。ロシア革命の過程において、理念を伴わぬ1905年の革命はもろくも潰えたが、カール・マルクス[91]の唱える共産主義の御旗を掲げた1917年の革命は実にユーラシアの半分を支配し、さらにはその革命を全世界に向けて発信することにも成功した[92]。ロシア革命の勝利は、理念の勝利にほかならなかったのだ。

ドライフライ革命において、F.M.ハルフォードはマルクスの役割を担い、彼の「水に浮く毛鉤とその作り方」[1886]や「ドライフライフィッシング——その理論と実践」[1889]はフライフィッシング界における「資本論」であった。ハルフォードは、釣果・釣技の両面でドライフライがウエットフライより優れた存在であるのは当然であって、かくあるべき釣法は各地で普遍的な正当性を有すると主張したが、その内容は、マルクスが自著のなかで、資本主義経済は必然の帰結として崩壊し、来るべき世界の経済体制は全面的に共産主義へ移行すると予言したことと、本質的に議論の構造を同じくするものであった。

以前の釣魚文学には見られることのない、この強烈な理念性こそハルフォード作品の根幹をなす要素であり、南イングランドとは自然条件の異なる各地においてもドライフライを普及させていく原動力となった。それでは、この革命伝播の過程をたどる前に、まずは近代ドライフライフィッシングを育んだ南イングランドの流れについて概観してみよう。

【ドライフライ・ストリームとは何か】

ドライフライはその揺籃期にイングランド各地で育まれ、後に南イングランドにおいて純粋培養が進められた。熱烈なドライフライマンたちは、「いかなるドライフライが川で釣るに値するか」のみならず、「いかなる川がドライフライで釣るに値するか」というテーマについても盛んに議論を交わした。

現代の我々の視点からすれば、どんな流れでもドライフライで狙うことは当然のように思われるが、20世紀初頭の英国フライフィッシャーの立場からすれば、それは美学の問題として真剣に議論されなければならない対象であった。ドライフライフィッシングとは、その愛好者にとって魚を捕らえるだけに留まらぬゲームであって、投じられた毛鉤にその川面の上に存在する正当性が認められなければ、もはやスポーツの名に値しないとさえみなされた。

当時、ドライフライフィッシングに適した川は、一般にドライフライ・ストリーム(dry-fly stream)あるいはドライフライ・ウォーター(dry-fly water)と呼ばれ、他の一般河川と区別される風習があった。その定義については論者により区々であるが、ひとつの典型例として、ジョージ・デュワー (George Albemarle Bertie Dewar)[93]が著した「ドライフライの書」(THE BOOK OF THE DRY FLY[1897])からの一節を紹介しよう。

『さて、それではウエットフライ・ストリームの対極に位置するドライフライ・ストリームの特性とはいかなるものであろうか? それは、水深があり、流れは緩やかで、なおかつ水は透明で底には藻が繁茂した川である。ところどころに浅瀬と渕が間隔をおいて連なり、そういった場所においてこそ羽虫は最も頻繁にハッチすることになるので、ドライフライにとって格好の釣り場となる。こうした条件下にあってこそ初めて、羽虫は完全に羽化した後で水面上に休息するための最適な機会を得る。他方、浅くて急な流れの川の場合、羽虫は往々にして波の荒さを危ぶみ、すぐに翅を使い飛び立ってしまうので、鱒が羽虫に喰いつくチャンスは少なくなってしまうのだ。そんな流れでは、水面上の羽虫よりもむしろ発育途上の幼虫へと、いきおい鱒た

第2部　ドライフライの歴史(前編)

ちは水面下に餌を求める傾向を強めることになる。そして、藻床と泥底を備えた川は浅い岩底の川よりも一層豊かな、そして一層多様な、カゲロウやトビケラ、カワゲラ、その他の水生昆虫といった鱒の食糧を提供してくれるのだ。』

　ドライフライ・ストリームの典型とされるのが、イングランド南部に分布するチョークストリーム(chalk stream)群である。ソールズベリ平原を中心に広がる白亜(chalk)層は雨水を地下に浸透させて濾過し、永い年月を経た後で再び地上に湧き出させる。水源の供給は安定し、澄んで穏やかな流れは多くの生命を育み続けて、独特の生態系を形作っている。
　こうした類型の流れには、メイフライの大発生で知られるケネット川(River Kennet)やG.E.M.スキューズがニンフの釣りを編み出したイッチェン川(River Itchen)といった銘川が含まれるが、なかでも英国を代表するチョークストリームとして、テスト川(River Test)の流れを紹介することをためらうイングランドの釣り人など、はたしてあるものだろうか。オーバートン(Overton)郊外に源を発する流れは、いくつもの水車跡(94)をくぐり抜けながら最上流域の終点となるウィットチャーチ(Whitchurch)に到達する。その後テストの流れはボーン川(River Bourne)やアントン川(River Anton)といった支流を集めて川幅を拡げ、中下流域ではストックブリッジ(Stockbridge)(95)やロムゼーなどハンプシャーの村々を潤しながら、最後はサウサンプトン(Southampton)の海へと注ぎ込む。

　本流部の流程はわずか30マイルに過ぎないが、支流域を含めると120マイルにも達する迷路のような構造がこの水系の特徴となっている。それは、8世紀に北洋ヴァイキングのノルマン人がイングランドに侵入して以来、彼らに抵抗するイングランド人勢力がこの地を拠点に定めたことに由来する。元々は沼沢の散在する湿地帯であったこの地に彼らが定住のため灌漑事業を進めた結果、現在の複雑なテスト川水系が巨大な排水路として形成されたのだ。では、H.ラッセルの「チョークストリームとムーアランド」[1911]のなかから、テスト川の魅力を謳った一節を紹介することとしよう。

『英国の川という川をみな洗い出して、最も愉しいスポーツ、最も興味深い釣り、そして最も彩り豊かな幸せを見つけ出すことができるのは、おそらくハンプシャーのチョークストリームをおいてほかにないだろう。もちろん、そのなかでも川の女王と呼ぶにふさわしいのが、テスト川ではないだろうか。さて、まずは上流域、つまりロンドンからエクセターに向かう幹線道路がニューベリーからウィンチェスターへと南北に走るもうひとつの幹線道路と交わるウィットチャーチの街の上流部から見てみよう。この辺りのテスト渓谷は肥沃な白亜層の大地に囲まれて、緑豊かな冠水緑地と木立の揃った公園地区で満たされている。この愛すべき川もその辺りではまだ幼子(おさなご)でしかない。しかし他のチョークストリームと同様、テストもまた充分な地下水の恵みを受けているようで、源泉直下の数マイルにわたる流程でさえ、大きな支流の助けを借りずともかなりの流量が維持できているのだ。前にも記したように、もしそれぞれの川に固有の性格が備わっているとするならば、テストが第一に誇るべきはその清澄さである。テスト上流域を流れる水は恐ろしいほどに澄みきっているのだ。釣り人が川岸に立てば、川の透明度に肝をつぶすことだろう。その透明な流れのなかに足を踏み込んで、川底の泥をまき上げるような行いは、およそ冒瀆のようにさえ思われる。また、そこに棲む鱒にキャスティングできる距離まで近づいて、彼が決定的な過ちを犯すように詐術

テスト川

《註釈94》かつてこの地域には水力を利用した製紙業が栄え、イングランド銀行の発行するポンド札も古くはこの地に産する紙を用いたという。

《註釈95》テスト川中流域の中核となる村落。有名なホートンクラブのクラブルームは同村のグロスヴェナー・ホテル(Grosvenor Hotel)に置かれ、その釣り場はこの周辺流域およそ24kmを占めるが、これを自由に釣ることが許されるのはたった24名のクラブメンバーのみ。世界で最も贅沢な釣り場である。

《註釈96》C.キングスレーは『チョークストリームの研究』[1873]のなかで、『文明は平地に発する』と主張した。エジプトやローマの民は山岳民族ではなく、ギリシア人は元々山岳系だったかもしれないが平原地帯に植民する努力を怠らなかったと説いた。また、偉大な詩文を遺したヘブライの民も、多くはパレスチナの平地に住む者たちであって、ヨルダン東部の山岳地帯に住む野蛮人たちは何も遺さなかったと論じ、果ては『シェイクスピアもマルバーン(Malvern)の丘より高い山は見たことがなかった。』とさえ書き遺している。

《註釈97》1864年生まれの医師。1934年にはフライフィッシャーズクラブの会長に就任。ドライフライフィッシングをこよなく愛した。三脚と時差シャッターを活用してしばしば自らの釣り姿を撮影した。彼の撮影した釣魚写真は名作AN ALBUM OF THE CHALK STREAMS [1946]等に収録されている。なお、彼はハーディー社の伝説的フライリールBarton reelの原案者としても知られる。53年死去。

を駆使しながら毛鉤を送り込むことなど、まず不可能なようにも思われる。しかし実のところ、この辺りのテストの流れでは、場荒れでもしていない限り、それは充分に可能であり、さほど難しいことでもない。それでもなお、すべてを見通せるほど澄みきった流れのなかで、水面に浮かぶ毛鉤に鱒がライズしようとするときには、私はほとんど正気を失うほどの衝撃を感じるのだ。何度も繰り返し失敗して、何匹もの鱒を怯えさせた末に、ようやく1匹を鉤に掛けてラインが張ったとき、貴方にはその現実がまったく信じられないことだろう。テストで初めて釣り上げた1匹の鱒のことを、私は今でも鮮明に憶えている。他の下賤な川で大漁を収めるよりも、テストでボウズを喰らったほうがまだましだ、と吹聴する熱心な釣り人たちがいる。私はこの見解に必ずしも同意するものではない。というのも、釣りにおいて「歓喜と失望」は「成功と失敗」と密接に結びついているからだ。魚がライズしているときに仕留め損なうとすれば、それは恥ずべき腕前の欠如によるものにほかならない。それでもなお、羽虫のハッチが消え失せ、鱒たちが藻のなかに隠れ、あるいは倒木のごとく水底に身を伏せてしまう場面がある。そんなときにも哲学的な釣り人が豊かな愉しみを見出せる場所が、もしどこかにあるとすれば、それはこのテストの流れをおいてほかにない。』

テスト川の滔々たる流れは絶えることなく、鱒と釣り人の双方を育みながら、フライフィッシングの歴史を見守り続けてきた。これまで解説してきたとおり、ハルフォードはその川辺で採取した羽虫の記録を武器にドライフライ革命を発信した。C.キングスレーはその穏やかな流れをあまりにも愛するがゆえに、大人げもなく山岳渓流を釣るスコットランドのフライフィッシャーたちを嘲り笑った[96]。そしてE.A.バートン(Edwin Alfred Barton)博士[97]は、大きなカメラと三脚を背負いながら、テストの自然美や釣り人の姿を5×4インチのモノクロ銀板に収めては黙々と水辺をめぐった。

テスト川を彷徨した歴代の釣り人たちのなかでも、愛情を最も篤く活字に込めて後世の我々に伝えてくれた人物は誰かと問われれば、筆者は迷わずJ.W.ヒルズの名を挙げる。彼は名著「テスト川のひと夏」(A SUMMER ON THE TEST [1924])のなかで、次のとおり、この川辺にて繰り広げられる季節のページェントを詩情豊かに書き綴っている。

『一年のクライマックスが到来した。それは野バラとイエロー・アイリスとメイフライをもたらしてくれる。アイリスはハンプシャーが誇るもうひとつの素晴らしい花で、あちこちでまとまりながら咲き誇っているのは、まるで自然が栽培してくれているかのようだ。そして川は夏の装いとなる。バイカモ(Water Crowfoot)の白い花びらの一群が川面に浮かび、鉤に掛った鱒の多くは、釣り人がセルリー・ベッド(Celery bed)と呼ぶその茂った密林のなかに逃げ込もうとする。流れは水晶のように輝き、風に吹かれて飛んできた花びらや草の花粉がその水面に斑点をつけていく。その一幅の絵のなかでは、突然鱒が現われることもあれば、アイアンブルーが帆を立てながら群れをなして下っていくこともある。ときには刈り取られた藻が塊となって橋脚の下に丸い島を作ったりもする。緑地の草叢はどんどん背を伸ばし、合間にはヒナギクの姿も見られる。夜には蛾が飛び交い、生垣は野バラで飾られる。イヴニングライズが始まり、レッドセッジが川面を駆けめぐれば、貴方は午後10時まで釣ることができる。そうやって6月は過ぎてゆき、鳥たちは卵を孵して、ベニヒワ(Linnet)やゴシキヒワ(Gold Finch)の家族が砂地の浅瀬で水浴びの団らんを愉しむ。

季節が進むと、牧草が刈り取られ、この渓谷の個性は失われていく。もちろん、なおも美しくはあるが、華やかさは失われてゆく。枝先に咲き誇る花々はすでになく、残るは茂みのなかのテマリカンボク(Guelder Rose)ばかりとなる。満ち足りずとも、優美さは余韻を残す。その象牙色の花を目にするとき、私はチョークストリームのことを想わずにはいられない。晩夏の花を迎えるまでの間、自然はひと休みすることになる。そしてその時が到来すれば、花々は一斉に咲き乱れ、岸辺がこれほどきらびやかになる季節はほかにない。ミゾホオズキ(Mimulus)の一群が金色に溶け出し、エゾミソハギ(Purple Loosestrife)の群生や地上から何本も突き出した素朴なヒレハリソウ(Comfrey)、いくつか背の高いモウズイカ(Mullein)が素晴らしい庭園を創り出している。窪地はシモツケソ

HARDY'S ALNWICK

第2部　ドライフライの歴史(前編)

テスト川の岸辺(AN ALBUM OF THE CHALK STREAMS [1946]より)

ウ(Meadow-sweet)であふれ、大気はその香りに満ちている。湿地は黄色いサワギク(Ragwort)で埋め尽くされ、森のなかの空き地に生えるアカバナ(Willow Herb)はまるでピンク色の霞のようだ。これら花々のいくつかは暑い7、8月に盛りをみせ、年の終わりまで咲き続ける。そして季節は秋へと滑り込み、9月にも何匹かの鱒を釣ることができるので、シーズン末に向けてできるだけ粘って釣り続け、遂には次の春まで川辺に別れを告げることになるのだ。

しかし、そこを去る前に、テスト川流域で一番愛らしい花に賛辞を贈ることを忘れてはならない。最も愛らしく、そして最も貴重なホウセンカ(Balsam)のことだ。その濃いオリヴ色の葉と赤色と橙色の花はまことに異国情緒ただよう雰囲気で見間違うことはなく、我々の堅実な風土よりも赤道直下の熱帯林のほうがお似合いな気さえする。この花は9月まで満開となることはないが、気まぐれな性格で、年によってはまったく開花の見られないこともある。しかし当り年ともなれば、イングランドにおける野花の絶景のひとつが現れることになるのだ。この島国のなかでホウセンカが自生する地域は数えるほどしかなく、なかでもテスト川流域のようにこれが咲き誇る地域となればさらに稀なことだろう。』

《註釈98》一般に英国人の用いる竿は長く、この時代のドライフライマンは通常9フィート半から11フィートもある長竿を用いていたが、これは遠投のためというよりは、岸辺に隠れながらキャストするためのものであり、手前や背後の植生に毛鉤やラインを取られないようにするのが主目的であった。

この一節に見られるとおり、川辺を緑で厚く覆われ、鏡面のように静まり返った流れの上を多彩な羽虫たちが飛び交うチョークストリームの風景が、岩肌立った岸辺の傍で水飛沫を上げて流れ落ちる、荒涼とした北方のスペーリバーの風景とはまったく異質なものであることがお解り頂けるだろうか。環境の相違が釣法の変化をもたらすのは当然のことで、近代ドライフライフィッシングの作法はこの南イングランドの流れにおいて確立されることになる。

　ミッドランドに流れるダービーシャーの川を釣ったC.コットンは『遠くから繊細に』("fine and far off")を旨としたが、この名言も植生豊かな南方の地では通用しない。チョークストリームのドライフライマンたちは川辺を這いつくばりながら、草叢の合間を縫って獲物に出来るだけ接近する戦術を選択したのだった。このスタイルを恥ずべきものとみなすドライフライマンもいない訳ではなかったが、多くの人々は「腕がもう1本あったら、どんなに楽なことか」と愚痴を漏らしながらも、嬉々としてこの労多き釣りを愉しんだという。前掲のH.ラッセルの著作のなかから、ドライフライマンの作法について解説する次の一節を引用してみたい。

　『まず、身を低くして竿を魚に見せないようにせよ。鱒の背後から近づくのであれば、そんなに難しい話ではない。屈みながら忍び寄り、草叢の陰に隠れることを恥だなどと思わないで欲しい(98)。第二に、決して急いではならないし、キャスティングを頻繁に行ってもいけない。鱒の関心が本物の羽虫に向けられているときには、キャスティングを繰り返すことよりも、そいつがあなたの毛鉤を咥えてくれそうな機会が到来するのをじっと待つことのほうがずっと正解に近い。第三に、扱いやすい範囲であれば、出すラインの長さは短ければ短いほどよいし、ガットリーダーは絶対的に必要とされる太さを超えて細くし過ぎてはならない。ときに釣り人は、ストーキングが上手くゆき過ぎて、ラインを正確に投げるのに苦労するほど獲物に接近してしまうことさえある。鱒が喰いついた瞬間に切れてしまうような極細のテグスを用いるくらいなら、何匹かは驚かせてしまうかもしれない太いテグスを用いるほうがまだマシだ。第四に、濡れてしまった古い毛鉤で釣り続けてはならない。また、どう見ても鱒を誘惑できそうにない毛鉤を用いるべきではないし、ガットリーダーが腐っていることを知るのを恐れて、強くしっかりと引っ張って強度を確認することも怠ってはならない。第五に、もしキャスティングに失敗しても、毛鉤をそのまま鱒より下流に充分流し切ってからピックアップして、再び狙うようにせよ。そして最後に、これはとても大切なことなのだが、小さな鱒にかかずらわって時間を無駄にしてはならない。なぜならそんな獲物は簡単な場所でしかライズしないものだからだ。獲物に毛鉤を投じる前にまず見定めなければならないのは、そいつが狙うに値する獲物かどうかということだ。一日を終えて大物を1ブレイス魚籠に収めることは、小物を沢山釣り上げたもののすべて水に返さざるを得なくなることよりも遙かに大きな満足を与えてくれる。もちろん、濁りのある速い流れで獲物を狙って釣ることは不可能だが、澄みきった流れにおいては、水中に鱒を発見したり、ライズを見てそれが大物か小物か見分けたりすることのできる能力ほど役に立つものはない。』

　チョークストリームの洗練された釣り人たちはより深いフライフィッシングの愉しみを追い求め、自らにさまざまな制約を課すところからゲームの面白さを引き出そうと試みた。彼らはドライフライのみを頼りとするのはもちろんのこと、ブラインドで鱒を狙うことを拒否してライズ中の獲物のみを狙い、水生昆虫のハッチがなければラインを濡らすことを潔^{いさぎよ}しとしなかった。このストイックなドライフライマンの一群は「純粋主義者」と呼ばれ、ある者からは崇拝され、またある者からは嘲笑されることになる。

　他方、この時代のチョークストリームにあっても、無垢な心の赴くままに鱒釣りを愉しむ大らかな人々は存在した訳で、ハルフォードの友人であったA.カーライル少佐などは、20世紀に入ろうとするころにも時代遅れのダブルハンドロッドを振って鱒を狙い、エントモロジーの勉強は程々に、釣りそのものに没頭した。ハルフォードがケニス(Caënis：ヒメカゲロウ属)の大規模ハッチに遭遇して驚くときにもカーライル少佐は黙々と長竿を振り続け、後に『そういえば、あのときデタッチト・バジャーは確か、「セニス」だか「コエニス」だかと叫んでおった気がするのぅ。』と自身の鷹揚な釣りを回顧している。

　ここでは大らかなドライフライフィッシングの愉しみを謳

131

第2部　ドライフライの歴史(前編)

い上げるハリー・プランケット・グリーン (Harry Plunket Greene) [99]の名著「輝く流れの出会う処」(WHERE THE BRIGHT WATERS MEET [1924])のなかから、その作者が細かいドライフライマンの規範にはこだわらず、テスト川を心の赴くままに釣り上がる姿を描いた一節を紹介することとしたい。

『その夏を通じてほんの数えるほどしかなかったある暑い日のことだが、人も生き物もまるで魔法に掛けられたように突如変貌した。おかげでドライフライマンならどなたもご存じの、あの荒々しい興奮の一日を体験することができた。そんなときには釣り人の第六感が激しく覚醒して、次のライズがどの辺りで起きるかを予知できるし、一年中水底に隠れていた大物が今まさに水面に躍り出ようとしているのを流れの振動から感じ取ることさえできるのだ。ダンが群れをなして厚く水面を覆い、耀く水面の上にしっかりと起立しながら流下してくると、ツバメが翼を煌めかせて貴方の傍をかすめ飛びながら、喜びのロンデルを唄う。

　　　　"Le temps a laissé son manteau
　　　　De vent, de froidure et de pluie." [100]

青い流れ、高揚した気分、清々しい天気、緑の野辺や林、そして金色のミゾホオズキといった条件が揃うなかで、キャスティングが上手くいき、アワセも完璧、獲物を確実にいなして、無事ランディングできたことに気づくとき、貴方のなかでは、意識の下に眠っていたあらゆる感情が突如湧き起こる。そしてこの感情は貴方に訳もなく雄叫びを上げさせようとする。なぜなら、貴方は野にあって、そして生きているからだ。

この日釣れた鱒のなかにライオンのごとく戦わないものは1匹もなかったが、なかでも飛び抜けた1匹の英雄がいた。私は古いほうのテストの流れ——この辺りでは2本に分流している——を深くウェーディングしながら釣っていた。岸辺はあまりに泥でグチャグチャしていたのでそうするしかなかったのだが、ここで私は素晴らしいスポーツに恵まれたのだ。ライズはたくさん見られたものの、私のなかの何かが、そことは別の、手前の岸寄りの流れを狙うようにと囁くのだった。ほかの場所ではたくさんの鱒が待っているというのに、そこにはライズはなく、明らかに何も居なさそうなので、まったく時間の無駄の

ようにも思われた。しかし、そこで出た結果は私を驚愕させるのに充分だった。ラインが着水するやいなや、何者かがラインを上流に向かって引きずり出し、リールを狂ったようにかき鳴らしたのだ。私の記憶にある限り、川に棲む鱒の最初のひとノシでこれほど多くのラインを引き摺り出されたことはかつてなかった。そいつはラインをすべて引っ張り出し、バッキングの一部まで引きずり出したところで上流の堰堤に遮られた。私はこいつが堰を越えてベイジングストーク (Basingstoke)まで行ってしまうのではないかと心配したが、魚は踵を返して下流に突進し、その後はまるでヒナギクのような溌剌さでこの往復レースを繰り返した。ほとんどの鱒は最初のひとノシで勝手に疲れ切ってしまうものだが、こいつはそれを繰り返し続けた。鱒というよりはサーモンのようであり、正直、私自身もずっとサーモンだと思い込んでいたのだ。だから私はその間も、「4Xのポイント (point) [101]と#000サイズのジンガークイル (Ginger Quill) [102]ドライフライに掛った10ポンドのサーモン」というフィールド誌に投稿する記事の表題を自分が書いているところなんぞを夢想する始末だった。実際のところ、こいつは2-1/4ポンドの鱒だったのだが、軽量タックルで仕留めたこのクラスの獲物としては最高のファイターだった。その日は「ジンジャーの日」となり、この一本を壊れるまで使い続けて、6匹を釣り上げることができた。この毛鉤は皆さんのお好きなハックル・スタイルではなく、ウイング・スタイルの奴で、まるで妖精の乗った舟のように浮き、スポーツの合間も陽光に照らされながら波から波へと、なんとも愉しそうに踊りまわったのだ。』

【北方への普及】

F.M.ハルフォードが発信したドライフライ革命の波紋は、南イングランドを越えて次第に英国全土へと広まっていった。その過程ではウエットフライマンとの間に軋轢を生みながらも、各地に熱心な信奉者を輩出させて、異なる自然条件に順応しつつ、それぞれのドライフライフィッシング文化を築き上げていくことになる。

いち早く近代ドライフライの福音がもたらされたのは、イングランドの中央部ミッドランド (Midland)を流れる川で

《註釈99》1865年、アイルランドの弁護士の家庭に生まれる。当初法律学を志すもサッカー競技での事故をきっかけに音楽に目覚めてバス/バリトン歌手に転向。88年にロンドンでヘンデルのメサイアを歌ってデビュー。以後英国を拠点に世界各地で公演を重ねる。1902年、ハンプシャーを流れるボーン川の畔に居を構え、休日にはこの川とテスト川が合流する地区でドライフライフィッシングを愉しんだことからこの書名がつけられた。晩年はロンドンの音楽大学で教鞭を執り、36年没。

《註釈100》仏語で『季節がマントを脱ぎ捨てた / 風と寒さと雨のマントを。』との意。Rondelとは、フランスに伝わる韻律詩の形式のひとつ。この引用文は、シャルル・ドルレアン (Charles d'Orléans)と呼ばれた15世紀フ

ランスの王族オルレアン公 [1394-1465]が春の到来を詠った有名な韻律詩の冒頭部分からの一節。

《註釈101》英国におけるティペットの古い呼称。

《註釈102》薄いブラウン・ジンジャーのハックルとムクドリ (Starling)のウイングにピーコック・クイルのボディーを組み合わせたパターンで、Pale WateryやLight Olive Dunのイミテーションとされる。

《註釈103》グレイリングは、北部イングランドやスコットランドのウエットフライマンからゲームフィッシングの好対象として評価され、「川の淑女」(Lady of the Stream)との愛称で呼ばれるが、南部イングランドのド

ライフライマンからは鱒の生息圏をおびやかす存在として毛嫌いされ、「川のバイ菌」(Vermin of the Stream)との蔑称を受ける。なお、面白いことにF.M.ハルフォードはオフシーズンのグレイリング釣りを愛好したが、G.E.M.スキューズはこの魚を徹底して忌み嫌った。

《註釈104》G.A.B.デュワーはこの著書のなかで、理想的なドライフライ釣りのためには、ある程度の速さの流れが必要だと説いている。

あった。同地におけるフライフィッシングの発展を見届けたG.A.B.デュワーは「ドライフライの書」[1897]のなかで、ダービーシャーを流れるミッドランドのワイ川（Midland Wye）が持つドライフライ・ウォーターとしての価値を力説した。彼は、この川の下流域をドライフライ・ウォーターとウエットフライ・ウォーターの中間的な存在と位置づけ、こうした流れでこそドライフライマンとウエットフライマンが互角に技量を競い合えると訴えた。

この著作のなかから、関連する次の一節を引用することとしたい。後述の各著作にも見られるように、ドライフライ・ウォーターの概念が論者によってかなり異なるところにご注目頂きたい。

ダービーシャー・ワイ川の流れ（ローズレイ地区）

『ダービーシャーを流れるワイ川の畔では、水量があって鱒が夏の狡猾さをまだ取り戻していない早期のころであれば、ウエットフライマンも成功を収めることがある。しかし、ワイ川の下流部はバックウォーターが多いことで知られており、こうしたほとんど流れのない釣り場のブッツケや岩陰の辺りを沈む毛鉤で狙ってみたところで、おそらく何の反応も得られないことだろう。流れの真ん中辺りには波立った部分もあり、ここから岸際なら獲物が掛かるかもしれないが、釣れる鱒が1ポンドの目方を超えることは滅多にない。ウエットフライでは当然グレイリングも釣れるが、実際のところ、それがグレイリング釣りに最もふさわしいやり方なのだ。しかし、イッチェンをはじめとするひと握りのサウスカントリーの流れの場合を除いて、この明らかに劣った魚のためにドライフライが用いられることはない[103]。グレイリングの話は別にして——この魚を川から排除したいと思っている鱒釣師は多い——、この広く用いられている時代遅れの釣法にとって、私が解説しているワイ川のこの一帯の流れとバクストン地区の流れは、今やダヴ川ほどにはふさわしくない流れであると評すべきであろう。

（中略）

南部の釣り人のなかには、流程の一部がライムストーントリームで構成されているワイ川を、いわゆる「ドライフライ・ウォーター」たるチョークストリームと同列に扱うことに異議を唱える者もあるかもしれない。しかしながら、少なくとも12年、あるいは15年間にわたって、ワイ川全流程が真のドライフライ・ウォーターとして不可欠な要素[104]をすべて備えているという評価が、多くの優れた釣り人たちによって表明されてきたことも確かな事実である。チョークストリームであるか否かという議論は、ドライフライ・ストリームとウエットフライ・ストリームを分かつ決定的な特徴とは何かという議論とは別物である。確かにその両者を区別する、本質的ではないにせよ、外見上の違いは存在する。しかし境界線をどこに引くかという問題を解決するのはまったく容易でない。だからといって、例えば、ツイード川やスコットランドのロッホ群までドライフライ・ウォーターだなどと主張するつもりはないが、それでもなお我々の小さなダン毛鉤を乾かしてそれらの水面に投じるならば、ときには成功を収めることもあるだろう。川の水量が減って流れが澄みきってしまうときには、釣れるとしても反応は薄かろうと川辺に立つことをいつも諦めてしまう地元のエキスパートたちからすれば、この成功はまったくもって驚くべき成果に違いない。今やほとんどあらゆる地域において、ドライフライフィッシングが実践されているのだ。』

それでは、視線をさらに北上させて、ウエットフライマンの牙城たるノースカントリーでは、ドラフライがどのように受容されていったのであろうか。T.E.プリットに続く、同地の正統なウエットフライ理論の継承者と位置づけられるH.H.エドモンズとN.N.リーの共著「渓と川の鱒釣り」[1916]では、ドライフライのためにわざわざ一章が割かれている。こ

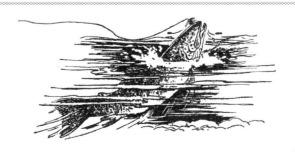

のなかで、沈む毛鉤の権威たちもまたドライフライの実力を認め、積極的に活用する姿勢をみせているが、注目すべきは、彼らがサウスカントリーの流儀を鵜呑みすることなく、スペートリバーにおける有効な活用法を自ら開拓し、実践していった点である。同じ取組みは、ほぼ同時期の米国東海岸においても確認されるのだが、それは同様の自然条件が必然的に生み出した同一の結論と考えるべきではないだろうか。それでは、同章のなかから次の一節を紹介しよう。

『ダービーシャー以北の川においてドライフライで釣る者に出会うなど、数年前にはまずなかったことだ。その釣法はゆっくりとではあるが確実に各地に拡がりつつある。我々ふたりの著者は、ドライとウエットというふたつの釣法が相俟ってはじめて、最良の釣果と喜びが得られるものと信じる。しかしながら、"chacun à son gout"(105)なのであって、どちらかの釣法に川の流れを独占させるよう望むスポーツマンのためにルールを定めるようなことがあってはならない。

南方で行われているドライフライフィッシングは、当地のように波立った流れのなかで推奨されるスタイルとはやや趣を異にする。サウスカントリーの純粋主義者は、獲物を見つけるまでに何時間待ってでも、ライズ中の鱒以外に向けて毛鉤を投じることはない。しかし、ノースカントリーの釣り人は見つけたライズを狙うだけでなく、摂餌中の魚が居そうな流れを探って釣ることもあるのだ。

山岳地帯のフライフィッシャー

北部の川では特に大きなハッチが起きると、帆を立ててそよ風を受けたダンが急いで流下するのを鱒たちは列をなして待ち構え、順々についばんでゆく。こんなときに釣り人が水に浮く毛鉤を用いれば、その成果が期待できよう。流れの速い瀬の合間には、ドライフライに理想的な、流れが静かで安定した長い区間がいくつか現れるものだ。我々著者も、南方の友人たちが用いる方法でこうした流れを狙い、調子の悪い日にもなんとか釣果を確保することに一度ならず成功している。静かな渕においてもこの釣法で頻繁に打ち返して釣果を収めることができた。その日の条件にも依るが、どんな川にもウエットフライよりドライフライのほうが効果的となる場所がいくつかあるものなのだ。

筆者の一人が初めてドライフライフィッシングを経験したのは数年前のことだった。彼は霜の降りた明るい10月の好日に昼までグレイリングを追ったが結果は芳しくなかった。対岸寄りを流れる長い瀬に差し掛かったとき、彼はその瀬尻に何匹かがライズしているのを見つけた。しかし、水深が12から18インチほどの広く浅い流れに阻まれ、ウェーダーを履いていない彼にとって、獲物は毛鉤の届かないところにいた。

午前中に釣った流れでは、たまに毛鉤の届く範囲に出てくる獲物もあったが、筆者のウエットフライは完璧に無視されてしまった。

そのとき、ひとりの釣り人が上流から現われて、浅瀬のなかに入ってすぐに何匹かの良型を釣り上げたのだが、これを観ていた陸の上の筆者は少なからず悔しがった。筆者がその釣り人の許を離れようとするとき、釣り人は親切にもそれが「ドライフライ」というものであることを告げ、オイル塗りの理論と実践について教えてくれたのだった。

そこで筆者はブーツとストッキングを脱ぎ捨て、素足で浅瀬のなかに進み、ライズ中のグレイリングに届く場所に立った。水面に流れる毛鉤──1本のレッドタグ──が乾いている限りは魚のライズがあったが、いったん波に飲まれて濡れてしまうと、見向きもされなくなってしまった。ときどき陸に揚がって脚の感覚を確かめなければならないほど水は冷たかったのだが、それでも彼はこの釣りを大層愉しみ、それなりの釣果を上げた。しかしなにより大切なのは、己のジェントル・アート（gentle art）(106)の新たな境地を見出せた達成感に、彼自

《註釈105》仏語で『蓼喰う虫も好き好き』の意。

《註釈106》『穏やかなる技法』の意。I.ウォルトンが「釣魚大全」[1653]のなかで「釣り」を意味する言葉として用い、これが後に釣り人の間で広く使われるようになった。

註釈107》米国のT.ゴードンは友人に宛てた手紙のなかで、当時出版されたこの著作について『スコットランド人が（急流を）ドライフライでどう釣るのか、自分たちだけの力で何を発見できたのか、是非知りたいものだ。』と記している。

身大いに満足したことであった。』

　かつてイングランドの釣り人たちと大論争を交わしたスコットランドの釣り人たちは、ドライフライの到来をどのように受けとめたのであろうか。イングランドと国境を接するボーダー・カントリー（Border Country）を流れるツイード川では、20世紀に入っても頑固なウエットフライマンの残党が福音の到来を拒んだ。そんな時代、フレデリック・ファーニー（Frederick Fernie）は「ボーダー地方のドライフライフィッシング」（DRY-FLY FISHING IN BORDER WATERS［1912］）(107)を著して、同地の釣り人たちを啓蒙しようとやや気負った文章を書き綴った。

　ファーニーは、多数のウエットマンがドライフライに転向した結果、「ドライVSウエット」の議論はもはや過去のものとなったと主張し、F.M.ハルフォードの著作を熟読すべき教科書として紹介した。しかし、ハルフォードがドライフライフィッシングを「よく釣れる釣り」と解説したのに対して、ファーニーは多少の矛盾には目をつむり、これを「技術を愉しむ釣り」と置き換えた。これは、W.C.スチュアートの伝統を受け継ぐツイード川のウエットの名手たちを納得させるのに不可欠な説明材料のひとつであったと思われるが、裏を返せば、当時のドライフライマンの技術ではツイード川の鱒を数多く仕留めるのが難しかったことの証左でもある。そして実際のところ、この解説は当時のドライフライ純粋主義者たちの心情をも代弁するものであったに違いない。それでは同書のなかから、やや詭弁めいた次の一節を引用してみよう。

『ドライフライについて記したある作家（デュワー氏）は「ドライフライ理論をツイード川のライズ狙いにまで適用せんとする変わり者」などと仰っているが、それでも私は敢えて申し上げよう。5月から6月にかけて陽の出ている限り、ツイード川でドライフライ以外の毛鉤を用いて釣果を上げているピーブルスの街の釣り人などあろうはずがない。それは、ドライフライフィッシングがよりスポーツらしいとかより興味深い技術だとかいう理由ではなく、フライフィッシングのなかで最も効果的な方法であるからなのだ。もしテストやイッチェンでウエットフライの

典型的なスコットランドの流れ

ほうがより効果的だったならば、それらの流れを釣るドライフライマンの数は今よりずっと少なかったはずだ。したがって、ドライフライ・ウォーターの現実的な定義とは、「基本的にウエットフライで釣ることのできない川」とされるべきではないだろうか。同様に、ウエットフライ・ウォーターとは「沈む毛鉤で魚を釣ることが正当に認められる川」となろう。

　これらの定義が受け入れられるならば、ボーダー地方の川のうち小川程度のもの以外はすべて、季節を通じて、あるいは少なくとも特定月のほとんどの日には、ドライフライ・ウォーターということになる。もちろん、釣れる魚の平均重量で見劣りするという意味において、ボーダー地方の流れは南部のチョークストリームに及ばない。確かに、この地の鱒は南方の兄弟ほど食糧に恵まれていないので、成長するのに時間は余計にかかるかもしれないが、その分一層賢くなって、ゲーム性を高めてくれるのだ。

（中略）

　かつてドライフライの芸術と科学は、書物のなかで笑い物の種にされた。また、ドライフライに関する解説書は、単なる気取り屋の読み物のように扱われた。それが今では、水晶のように澄みきった流れのなかで餌を摂っている鱒を狙って忍び寄り、ドライフライで釣り上げる技術を習得した釣り人が、ややもすると他のスタイルの釣りを見下す傾向さえ散見されるようになっている。ドライフライがもたらした大きな影響のひとつ

に、この釣りが単にたくさんの獲物を釣りたいという欲望を打ち砕いた点が挙げられる。また、釣った魚の数などでは測れない、釣魚の技法を愛することの喜びを釣り人に教えてくれた点も重要である。1匹の獲物に狙いを定めて忍び寄り、鉤に掛け、難しい場所で取り込む、という一連の面倒な作業を解決するプロセスは、ドライフライマンに大きな歓喜を与えてくれる。そしてこの喜びは、ロッホでボートに乗り障害物の周りを狙って得られる1ダースの釣果よりも遙かに大きなものなのだ。

　結局のところ、魚籠いっぱいの釣果から得られる楽しみは、主に友人やほかの釣り人に見せびらかすことに由来するものであって、それは釣りを終えた後の話である。この場合、釣りという行為は、後に期待される楽しみを得るのに必要な作業でしかない。釣りそのものから最大限の愉しみを引き出すためには、獲物の数とは別のところに釣り人の喜びを見つけなければならないのである。』

　ドライフライの定着に時間のかかったスコットランドではあるが、この地においても19世紀末のころから密かにドライフライフィッシングを愉しむ者たちがいた。彼らは激流のなかでも毛鉤を見失わぬよう、新たな仕掛けを生み出して実践を重ねた。それは、かつてイングランド人がもたらしたウエットフライの技法にドロッパー仕掛けを導入したスコットランド人の工夫を、近代風に練り直したものだった。ドライフライを2本も3本も取りつけて釣る北方の釣り人[108]を、イングランドの兄弟たちは眉をひそめて揶揄したに違いない。しかし、これが世に言う「スコッツマンの欲深さ」の顕れだとする意見に、筆者は与しない。そのアトラクター性や視認性の高さといったメリットは、実際に試してみた者のみが理解できることだろう[109]。

　残念なことに、現代のスコットランドでこうした釣法を見かけることはもはやない[110]。それでは、この取組みは我々の記憶に留めるに値しないものだったのだろうか。少なくとも筆者はその試みの価値を信じたい。無名の釣り人たちによって積み重ねられた幾千万の試行錯誤があればこそ、その澱みのなかからほんのひと握りの、真に革新的な発見が大輪の花を咲かせるのだ。それに何より、大発明の陰に隠れた古き試みの片鱗を尋ねることも、これまた釣魚史の愉しみのひとつに違いない。フィッシング・ガゼット誌の編集長を務めたR.B.マーストン（Robert Bright Marston）[111]がウエットフライの大家E.M.トッドに送った手紙のなかに、この釣りの愉しみを謳った一節があるので、それを紹介して「ドライフライの北伐史」を締め括ることとしたい。

スコットランドの釣りを紹介する宣伝広告（20世紀初頭）

『小生は物心ついたころからずっと釣りを愉しんできて、もう半世紀が経とうとしています。フライフィッシングを始めて以来、永い間ウエットフライばかりで釣っていましたが、後にはドライフライフィッシングもやるようになりました。我が人生を通じ

《註釈108》このスタイルで北方の川を釣る話はいくつもの英国釣魚本で確認できる。この釣りの有名な愛好者としては、北部イングランドのベイジェント博士が挙げられる。

《註釈109》W.K.ローロ大佐は2本のドライフライを同時に用いることの他の利点について、①違うパターンを同時に利用すればアタリ鉤を見つけやすくなる、②枝素でアンカーを効かせることによってドラッグ回避に役立つ、③毛鉤がより静かに着水する、といった点を指摘している。

《註釈110》今日の米国西海岸には、トレーラー・スタイルで連結した複数のドライフライ、あるいはドライフライとニンフの組合せで釣る文化が存在する。これはスコットランド系移民の影響なのであろうか。

《註釈111》1853年、ロンドンの出版事業者の家に生まれる。78年にフィッシング・ガゼット誌（創刊は70年）の編集権を買い取り、その死を迎えるまで編集長職を担う。フライフィッシャーズクラブの創設メンバーの一人であり、数々の釣魚作家を世に送り出した。1927年没。

《註釈112》double hookとは、今日のトレブルフックから鉤先を一本取り除いた形状をした釣鉤を指す。サーモン毛鉤でよく使われるスタイルだが、鱒毛鉤でも小さなパターンの場合に鉤の強度を確保するため用いられた。また、毛鉤を深く沈ませたいときにも利用された。

《註釈113》WET-FLY FISHING [1903]より引用。

《註釈114》T.Hayterによれば、1888年のフィールド誌ではノルウェーにドライフライを用いる釣り人が現れたことが報告されているという。またフランスでは、97年にAlbert Petitが著書『川の鱒』（"LA TRUITE DE RIVIÈRE"）を発表して、国内にF.M.ハルフォード・スタイルのドライフライフィッシングを普及させた。

てどうにも理解できないのは、小生やその他の釣り人たちはすでに実践しているというのに、なぜその両方の釣法を愉しむことができない人々がいるのかということです。1901年の5月初旬、ツイード川のケルソ地区で貴兄と釣行をともにできていたなら、どんなに素晴らしかったことでしょう。もちろん、貴兄もそう思ってくれているものと小生は信じています。もしそれが実現していたなら、小生はそのどちらの釣り方でも釣果が上げられることを貴兄に証明したかったのです。しかも、ドライとウエットを別々に用いてではなく、その両方を同時に使って証明したかったのです。

　ある日の午後、アッパー・フロアーズ・ウォーターで3時間にわたって釣り、合計12ポンドを超える鱒の大漁となりました。この釣果はすべて毛鉤で釣り上げたもので、そのうち3分の2はドライフライによるものです。貴兄のダブルフック・ミッジ(112)をドロッパー仕掛けで3本使って釣り（グリーンウェルズグローリーとアイアンブルーが一番効きました）、まずこれら3本をドライフライとして使った後、続いてそのすべてをウエットフライとして用いました。そして今度は、そのうち2本にドライフライを、残りの1本にウエットフライを取りつけてみたり、1本のドライフライと2本のウエットフライに換えたりしながら釣ってみたのです。小生はこうした実験をプールだけでなく流れの激しい釣り場でも試したのですが、ドライフライフィッシングがゆったりとしたスムーズな流れだけに限定されなければならないと考えるのは大きな誤りなのです。本物の羽虫が浮かぶことのできる流れなら、きちんと作られた毛鉤にしっかりオイルを塗ってやれば、どこだって浮くことができるのです。貴兄の巻いてくれた毛鉤が波の上を踊りながらやってきて、鱒の茶色い頭が水面を割るとそのうちの1本が消えていたり、ウエットで流している毛鉤に獲物が掛るとドライフライのほうが水面下に消し込まれたりするのを眺めるのは、なんとも実に面白いものでしたよ。』(113)

【革命の輸出】

　本章冒頭にも記したとおり、革命とは理念の昂ぶりであって、流行病のように止まるところを知らない。しかし他方、革命の果実が各地の条件に応じて変容していったこと

R.B.マーストン

も事実である。ドライフライ革命もまた英国だけに止まらず、大陸欧州はおろか世界各地へと飛び火して(114)、それぞれの地に固有のドライフライ文化を産み落としていくことになるのだが、ここではそのなかでも19世紀末から20世紀初頭にかけて、米国は東海岸地区におけるドライフライの受容過程に焦点を当てることとしたい。

　米国は1898年の米西戦争に勝利して大国としての自信に目覚め始め、後の第一次世界大戦に深く関与することもなく永い平和の歳月を謳歌した。本節でこの時代の米国をとり上げる理由は、そうした社会情勢を背景に、当

第2部　ドライフライの歴史(前編)

時の米国の釣り人たちが旧宗主国から伝えられたドライフライの技法を充分に咀嚼して、自らの文化として再構築し、その成果を古き帝国に代わって世界中に発信できるだけの実力と潑剌さを備えていたからにほかならない。

米国における英国流ドライフライの紹介はすでに1870年代に確認され、そのタイイング技法についても80年代には国内で解説書が出版されていたと伝えられる。しかし、革新性を備えた真のアメリカン・ドライフライの創造は、90年代、英国の釣魚文化に対して敬意を払いつつも、そのドライフライの導入に際して慎重に検討を重ねた一人の証券ブローカーの登場を待つことになる。この人物、セオドア・ゴードン (Theodore Gordon)[115]が遺した投稿記事や釣友に送った書簡の数々[116]は、20世紀米国の釣魚史家ジョン・マクドナルドが編纂した「毛鉤釣魚大全」(THE COMPLETE FLY FISHERMAN [1947]) に収録されているところ、そのなかから米国におけるドライフライの起源とゴードンのドライフライ事始めについて本人が記した一節[117]を引用してみたい。

セオドア・ゴードン

『近年、ドライフライとその釣りをめぐる議論を耳にする機会が増えている。このフライフィッシングの技法はこれまで我が国ではまったく用いられてこなかったものと思われがちだが、実際のところは、多くの偉大なる米国の釣り人たちによって古くから研究され、そのスタイルに適した場所で実践され続けてきたのだ。私が初めて真剣にこの釣りに関心を持つようになったのは、F.M.ハルフォードの一連の秀作がイングランドで発刊された直後であった。その最初の一冊が発表されたのは、確か1886年のことであったと記憶しているが、実はすでにそのころには、ドライフライが米国で成功裏に活用されて以降、少なくとも四半世紀が過ぎていたのだ。1860年ごろのフィラデルフィアで刊行されたタッド・ノリスの「米国釣師の書」のなかでは、サリバン郡のウィローイーモク川 (Willowemoc) でドライフライフィッシングが行われる描写が確認できる。そのとき、川の水位は低く、流量は落ちており、ノリスは当時の一般的な毛鉤では手も足も出なかったという。ところが、彼の釣友はそんなときのために特別に製作した毛鉤を2本持ち出してきて、一番細いリーダーに取りつけ、鏡のように静まり返った流れの上にそっとプレゼンテーションした。どうにか浮いている毛鉤[118]が流れに飲み込まれそうになるその寸前に鱒が躍り上がり、毛鉤に掛かったのだ。このとき用いられていたパターンはグラノムとジェニー・スピナー (Jenny Spinner)[119]であった。

ハルフォード氏はかつてその主題に関する大権威であったが、彼は特に、南イングランドの穏やかなチョークストリームにおいて見られる釣法を愉しむ英国の釣り人のために解説を書き綴った。彼の説く実践的な戦術はきわめて価値が高いが、我々の山岳渓流に応用する場合には若干の修整が必要だ。

ドライフライの病原菌が私の身体のなかに忍び込んだのは1889年か1890年のことであったが、後の発作は実に深刻なものだった。私はその処方薬として竿やドライフライ[120]、極細のテグス、その他治療に必要だと思われるものすべてを英国から取り寄せた。このはじめのころから、私はわずかながらも魚を釣り上げることはできたが、釣果は決して芳しいものではなかった。この竿やラインは不必要に重いもので、使うのにもひと苦労であった[121]。私は、本物の羽虫にライズしているのが見える魚だけ狙うという、「仕様書通り」の釣りは決してやらなかった。熱意が日増しに膨れ上がっていたところ、ある朝、ついにその本領を発揮すべき小さなチャンスが到来した。その日、私は2本の毛鉤を用いてダウンストリームの釣りをしていた。その流れではあまり釣れていなかったのだが、長く滑ら

《註釈115》1854年、ペンシルバニア州の裕福な家庭に生まれる。生来の呼吸器系疾患が彼を終生蝕み続けた。性格は神経質で人見知りが激しく、生涯を独身で過ごし、後年アルコール中毒に苦しんだ。彼はその晩年をキャッツキルで隠遁者のように暮らし、1915年に結核のため他界。彼の葬儀に訪れた者は5人だけであったという。自ら著作を刊行することもなかったため、第二次世界大戦後の米国でその思想と功績が知られる機会は少なかった。それが広く認識されるようになったのは、J.マクドナルドの「毛鉤釣魚大全」とスパース・グレイ・ハックルの「釣れぬ日の釣魚夜話」(1971)によって再評価されたことがきっかけであった。

《註釈116》彼が結核で亡くなった後、感染を恐れた親族は、彼が受け取った手紙や未発表草稿を含む遺品の多くを焼き捨てたという。

《註釈117》A LITTLE TALK ABOUT THE DRY FLY (FOREST & STREAM [April 1909])

《註釈118》J.マクドナルドは同じ著書のなかでこの毛鉤のおぼつかない浮き方を『DDTにやられた虫のようにひっくり返って浮いているのがせいぜいだった』と表現した。

《註釈119》Jenny SpinnerとはIron Blueの♂のスピナーの通称。なお、同♀のスピナーはLittle Claretと呼ばれる。

《註釈120》T.ゴードンは友人に宛てた書簡のなかで、これらの英国製毛鉤をライズ狙いに永年利用し続けたが、あるとき自製の毛鉤のほうがよく釣れることに気がついた、と記している。

《註釈121》T.ゴードンはハルフォード流英国竿のあまりの重さに、『死にそうになった』と語っている。ゴードンの愛竿としてはペインロッドの逸話が広く知られているが、不思議なことに晩年のゴードンの手紙に登場する彼の愛竿は9〜10フィートのレナードロッドばかりとなっている。

《註釈122》シェイクスピアの戯曲「ハムレット」の有名な台詞 "To be, or not to be --- that is the ques-

かな流れの下にはきっとたくさんの獲物が潜んでいるに違いなかった。最上流部から一番下流まで丁寧に探ってみたものの、私に恵まれたのはたった一度のかすかなライズだけだった。時間はまだ十分にあったので、川岸に座って"the slings and arrows of outrageous fortune" [122] について考えをめぐらせながら、川面をじっと眺めていた。

そうこうしているうちに、2匹の鱒が互いに1ヤードほど間隔を空けてライズを始めた。私はテイルフライを切り取ると、ポケットから小型のドライフライ・ボックスを取り出して、なかにあった1本を結びつけた。そのままウエットフライの釣りを再開したのだが、ドロッパーのほうに取りつけていた私のお気に入りの手製毛鉤はそのままに残しておいた。さて、この毛鉤は細めのワイヤーフックに巻いてあり、ドライフライのほうはより重量のあるしっかりした環つき鉤に巻かれていた。これらの鱒に向かって慎重にウェーディングしながら空中でフォルスキャストを繰り返したところ、ドロッパーのほうを完全に乾かしてしまった。その結果、オーソドックスなドライフライよりもウエットフライのほうがしっかりと水面上に立ち、一層魅力的に浮いたので、そちらのほうが魚の関心を惹いたのだった。すると一方の鱒がテイルフライの下を通り過ぎて、ドロッパーのほうに掛かってきた。次のチャンスではもう一方のより大きな鱒もドロッパーに喰いついて、プールのなかで高く跳ねたが、この鱒も無事魚籠のなかに納まった。私は当時から自分の手でドライフライを巻くことができたが、2本同時に用いて釣る習慣はもうやめようと、このとき心に誓ったのだった。』

1889年ごろのこと、ハルフォードの「水に浮く毛鉤とその作り方」と「ドライフライフィッシング──その理論と実践」を読み終えて感激したゴードンは謝意を表すべく、すぐにこの権威者に宛てて手紙を書き送り、一層の情報提供を求めた [123]。これに応えたハルフォードからの返書をゴードンが受け取った出来事は、英国フライフィッシングの伝統が米国に受け継がれたことを象徴する歴史的情景として、後世の釣り人たちの記憶に深く刻まれることになる。

なぜこの返書が重要であったか。ロシア革命の勃発当初、ドイツ政府によって密かにモスクワへと送り込まれた特別封印列車のなかに搭乗していたのは、後に革命の指揮を執ることになる亡命中のレーニン [124] であった。これと軌を一にするごとく、ドライフライ革命の途上でゴードンの許に送られた一通の手紙のなかには、ハルフォードが巻いた48本のドライフライが封印されていたのだ。J.マクドナルドの言葉を借りれば、これこそ『ドライフライが新世界に向けて羽ばたいた』("The dry fly winged its way to the New World.") [125] 瞬間であった。「毛鉤釣魚大全」のなかには、そのハルフォードからの手紙の文面が収録されているので紹介しよう。

『   35 インヴァネス・テラス ハイドパーク　W
                1890年2月22日
拝啓
　貴殿への返事が遅れましたことをご容赦ください。
　貴殿のお国には、通常の沈めた毛鉤は無力であっても、ドライフライを用いれば魚を捕らえることのできる流れがおありになることと拝察します。しかし、貴地で有効なパターンについて助言しようとする際に最も悩ましいのは、私が貴地の川や湖のことを知らず、そこに棲息する羽虫の種別についても何ら知識を持ち合わせていないことであります。思いますに、貴殿にとって結局役立たずになってしまうかもしれないパターンをここでご紹介するよりも、私自身が日々用いている毛鉤をいくつかお送りしたほうがよいでしょう。貴殿はご自分の川のことをよくご存じでしょうから、なかから使えそうなパターンを選び出して、ご自身でそれを巻かれるか、あるいは米国内で発注されれば宜しいでしょう。・・・(中略)・・・#000から#4までの各サイズの毛鉤を同封します。現在ハッチンソン社で製造されているこの型のフックは、私の友人であるホール氏がデザインしたスネックベンド型のオリジナルフックを改良したものです。これらのウイング・パターンはハックルのみのドレッシングとすることも可能です。
　これらのドライフライでやってみても釣れない、あるいは心許ないということであれば、是非、本物の羽虫を何匹か捕らえてアルコール漬けにして、私にご郵送下さい。もしそれを模した毛鉤を製作することができそうであれば、私がやってみましょう。・・・(中略)・・・もちろん、アルコールのなかであってもその色彩は幾分褪せるでしょうが、私はこれまでの経験を活かして種類を判定することもできるでしょう。

---

tion."に続く件の一節。敵と一戦交えるか、それとも『石礫(いしつぶて)や鏃(やじり)のごとく降り注ぐ残酷な運命』を耐え偲ぶかの選択で思い悩む主人公ハムレットの独白。

《註釈123》T.ゴードンはF.M.ハルフォードだけでなくG.E.M.スキューズやR.B.マーストンらとも文通し、ときに彼は自分の手紙のなかに米国産のマテリアルを同封して相手を喜ばせた。スキューズが人生の終わりに釣ったドライフライは、ゴードンが彼に送ったサマーダックの羽根をウイングに用いるメイフライ毛鉤であったという。なお、スキューズも返礼に各種マテリアルを彼に送り届けた。

《註釈124》1870年、ウラジーミル・イリイチ・レーニンは帝政ロシアのシンビルクスの街で、物理学者の父とユダヤ系移民の母の間に生まれる。幼いころから神童として知られ、大学在学中にマルクス主義に傾倒。その運動家として活動するなかで逮捕され、97年にシベリア流刑となる。1900年に解放後はスイスに亡命し、ボルシェビキの革命家として頭角を現す。17年に二月革命が勃発すると急遽帰国して革命を主導。初代人民委員会議長に選出されたものの、18年に暗殺未遂に遭い、重傷を負う。その後も公務を担い続けたが、次第にスターリンに実権を奪われていくなか、24年に死去。ちなみに、彼は亡命先の南欧で釣りの愉しみを覚えたと伝えられる。

《註釈125》「毛鉤釣魚大全」[1947]より引用。

139

ほかに何かお役に立てることがあれば改めてご連絡ください。また、貴殿のほうで実験の結果が出たら、私にもお知らせ頂ければ幸いです。

敬具

フレデリク・M・ハルフォード 』

この手紙をきっかけに、米国におけるドライフライ探究の旅が始まることになるのだが、ゴードンが後世の釣魚史家から高く評価されるのは、彼が英国の流儀をそのまま鵜呑みにしなかった点にある。ゴードンはハルフォードから贈られたドライフライを徹底的に研究した末に、これらは米国の羽虫と縁遠いものであり、そのまま米国の川に用いても充分な効果は期待できないと結論づけたのであった[126]。

ゴードンはまた、ハルフォードの毛鉤の構造は採用する一方で、彼の製作コンセプト――「厳格なる模倣」――を借りることはなかった。米国の鱒が好む水生昆虫の系群を総体として模倣しようとするジェネラルイミテーション、別の言い方をすれば、模倣というよりは象徴と呼ぶべき淡い表現アプローチこそ、ゴードンの選んだ途であった。ハックルの巻き方ひとつをとってみても、彼は、ドライフライが波に飲み込まれぬよう英国のものより硬いフェザーを選び、これを可能な限りまばらにハックリングすることを旨とした[127]。これが後に「キャッツキル・スタイル」と総称されるドライフライ・パターンの系譜の出発点となる。

とはいえ、ハルフォードの贈り物が決して無駄に終わった訳ではない。ゴードンが新たな地平線を眺望し得たのも、偉大な先達の肩の上に乗ってこその成果であったことは、彼自身も充分に理解していたはずだ[128]。ハルフォードの功績をほとんど評価することのなかったA.ギングリッチでさえ、米国ドライフライの誕生に一役買ったこの巨

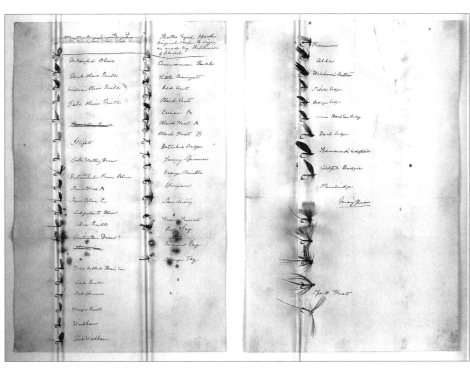

ハルフォードがゴードンに贈った毛鉤（LAND OF LITTLE RIVERS [1999]より）

《註釈126》T.ゴードンは1902年7月のフィッシング・ガゼット誌の投稿記事において、米国の羽虫は総じて英国のものより大型であることから、英国製のドライフライに用いられている鉤のサイズでは小さ過ぎる旨記している。

《註釈127》T.ゴードンは1914年10月のフィッシング・ガゼット誌に寄稿した記事のなかで、『セッジやブラウンアント等を模したハルフォード氏の洗練されたパターンは物凄く大量の脚を備え、メイフライ毛鉤ですら浮力を得るためにハックルを分厚く巻いてしまっている。願わくは、鱒には6以上の数がカウントできませんように。』とF.M.ハルフォードのフライ・パターンを皮肉っている。

《註釈128》1914年のF.M.ハルフォードの死去に際して、T.ゴードンはフィッシング・ガゼット誌に追悼記事を投稿した。このなかで彼は、米国のフライフィッシャーがハルフォードの功績に依るところ大とし、ゴードン自身にも彼の「水に浮く毛鉤とその作り方」[1886]や「ドライフライフィッシング―その理論と実践」[1889]が大きな影響を与えたと告白している。なおP.シューラリーは、Quill Gordonのウッドダックを用いたウイングもハルフォードが開発した毛鉤の明らかなコピーであると指摘している。

《註釈129》「活字のなかの釣り」[1974]より引用。

《註釈130》T.ゴードンは主にメールオーダーによる毛鉤の受注生産を行ったが、親しい仲間は彼の家近くの釣り場を訪れた際に彼の作品を購入したという。ちなみに、彼は特にハックルと鉤の品質に徹底してこだわり、大量に買い揃えてはそのなかからほんのわずかの良品を選び出して使用したと伝えられる。

《註釈131》J.マクドナルドは「毛鉤釣魚大全」[1947]のなかでT.ゴードンの功績について、『彼の登場によって、自国の水生昆虫は無視しておいて英国の確立された毛鉤のことばかり模倣したがる米国の悪弊は、これを限りに改められることになる。』と記している。

《註釈132》他方、T.ゴードンは英国のフィッシング・ガゼット誌には早くも1890年から米国の釣りを紹介す

匠の貢献を『ハルフォードは大西洋横断サイズの点火プラグであった。』("Halford was the spark plug, on a trans-Atlantic scale.")[129]と感謝を込めて記している。

このとき、アングリング・エントモロジーの伝統はいまだ新大陸の地に根づいてはいなかったが、ゴードンは川辺に羽虫を求め歩いては、その場でイミテーションを巻き上げたと伝えられる。彼はこの研究成果を携えて、1890年代にはニューヨークでの職を捨ててキャッツキル地方にこもり、1900年ごろから同地で職業タイヤーの道を歩み始める[130]。

1891年3月、ゴードンが英国のフィッシング・ガゼット誌に投稿した記事、「ある米国人の嘆き」("AN AMERICAN LAMENT")のなかには、当時の米国における毛鉤販売市場の雰囲気が活き活きと描かれ、その行間に米国人タイヤーとしての矜持が滲む一節があるので、これを引用してみたい。

『合衆国において鱒川のエントモロジーがいまだ確立されていないことは、実に不幸としか言いようがない。米国と英国では自然のあり方が大きく異なっているにもかかわらず、現在我が国で用いられている毛鉤の大多数は、英国パターンを踏襲して巻かれた、およそ古めかしいスタイルのものだといって差し支えないだろう。

輸入毛鉤に対してはまるで禁輸措置のような高率関税が賦課されているにもかかわらず、ニューヨークで販売されている毛鉤の多くが輸入品であることに、私は驚きを禁じ得ない。優れたフライタイヤーは国内にもたくさんいて、彼らは大口の取引先さえあれば安くとも喜んで毛鉤を供給することだろう。スコットランド製の毛鉤が最高級品とされ、「至高の毛鉤」と謳って販売されている。それらの仕上げの確かさとマテリアルの品質の高さは確かに素晴らしい。安価な毛鉤の多くはドイツ製で、英国パターンに基づいて製作されている。本来ならば、最高級の米国製毛鉤こそ我が国の釣り場に一番適しているはずなのだが、高い値段で販売できて、しかも関税を支払わずに済むにもかかわらず、国内のタイヤーたちがそれを数多く生産しているようには見受けられない。私が使う毛鉤は自分で巻いたものなので問題はないが、この国の釣り場、特にメイン

州の釣り場では、虫たちに関心を払う釣り人などほとんどいない。それは本当に残念なことだ[131]。』

1903年以降、ゴードンは米国のフォレスト＆ストリーム誌（Forest and Stream）にも度々記事を投稿してはドライフライの普及に努めた[132]。ただし、彼はひとつの釣法にこだわることはなかった[133]。ドライフライを試して上手くいかなければウエットフライで釣ることを勧め、それでもダメならそのドロッパー毛鉤を短く刈り込んで使うべしと指南している[134]。

ゴードンはドライフライフィッシングのあり方についていくつかの指摘を遺している。彼は、ドライフライは水量の安定した穏やかな流れで用いられるべきであって、急流での使用は避けるべきであると論じた。釣り人はアップストリームで釣るのが原則だが、真下から鱒を狙うとラインがその頭上を跨いで獲物を怯えさせるリスクがあるため、アップ・アンド・アクロスでアプローチすることを勧め、ライズがなくとも魚の潜んでいそうな場所を積極的に狙うことを是とした。鱒の鼻先から2フィート上流にそっと毛鉤を置いて、左手でラインを回収しながら弛みを取ってドラッグを回避する。小物が掛かれば左手でそのままラインを手繰って引き寄せるが、大物のときには直接リールでラインを巻き取るようにも指導している。通常用いる毛鉤のサイズは、現在の番手で#10〜16程度であって、ミッジサイズの毛鉤は魚を誘うかもしれないが、多くを逃してしまうことになるだろうと極小鉤の利用を戒めている[135]。

20世紀初頭のキャッツキル地方では、彼の教えにしたがって、穏やかな流れの上に毛鉤を浮かべる釣り人たちの姿が見受けられるようになっていった。「毛鉤釣魚大全」のなかには、当時の米国におけるドライフライ熱について、そしてフライフィッシングと我が国との興味深い関わりについて言及した記事[136]が収録されているので、これを紹介しよう。

『これまで永い年月をかけて、ドライフライはゆっくりとではあるが確実に支持者を獲得してきたところだが、最近ではそれがちょっとした「ブーム」になりつつあるようだ。ニューヨークは

る連載記事を寄稿しており、そのなかでは彼のフライフィッシングの戦略が、米国内で発表された文章よりも一層詳細に記されている。

《註釈133》T.ゴードンは、あらゆる種類の釣りを愉しんだ英国のF.フランシスを『英国最高の釣り人のひとり』と讃えている。しかし、ゴードンは鱒の餌釣りだけは決して認めなかった。

《註釈134》T.ゴードンは1914年10月のフィッシング・ガゼット誌上で、『米国のベテランアングラーは、新品のウエットフライを手に入れると、ナイフの鋭い刃でそのウイングを切り取り、ハックルをほとんど刈り取って薄く仕上げ、その毛鉤を用いて釣果を上げている。・・・(中

略)・・・思うにそのとき、鱒たちはラーバやニンフといった幼虫段階の昆虫を食べていたのではなかろうか。』と語っている。

《註釈135》T.ゴードンは、暗い場所でミッジフライを巻くのは苦痛でしかないとも語っている。

《註釈136》AMERICAN NOTES（FISHING GAZETTE [July 1907]）。

第2部　ドライフライの歴史(前編)

ハーレム地区のアングラーズクラブ (The Anglers' Club of New York)[137]が主催するトーナメント競技会ではそのための講習会が催され、この技術に対する関心はかつてないほどに高まっている。

今年、私が手紙でドライフライについて質問を受けるケースがこれまで以上に増えている。そして、この釣りに向いた川が国内に多数あることは間違いない。もちろん、ウエットフライは多くの急流において皆に好まれる釣法であり続けることだろうし、エキスパートがその両方の釣りに等しく熟達しているならば、ドライフライよりもウエットフライのほうがずっとたくさんの釣果を約束してくれる場面はいくらでもある。

ドライフライの困ったところは、病原菌のようなものが付着していることだ。その菌はドライフライを用いる者に感染する。

20世紀初頭の米国フライフィッシャー [1916]

罹患者は、永く愛されてきたウエットフライが役に立たないような日に、2、3匹の良型を釣り上げてしまうと、以後はもはや昔のままではいられなくなるのだ。無性にドライフライで釣りたくなり、諸条件がドライフライ向きでなくなれば落胆してしまう症状が確認される。ときには増水してライズの見られなくなってしまった流れにさえ毛鉤を浮かせようと試みる症状まで現われることだろう。

（中略）

チョークストリームには流れがとても緩やかで、ほとんど止水に近いような場所があるものと思う。ここで、ある穏やかな天気の一日に、水の流れをわずかに感じるばかりの川面の下に定位する1匹の大鱒がライズしているのを発見したとしよう。第一投が上手くいって、毛鉤はアザミの綿毛のようにフワリと着水したとしても、もしそのガットリーダーが水面に浮かんでしまえば、リールラインから毛鉤まで全部浮かんでいることになる。そんな状況で鱒がライズすると、はたして読者はお思いになるだろうか。

私がいつも釣る川では、たとえ魚がまだスレておらず、羽虫にライズしている最中であったとしても、水面に浮かぶガットリーダーの先に取りつけられたドライフライに彼らが喰いつくことは滅多にない。これも驚くべきことではないだろう。というのも、極細のリーダーですら陽光に照らされれば恐ろしいほど目立つものだからだ。しかし、それがほんのわずかでも水面下に入ってしまえば、毛鉤はずっと自然な姿に見えるようになる。

（中略）

少々前のことになるが、ある人が手紙のなかに長さ72インチのガットリーダーを入れて送ってくれた。彼はこの長いリーダーの束が入った小包を日本から取り寄せたのだった。テーパーが掛けられたものだったが、私はその品質に満足はできなかった。日本人は忍耐力に優れ、器用な国民なのだから、我々の求める品質水準を提示すれば、実現することができるかもしれない[138]。もちろんそれは、日本の気候があまりに寒過ぎたり、湿度も高過ぎたりせず、彼らのカイコが最高品質のテグスを生み出すことができれば、の話ではあるが。』

かくして新世界におけるドライフライ革命は、キャッツキ

《註釈137》1906年にニューヨークで設立された歴史的釣魚クラブ。G.M.L.ラブランチやE.R.ヒューイット、スパース・グレイ・ハックルといった東海岸アングラーのエスタブリッシュメントたちを輩出した。

《註釈138》T.ゴードンと日本との関係について付言すると、晩年の彼は海戦史に興味を持ち、英国のR.B.マーストンに日露戦争時の日本海海戦 [1905] について情報提供を依頼するなど、東郷元帥の戦術を研究していたことが知られている。

《註釈139》メイン州の北東に位置するカナダの州。"Nova Scotia"とはラテン語で「新しきスコットランド人の邦」の意で、州民の大宗はスコットランド系移民からな

る。この地にアトラクターフライ愛好家が多いのは、やはり祖国の血を受け継いでいるせいであろうか。

《註釈140》SENSATIONAL DRY-FLY IN NOVA SCOTIA (FOREST & STREAM [June 1913])

《註釈141》Yellow Perchは欧州に広く分布するパーチの近縁種。体側に描かれる鮮やかな縦模様は、保護色として機能する。我が国の「鮒に始まり鮒に終わる」との諺は、英国ではこの魚にあたるとされ、老若男女の釣りものとして人気がある。貪欲な性格で、生餌やルアー、毛鉤など何にでも喰いつく。

《註釈142》ブレック博士は同記事の別の一節で、『鱒が狙っている水面上の羽虫たちを観察せよ。彼らは少なくとも脚や触角を動かしている。しかし、ドライフライはそうではない。』と説いている。彼はまたそれ以前の投稿記事のなかで、『本物のカゲロウは決して静かなものではなく、活き活きと身をゆすっているのに対して、それを模したドライフライのほうはというと、まったく静止したままである。・・・（中略）・・・私が言っているのは、のたうちまわるような動きではなく、翅や触角、そして脚といった部位が我々の目にも確認できるほど明瞭に動いている姿なのだ。』とも指摘している。一見、無理難題のようにも思われるが、この指摘こそ、20世紀英国のネオ・イミテーショニストたちが検討した、ハックルの煌きが生み出す「動作の暗示」効果に関する議論

ル地方を起点に全米各地へと波及していく訳だが、この国においても福音の到来を頑なに拒む者たちがいた。特にメイン州をはじめとする東海岸北部の森深き地に釣る人々は伝統的にアトラクター・ウエットフライを愛好し、これを積極的に曳いて鱒を挑発することを習いとしていた。彼らは、野生の鱒というのは動かない餌には興味を示さないものであり、水面上で死んだように浮かんだままの毛鉤では水底に潜む大鱒を誘い出すことなど出来はしないと嘯(うそぶ)くのであった。

　ここではそうした釣り人の代表例として、1910年代のフォレスト＆ストリーム誌に度々寄稿してはドライフライを嘲笑したエドワード・ブレック (Edward Breck) 博士をとり上げてみたい。いまだ革命途上の1913年、彼が「ノヴァスコシア[139]の驚くべきドライフライ」と題して、自身によるドライフライフィッシングの体験を綴った次の投稿記事[140]を紹介することとしよう。

『5月10日のシェルバーン川は水量を増して流れも速くなっていたが、水面はとても滑らかだった。私とカボット氏はそれぞれのカヌーを近くの大岩にロープで括りつけて釣りに興じた。天気は申し分なく、空も川面もカゲロウで満ちあふれていた。最初に出てきたのは、体色が濃く翅のしっかりしたタイプのもので、2本の長い尾を着けている。それを喰っている鱒の数はというと、ライズの規模からしてざっと二、三百万匹といったところだったろうか。・・・（中略）・・・私の投じたドライフライがきちんと立って、流れ下っていく姿のなんと美しいことか！その流れ行く先のポイントでは、私の狙っている奴がもう半ダース分のカゲロウを飲み込んでしまったところだ。さあ、来るぞ！ご存じ「アワセの手返し」("turn of the wrist") の出番だ・・・。「ハロー、どうかなさいましたかな？」とカボットの野郎が大笑いしながら抜かしやがる。「鱒はアンタの毛鉤を追ってなんかいやしなかったぜ。すぐ横を流れていた羽虫は喰ったんだがね。」私はもう一度同じ鱒を狙ってみた。何度も、何度も繰り返して、バシャッと来ることもあったが、何の手ごたえもありゃしない。そこらの水面には常時5，6のライズがあるというのに、何をやっても無駄ばかり。別にその1匹だけがこのプールでライズしていた訳ではなくて、三百万匹もいたとい

うのに、だ。これを見てくれ、あの岩の下の流れで何匹もライズしているポイントに毛鉤は必ず流れて行ってるんだ。よく見てくれよ、第一級のポイントだろ？お前さんのウエットフライなんか要らないよ！目を皿のようにして、次の一投をとくとご覧あれ。それっ、フォルスキャスト、フォルスキャスト、フォルスキャストだ。後ろに戻して、ちょっと待って、それから前に投げる。すると毛鉤はポンと空中に放たれて、その後ソフトに落水するさまは、まるで私が飼っているハリネズミの背中に恐る恐る手をかけてやるときのようだ。・・・（中略）・・・お前さん、眼鏡をきちんと掛け直して、このハーディー社謹製の逸品をちゃんと見とけよ。さあ、行くぞ、どんどん流れろ、流れろ。そら、ポイントだ！さあ、さあ、さあ・・・うーむ、忌々しい鱒の野郎め、いったいどうなっちまってんだ？カボットの奴、腹を抱えてゲラゲラ笑ってやがる。ほかのプールでドライフライを何度換えてみても、結果は同じまま。しかし、ついにそのときが来たんだ。水飛沫が上がって、引っ張ってみると、私のドライフライに魚が掛かっているではないか。「ほら見ろ、この口うるさい野郎め！さあ、俺の竿捌きをとくとご覧あれだ。」私が格好よく、優雅かつ賢明に獲物をあしらってやれば、カボットも感心するはずだった。・・・（中略）・・・が、彼が差し出したタモ網のなかに見たものは、中ぐらいのイエローパーチ[141]で、こいつがその日唯一の釣果となってしまったのだ。

　さて、ひとつ真面目にお話しようか、親愛なる編集長殿。これまでの説明に大袈裟な部分などひとつもない。実際のところ、私は16日間にわたる素晴らしい釣行で、3匹の小さな鱒をドライフライで釣り上げたのだ。そのうち1/4ポンド級の2匹はレッドタグで掛けたものだったが、この毛鉤は私がこれまで使ったなかで一番小さいものだった。こんなものに引っ掛かるとは、奴らは酔っ払ってでもいたのだろう。まあとにかく、我々は素晴らしいスポーツを体験させて頂きましたぞ、正真正銘のドライフライを――沈めて使って、のことなんだがね[142]。』

　このような北国のウエットフライマンからの当てこすりを、ドライフライの擁護者たるゴードンが黙って見逃すはずはなかった。ブレック博士の記事が掲載された翌々週、ゴードンは同誌に反論記事[143]を寄せることになる。「貴方のな

に通ずるものと評価されるべきだろう。彼が毛鉤を沈めるのにこだわったのは、水の抵抗が毛鉤のハックル等を動かして、生命感を演出する効果を期待してのことではなかっただろうか。

《註釈143》SENSATIONAL DRY-FLY IN NOVA SCOTIA（FOREST & STREAM [June 1913]）

第2部　ドライフライの歴史(前編)

フォレスト＆ストリーム誌

と嘆くことだろう。私の経験に照らせば、そんなときには、サイズと色彩の面で真に正確なイミテーションのみが投じられなければならない。鱒を喜ばせることの出来る毛鉤が作れるようになるまでには、試作品を半ダースほども巻かなければならないかもしれない。他方、もし鱒の喰いが立っていれば、それほど精確ではない毛鉤でも釣れることだろう。

ブレック博士が解説した場面というのは、水に浮く毛鉤の愛好家たちが待ち望む、その前者の典型例である。この状況は釣り人たちに忍耐の限りを強いるものだ。私は純粋主義者でもなければ超純粋主義者でもないので、気が向けばウエットフライで釣ることもある。しかし、釣りの経験を重ねるごとに、この課題に取り組むことから得られる喜びを一層豊かに感じつつあるところだ。トビケラの類は翅をバタつかせるが、カゲロウの場合、ニンフの殻を破った後は帆を張った状態で水面上をおとなしく流されていくのが通例である。10年ほど前と比べると、カゲロウはもはや豊富とはいえないが、5月の天候が荒れる時期ともなれば、ほぼ毎日大規模なライズを引き起こすことだろう。

私はこのところ体調がすぐれず、お恥ずかしながらペンの運びもいつものようにスラスラとはいかないのだが、もちろん、彼の地を流れる川では状況が大きく異なることは認められて然るべきと考える。それでもなお、羽虫が水面に姿を現し、それを鱒が喰っている限り、不屈のドライフライマンがついには獲物を釣り上げるだけでなく、ライズが安定していればそのなかの最大級の魚を仕留めるであろうことを、私は確信している。確かに、毛鉤のプレゼンテーション方法にはさまざまなものがある。また、我々の毛鉤のなかの最良のものでさえ、完璧と言うにはほど遠い。しかしながら、もし本物の羽虫が水面上で見せるのと同じ効果を再現できる者があるとすれば、彼はスポーツを心ゆくまで満喫することになるだろう。初めから素晴らしいイミテーションを思いつく者もあるかもしれないが、ほとんどの釣り人は試行錯誤を繰り返してこれを手に入れようともがき苦しむことになる。私などは、ある1匹の虫を模倣するのに、もうこれ以上のものはないと納得できるようになるまで、2シーズンもの期間を要することさえあるのだ。

ブレック博士の愉しみを追体験するのに、わざわざノヴァスコシアまで出かける必要はない。私は同じ状況をこれま

さっているドライフライフィッシングは途半ばですぞ」と直截に忠告することは慎みながらも、必要な反論を的確にこなす紳士然とした彼の語り口を次のとおり紹介したい。

『ブレック博士の記事はいつも面白いし、彼の体験は素晴らしいものだ。しかし、今回の記事では、ドライフライがノヴァスコシアでは役に立たないという理論を開陳なさっている。本物の羽虫が飛んでいて、鱒がそれを喰い放題の状況にあるときには、的確なイミテーションをごく自然に送り込むことによってこそ、ようやくすべての問題が解決されるのだ。連日ある種の羽虫が大量にハッチし続けるような川の多くで、私もまた彼と同じ体験を重ねてきた。そんなとき釣り人たちは「ハッチが始まる前は釣れていたのに、羽虫が出たら喰いが止まっちまった。」

《註釈144》白いシルクボディーと茶のボディーハックルに灰色のマラード・クイル製のウイングを合わせ、ハックルとテイルには茶のコックハックルを用いたドライフライ。

《註釈145》クリーム色のキツネの毛のダビングボディーにウッドコック又はマンダリン・ドレイクのフランクフェザーのバンチ・ウイングを合わせ、ハックルとテイルにはペール・ジンジャーのコックハックルを用いたドライフライ。「ケイヒル」との名はここに登場するタイヤーの名前に由来するとされるが、他方、米国の釣魚史家であるH.スメドレーは、19世紀後半にニューヨーク市とキャッツキル地方を繋ぐエリー鉄道の機関夫を務めていたダン・ケイヒルが開発したものであると記している。

《註釈146》T.ゴードンは、このパターンはPale Blueと呼ばれる羽虫が出ているときに有効だと説いている。P.ジェニングスはこの羽虫をヒラタカゲロウ科のStenonema ithaca等と同定している。

《註釈147》金色のシルクボディーを細めのゴールドティンセルでリブづけし、バンチ・ウイングにはウッドダックのフランクフェザーを、ハックルとテイルにはライトクリーム・バジャーのコックハックルを用いたドライフライ。

《註釈148》他方、T.ゴードンの釣友であったH.クリスチャンは、ゴードンが同パターンをDrake（モンカゲロウ）のイミテーションとして用いていたと証言している。

《註釈149》T.ゴードンは同パターンの場合、クイルボディーの耐久性を補うため、極細のゴールドワイヤーで軽くリブづけした。

ニューヨーク州やペンシルバニア州で経験してきたし、メイン州でも少なくとも1回は遭遇したことがある。これは素晴らしき難問であり、ちょっとした研究と努力を費やすだけの価値は充分にあるといえよう。』

　ゴードンは短い生涯の間に、ドライフライの銘品を世に送り出し続けた。彼のパターンにはさまざまな逸話が彩りを添えている。1906年、ビーバーキル川 (Beaverkill River) を釣っていたある釣り人が大物のライズを見つけたものの、鉤に掛けることができなかった。そこにたまたまやってきたゴードンをかなりの手練れと見込んだこの釣り人は、彼にポイントを譲ろうとした。ところがゴードンはこれを丁重に断って、代わりに彼にマッチング・ザ・ハッチの教授を行い、その場で捕まえた羽虫に似せた毛鉤をあっという間に巻き上げた。釣り人はこの毛鉤を用いて、ライズの主である20インチ級の大鱒を見事釣り上げたという。これが世に「ゴードンズファンシー」(Gordon's Fancy) と呼ばれるパターンの誕生にまつわる故事である。

　彼はまた、伝統的なウエットフライをいくつもドライフライにアレンジし直した。元々英国のシルバーセッジに由来するウエットフライ・パターンをゴードン流に焼き直したのが彼のビーバーキル(Beaverkill)[144]であり、19世紀後半にダブリン在住のタイヤーが創作したところ、あまりの生命感に作者本人も耳をそばだててその羽音を聴こうとしたという伝説が伝えられるライトケイヒル (Light Cahill)[145]も、ゴードンによって一層明るい色調に作り直された[146]。

　もちろん、彼自身の創作によるイミテーション・パターンもいくつかが現代に伝えられている。ボディーに金色をまとったゴードン (Gordon)[147]は今もキャッツキルのスタンダードとされているが、なによりも彼の名を釣魚史に深く刻み込んでいるのが、クイルゴードン (Quill Gordon) であることに疑義を挟む者はない。ゴードンは、このパターンにいくつかの色調のバリエーションを用意し、ボディーに用いるクイルには黄色が差したものを好んで用いたと伝えられる。この毛鉤がいったい何のイミテーションとして製作されたのか、由来は必ずしも明らかではないが、後にP.ジェニングスがこの謎について次のような推論を立てている[148]。

『IRON (EPEORUS) PLEURALIS BANKSとは、鱒釣りシーズンの初期に現れるカゲロウの中型種であり、しばしばフライフィッシャーからは「クイル」(Quill) との愛称で呼ばれる。
　イートン博士はカゲロウに関する論文のなかで、彼がEpeorus（訳者注：ヒラタカゲロウ属）という属名を与えた欧州原産の羽虫について解説した。そして彼は、それに似た米州原産の羽虫にIronという属名を与えた。Pleuralis banksと名づけられた種はその両方の属にわたって存在することから、ここではそれらの名をIron (Epeorus) と表記する。
　明るめのバンドと暗めのバンドが交互に並ぶはっきりとした胴の紋様は、キジのショルダーフェザーから採った羽根軸を鉤軸に巻きつけることで上手く表現できる[149]。

1910年代の米国フライフィッシャー

145

第2部　ドライフライの歴史（前編）

ゴードンが巻いたクイルゴードン（「米国のフライフィッシング」[1987]より）

　この羽虫の体色にはかなりのバリエーションが存在し、ペンシルバニアのブロッドヘッド・クリーク流域で採取される個体はかなり明るい色調を示すことから、イエロークイル（Yellow Quill）という名で地元の釣り人に親しまれている。
　筆者は、セオドア・ゴードンが彼の有名なクイルゴードンをデザインするときに、この*Iron (Epeorus)* をモデルにしたという確たる証拠を持ち合わせている訳ではないが、上手く作られたクイルゴードンを鱒がこの羽虫だと思って喰いつくことに、彼は充分満足していたのではないだろうか。条件が揃う川であればこの羽虫は大量に発生し、その羽化の際に魚たちはこれを偏食する。そんなとき、明るめのダン・ハックルで巻いたクイルゴードンこそ、自信を持ってフライボックスのなかから取り出すことのできる唯一の毛鉤となるだろう。』[150]

　ゴードンは自らのタイイング技術やマテリアルの選定基準について公に論じることはほとんどなかったが、その背景となる基本思想についてはさまざまな場面で解説を行っているので、これらをまとめて紹介してみよう。
　まず鱒の色覚について、ゴードンはその能力を高く評価した。彼の投稿記事のなかには、『鱒は色彩に対しては素晴らしい視力を発揮するが、物の形状に対してはそれほどでもない。』との見解が述べられている[151]。また彼は、鱒が食欲以外の理由で毛鉤に喰いつくことにすら言及しており、はっきりした色遣いや光を反射するボディーの利用を勧めつつ、『いくつかのファンシーフライは、ドライフライとして用いても生命感にあふれ、水面上でごく自然な外観を呈することに成功している。』と語っている。この思想は、19世紀を生きたT.ノリスやH.P.ウェルズの理想をそのまま受け継ぐものといえよう[152]。

　とはいえ、後世の釣魚史家がこぞってゴードンの偉業と讃えるのは、やはり彼のイミテーション論である。彼はイミテーショニズムの意義を充分に認識しつつも、「厳格なる模倣」の限界を悟り[153]、これに代えて自然の総体的な模倣に努めたことが知られている[154]。J.マクドナルドも著書のなかで、ゴードンが『モネのような印象主義と川辺の経験主義に基づいてデザインされたドライフライを導入した。』と総括している。後に英米両国においてハルフォーディアンとは異なる立場からドライフライの可能性を追求する者たちが次々と登場することになるが、彼らの方向性を先取りするゴードンの思想の一端を、J.マクドナルドは次に引用する彼の投稿記事を通じて現代へと伝えてくれた。ゴードンの思想もまた、後の米国フライフィッシングを担う俊英たちへと絶えることなく受け継がれていくのだ。

『自然な外観と正しい色彩を備えるよう上手く作られた毛鉤は、ひとつの種類の羽虫を模倣するだけに留まらない。
　例えば、ダン・カラーは虫の色として一般的なもので、灰色からほぼ紫色に近いダークブルーダンと呼ばれるものまで幅広く存在する。黄色はもうひとつの標準的な色で、鮮やかな淡黄色から繊細なプリムローズやオレンジまでさまざまだ。茶色は特に夕方の装いとしてよく見かけられるが、春の釣りでは朝方にも適切な色となる。この色も黄色がかった茶色から赤茶色まである。黒色がシーズンを通じて不要となることは決してなく、甲虫やナットの類いには "comme il faut"[155] である。

（中略）

　日が暮れてから羽化する羽虫には、それに近い色彩を帯びたカディスフライが使えるだろう。もしお好みなら、テイルを引き抜いても構わないが、それは毛鉤のバランスをとり、浮力を増してもくれているのをお忘れなく。トビケラが羽ばたけば、

《註釈150》「鱒毛鉤の書」[1935]より引用。

《註釈151》T.ゴードンはまた、F.M.ハルフォードの「ドライフライフィッシング―その理論と実践」第四版[1902]を読んで、『ハルフォード氏が厳格なる色彩理論に対する見解を修整したことに大いに失望させられた。』とも記している。

《註釈152》T.ゴードンは、効果的なファンシーフライとは『赤い毛鉤や、赤と白、あるいは赤と青を併用したものであって、こうした色彩は肉食性である彼らの獰猛な本能を興奮させる。原野を流れる川や湖の多くでは水生昆虫の棲息がきわめて乏しいことから、フライフィッシャーは毛鉤を模倣物としてではなく、誘惑物（lure）と

して用いなければならない。』と解説している。

《註釈153》T.ゴードン『鱒に色彩を見分ける能力が存在すると信じることができれば、我々は合理的な議論のために確固たる土台を得て、多くの謎を解明するに足る説明を行えるようになるだろう。しかし、このように信じるからといって、いかなるケースにおいても、我々の選択肢が自然の精確な模倣に囚われる必要はないのだ。』の言葉を遺している。

《註釈154》その一例として、T.ゴードンは質感豊かなダビング材を毛鉤のボディーに用いるべきことを説き、ハルフォード流の馬素やクイルだけを用いる方法に疑問を呈した。

《註釈155》仏語で『規範に沿った』との意。

《註釈156》A LITTLE TALK ABOUT THE ANGLER'S FLIES (FISHING GAZETTE [February 1913])より引用。

その翅は上に向かって立つ。残照のなかを飛ぶこの虫の激しく動く翅と脚部は、まるで胴体の周りでわずかに輝く後光のような印象を見る者に与える。カワゲラも水面を走るときには大振りな翅を立て、産卵のときにも同じ行動をとる。この翅の色にちなんでイングリッシュ・イエローサリーと名づけられた毛鉤は、我が国ではある種のトビケラを模したものとして用いられることがある。しかし実際のところ、明るめの黄色いハックルを巻いた単純な毛鉤のほうがずっとよく釣れるということも多いのだ。

(中略)

昆虫が水面上にたくさん出ている場面、あるいはつい先刻までそうだった場面では、イミテーションがきわめて重要となるときがある。しかし、鱒が捕食態勢に入っている場合、毛鉤を魅力的に流すことができれば、それが自然な姿をしている限り、鱒はどんなものにも喰らいつくのだ。確かに理論は興味深い。しかし川辺で実証されない限り、理論におよそ価値はない。永い年月をかけて、我々は好きなだけ理論化に取り組めばよいし、好きなだけ釣ればよい。だが、常にそこには学ぶべき新たな事実──解決し難い新たな課題が立ち現れてくるのだ。』[156]

セオドア・ゴードン

第8章　ドライフライ純粋主義

【ドライフライ・シンドローム】

　19世紀末、近代ドライフライフィッシングはF.M.ハルフォードが唱える教義の上に花開いた。以来、試行錯誤が重ねられた結果、アトラクター性の強いファンシーフライの釣り人や、一部にはイマージングニンフをついばむ鱒を狙って水面直下の釣りを試みる者まで登場し始めたが、ほどなくしてこれらの風潮を拒絶する者たちが現れた。彼らは「純粋主義者」(purist)と呼ばれ、しばしば一般フライフィッシャーの好奇の眼に晒された。

F.M.ハルフォードの肖像画

　16世紀の昔、腐敗したカトリック教会を公然と批判し、救世主キリストの教義に回帰すべく『聖書に帰れ』と唱えたマルティン・ルター[157]らの宗教改革にも似て、純粋主義者の一団はハルフォードの福音をそのままに受け継ぎ、チョークストリームの畔で篤い信仰の証しを立てようと、あらゆる努力を尽くしてその理論の実践を試みた。彼らの釣りはすべてがドライフライの儀式に捧げられる。純粋主義者たちは水面に浮かぶスペントナットのシルエットを十字架に見立て、それにライズする鱒の姿を天使の降臨像に重ねた[158]。

　ドライフライ純粋主義者をこのように表現するのは大袈裟に過ぎると思われる向きもあるだろう。しかし、釣果論や効率論の彼岸にあって、フライフィッシングという行為そのものの価値を極限まで追求する彼らの姿勢に、はたして「信仰」という言葉をおいてほかにふさわしい表現があることだろうか。一例を挙げれば、ある純粋主義者はこの釣りをサーモン釣りと比較した。彼は、英国において「王侯の愉しみ」とされるサーモン釣りを評して、『サーモンに背後から忍び寄ることはできない。サーモン釣りでは羽根で水面を愛撫してやることもできない。』と記し、サーモン釣りに浮気したドライフライマンも必ずや元の釣りに戻ってこようと論じた[159]。この恍惚たる筆致の裏側に、読者諸兄はいったい何を読み取られるだろうか[160]。

　もちろん、ハルフォードこそその最も有力な提唱者であり、いくつかの著作で純粋主義者の倫理を解説している。彼は「ドライフライフィッシング──その理論と実践」[1889]のなかで、獲物を探して絶えず水面をラインで鞭打つ行為が魚をスレさせてしまうことを警告した上で、純粋主義者はライズ中の魚に対してのみ毛鉤を投じ、それが見つからなければ一日中手持ち無沙汰でいることも厭わないと説いた。ただし、よく管理されたプライベートの釣り場であれば、ライズしようと水面下に定位している活性の高い鱒を狙うことも許されると記している。後に、ハルフォードが純粋主義を思考の蒸留器にかけ、ドライフライマンの行

《註釈157》1483年、神聖ローマ帝国のザクセン地方（現ドイツ東部）に生まれる。カトリック教会が信徒にいわゆる免罪符を販売することを公に批判し、「人はただ信仰によってのみ救われる」と説いた。1521年、ローマ教皇庁はルターを破門し、その著作の所持を禁じた。以後、彼はザクセン選帝侯フリードリヒ3世の庇護を受けながらプロテスタントの教義を広めた。賛美歌を愛し、聖職者の婚姻を認めて自らも妻帯した。46年死去。

《註釈158》釣りとキリスト教は古くから密接な関係にある。一例を挙げれば、旧約聖書（ヨブ記）のなかでは、神が海の怪物リヴァイアサンを釣り上げるようすが描かれている。

《註釈159》ENGLAND HAVE MY BONES (T.E.White [1936])より。

《註釈160》後世の釣魚史家は、このような純粋主義者たちの熱狂を揶揄して、彼らのことを「ドライフライ教徒」("Cult of Dry Fly")と呼び、ドライフライ革命を「ドライフライ・シンドローム」("Dry-Fly Syndrome"：「ドライフライ症候群」）と皮肉った。

《註釈161》フランスのシャルル・リッツは、グレイリング釣りでは鉤に掛けるまでのプロセスを重視するあまり、その取り込みについてはあまり関心を示さなかったと伝えられる。

《註釈162》1844年、スコットランドに生まれる。当代随一の博識家として知られ、詩人及び小説家としても優れた作品を残した。世界各地のおとぎ話を編集した彼のANDREW LANG'S "COLOURED" FAIRY BOOKSは今も各国で読み継がれている。熱烈な釣り人としても知られ、スコットランドの釣りの愉しみを綴ったANGLING SKETCHES [1891]は19世紀釣魚文学の傑作のひとつとされている。1912年没。

《註釈163》貴族のフライフィッシャーなかには、サーモン釣りの際、獲物を掛けて最初のひとノシふたノシを愉しんだ後は、そのまま釣竿を従者に渡してしまう者もあったと伝えられる。

1880年ごろのドライフライマンたち

為規範を定義した次の有名な一節を、「ドライフライマン指南」[1913]のなかから紹介しよう。

『我々のなかで、いついかなる状況下においてもライズ中の魚以外に対しては決して毛鉤を投じない者は、ときに超純粋主義者(ultra-purist)と呼ばれる。これに対して、まだライズするには至らないものの、水面下に定位している魚に対しても時々手を出す者がいるが、彼らは純粋主義者と評される。何人もの釣魚作家が、しばしば「非難されるべき哀れな人種」という趣旨でこれらの表現を用いているが、なかには単なる皮肉でしかない場合まである。しかしながら、ドライフライ・フィッシャーとして認められることを欲する者は皆、これら純粋主義者あるいは超純粋主義者の例に倣うことを第一の鉄則とすべきである、と私は強く忠告しておきたい。』

また、純粋主義者の間では「厳格なる模倣」の思想が徹底され、いいかげんな毛鉤で釣る者は軽んぜられた。彼らにとって、魚が毛鉤に跳びつくのはある意味当然のことであって、そのプロセスを釣り人の筋書きどおりに進行させるところにスポーツの醍醐味があるとされた。言い換えれば、釣り人が熟慮の末に選択した毛鉤は、本人の眼にも、鱒の眼にも、想定された特定種の羽虫として映っていなければ、釣り上げる価値はなかったのである。

その結果、フライフィッシングの愉しみを釣果ではなくプロセスのなかに求める美学が誕生することになったのだが、この嗜好は次第に先鋭化し、獲物のヒキを味わうことに興味を抱かぬ釣り人さえ生み落とした[161]。H.マクスウェル卿によれば、彼の釣友であったアンドリュー・ラング(Andrew Lang)[162]が鱒を釣るときには、水面上の毛鉤にライズがあっただけで満足し、釣り上げるのが面倒なときにはドライフライの鉤先を折って用い、ライズする鱒をからかうだけの遊戯に興じたと伝えられる[163]。

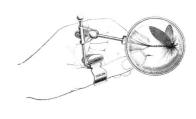

このような美学の是非について語った作品群のなかから、ハワード・マーシャル(Howard Marshall)[164]の佳作「リフレクションズ・オン・ア・リバー」(REFLECTIONS ON A RIVER [1967])[165]に綴られた次の一節をご覧頂きたい。このなかに見られるマーシャルの微妙な言いまわしが、純粋主義者について語ることの難しさを如実に示している。

『私は、鱒釣りの手法をドライフライだけに限定するチョークストリームの純粋主義者たちをからかうような風潮が蔓延していることにまったく納得できない。デヴィッド・ジャックスは彼の著書「フライフィッシャーマンズ・フライ」のなかで自らの姿勢を次のようにきわめて明快に示している。
『私自身について言えば、鱒を仕留めること自体に特別関心はない。私の興味を惹くものは、ドライフライと呼ばれる方法で鱒を捕らえることなのだ。この手法は実に魅力的で、かつきわめて当惑させられることも多く、不確実性に満ちあふれているため、そこから得られる心地よい精神的刺激と比べれば、実際に獲物を捕らえることの意義など霞んでしまう。したがって、私が釣るのは、この釣法だけが認められている流れであり、価値観を共有できる釣り人たちとの会話を愉しむことができる釣り場なのだ。』

　実に見事な言明ではないか。これは個々人の選択の問題であって、ドライフライ純粋主義者になんらスノビッシュなところはない。彼らは単に、フライフィッシングのある特定分野のなかに最大の喜びを見出しているに過ぎず、それ以上のものではないのだ。かの偉大なハルフォードは純粋主義者の典型であって、ゴールドリブド・ヘアーズイヤー(Gold-ribbed Hare's Ear)[166]がいったいどの羽虫のイミテーションなのか同定できないとの結論に至ったとき、使用をきっぱりと諦めたそうだ。

ベンチに座ってライズを待つフライフィッシャー

《註釈164》1900年生まれのラジオアナウンサー。ノルマンディー上陸作戦やエリザベス2世の戴冠式など時代の節目を飾る報道を担当。ランボーン川の畔に居を構えて、週末にはチョークストリームのドライフライフィッシングを堪能した。サーモン・アンド・トラウト誌の共同創設者の一人でもある。73年没。

《註釈165》この題名は、「川面のきらめき」と「川辺に寄せる随想録」の両義句となっている。

《註釈166》H.S.ホールは1903年10月のフィッシング・ガゼット誌上で、使う毛鉤を一本だけ選ばなければならないとすれば、それはこのドライフライ・パターンであると記した。その理由のひとつは、鱒がバルジングライズの最中で水面上のドライフライに見向きもしない場面でも、このドライフライだけはそんな鱒さえ喰いつかせる魅力を備えているからだ、と語っている。ちなみに、F.M.ハルフォードはこのドライフライをニンフのイミテーションとみなして忌み嫌った。

《註釈167》発案者は不明であるが、フランスのTony BurnandとC.リッツによって初めて釣魚雑誌で紹介されたとされる、Bivisible類似のドライフライ。のちに同国のフライタイヤー Andre Ragotによってその♀バージョンが創作されたが、もちろんそれは鮎毛鉤の久松同様、冗談の産物であった。

《註釈168》もし彼らの釣りに苦笑を浅らすフライフィッシャーがあるならば、考えてみて欲しい。セレクティブな鱒を狙う場合、その愉しみの核心部分は、獲物を釣り上げること自体よりも、むしろ正しいイミテーション・パターンを選び出して予想通りに獲物を欺くところにこそあるのではないか。鱒が騙されて喰いつくことが、「実験の成功を示すマーカー」であるとすれば、我々の愉しみもまたドライフライ教徒の歓びからさほど離れたところにあるものではないだろう。

ハルフォードならぬ我々は、せめてそれが羽化したばかりのダンのようにも見えることを自分に言い聞かせながら釣るよりほかにないのだが、いずれにしても、それは鱒のほうでお決めになる話だ。

（中略）

　私はチョークストリームの純粋主義者に対してとても好感を抱いているからこそ申し上げるのだが、彼らはセッジの話を聞いても心動かされることはないだろうし、米国人たちが自国の川で使っているパナマ（Panama）[167]と名づけられた毛鉤のことなど想像しようものなら、身震いが止まらなくなることだろう。パナマはシャルル・リッツが高く評価しており、合衆国ではきわめて人気のある疑似鉤なのだが、いったい何の羽虫を表現しているのか、誰にも解らない。この擬餌鉤は、緑のボディーに黄色くリブづけされ、赤いハックルをグルグル巻かれたところにテイルが着けられているのだが、水面上によく浮き、視認性にも優れている。私がオリヴのハッチを釣ったとき、鱒たちはこの擬餌鉤に貪欲に喰いついたものだ。たぶん、鱒は本物の羽虫よりもこちらのほうにずっと熱心だったのではないかとさえ思われたのだが、もし純粋主義者がこんな話を聞けば、たちどころに胸を悪くすることだろう。』

20世紀初頭のドライフライマン

　そもそも、狙った獲物をシナリオどおりに仕留めることの喜びは、W.C.スチュアートがアップストリームの釣りを確立したとき、すでに英国のフライフィッシャーたちに運命づけられていた訳だが、純粋主義をきわめようとする一部の者たちは、その美学を厳密な科学の域にまで昇華させようとした。

　彼らにとって、毛鉤にライズする鱒はあくまで実験の成功を示すマーカーに過ぎず、ただひたすらに自らの信奉する理論を実証することこそが真の目標とされた。密やかなプロセスの愉しみをも超えて、ハルフォードが示した命題の証明──たとえそれがどんなに困難であろうとも──を、厳密に設定された条件の下で高い再現性をもって実現するところに喜びを見出したのである[168]。

　もしも釣り人に予期せぬ風が吹き寄せ、キャスティングの照準が狂って毛鉤が違う川筋を流れてしまうとき、狙いとは別の獲物が喰いつくかもしれない。スチュアートの信奉者ならばこれを天からの授かり物として喜んで魚籠に収めたことだろう。しかし純粋主義者の場合はその獲物を実験失敗の副産物として恥じ、他人に見られぬようそっと流れのなかに戻したに違いない。

　このような純粋主義者が一般の釣り人に温かく受け入れられるはずはなかった。孤高にあることを厭わない──否、むしろそれを望んだ──彼らは、ハッチのない日には竿を振ることもなくただ肩を落として野辺をさまよい歩き、往く先々で自らの理論の正当性を周囲の釣り人たちに吹聴してまわった。当然、純粋主義者は川辺で煙たがられる存在とみなされ、多くの釣魚作家にとって格好の風刺対象となった。

　その一例として、ユーモリストとして知られるウィリアム・ケイン（William Caine）[169]の好著「普通の釣り人」（AN ANGLER AT LARGE [1911]）のなかから、「ピュアフリング氏

《註釈169》1873年、リバプールで裕福な国会議員の家庭に生まれる。オックスフォード大学を卒業後、法曹界で働くが、まもなく職を辞してさまざまな分野の文筆業に専念する。棘のあるユーモアに満ちた作風で知られたが、1925年に急逝。

151

第2部　ドライフライの歴史（前編）

と純粋主義について」と題する小品の一節を紹介しよう。

『橋の上の男は身じろぎひとつせずに佇んでいた。彼は私に背を向けて立っていたが、身なりから彼が釣り人であることが判った。私は彼に近づき、明るく挨拶の声を掛けた。

彼は挨拶を返したが、その対応は冷ややかに感じられた。「ピュアフリングさんですか？」と訊ねると、彼は首肯した。私は自己紹介をしたが、彼は無関心なようだったので、もう一度名前を彼に伝えたところ、彼は「あぁ。」と返事をした。

やれやれ、人の名前を聞いておいて、発すべき言葉のすべてが「あぁ。」というのでは嫌になってくる。そんな訳で、ピュアフリングという人物に好意は持てなかったが、私は努めて丁寧に接するよう心掛けた。そこで彼に、羽虫は出始めたでしょうか、と聞いてみた。彼は、雌のベティス・ロダニ（*Baëtis Rhodani*）を1匹だけ見かけたという。私はある疑念を抱いた。私はその情報に礼を言い、そんな名の虫を模すのはいかにも難しそうですね、と言ってみた。そして、「私自身は、5月のこんな朝の時間帯であればオリヴ・ダン [170] に賭けてみるんですけどね。」とつけ加えてやった。彼は独りほくそ笑みながら、「オリヴ・ダン、と表現すべきでしたかね。」と答えたので、私は「そっちのほうがありがたい。私は学者じゃないもので。」と返した。その日、私はワセリンを持ってくるのを忘れてしまったので、朝食に出てきたハムから切り取った脂身をラインに塗りつけ始めた。ラインだけでなく両手やズボンまで脂でベタベタにしてしまったところで彼を見遣ると、彼は怒気も露わにこちらを睨みつけている。

「そんなことを毎朝繰り返して、ご苦労なことですな。冬の間にきちんとラインを手入れしておけば、脂身でそんな面倒なことなどせずに済むのですよ。蜜蝋10オンスに溶かし込んだ1パイント分のシェラックを、同量の熊脂、ケチャップ、鯨蝋、甘草、そして雨水と一緒に3時間煮立て、その後バター・ミューシリンで濾し取って、・・・」

そこで、「私は料理人ではありませんが、レシピを教えて下さったご親切に感謝します。」と礼を言った。そう、自分の関心事を他人に教えてやるときには、誰しも親切になるものだ。私の疑念は一層大きくなった。それを確認するため、私はこう訊ねてみた。「まだ竿を出さないのですか？」彼はちょっと身を強張らせて、「まだ羽虫が出ていないのでね。」と、我が意を得たりといわんばかりの面持ちで答えると、向こうのほうへ去っていった。

やっぱりそうだ。

彼は純粋主義者だったのだ。』

前にも触れたとおり、純粋主義者について語ることは難しい。W.ケインが辛辣な筆を振ったように、彼らのあまりにストイックな行動をあざ笑うのは簡単なことだ。なかにはエリート気取りの粗忽者もいたことだろう。しかし、少なからぬ釣り人たちが心酔したこの美学のなかに、一抹の真実——フライフィッシャーが求めてやまぬ何か——が隠されていることを忘れてはならない。

生きた羽虫で釣ることに飽いた人々が毛鉤を発明し、次いで水中に沈む毛鉤にも飽いてしまった者たちは、今度はそれを水面に浮かせて釣るという新たな愉しみを発見した。こうした歴史の展開に頷く我々が、さらなる高みに臨んで奮闘する純粋主義者たちの姿を嘲ることなど、いったいどうしてできようか。彼らの狂気は、フライフィッシングに魅せられた我々のなかにも確実に潜んでいる。

ハルフォードがG.S.マリエットと初めて出会ったその百年後に英国ハックルの研究で知られるフランク・エルダー(Frank Elder)が著した「ハックルの書」(THE BOOK OF THE HACKLE [1979])のなかにも、現代の釣り人に受け継がれた純粋主義の遺伝子をはっきりと確認することができるので、その該当部分を引用してみよう。

『羽化したばかりのダンが川を流下するところを鱒が捕食する姿は、釣り人にとって最もエキサイティングな光景である。このダンを模した毛鉤を鱒の口に掛けるところに、ドライフライフィッシングのすべてがある。しかし、そのとき釣り人が試みようとすることがいったい何なのか、しっかりと明らかにしておかなければならない。我々が試みようとするのは、羽化直後のダンが水面を離れて比較的安全な川岸に向かって飛び立つ前に、翅が乾くのを待ちながら川に吹き流されている状態を再現することなのだ。この状態のダンは水に濡れておらず、このライフステージにある羽虫を表現しようとするならば、我々

《註釈170》「ドライフライの近代発展」[1910]に示された7つのOlive（コカゲロウ属）パターンのうちOlive Dun（7番：♂、8番：♀）に関するマテリアル指定は次のとおり。（鉤のサイズはいずれも＃0。）
7番：中程度の色彩感のムクドリ(Starling)のウイング、金色を帯びたbronze greenに染められたコックハックルを2枚重ねて巻いたハックル、羽毛を落としたコンドル・クイルをハックルと同じ色に染めたもので巻いたボディー、これと同じ色に染められたヘンハックルのテイル、淡い栗色の馬素で3回巻き上げたヘッド。
8番：中程度の色彩感のムクドリのウイング、淡い金色を帯びたbronze greenに染められたコックハックルを2枚重ねて巻いたハックル、尻の部分だけprimrose yellowに染めた羽毛を落としたコンドル・クイルを3回

巻き、残りをハックルと同じ色に染めたコンドル・クイルで巻き上げたボディー、ハックルと同じ色に染められたヘンハックルのテイル、淡い栗色の馬素で3回巻き上げたヘッド。

の毛鉤もまた乾いた状態とすべきである。我々の毛鉤は文字どおり、'dry-fly'でなければならないのだ。そんな当然のことを、と思われるかもしれないが、釣り人が最初にダン毛鉤を巻いた日から、無数の誤解が生まれてきたのだ。その真のイミテーションは、乾いた毛鉤でなければならないのであって、水面に貼りついて浮かぶことなどあり得ない。ダン毛鉤は水面の上に座っていなければならないのだ。完全なイミテーションであるためには、そのハックルファイバーの先端が1本たりとも水面を割って沈み込んではならないのである。

(中略)

ハックルをボディーの両側に広げるパラシュートフライは、羽化したばかりのダンのイミテーションではない。これは単に、毛鉤を釣り人から見やすくし、なるべく永い間水面に浮かせるための工夫でしかない。パラシュートフライでも釣れるとか、実際、場合によってはこちらのほうが出来のよい真のドライフライよりも効果的であるとかいった議論は、事の本質ではない。鱒がパラシュートフライを、ニンフの殻を脱いでいる最中のダン、あるいは水面に囚われてしまった状態のダンと認識して喰いつくこともあるかもしれない。鱒がこうした毛鉤により関心を示すときに、それを使わないというのは確かに愚かなことだろう。仮にこういう釣りを慎む者があるとすれば、それこそ筋金入りの純粋主義者であるに違いない。他方、そういう釣りに手を出すというのであれば、その者は自分がやろうとしているフライフィッシングは特殊な状態にあるダンの再現に過ぎないのであって、翅を乾かしながら吹き流されてくるダンの再現ではないということを、重々納得しておかなければならない。』

パンチ誌に掲載された風刺画 [1921]
農夫『あの向こう側にはデッカイのがいるのに、なんで狙わないんですかい？』
純粋主義者『あぁ、あれはファリオがニンフをとってるんでね、駄目だったんだよ。』
農夫『そりゃ、旦那の毛鉤が鱒に見切られちまってるだけじゃないですかい？』

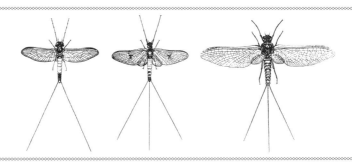

153

第2部　ドライフライの歴史(前編)

どんなに時代が移り変わろうとも、純粋主義の熱狂にとり憑かれた釣り人の心に平穏が訪れることはない。後に、グレイウルフをはじめとする米国発の新しいドライフライ・パターンが英国のチョークストリームにも登場し、これにとびついた開明的なフライフィッシャーがいくら大釣り自慢を吹聴してまわろうとも、彼らは歯牙にも掛けなかった。純粋主義者たちは、完璧な敗北が運命づけられていることなど百も承知の上で、自らの理想を高く掲げて些かも怯むことはなかった。

17世紀初頭、スペインの文人セルバンテス[171]は、痩せ馬にまたがり小太りの農夫を従えて風車に闘いを挑む老人の姿を描いた。もしこの男の「見果てぬ夢」を嗤うフライフィッシャーがあるならば、是非とも姿見の前に立ってみて欲しい。鏡に映る貴方の表情の片隅には、「憂い貌の騎士」[172]の面影が宿っていはしないだろうか。

純粋主義の抗し難い魅力について最も雄弁に語った文章がウィリアム・ハンフリー(William Humphrey)[173]の著作「我がモビー・ディック」(MY MOBY DICK [1979])のなかに収録されているので、そこから一節を引用してみたい。読者諸氏はこの文章をいかに読み解かれるだろうか。奇人の戯言としてか、それとも貴人の箴言としてか。

『ドライフライマンは自らの選んだ釣法に最も頑なに忠実な釣り人、スノッブのなかのスノッブである。彼はドライフライフィッシングが釣魚の階級社会において最も高い地位を占めるものと信じている。奇妙なことに、他の釣法の釣り人たちまでがこの考えに同意して、ドライフライマンに譲歩する場合も多いのだ。釣りの繊細さという点ではドライフライが勝ることを彼ら自身も認めている。そこで思うに、本当にこれは奇妙だといえるのだろうか。自らが上流階級であることを主張するためには、皆にそれを認めさせるだけの何かがなければならないはずである。ドライフライ純粋主義者が他のあらゆる種類の釣り人たちから尊敬される理由は、実はたくさん釣れるからではなく、むしろ全然釣れないからなのだ。彼の釣りは、最も純粋で、最も実用性に乏しく、まったく実益を伴わないスタイルのスポーツなのである。

ああ素晴らしき哉、ドライフライ純粋主義者の偏屈！彼は自分に勝ち目のないことを知っているのだが、それにもかかわらず——否、であるがゆえにこそ——彼は何に対しても屈せず、うわべだけの成功に対しては高邁なる無関心で応じ、そして、彼が集中力を発揮するのはその手段に対してであって、目的に対してではないのだ！餌も仕掛けも自由なパブリックの釣り場に彼を置いてみよう。まず、獲物で魚籠を満杯にした餌釣師がやって来る。ドライフライマンはその獲物を羨ましく思わないばかりか、この愚か者を軽蔑する。次にルアー釣師がやって来る。その者は優れた釣具の力を借りて、フライフィッシャーには攻めることのできない木の生い茂った場所を狙うこともできるので、金属製のルアーを用いてすでに制限尾数を釣り上げてしまっている。「金物屋」というのが、ドライフライマンがこの釣り人に命名した蔑称である。さらに（釣り人の階級を順に登っていることに留意。）、今度は毛鉤で釣る者がやって来るのだが、彼はストリーマーを曳く。この毛鉤は虫ではなく小魚を模している。大魚は小魚を餌にするので、彼もまた自分の魚籠を満たしている。そして、最後にウエットフライマンが登場する。ウエットフライは虫を模したものではあるが、水面下を釣るものである。この釣り人も獲物を釣り上げはするが、彼の釣果はこの後に述べる統計的な理由に基づくものでしかない。ドライフライマンはこれらの者たちを、それぞれ程度の差こそあれ、みな見下している。彼の心理を古い唄に託すならば、"it ain't what you do, it's the way that you do it"[174]といったところか。・・・（中略）・・・小物を含むすべての鱒にとって、水面上で摂っている餌の割合は全体量のわずか10％でしかないことを、もちろん彼は知っている。ほかの釣り人たちは彼のことを狂人とみなし、物笑いの種にしているが、その実、心の底では密かにそのドン・キホーテ振りに敬意を払い、最高位に在る者として惜しみない称賛を贈るのだ。』

【毛鉤の弾数をめぐる美学】

前節で引用した史料が示すとおり、純粋主義者たちはより真実に迫る——彼らのイディオムに換言すれば、「より美しい」——ドライフライフィッシングを標榜した。もちろん、

《註釈171》1547年、スペインの外科医の家に生まれる。長じてレパントの海戦(71年)に参加して負傷し、左腕の自由を失う。その帰国途上でトルコの海賊に襲われ、5年間の捕虜生活を送る。苦労して帰国した後は無敵艦隊の食糧徴発官や徴税吏として働くが、失敗を重ねて97年入獄。牢獄のなかで構想を練り上げた名作「ラマンチャのドン・キホーテ」の前編を1605年に、同後編を15年に世に問うて喝采を博すも、翌年に死去。

《註釈172》スペイン語で"Caballero de la Triste Figura"。闘いで歯を失い、空腹に意気消沈するドン・キホーテの容貌から、従者サンチョ・パンサが彼につけた渾名。

《註釈173》1924年、テキサス州の貧しい家庭に生まれる。後にニューヨークに移り住んで40年代末から作家活動を開始し、57年には初の小説となる自伝的作品HOME FROM THE HILLを発表する。その成功を機に英国に移って趣味のフライフィッシングを満喫し、63年に帰国。以後は大学で教鞭をとる傍ら、エスクワイア誌やスポーツ・イラストレイテッド誌上に釣魚文学を発表し続けて、97年死去。

《註釈174》『大事なのは何をするかじゃなくて、どんな風にするかってことさ。』との意。20世紀米国ジャズ界を代表する女性ヴォーカリスト、エラ・フィッツジェラルドが1939年に初めてレコーディングしたジャズの名曲T'AIN'T WHAT YOU DOの歌詞からの一節。

《註釈175》ただしF.M.ハルフォードは、携帯すべきバリエーションの数には検討の余地があり、釣り場の流れが育む羽虫の種類や季節といった要素がその多寡を左右するとも説いている。例えば、Mayflyはほんの一時期しか役に立たないが、Black GnatやFisherman's Curseといったパターンは常に有効であるとしている。

一般人から見ればおよそ彼らは好事家の類いであって、彼らの苦行など人々の目には単なる奇行としか映らなかったことだろう。それにもかかわらず筆者が純粋主義者に注目するのは、彼らが人目も憚らず敢行したストイックな釣りのなかに揺るぎない美学が隠されているからにほかならない。彼らやその批判者たちが重ねてきた種々の議論を詳らかにすることは、現代の釣り人にも深い示唆を与えてくれるはずだ。

以下本章ではこの「ドライフライの美学」に焦点を当てながら、当時のいくつかの論点を振り返ってみることにしたい。それでは最初に、釣り人が持ち歩くべき毛鉤の弾数をめぐる議論を紹介しよう。

純粋主義者とは基本的に「厳格なる模倣」論を標榜する者であり、従うべき行為規範の多くをF.M.ハルフォードの著作に求めた。ハルフォードは「ドライフライの近代発展」[1910]のなかで、鱒が喰いつく羽虫のイミテーションをすべて揃えて持ち歩く必要性を強く指摘している[175]。これは純粋主義者に限らず、当時、多くの英国フライフィッシャーが主張するところであって、川面に現れる羽虫の変遷に応じて毛鉤を着け換えていくこと自体が一種の推理ゲームとして愉しまれていたのだった。その面白さと厳しさを教えてくれる、伝説のリバーキーパーにまつわる逸話を、J.W.ヒルズの「リバーキーパー」[1936]のなかから選り出してみよう。

毛鉤を選択中のフライフィッシャー

『私はランから、「想像の集中力」とも呼ぶべきものを教わった。釣りには忍耐が必要だなどとよく言われることがあるが、あれはまったくの出鱈目だ。貴方は短気でなければならない。失敗を甘受するばかりであってはならないのだ。忍耐は受け身の姿勢でしかなく、積極的な精神集中こそが求められている。しかし、それでもなお、貴方の集中力にはまだ遊んでいる部分が残っているはずだ。ランの視線は決して流れから離れない。そして彼の思考もまた、決して止むことを知らない。魚に無視されてしまった毛鉤を何度も水面に打ち返すといった、一生懸命なフリだけするような怠惰を、ランは忌み嫌った。あれがダメならこれ、これもダメなら今度はそっちと、魚がライズするか雲隠れするかのどちらか結論が出るまで、彼は毛鉤を交換させ続ける。ランは、私が以前やってみて効き目のあったパターンを試させてはくれないし、私がこれなら一番効くと見込んで使ってみたものの無視されてしまったパターンを使い続けることも許さない。これらもそれなりの戦術であって、実際に釣れることも多いのだが、他方、何パターンか釣れそうな毛鉤を試した後で一番効きそうなやつを選び出し、後はそれ1本で通すという釣り方もある。決して拙いやり方ではないのだが、残念なことにそれはランのやり方ではない。彼が貴方の御供をする場合、貴方は絶えず毛鉤を交換させられる。もし貴方の手持ちのパターンが全部鱒に見切られたとしても、ランは貴方がひとつ前に使った、鱒がチラリと視線を向けた1本に戻るよう指示することだろう。事程左様に、彼はひとつ毛鉤に落ち着かせてはくれないのだ。』

第2部　ドライフライの歴史（前編）

あらゆる状況に対応すべく、マッチング・ザ・ハッチ（matching the hatch）を愚直に追求すれば、フライボックスに収められる毛鉤の弾数はおのずと増殖していくことになる。思い起こせば15世紀のこと、最初にJ.バーナーズ女史が説いた毛鉤は、ほんの12本であった。これがC.コットンの時代以降だんだんと増えてゆき、「厳格なる模倣」主義の隆盛著しい19世紀末に至っては、不幸なフライフィッシャーの場合、100種類の毛鉤を持ち歩いてもなお悩みの尽きることはなかった。

ところがこの時代にも、憶え切れぬ数のドライフライを持ち歩くのは無益であるとして、真に有効な毛鉤だけに絞り込んで用いるべきだと主張する純粋主義者たちがいた。ハルフォードもその理念を共有して、持ち運ぶべきパターンを33種に厳選したことは前にも解説したとおりだが、彼よりも先を進んだドライフライマンのひとりとして挙げられるのが、G.A.B.デュワーである。

彼は「ドライフライの書」[1897]のなかで、ドライフライは8種類[176]で足りると論じ、当時、英国各地でそれぞれに築き上げられてきたローカルフライに縛りつけられることの愚を指摘した[177]。この作品のなかで展開される、毛鉤の弾数に関する次の議論の一節を引用してみたい。

『鱒釣りに用いられるべき毛鉤をめぐる議論ほど、互いに矛盾した理論やルールを多数もたらすものはない。コットンの時代以来、その巧拙は別として、なんらかの昆虫のイミテーションフライからまったくのファンシーフライに至るまで、これまで推奨されてきた毛鉤の数々を簡潔に記すだけで、一冊の本が出来上がってしまうことだろう。もしこれらの毛鉤に関して、ドレッシング法や用いるべき季節や日時について解説する書籍を集めようとするならば、しっかりしたサイズの書架を用意してもなお、その一連の著作物をすべて収容することは難しいだろう。一例として、トーマス・ベストの「釣技概論」（A CONCISE TREATISE ON THE ART OF ANGLING）[178]をとり上げてみよう。この著作の第二部「毛鉤釣魚大全」（THE COMPLETE FLY-FISHER）のなかでは、用いられるべき毛鉤が、月ごとあるいは天気のようすごとに指定されているだけでなく、な

んと一日の時間帯ごとに細かく指定されている。ベストは次のように解説している。

『ペールブルーは午前10時から午後3時にかけて必殺の毛鉤となる。』

『大型のレッドスピナーは8月の後半、濁った流れにおいて午後6時から日没直前までの間にきわめて威力を発揮する。』

『小型のホワーリングダンは4月の12日から川面に現れて、その月の間はずっと日中に鱒に喰われる。また、6月の終盤に起こる強風のときにも姿を現す。』

（中略）

このベストほど、きっちりどの時間帯にどの毛鉤を用いなければならないとしつこくルールを定めた釣魚作家はおそらくほかにないだろうが、どの月にどの毛鉤を用いるべきかと詳細に指南する作品はこれまで数多く出版され、今日もなおその類例が頻繁に見受けられるところだ。

（中略）

この数世紀にわたり営々と積み重ねられてきた数えきれぬ種類の毛鉤群に、ドライフライフィッシングがさらなるパターンを追加したことは間違いない。いくつかの例を挙げれば、ハモンドが選び抜いたピンク・ウィッカム（Pink Wickham）[179]やウィットチャーチ（Whitchurch）[180]、フライツファンシー（Flight's Fancy）[181]等々といったファンシーフライやイミテーションフライの数々は、ドライフライフィッシングの優れたパイオニアによって開発されたものであった。年を重ねるごとに、さまざまなパターンについてドレッシング法の改良が進められてきた。職業タイヤーたちは、自らが編み出した1895年スタイルのオリヴ・ダンやメイフライは、1894年に用いられていた同じ毛鉤よりも進歩していると言い張るに違いなく、1898年のスタイルは1897年製の毛鉤よりもずっと効果的だと論じることだろう。

それにもかかわらず、ドライフライフィッシングには毛鉤のパターン数を抑制しようとする傾向が確認される。釣りのなかで最も複雑で混乱した一分野を簡素化しようとする動きである。用心深い鱒を捕らえるのは、毛鉤の種類よりも、むしろそれを用いる釣り人の忍耐と腕前であるということに、我々はうすうす気づき始めているのだ。ドライフライマンは、流れを読んで釣る者よりも、ずっと詳細に流れのなかの鱒を

《註釈176》Olive Dun, Wickham, Hare's Ear, Iron Blue Dun, Red Quill, Sedge, Alder, Mayfly（1910年改定版でのラインナップ）

《註釈177》G.A.B.デュワーは、各地に伝わるローカルフライの多くは同じ種の羽虫を各地固有のスタイルで巻いているに過ぎず、それぞれ異なった姿をしている点に実益は無いと論じて、これがパターン数を増殖させた元凶のひとつであると考えた。同著のなかで彼は、『各地域に固有のパターンや迷信といったものをあまり信じてはならない。どんな川であっても、きちんと巻かれたOlive Dunをライズ中の鱒に向けて上手にプレゼンテーションすれば、必ず結果が出るだろう。』と記している。この一文からも、当時の純粋主義者たちがいかに各地のローカ

ルフライを目の敵にしていたか、はっきりと読み取ることができよう。

《註釈178》Thomas Bestは、ロンドン塔に設置されていた国王謁見の間を取り仕切った廷吏。1787年に発表された本著は釣魚指南として広く人気を博し、13回も版を重ねた。

《註釈179》1885年にF.フランシスがWickham's Fancyを再アレンジしたパターン。ウィングをオリジナルのムクドリ（Starling）からクイナ（Landrail）に変更したもの。

《註釈180》ペールウォータリ・ダンのイミテーションとされるドライフライの銘品、Little Marryatの別名。

淡いムクドリのウイングにオポッサムの毛のダビングボディーを添えて、コーチン種のハックルと薄いオリヴ色のハックルファイバーテイルを用いる。

《註釈181》ウィンチェスター在住のフライト氏が1885年に開発したOlive Dunのイミテーション・パターン。淡いムクドリのウイングと黄褐色のハックル、プリムローズのシルクフロスの上からフラットゴールドティンセルでリブづけしたボディー、オリヴ・グリーンに染めたハックルファイバーのテイルを用いる。

《註釈182》G.A.B.デュワーはこの一節のなかで、鱒が日常的に捕食している羽虫の典型例としてOlive Dunを挙げている。彼は一般的なチョークストリームであれば、

観察しながら釣っている。彼はそのスポーツを堪能するためにそうせざるを得ないのだが、彼が釣る流れの特性のおかげで、ウエットフライマンよりも遙かにその機会に恵まれているのだ。結果として、彼は、鱒が日常的に咥えているのはかなり限られた種類の羽虫でしかないことに気づく[182]。流れの南北や清濁、遅速を問わず、フライフィッシャーに必携とされてきた多くの毛鉤は、こうしたライズを釣る者たちによって連綿と開発されてきたのだ。

（中略）

　自然を可能な限り精緻に模倣するというドライフライフィッシングの大原則の下では、釣り人が水面上でよく見かける種類の昆虫だけを選び出して模倣する傾向を強めるのは当然のことだ。ドライフライ・ウォーターに見られるこれらの昆虫を数え上げれば、両手で足りることだろう。』

　ハルフォードの使徒たるデュワーのこの言明のなかに、「厳格なる模倣」論の綻びの端緒を嗅ぎ取ってしまうのは筆者だけであろうか。このころ、利用するパターン数を制限しようとする純粋主義者たちの間では、一定の羽虫の系群をまとめて表現することのできる毛鉤の威力を信奉する者たちが勢力を増しつつあった。いわゆるジェネラルフライの勃興は、米国東海岸だけに確認される現象ではなかったのだ。

　その一例を挙げると、グレイ卿（Lord Grey of Fallodon）[183]は通常のチョークストリームではわずか4種類の毛鉤[184]にのみ信頼を置いたと伝えられるが、彼は毛鉤を交換する煩わしさにのみ着目した訳ではなかろう。スペシフィック・イミテーションが必ずしも釣果を保証するものではないことを経験的に理解していたという点において、彼の思想は、後にハルフォードのドグマを打ち破ることになるネオ・イミテーショニズム（新模倣主義）へと向かう旅の途上に立てられた一本の里程標と位置づけられるべきではないだろうか。

　このようなドライフライマンの立場を代弁するために、H.T.シェリンガムが「鱒釣り　記憶とモラル」［1920］のなかで皮肉交じりに論じた、ジェネラルイミテーションの意義に関する次の一節を紹介することとしたい。

グレイ卿

『徹底的に科学にこだわってアングリング・エントモロジーの膨大な知識を駆使するきわめて稀な釣り人の例を除き、我々の大多数は、そのとき魚が口にしていると思しき餌にそれなりに似せた毛鉤を使えばなんとかなるだろうという、大雑把な原則に従っているのではないだろうか。そして多くの場面において、「典型的」毛鉤とも呼ぶべきパターンで十分用が足りることに納得しているのは、私だけでもないだろう。例えば、明るめの色彩をまとったオリヴが水面上に現れるとき、鱒たちがライト・オリヴクイルと同じように、それと同じサイズと形状の、ジンジャークイルやヘアーズイヤー、ライト・ブルークイル、そしてコックウイングを備えたさまざまなダン・パターンといった毛鉤のすべてを分け隔てなく咥えたとしても、驚くべき出来事ではない。おそらく、これらの毛鉤はいずれも鱒に過ちを犯させるのに充分足るイミテーション性を備えているのであろう。私は、一度の釣行で典型的パターンたるジンジャークイル一本だけで通して釣って、不満足な結果に終わったことは一度もな

Iron BlueとMayflyそれぞれの大量羽化時を除き、このイミテーションだけで通年釣ることができるとした。

《註釈183》1862年、ロンドンに生まれる。ノーサンバーランドに広大な領地を持つ富裕な貴族の出身で、長じて自由党の政治家として活躍し、1905年以降11年間にわたって外務大臣を務めた。フライフィッシングの愛好家としても知られ、名著FLYFISHING［1899］を世に送り出した。28年にオックスフォード大学の学長に就任して、33年没。

《註釈184》グレイ卿は同じ著書のなかで、5月にはMedium OliveとIron Blueを用いることを薦め、5月後半から6月にかけてはRed Quillのほうがよく釣れると記し

ている。また、シーズンを通じ、これらのウイング・パターンが一切効かない場面では、ソフトハックル・パターンの Black Hackleをドライ／ウエット兼用で用いるべきことも解説している。なお、グレイ卿は基本的にこの4種だけで足りるとしたが、特殊な条件下ではMayflyやSedgeが必要となることもあるとした。ちなみに、グレイ卿がここまでパターン数を極端に減らすことができたのは、彼の恵まれた境遇（富裕貴族）のおかげで、最良の季節にのみ鱒釣りを愉しむことで満足していたからではないか、という見方もできる。

い。さて、ハルフォード氏が彼の新作パターンを発表したところ、彼のミディアムオリヴは私のお気に入りとなり、以後、私がジンジャークイルを用いることはほとんどなくなってしまった。しかし、同じパターンの雄バージョンと雌バージョンで釣果に差が生じるような体験は一度もなかったことを、私は告白しておかねばならない。確かに、私はこの雌バージョンのほうを好んで使っているが、その理由はといえば、そちらのほうがなんとなく美味そうに見えるから――まったくの非科学的根拠！――というものでしかない。』

　ところで興味深いことに、限られたパターンのみを愛用する純粋主義者たちの人影に紛れて、一見相似つつも実は互いにまったく対照的なふたつの少数派閥が、それぞれに独自の釣魚文化を営んできたことが知られている。第1の流派は、釣果とはひとえに釣り人の技量に依るものである

と信じ、こまごまとした毛鉤の選択などほとんど意味をなさないと考える者たちであり、第2の流派は、ある1種類の毛鉤に心底惚れ込んでしまっている者たちであった。

　第1の類型は釣魚史上にしばしば確認されるタイプで、「プレゼンテーション学派」とも呼ばれる。その有名な例としては、釣りの最中に使っている毛鉤を訊ねられると、どんな毛鉤を使っているときでも決まって『コーチマン。』とだけ無愛想に返答することを常としたシャルル・リッツ（Charles Ritz）[185]が挙げられるが、この、毛鉤の種類にこだわらず、結果として限られたパターンしか用いない傾向はG.M.L.ラブランチを筆頭に、特に米国フライフィッシャーの間で頻繁に観察される。ときに彼らは、イミテーショニズムの必要性についてさえ懐疑的な立場をとるのだが、この思想については第3部で詳しく解説することとしたい。

　それでは、第2の類型についてはどうだろうか。一般に、彼らは「ワンフライ・マン」（"One-fly Man"）と呼ばれ、純粋主義者のなかでもきわめて異端視された[186]。彼らは自分の愛する毛鉤をペットフライ（pet fly）と呼び、いついかなる状況においてもその渾身の一本で魚を誘い出すところに愉しみを見出した。また彼らは己のペットフライがファンシーフライと呼ばれることを頑なに拒んだが、これは、彼らがその毛鉤をきわめて汎用性の高いジェネラルフライと位置づけていたからにほかならない。

　その信奉者の代表例として南イングランドのH.P.グリーンを挙げてみよう。このバリトン歌手は名著『輝く流れの出会う処』[1924]のなかで、彼お気に入りのイミテーション・パターン[187]を次のように熱狂的に賛美している。18世紀のR.ボウルカーが記した伝統的規範さえ『迷信』と一笑に付すこの男もまた、奇面と貴面を兼ね備える者のひとりであったに違いない。

毛鉤を交換するドライフライマン（「テスト川のひと夏」[1924]）

『残りの人生をたった一本の毛鉤だけで過ごさなければならないとすれば、私は他の好きな毛鉤を全部放り出して、アイアンブルー・クイル[188]にしがみつくことだろう。これは単にテスト川だけの毛鉤ではない。事実、私はこのドライフライを使ってスコットランドの小川を釣り、獲物の居そうな流れをアップ

《註釈185》1891年、フランスのホテル王、セザール・リッツの長男として生まれる。幼少時に父の執事に連れられてロンドン近郊で餌釣りをして以来釣りに親しみ、米国遊学中にロッドメイキングに開眼する。帰仏後はキャスティングにも力を入れてトーナメントで優れた記録を残し、1937年、その革新的なロッドデザイン理論を買われてペゾン・エ・ミシェル社の技術顧問に抜擢される。ホテル経営の傍らロッドアクションの研究を進め、後に有名なパラボリック・ロッドを開発する。世界中を釣り歩いて各国の有名な釣り人と親しく交流し、58年には著名人を集めたインターナショナル・ファリオクラブを創設する。数々の伝説を遺して、76年死去。

《註釈186》H.T.シェリンガムはワンフライ・マンの一例

として、20世紀初頭に活躍した釣魚作家ジェームズ・エングルフィールド（James Englefield）を挙げている。ドライフライ純粋主義者であった彼は、その著作DRY-FLY FISHING FOR TROUT AND GRAYLING[1908]において、多種のパターンを持ち歩くことは混乱の元凶で、釣り場で毛鉤を結び換えるのは時間の無駄でしかなく、シーズンを通じて一本だけで釣っても釣果に違いはないと説いた。エングルフィールドはチョークストリームの一年をRed Quill一本だけで通し、その毛鉤の名を自らのペンネームに用いた。

《註釈187》H.P.グリーンは同書のなかでSedgeやOrange Quill, Variantについても語っているが、これらのパターンは『結局、大なり小なりファンシー・パターンで

あって、お好きな人が使えば宜しい。』と突き放している。

《註釈188》「ドライフライの近代発展」[1910]におけるIron Blue（コカゲロウ属）のダン・パターン（18番：♂、19番：♀）のレシピは以下のとおり。（鉤のサイズはいずれも#00）
18番：群青色に染めた濃いめのムクドリ（Starling）のウイングを濃い古びた感じのolive greenに染めたコンドル・クイルを巻きつけたボディーに取りつけ、ハックルにはグリズリー・ダンのコックハックルを2枚、テイルにはボディーと同じ色に染めたヘンハックル・ファイバーを用いて、ヘッドには濃いVan Dyck brownに染めた馬素を3回転する。
19番：18番と同じハックルを薄い金色がかった

ストリームで狙って、2ポンドの鱒さえ仕留めているのだ。アイアンブルーは荒天時の毛鉤であって雷雨のなかでしか効き目がない、という迷信も聞かれるが、私の経験では、よく晴れた明るい日に鏡面のように静まった流れで用いるのに最高の毛鉤のひとつとなっている。実際のところ、そんな状況のなかで鱒が関心を示すとすればこのパターンしかないという場面は頻繁にあるし、鱒がスマッティング[189]しているときなどは、もうこれ以外にはまったく見向きもしてくれない。川面からスマットをつまみ上げて子細に観察すれば、その体色がアイアンブルーの光沢感あふれる青黒さと一致することが解るだろう。おそらく、鱒はこの毛鉤をスマットの親分か何かだと思い込んでいるのだ。私のこの直感は経験に裏づけられたものである。皆さんご存じのフィッシャーマンズ・カース（Fisherman's Curse）[190]は極小サイズにもかかわらず、それが流下する際には鱒の関心を独占してしまうほどの魅力を持っている。彼らはほかの毛鉤など憤然と無視して、小さなスマットを貪欲についばみ続けるのだが、こんな状況においてこそ、アイアンブルーは期待の持てる唯一のジェネラル・パターンとなるのだ。

　私の釣魚人生のなかで、一番あっという間に過ぎ去った恐るべき週末は1921年のケネット川ラムズベリー地区でグローブ・ヒルズ大佐の釣り場を釣ったときのことだった。その直前の金曜には、メイフライのハッチが始まって勢いを増していた。ところが我々が土曜の昼飯時に到着したときには、メイフライはもう1匹も見当たらなかった・・・メイフライのハッチは終わってしまったのだ。しかしながら、それから月曜の夜に納竿するまでの間、ほかの羽虫のライズがずっと続き、ほんの半時間も中断することがなかった。このライズは安定して続くというよりも、湧き出てくると表現したほうがふさわしいものだった。それはまるでメイフライ・ハッチのように圧倒的な各種ダンの複合ハッチで、ジンガーやオリヴ、ペールウォータリィといった種類が塊りのごとく群がって流下してきた。それでも魚たちはこれらの羽虫に露とも関心を払うことはなく、常にアイアンブルーだけをついばみ続けた。この3日間というもの、私は、イヴニングにセッジやブルーウイングド・オリヴが降りてくるまで、一切この毛鉤を交換することはなかった。強風の吹きすさぶ暗い日にアイアンブルーを川面に見かけることはよくあることだが、実はこの日はまるで熱帯地域のような熱波

ハリー・ブランケット・グリーン

のなかで釣ったのだ。おかげで月曜を迎えるまでに、我々はまるで石炭のように真っ黒焦げに日焼けしてしまった。

（中略）

　アイアンブルーがこんなに効くのには、きちんとした理由があるのではないだろうか。この毛鉤はよく肥えていて、とても美味そうに見えるのではないか――もしそうでないとすれば、どうしてスマットのようなほんのオードブルにさえ、鱒たちがあれほど熱中することがあるだろうか？――あるいは陽光に照らされるととても魅力的に見えるのではないか。その理由はどうあれ、鱒よりもむしろ私のほうがずっとこの毛鉤のことを好きになってしまっているのだけは確かなようだ[191]。

　もちろん、これは私の夢想でしかないのだが、アイアンブ

《註釈》bronze greenに染めたコンドル・クイルを巻きつけたボディーに取りつけ、ハックルにはボディーと同じ色に染めたコックハックルを2枚、テイルにもボディーと同じ色に染めたヘンハックル・ファイバーを用いる。

《註釈189》Smutとは小型の双翅目（Diptera）の総称。これら極小昆虫の流下を鱒が水面直下に定位しながら静かについばむことをsmuttingと呼ぶ。

《註釈190》小型の双翅目を模した極小パターン。そのあまりの小ささに扱い難く、獲物を釣り落とすことも頻繁なため、「釣り人の呪い」と命名された。

《註釈191》C.ウィリアムズは「鱒毛鉤辞典」[1949]のなかで、彼がまだ学生のころ、学校主催のリサイタルに出演するためにやってきたH.P.グリーンとの会話のなかで、この歌手から『どこで釣るにしても、とにかくIron Blueでやっていれば間違いなし。』と諭されたことを回想している。

第2部　ドライフライの歴史（前編）

ルーはいつだってほかの毛鉤よりもずっと楽しそうに、一生懸命に、そして礼儀正しく振舞ってくれているように思われるのだ。彼は貴族、羽根の舟に乗る王子である。ハックルフライの泳ぐ水中世界を遥か高みから見下ろしつつ、穏やかな流れに乗って降りてくる。彼は雨でも風でも晴天でも、委細構わず貴方のために繰り返し舵をとり、くたびれ果ててバラバラに解け散るそのときまで、しっかりと働き続けてくれるのだ。

　オリヴやジンジャーが木の枝に引っ掛かったり、キャスティング中に空中でパチンと千切れてしまうと、私はいつも毛鉤のせいにして、それにふさわしい罵詈雑言を丁寧に差し上げるのだが、ヘマをやらかしてアイアンブルーを硬いものに引っ掛けてしまったりすると、私は心のなかで彼に詫びる。だって、悪いのは私なのだから。』

【セッジの釣りをめぐる美学】

　純粋主義者たちは羽虫の間にも貴賤の別を求めた[192]。彼らの多くにとって、トビケラ（Sedge）[193]を模した毛鉤は下賤なイミテーションであった[194]。時代をさかのぼると、グラノムを含む数種の小型トビケラはJ.バーナーズ女史の時代から英国の釣り人たちに多少なりとも認知されていたが、あくまでマイナーな模倣対象の域を出ることなく、川面を派手にスケーティングしてまわる大型トビケラとなると、これを明確に意識したイミテーションが登場するのはようやく19世紀に入ってからのことである。

　カゲロウの場合とは異なり、大型トビケラの仲間は互いに外観上の相違があまりみられないことから、英国におけるその伝統的なイミテーション・ドライフライはケイパラー（Caperer）[195]やレッドセッジ（Red Sedge）[196]といったいくつかのパターンに集約される。F.M.ハルフォードはこのなかでもウェルシュマンズボタン（Welshman's Button）[197]を特に重視し、メイフライのハッチが盛んなときに鱒がそのイミテーションに見向きもしないような場面でこのセッジ・パターンの威力を大いに発揮させて、『メイフライ純粋主義者たちの曇った眼を拭い払った』[198]と誇らしく語っている。

　この大振りなセッジ毛鉤について、当初、G.S.マリエット

ら多くのハルフォーディアンは、グリーンドレイクのように見栄えの良い毛鉤をハルフォードの33パターンから排除しておいて、代わりに採用したのがこんなみすぼらしい毛鉤ではまったく釣り合いがとれないではないか、と彼をからかったが、ハルフォードはその釣果でもって批判に応えたと伝えられる。

　「ドライフライの近代発展」[1910]のなかから、彼がハルフォード・パターンに選んだふたつのセッジ毛鉤を使った釣りを紹介する次の一節を引用してみよう。

『古参のドライフライマンにトビケラの釣りについて訊ねれば、彼はおそらくそれを最も簡単でまったくスポーツマンシップに欠ける釣りだと答えることだろう。しかも彼は、テストやイッチェンの鱒はすっかり暗くなってしまってからでないとカディス毛鉤を喰わないのだから、釣り人の詐術の技量を試す手段として認められるべきではない、ともつけ加えることだろう。かく言う私も、実はかつてこの理論の信奉者であったことを告白しておかねばならない。もし1907年にある体験をしなければ、私は今も頑なにそう信じていたに違いない。

　その夏はイヴニングのスピナーにライズする鱒がきわめて少なかったので、6月も末を迎えるころには、私は来年の春までこの釣り場に来るのをやめてしまおうかと真剣に考えるようになっていた。それでも、多少のamour proper[199]に励まされて、私は昼どきの暑い最中にも鱒の習性観察に励んでいた。そのとき私は、川岸の草叢のいたるところにトビケラたちがパラパラと取りついているのを見つけたが、時間が経つにつれて、彼らのうちの何匹かが川面を走りまわって産卵する姿が頻繁に確認できるようになってきた。その時期のイヴニングは寒くて霜が降りる場合がほとんどだったので、トビケラが多めに現れる日であっても、日没の時刻以降に見かけられる彼らの姿はほんのわずかでしかなかった。それでもなお、日中におけるトビケラの釣りは私に大きな愉しみを与えてくれたので、その一例を紹介してみたい。

　その年の7月1日の午後、日差しを受けた水面の上で黒っぽいトビケラが2匹、鱒に喰われるのを見つけた。スモールダークセッジ（Small Dark Sedge）[200]を結びつけて攻撃態勢に入り、細心の注意を払ってこの毛鉤をライズの上に落と

《註釈192》カゲロウの場合とは異なり、英国文化のなかにトビケラが登場することはほとんどない。そのほぼ唯一の例外は、熱烈なウエットフライマンとして知られるC.キングスレーが著した児童書THE WATER BABIES[1863]のなかで、川の妖精となった主人公の男の子の教育係としてトビケラが登場しているケースであろう。

《註釈193》古くは英国でCaddisと名づけられたトビケラ類は、川岸のスゲ（Sedge）の茂みに集団でとりすがることから、19世紀にはSedgeとの総称が定着するようになった。したがって、今日の米国でトビケラ類をCaddisと呼ぶ風習は、モンカゲロウをDrakeと呼ぶのと同様、古い英国釣魚文化の名残りであると考えられている。柳田國男の「蝸牛考」を彷彿とさせる事例である。

ちなみに、トビケラ類の目名Tricopteraは「毛の生えた翼」を意味する。

《註釈194》チョークストリームではトビケラ類よりもさらに影の薄いカワゲラ類に至っては、英国南部のドライフライマンにとってまったく関心外の、「見知らぬ北方の虫」でしかなかった。

《註釈195》そのオリジナルは、Cinnamon Sedgeに似た大型トビケラHalesus radiatusまたはHalesus digitatusを指す。英国南部のチョークストリームでよく見られ、産卵時に水面を「跳ねまわる」（caper）ことから、その名がつけられた。W.J.ランのドレッシング法では、ボディーは七面鳥の尾羽で巻き、その中央部だけは

黄色に染めた白鳥のフェザーで巻きとめ、ウイングにはチョコレート色に染めたオオバン（Coot）の羽根、ハックルにはロードアイランドレッド種のものを用いるよう指定されている。

《註釈196》F.M.ハルフォードは、Mayflyシーズンの初期に鱒がまだ似の羽虫を喰わないときには、英国最大のトビケラであるPhryganea striataを模したこのパターンが効くと解説している。その小型の個体を模したLittle Red SedgeはG.E.M.スキューズが愛用したことで知られる。
スキューズが記したそのレシピによれば、まず、サイズ#1の鉤に色の濃いノウサギの毛を鮮やかなオレンジ色のスレッドで巻きつけて造成したボディーの肩から、毛

160

The History of Trout Flies

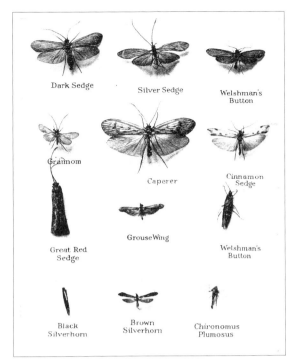

英国のトビケラ各種

した。すると、激しいライズの後に強い魚のひとノシを受けたのだが、最終的には素晴らしい2ポンド級の鱒がランディングネットのなかに収まった。

少々待っていると、もうひとつのライズが視界に入った。そのとき喰われた羽虫ははっきりとは見えなかったのだが、私は先ほどと同じ小型のトビケラであると確信した。ひと呼吸おいてから状況を確かめ、草叢の陰にすっかり身を隠した上で、私はスモールダークセッジをそこに送り込んだ。はたして再びライズが起こり、2匹目となる1ポンド8オンスの鱒が取り込まれた。

しばらくすると、別の魚が神経質そうなライズを始めたので、私は距離をとって遠くから狙い撃ちしてみたところ、前の2匹と同じようにライズして仕留められ、重量2ポンド4オンスの良型と確認することができた。ここまでの釣果は、3匹で合

計5ポンド12オンスと相なったのだが、この後もずっとトビケラたちが産卵行動をやめることはなく、この羽虫にしっかりと喰らいつく鱒が姿を現わすまで待ち続けて、見つけた鱒から精確かつ慎重に狙い、これらのほとんどを欺くことに成功したのだった。このとき、スモールダークセッジとミディアムセッジ（Medium Sedge）[201] の両方が同じくらい効き目のあることが分かったので、私は、前者が飛びまわるときにはスモールダークセッジを、それより少々大きくて体色の明るい後者が出るときにはミディアムセッジを、それぞれ使い分けることを原則とするようになった。』

なぜ、多くの純粋主義者たちはトビケラの釣りを敬遠したのだろうか。例えばH.マーシャルは、トビケラが曳き波を立てながら水面を走りまわる行動を模して、セッジ毛鉤を流れに逆曳きする釣り方を認めなかった。それは、きわめて効果的な戦術であるがゆえ、あまりに容易に釣れ過ぎることの戒めとして、スポーツマンシップに欠けるものとされたからであった。また、積極的に毛鉤にドラッグを掛ける操作が無作法とされるのは、ハルフォードのドライフライ論において毛鉤をドラッグフリーで流すことが重要な要素とされたことを踏まえれば、当然のことでもあった[202]。

後にニンフの釣りをきわめることになるフランク・ソーヤーもまた、ハンプシャー・エイヴォン川のクラブウォーターでリバーキーパーを務める者の立場から、この倫理観を共有した。彼の著作[203] のなかから、セッジ毛鉤を曳く釣り方について論じた一節を紹介したい。ソーヤーは彼のクラブウォーターでとあるドライフライマンが大物を狙っているのを見つけて、次のように語り始める。

『彼はあらゆる面から評価して腕利きの釣り人であったが、いかんせん、根っからのドライフライ純粋主義者で、ニンフを使うことなど教会荒らしの次にマシなものとぐらいにしか考えていなかった。彼は何度か小さい毛鉤に交換してみたが効き目はなく、しまいにはそのティペットを引きちぎると巨大なレッドセッジにつけ換えた。どうやら、彼はドラッグを回避することが無理だとの結論に至ったようすで、過去の経験に基づき、大きなセッジ毛鉤にむしろ多少のドラッグを掛けて曳き、魚の興

脚の短い深紅のコックハックルを尻まで巻き上げ、さらにその上から細いゴールドワイヤーでリブづけする。次にウイングとしてロール状に束ねたクイナ（Landrail）のフェザーファイバーを充分後方に寝かせて取りつけ、最後にフロントハックルとしてボディーハックルと同じ色で毛脚のより長いハックルを5、6回ウイングの前方に巻いて仕上げる。
なお、このウイングに用いるクイナのフェザーをエルクヘアに換えた派生パターンが、1950年代に米国ペンシルバニア州のアル・トロス（Alfred C. Troth）によって開発された。これが今日我々の愛用するElk Hair Caddisの原型とされる。

《註釈197》「ドライフライの近代発展」[1910]における

Welshman's Button（29番：♂、30番：♀）のマテリアル指定は以下のとおり
29番：焦げ茶のヘンハックルか淡い栗色に染められた明るい色調のフェザーのウイング、ファーネス・コックハックルを2枚重ね巻きしたハックル、チョコレートブラウンに染められた茶色のヘンフェザーのストークを光沢面が外向きになるよう巻き上げたボディーには淡い栗色の馬素でリブづけする。鉤のサイズは#2。
30番：29番よりも一層淡い色調の茶色を帯びたヘンハックルのウイングとファーネス・コックハックルを2枚重ね巻きしたハックル、ボディーは尻の部分だけ濃いシナモン色に染められたコンドル・クイルで4回巻いて、残りは濃いチョコレートブラウンに染められた茶色のヘンフェザーのストークを光沢面が外向きになるよう巻き上

げたところに淡い栗色の馬素でリブづけする。鉤のサイズは#3。

《註釈198》「ドライフライの近代発展」[1910]より引用。

《註釈199》18世紀フランスの哲学者ルソーが提唱した自己愛の概念。社会生活を重ねるにつれて人間のなかに醸成される、他者からの称賛を求める利己的な欲求を指す。ここでは『名誉欲』あるいは『うぬぼれ』程度の意味か。

第2部　ドライフライの歴史（前編）

スモールダークセッジ(左)とミディアムセッジ(右)（ハルフォード・パターン）
（ドライフライの近代発展［1910］）

味を惹く方法を選んだのだった。彼はラインを一直線に張った状態で流れを交差するよう投射した。巨大な毛鉤は流れを横切りながら水面を駆けめぐり、それをめがけて鱒が跳びついた。獲物が取り込まれたその直後、私は彼に声を掛けてみた。

「おっと！ご苦労さんだね、ソーヤー。」と彼は応えた。「君に観られているとは思わなかったよ。こいつはとても難しい奴だったんだ。でもレッドセッジには引っ掛かったという訳さ。君のほうは調子はどうだい？」私はニンフで釣り上げた2ブレイスの良型を彼に示した。

「どうやって釣ったんだい？」と彼は訊ねた。「多分、君のあのネズミみたいな（"beasty"）ニンフ毛鉤のなかの1本を使ったんじゃないのかね？」

彼が熟慮の末に、その立派な獲物を得るに値する努力をしたことは認めよう。しかし、彼の最後のひと言は聞き捨てならないものだった。なぜなら、その言葉はあんな肥満体のレッドセッジを使った人物から発せられたものだったからだ。私はわざとはっきり答えてやった。「ええ、大佐。#000の鉤に巻いたフェザントテイルのつまらない奴を4Xのティペットに結んで釣ったものですよ。それにしても、そんなお化けみたいなセッジ毛鉤にドラッグを掛けてまでして魚を釣って喜んでいる貴方が、いったいどうして私の小さなニンフ毛鉤を侮辱なさろうとするのですか？」

私の暴言に、彼はちょっと驚きの表情をみせたが、すぐに何か考え始めた。そして、彼は突然笑い出したのだ。「神に誓うよ、

ソーヤー。君はまったく正しい。ドライフライフィッシングのあらゆる規範に照らして、私はあの忌むべき密漁者たちと少しも違わなかったんだ。私がこんなやり方で釣ったのは、今回が初めてじゃない。自分の毛鉤を君の小さなニンフ毛鉤と比べてみれば、私は謝らなければならない。君はあのちっちゃい毛鉤でそんな大物を釣り上げたんだろう？もし差し支えなければ、私のためにもう一度釣ってみせてはくれないだろうか？」
（中略）
もうお分かりのことと思うが、ここにひとつの倫理観がある。意図的にダッピング[204]を使ったり、ドラッグを掛けたりしてまで大物を狙うような純粋主義者など、本来あってはならないのだ。また、水に濡れて沈んだ状態のドライフライで数を狙おうとする輩までいることを、私ははっきりと指摘しておきたい。』

当時、トビケラの釣りにはもうひとつの争点、すなわち夜釣り（night fishing）の是非に関する議論があった。夕陽のすっかり沈んだ後こそ大型セッジ毛鉤の独壇場となるのだが、ハルフォードはこのような釣りを、充分な月光に照らされるのでもない限り、基本的には認めなかった[205]。彼にとってドライフライの姿は釣り人の眼できちんと水面上に確かめられなければならないものであって、真っ暗な流れのなかで水音と魚体の煌きだけを頼りにアタリをとらなければならない夜釣りは、ハルフォードの美学と合致するものではなかった[206]。

ハルフォードは、釣り場のルールがどうあれ、日没後の釣りは原則慎まれるべきだと論じたのだが、それでもなお、彼がシナモンセッジ（Cinnamon Sedge）[207]のようなきわめて大型のセッジ毛鉤を彼の33パターンのなかに登録しなければならなかったのは、こうした大型トビケラのイミテーションが暗闇の怪物を誘い出す最終手段であることを彼自身も充分承知していたからであったに違いない[208]。

ハルフォードはイヴニング時の最終局面におけるトビケラの釣りの愉しみを『人生を飾る大物を常に期待できる』ことと評したが、J.W.ヒルズもまたその想いに深く共鳴したことだろう。彼はミステリーとファンタジーにあふれる宵闇の釣りの愉しみを、「テスト川のひと夏」［1924］の文中で鮮やかに再現してみせた。次に掲げるのは少々長い引用文とな

《註釈200》「ドライフライの近代発展」［1910］におけるSmall Dark Sedge（31番）のマテリアル指定は、濃いチョコレートブラウンに染められたクイナの羽根製ウイング、濃いファーネス・コックハックルを2枚重ねで巻いたハックル、極めて濃い栗色に染められた上で羽毛を落としたコンドル・クイルのボディーの上を一枚の濃いファーネス・コックハックルで巻き上げる。鉤のサイズは#1。

《註釈201》同Medium Sedge（32番）のマテリアル指定は、さまざまな色彩を帯びたクイナの羽根を選び出しウイングとし、ハックルはジンガー・コックハックルを2枚重ねで巻き上げて、羽毛を残したままのコンドル・クイルを中程度のシナモン色で染めたもので巻いたボ

ディーの上を一枚のジンガー・コックハックルで巻き上げる。鉤のサイズは#2。

《註釈202》F.M.ハルフォードも、セッジ毛鉤には決してドラッグを掛けてはならないとし、必ずアップストリームかアップ・アンド・アクロスで投じるべきことを説いた。

《註釈203》「ニンフと鱒」［1958］

《註釈204》ここで言うdappingは、北国の湖で行われる伝統釣法のことではなく、釣り人が川辺の障害物に身を隠しながら、足下の流れに毛鉤を落とし込み、水面で踊らせて獲物を誘う、いわゆる「忍び釣り」を指す。

《註釈205》F.M.ハルフォードは、日没後も充分な月光が得られる場合には夜釣りも認めるとしたが、それでも、（日没直前に一番見やすい位置となる）川の東岸に立って釣る場合、日没後は釣り人の姿が背後から月に照らされる結果、その影が川面に差して鱒を怯えさせることになると解説した。

《註釈206》イングランド北部では、古くから夜用の釣法としてbustard fishing（蛾の釣り）と呼ばれるものが普及していた。これは、蛾を模した白色や茶色の大型毛鉤を用い、ほとんどラインを出さずに岸辺の間際を流すやり方で、真っ暗闇のなかでなければ効き目がないとされた。

るが、この名著の白眉とされる一節である。

『メイフライのハッチがみられる川を釣る人であればお解り頂けると思うのだが、メイフライ毛鉤で釣ると確かに獲物の平均重量は増えるものの、本当に最大級の鱒というのはセッジ毛鉤に掛るものなのだ。1903年のケネット川は、大鱒にふさわしく、メイフライの季節に入ってその大量発生を迎えたのだが、そのときラムズベリー地区の釣り場を釣った私の友人は、一日のうちに6匹合わせて19ポンドを超える実に素晴しい釣果を収めた。それでもなお、この年の最大記録となった2匹の鱒はセッジ毛鉤によって釣り上げられている。そして、その大きいほうの1匹は私の釣果なのだ。1903年の7月26日、どんよりと曇った、川上から強い風が吹き下ろす一日のことだった。私は11時から夕方の5時まで川辺をさまよったが、ひとつのライズも見つけられなかった。私は友人と一緒にお茶を頂いた後で、6時15分には再び川上に向かって歩き出した。オリヴが現われ始め、鱒たちが動き出した。すると突然、かなりの大物が1匹ライズし始めた。我々は立ち止まってそれを観察し、興奮を募らせた。彼は堂々たる振る舞い方で、流れ寄る羽虫をひとつ残さず拾っていた。彼が姿を現わす度に、そのサイズは徐々に大きさを増していくように感じられ、我々の心臓は一層早鐘を打つのだった。彼を狙うのは私ということになった。私は神経質になって、およそ落ち着きがなくなっていた。そいつはとてつもない大物だったのだ。鱒の居場所は私の立ち位置から遠く、強風がひどく私に打ちつけた。私のキャスティングでは到底彼に届かず、まるで愚か者のようにリールをジージー鳴らしては必要のないラインを引き出してしまっていた。私がキャスティングに失敗して、グシャグシャになったラインの塊がちょうどそいつの鼻先を引っ叩いてしまったときなど、背後に立っていた友人からは怒りに打ち震える呻き声が聞こえてくる始末だ。ふたりで無言のまま顔を見合わせると、彼は押し黙ったまま上流のほうに去っていき、独り打ち捨てられた私は、その鱒がライズしていた場所を茫然と眺めていた。もちろん、奴もまた去ってしまったのだ。

「奴が再びライズするのを待つ」(FISHING AND SHOOTING [1902])

《註釈207》「ドライフライの近代発展」[1910]におけるCinnamon Sedge (33番)のマテリアル指定は、斑がたくさん入った茶色いヘンフェザー製のウイング、ジンジャー・コックハックルを2枚重ねで巻き上げたハックル、羽毛を落としたコンドル・クイルを鈍い黄緑色に染めたもので巻いたボディーの上を1枚のジンジャー・コックハックルで巻き上げる。鉤のサイズは#3。

《註釈208》F.M.ハルフォードは、当時の記録的大物とされた、1909年のテスト川で釣り上げられた8ポンド半の大鱒が、Silver Sedgeの成果であったことを記している。

163

第2部　ドライフライの歴史(前編)

　それに続く2時間の説明は割愛するが、小規模な羽虫のライズが訪れては去っていった。その間、サイズ#2の鉤に巻いたシルバーセッジ(Silver Sedge)[209]に1匹だけ喰いついたところで、ようやく8時15分を迎えた。そのとき、私はあの大物をしくじった川面を鬱々とした気分で見遣るのだった。荒々しい風が吹きすさび、上空の雲を一掃すると、突如、静寂が訪れ、周囲は静まり返った。永い夏の昼下がりには風に揺られてサラサラと葉擦れの音を聴かせていた柳の枝も、今や伸び切ってピクリともしない。その葉の一枚一枚も、まるで翡翠に彫り込まれたかのように垂れ下がったまま固まっている。川辺のスゲの一群も、先刻までは突風に吹き上げられて波立つエメラルドの海のように揺れ惑っていたのが、今では穏やかに凪いで、茎の一本一本がすっくと天を指し、その風情はさながら日本の屏風絵といったところだ。・・・(中略)・・・私はただ機械のように茫然と眺め続けるだけだったが、ふとあの魚が居た場所に何投かしてみたくなった。今となっては、なんと簡単にその場所へキャスティングできることか、またなんと軽やかに毛鉤が川面の上に舞い降り、優美に流れ下ることか。もちろん、その作業には何の目的もなく、水面上で何かが起こることはなかった。ラインを巻き取ろうと思った瞬間、その10ヤード上流の手前側の岸寄りに1匹の魚がライズした。位置さえ特定することの難しい、ごく小さな波紋だった。こういうライズは、超大物か超小物のどちらかでしかない。衝撃が我が身を貫き、それが先ほどの奴のものであることを確信した。しかし私の心には、「いや、そんなはずはない。」というわだかまりもまだ残っている。そこは奴がライズしていた場所ではない。本のなかでもない限り、そんなことは起こりっこないのだ。ヘマをやらかした後で戻ってみて、デイス(Dace)[210]が作ったと思しき小さなライズへ適当に毛鉤を投げ込んだところ、掛ったのは秋のサーモンのような大物だったという話は読み物のなかだけに違いない。運命がそんな風に展開していくのは物語の世界でしかない。なぜそんな風に思い込んでしまったのだろう?細かい描写までしっかり思い出せるほど、そんな物語を読み過ぎたせいかもしれない。しかしだ、現に私はこうして川辺に立っているのであって、椅子に座って読書しているのではない。今は現実の世界なので、そんなことは起こりようもない。こいつは半ポンドほどの小物に違いないのだ。

　それでも私は投げてみた。ちょうど真西に向かって川を眺めると、残照が注がれた水面は脱脂粉乳のように色づいている。私のシルバーセッジは昼間のように見やすく、それが流れ下っていったところでライズが起きた。アワセをくれてやると、何かが上流に向かって疾走するではないか。このとき、私はやっと事態を理解したのだ。

　私の場所より上流は開けた流れが25ヤードほど続き、さらにその上には繁茂した藻床が川底一面に敷き詰められた場所が待っていた。私の獲物は、短いストロークながら抵抗し難いほどの力でその場所を目指してラインを引っ張った。そのまま藻床に潜り込まれたら万事休すだ。鉤掛りが良かろうが悪かろうが、ガットリーダーが新品だろうが腐っていようが、勝とうが負けようが、とにかく奴を止めなければならない。奴を振り向かせられるのであれば、力ずくでも振り向かせなければならない。そこで私は精一杯の力で引きとめたところ、幸いなことに奴は頭をぐるりとこちらに向けたので、下流に引き戻すことができた。奴は水底深く潜ったまま、重量にものをいわせて闘った。私は奴を多少手荒に取り扱わなければならなかったが、どうにかバラシだけは避けることができた。これでようやくひと安心といいたいところだが、さらなる難関が待ち受けていた。我々がたどりついた場所は、手前側の岸から入る支流の流れ込みのなかで、その開けた流れの部分以外はすべて一面藻床に覆われていたのだった。奴をこの川幅3、4フィートほどの支流から引き摺り出して、下流のもと居た場所まで戻るべきか?いや、こいつを誘導するのが難しい以上、それは危険過ぎる。もし奴が本当に藻床に潜り込みたいのなら、潜られるかガットリーダーが切れるかのどちらかだろう。たとえ疲れ果てた獲物であっても充分にリスキーな話だ。もし疲れていないのなら、まったく考えられない戦略なのだけれど、それ!どうしても下流に降りないというのなら、上流へ行け。ラインプレッシャーを緩めてやると、奴は喜んで上流に向かい遁走し、藻床のなかをいくつも突き抜けながらさらに上流を目指した。その間、私は駆け足で追ったのだが、その先には別の難関が待ち構えていたので、奴をもう一度引き返させなければならなくなった。今回は前よりも一段と速く、重くヒキを感じたので、きっと奴は藻床の山を通り越して上の水門の穴のなかに逃げ込もうとしているに違いなかった。ところが、ここでも私の勇

《註釈209》白いシルクフロス製のボディーを細いシルバーティンセルで巻き上げ、淡いジンジャーハックルとクイナ(Landrail)のウイングを組み合わせたパターン。F.M.ハルフォードはこの毛鉤について、暑い日の午後に用いるのが最適で、特にスマッティング中の鱒に効果的であると記している。

《註釈210》欧州に広く分布するコイ科の小魚。最大でも1ポンド程度。開けた瀬に棲み、水面上の羽虫にも俊敏に反応するが、警戒心が薄く行動が単純なことから、フライフィッシングの格好の練習相手となる。

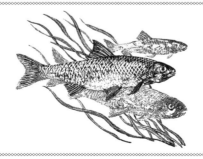

「あの4ポンド級」(「テスト川のひと夏」[1924])

敢なガットリーダーはよく耐え、鱒に激しく抵抗した結果、再び奴は下流に向かわざるを得なくなった。こうした遣り取りが2回、いや3回は繰り返されただろうか。どっちが本当かは忘れてしまったが、25ヤードの流れの間で何度も上へ下への大騒動を繰り広げたのだ。それまでの時点で奴はようやく弱り始めたので、私はこの流れの中間地点に陣取って、取り込むことを考え始めた。私がようやくランディングネットのスリングに手を掛けたとき、奴は突然目を覚まして、上流に走り出した。

停まれないほどのスピードで藻床に近づくと、奴はそのまま魚雷のように突っ込んだので、もうおしまいかと天を仰いだ。ここで無理に引っ張り出そうとすれば、本当にガットは千切れてしまいそうなので、今度はラインを緩めてやった。奴の動きが止まったところで、私は再びラインを張ってみた。藻に絡まって切れてしまった力のない哀れな感触を予想していたのだが、なんと有り難いことに、ラインはまだ鱒とつながっており、今も強く引いているではないか。奴がどうやって藻床のなかを奇

麗に真っ直ぐラインを引っ張ったのかよく解らないが、およそあり得ない話ではあった。もし奴が、疲れて浮き上がってくる以前の、闘いの最初の時点で同じことをしていれば、藻のなかでラインが絡まって望みは絶たれていたことだろう。しかし、ラインは上手い具合にスルリと藻床から外れ、そのことは魚が水門に向かって引き摺り出していくリールの逆転音が教えてくれている。・・・（中略）・・・多くの危険を乗り越えて、私はようやく奴をランディングできそうだと確信した。奴は明らかに大物だが、魚体を目視できる状態にはないので、どれぐらいのサイズなのかはいまだに判らない。奴は今も、非常に重量のある魚だけが示すことのできる不動の、微かな震えを感じさせる力で抵抗している。しかし、遂には奴の怪力も底を突いたようだ。奴は自分の身体を数回身震いさせると、突如、水面を割って跳び上がり、巨体を残照のなかに踊らせたのだった。そして、巨大な獲物をようやく仕留めようとする直前の、あの息苦しい場面にたどり着いた。奴を引き寄せようにも重過ぎて、どうにもネットの上に乗らないのだ。やっとその魚体の半分をネットのなかに収めようとした瞬間、巨体は宙返りしながら落水して、大きな水飛沫を上げた。ガットが切れたのだと思ったが、実際にはまだつながっていた。私は身震いしながら同じような失敗をあと2回も繰り返した後で、薄明のなか、ようやく奴を陸に揚げることに成功したのだった。

どれほどの大物だったのだろう？3ポンド？いや、もっとだ。それでは4ポンド？いや、まだまだ。それじゃあ5ポンド？もしかすると、もしかするのでは・・・。獲物を秤に掛けるとき、私の膝は笑い、指は震えた。奴の重量は4ポンド8オンスをわずかに超えた。友人を見つけに上流へ向かい、彼の秤でも量ってもらったが、その秤では4ポンド9オンスをかすかに切った。これが、ドライフライで釣り上げた我が人生最大の獲物である。』

【メイフライの釣りをめぐる美学】

カゲロウほど世の人々の関心を惹く水生昆虫はほかにない。この羽虫の名を「儚さ」の代名詞に用いる慣習は、洋の東西を問わず、古くから人々の営みに根差してきた。一例を挙げると、カゲロウ目の学名「エフェメロプテラ」(Ephemeroptera)は、元々ギリシア語に由来し、「ただ一日の」(ephemeros)と「翼」(pteron)の合成語であるという。

歴史をさかのぼると、古代メソポタミアの「ギルガメシュ叙事詩」には、人間の儚い存在を暗示するものとしてこの虫の名が登場する[211]。我が国の文学史を振り返ってみても、「蜻蛉日記」をはじめ「源氏物語」や「徒然草」など、その儚さを謳う例は枚挙にいとまがない[212]。加えて、他の水生昆虫とは一線を画す肢体の優美さ、立ち姿の端麗さ、そして完全体であるスピナーの透明感は、この淡い情趣を一層かき立ててくれる。

しかしながら、世界中のフライフィッシャーがこの羽虫

超大物と釣り人

《註釈211》19世紀にアッシリアの遺跡から発掘された粘土板に刻まれた紀元前の物語。本作品中、神が引き起こした大洪水の難を箱舟に乗って避けた老人がギルガメシュ王に説諭する場面で『川は氾濫して我らに洪水をもたらし／水面にはカゲロウ(kulilu)が浮かぶ／その顔は太陽を見つめているが／はたと水面を見遣ればもう誰もいない』(第312-5節)との一節が登場する。これが旧約聖書に記された「ノアの箱舟伝説」の原型とされる。

《註釈212》平安時代の『蜻蛉日記』は、藤原道綱母が記した女流日記物の先駆けとなる作品で、そのなかの『なほものはかなきを思へば、あるかなきかの心ちするかげろふの日記といふべし。』という一節からその表題がつけられた。『源氏物語』に収録された『蜻蛉』の巻では、光源氏がかつて愛しながらも離別した女性に想いを馳せつつ、『ありと見て手にはとられず見ればまたゆくへもしらず消えしかげろふ』と詠んでいる。兼好法師は『徒然草』のなかで、人間は生き物のなかでもまだ長命なほうであって、『かげろふの夕べを待ち、夏の蝉の春秋を知らぬもあるぞかし。』と教え諭している。

《註釈213》1582年、ローマ教皇グレゴリウス13世はそれまでの太陰暦に代えて、新しく太陽暦（グレゴリオ暦）を採用した。以後各国に普及し、英国ではこれが1752年に導入されて今日に至る。

《註釈214》H.マーシャルは、Mayflyの羽化は鱒の警戒心を奪い、本来釣りの愉しみを構成するはずの克服すべき困難を取り去ってしまうので、そんな状況下で釣る行為は『単なる殺戮でしかない。』と評している。

《註釈215》ウエットフライマンを揶揄する一文。

《註釈216》F.M.ハルフォードは、このような釣り人たちが『次々と魚の口を引っ掻き、怯えさせて、かなり長い期間を大物が狙えないような状況にしてしまう。鱒がMayflyを喰い過ぎて羽虫に飽いてしまうから、その後少なくとも6週間はどんな毛鉤にもライズしなくなる』などという誤解が広まっているのは、実はこうした蛮行のせいなのだ。』と批判している。またW.J.ランはこ

に惹かれるのは、なにも彼らの文学趣味のせいばかりではない。カゲロウはなんといっても鱒たちの大御馳走なのであって、なかでもその大型種となるモンカゲロウの一族（属名：*Ephemera*）、すなわちメイフライ（Mayfly）は大船団を組み、よく肥えた腹部を旨そうにくねらせながら、川面のベルトコンベアに乗って鱒の鼻先へと運ばれていくのだ。

英国におけるメイフライのシーズンは、5月末から6月いっぱいにかけてとされている。「五月羽虫」との名を頂戴しているにもかかわらず、なぜか6月を中心に初夏の空を飛びまわっているのだが、これは、羽虫のせいでもなければ気候変動のせいでもなく、実のところ、かつてローマ教皇が暦を改めてしまったことに因るものなのだ(213)。

チョークストリームでの遊魚料が一番高くなるのがこの時期であることからも分かるように、メイフライの季節は英国のフライフィッシャーたちが待ち焦がれる、大釣り・大物釣りの季節である。この季節を迎えると、穏やかな川面は羽虫の群れに埋め尽くされ、鱒という鱒が殺戮に狂奔する。年中物陰に隠れたままの老獪な鱒ですら、このときばかりはカーニバルの行列に誘われて、開けた流れのなかに顔を覗かせる。メイフライの到来に川面がライズで炸裂するときには、どんなに下手なフライフィッシャーでも釣れない訳がない(214)、とイングランドの釣り人が吹聴したところから、この季節を「ヘタクソ釣師の2週間」（"Duffer's Fortnight"）と呼ぶ風習が生まれた。

F.M.ハルフォードは当初、メイフライの釣りの評価について必ずしも立場を明らかにしなかったが、晩年には明確にその道徳性を否定して、オリヴやペールウォータリィといった中・小型カゲロウの釣りにこそドライフライフィッシングの真価があると嘯いた。「ドライフライマン指南」[1913]において、彼はこの世からメイフライなど消え失せても惜しくないとさえ断言する。メイフライの季節になると、普段は鱒釣りなどしないような者たちがチョークストリームに雲霞のごとく群れ集まって、不用意に川辺を騒がせてはライズもお構いなしに川面にラインを打ちつけ、ひどいときには『伝統に育まれた「放り込んであとは運任

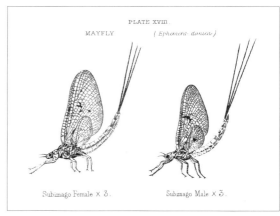

メイフライ（エフェメラ・ダニカ）

せ」理論に淫する者まで現れる』(215)と嘆いている。晩年のハルフォードにとって、狡猾な獲物を理知的に釣るという命題の実現を乱すメイフライの釣りは、『最も失望させられる類いの釣り』でしかなかったようだ(216)。

メイフライの釣りを軽視するハルフォードの言葉を「ドライフライの近代発展」[1910]のなかから拾ってみよう。このころ、メイフライのハッチが各地で激減しつつある事実を紹介した後で、彼は次のように述べている。

『ドライフライマンはふたつの流派に大別される。ひとつはメイフライを愛する者たちで、彼らはドレイクの最盛期に、通常時の平均サイズを大きく上まわる怪物を次々と掛け、殺戮を繰り返すことができるこの狂乱と興奮の数日間が今や失われつつあることを深く憂慮している。他人や自分の記録を塗り替えることを人生の大望として抱くスポーツマンたちの一部は、このカテゴリーに属する。

もうひとつの流派の者たちは、メイフライの減少を嘆くどころか、むしろスポーツの環境を改善させる出来事として歓迎する。鱒がより小さなカゲロウを喰うようになればなるほど、それがサブイマゴであれイマゴであれ、かつてメイフライが大量に発生していたころよりも釣りはずっとよくなると根強く主張するのだ。この流派のなかにも純粋主義を標榜する過激な一派が存在し、彼らはメイフライの釣りを「合法的な密漁」の

の釣りについて、鱒の喰いが立っているときは簡単過ぎて釣趣に欠け、喰いが渋いときは掛かりが浅くなりバラシばかりとなってすぐに獲物がスレてしまうことから、『Mayflyの釣りは苛立ちか殺戮のどちらかでしかない。』と評している。

一形態とみなし、ミミズの餌釣りやミノウの曳き釣りと似たり寄ったりだと糾弾している[217]。

私自身の見解を申し上げれば、平均２ポンド前後の獲物を＃０あるいは＃００サイズのダンやスピナーを模した毛鉤で仕留めるスポーツは、それ以上の獲物を＃２や＃３、あるいはもっと大きなサイズの鉤に巻いたメイフライやスペントナットで釣り上げるのよりも、遙かに高尚な釣りと認められるべきだと考える[218]。』

しかし、実際にこの釣りを経験したことのある者ならば誰しも、「馬鹿でも釣れるメイフライの季節」という評価がきわめて一面的な見方でしかないことに気づくに違いない。メイフライの釣りがひと筋縄ではいかないことは、洋の東西を問わず。その難しさは、釣り場の状況にあるのと同じ分だけ、フライフィッシャーの心のなかにも潜んでいる。夕闇が、無数の羽虫やライズと一緒に釣り人を包み込むと、彼の周囲には妖しい異界が起ち上がる。赤黒い帳(とばり)の内側で生と死が激しく交錯するのを目の当たりにして、はたして釣り人の精神は昼間のままでいられようか。沸き立つ川面の呪文に魅入られて、釣り人は我を忘れて毛鉤を投じ、次第に異界の虜となっていく・・・。そんなスピナーフォールの釣りを想うとき、人間の狂気を描いたシェイクスピアの一節が脳裏をよぎる。

"Frateretto calls me;
And tells me Nero is an angler in the lake of darkness."[219]

H.T.シェリンガムは「鱒釣り　記憶とモラル」[1920]のなかで、「ヘタクソ釣師の２週間」の難しさを軽妙に描いている。確かに大昔には、この季節ともなればどんなヘタクソでも釣れ過ぎて魚籠に入らなくなった獲物を服のポケットに突っ込んだり、切った枝に吊り下げたりしなければならない時代があったかもしれない。かつては『自らが釣り人であることを自覚できる２週間』という趣旨だったであろうこの表現も、いまやその正しい解釈は『自分がヘタクソであることを自覚させられる２週間』となっているのだ、とシェリンガムは宣言する。もはや釣り人の服のポケットが、煙草やフライボックスの収納といった本来の目的から離れて使われることはないし、空しい魚籠のなかに川辺で摘み採った野花の束を入れておけば、自分の貧果を覆い隠せるだけでなく、帰宅のときには女性陣の歓心を買うことだってできる、との諧謔を披露した後に、彼は次の一節を記している。

『醒めた釣り人の視点から眺めれば、ライズ狙いによるメイフライの釣りの厳しさは、主として、「可能性」と「現実」との間に大きなギャップが存在するところにある。彼が見かける大物は、これ以外の季節には単なる伝説でしかなく、それまではせいぜい川面に映るおぼろげな影に過ぎなかったものが、今や正体を現わして川のあちこちでヌッと顔を覗かせたり、川面で水飛沫を上げたり、体側を煌めかせたりしているのだ。この怪物たちはみな餌を漁ったり、待ち構えたり、次の餌に備えて腹ごなしの運動をしているところで、獲物を確実に根こそぎ捕らえようとする人間の姿にそっくりだ。しかし、実際に釣り人がそれを試す段になると、決して見た目ほど容易ではないのを思い知らされることになる。ほとんどの魚は、ニンフを求めてあちこちさまよいながらバルジングしているが、ほかの何匹かは、かなりの確率で、流下する羽虫を選別している最中のはずだ。これらの鱒は本物の羽虫そっくりなものは咥えてくれるが、そうでなければ見向きもしない。しかし、毛鉤が決して「そっくり」たり得ないのは読者諸兄もご明察のとおりである。

それでもなお、釣り人にはいくつかの「可能性」が残されているのだが、彼の挑戦は通常、次のような展開をたどることだろう。まず、決定的なタイミングで毛鉤にドラッグが掛かってしまい、最初の可能性が消えてしまう。次いで、毛鉤が厚顔無恥な

《註釈217》F.M.ハルフォードは「ドライフライフィッシング―その理論と実践」[1889]のなかでMayflyの釣りを、『ある種の密漁のようなもので、ミミズ釣りよりもまだ悪く、ミノウの曳き釣りと同等のひどさで、これより悪質な方法といえば網漁ぐらいなものだと主張する者さえいる。』と遠まわしに批判している。

《註釈218》とはいえ、当時のMayfly釣り愛好家の要望に応えてか、F.M.ハルフォードは６種類のMayflyパターンをHalford Patternsのなかに登録している。例えば、その冒頭に登場するGreen Mayflyの♂パターン（１番）は、明るく緑がかった灰色に染めたルーアン種の鴨(Rouen Drake)のフェザーポイントをウイング用い、ヘッド周りのハックルには金鶏(Golden Pheasant)の首周りから採った羽根、ショルダー周りのハックルは中程度のNaples yellowに染めたコックハックルを２枚、それぞれ巻き上げる。無染色のラフィアグラスで巻いたボディーを薄茶色に染めた馬素で４回転分だけ巻き上げてリブづけし、ボディー後端のチップにだけは密に５回重ね巻きしてアクセントをつける。最後にテイルには非常に濃いチョコレートブラウンの色彩を帯びたヘンハックル・ファイバーを用いて、鉤のサイズは＃２とせよ、と実に念入りな指定となっている。

《註釈219》『悪魔のフラテレットが我を呼ぶ。皇帝ネロは暗闇の湖で釣っているぞ、と。』の意。「リア王」第三幕第六場より、暗い農家の一室でリア王を匿う場面で協力者エドガーが道化師をからかうために吐く台詞。ちなみに、シェイクスピア(William Shakespeare [1564-1616])は謎の多い作家として知られるが、その作品のなかには釣鉤に関する記述が少なからず見られるため、彼が釣り人であったことを証明せんとする論文まで存在する。

1/4ポンドの小物に喰われてしまって第2の可能性も泡と化す。その後3ポンド級を2匹掛けるも、ともに安物毛鉤を彼らの口のなかに残したままで逃げられてしまう。逆上した釣り人が第5の可能性にかけて、「あと1ブレイス、1ブレイスだけでよいから」と焦って竿を振ると、背後の木の枝に毛鉤を引っ掛けてしまう。気をとり直して、少なくとも4ポンドはあろうかと思われる大物めがけ、一縷の望みをかけて毛鉤を綺麗に流すと、こいつは躊躇わず喰いついてきた。ところが、その闘いは想像と違ってあまり引いてくれない。その訳は後で判明するのだが、釣れてきたのは1-1/4ポンドしかなく、サイズリミットにあと1/4ポンド足りないではないか。逆上した彼が安っぽい毛鉤を投じると、またしても3ポンド級にもっていかれてしまう。一事が万事、こんな調子なのだ。

これらの失態はすべて混乱のなかで展開し、釣り人の擦り減った精神状態に追い打ちをかける。しまいには、彼はまるで狂ったようにあちらこちらとさまよい歩き、視界に入る鱒のすべてに片っ端から狙いをつけては、竿で風を切り裂いていくのだが、彼がなし得ることはといえば、自らがヘタクソであるのを証明するぐらいでしかない。彼が夜の寒さに家路をたどるとき、魚籠のなかにはずっしりとした2ポンド級が1匹だけ納まっている。しかしながらこの獲物は、メイフライのハッチが終わった後にセッジ毛鉤で掛けたものなのだ。彼は想う、神様はどうしてもっと早く釣らせて下さらなかったのか、と。』

メイフライの釣りの愉しみ方は十人十色。大釣り・大物釣りの愉しみや、夕闇に沸き立つライズの愉しみのほかにも、自然誌の愉しみがある。羽虫の存在を川辺の生態系における重要な構成要素と位置づけるとき、それまで川面だけを見つめていた釣り人は、底石の陰から頭上の天空に至るまで、視野を大きく拡げることになる。砂礫底のなかに潜みながら、流されてくる木の葉などの有機物を食んで成長したメイフライのニンフが、水面に生まれ変わりの姿を晒すときには、鱒ばかりか野鳥たちまでが川面に誘われて、熟れた清流の果実を飽かず堪能する。しかしこれら捕食者の脅威など、豊饒なる実りの前では無に等しく、大多数のメイフライは交尾の後に無事卵を産みつけてその生を完結させる。こうして播かれた種は川の養分を蓄えて、再び生命の環を紡ぎ始めるのだ。

我々フライフィッシングを愛する者は、四季を通じてこの生命の環を観察者として見届けるばかりか、ときに自ら環のなかに立ち入ることを欲する。川辺に佇むフライフィッシャーが生と死のドラマに臨むとき、もはや彼の願いは魚を捕らえるところにない。そのとき釣り人は、川面に浮かぶ毛鉤に己の姿を投影し、か弱き羽虫たちの恐怖と安堵、狂乱と歓喜、そして諦念と微かな希望に、胸を震わせて共感することになるのだ。眼を見開きながらもなお、羽虫となって飛翔を夢見ることは、フライフィッシャーにのみ許された特権である。

このメイフライの釣りの愉しみを、J.W.ヒルズが「テスト川のひと夏」[1924] のなかで見事に描き出した一節は、前に

19世紀末の各種メイフライ毛鉤

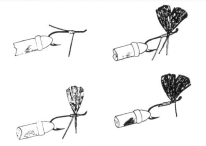

第2部 ドライフライの歴史（前編）

道路を埋め尽くすカゲロウ

紹介した彼のセッジの釣りに関する描写と並ぶ傑作と賞されている。そのなかで彼はメイフライの到来を、釣り人の歳時記という小さな枠を超えて、何万年と繰り返される壮大な自然の営みであると規定した。メイフライの群飛は、アフリカで目撃されるカリブーの大移動やノルウェーで人知れず繰り返されるレミングの大群行にも比すべきものであるが、地上に生きる野生動物の移動が人間によって制約され始めているのに対して、メイフライの飛ぶ大空には今もなお自由な移動が約束されていると論じた上で、この小さな体躯に秘められた驚くべき生命力について、ヒルズは次のように謳い上げている。

『メイフライのライフサイクルには、鱒に襲われる3つの場面がある。最初は新たに羽化して水面上に乗っているとき、次に雌が産卵するとき、そして最後が死にかかった個体や死骸が流下するときである。確かにテスト川では大量のハッチが発生するが、それがいくら大規模だといっても、ケネット川のそれに到底比肩し得るものではない。かつてハンガーフォードで見られたメイフライのハッチは、いくら正確に説明しても大袈裟に受けとめられてしまうほどだ。ロンドンから汽車でこの地に向かうと、川や運河が霧のようなもので覆われているようすが見えてくる。機関車の周囲には潰されたメイフライの亡骸(なきがら)がこびりつき、客車のなかも車窓から吹き込まれる羽虫でいっぱいになる。駅から馬車に乗り換えると、馬の蹄が羽虫を路面に押し潰す。1901年6月7日の出来事を私は今でもよく覚えている。北東の風が吹きすさぶ、生暖かく曇った一日のことだった。夕方6時まで虫は1匹も現れなかったが、それから1時間のうちに信じられないほどの数の羽虫が飛び立った。彼らは互いにくっつきあうほど密集した群れをなして降りてきた。空を見上げると、風に煽られながら移動するその姿は、まるで激しい大吹雪のようであった。メイフライは人の服装にも帽子にもびっしりと貼りつき、竿にも取りついて休息した。川辺を歩けば、まるで道を掻き分けながら進むような気分になったものだ。貪欲な鱒は彼らを呑み込み、それよりさらに貪欲なアマツバメ（swift）も彼らを飽食していた。しかし、この羽虫の数の前では、彼らの存在はなんら意味を持たない。メイフライは何十万匹にも達し、ハッチはさらに続いて、彼らの身体で敷き詰められた川面はどんどん厚みを増していった。

（中略）

私が歩いて行くと、生垣に沿ってずっと、草叢の辺り一帯、そして柳や他の背の高い樹木のてっぺんまでずっと、メイフライの群れが浮かんだり降りたりしながら雲のようにすべてを覆い尽くしていた。その姿はまるで蜂の群れのようでもあり、視界いっぱいに無数の虫たちが蠢いている。日中には活動することなく静かに草葉や葦などにしがみついている彼らの姿を観察できるが、夕刻ともなれば彼らは起き出して、密集しながら再び踊り始めるのだ[220]。空中は漂う雌の羽虫で満たされており、そのうちの1匹が風にあおられてダンサーたちの傍に流されると、彼らに捉えられて交尾が始まる。交尾が終わると、雌は水辺へ向かう。というのも、彼女の最後のふたつのステージ、つまり産卵と死は川のなかで起こるからなのだが、これについては後で述べることにしよう。私が釣り場に着いたと

《註釈220》カゲロウの成虫をspinnerと呼ぶ慣習は、その旋回（spin）しながら舞う求愛行動に由来する。

きには、まだその段階ではなかった。その代りに、羽化したばかりのメイフライがときどき2、3匹ばかり飛んでいる。風が収まると、川の世界は息を吹き返し、くたびれた表情を一変させる。座ってそれを観察しているうちに、私もそろそろ起き上がって行動を開始するタイミングだなと確信した。しかし、まだ機は熟していない。流れの真ん中で1匹の魚が2度ほどライズしたので、私は早速そいつを釣り上げ、その後2匹を続けてバラした。さらにもう1匹釣ったが、次の1匹はまた逃してしまった。釣り上げた2匹は計4ポンド9オンス。そしてようやく6時を過ぎたころ、スペントフライが流下し始めた。川面はびっしりとメイフライで敷き詰められている。上空で雲のように群れ、産卵に忙しく、流れのなかに潜ったり、水面をチョンと触ったりした後で舞い上がり、また水面に接触する。産卵中のメイフライは一層密度を増し、流下する彼らの死骸もまた増えていく。もしあなたの視線が産卵中の1匹のメイフライの行動を追って、雄の群れのなかでも彼女を見失わずに済むとすれば、彼女の空中活動のインターバルが徐々に短くなっていき、水面への接触の頻度がだんだん上がっていくのに気づくことだろう。そして、産卵のために水面を軽く撫でる代わりに、ほんのわずかな間ではあるが水面に座り始めて、その行動は彼女が遂に再び空中に飛び立てなくなる瞬間まで続けられるのだ。このとき、彼女の任務は完了し、体内に蓄えられた六、七千個の卵が無事送り届けられて、種族の未来が確保される。彼女は水面上に落ち着いて翅を高く掲げているが、やがて身を痙攣させて片方の翅が水面に倒れる。そしてしまいには息絶えてその身は伸び、両方の翅が開いて十字架を描く。水面を流れる羽虫の塊は厚みを増し、さらに多くの遺骸が押し流されていく。初めのうちは、翅を立てて水面に座すもの、半ば倒れたもの、そして死にかかったものや死んでしまったものなど、流れのなかにはさまざまな段階の羽虫が目につく。しかし、まもなく死んだ個体が大宗を占めるようになり、最後にはすべて死骸、すなわちスペントナットで埋め尽くされるに至る。そして流下量は刻一刻と増え続けるのだ。バックウォーターや淵ではほとんど塊となって吹き溜まる。流速のあるテスト川下流域の本流であっても、スペントナットの流下密度はわずか数インチ間隔である。広い川幅のすべては死骸で埋め尽くされ、まるでベルトコンベアのように彼らを海へと押し流していく。これら

すべてのメイフライは、鱒やグレイリングのみならず、ツバメやアマツバメ、イワツバメ（martin）、セキレイ（wagtail）、ムシクイ（warbler）、ヒワ（chaffinch）といった羽虫を餌にする小鳥たちの攻撃からも逃れたものたちだ。彼らは逃れ、その子孫へと命をつないだ。ごくわずかの間に川に何千匹ものメイフライが流されていくのを目撃するとき、貴方は、生き延びたメイフライの数はきわめて多く、敵がその個体数に与える影響などまったく無視し得る程度でしかないという事実に気づくことだろう。

おかげでこの日、7時の時点ですでに私は幸福な状況にあった。3匹の鱒を釣り上げて、合計で6ポンドを優に超える釣果となっていた。スペントフライが流れ始めて、本格的なライズが幕を開けた。太陽が沈むまでにはまだ2時間の余裕があったし、なんといってもここはテスト川下流域のなかで最高の釣り場のひとつなのだ。あと3匹追加して、3ブレイスを達成することなど当然の釣果であって、問題はそれが目方で合計何ポンドになるかだ、などと慢心してしまうのも至極当然なことだった。しかし、歓喜の絶頂まであと一歩と思ったつもりが、一瞬にして奈落の底へと突き落とされる惨劇の、なんと頻繁に繰り返されることか！険しい道のりを踏破してようやく希望の地に足を踏み入れたかと思ったそのとたん、あっという間に一から振出しに戻ってしまう絶望の、なんとおびただしきことか！私の場合も同様、その後は1匹たりとも釣れはしなかったのだ。信じられないほどの量のスペントが流下したのだが、鱒

「グッド・ライズ」（FISHING AND SHOOTING [1902]）

171

第2部 ドライフライの歴史（前編）

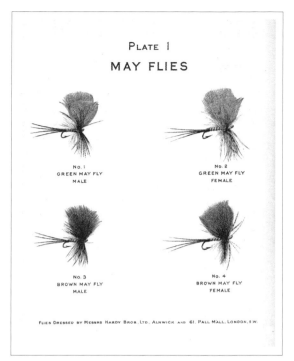

メイフライ・ダン／スピナー（ハルフォード・パターン）

は、運命の女神とはなんと不親切なものかと思った。どのみち1匹を失わなければならなかったとすれば、なぜチャブを逃して鱒のほうを釣り上げさせてはくれなかったのか？

（中略）

釣果の多寡に関わらず、メイフライの季節はいつでも味わい深い。確かに無残な釣果に終わることも頻繁にある。オリヴの釣りのほうがより面白味があるし、ずっと繊細だ。しかし、メイフライの釣りにはロマンがある。どんなことでも起こり得る。未知の怪物が深みのなかから浮かび上がってくるかもしれない。それを想像して沸き起こる興奮が、常に我々を駆り立てるのだ。釣り人のなかにはこうした釣りを軽蔑する者もいることだろう。これは科学的な釣りではないのかもしれない。しかし、我が命ある限り、この釣りが絶えることのないよう切に願う。釣り自体は別にしても、メイフライは限りない野生のスペクタクルを見せてくれる。こうした光景は今日、一度たりとも失うには忍びないほど、ますます稀少なものとなりつつあるのだ。』

【ハルフォードの実像】

欧州に大戦の影が忍び寄る1914年新春、F.M.ハルフォードは寒波のロンドンを逃れてチュニスでバカンスを満喫し、同年3月に帰国の途に就いた。旅先では溌剌と愉しんでいたハルフォードであったが、船中で突然病を得て危篤状態に陥る。同月5日、客船がテムズ川に入ったところで知らせを聞いて飛び込んできた彼の家族と再会をはたした直後、この偉大なアングラーは69年間の輝かしい生涯を終えた。このころ、ハルフォードの純粋主義は絶頂期を過ぎて、新しいドライフライ理論を提唱する者たちが現われ始めていた。また、その数年前にはG.E.M.スキューズがアップストリーム・ニンフの理論を提唱し始め、ハルフォーディアンとの間で軋轢を生みつつあった。それでもなお、ハルフォードの理論は数多のドライフライ教徒に信奉され、彼の権威はいまだ揺るがし難いものであった。この意味でハルフォードは、後に自らの名誉が汚されるのを知ることもなく、静かに舞台を退場することのできた幸運な独裁者であったに違いない。

とかく悪役のイメージがつきまとうハルフォードである

はほとんどライズしなかった。このスペントの流下が起こるほんの少し前、小型の羽虫が現れたときには、鱒たちはそれを1匹残さず喰い続け、そのなかに上手く流し込んだ毛鉤にも出てくれたのだが、無数の食事がやって来ると、鱒たちは突如態度を変えて、羽虫100匹のうち1匹にしか反応しなくなり、毛鉤のほうは完全に無視するのだった。型のよい鱒がライズしているのを見つけ出すのは難しかったが、ようやく、私はスペントナットに時折ライズしている1匹の大物を発見した。キャストと休憩と毛鉤を乾かす作業を幾度も繰り返した後で、彼はやっと私の毛鉤に出たのだが、その1匹のためにまだ陽の残る貴重な1時間を費やしてしまった上に、しかも、なんとそいつを取り逃がしてしまったのだ！たぶん、アワセが早過ぎたのだろう。残りの1時間を使ってもう1匹大物らしきライズを狙い、実際に掛けるには掛けたのだが、釣り上げてみればこいつは大きなチャブ（Chub）[221]だった。そうして、ライズは終わった。私

姿が描かれている。このなかでハルフォードは、ウォルブランが餌釣りで掛けた大物グレイリングをランディングネットで掬い上げる役割を自ら買って出ている。

《註釈224》castとは英国における「リーダー」の古い呼称。同じ綴りでも「投射」とは意味が異なる点に注意。

《註釈221》欧州全域に広く生息するコイ科の魚。I.ウォルトンは「釣魚大全」[1653]のなかでこの魚を『最も臆病な魚』と評した。最大で8ポンド級にまで成長する雑食性で、毛鉤やルアーをよく追う。シーズンを通じて狙うことができるが、その強い警戒心に挑むため、真夏の川面に群れでクルージングするこの獲物をストーキングしながら毛鉤で狙う釣りは、季節の風物詩とされる。

《註釈222》Nottingham styleとは、トレント川を筆頭にイングランド中東部を流れる川で発達したフカセ釣りの一種。軽めの仕掛けに大きな浮子を着けて川の流れに乗せ、浮子にかかる流水の抵抗で自然に餌を流す釣法で、トロッティング（trotting）とも呼ばれる。この釣りのために、わずかな引力でもラインが吐き出せるよう、極めて軽量で回転精度の高いスプールを備えた片軸受け式リールが20世紀初頭に開発された。

《註釈223》19世紀末にウエットフライの大家として知られたヨークシャーのF.M.ウォルブラン（Francis Maximilian Walbran [1851-1909]）はF.M.ハルフォードの親しい釣友であり、ウォルブランの著作には彼とハルフォードが仲良く11月のテスト川でグレイリングを狙う

が、独裁者の仮面の裏側には知られざる顔が隠されていたのではないかとする説が、これまでにも幾人かの釣魚史家によって論じられてきたところである。永年にわたってハルフォードとともにチョークストリームを釣り、ときに熱い論争を交わしながらも常に彼の歩みを温かく見守り続けた盟友W.シニアの遺作「愉しき処に釣糸を垂れて」[1920]のなかには、ハルフォードの意外な一面について証言する一節が遺されているので、これを紹介しよう。彼はその本性において、F.フランシスやH.T.シェリンガムの精神とさほど縁遠かった訳ではないのかもしれない。

『英語圏の釣り人たちの間では、ハルフォードはドライフライの使徒──否、「ドライフライ学派」と呼ばれる教団のガマリエルであると評されてきた。他方、彼はドライフライフィッシングを科学の名の下に貶めた張本人として訴えられもした。またある者は、彼のことをドライフライ純粋主義者の典型例と位置づけたが、この評価は、彼がドライフライ理論を極限まで推し進めたことを指しているのであろう。晩年、彼は毛鉤竿の研究に没頭したが、彼の精力はすべてドライフライロッドの開発に向けられ、脇道に逸れることがなかった。彼は、かつて釣り名人と呼ばれるようになったときと同じように、我々のスポーツのなかの一分野における最高権威として認められていった。しかし、高みへと登り詰めていく過程で、彼はあらゆる種類の釣りを実践し、そして愛好してきた──つまり、彼はその生涯にわたってオールラウンド・アングラーの情熱を胸中に秘めていたのである。これこそ、万能選手がたどるべき常道なのだ。彼は子供の時分から、釣り人として探究し、理解し、そして改良する生来の才能を発揮してきた。彼はテムズ川で難しいノッティンガム・スタイルの釣り(222)を習得し、海釣りの仕掛けをより優れたものへと改良していた。そこで示された彼の才能と不屈の意志は、後年、彼が着手することになるチョークストリームに棲む昆虫の研究やそのイミテーションフライの開発、そして最高位のフライフィッシングで要求される釣具の完成といった分野においても遺憾なく発揮され、成功を収めてきたのだ。それでもなお、彼がほかの釣法やその愛好家に対する共感を決して失わなかったことは忘れられるべきではない(223)。もし、ほかの人々が愛する釣りに対して彼が冷淡であるかのように見えたとすれば、それは単に彼が一番愛していたのがこの釣りであったというだけのことである。』

これまで紹介してきたように、ハルフォードは自著のなかで整然たる論理と修辞を尽くしているが、その行間には時折、傲慢や偏見が見え隠れする。もし、それをもって「ドライフライのガマリエル」など虚像だと唱える者があるならば、筆者はこれに反論する。確かに、ドライフライのあるべき姿を論じるときのハルフォードの文章には、教条主義的で不寛容な理論家としての一面が色濃く滲み出ている。しかし他方、ドライフライフィッシングのあらゆる要素を再構築し、それらを統合してひとつの魅力的なフィッシングスタイルへと昇華させた実践家としてのハルフォードの姿は、彼の理論家としての姿と様相を大きく異にする。「ドライフライの近代発展」[1910]のなかで描かれる彼のフライフィッシング模様が、活き活きとして明朗な釣りの愉しみに満ちていることは、色眼鏡をかけて読む者に大きな驚きを与えることだろう。文中、なおも勿体ぶった言いまわしが目に留まるのは彼の性分と諦め、片目をつぶって彼の著作をご覧になってみてはいかがだろうか。

それではこの作品のなかから、ハルフォードが最も愛した夏の釣りを紹介する一節を引用してみよう。

『暑くなりそうな日には、しっかりと朝食を摂ってからゆっくり時間をかけて川辺に赴くのが宜しかろう。竿を継いで、シルクラインが浮くようこれにまんべんなくグリースを掛けてやる。その先に4ヤードのガットカースト(224)を取りつけると、たっぷり30分間は川に浸しておく。過度に細いドローン・ガットは必要なく、充分な強度を備えたバット部から徐々にテーパーが掛けられて、先端部はいわゆるfinest naturalと呼ばれる規格の太さとなる通常のテグスを使うべきだ。ところで、私は細身のテグスを説明する上で、naturalという表現の前に敢えて「いわゆる」とつけている。これは、その筋の専門家にいわせると、通常、この規格名で販売されているテグスであっても軽く鋼鉄製の研磨器に掛けられているからである。今は亡きウィンチェスターのジョン・ハモンド氏はこのnaturalという規格についてjust regilatedと表記していた。それは彼の古風な

第2部　ドライフライの歴史(前編)

F.M.ハルフォード

ウェーダー[225]は絶対に必要だろう。

　穏やかな流れの上を双眼鏡でしばらく観察すれば、水面に出ている何匹かの羽虫の種類について知りたいことがすべて解るようになる。彼が双眼鏡から目を離して川面を精査すると、厚い藻床のすぐ傍で水面直下をあちこち泳ぎまわっている1匹の鱒をおそらく見つけることだろう。そいつは水面にゆっくり近づくと、流下してくるさまざまな虫たちをひとつひとつじっくりと検分しながらついばんでいる。鱒の姿とその挙動は、明るい陽光の下ですべてがまる見えとなる。鱒の視界に入らないよう姿勢を低く保ちながら、ホリゾンタル・キャスト[226]で毛鉤を送り込むべきことなど、このベテランアングラーにわざわざ伝えるまでもないだろう。・・・(以下略)

　毛鉤のパターンについて言えば、ブラックナットの雄と雌、ブラウンアント、オリヴやペールウォータリィあるいはアイアンブルーについては雌のスピナー、そしてときにはセッジといったパターンを各種準備しておけば大丈夫であろう。毛鉤をキャストする際には、鱒の位置を確かめておかなければならない。そして、鱒の位置から上流12インチのところに毛鉤を落とさなければならない。そのとき、あらゆる注意を払ってドラッグが掛らぬよう操作し、繊細さと精確さをもって第一投で仕留めるべきなのは当然だ。毛鉤の交換が効くのはよくあることだが、これは選り好みの激しい鱒に合わせてやったからというよりは、むしろ何度も繰り返し毛鉤を投げるという皆が犯しがちな失敗をやめて鱒の警戒を解いたからなのだ。このような失敗の記憶は、釣り人が毛鉤を交換する際には多少なりとも思い出されることであろう。

　摂餌中の鱒の多くがライズしたとしても、なかなか上手く鉤に乗ってくれないのが現実だ。何匹かは鉤掛りするかもしれないが、最初のひとノシで上手く鉤を外して逃げおおせる鱒もあれば、あるいはランディングネットへと導かれる最後の瞬間にポロリと外れてしまう鱒もいる。この暑さのなかで釣人は、歓喜と失意の両方を繰り返し経験することになるだろう。明るい陽射しを受けながらライズ中の鱒に向かってドライフライを投じる釣りは、結局のところ、フライフィッシングのなかでも最高位に列せられるべきものであって、また我が友輩の手によって散々に教育されたチョークストリームの鱒が備える天然の警戒心に対して、己の技量を試すことのできる最もフェアな

言葉遣いで、「太さが均一となるよう充分に研磨器に掛けられたテグス」という意味にほかならない。

　とにかく、ここで私がお伝えしたいのは、このとき釣り人はまったく急ぐ必要がない、ということなのだ。彼はまだまだ、ウェーダーをはじめさまざまな装備の用意に手間を掛けなければならない。そんなこんなで気を紛らわしていなければ、暑くてやっていられない。彼にはまだ、鱒のライズが期待できる日中の時間帯が残されている。この陽光が射しているうちに、彼は大きな期待を胸に細心の注意を払いながら鱒に毛鉤をプレゼンテーションすることになる。なるべく軽装でいたほうがよいが、足や膝を濡らし続けた結果、歳をとってから痛風やリューマチの痛みに苦しみたくないのであれば、

《註釈225》18世紀以前、英国の釣り人は膝下まで届く革ブーツを履いてウェーディングしていたが、19世紀に入ると内側にインド産ゴム樹脂を曳いた防水革ブーツが開発され、同世紀末までには、今日のウェーダーと基本構造を同じくする、柔らかい素材にゴム樹脂を曳いたズボン型のwading trouserが販売されるようになった。

《註釈226》horizontal castとは、竿を水平方向に振り、ラインを水面に並行させながらループ展開させるキャスティング法。

《註釈227》『そして翌朝目覚めると、私は以前にも増して釣りへの情熱を燃やし、決死の覚悟を胸に再び川辺で反撃に転じるのだ。』との意。

174

機会を与えてくれるものである。これらを心に刻む者は、その失望も幾許かは慰められるのではあるまいか。

　鱒の鼻先まで流されてきた羽虫の背後に、絶妙に送り込まれた毛鉤が同じ流れをたどって降りてくる。そしてライズが起きると、鉤に掛った鱒が闘争を始める。これら一連の鱒の挙動は、すべて釣り人の眼前で繰り広げられるのだ。猛暑のなかで釣り人が、頭のてっぺんから足のつま先まで、全身汗でびしょ濡れとなることは間違いない。どうせ同じ汗をかくならば、クリケットやテニスの試合を観戦したり、家のなかでじっと座っていたりするよりも、こちらのほうが遙かに快適ではないかと私は思うのだが、さて読者諸兄はいかがお考えだろうか。』

　さて、この一節のなかで最も読者の目を惹くのが、彼の毛鉤交換論の部分ではないだろうか。「厳格なる模倣」を金科玉条としたハルフォードも、ここでは理論家の仮面を脱ぎ棄てて、より高い視座からドライフライフィッシングを見渡しながら、読む者に鱒を欺く手練手管を教授してくれる。実践家たるハルフォードの立場は「ドライフライフィッシング――その理論と実践」[1889]において一層明快で、毛鉤の製作にまつわる諸問題よりも、我が身が鱒の視界に映らぬようにいかに行動すべきかといった実践上の問題のほうが遙かに深い研究を要するとして、『フライフィッシングにおけるアキュラシーやデリカシーをめぐる課題と比べれば、毛鉤の選択などまったくつまらぬ問題でしかない。』と喝破している。むろん、彼は毛鉤にまつわる思索が無益だなどと言っている訳ではない。彼がこの一文で伝えたかったのは、ひとりのフライフィッシャーが、ただ1匹の鱒を釣り上げるために知力・気力・体力のすべてを振り絞ることの崇高さであったに違いない。

　ハルフォードは、「ドライフライの近代発展」のなかで自身の成功事例をいくつも紹介した後に、『これらを読めば、おそらく読者は「ではハルフォードに失敗はないというのか？彼の新しいパターンは無敵なのか？彼には不運や失望に見舞われる日がないというのか？」と問われることだろう。』と言葉を継ぐ。彼は読者の疑念に対して、自分こそ一般の人々よりずっと多く失意の日々を過ごしていると率直に認める。しかし同時に彼は、どんなに失敗を繰り返そうとも、不屈の闘志を燃やして果敢に挑戦すべきことを次のように訴えるのだった。

"And so the next morning I wake up keener than ever, and once more sally forth to the river resolved to do or die."(227)

　尊大で堅物だが、誰よりも純粋であったハルフォードの文章が、後世の釣り人たちの間に大きな誤解を生んだのは紛れもない事実である。その咎が責められるのは仕方のないことであるにせよ、彼の著作のなかに輝くいくつかの名文は、忘れ去られるにはあまりにも惜しいものである。もし彼の議論がもっと自由で、もっと心の広いものであったならば、その後の釣魚史は大きく進路を変えていたかもしれないことを想うとき、この生真面目な独裁者が遺した素っ気ないユーモアの、なんと愉しく、そしてなんと切ないことだろうか。「ドライフライの近代発展」のなかから、かつてC.コットンが「釣魚大全」の登場人物に語らせた釣魚指南を彷彿とさせる、愉快で印象深い次の一節を紹介して、ハルフォード時代の解説を締め括ることとしたい。

「暑い日に最適の釣り場」(「ドライフライの近代発展」[1910])

第2部　ドライフライの歴史（前編）

『古くから論争の種となっているアワセ (striking) の問題をめぐって、これが失敗するのは手返しが早過ぎるせいなのか、それとも遅過ぎるせいなのか、我々はずっと議論を重ねてきた。私の立場はというと、我々がいつも失敗しているのはアワセが早過ぎるからだ、という理論のほうに以前と変わらぬ信認を置いている[228]。かつてドライフライの名人と謳われた私の親友のひとりは、メイフライ毛鉤に鱒が出るとき、アワセる前には必ず「ワーン、ツゥゥー、スリィー、フゥォー」とゆっくり数えることを勧めていた。しかも、それがスペントナットの釣りとなれば、「ワーン、ツゥゥー、スリィー、フゥォー、ファーィヴ、シィーックス」と数えた後でも、慌ててアワセを入れるようすはついぞ見られなかった。

私がこのやり方を徹底しようとあまりに時間のかかる遅アワセをするものだから、キーパーは、私にはライズが見えていないのではないかと疑った。このため彼は私の傍にそっと寄り添って、「貴方の毛鉤にライズがありましたよ。」と優しく耳打ちするようになったのだが、私のほうはというと、「うむ、解っとる。」と応じた後で、なおも急がず竿をゆっくりと煽るのだった。すると鉤に掛った鱒が狂ったように疾走し、水面に踊り出ては上へ下への大騒動となった。それが2、3分も経つと、頭を底のほうに向けてゴリゴリといやな感じで魚体をよじり始めたのだが、私の可愛い9フィート半の竿がその振動を上手く吸収してくれたおかげで、獲物は無事御用となった。

この獲物は上顎の後ろにとてもしっかりと鉤掛りしていたので、外すことが出来ない。そこで仕方なくテグスを切り、こいつの頭部に一撃を加えて引導を渡してやった[229]。あとで秤に掛けてみたところ、3ポンド4オンスをやや上まわる大物である。その夕刻、家に持ち帰って鉤を抜こうとするのだが、鉤先のカエシが頭骨の奥までしっかり貫通していたものだから、結局、鉤はフトコロの部分でポッキリ折れてしまった。私のキーパーが遅アワセの効用を周囲に吹聴するようになったのは、その日以来のことである。』

（左から）シニア、モズレー、ハルフォード

《註釈228》F.M.ハルフォードは「ドライフライフィッシング—その理論と実践」[1889]において、小さい鱒は毛鉤を素早く咥えてすぐに放すが、大鱒はゆっくりと咥えて飲み込むのに時間がかかると説き、『アワセはじっくり待ってからするのが鉄則で、早アワセはいけない。大物をアワセるのに遅過ぎるということはまずない。小物は鉤掛りしないかもしれないが、どうせ水に戻さなければならないサイズならば、そもそも嘆くに値しない。』と記している。

《註釈229》我が国では「フライフィッシングではキャッチ・アンド・リリース (catch-and-release) が大原則」とする風潮が見られるが、これは20世紀中ごろの米国で提唱され、広まった思想に基づくものである。英国のフライフィッシングでは古くから獲物はキャッチ・アンド・キル (catch-and-kill) が原則とされてきた。F.M.ハルフォードも「ドライフライフィッシング—その理論と実践」[1889]のなかで、『サイズ制限を超える獲物ならば、その頭部を叩いて苦痛を取り除いてやる。この部位を精確に鋭く狙えば一撃で足りる。』と語っている。ちなみにこの英国の慣習は、キープが許される獲物のサイズや尾数を厳しく制限するルールの導入により、その釣獲圧力が抑制されてきた。

The Absolute and Relative Worlds of Dries
短く、軽くなるタックル。

ハーディー社製ハルフォード・ドライフライロッドの1912年モデル（9フィート6インチ）と、
同じくハーディー社製スペシャル・パーフェクトリール（3-1/4インチ）。
ハルフォードはキャスティング指南についても著作のなかで詳述している。
「ドライフライフィッシング——その理論と実践」[1889]には、
天才的キャスターとして知られたG.S.マリエットの興味深い発言が引用されている。

"A silent rod and a whistling line mean good casting."

『静かな竿と唸りを上げるラインは、良いキャスティングの証拠である。』

> The Absolute and Relative Worlds of Dries

The World Before Him
ハルフォード以前の世界

Green Drake

Blue Dun

March Brown

Wickham's Fancy

Gold Ribbed Hare's Ear

トラディショナル・ウエットフライの構造を借りて生み出された英国ドライフライの代表例。この美しさに魅せられた19世紀のアングラーたちはマテリアルを漁り、染色の技術を競い合い、希少なハックルを得るため自ら鶏を養うほどにこだわった。今日、我々が愉しみながら巻いているドライフライの源流はここに発する。

水面へと到達した伝統
Wet Flies Turned Upto Dries

Pale Waterly Spinner　　Olive Dun　　Iron Blue　　Sherry Spinner

Little Red Sedge　　Welshman's Button　　Brown Mayfly　　Spent Gnat

ハルフォードが「ドライフライの近代発展」のなかで示したレシピはきわめて厳格である。ブラウン・メイフライのボディーひとつをとってみても、『無染色のラフィアグラスを巻き、その上からペール・マッダー・ブラウンに染めた馬素を、尻の部分で密に6回、胴の部分でリブ状に5回巻き上げる』といったこだわりようだ。

The Definitive Halford
君臨するカリスマ

ハルフォードの研究室兼フィールドは、このようなチョークストリームの流れ

179

The Absolute and Relative Worlds of Dries

ハーディーのカタログに掲載されたこの図版は、F.M.ハルフォードが30年を超える研究のすえに到達した「厳格なる模倣」思想の集大成。混乱する毛鉤の世界に秩序を与え、ドライフライマン必携の33本を定義しようという試みである。模倣すべき種を特定するだけでなく、その性別まで巻き分けようとする徹底ぶりは、まさに狂気と紙一重。

Lunn's Particular

Silhouette Olive Dun

Baigent Brown

Variant

英国のフライフィッシングを永遠に支配するかと思われたハルフォード理論も、20世紀に入って釣り人の視点が水上から水中へ移されると、その正当性に疑問が投げかけられた。英国のネオ・イミテーショニストたちは、「印象派絵画理論」と「フィッシュウィンドウ理論」を錦の御旗に、革新的なドライフライを世に問うた。その多くは忘れられつつあるが、彼らの目指した理想像は今日でも色あせていない。

ハーディー社が作成したJ.W.ダン・シリーズのメイフライパターン

ファーロー社製フライ・キャビネット。20世紀前半、互いに切磋琢磨し論争をもたらした各種のウエットフライ、ドライフライ、ニンフ毛鉤がごっそり収められた「現代の宝箱」。そのコンパートメントひとつひとつのなかに、英国フライフィッシャーの情念と欲望が静かに渦巻いている。

A Counter Blow
印象派の挑戦

> The Absolute and
> Relative Worlds of Dries

アレックス・マーティン社カタログ（1930年代）より

落下傘毛鉤というアイディア
Origin of Parachutes

20世紀米国のフライフィッシャーに好んで用いられたパラシュートフライやヴァリアント・パターンも、その歴史を遡れば英国へとたどりつく。多くのアメリカン・ドライフライがイギリスの伝統と切っても切れない関係にあることは、歴代の釣魚史家によって克明に記録されている。時に忘れかけられ、新機軸としてまた脚光を浴び、鱒毛鉤のアイディアは連綿と受け継がれてきたのだ。

ハーディー社カタログ（1920年代）より

America As
The Bleeding Edge
最先端としてのアメリカ

左側：P.H. ヤングのドライフライ・スペシャル（7フィート6インチ）とエドワード・ヴォンホフのピアレス・リール（3インチ）
右側：E.F. ペインのモデル 202（8フィート）とエドワード・ヴォンホフのパーフェクション・リール（2インチ半）

20世紀初頭、米国でドライフライが流行し始めたころに用いられていた各種パターン。英国由来の伝統的パターンが主流を占めるなかに、ビーバーキルやケイヒル、ピンクレディーといった米国の血統も現れ始めている。また、当時の一般的なドライフライには、現在の番手で♯12〜10と大型の鉤が用いられていた点も興味深い。

ウィリアム・ミルズ＆サン社カタログ（1920年代）より

America As The Bleeding Edge

East Coast Interpretation
米国東海岸で生まれた原型

Quill Gordon

Light Cahill

Beaverkill

Gordon

Whirling Blue Dun

Pale Evening Dun

Pink Lady

Bivisible

Neversink Skater

上段の4本はセオドア・ゴードンのパターン、中下段の5本はラブランチとヒューイットのパターン。セオドア・ゴードンはアメリカン・ドライフライの原型を規定し、G.M.L.ラブランチはアメリカン・ドライフライフィッシングのいしずえを築き上げた。一見似ているように思われる両者の思想も、毛鉤の捉え方をめぐっては根本的に異なる。前者が一般的な意味でのイミテーショニズムを重んじたのに対して、後者は模倣という行為そのものの必要性に疑問を投げかけたのだ。ラブランチは「フライフィッシングは科学か芸術か?」と問われた際、次のように語っている。

『明らかに芸術だ。私のなかで、フライフィッシングは音楽と密接に結びついている。』
「鱒の愉しみ」[1973]より引用

セオドア・ゴードンによるクイルゴードン
(courtesy of the American Museum of Fly Fishing)

Picket Pin

Grey Wulff

White Wulff

Sofa Pillow

Stimulator

Muddler Minnow

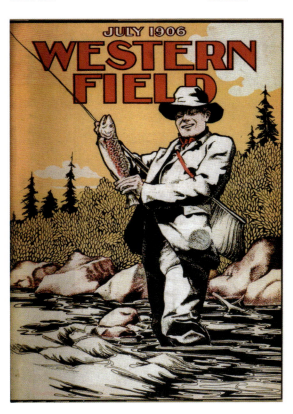

モンタナの流れに育まれたドライフライの数々。英国から遠く隔たっていたため、真に独自のスタイルを確立することに成功した数少ない事例のひとつ。たっぷりと取りつけられた獣毛が接水面積を確保し、ファイバー自体に備わる浮力の助けも得て、激流のなかでも視認性を高める。それらの無骨な外観がロッキー山脈の釣り場を容易に想像させてくれるのもまた、大きな魅力であろう。

Moving West
西へすすむドライフライ

> America As The Bleeding Edge

Through Marinaro's Looking Glass
マリナロの科学

Thorax Dun (sulpher)

Thorax Dun (dark olive)

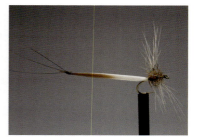
Porcupine Spinner

Jassid

Japanese Beetle

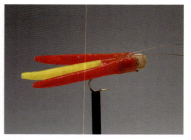
Pontoon Hopper

ペンシルバニアの鬼才、V.C.マリナロが創造したドライフライの傑作群。ゴーストウイング現象を利用するために創られたソラックスダン、モンカゲロウの透明なボディーを再現するポーキューパイン・スピナー、ジャングルコック・ネイルを使って微小な陸生昆虫のシルエットを模倣するジャシッドなど、機能性を追求し尽した成果が並ぶ。ネオ・イミテーショニズムの最高峰にして、アメリカン・ドライフライの新たな出発点。

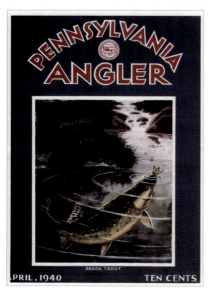

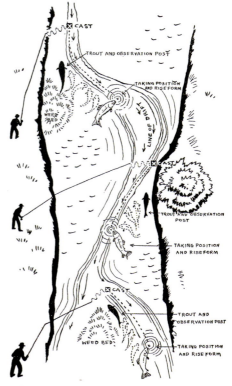

鱒が毛鉤を観察する位置とそれにライズする位置の解説図（「現代のドライフライ規範」[1950]）

F.E.トーマス社製スペシャル・フライロッド（8フィート6インチ）とフルーガー社製メダリスト・リール。添えられた本はヴィンセント・マリナロの「現代のドライフライ規範」。
マリナロは同著の第3章において、戦前に活躍した英米のネオ・イミテーショニストたちと彼らの著作を紹介したあとで、フライフィッシング史の真理について次のとおり述べている。

『これらの著作を全部まとめ上げたところで、必ずしも物語のすべてが語られるわけではない。しかし、自らの貢献を果たす前に他者が積み重ねてきた知識を身に着けるところから始めねばならぬネオ・イミテーショニストにとって、これらの著作は少なくとも確固たる基礎を成すものである。フライドレッシング発展の物語はこのようにして紡がれていくのだ。』

> America As
> The Bleeding Edge

Catskill As The Pinnacle
総本山としてのキャッツキル

Quill Gordon

Light Cahill

Dark Hendrickson

Cross Special

Two-Feather Fly

Rat-Faced McDougal

セオドア・ゴードン亡きあと、キャッツキル・スタイルの伝統はその地に住まう歴代フライタイヤーの手によって永く護られてきた。細身で簡素な造りに豊かな色彩感をまとうジェネラル・イミテーションには、のちにハックルの位置を後退させて水面上でのバランスを改善する工夫がつけ加えられた。しかし、アメリカン・ドライフライの王座を占めたこのパターン群にさえ、後発の各種スタイルにその座を譲るときが来る。

『これらキャッツキルの川はすべて理想的な鱒川であって、釣り人のみならず自然を愛する人々ならば存分に愉しむことができるだろう。いずれの流れも清らかで冷たく、そして純粋だ。ネバーシンクの流れなどは空気のように澄みきって、深い川底にひそむほんの小さな魚の姿さえはっきりと見える。』
　　　　　セオドア・ゴードン（フォレスト＆ストリーム[March 1904]）

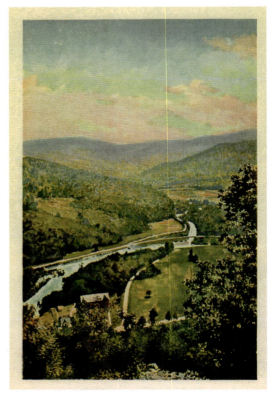

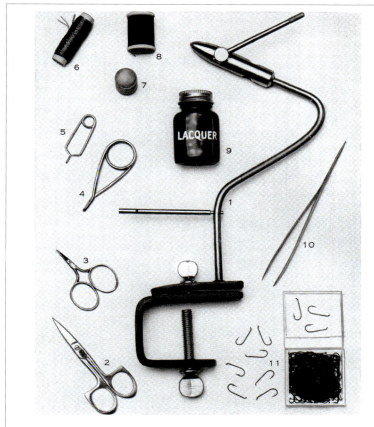

1. Vise	4. Large hackle pliers	7. Wax
2. Heavy scissors	5. Small hackle pliers	8. Tying silk
3. Light scissors	6. Floss	9. Black lacquer

10. Combined tweezers and dubbing needle
11. Perfect bend hooks

プレストン・ジェニングスの名著「鱒毛鉤の書」こそ、米国アングリング・エントモロジーの創世記。そのなかに描かれたいくつかのドライフライはアート・フリックに受け継がれ、一層の進化をみる。「釣り人昆虫学」と「新模倣主義」の化学反応は、きわめて抽象度の高いドライフライを生んだ。

1950年代に使われていたフライタイイング関連用品

Green Drake

Coffin Fly

American March Brown

Grey Fox

Cream Variant

Grey Fox Variant

America As The Bleeding Edge

Royal Coachman

Fan-Wing Coachman

Royal Wulff

California Coachman

この世で最も有名なフライパターンの各種バリエーション。好き嫌いを超えて、このパターンほどフライタイヤーの関心を惹く毛鉤はほかに存在しないかもしれない。オリジナルは純白のクイルウイングをピンと立て、ピーコックハールのボディーを真ん中辺りで紅くキュッと縛り、赤茶のハックルとゴールデンフェザントのティペット・フェザーで華やかに着飾る。万人の視線を釘づけにする魅力を湛えたこの銘鉤は、これからも伝説を産み落としていくに違いない。

「王家」の血統と存在感
The Royal Family

H.L.レナード社製キャッツキル・フライロッド（8フィート3インチ）とジュリアス・ヴォンホフ製レナード・ミルズ・リール（2-1/4インチ）。右下はプレストン・ジェニングスの「鱒毛鈎の書」。

ジェニングスは同著を「ドラッグ」と題する章で締めくくっている。そこでは、キャッツキル山中の宿屋の正面を流れるプールで起きたある出来事が語られる。彼は、複雑に絡みあう流れの向こう側でライズする鱒を狙って、メンディングを繰り返しながら自らの創作パターンをすべて試すのだが、獲物は一向に関心を示さない。すると、見るに見かねた宿屋の主人チャーリーが竿を片手にやってきて、流れを渡り対岸側から毛鈎を投じると、一発でその気難しい鱒を掛けたのだ。ジェニングスは最後を次のように結ぶ。

『願わくは、来年もそこに鱒がおりますように。そして、チャーリーが他の釣り客に助言する際にはもう少し気を遣ってくれますように。』

America As The Bleeding Edge

エドワード・ヴォンホフ製のモデル355「ピアレス」とモデル360「パーフェクション」。最初に登場したのはドラッグ調整機構を持たない前者であり、18年後の1907年に改良型として後者が投入された。いずれも最初は「セレブレーテッド（かの有名なる）トラウト＆ブラックバス・リール」と呼ばれていたが、1911年頃、いずれもPを頭文字とする覚えやすい名前に変更。現代のクラフツマンをも驚かす機構と加工精度を備えた、米国リールメイキングの最高峰である。

ドライフライの歴史 (後編)

Part 3: Dry Flies — Evolution

FUN WITH TROUT (Fred Everett[1952])

第3部　ドライフライの歴史（後編）

第9章　ネオ・イミテーショニストの理論と実践

A fly-fisherman who knows nothing of his flies
is almost as queer a contradiction as
an artist who knows nothing of his paints.

毛鉤のことを知らぬフライフィッシャーは
絵の具のことを知らぬ画家のごとく
およそ奇妙な矛盾なり

J.W. Dunne (THE FLY ON THE WATER [1940])

【「厳格なる模倣」主義との決別】

　20世紀におけるドライフライ探究の歴史は、新たな世代のフライフィッシャーがハルフォードの頸木から解き放たれて、「厳格なる模倣」主義と袂を分かつところから始まった。彼らネオ・イミテーショニスト（neo-imitationist：新模倣主義者）[1]たちはそれぞれに独自のイミテーション理論を展開し、各種のタイイング様式を開発していった訳だが、実のところ、羽虫の模倣を目的とするという点において、彼らはハルフォーディアンと本質的に立場を異にするものではなかった。両派を分かつ決定的な要素は、その視点の相違にあったのだ。

　ひとつの例として、ウィリアム・ラン（William James Lunn）[2]を採り上げてみよう。この高名なテスト川のリバーキーパーは、ホートンクラブの釣り場を45年間の永きにわたって管理し、メイフライの人工増殖など実験的な取組みを進めていったが、そのとき彼が頼りにしたのは机上の理論ではなく川辺での経験と実践であったと伝えられる。ランは当代一流のフライフィッシャーとしても知られ、同クラブのメンバーであったJ.W.ヒルズはその著書「リバーキーパー」（RIVER KEEPER [1936]）において、彼の釣り人としての活躍についても記録している。このなかから、ランのフライドレッサーとしての資質を語った次の一節を紹介したい。

『ランは、彼の開発した毛鉤を世界中に知らしめただけでなく、過去の偉大なフライドレッサーの系譜に連なるべき確固たる地位を築くことにも成功した。思うに、その成功は彼自身の資質によるところが大きい。生きた羽虫、特にスピナーを模倣した彼の毛鉤は、それを見る鱒が置かれている環境を充分に考慮して作られているという点で、過去の名人たちの作品よりも優れているのだ。例えばハルフォードは、晩年となる1910年に一連のパターンを生み出したが、それらは、本物の昆虫を細部まで完璧に模倣することを徹底するあまり、性別さえも巻き分けてしまうほどの苦心の産物であった。さて、精確に模倣することの意義は認められてしかるべきだが、毛鉤が合格しなければならない試験は魚が行うものであって、釣り人が行うものではない。その結果、ハルフォードのパターン群は、発案者の名声のおかげでしばらくの間は人気を保ったが、今となってはほとんど誰も使うことはない。確かに彼のダン・パターンはフライボックスのなかで見事に映え、水面に浮かばせても、上のほうから眺めるとまるで生きているかのように思われるが、水面下から眺めている魚のほうでは、この毛鉤に疑いを抱いていたのだ。しかもハルフォードのスピナー・パターンなどは、もはや人間の眼にもよい出来のイミテーションとは言い難い。ハーディング大佐（Colonel Harding）[3]は「フライフィッシャー、そして鱒の視点」のなかで、毛鉤にとって特に重要な要素は、その毛鉤が水面上に浮かぶときに見せる、おぼろげな全

《註釈1》F.M.ハルフォードの没後、英国で新たなイミテーション理論を展開した次世代フライフィッシャー（広義には一部の米国の理論家も含む）の総称。米国のV.C.マリナロが「現代のドライフライ規範」[1950]のなかで用いた。

《註釈2》1862年、ロンドンの貧しい家庭に生まれる。小学校にも通わず7歳のころからレンガ工場で働く。12歳のころに厳しい労働に耐えかねて家出し、南イングランドの農場を転々とした後、86年にホートンクラブのリバーキーパーに着任した。テスト川で減少しかかったMayflyを回復させるため、この羽虫のニンフの人工孵化や移植に取り組んだり、羽虫の産卵床となる木板（Fly-board）を流れのなかに多数設置したりした。フライタ

イイングを始めたのは1916年になってようやくのことであったが、まもなくLunn's ParticularやHoughton Ruby、Caperer、Yellow Boyといった銘パターンを世に送り出した。31年に引退して、42年死去。ラン家は都合3世代（ウィリアム⇒アルフレッド⇒ミック）にわたって同クラブのキーパー職を務めた。

《註釈3》E.W.ハーディングは、釣友G.E.M.スキューズの勧めを受けて THE FLYFISHER AND THE TROUT'S POINT OF VIEW [1931]を著し、それまでのフィッシュウィンドウ理論を集大成したことで知られる英国海軍の退役将校。同時代のドライフライマンにはほとんど評価されなかったが、後の釣魚史家により再評価が進められた。一例を挙げれば、米国のV.C.マリナロは「現代のドライフライ

規範」[1950]の冒頭に、彼の功績を讃えて前掲の著作の一節を引用している。1934年没。

《註釈4》ハックルとボディーにロードアイランドレッド種のフェザー、ウイングには明るめのブルーダンのハックルポイント、そしてテイルには白いハックルファイバーを3本用いて♀のIron Blueを模したスピナー・パターン。Lunn's Particularと並び賞されるW.J.ランの名作。

《註釈5》こうしたドライフライのなかには、①ひとつのグループに共通する外観を総体として模倣するスタイルのものがある一方、②ひとつのグループを暗示する外観上の特性に的を絞って模倣するスタイルのものもあった。①の典型例にはW.J.ランの各パターンや米国のT.ゴー

体の姿であると論じている。一例を挙げると、ランはホートン・ルビー (Houghton Ruby)[4]に、本物と同様の幅広いウイングを与えた。つまりランは、自分を鱒と同じ立場に置きながら、鱒の視点に合わせて毛鉤を作ったのだ。もちろん、彼はそれを成功させるだけのドレッシングの腕前を身につけていた訳だが、この点ではランも他のドレッサーの後塵を拝さざるを得ない。彼は優れた視力を持っていたが、それは他の多くの釣り人も備えていた資質である。ランだけが備えていたのは、生命のないマテリアルを用いながらも、鱒の眼から見て生命感あふれる毛鉤を創り出すことのできる能力であった。このきわめて特殊な能力を備える者はごく稀にしか現れない。単なる視力の鋭さや高度な色彩感覚といったものではなくて、鱒に羽虫と思い込ませるほどの毛鉤をフェザーやシルクから創り上げるという、ランだけが持つことを許された能力なのだ。そして、ランはハルフォードよりも優れたナチュラリストであっただけでなく、100年に数人現れるかどうかという、鱒の考えを理解できる者だったのだ。こうした人々は稀少なだけでなく、自ら筆をとることもほとんどない。彼らの知恵は彼らの人生そのものであり、しばしば彼らの死とともに葬り去られることになる。』

タイイング中のラン

　毛鉤に注ぐまなざしを水上の釣り人の立場から水中の魚の立場へと移すことによって、ドライフライの理論は大きな飛躍を遂げた。その発展の詳細についてはこれから順を追って解説していくが、まずは、その結果として20世紀に開発されたドライフライの傑作の多くがいわゆるジェネラルフライ、つまりある羽虫のグループ全体の特徴を捉えるイミテーション・パターンとなったことを指摘しておきたい[5]。かつて「厳格なる模倣」主義者たちの牙城であった南イングランド——もちろん、今日もなおその残党が大いに権勢を振っているのだが——においてさえ、この傾向は否定し難いものとなっていく。

　これらパターンのなかで、今や古典的名作として我が国のフライフィッシャーの間で最も広く親しまれているのがランズ・パティキュラー (Lunn's Particular) であろう。このドライフライは、1917年、ランの手により早春のオリヴ・スピナーとして開発されたパターンであったが、後にシーズンを通じて用いることのできるカゲロウ類

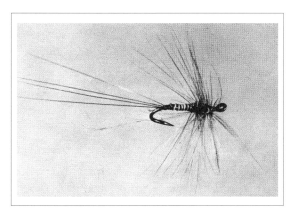

ランが巻いたランズ・パティキュラー
(THE AMERICAN FLY FISHER [Vol.8 No.2]より)

全般のイミテーションとしても認められるようになる。特に鱒が羽虫を選り好みしているときに威力を発揮するパターンとされ、ヒルズもまた『もし毛鉤を1本に絞らなければならないとすれば、私はこれを選ぶはずだ。』と明言している。ハックルやテイル、ボディーにロードアイラン

ドンを源とするキャッツキル・スタイルがある。また②の典型例としては、後述するように、水面下から眺めたときの羽虫のシルエットの形状に着目したスタイル (J.C.モットラム) や、羽虫のはばたきが生む視覚的効果に着目したスタイル (W.ベイジェント) が挙げられる。なお、特に②の事例において顕著にみられるイミテーション概念の拡張は、永らく論争の種とされてきたイミテーションフライとアトラクターフライの二律背反関係を超えて、「模倣とは何か？」と問い直す新たなステージへと議論を導いてゆく。

第3部　ドライフライの歴史（後編）

ドレッド・コックを用い、ウイングにはブルー・コックの
ごく薄いハックルポイントを水平に2枚取りつけたこの
銘パターンは、今日、ラン自身の手によって巻かれたもの
が遺されているが、まばらなハックリングと見えるか見え
ないかというほどに薄いウイングが特徴となっている[6]。
この銘作の名の由来について、ヒルズは同じ著作のなか
に次のとおり記している。

『ランが最初のスペント毛鉤を開発してからおよそ9か月後の
1917年の春、彼は、11月から4月にかけて羽化する大型で
褐色の羽虫、つまりウィンター・ダンのスピナーを模倣しよう
と試みた。同年4月26日、ギルビー氏[7]がパーク・ストリー
ムを釣っていたところ、あいにく調子が悪く、かの有名なエクス
トラクター[8]ですらまったく歯が立たなかった。彼はランの
ほうに振り向くと、「今日の鱒は選り好みが激し過ぎる（"too
particular"）。」と愚痴をこぼした。そこでランは自分の新作
毛鉤を取り出して、使ってみてはどうかと彼に持ちかけた。彼
がそれで釣ってみると、首尾よく3匹を釣り上げたところで、春
の短いライズは終わった。「いったいどうしたことだ。この毛
鉤はなんというのかね？」とギルビー氏が訊ねると、ランは声
をひそめてこう答えた。「それは、ランの選りすぐり（"Lunn's
particular"）ですぞ。」[9]』

このような優れたドライフライ・パターンが次々と誕生
したのは20世紀の前半、科学と芸術が華々しい展開を遂
げた時代においてのことであったが、これは決して偶然の
一致ではない。本章の目的は、ネオ・イミテーショニスト
らの手によるドライフライの傑作群が、まさに科学と芸術
[10]の産物であったことを明らかにする点にある。彼らは
光の効果に着目し、それが織りなす水中世界の実像を明ら
かにしたのだ。

彼らをこの釣魚史上の一大発見へと導いたのが、今か
ら紹介する「印象派絵画理論」と「フィッシュウィンドウ理
論」という、視覚に関するふたつの理論であった。それでは、
フライフィッシングの歴史がこれを取り巻く外界のアイデア
に触発されて革新を生ずるそのさまを、詳細に見ていくこと
にしよう。

【印象派絵画理論と毛鉤の関係】

1872年、フランスのとある画家がル・アーブルの自宅の
窓から外を眺めて、港が朝もやのなかに浮かんでいる情景を
描いた。後にこの絵が「印象、日の出」（"Impression, soleil
levant"）という題名で画廊に並んだとき、批評家は皮肉を
込めてその作風を「印象派」と呼んだ。この画家こそはフラ
ンス印象派絵画の泰斗、クロード・モネ[11]。かのポール・
セザンヌをして『モネはただの眼に過ぎない。しかし、なんと
いう眼だろう！』と言わしめた人物である。彼を筆頭とする印
象派の画家たちは、19世紀後半から20世紀初頭にかけて
画壇を大いに賑わせて、激しい批評やスキャンダルを巻き起
こしたが、彼らの作品群も今となっては落ち着いた古典の風
格を漂わせている。

さてここで、彼らの「印象主義」と呼ばれる芸術理念がフラ
イフィッシングと密接に関連していると言えば、驚かれる読者
も多いことだろう。しかし、当時の釣魚本を紐解けば、その
関連性を指摘する文章が散見されるところである。この絵
画思想が20世紀のフライフィッシングに与えた影響を、ここ
で論点ごとに明らかにしてみたい。

第1の論点は、「空間視覚の平面への還元」である。西洋
絵画は、ルネサンス期に確立された遠近法の活用により、平
面上に空間を再現することに成功した。以降、この技法が
永く西洋絵画史を貫いていくのだが、年月を経るにつれ遠近
感の歪みを巧みに利用する作風が現われ始めて、その原理
は次第に崩れてゆく。印象派の画家たちは固定観念を排し
てこの傾向をさらに推し進め、空間が眼の網膜に映ったまま
の姿を描き出した結果、ついには奥行きが失われ、風景は閉
じられた。セザンヌによって『観察が解読に優先する』と評さ
れた、あえて構成感を廃する印象派の作風は、モネにより極
限まで煮詰められて、晩年の大作となる「睡蓮」はカンバスの
上に芳醇な抽象性を漂わせている。

このように立体像を平面的に捉えようとするアプローチ
は、実のところ、フライフィッシングにおいては観念論である
以前に、そもそも優れて実践論である。というのも、水面上の
ドライフライが真上から陽光に照らされている限り、真下か
ら眺める鱒の眼に映るものは、光の反射と屈曲に歪められな

《註釈6》毛鉤の造作に五月蝿（うるさ）かったW.J.ラン
は、あるときハーディー社が製造・販売していたこのパ
ターンの製品を手にし、じっと眺めた後で、『鉤だけは
合っとる。』と呟いたという。

《註釈7》Arthur N. Gilbeyは、現在も有名なロンドンの
Gilbey's Ginの製造会社の社長を務めた人物。1890
年代にホートンクラブ内で近代的なフライフィッシング・
スタイルを広めた先駆者であった。

《註釈8》Gilbey's ExtractorはHalford Patternsに
含まれるSherry Spinnerの小型版であったと伝え
られる。

《註釈9》このユーモアには別の解釈もある。H.スメド
レーは、これがギルビー氏がジンの醸造会社の経営者
だったことを踏まえた一言であったとする説を唱えた。
すなわち、当時の英国のパブでは、常連客がいつもの酒
を注文すると、ウェーターは「Xさんのお気に入り（X's
particular）を一杯！」と応じるのが慣例であったことを
念頭に置いた冗談であったという。

《註釈10》ここでいう「芸術」とは、表現論であると同時
に認識論でもあることに留意されたい。網膜上に映る
像を正確かつ詳細に認識することは、実は相当に困難な
作業である。多くの場合、我々はこの像を自分の記憶と
理性に照らし、それがどれに該当するか判断することで、
認識したことにしている。真の視覚的認識には時間と

労力がかかるのだ。それは魚も同じことで、毛鉤を短時
間のうちに餌であるか否か判断する際には、既知の判り
やすい要素に着眼しているはずである。毛鉤製作に際
してその着眼点——判断を促す要素——をどこに求める
か悩み続けた20世紀のフライタイヤーたちは、近現代の
芸術家と同じ途をたどることになる。

《註釈11》1840年、パリの裕福な家庭に生まれる。16
歳から本格的に絵画の研鑽を積み、65年のサロンで初
入選を果たした。自然、特に水辺を題材とすることの多い
画家として知られ、葛飾北斎の作品をはじめとする我が
国の浮世絵から大きな影響を受けたとされる。晩年は
視力障害に悩まされながらも大作「睡蓮」を完成させ、
仏政府に寄贈した。1926年没。

がら水面というスクリーンの上にかろうじて投影された平面像でしかないからだ[12]。しかも、よく考えてみれば、水上で生活することのない以上、魚は流れの上に浮かぶ羽虫の立体像を見知っていようはずもないではないか。当時のフライフィッシャーによるこうした主張は、魚の食欲を刺激するドライフライの像が、人の眼に映っているような姿ではなく、その立像が水面上に落とすシルエットでしかないことを意味している。この点について、米国のP.ジェニングスは次のように語っている。

プレストン・ジェニングス

『我々人間が立体物を見る際、実のところ眼は物体の輪郭を捉えるだけであって、そのふたつの平面像を同時に把握しているに過ぎない。我々はそれを頭のなかで三次元的に再構成した上で、概念として認識しているのだ。簡単に言うと、我々は未発達の知覚しか持ち合わせていない動物には望むべくもない「見る能力」を実現する高度な知覚に恵まれているということである。・・・以下略』

　動物にはその概念を創り上げる能力がないとする理論が正しいとすれば、あるいは少なくともその妥当性が認められるのだとすれば、鱒がときに我々の目には本物とは似ても似つかぬように映る毛鉤にも跳びつく理由を知る手掛かりを得たことになる。ここで、ウッドラフ（Woodruff）[13]のようなスペントウイングフライ、ファンウイング・ロイヤルコーチマン（Fan-wing Royal Coachman）のようなファンウイングフライ、あるいはレッドハックル（Red Hackle）のような単純なハックル・パターンといった毛鉤を例にとってみよう。これらの毛鉤はどれも、光を反射させる形で見ると、我々の目には本物の羽虫とはまったく別物のように映る。しかし、今度はそれらを光源にかざして、二次元的に解釈しながら見ると、明らかにそれらの毛鉤がどれも同じように見える気がするのだが、さて読者はどのように思われるだろうか。

（中略）

　よく釣れる毛鉤というものは、光源にかざして見たときにそれらが全体として同様のシルエットを描くよう上手く設計されていれば、スペントウイングやファンウイング、そしてハックルという3つのスタイルのいずれを用いても実現することができるのだと、私は確信する。』[14]

　第2の論点は、「固定化の拒絶」である。モネが好んで水辺を題材としたのは、流れゆく川面の乱れや、そこに映る空の色や木の葉の影が刻一刻と移り変わり、常に揺らぎのなかでたゆたう姿に関心を惹かれたからであったと伝えられる[15]。輪郭を持たぬ流動体のなかで、すべての像が渾然一体となって描かれるさま、あるいは運動する像が敢えてぼかして描かれるさまは、これらの像の存在感や躍動感を表現するだけでなく、煌(きらめ)きや儚(はかな)さといった要素まで暗示することになる。この自由度の高い表現の意義は、『不用意に形態を固定化させるのは無益なことである。正確かつ無味乾燥なデッサンは全体の印象を損ない、あらゆる感覚を殺してしまう。物の輪郭を定めようとしてはいけない。』というピサロ[16]の言葉のなかに言い尽くされている。

《註釈12》加えて、顔の正面に両眼が接近して並列している人間は、ひとつの物体を両眼で同時に捉えることによってその立体的な把握を容易にしているが、魚の場合は顔の両側にふたつの眼が離れて位置することから、視野は広くなるものの、ひとつの物体を両眼で同時に捉え難く、立体的に把握する能力に劣ると考えられている。

《註釈13》濃い緑のウールボディーに茶色のハックルとテイルを取りつけ、プリマスロック種のハックルポイント・ウイングを施したドライフライ。1920年ごろのこと、ウィリアム・ミルズ＆サンズ社のチェスター・ミルズは自ら考案したこの毛鉤をアングラーズクラブ・オブ・ニューヨークのメンバーであったJ. E. ウッドラフに分け与えたところ、ウッドラフが釣友たちとの釣行で一人だけ大釣りしたという噂がクラブ内に広がった結果、多くのクラブメンバーたちが同社に駆け込んでは「ウッドラフの使っている毛鉤を！」と注文したことからその名がついたと伝えられる。

《註釈14》「鱒毛鉤の書」[1935]より引用。

《註釈15》モネは終生水辺を愛し、1870年代には川舟を購入してアトリエ舟に改造し、これに乗って水辺の風景を描いたと伝えられる。

《註釈16》カミーユ・ピサロは19世紀フランスの印象派画壇を担った画家の一人。温厚な性格で面倒見もよかったため、他の印象派画家から厚い信望を得たと伝えられる。1903年没。

こうした美術上の理念を、英米のフライフィッシャーはいかに咀嚼したのであろうか。一般に、鱒は羽虫の動きによって魅了されるという。この点についてP.ジェニングスは、羽化中のメイフライが、殻を脱いでから翅を乾かして飛び立つまでの数秒間に、翅を激しくバタつかせる行動をとることが頻繁にあると指摘している。彼は、この蠱惑的な動きが魚のライズを誘発することから、翅の動きが生み出す透明感や光沢感を表現できる厳選されたハックルを毛鉤に巻けば、ドライフライとして最高の魅力を備えることになると論じている。

もちろん、毛鉤という小さな、そして高い汎用性が求められる道具のなかに、動きそのものを再現することは難しい。しかし、ジェニングスも指摘しているように、動きがもたらす視覚的効果を多少なりとも再現することは不可能ではない。G.E.M.スキューズはこの効果の再現を「暗示」(suggestion)と呼んだ。それでは、スキューズが暗示性について解説した次の一節をご紹介しよう。

『最良の毛鉤がその模倣しようとする本物の羽虫と共通するところが乏しいものであってはならないという見解は至極真っ当で、かつ広く支持されているものだ。しかし、そうであるにせよ、本物の羽虫を模倣する(imitate)、象徴する(represent)、あるいは暗示する(suggest)ために巻かれた毛鉤は、そのいずれもが鱒を釣り上げることができるのであって、さらには、先入観を持たない釣り人であれば、およそ鱒が自然のオリジナルと見間違って喰いつくとは考え難いような毛鉤でも釣ってしまうものである。これは鱒の視覚に欠陥が存在することを示唆しているが、この視野の問題とその程度・性質についてはまた別の場所で検討することとして、本稿では、毛鉤を巻く上で本物の羽虫を模倣する、象徴する、あるいは暗示するという概念が、それぞれに異なるものであるという点を指摘しておくだけで十分であろう。

オリヴクイルやアイアンブルー・ダンを例にとると、これらのパターンを巻く上で本物の虫の色彩や形状、そして姿勢といった要素を再現しようと全力で取り組まれた毛鉤は、「模倣」と呼ぶことができる。この場合、光を反射あるいは透過させることによって得られる効果はほとんど考慮されない。これほどには野心的でない取組みを「象徴」と呼ぶ一方、スケッチ的というか、原石の破片のような印象を与えるパターン（例えばペールウォータリィ向けにはドッテレルハックル[17]や明るめのスナイプ・アンド・イエロー）は「暗示」と呼ぶことができる。

（中略）

毛鉤の形状が決して正確であり得ないのは、鉤の存在、フェザーに対する水の影響の存在、そしてドライフライであれば空から水中に注ぐ陽光の屈折作用の影響の存在を考慮すれば当然であろう。

色彩は、半透明性（透光性）、反射性、あるいはその両方を利用して暗示することができる。

運動は、水面上／水面下での動かし方、水面上の姿勢、あるいは翅の振動を示唆するハックルの活用によって暗示することができる。』[18]

スキューズが巻いたフェザントテイル・ドライフライ
(THE AMERICAN FLY FISHER [Vol.8 No.2]より)

第3の論点にして印象派最大の功績は、「新たな色彩表現技法の構築」にある。この点において、19世紀末の芸術は科学に最接近した。17世紀のニュートンの学説[19]以来信じら

《註釈17》Dotterel Hackleはノースカントリーの伝統的なソフトハックル・パターンのひとつであり、麦藁色のシルクフロスをボディとヘッドに巻き、ハックルにはコバシチドリ(Dotterel)の羽根を用いたもの。

《註釈18》「毛鉤に対する鱒の振舞い」[1921]より引用。

《註釈19》ニュートンの説では、光それ自体には色彩はなく、見る者の側にそれぞれの色彩感覚を引き起こす、ある種の力学が働いているだけであるとされた。

《註釈20》ニュートンが光が小さな粒子から成る（粒子説）と唱えたのに対して、ホイヘンスはこれをある種の波の振動である（振動説）と主張して、両陣営は激論を交わ

した。20世紀に入ると、アインシュタインが光は粒子と波動の両方の性質を併せ持つ存在である（光量子説）と提唱して、ようやくこの論争に決着がつけられた。

《註釈21》例えば夕陽は、真昼の陽光と比べて、大気圏をより長い距離で通過しなければならないため、波長の短い青色光は大気に吸収され、波長の長い赤色光が中心となって地表に届くことから、赤く見える。

《註釈22》従来の絵の具は固形で扱い難いものであったが、1840年代に亜鉛製チューブ入り絵の具が発明されたおかげで、はじめて画家は戸外で自由に描くことができるようになった。フライフィッシングと同じく、絵画もまた技術革新のおかげで新たなスタイルを獲得できた訳である。

《註釈23》ある色彩を作り出すために複数の色彩の絵具を完全に混ぜ合わせると、それは暗い色となってしまう。「減法混色」と呼ばれるこの現象を回避するために、19世紀前半の科学は、ふたつの色彩を混ぜ合わせることなく、近接させながらも別々に塗った像を離れた位置から見ると、観察者の網膜上ではそれが融合したひとつの色彩として錯覚させ、同時にその色彩の鮮やかさが維持されることを発見した。この「視覚混合」と呼ばれる現象を利用するため、モネは絵具を混ぜ合わせず、それぞれに塗り合わせていく「筆触分割」の技法を確立した。

《註釈24》モネの筆触分割の技法をさらに推し進め、鮮やかな色彩をブラウン管素子のように点状に整然と配置することによって、色覚混合の効果を最大限に活用し

れてきた、光そのもののなかに色彩は含まれていないとする説が、19世紀の科学者たちによって大きく塗り替えられた。色彩はまぎれもなく光のなかに存在するものであって、我々が目にしている色彩は、光のなかに含まれるさまざまな光波[20]のうち個々の物体が反射・透過させている特定の光波であるという事実が明らかとなったのだ。しかも、光波は環境の変化に応じて姿を変え[21]、無数の物体が互いの反射光を浴びて干渉し合うのが視界の実態であることが認知されるようになった。すなわち、我々が目にしている物体の色彩とは絶対的に規定された存在ではなく、刻々と変化する光の性質や周囲の状況によって移ろいゆく存在であることが証明されたのである。

　この新たな光学理論を、印象派の画家たちは積極的に活用していくことになる。モネは「戸外の画家」として知られるとおり、アトリエ内での製作に終始する従来の作画スタイルを放棄し、進んで陽光の下にカンバスと絵の具[22]を持ち出した。彼は自然と対峙するなかで、風景のなかのあらゆる存在が光の波動に浸りながら、互いに照らし合ってひとつの像に融合するさまを発見した。そのとき、彼の網膜上では物体の輪郭線が失われ、すべては色彩の揺らめきとなって映し出されたのだ。モネはこれをカンバス上に再現するため、「筆触分割」と呼ばれる配色技法を編み出した[23]。この技法は、後にジョルジュ・スーラが提唱する点描絵画[24]においてきわめられ、絵の具を用いてかつてないほど鮮やかな色彩感を実現することに成功した。

　20世紀の釣り人は、このような着想をフライドレッシングのなかに取り込んだ。毛鉤を形作る際には、個々のパーツの精妙さよりも、模倣すべき羽虫の総体的な印象を再現することに注意を傾けた。輪郭のはっきりしたウイングやクイルボディーが用いられることは少なくなって、代わりにハックルやダビングボディーが昆虫の翅の透明感や体節の微細な構造を暗示するものとして多用されるようになった。そして、色彩の異なるマテリアル同士を完全に混ぜ合わせてしまうのではなく、あえて色ムラを残すようなドレッシング法まで提唱された。自らも画家として活躍した米国のジョン・アサートン（John Carlton Atherton）[25]は、印象主義の観点から20世紀ドライフライのあるべき姿について次のように語っている。

『鱒川に住む昆虫たちには共通する要素がある。すべてのカゲロウ類の間には、ある外観上の共通点が確認されるのだ。そのうち最も重要な特徴が、色彩と斑紋のタイプである。

　箱のなかの標本ではなく、生きたダンを詳細に観察すれば、その色彩が「印象主義的」（"impressionistic"）なものであることに気づくことだろう。それはちょうど、ルノアールやモネといった印象派画家による絵画のなかで観察されるように、それぞれ色彩の異なる微細な色素が数多く集合することによって形作られているのだ。通常、羽虫の胴体は背部から腹部にかけて、そして胸部から尾部にかけて、色調が移り変わっていくものである。特に胸部には極小の色のアクセント──明るいピンク、黄、そして青っぽい色調までがさまざまに含まれている。ある種のカゲロウの眼は鮮やかな群青や紫の色調を帯びて、脚部はしばしば斑紋をまとい、ときにその斑紋の色調は脚部の色調と著しく異なることがある。前脚の1対は明るく、それ以外の脚は暗い色ということもある。すべてのカゲロウ類は繊細な脈の施された翅を持ち、なかにはマーチブラウンやグリーンドレイクのように、翅が茶や黒の明確な斑紋を帯びているケースもある。これらの特徴に加えて、翅を光にかざすと、虹色の光沢を呈するものもあり、これらの要素を考え併せれば、鱒たちが我々の駄作に喰らいつくというのはなんと驚くべきことであろうか。

　私は、色彩を知的に活用することによって絵画に生命感を与える手法を理解する画家のひとりとして、釣り人は生命感豊かな色彩を毛鉤のなかにもっと活用できるはずなのに、その可能性を見過ごしてしまっていることが多いのではないかと感じている。もし仮に画家が灰色を得るためにその構成単位の各色彩を完全に混ぜ合わせてカンバスに塗りつけてしまうなら、その灰色はなんら生命感を帯びることはないだろう。しかし、もし各色彩を混ぜ合わせることなく、それぞれにカンバスへ塗り合わせていけば、その結果はより揺らぎを感じさせる、明るく生命感に満ちたものとなることだろう。近くから見れば、それは色彩の複合体であるが、これをやや離れて見れば、それらの色彩は元々意図していた灰色の色調に近くなり、しかもその色彩感は死んだものではなく生命感あふれるものとなるのだ。識別能力に長けた鱒を狙うために用いる毛鉤には、何よりもまず生命感が備わっていなければならない。品質の劣ったマテリアルを用いたりすれば、この生命感を得ることなど決してで

た絵画スタイル。ちなみに、この画法の主唱者であったスーラの代表作「グランド・ジャット島の日曜日の午後」のなかには、釣りを愉しむ婦人像が描かれている。

《註釈25》1900年、ミネソタ州に生まれる。サンフランシスコの美術大学で絵画を学び、29年にニューヨークに転居して商業イラストレーターとして活躍し、SATURDAY EVENING POST等の人気雑誌の表紙を飾る一方、芸術家としてシュールレアリズム絵画の制作にも打ち込んだ。フライタイヤーとしても名を馳せ、E.R.ヒューイットら当時の高名な釣り人たちと親交を重ねて釣魚人生を謳歌していたが、52年、カナダ釣行でウェーディングの最中に溺死。

きるものではないと確信する。また、毛鉤の形態だけでなく、それに用いるマテリアルにも印象主義を徹底すれば、非常に効果を発揮するものと考える。なぜなら、それは印象派の画家たちが発見した原理に基づいているからだ。印象派画家は、光を反射したり吸収したりする物の形状を研究し、それをとりまく外界の色彩的特徴を所与のものとして受け止めながら、死ではなく生をとり扱ってきた。釣り人もまた同様に取り組むべきなのだ。

我々は、彼らが行ってきたように、絵筆や絵の具で毛鉤に色づけすることはできない。しかし、我々はマテリアルの選択に際して、これまで以上に知性を発揮することができるはずだ。他の条件を所与とすると、高品質なマテリアルを使えば毛鉤の仕上がりも一層効果的となるはずだ。一定水準のタイイング技術を前提にすれば、我々の作る毛鉤の出来栄えは、適切なマテリアルを適切な方法で処理することができるかどうかにかかっている。

多くの毛鉤では、昆虫の生命感が完全に失われてしまっている。それはしばしば、染色したマテリアルの使用に起因する問題なのだが、それらを混ぜ合わせたりせずに、個々に分けながら用いなければならない。確かに、染色技術に優れた人が素晴らしい色彩感を表現できるケースはあり、そうしたマテリアルがよく効くこともあるが、商業的に染められたマテリアルは量産品であり、鉤を覆い隠すことぐらいしかできない役立たずの、ごみ箱行きが相応しいものであることが多い。』[26]

ジョン・アサートン

《註釈26》「毛鉤と魚」[1951]より引用。

《註釈27》この現象を最初に論じたのは、2世紀のころ、古代ローマ帝国統治下のアレクサンドリアで活躍した博物学者プトレマイオスであったと伝えられる。

《註釈28》「空気中における光波速度」と「水中における光波速度」の比は、「光の空気中から水中への入射角のsin（正弦）」と「光の水中から空気中への入射角のsin」の比に等しい、という法則（スネルの法則）。後にホイヘンスが、この法則が光の波動性から導かれることを証明した（ホイヘンスの原理）。

《註釈29》フィッシュウィンドウの広さと視点の深さは比例関係にあり、魚が水面直下に近づくにつれてウィンドウは縮小していく。例えばE.R.ヒューイットによれば、水面下18インチに定位する鱒のウィンドウは直径40インチであるが、これが水面下9インチの場所では直径20インチに縮小するという。したがって平滑な流れと充分な光量を前提とすれば、深い場所に定位する鱒は水面直下に定位する鱒よりも外界を一層広範に確認できると考えられる。

《註釈30》A.ロナルズは「フライフィッシャーの昆虫学」[1836]のなかでこの光の屈折現象について言及し、釣り人が魚にアプローチするときは自分の姿を発見されぬよう、なるべく低い位置から狙うべきだと説いている。

なお、この種のリスクを警戒したG.E.M.スキューズは、釣竿が魚に見つからないよう、当時愛用していたファーロー社のグリーンハート製ロッドの竿身をすべてスカイブルーに塗り上げたという。

【フィッシュウィンドウ理論】

　光の波動が物質を透過するとき、その物質の特性に応じて透過速度が変化することによって、光の屈折が生じる。この物理現象は、水中に在る物体の像が陸上の観察者の眼に歪んで映ることから広く知られるようになった[27]。歴代の碩学たちがその理論化に挑んだが、これにようやく成功したのは17世紀の科学者たちであった。その一例を挙げると、1621年、オランダの数学者ヴィレブロルト・スネルは波動一般の屈折率の原理を公式化して、光のマジックの種明かしを行った[28]。こうした先人たちの努力のおかげで、釣り人の間でも光の屈折原理は古くから認知され、20世紀に入るとフィッシュウィンドウ(fish window)と呼ばれる概念が普及することになった。

　フィッシュウィンドウとは何か。その解答の前にまず、水辺の光学についておさらいをしておきたい。さまざまな方向から水面に降り注ぐ陽光は下方に屈曲しながら水面下に射し込むが、垂直方向に対しておよそ48.5°を超えた角度から注がれる光は水面に弾かれて水中に入ることができない。このギリギリの角度を「臨界角」と呼ぶが、反対にこれを水中の視点から解説すると、魚はその頭上の垂直方向に、頂点角97°(=臨界角×2)の円錐を逆さにした範囲内でのみ外光を直接視野に収めることができることになる。その視野の外側を取り囲む辺縁部——これを「完全反射域」と呼ぶ——では、魚は外界を直接見ることができず、水中に拡散した光が水面下の像を拾ってその領域の水面の内側に映し出すことになる。このため、水面が平滑であれば、魚の真上には外界の景色を映し出す明るい円形の窓[29]が開き、その周囲には水底の模様を映す薄暗い風景が広がることになる。フィッシュウィンドウとは、魚が外界の景色を覗き見ることのできる、このまるい窓を指す専門用語である。

　フィッシュウィンドウが有するさまざまな効果のなかでも古くから知られているのが、外界に向けた魚の視野を拡げる効果である。光の屈折作用のおかげで、このスクリーンが外界に対して広角レンズとして働き、水辺に隠れた釣り人の姿さえ魚の眼に映してしまうという指摘は、早くも19世

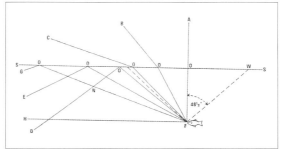

フィッシュウィンドウ理論の概要

紀前半のA.ロナルズの著作のなかにも確認することができる[30]。しかし、フィッシュウィンドウの効果がこれだけに留まるものでないことは、現代の釣り人にもよく知られているところである。

　このフィッシュウィンドウの明るいスクリーン上に、毛鉤はどのように映っているのだろうか。その実相を初めて活字で明らかにしたのが、英国のフランシス・ウォード(Francis Ward)博士であった。彼が魚類生態学について記した著書「魚の生態の驚異」(MARVELS OF FISH LIFE [1911])では、当時発明されて間もない銀板式カメラを駆使して、魚の驚くべき生態が解き明かされているのだが、そのなかでも世界中のフライフィッシャーを驚愕させたのが、次に紹介する水底から見上げたサーモン毛鉤のようすを描いた一節である。

『物体を下から見上げるとき、それが空を背景としたシルエットに見えるという事実は、餌を狙っている魚の多くが水底に潜んでいることの理由を説明してくれる。ルアーや毛鉤を使って水面直下を泳がせれば、一番深い場所からようすを窺っているサーモンや鱒、パイクを誘い出すことになるだろう。

　ディー川のとあるプールで釣っている人の姿を橋の上から観察したときのことをよく憶えている。大きな岩棚の上に定位しているサーモンの鼻先に、毛鉤を充分沈ませて流し込んでも、彼はまったく関心を示さなかった。しかし、この毛鉤が彼の頭上を流れたとき、彼は2回それを観察しに浮かび上がってきた。私は、深いところを流れる毛鉤がこのサーモンの視界に

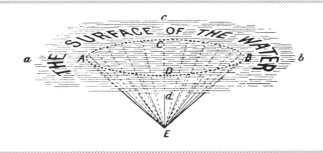

第3部　ドライフライの歴史(後編)

入らなかったとは思わない。むしろ、毛鉤がサーモンの真上を流れたとき、空を背景として毛鉤の存在感が一層増した結果、彼の好奇心が刺激されたのだと考えるべきではないか。最も派手な色彩の毛鉤であっても、水面近くに流れているところを下から見上げれば、くすんで、虹色の掛かったシルエットにしか見えないことを申し上げておきたい。こうした理由から、毛鉤のサイズが流れの状況に応じて適切に選ばれ、かつ生命感を持つように操作される限り、毛鉤の色彩は大きな問題ではないと考えられるのだ。』

釣り人が獲物を魅了すべく技巧を凝らして創り上げてきた色彩感豊かなサーモン毛鉤が、実は期待された機能をほとんど果たしていなかったとする報告[31]は、当時の釣り人たちを色めき立たせたが、ウォード博士は冷静に議論を続ける。それでは水面で一番目立たない色は何か。彼はそれが白色であると主張する。白い円盤状の浮子を水面に置き、これを水面下から観察すると、それが完全反射域に浮かんでいる間は白いスクリーンに水底の色彩を映して周囲と同化したという[32]。この現象は、白色の明るさがもたらす高い反射性能のおかげであるのだが、その意味において、今日、我々が用いているフライラインの多くが白色であることには一定の合理性が認められよう。

しかしこれらの議論は、あくまで水面下に位置する物体の見え方に関するものである。魚の視野において、ドライフライがウエットフライと決定的に性格を異にするのは、それが水中世界の外側に位置している点なのだ。水面の上に高く屹立した毛鉤は、周囲の水面に跳ね返された陽光を下側から浴びることによって、水面下の観察者の眼には魅力的に光り輝いて見える[33]。ウエットフライが苦手とする相当緩やかな流れであってもドライフライには鱒が反応するという現象は、こうした反射光効果が一役買っているものと考えられる。F.M.ハルフォードがドライフライをしっかりと屹立させた状態で流すことにこだわったのも、この効果が図らずして発揮されていたからではなかっただろうか。

この点について、G.E.M.スキューズが興味深い記述[34]を遺している。彼は、メイフライ毛鉤を川面に投じるとき、

川底にある鱒の眼には、その毛鉤が虹色の環に囲まれて鮮明に輝き、そのウイングもガラス層でコーティングされているかのような煌きを見せると解説している。しかし、同じ毛鉤がいったん水面下に沈んでしまえば、この輝きは失われてしまうのだという。またスキューズは、水中のニンフ毛鉤を発見した鱒は遠くからでも走り寄って跳びつくのに対して、ドライフライの場合はそれが充分近くに寄ってからでないと鱒は反応を示さないとも記している。

こうした謎を解き明かすべく、ウォード博士はわざわざ川岸の地中にコンクリート製の観察室を築き、そのなかからガラス越しに、水面の裏側に映る風景を観察した。このときの記録が彼の著書「水面下における動物の生態」(ANIMAL LIFE UNDER WATER [1920])に収められているので、そのなかからドライフライの見え方に関する次の一節を紹介しよう。

『毛鉤が鱒の背後から投ぜられるときにこの鱒が目にするのは、毛鉤が水面を打つ際に生じる、完全反射域の水面の一部が割れてキラッと輝く閃光である。毛鉤が水面上に落ち着くと、ボディー、ハックル、そして鉤先だけが鱒の視界に入り、水面の内側にはそれらの倒立像が映し出される。この地点からフィッシュウィンドウの境界部にいたる区間では、ガットリーダーの姿を認識することは難しい。毛鉤がウィンドウの境界の外側にあっても、そのウイングは3ページの下側に記載した絵(筆者注:次頁の図を参照)にあるボートの帆と同じように見える[35]。ウィンドウ越しにガットリーダーを見ると、それがどんな色であっても一条の黒線となってくっきりと浮かび上がる[36]。

この毛鉤が水面下の観察者のほうに流れ寄ると、ウイングの像が徐々に大きく、はっきりと輪郭を持って現れてくる[37]。次に、毛鉤のボディーがウィンドウのまるい境界部を彩る虹色の帯[38]に差し掛かると、その七色とウイングの像が混ざり合う。そして今や完全にウィンドウの内側に入ると、毛鉤は空を背景にぼんやりとしたシルエットとして視野に収まる。この位置においてようやく毛鉤の全容が確認できるのだが、それはウイングの辺りにだけ本来の色彩感をかすかに残し、ハックルは周囲に薄く虹色の輝きを帯びている。特にパラフィンが浮力

《註釈31》F.ウォード博士はウエットフライについて、水底近くを流す場合には色彩を働かせることができるので、光を反射する光沢感のある素材を用いるべきだが、水面近くを流す場合には色彩は意味を持たないと論じた。

《註釈32》F.ウォード博士は、多くの小魚の背側が暗色を、腹側が銀白色を帯びているのは、その捕食者が上方から見下ろすときには小魚の背部が水底の暗色に同化して見える一方、下方から見上げるときには小魚の腹部が水底からの光を反射してそれと同様の色彩を帯びて見えるように設計されているからだと説明した。

《註釈33》他方、スペント・パターンのように水面に貼りついて浮くドライフライの場合は、その水面に接した部

分が魚の眼には黒いシルエットとして映る。

《註釈34》「毛鉤に対する鱒の振舞い」[1921]に基づく。

《註釈35》次頁の図には、ウィンドウの下部に押し潰されたボートの像がうっすらと描かれている。ウィンドウの外縁部に映る像はこのように垂直方向に圧縮された形をとるが、映し出される範囲はかなり広いため、水辺に低い姿勢でたたずむ釣り人の姿も、わずかな動きさえあれば魚に感知される可能性がある。

《註釈36》E.R.ヒューイットは、透明なテグスがレンズの役割を果たして輝いたり、あるいは黒い影を落としたりして魚を怯えさせてしまうと説いた。このためテグスは、

沈んだ状態よりも水面上に浮かんでいる状態のほうが目立ちやすいという。悪影響を最小限に留めるため、彼は0.012インチ径未満の細いテグスを着色して用いることを推奨し、自身で商品化した。

《註釈37》E.W.ハーディングは、羽虫のダンが翅を立てた状態でフィッシュウィンドウの辺縁部に到達するとき、これを水中から見ると、その翅が胴体から切り離されて上空に浮かんでいる幻影が確認されると記している。この「ゴースト・ウイング」と呼ばれる現象は、V.C.マリナロによる議論を経て、1980年、英国のJ.ゴダードとB.クラークによって検証し直され、その幻影こそ鱒にとって、完全反射域に映る羽虫の接水点の煌きに次いで生じる、「第2の捕食トリガー」になると論じられた。

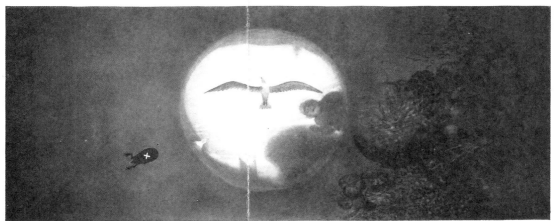

The lower Illustration shows an under-water view of the scene in the top picture as it appears from the point C.

フィッシュウィンドウを見上げたときの視野（「水面下における動物の生態」[1920]）

材に用いられている場合には、しばしばボディーの両側に光の筋が射す現象まで見られる。

　以上が人間の眼に映る水面下の情景である。魚は人間と比べて近視眼であり、彼らの行動を水面下で観察すると、どうやら毛鉤は、完全にウィンドウの環のなかに入らない限り、鱒には感知されていないように思われる。また、この環のなかに入ってもなお、毛鉤の輪郭はぼやけた像としてしか視野に映らないので、魚はそれに近づいて確かめてみる。近くで検分して満足できれば、毛鉤は喰いつかれることになるのだ。』

《註釈38》P.ジェニングスは投稿記事 THREE SECRETS OF THE SALMON [1956]のなかで、陽光が水面を垂直に照らさない限り、昼間の水中世界は常に虹のような各種の原色光で満たされることとなり、陽光の入射角が変わるのに応じてそのなかの優勢色も変化していくと解説している。

205

第3部　ドライフライの歴史（後編）

実験中のヒューイット(左)(「サーモンの秘密」[1922])

それまで知られることのなかった不思議な水中世界[39]の視覚と、鱒の眼に映るドライフライのイメージの実態が世間に広まるにつれ、英米のフライフィッシャーによる毛鉤の研究は一層深みを増し、これまで紹介してきたさまざまな論点に焦点を当てた、独創性豊かなドライフライ・パターンの数々が誕生することになる。それでは本節の締め括りに、戦前の米国を代表するフライフィッシャーのひとりであるE.R.ヒューイットの議論を紹介しよう。

ユニークな毛鉤の発明者として知られるヒューイットは、水中の視覚を再現するために特殊なガラス底の水槽を作り、上方から照らし出された毛鉤像の変化を瞬時も洩らさぬよう、その姿を水面下から高速撮影機で記録した。彼は自らの研究成果を著書「サーモンの秘密」(SECRETS OF THE SALMON [1922])において網羅的に解説しているところ、彼独自の発見について記した次の一節を引用することとしたい。

『羽虫が水面を割って羽化しようとする瞬間、そのわずかな水面の隆起がレンズとなって働き、まばゆい閃光を幾度にもわたって引き起こす。これは魚にとって魅力的な刺激であるに違いなく、遠くからでも視認できるものだ。こうした水面下あるいは水面上における毛鉤が生み出す光の効果は、毛鉤のデザインや色彩などよりもずっと重要な要素であるように思われる。

（中略）

ドライフライが水面高く浮かんでいて、フィッシュウィンドウの外側にあるとき、魚は毛鉤が水面に接している部分しか目にすることができない。その部分とは、水面下に潜り込んだ鉤先や一部のハックルの毛先なのだが、これらが水面を割って潜り込むときに水面に生じる小さなレンズが光を捕らえるのだ。魚はこの小さな点光[40]を遠くからでも確認する。毛鉤がウィンドウに差し掛かると、最初の段階では上から押し潰された像となって水面に現れる。それがウィンドウの中心に向かって移動するにつれ、だんだん大きく見えるようになってくる。もしそのドライフライがウィンドウの外側で動いたり水面を打ったりすれば、水面には遠目にもよく見える小さな光の爆発が起こる。昆虫が流下して近づいてくることを魚に気づかせて、あやまたずその関心を惹くのは、まさにこの煌きなのだ。

この光の効果はウエットフライよりもドライフライのほうで一層はっきりと生じることになる。なぜならば、ドライフライが水面上に座ると、表面張力の作用でそのハックルやフェザーの周りにデコボコとした水面の隆起を生じさせ、それがレンズとして働くことによって、下のほうから観察したときに輝いて見える光の焦点を作り出すことができるからだ。もしこの毛鉤がウィンドウの外側の水面上で動けば、それは魚の眼から見れば爆発ともいえる、はっきりとした光のフラッシュをもたらす。これは、ラブランチ氏が提唱する「衝突キャスト」("bump cast")の絶大な効果の理由を説明してくれる。このキャストにおいて、毛鉤が水面に打ちつけられると、それは水面上に落ち着くまでに何度か小さなジャンプを繰り返した後で、フィッシュウィンドウへと流されていくことになる。私は、彼がこの手法のおかげで、ほかの釣り人たちよりもたくさんの鱒を釣り上げるところを何度も目撃してきた。もちろん、この手法は波立つ流れのなかできわめて効果的となる。なぜなら、そんな流れのなかでは鱒も水面上の餌を見つけ難いところ、このように投ぜられた毛鉤であれば鱒の注目を惹かない訳がないからだ。

【「形態」模倣論の深化】

ハルフォードのドライフライ理論に異を唱える釣り人は、早くもその絶頂期のころから存在していた。第6章にも登場したC.E.ウォーカーは彼の著作「古き毛鉤を新しき装い

《註釈39》C.V.パークはこの水中世界のことを、『深く探るほどに周囲がだんだんおかしくなっていく、ルイス・キャロルの「不思議の国のアリス」や「鏡の国のアリス」のようだ。』と評している。

《註釈40》ネオ・イミテーショニストの多くはこの点光パターンを、鱒の捕食行動を促す「第1の捕食トリガー」と位置づけている。

《註釈41》G.E.M.スキューズは1898年8月のフィッシング・ガゼット誌上に同著作に関する書評を投稿し、C.E.ウォーカーを『新しき預言者』と呼んで激賞した。

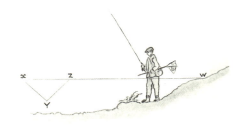

に」[1898][41]のなかで、これまでの毛鉤研究がもっぱらカゲロウ類を中心に進められてきたせいで、他の水生昆虫の研究が疎かになっていないかと問題提起した。従来のタイイング指南では、ドライフライはウイングを取りつけてからボディーを成型するのが常識とされ、それは例えばセッジ・パターンでも同様のとり扱いとされてきた。しかしこの結果、ハルフォード・パターンの各種セッジ毛鉤はどれも後ろ向きに跳ね上げられたウイングを備え、トビケラ類独特の三角屋根状に畳まれて水平に延びる翅とは似ても似つかぬものになってしまっていたのだ。

これについてウォーカー博士は、カゲロウ類以外の水生昆虫を模したパターンでは、ボディーとハックルを取りつけた後、それに覆いかぶさる形でウイングを取りつけるのでなければ正確な翅のつき方を再現したことにはならないと論じた。こうした主張の背景には、ある種の羽虫を模倣する際には、細部に拘泥するよりも、全体的な特徴を模倣することのほうが遙かに重要だとする確信があったに違いない。だからこそ彼は、羽虫の総体的印象を種類別に描き分ける要諦が、翅のつき方にあると説いたのだ。ウォーカー博士のアイデアを端的に示す次の一節を、この著作のなかから引用してみたい。

『フライドレッシングの専門家たちにはこれまで観察力が欠けていたと論ずるのは、さすがに言い過ぎであろうが、不可解なことに、彼らの熱意が生きた羽虫の観察には十分に注がれてこなかったようにも見受けられる。カゲロウの毛鉤は例外としても、他の羽虫をしっかりと模倣する毛鉤を創り出すに至らなかったのは、誠に残念なことだ。

（中略）

鱒には色を識別する能力があるか、という議論が近年盛り上がりをみせているが、鱒の形態識別能力に疑いを抱く者は誰一人としていない。それにもかかわらず、彼らの毛鉤のほとんどが間違えてしまっているのは、実のところ色彩ではなく、形態のほうなのだ。羽虫の輪郭、すなわちその全般的な姿を形作る上で最も決定的な要素は、間違いなく翅である。したがって、もし毛鉤のウイングを不自然な形で取りつけるならば、毛鉤の輪郭は本来の羽虫の姿とまったく異なるものにならざるを得ない。

（中略）

メイフライの翅のつき方がイエバエ（House Fly）の翅のつき方と異なることに気づいた者はまだいないように見受けられるし、センブリ（Alder）を観察すれば、この翅のつき方もまた前二者とはまったく異なっている。

鱒やグレイリングが捕食する各種の羽虫を観察すると、彼らの翅が胴に付着するスタイルは3種類に大別できる。

カゲロウの場合は、体躯を水平に置くと翅は垂直上方を向き、先端に向かって両翅の間隔が少しずつ広がってゆく。・・・（以下略）

トビケラとセンブリの場合、翅は胴部の両側に接する形で整えられ、背部で両翅は互いに接し合い、それが先端や下方にいくにつれて徐々に広がっていく。・・・（以下略）

双翅目（キンバエ [Blue-bottle] 及びヒメフンバエ [Cow-dung Fly]）やカワゲラ（ストーンフライ及びイエローサリー）の場合は、翅が胴部の上に水平に載っている。双翅目のなかには、両翅が先端にいくに従って間隔が離れていくものがある

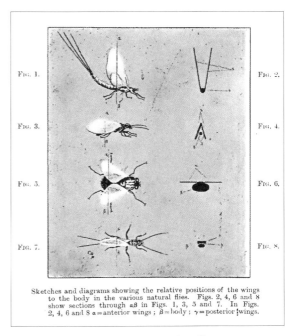

各種羽虫の翅のつき方（「古き毛鉤を新しき装いに」[1898]）

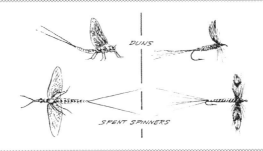

第3部　ドライフライの歴史(後編)

（図5，6）一方、双翅目とカワゲラの一部には先端まで両翅がきちんと揃っているものもある（図7，8）。

（中略）

ピスカトリアル・ソサエティのH.H.ブラウン氏は、毛鉤の正しい巻き方に関する私の論文を読んだ後で、非常に興味深い話を教えてくれたのだが、それは彼のある釣行での体験談で、この理論の正当性を証明してくれるものであった。そのとき、彼は釣り場に架かる橋の上でひと休みしているところだった。センブリの大きなハッチが起こり、橋の下の先の流れでは鱒たちが待ち構えていた。彼は何匹かのセンブリを捕らえて、首をわずかにひねって息を止め、動かないようにして流れのなかに放り込んだ。彼の立っている場所からは羽虫を1匹ずつ確認することができ、それが鱒に捕食されるのか、あるいはそのまま流されていくのかを見届けることができた。そのとき、彼が事前に翅をよじって不自然な形に歪めたセンブリに、鱒は一瞥もくれなかった。他方、翅を自然な位置のままに残したセンブリは、必ず鱒に喰われるのだった。こうした出来事は何度も繰り返されたが、翅の乱れた羽虫は1匹も喰われなかったし、他方、翅の整った羽虫で鱒の口から逃れたものはひとつもなかった。彼はまた、鱒が翅の乱れた羽虫の傍にやってきて、これを間近にチェックした後で去っていくのを一度ならず目にしたという。』

1910年代に入ってウォーカー博士の理論をさらに発展させたのが、J.C.モットラム (James Cecil Mottram) [42]である。彼は、フライタイイングの技術はいまだ発展途上にあり、ドライフライにはさまざまな面で改良の余地があるにもかかわらず、取組みが停滞しているのではないかと問題提起した。

まず色彩の効果について、モットラム博士は、その見え方が陽光の状況に応じて変化するものである以上、過度に期待してはならないし、しかも仮に本物の羽虫とまったく同じ色彩が実現できたとしても、毛鉤を構成するマテリアルと羽虫の身体とでは素材の組成が異なるため、陽光の変化に応じた見え方の変化もまた同じではあり得ないと主張した。そして彼はこの議論を一層突き詰めて、太陽を背にして対象物を観察する場合、見る者は

背後から発せられた光が対象物に当たって生じる反射光の色彩を確認することができるが、もし同じ対象物を太陽に向かって観察する場合には、対象物は黒っぽいシルエットとしてしか見えなくなると説いた。

羽虫を模倣する上で、色彩よりも形態のほうにこそ重きを置くモットラム博士の一連の主張は、彼の代表作「フライフィッシング：新技術と秘密」（FLY FISHING: SOME NEW ARTS AND MYSTERIES [1915]）のなかで展開されているところ、その中核部分を次のとおり紹介しよう。

『これまでの説明で、透明な部位の色彩を除き、色彩感については必ずしも忠実に再現する必要性がないことを明らかにできたのではないだろうか [43]。これは、正確な色彩を再現しようとするあまり、他のより重要な要素をわざわざ犠牲にするようなことがあってはならないという意味だとご理解頂きたい。「透明性」と「形態」は互いに補完し合う関係にあると考えられなければならない。私はこれまで、羽虫のシルエットのほうが遙かに重要なイミテーション上の特性を有することを証明すべく筆を振ってきた訳だが、実のところ、シルエットとは透明でない部位の輪郭にほかならないのだ。もしこの部位が模倣できた上で、透明あるいは半透明な部位の形やサイズ、色彩といった要素まで同時に示唆できるよう上手く巻けるならば、それに越したことはない。しかしその際、より一層重要となる不透明な部位の輪郭を覆い隠してしまうことのないよう、細心の注意が払われなければならない。

「軽量さ」と「浮力」を両立させることも重要だ。なによりドライフライは浮かなければならない。しかし、豊満な羽虫の姿を正確に模倣しようとする一方で、毛鉤を軽量化して浮力を備えさせようとすれば、何らかの問題が発生することは皆さんもご存じのとおりであろう。私はそれぞれの要素に次のとおりの優先順位をつけたい。まず一番重要なのが「形態」であり、以下「浮力」、「軽量さ」、「透明部位の色彩感」、「不透明部位の色彩」そして「動き」の順となる。』

読者諸兄は、モットラム博士が色彩について慎重な言い回しをしているのにお気づきだろうか。彼は決して色彩が不要だとは論じていない。それは、陽光の状況によっては、

《註釈42》1879年、ノーフォークに生まれる。放射線が細胞に与える影響を研究し、それを癌治療に応用した最初期の医学者のひとり。行動生物学にも明るく、第一次世界大戦時には野生動物の保護色理論を応用した軍用迷彩色の研究で英国軍に貢献した。フィールド誌に釣魚記事を投稿する際の彼のペンネームはJim Jam。ピスカトリアル・ソサエティのメンバーとして釣り場の改善にも尽力して、1945年没。

《註釈43》他方J.C.モットラムは、どんな色のドライフライでも、浮かんでいるところを水面下のある一定の角度から眺めると全体が七色に輝く現象が生じることから、このときの色彩感が鱒を魅了すると説いた。

《註釈44》このアプローチは、後に米国のカール・リチャーズ（Carl Richards）とダグ・スイッシャー（Douglas Swisher）がSELECTIVE TROUT [1971]のなかで発表する、No-Hackle Dunパターンに引き継がれることになる。彼らの理論によれば、小型の毛鉤にハックルを用いると、鱒を魅了する毛鉤の重要な要素であるボディーとウイングが覆い隠されてしまうことになるという。彼らはハックルの省略による浮力の低下を補うため、テイルのファイバーを面的に拡げて、その表面張力を利用する構造を導入した。

色彩が重要な要素となることを認めていたからにほかならない。彼は、陽光の入射角が低く、水面に反射された陽光がドライフライを下から照らし出す場合には、水面下の魚が毛鉤の色彩を認識することができるとした。このため、色彩感を備えた毛鉤は陽の位置が低い朝方や夕方には有効であっても、陽の高い日中には用をなさないと説くのであった。

これに対して、水面に落とされる羽虫の影、すなわちシルエットそのものを模倣したドライフライであるシルエットフライ(Silhouette Fly)ならば、どんな条件下においても効果を発揮するのだ、というのがモットラム博士の提唱する理論であった。これに関連して、同じ著作のなかから、彼のデザインによるオリヴダンのイミテーション・パターンを解説する次の一節を引用してみたい。

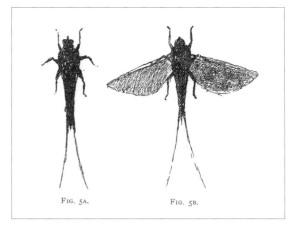

図5A、5B

『シルエット・オリヴダン──このパターンのなかに、羽虫のシルエットが典型的に示されている。図5Aには翅を閉じた状態の羽虫のシルエットが描かれており、図5Bではその翅を開いた状態が示されている。図6は一般的なオリヴダン毛鉤のシルエットが、図7A及び7Bにはシルエット・オリヴダンの2種類のシルエットが描かれており、タイプIはウイングなしのもの、タイプIIはウイングありのものである。一般的な毛鉤よりもこの2種類のシルエットフライのほうが遙かに本物に似ていることがお解り頂けるものと思う。

ウイングなしのタイプIは、尾部がホロホロ鳥(Guinea-fowl)のハックルファイバー、腹部と胸部はノウサギの毛を厚めに巻き込んだものを後で刈り込み、脚部は雌キジの初列風切羽(primary wing)のフェザーを用いて、あとはお好みでグレイ・コックのハックルポイントをウイングにしてもよい。ここで、ハックルは一切用いないことにご注目頂きたい。ハックルは決して羽虫の脚部を上手く表現できるものではなく、浮力を増強するためだけに用いられるべきである。もしこれを巻く必要がある場合には、なるべくまばらに薄くすべきであり、なしで済ませられるならばそれに越したことはない。この獣毛製のボディーだけで十分な浮力が得られるのだ[44]。これはきわめて実践的な毛鉤であり、唯一問題があるとすれば、それは製作が難しいことぐらいだ。

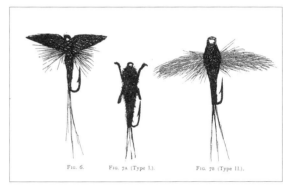

図6、7A、7B

(中略)

私はあらゆる一般的な種類の羽虫についてシルエットフライを製作してきたが、特殊な状況でもない限り、ほかのパターンを使うことは決してない。ナットやミッジ、そしてスマットのシルエットフライは特に効果が高い。』

羽虫の立体像そのものではなく、水面に映るその平面像のほうを模倣しようという大胆なアイデアには、当時の先進的な釣り人たちでさえ驚いた。モットラム博士の天才はこ

209

れに留まらず、同著作のなかでニンフフィッシングの可能性や養魚論、そしてついには100年後の未来のフライフィッシング像まで大胆に描き出した。R.B.マーストンはフィッシング・ガゼット誌の書評欄において、当時出版されたばかりのG.E.M.スキューズの処女作にも劣らぬ高い称賛を、モットラム博士のこの著作に贈った。また、J.W.ヒルズは同著を『斬新で刺激に満ちた作品』と評し、H.T.シェリンガムはモットラム博士を『印象主義フライドレッシングの火つけ役』と喧伝した。

こうした高い評価にもかかわらず、文面に沸騰するあまりにも強烈な前衛性のためか、彼の名声が後の世に伝えられることはなかった。彼の名がいつしか忘れ去られ、その著作を紐解く者もほとんどいなくなった1970年代、ひとりの米国人フライフィッシャーがモットラム博士の再評価に取り組んだ。戦後米国を代表する釣魚史家A.ギングリチは「鱒の愉しみ」(THE JOYS OF TROUT [1973])のなかで、この知られざる天才の功績を讃えて次のように記している。

後期ロマン派音楽を代表するウィーンの作曲家グスタフ・マーラーは、生前、自作の交響曲が聴衆から正当に評価されることはなかったが、不遇のなかにも独り笑みを浮かべ、『やがて私の時代が来る。』と呟いた。来るべきモットラム博士の時代やいかに。

『1922年の「鱒について語る」』[45]から1934年の「ニンフ・フライフィッシング」に至る作品群で示された過去30年間におけるヒューイットの最も重要な理論の集大成となる、1950年の「鮭鱒釣り人生の75年」[46]をモットラムの著作と比較して驚くべきは、ヒューイットとラブランチによるネバーシンク・スケーターをめぐる体験を除けば、ヒューイットの1950年の作品中にモットラムが1915年の時点で予見できなかったアイデアは、6フィートロッドのストレス実験も含め、ひとつもないという事実である。

この比較は、優れた業績を遺したヒューイットの地位をなんら貶めるものではないが、1915年にモットラムが予見者としていかに正鵠を射る指摘を行ったかを示す例証として充分であろう。今日の釣り人たちが現代的な取組みだと思い込んで

いる、ライトタックルや短竿、ニンフの釣りや川の環境改善措置といった風潮だけでなく、スマッティング中の鱒を狙う小型のテレストリアル・フライの釣りといった、ヴィンセント・マリナロの「現代のドライフライ規範」が1950年に登場して初めて世に出されたと皆が信じ込んでいる内容についてまで、モットラムは早くもその数十年前に予言していたのだ[47]。

(中略)

モットラムが正当に評価されるときが来れば、彼はスターとして名アングラーの殿堂入りを果たすことだろう。半世紀にもわたる罪作りな黙殺を経て、過去70年のうちで最も傑出した「釣魚界の埋もれた才能」としてようやく認められるに違いない。モットラムの古典的作品が広く読まれるようになれば、彼はプレストン・ジェニングスやヴィンセント・マリナロ、そしてジョン・アサートンといった創造的な作家と同じ名声を得ることになろう。そして遂には、G.E.M.スキューズに次ぐ英国釣魚界の重鎮の座を占めるようになるのだ。』

【「姿勢」の記号論】

フィッシュウィンドウ理論に忠実な釣り人のなかには、水面に浮かぶ羽虫の姿勢に注目する者たちが存在した。前にも解説したように、彼らの理論によれば、ウィンドウの外に浮かぶ羽虫が最初に鱒の関心を惹くトリガーとなるのは、その身体の接水点が生み出す輝きであるという。E.W.ハーディングはこの点について、『ダンが水面上に立つときの脚型にはそれ固有の輝きのパターンがある。拡げられた両翅の浮力に助けられながら胴部が水面に貼りついた状態で浮いているスペントスピナーの場合には、別の輝きのパターンがある。羽化したばかりのダンがまだシャック(訳者注:shack [抜け殻])を脱ぎ棄てられずにいる状態のときにも、また別の輝きのパターンが見られるのだ。』と明解に指摘している。つまり、羽虫の水面上における姿勢とそれが生み出す煌きは、水面下の鱒にとって羽虫のライフステージを暗示する記号になっているというのだ。

6本の脚だけで水面上に乗るダンの脚型は、薄く巻いた通常のハックルによって古くから表現されてきたが、ハックルの毛脚が高過ぎるためにそのボディーは不自然に傾き、

《註釈45》これは「サーモンの秘密」の誤記とみられる。

《註釈46》E.R.ヒューイットの「鮭鱒釣り人生の75年」[1948]は、彼の「サーモンの秘密」[1922]や「鱒について語る」(TELLING ON THE TROUT [1926])といった著作の主な内容を選び出して再編集した作品。

《註釈47》J.C.モットラムは同著のなかで、鱒が流下する微小なブユ類(Smut)を捕食する際のスマッティングと呼ばれるライズの多く、特にそれが一日中続いているような場合には、実際にはブユ類ではなく、遠目では視認できないほど極小のテレストリアル(甲虫やバッタ、ヒメバチ等の陸生昆虫)を対象とするものであると指摘し、それらテレストリアルを模したパターンも紹介している。

FIG. 1.   FIG. 2.

テイルは水面に貼りつかざるを得ない。これでは「第1の捕食トリガー」を上手く表現できないばかりか、毛鉤がウィンドウのなかに入った際にはハックルが邪魔になってそのボディーの魅力的な色彩を捕食者にアピールすることができない。

この課題に立ち向かった釣り人のアイデアの好例として、J.W.ダンが唱えた次のハックル処理法を紹介しよう。

『どんな物理学の教科書も次の興味深い公式[48]を大きな文字で掲載しているはずだ。

$$E=1/2mv^2$$

幸い、この公式は言語に変換することができる。それは、「鱒が羽虫に向かって突進するスピードを2倍にするためには、4倍のエネルギー消費量が必要となる」ことを意味している。

当然、鱒は普通に泳ぐのより4倍も疲れたくない訳で、霞がかった小さな点がフィッシュウィンドウの外側の暗い風景に映るのを確かめると、鱒は水面に向かって静かに泳ぎ上がり始める。そうすると、彼のウィンドウは径が3、4インチにまで狭くなる。そして、毛鉤のボディーがウィンドウの外縁部に到着するまで彼は水面直下に定位して待ち続け、納得すれば、彼は最後の短いライズ行動に移るのだ。この過程の最初から最後まで、彼が鉤先を見ることはまずないだろう。しかし、もし毛鉤のボディーがそのウイングと同じようにすぐ鱒を納得させられなければ、彼は最終段階のライズをためらうことだろう。すると彼は身を翻して、毛鉤の後を下流に追うことになるのだが、これは当然、鱒に観察の機会を与えることになり、そのとき鉤先に勘づくかもしれず、また身を翻した時点でウィンドウの縁に映る忌まわしい小人に気づくかもしれない[49]。こうしたアクシデントにもかかわらず、結果として毛鉤は鱒に喰われるかもしれないが、水面直下に定位した後ですぐに行われるはずの、自信に満ちて静かに、ほとんど自動的に次から次へと羽虫をついばむ、あの本来のライズは中断されてしまうことになるのだ。それは当然、我々が心底避けたいと願っていることに違いない。

さてそこで、薄暗い背景を進む我々の霞がかった小さな点と、同じ背景のなかを何度も繰り返し流下してくる複数の霞がかった小さな点とが、まったく違って見えてはいないか確かめ

ておく必要がある。この場面において、一般の毛鉤は失敗してしまっているのだ。皆さんご承知のとおり、普通の毛鉤はその首周りに、上に伸びているのと同じだけの長さの羽毛が下の水面に向かっても突き出している。その結果が第3図に示されている。

もしこの鉤に羽虫の腹部を表現するのに充分なサイズがあって、かつボディーから突き出しているハックルの長さが羽虫の翅の長さに等しければ、水面から見たハックルの頂点は本物の羽虫の翅の頂点よりもずっと高いところに位置することになってしまう。

また、この毛鉤が鱒のウィンドウの縁に差し掛かる場合、下方に突き出たハックルのために、毛鉤のボディーは鱒にとって完全に見えなくなってしまう。このため、結果的に水面上の姿勢が崩れてしまう問題は別としても、毛鉤にとって最も重要である色彩の効果が発揮できなくなってしまうのだ。

(中略)

フライフィッシングを始めたばかりのころ、おそらくほかの皆さんもご経験がおありになると思うが、私は自分の毛鉤のハックルの下半分を水平に刈り取って使っていた。しかし、このようにした毛鉤はすぐに沈んでしまう。しばらくして、今度はハックルを真下の部分で左右に指で押し分けて、できるだけ水平に近づくようファイバーを押し潰すようになった。ファイバーをきれいに指で分けるのには苦労したが、この方法は上手くいった。そのために、私は鱒のライズを探して辺りを散策している最中には、竿のコルクグリップに毛鉤を刺して固定し、ハックルの下のほうをきれいに分けた状態で毛鉤を乾かしていた

羽虫の姿勢(左)と伝統的ドライフライ(右)の姿勢

《註釈48》この「運動エネルギーの方程式」と呼ばれる公式は、現代のジャイロ等に利用される「コリオリの力」を発見した19世紀フランスの科学者C.G.コリオリがニュートン力学の理論から導き出したもの。Eは運動エネルギー、mは質量、vは速度をそれぞれ指し、「運動エネルギーは物体の質量と速度の2乗に比例する」ことを意味している。

《註釈49》F.ウォード博士によれば、鱒の視野は非常に広いが、後方60°だけは死角になっているという。このため、アップストリームで鱒の真後ろからアプローチする釣り人はその視覚から逃れることができるものの、その釣り人が毛鉤を鱒の側面に流す場合には、鱒は捕食のため姿勢を変えるときに視野が変化して釣り人の姿(多くの場合ウィンドウの縁に扁平な小人のように映る。)に気づくリスクがあると説いた。ウォード博士は、これを回避するため、上流に投じた毛鉤を鱒の真正面に向けて流すべきであると主張した。

ものだ。現在、私の毛鉤はボディーより下に広がるハックルファイバーをV字状に直接刈り込んでいる(50)。このように処理されたハックルは、水面上で鉤の自重によって押し開かれ、そのボディーは適当な高さまで降りることになるのだ(51)。』(52)

さらに問題なのはスピナーで、なかでも胴体を水面に貼りつかせ、腹部をほとんど水面下に沈ませんばかりの状態で浮くスペントスピナーを模倣するのに、ハックルは不要であるばかりか、むしろ邪魔ですらある。しかし他方、もし毛鉤に充分な浮力が備わっていなければ、使い勝手の悪いものになってしまう。このジレンマを解決する革新的なアイデアが、20世紀のスコットランドで実用化されたことは釣魚史上特筆に値する事件と言って差支えないだろう。

1933年、グラスゴーを拠点に主にスコットランドで釣具製造／販売業を営んでいたアレックス・マーティン社（Alex Martin Ltd.）は、パラシュートフライ（Parachute Fly）を世界で初めて本格的に販売した。同社のカタログでは、ハックルを水平に取りつけることにより、必ず正しい姿勢で水面に乗ることができるだけでなく、ハックルの先端が水面を突き破って沈み込むという本物の羽虫ではあり得ない状態を回避できることや、ハックルが鉤先を覆わないので鉤掛りがよいといったメリットが挙げられている(53)。

英国の釣魚史家コンラード・ヴォス・バーク（Conrad Voss Bark）(54)は、同社がこのパターンを製造／販売するに至った経緯を次のとおり解説している。

『毛鉤の新しいデザインのなかで最も傑出したもののひとつはパラシュートフライである。それは1930年代、グラスゴーのエクスチェンジ・スクエアで商っていたアレックス・マーティン社を、スコットランドまでやってきたひとりの米国人、デトロイトのウィリアム・ブラッシュ（William A. Brush）が訪れたときのことなのだが、彼は自分が「サイドハックルフライ」（"side hackle fly"）と呼ぶ毛鉤を巻ける者はいないか、と店側に訊ねた。早速この注文が店の裏手にある製作現場の女性フライドレッサーたちに伝えられたところ、そのなかのひとり、ヘレン・トッド（Helen Todd）が最初のパラシュートフライを巻くことになった。彼女のやり方は、まず鉤軸に細いゴールドワイヤー(55)をねじって取りつけておき、その周囲にハックルを巻きつけ、そのハックルの上からゴールドワイヤーを鉤軸に締めつけて、最後にラッカーで固定するというものだった。後に、鉤軸の上に小さなマスト状の突起を備えた鉤が発明され、その突起の周りにハックルが巻かれるようになった。この鉤は、レディッチで操業するリマリック社のアルフレッド・ウィリスによって供給された(56)。

同社が製作した24種類ほどの毛鉤は、異なる色やハックルを用いて、グラウス・アンド・グリーン・パラシュート、オリヴクイル・パラシュートといったように、すべて伝統的なパターンにちなんで名づけられ、インドやアフリカ、そして米国やカナダなど、世界各地から注文が殺到した。しかし、当初から問題視されていたとおり、この金属製の突起は重過ぎた。そのため、1950ないし60年代にはこの毛鉤を通常の鉤軸に巻くことのできる新たなドレッシング手法が開発されることになったのだ。』(57)

このパターンの本質は次の2点に集約できる。
第1の本質は、毛鉤のボディーがハックルに覆い隠されることなくその全体を水面下から視認することができ、水面に貼りついた状態で浮くことである。本物のスペントスピナーを水面下から観察すると、胴体や腹部が翅や脚部に隠されることがないのはもちろんのこと、それはほとんど水面直下に沈み込むような姿勢で辛うじて浮いていることが分かる。このふたつの条件を同時に満たすのが、水平に取りつけられたハックルであった。そしてさらに、このコンセプトの延長線上には、水面直下に到達したイマージングニンフが背部を割って羽化しようとするその瞬間の模倣が待っている。この意味において、後にオランダで開発されることになるクリンクハマー・スペシャル（Klinkhåmer Special）(58)は、パラシュートフライに秘められたイミテーション上の新たな可能性を開花させたエポックメイキング・パターンであると評価することができよう。

第2の本質は、圧倒的な浮力である。伝統的なドライフライがハックルの先端で水面に接するのとは異なり、パラシュートフライは放射状に展開されたハックルファイバー

Dun.

Spinner.

《註釈50》J.W.ダンは、スピナー・パターンの場合、ハックルの下部だけでなく上部もそれぞれV字型に刈り込み、ハックル全体をX字状に成型することを推奨した。

《註釈51》J.W.ダンの主張にもかかわらず、同処理によってハックルの浮力が大きく損なわれることから、現在ではこの手法を用いる釣り人はほとんどいない。ちなみに、G.E.M.スキューズはこの手法を非常に嫌った。

《註釈52》「陽光とドライフライ」［1924］より引用。

《註釈53》このほか、フロータントが不要であるとか、着水時に水飛沫を上げないといったメリットも挙げられている。なお、同パターンはウエットフライとして用いることも推奨されており、その場合、水平なハックルのおかげで水中でも正しい姿勢で流すことができると説明されている。

《註釈54》1913年、ヨークシャー生まれ。ジャーナリストとして活動した後、51年にBBCに入社。50年代から60年代にかけてニュースレポーターとして活躍する傍ら、探偵小説の執筆も手掛ける。フライフィッシングの分野では、妻が経営するデヴォンシャーのアランデル・アームズ（Arundel Arms）ホテルを拠点にインストラクターとして精力的に活動し、2000年没。

《註釈55》これはゴールドワイヤーではなく豚の剛毛であったとする説もある。

《註釈56》W.ブラッシュはこのコンセプトを他メーカーにも売り込んだ結果、ハーディー社も同タイプの鉤を用いたパラシュートフライを「ライドライト・フライ」

50 Years Overdue—But here at last!

THE "PARACHUTE FLY"
(Patent No. 379343. Registered No. 543894)

THE BEST WET FLY
THE BEST DRY FLY

An artificial fly which lights on the water right side up as does the natural insect.

The only artificial fly whose legs, antennæ, body, etc., on being cast, remain on top of the water instead of piercing the surface.

Introduced in 1933 to the anglers of Britain and the Colonies by Alex. Martin, Glasgow, Edinburgh, Aberdeen, Stirling, and improved each season since. Now the range is extended to include not only a useful variety of trout, but also sea trout, salmon, low water salmon and Mayflies which can be used wet or dry, including varieties with grass bodies.

A "Parachute" Fly dropped upside down will right itself in a fall of 3½ inches.

The principle seems to have been fifty years overdue, because the angler, no less than the fish, rose to them with such impetuosity it was at first somewhat difficult to meet the demand. Now however with a specially trained staff for this highly artistic development of the art we are catering to the needs of every country where fly fishing is practised.

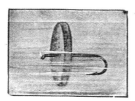

The Gadgets shown in these two pictures DON'T CATCH FISH— they illustrate the "Parachute" Principle.

The disc attached to the hook represents the hackle or dressing. The disc on the left shows the position and relationship of hackle to hook in the usual method of fly dressing. That on the right shows the position and relationship of the hackle to hook in the patent "Parachute" or overhead method of fly dressing.

アレックス・マーティン社の広告

が面的に流れと接することから、わずかなハックル量でも大きな接水面積が確保されている。このおかげで、ボディーを沈めてもなお、それを水面直下に保持できるだけの強い浮力が実現されているのだ。このパターンが穏やかなチョークストリームの流れる南イングランドではなく、激しい流れの川が多いスコットランドで採用されたのは、歴史の必然というべきではないだろうか。

同じく、急流でのドライフライ釣りがすでに定着していた1930年代の米国においても、パラシュートフライは徐々に人気を獲得していくことになる。米国の釣り人たちがこのパターンに寄せる篤い信頼は、当時の人気プロアングラー、レイ・バーグマン (John Raymond Bergman)[59]の名著、「トラウト」(TROUT [1938])に掲載された次の一節のなかにも確認することができる。

("RIDE-RITE"FLY) との商標で販売するようになった。RIDE-RITEとは「正しく乗る」の意。

《註釈57》THE DRY FLY—PROGRESS SINCE HALFORD [1996]より引用。

《註釈58》1980年代初頭にオランダのハンス・ヴァン・クリンケン (Hans van Klinken) が開発したパラシュートフライ。現代の英国においてきわめて人気の高いパターンとして知られるが、斜め後方にボディーを大胆に沈ませるというコンセプト自体は彼以前からも存在したと伝えられる。

《註釈59》1891年、ニューヨーク生まれ。1914年に釣具店を開業するが、しばらくの後に廃業。その後、釣魚雑誌に寄稿し始めて釣魚作家として認められる。彼の代表作とされる「トラウト」[1938]は当時の釣り人たちから絶賛を受け、戦後も多くの版を重ねる。毛鉤だけでなくルアーの釣りにも精通した。67年死去。

第3部　ドライフライの歴史（後編）

レイ・バーグマン

『水面上の低い位置で浮いている毛鉤のほうが、水面高く浮いているものよりも効果的となることは、よく経験されるところです。低く浮いている毛鉤の鉤先は鱒にしっかりと見られているに違いないのに、それでも彼らは本物の羽虫と同じ執拗さでこの毛鉤を狙ってきます[60]。それはまるで、羽虫の腹に鉤先がついているのは当たり前だと信じ込んでいるかのようです。実際、テイルのある毛鉤よりも、軸の短い鉤に巻いたテイルを持たないスパイダー・パターン[61]のほうが釣れる場合もあります。そのとき、テイルを持たない構造ゆえに、このスパイダーが鉤のフトコロをまるまる下に向けた状態で水面に乗っていることに注目して下さい。そこでパラシュートタイプ、すなわちジャイロタイプの毛鉤について考えてみると、鉤を水平に置いた状態で水面に浮き、鉤先を水面下に晒しています。これこそ最も効果的な毛鉤の構造なのです。この場合、ハックルが周囲に広がっているお陰で鉤先が見え難くなっているのではないでしょうか。私はたまたま、このような毛鉤のボディーに蛍光色を用いるときわめて効果的であることを発見しました。もちろんボディーは通常のハックルとテイルを備えた毛鉤よりもずっと魚から見えやすくなるのですが、それはボディーがハックルの下方にあるため、水中で定位することになるからなのです[62]。』

　こうした後の米国におけるパラシュートフライ人気にもかかわらず、W.ブラッシュの提案は初期の米国市場では受け入れられなかったと伝えられる。一説によれば、ブラッシュは当初、米国のメーカーにその採用を働きかけたが、相手にされなかったため海外に売り込みに行ったのではないかともいわれている。

　本件に係る経緯の詳細は必ずしも明らかではないが、英米の文献を探し求めれば、その顛末に関するさまざまな情報が断片として浮かび上がってくる。こうしたパズルのピースを組み合わせていく作業もまた、釣魚史の愉しみのひとつに違いない。結局、英国から逆輸入されることになるこのパターンの普及の経緯について、R.バーグマンは同じ著作の新版[1966]のなかで次のように記している。

『もう随分古い話になるのですが、ニューヨークのウィリアム・ミルズ&サンズ社（William Mills & Sons）[63]で私が販売員として働いていたころに、このタイプの毛鉤が初めて米国のフライフィッシャーたちに紹介されました。当時、この毛鉤のスタイルは特許登録[64]されていたので、これまで私が文章のなかで触れることはありませんでしたが、先日その有効期限が到来したのでようやく書けるようになりました。そこで私は同社のアーサー・ミルズ・ジュニア（Arthur Mills Jr.）に手紙でそれについて訊ねてみたところ、次のような返事が届いたのです。

『ジャイロフライの件について、まずお伝えしなければならないのですが、この名前（GYROFLY）は私の父（A.C. Mills, Senior）が名づけたもので、我が社が独占的に用いている商標なのです。

　この毛鉤が初めて世に出たときにその特許権者（ブラッシュ氏といって、もう亡くなって久しいのですが）からライセンス供給を受けていたのは、元々、我が社だけだったのです。後にブラッシュ氏はその毛鉤の特許を何社かの他メーカーにも供給して、彼が呼んでいた「パラシュートフライ」という名がそれらのメーカーに用いられるようになりました。ブラッシュ氏の亡き後、彼の遺言執行人はその特許権を売りに出したのですが、それがまた法外な値段をつけたものですから、我が社も含めて誰もこれを買おうとしなかったと憶えています。そもそも毛鉤の販売というビジネスは、昔からそんなに大きなものではなかったですからね。』

《註釈60》水面下に突き出たドライフライの鉤先の姿が鱒を警戒させるリスクを案じるフライフィッシャーは古くから存在し、早くも1880年代にはフィッシング・ガゼット誌の編集長R.B.マーストンがキール・スタイル（鉤先を上に向けた姿勢）のドライフライを発表している。

《註釈61》米国のE.R.ヒューイットが開発したドライフライ、Neversink Skaterを指す。

《註釈62》この言及については議論の余地がある。水面直下に位置する不透明なボディーは、基本的には上から降り注ぐ光のみに照らされるため、下から見ればシルエットとしてしか観察できない、つまりその色彩は本来見え難いはずである。それでもどうにかして色彩を活用しようとすれば、わずかな光でも鮮やかに発色する蛍光色を利用する方法が考えられる。ただし、その毛鉤が模倣することになるオリジナルは、スペントスピナーやイマージングニンフではなく、流れの上に立ちながら水面の反射光を下から浴びているダンなのかもしれない。

《註釈63》1873年、ウィリアム・ミルズがニューヨーク市内で創業した総合アウトドアショップ。かのレナードロッドを独占的に販売したことでも知られる。

《註釈64》W.ブラッシュが1934年に特許を取得したのは金属製の突起のついた鉤についてのみであって、パターン自体については特許は取られていなかったとも伝えられる。

このスタイルは特に速い流れのなかで本領を発揮し、ハックルを2枚重ねでポストに巻けば、完璧な浮力が実現します。これにウイングを取りつけてもよいでしょう。』

【「曖昧さ」の技法】

　その昔、ドライフライはウエットフライの構造を借りて誕生した。この意味において、伝統的ドライフライに見られるハックルやウイングといった構造物は古きウエットフライの名残りと評価することもできるが、その伝統は今日まで愛好家の手によって大切に護られてきている[65]。他方、釣魚史のなかにはドライフライにおけるハックルやウイングの価値を再評価し、その構造を改良しようとする革新的な英米フライフィッシャーの系譜も確認される。たとえば、永くドライフライに必須とされてきたウイングは、20世紀に入るとその必要性に大きな疑問が投げかけられた。我々はその最も激しい議論の一例をJ.W.ヒルズの著作のなかに見ることができる。

　ヒルズは「テスト川のひと夏」[1924]において、クイルウイングやハックルポイント・ウイングを好んだF.M.ハルフォードの没した数年後、レナード・ウェスト (Leonard West) が「鱒の好む羽虫とそのイミテーション」(THE NATURAL TROUT FLY AND THEIR IMITATION [1921])で紹介した全118パターンのなかに、実に49種ものハックル・パターンが登場していることを指摘した。その上でヒルズは、このウイングをまとわぬパターンの普及が当時のチョークストリームにおいて急速に進んでいることを報告し、彼にしては珍しく、いつもの物腰柔らかな筆致をかなぐり捨てて、『アイアンブルーであれ、ケイパラーであれ、ブラックナットでもセッジでも、暑くて水が澄んでいようが、寒くて雨が激しく降ろうとも、とにかく、常にハックル・パターンを用いよ。』とさえ断言した。

　当時最先端のドライフライ理論に基づけば、明確な輪郭を持ち透明感に欠けるクイルウイングにイミテーション上の意義を見出すことは難しかった。しかも、硬いクイルウイングは崩れやすく、ハックルポイントの羽根軸は折れやすくて、さらにはこれらの構造物がキャスティング時にプロペラとして働くため、ガットリーダーを縮れさせてしまいがちであった。こうした立場から、ヒルズはあらゆるパターンにおいてウイングが省略されるようになるのが歴史の必然であると説くのであった。その議論の一部を、彼の著書「リバーキーパー」[1936]のなかから引用してみよう。

　『小型のスピナー・パターンに採用されている現在のスタイルは、比較的新しいものである。多くの旧式ハックルフライがスピナーのイミテーションとして用いられ、実際その名で呼ばれることもあったのは間違いないが、ハックルポイントをウイングに用いるドレッシング法は新しいものだ。それが本当に最善のイミテーションであるか否かの判断は、歳月の試練に委ねるよりほかにない。もしスピナー・パターンがダン・パターンの進化[66]の跡を追うのであれば、スペントスピナー・パターンもまた少しずつ変化していくことだろう。ダン・パターンは、イミテーション性に程度の差はあれ、生きた昆虫の翅を模倣するスタイルを中心に、過去4世紀以上にわたって発展してきたが、今日ではそのウイングをハックルに置き換える傾向が強まっている。かつてハルフォードの存命中には、「魚がスレればスレるほど、それが好んで食べる昆虫の翅などの部位を可能な限り模倣した毛鉤（当時は2対4枚の翅まで再現した）を用いることが一層重要となる」とされる時代があった。ところが現在、我々の狡猾な鱒たちは新たな一里塚を越えて、写真のような正確さで模倣した毛鉤ではもはや欺くことが困難となりつつある。いまや彼らを魅了するのは、一種のスケッチであって、色彩の積み重なりや半透明性を伴うもの、すなわち定式化されたものよりも暗示的なものなのだ。その結果、あらゆるスタイルのダンのウイング・パターンはかつての人気を失い、それに代わって釣り人の関心はブルーアップライト (Blue Upright)[67]やヘアーズハックルなどに向けられることが多くなりつつある。それゆえ、スペント・パターンのドレッシングもおそらく同じ途をたどることになるのではないだろうか。実際、この傾向はスペント状態のメイフライを模した毛鉤ですでに現れ始めており、ウイングを水平に突き出すスタイルであっても、マテリアルにはハックルポイントを使う代わりにハックルファイバーを巻き束ねたものが利用され始めている。おそらく、こうした変化はさらに進行することになるだろう。皆に親しまれるフレンチパートリッジのハックルが、羽化したばかりのメイフライだけでなく、スペント状態のメイフライにも用いられるよ

《註釈65》鉤軸の周囲に巻かれたハックルが確認される最初の事例は、T.バーカーの「釣魚の技法」[1651]に記されたPalmerの解説部分であると考えられている。

《註釈66》E.W.ハーディングによれば、光源に向かって眺めたときの本物のダンが帯びる光沢感を毛鉤のなかに模倣するためには、最高級ハックルをできるだけ詰めて3、4回だけ巻き、あたかも1枚の扇を成すようにハックリングすることが重要であるという。

《註釈67》デヴォンシャーの代表的フライドレッサー、R.S.オースティンが開発した有名なハックル・パターン。羽毛を取り除いたピーコックハールのボディーに青みがかったゲームコックのハックルを巻いたもの。

第3部　ドライフライの歴史（後編）

うになって、ウイングを持たないハックルだけのスタイルが登場しているのだ。したがって、現在の小型のスペントフライに見られる姿が最終形であるとみなしてはならない。これらのパターンも将来的には、羽虫を直截に模倣するのではないスタイルに向かって進化していくかもしれないのだ。』

　ヒルズの文中に登場するハックルファイバーを束ねたウイング、すなわちフェザーウイング（feather wing）あるいはバンチウイング（bunch wing）と呼ばれるスタイルは、以後米国を中心に発展することになる。彼の地でもハックル・パターンの人気が広まりつつあるなか、キャッツキルのフライタイヤーたちはライトケイヒルやクイルゴードンをはじめとする各種キャッツキル・パターンのなかでこの技法を積極的に活用した [68]。ハックル、そしてこれと一体化したフェザーウイングの役割について、米国のP.ジェニングスは次のように語っている。

『羽虫の自然な動きに関する課題は、かつてのイングランドにおいて、長竿と防水加工されていない極細のシルクライン、そして生きたカゲロウを刺した鉤を用いることによって対処された。釣り人は川岸に立っているだけで、残りの作業はすべてそよ風がやってくれた。岸辺の木々がすべて切り倒されている有名なホートンクラブのテスト川の姿は、在りし日の「ブロウライン」の釣りを偲ばせてくれる。言うまでもないが、水に浮かぶ毛鉤の登場によってこの釣法は追いやられ、二度と復活することはなかった。

　このスタイルの釣りが米国内で人気を博することはなかったが、1937年5月のフィールド＆ストリーム誌上で、私はある作家が生きた羽虫を接着剤で鉤にくっつける方法を紹介する一文を読んだことがある。作家は、『この仕掛けを静かな流れに投じると効き目は抜群だ、と友人が語っていた。羽虫は鉤から離れようと必死にもがくのだが、その動きが作り出す水面の乱れを見れば、どんな不機嫌な釣り人でも笑みを漏らすことだろう。翅のはばたきと脚部の震動が小さな波を引き起こし、何時間もやる気の起きなかった鱒に喰い気を催させるのだ。』と記している。

　現代の釣魚作家がこの一節を引用することがあるとすれば、それは古きよき時代の釣りを回顧するためではなくて、鱒が食べ慣れた昆虫の見せる動きに魅了されるという事実を例示するためであろう。

（中略）

　人間の視覚ではスクリーンに投影される動画を仔細に把握することはできないが、切れ目のないように見える動画が実は何枚もの静止画像の連続であることを我々は知っている。

　高度に発達した人間の認識力に比べれば、鱒のそれはきわめて劣り、それゆえずっと騙しやすいものである。鱒は近視眼で、空気よりも密度の高い媒体のなかに生活していることが知られている。また、彼らは光源に向かう形で水面上の物体を見ることを余儀なくされている。これらの条件はすべて、幻影を創り出すことに役立つのだ。

（中略）

　カゲロウの翅の構造は、ヨットの帆と帆柱に例えることができる。翅の前方部は、翅脈が絡み合った帆柱に相当する部分に支えられて、密度が高く硬い。中央部と後方部は弾力に富み、帆に相当する。

（中略）

　水面から離れて完全な飛行状態にあるとき、カゲロウは身体を水平にし、翅を全力ではばたかせている。水面上に座しているときには、翅を濡らさずに全力ではばたかせることはできない。したがって、この場合には翅の振幅は短いものにならざるを得ない。しかし、いずれの場合にも注目しなければならないのは、振幅の過程で翅の動きが鈍る瞬間が、翅が上がり切ったときと下がり切ったときの2回あり、そのタイミングで翅の姿が観察者の目に留まるということだ。

　ほとんど水面ギリギリの位置に腹部を維持しながら浮かんでいる羽虫を模倣した、クイルゴードンやヘンドリクソンといった小型のドライフライの場合、マンダリン・フェザーを細く束ねたものが、翅脈の絡まった翅の前方部分を暗示するために用いられている。通常、これらのフェザーは翅の振幅の最上点となる縦方向に立てられる。ハックルについては、ウエットフライの場合は羽虫の脚部を表現するものとして用いられるが、ドライフライの場合には、脚部としてだけでなく、翅が上下にはばたくその振幅運動を表現するものとしても用いられる。

　もちろん、マーチブラウンやグレイフォックス、あるいはグリーンドレイクといった大型のカゲロウ・パターンであれば、長い脚

《註釈68》H.スメドレーによれば、T.ゴードンが巻くフェザーウイングは、今日見られる2束に巻き分けられたもの（split/divided wing）ではなく、直立した1束のものであったという。これは、水面上に座するカゲロウのダンの両翅が真上で合わさって1枚のように見える外観を模倣するためであったと伝えられる。

《註釈69》THE ILLUSION OF MOTION（THE AMERICAN FLY FISHER [Vol.10, No.1]）より引用。

《註釈70》1862年、イングランド北東部のダーリントンで薬局を営む家庭に生まれる。幼いころから鱒釣りに目覚め、自ら毛鉤も巻いた。若きに日はスコットランドのボーダー地方を釣り歩き、長じて医者になった後も毛鉤とハックルの研究に身を捧げた。ハックル研究の成果をまとめようとしていた矢先の1935年に突如他界。彼の妻が遺された原稿を基にA BOOK ON HACKLES FOR FLY DRESSINGを取りまとめ、わずか数十部のみ発刊した。この著作は現在ではきわめて高価な稀覯本となっている。

《註釈71》彼の毛鉤の研究は少年期に始まり、1878年に彼が記した研究ノートのなかには、自分で描いた毛鉤のカラースケッチの上に、それぞれに対応する本物の羽虫の翅が貼りつけてあるという。一説には、彼がBaigent Brownのコンセプトを創り上げたのは1875年のことであったと伝えられる。

《註釈72》Baigent Brownをはじめベイジェント博士自身のデザインによる毛鉤は、基本的にテイルがない。代わりに、ハックルを広範にフレアさせることにより、本体がハックルの台座に乗って水面に立つよう設計されている。

《註釈73》ベイジェント博士は日ごろから周囲に『その毛鉤を作ったのは、何かの羽虫に似せるためじゃない。鱒を捕まえるためなんだ。』と語っていたという。このため、彼をネオ・イミテーショニストの一人に数えることには異論もあろう。他方、この毛鉤がもたらす煌きや歪んだ像が本物のカゲロウを暗示する要素であると捉えるならば（米国ではむしろこうした論調が多い）、やはり新しい模倣主義者の一人として位置づけられるべきであろう。

部のおかげでボディーが水面上高く持ち上げられて、「帆柱」すなわち翅の前方部は鱒から比較的見え難くなることから、ウイングは不要となるかもしれない。実釣上の見地からすれば、大型のカゲロウの翅はより総体的なイメージとして模倣することが許容され、細部にこだわる必要はあまりないのかもしれない。

翅の運動を暗示するものとしてドライフライのハックルを利用する場合、我々は画家たちが永年にわたり念頭に置いてきた原理を応用しているに過ぎない。彼らは絵画のなかに運動の幻像を描こうとする際、似たような技術を用いてきたのだ。』[69]

英国におけるハックル・ドライフライの普及は1910年代以降急速に進んだが、この流れとは別に、ハックルをより積極的に活用しようとするある革新的なアイデアの検討が、19世紀末のノースカントリーにおいて密かに進められていた。

ヨークシャー北部に居を構えていたウィリアム・ベイジェント (William Baigent) 博士[70]は、1890年ごろから、ベイジェントブラウン (Baigent Brown) を筆頭とする特殊なドライフライを2本同時に用いる釣法で、ボーダー地方のドン川 (Aberdeenshire Don) や北部イングランドの川を釣り歩いていたと伝えられる[71]。

ベイジェント博士が用いたドライフライの構造上の大きな特徴は、ハックルの毛脚の長さにある。ファイバーの長さが通常の倍以上あるハックルをごく軽く巻いた彼のベイジェントブラウンは、黄色のフロスボディーと細身のフェザントウイングをまとい、長いハックルの毛脚だけで水面上に高く浮く[72]。このため、水面で反射された陽光が毛鉤を下方からはっきりと照らし出し、色彩感を魚にアピールさせるだけでなく、水面から距離を取ることによって鱒の眼に映る毛鉤の像を曖昧にさせ、偽物であることを気づかせ難くする効果まで期待できるのだ。

ベイジェント博士はこれをイミテーションフライとしてではなく、鱒のライズを誘うアトラクターフライとして考案したと伝えられる[73]。20世紀半ばの英国北部を代表するフライフィッシャーの1人であったキース・ローロ大佐 (Colonel W. Keith Rollo) はその著書、「フライフィッシング」(FLY FISHING [1931])[74]のなかで、ベイジェント博士の意図を次のように紹介している。

ベイジェント博士(右端)

ベイジェント博士が巻いたドライフライ各種(最上段左がベイジェントブラウン)

この意味において、同パターンにおけるイミテーション性とアトラクター性は、もはや相反関係にない。

《註釈74》同著作の初版[1931]にはTHE ART OF FLY FISHINGとの題名がつけられたが、第二版以降にはこの題名が用いられている。

第3部　ドライフライの歴史(後編)

『小型の毛鉤を1本だけ用いるのに代えて、大型の毛鉤を同時に2本用いるベイジェント博士流のドライフライフィッシングは、一般の釣りを革命的に塗り替えた。博士が筆者に宛てた手紙のなかから、彼の有名なパターンについて言及した一節をここに紹介したい。

『貴殿のご関心に適うものと思い、一筆啓上いたします。ベイジェントブラウンは実に20年もの歳月をかけた試行錯誤の末に完成され、徹底して鱒の思考に基づきながらデザインされたものです(75)。そして、この毛鉤は鱒たちに関心を抱かせ、ライズのないときにも彼らを水面へと誘い寄せるのですが、特筆すべきは、この毛鉤の効果が、ライズしていない獲物をブラインドで狙うときにも発揮される点なのです。そのためには、パブロフ博士が「探索反射」("investigating reflex")(76)と呼ぶ本能を刺激しやすいドライフライ・ハックルの組合わせを発見する必要があります。このドライフライに備わる各パーツのバランスが、私の釣法と相俟って、この種の好奇心を刺激し、探索欲を惹起させる結果、ライズもないのに鱒を水面まで誘い寄せることができるのです。また同時に、この毛鉤はライズの最中にも等しく威力を発揮しますが、そのライズがセレクティブなものである場合、私の釣法であればわざわざ毛鉤の交換に時間を浪費することなく、貴重な時間を充分に活用することができるのです。』』

ベイジェント博士の実践に刺激されてか、南部イングランドにおいても同様のパターンが登場する。1910年ごろ、高名なアングリング・エントモロジストであったマーティン・モズレーは、当時ピスカトリアル・ソサエティの会長を務めていたホレイス・ブラウン (Horace H. Brown) の助言を得て、ヴァリアント・パターン (Variant Pattern)(77)を開発した。

ベイジェント博士のパターンとこのヴァリアント・パターンは、英国のみならず世界各国の釣り人たちから注目を浴びて、1920年代にはハーディー社の重鎮、ジョン・ジェームズ・ハーディー (John James Hardy)(78)の目に留まる。以後、これらの毛鉤はかのハルフォード・パターンと肩を並べる形でハーディー社のカタログに掲載され、商業生産されるまでに至った。

このようなアトラクター・ドライフライの人気を、「厳格なる模倣」を標榜するF.M.ハルフォードは苦々しく思ったに違い

ない。第6章で紹介した、彼が晩年の作品「ドライフライマン指南」[1913]のなかでファンシーフライを批判した引用文をもう一度じっくりと読み返して欲しい。あの『魚が餌として好んで食べる本物の羽虫とは似ても似つかぬような毛鉤』という侮蔑の言葉で彼が呪ったのは、古くから愛されてきた伝統的ファンシーフライだけであったと、いったい誰が断言できるだろうか(79)。

ドライフライの発展史を振り返れば、F.フランシスはW.C.スチュアートからアップストリーム・アプローチを継承したが、彼の視認性理論は笑い捨てた。続くハルフォードはフランシスの模倣性理論を推進したが、彼のウエットフライに対する寛容さは受け付けなかった。事程左様に、ハルフォードの「厳格なる模倣」思想が次世代のドライフライマンによって放逐されるのもまた必然であったのだ。毛鉤文化の栄える限り、その歴史にエディプス・コンプレックス(80)の連鎖が絶えることはない。

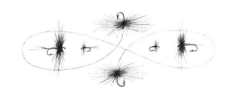

閑話休題。このような「厳格なる模倣」学派からの反発をよそに、英国発祥のロングハックル・パターンは米国においても好評を得て、「ヴァリアント」という呼び名で定着した。この毛鉤は新世界において、より厚く巻かれたハックルとテイルを得て、さらなる発展を遂げることになる。それでは、P.ジェニングスが米国のフライフィッシャーに向けてヴァリアントを紹介する次の一節を引用してみよう。

『ヴァリアントという名は、ロングハックル・タイプの毛鉤に与えられたもので、これらの毛鉤は実際のところ、いくつかのスタンダード・パターンの派生形である。

このタイプの毛鉤の発案者は、熱意と探究心にあふれるヨー

《註釈75》ベイジェント博士は釣り好きが嵩じて、7歳になる自分の娘にタイイングを教えたほど。彼女の記憶によれば、このとき父が語った最初の言葉は『鱒のように考えよ。』("Think like a trout.")であったという。

《註釈76》人間の乳児にみられる条件反射のひとつ。乳児の唇に物を当てると、反射的にこれを咥えて母乳を吸うように口を動かす行動がみられる。ここでは広い意味で、捕食トリガーが鱒にもたらす条件反射的な行動を指すものと考えられる。

《註釈77》C.ウィリアムズによれば、1910年ごろ、ピスカトリアル・ソサエティのA.C.プールはカラ鉤にロングハックルを巻いただけのドライフライを用いて、釣友のM.モズレーとともにテスト川を釣ったという。このときモズレーはプールの求めに応じて、その改良版としてボディーにピーコックハールを巻いたPoole's Long Hackleを創作した。しかしその出来に満足しなかったモズレーは、その後H.H.ブラウンの助言を基にウイングをつけたパターンを新たに開発した。同パターンはPoole's Long Hackleのコンセプトをベースに作られたことから、ブラウンによって"Variant"(「派生形」)と名づけられたと伝えられる。なお、G.E.M.スキューズは、プールに最初の原型を巻いてやったのは有名なR.S.オースティンであると記しているが、これには異説もある。

《註釈78》1854年、アーニック生まれ。73年、兄のウィリアムと共にハーディー兄弟商会を創業する。同商会の取締役を務める傍ら、チャンピオン・キャスターとして優れた成果を挙げた。一流のサーモンアングラーであり、銘ウエットフライHardy's Favoriteの開発者としても知られる。1932年、コケット川でサーモンを狙っていた最中、心臓発作に襲われてこの世を去る。

《註釈79》このパターンを毛嫌いしたのは、F.M.ハルフォードの陣営だけではなかった。G.E.M.スキューズもまた、友人に送った1947年の手紙のなかで、『VariantやBaigent Patternsなど、使ったこともなければ巻いたこともない。』と述懐している。

《註釈80》20世紀初頭の心理学者フロイトが指摘した、男児が「父親のようにありたいと願う心理」と「父親の権

クシャーのフライフィッシャー、ウィリアム・ベイジェント博士である。彼は30年間にわたってヴァリアント、すなわち軽めのハックルを備えたスパイダー・パターン[81]を巻き続けてきた。

数年前、筆者は幸いにもラスティーブルーダン・ゲームコックの最高級ネックハックルを手に入れることができたが、それはブルーヴァリアント（Blue Variant）と呼ばれるロングハックル・ドライフライを巻くのに最適なマテリアルだった。この毛鉤は最初から威力を発揮し、特にキャッツキル地方を流れるエソパス川（Esopus）のニジマスに効き目抜群であった。私はベイジェント博士にこの釣果を伝えるべく手紙を書き送ったところ、次のような返事を頂いた。

『「ベイジェント」フライ[82]が米国でも効果を発揮していることを知り、とても嬉しく、関心を持った次第です。私はニュージーランド、オーストラリア、タスマニア、そしてフランスからも、世界各地からこの毛鉤の威力について賞賛のお便りを頂いています。これは私の予想したとおりであって、理由も充分理解できています。30年以上も前のことになるのですが、机上で本物の羽虫をコピーすることより、鱒が欲する毛鉤を創り上げたいとの想いから、パブロフ博士が「探索反射」と呼ぶ鱒の本能を刺激するものが何であるかを解明すべく、実践的な検証を繰り返すなかで私が編み出したのが、この新しいアイデアだったのです。以後、永年にわたる試行錯誤の結果、私はさらに視覚を活用したアプローチ、すなわち「歪められた屈折作用」("altered refraction")[83]等々についても研究を進めました。これら研究の成果は、ハーディー社のカタログに掲載されたふたつのフライ・シリーズのなかで活かされています。』

筆者はこのタイプの毛鉤を、特にフラットな流れ、あるいは止水のようなプールにおいて好んで用いている。こうした場所で釣る場合には、着水時に水面への影響を最小限に留めることのできる毛鉤を常に用意しておく必要があるのだ。大型の羽虫を捕食中の鱒は、プールの流れ出しにできるフラット・ウォーターに定位している姿がよく見かけられる。こうした獲物を狙うには、慎重なアプローチにも増して、なお一層慎重なキャスティングが求められるのだ。』[84]

ベイジェント博士はその晩年、水辺での実験を繰り返した末にリフラクタ（Refracta）と呼ばれる新パターンを開発

したが、それは先の引用文にも登場した「歪められた屈折作用」を活用しようとするきわめて野心的な取組みであった。1930年代のハーディー社カタログに登場したリフラクタ・シリーズの特徴は、水面上でボディーを支える長いハックルと羽虫の脚部を模倣する短いハックルの両方をまとっている点にあった。これによりハックルのボリューム感を減らして水面への接点を最小限に止め、全体としてさらなる軽量化も図られていた[85]。

また、ベイジェント博士の毛鉤がよく鱒を誘うもうひとつの秘密は、特殊なハックル素材にあったとされる。ベイジェント博士は、彼のドライフライ・パターンのハックルには、数ある鶏種のなかでも英国伝統のオールドイングリッシュゲーム種が最適であるとし、自らゲームコックの飼育に取り組んで、さまざまな品種の掛け合わせを試行錯誤した。なかでも博士が一番熱心に取り組んだのは、赤系統のオールドイングリッシュゲーム種の雄鶏に青系統のアンダルシアン種の雌鶏を交配させる実験であったが、それは「レッドブルー」（red-blue）と呼ばれる特殊な色彩を持つハックルを得ようとしたからであったと伝えられる[86]。

レッドブルー・ハックルを追い求めたベイジェント博士の意図について、P.ジェニングスはダークヴァリアント（Dark Variant）と呼ばれる、現在の番手で#14程度のドライフライを紹介するなかで、次のように解説している。この一節こそ、ベイジェント博士がネオ・イミテーショニ

オールドイングリッシュゲーム種の一例

威から逃れたいと願う心理」との間で苦しむ葛藤はこのように呼ばれる。男児は最終的に葛藤を乗り越え、「超自我」を形成して大人へ成長していくものとされる。

《註釈81》英国でSpiderといえばW.C.スチュアート流のソフトハックル・ウエットフライを指すが、当時の米国ではE.R.ヒューイットのNeversink Skaterをはじめとするロングハックル・ドライフライを指すこともあった。

《註釈82》ベイジェント博士は自作パターンがVariantとの名で呼ばれることを好まなかった模様。

《註釈83》この言葉の意味は必ずしも明らかではないが、さまざまな文献を総合すると、水面のプリズムを通し

てその上に位置する毛鉤を見ると、身の周りに虹色の色彩を帯びた姿が見える現象のことを指すと考えられる。

《註釈84》「鱒毛鉤の書」［1935］より引用。

《註釈85》この長めのハックルには、「歪められた屈折作用」の効果を期待してオールドイングリッシュゲーム・コックのものが用いられたという。しかし、その構造があまりに技巧的であったせいか、商業的には失敗に終わった。

《註釈86》F.エルダーによれば、red-blueとは赤色系ハックルのうち、黄色よりも青色寄りの色彩を帯びたものを指すという。ベイジェント博士は、このハックルが得

られないときには、レッド・ハックルとブルー・ハックルを併せ巻くことを推奨したと伝えられる。

第3部　ドライフライの歴史（後編）

ストの系譜に連なる一方で、またW.C.スチュアートが唱えた視認性理論の後継者でもあることを指し示す、決定的証拠となる。

『この毛鉤に最適なハックルはオールドイングリッシュ・ブルーゲーム (Old English Blue Game) と呼ばれる種の鶏から採取されるのだが、そんな鶏は我が国にはほんの数えるほどしかいない。

　この毛鉤のハックルの直径は、本物の羽虫が翅を拡げた状態とちょうど同じ、およそ1インチ程度とすべきである。

　このタイプの毛鉤にとって最も重要なパーツはハックルであるが、それは羽虫が水面から飛び立つ直前に一瞬見せる、あの翅のはばたきを暗示するものだからである。翅のはばたきこそ、鱒にとって堪えられない光景となるのだ。この毛鉤のオリジナルはベイジェント博士というひとりの英国人によって創り上げられたものだが、米国版はそれより少々厚めにハックルが巻かれている。ベイジェント博士は、「歪められた屈折作用」と呼ばれるフライデザイン上の課題に関する研究に取り組んでいた。筆者は博士と手紙を交わしていたのだが、しばらくの間は彼が解明しようとしていることの重要性が理解できなかった。今だからこそ断言できるのだが、本物の羽虫の翅の上に張りめぐらされた脈や脚部、そして尾部といった細身の部位が反射する陽光、あるいは同部位の表面に干渉された陽光が、水面に入ると屈折し、鱒の眼に映るそれら部位像の両側に赤色や青色の細い光の帯をまつろわせることを、ベイジェント博士は知っていたのだ[87]。彼が企図していたのは、毛鉤の視認性を弱めることを通じて、偽物であるのを見破らせないようにすることであったに違いない。これは、その特別な光の効果を中和する色素を備えたハックルを用いることによって実現される[88]。言い換えれば、赤い色素は赤色光を中和し、青い色素は青色光を中和するのである。』[89]

【「透明性」の表現をめぐって】

　かつてR.ヴェナブルズやF.M.ハルフォードが毛鉤のボディーの色彩に注目すべきことを説いたとおり、羽虫の構造のなかで最も鮮明に鱒の目に留まりやすいのは腹部である。ところが、メイフライの腹部は透明感にあふれ、特にスピナーの場合には向こう側が透けて見えることさえある[90]。こうしたガラス細工のような羽虫の腹部を模倣するために、ドライフライのボディーにはどのような素材が用いられてきたのであろうか。

　19世紀中ごろに活躍したJ.オグデンの例を挙げれば、彼はグリーンドレイク（メイフライ・ダンのイミテーション）のボディーには光を通さぬ淡黄色の毛糸やコルクを使ったが、グレイドレイク（メイフライ・スピナーのイミテーション）のボディーには耐久性を度外視してまで麦藁の上にシルクスレッドでリブづけしたものを用いたと伝えられる。また、近代フライタイイング技法を完成させたハルフォードでさえ、ボディーの透明度の重要性自体は認識していた[91]ものの、メイフライの透明感を表現するのに、光沢感を備えたラフィア・グラス (Raffia grass)[92]やコンドルクイル、馬素といった不透光性素材に頼らざるを得なかった。これらの史実をとってみても、歴代のフライドレッサーにとってスピナー腹部の透明感を再現することがどれだけ難問であったか、充分お分かり頂けることだろう。

　そしてネオ・イミテーショニストたちもまた、この難題に立ち向かうことになる。20世紀英国を代表するフライフィッシングの鬼才J.C.モットラムは、スピナーの透明感をドライフライのなかに再現するために、誰も想像しなかった斬新な手法を編み出した。彼のシルエットフライ論の延長線上に創造された透明スピナー (Transparent Spinner) は、外観上、現代の我々が用いるある種のテレストリアル・パターンに酷似しているが、その目的とするところはまったく異なる、コロンブスの卵的発想の産物であった。このスピナー・パターンについて記された「フライフィッシング：新技術と秘密」[1915]の一節を、次のとおり引用することとしたい。

『透明性を模倣することが至上命題とされるフライ・パターンについて、オリヴダンの代わりにジェニースピナーの例を考えてみよう。この毛鉤のアブドメン（訳者注：abdomen［腹部］）のうち透明な部位は、ハルフォード氏のパターンにみられるように、通常、馬素やテグスで作られている。しかしながら、第2

《註釈87》一般に、光を反射する物体の表面に微細な凹凸があったり、透明膜の構造が複雑であったりする場合、反射・屈折した光波が互いに影響し合って虹色を呈する現象を「干渉」と呼ぶ。また、光は物体の近傍を通るときその後方に回り込む性質があるが、このとき、波長の違いから赤色光が物体の後方外側に現れ、青色光はその内側に現れることになる。この現象は「回折」と呼ばれる。

《註釈88》ここでP.ジェニングスが論じようとしている内容はやや解釈に悩むが、要するに、水面のプリズムによって分解された赤や青の光と同化するような色彩を備えたハックルを使えば、ハックル自体の像が赤や青の光のなかに溶け込んで視認性が弱まり、鱒の眼には毛鉤が

ぼんやりした姿として映る、という機能が期待されていたのではなかろうか。

《註釈89》P.ジェニングスが1956年7月のエスクワイア誌に投稿した記事「ロイヤルコーチマンは実在する」（「活字のなかの釣り」[1974]に再掲載）より引用。

《註釈90》P.ジェニングスは、こうしたスピナー胴部の透明性が、鱒や鳥といった捕食者から身を守る保護色として機能している可能性を指摘した。

《註釈91》F.M.ハルフォードは、模倣しようとする羽虫の腹部の下側がその上側よりも透明度が高い場合には、上側の色彩を毛鉤のボディー全体に反映させるべ

きと主張した。

《註釈92》アフリカ大陸やマダガスカル等の湿地帯に自生するヤシの一種 (Raffia palm tree) の若葉をほぐして得られる繊維。この柔軟で弾力のある繊維素材は、一般にバッグや帽子、布地などの材料として用いられる。

《註釈93》Jenny Spinnerの透明な胴部が尾部に接する部分だけは不透明な緋色を帯びるため、それを模倣するための細工。

《註釈94》1875年、アイルランド貴族の家系に生まれる。後にイングランドに移り住んで英国軍人となり、第二次ボーア戦争に従軍後は技術学校として活躍。

図にみられるとおり、太陽に向かってこの毛鉤を見ると、これらの素材は役割を果たしていないことが分かる。私のアイデアでは、透明性を示唆するためには、その透明な部位を完全に省略してしまえばよいのだ。(毛鉤とそのオリジナルの羽虫を空に向かって眺めたときのシルエットをそれぞれ第3図、4図に示す。)

テイルには3本の白くて長いコックハックルのフェザーを用い、アブドメンは鉤のフトコロ近くの部分にだけ赤茶のシルクフロスを2、3回巻いて[93]、ソラックス（訳者注：thorax [胸部]）にも同じ素材を巻くが、その2箇所の間の鉤軸には何も巻かない。ウイングには白いコックハックルを4、5回巻いた後、水平に伸びている部分を除き、残りのハックルはすべて刈り取る。このハックルファイバーは水面に馴染み、まるで本物のスピナーのように浮かせることができる。浮力を得るためのハックルは不要だ。』

モットラム博士が「省略の技法」論を展開したその9年後、とあるフライフィッシャーが透明性の表現に関する新理論を引っ下げて登場する。その幕開けの場面は20世紀初頭のこと、若かりし日のこのアングラーがロングパリッシュ地区 (Longparish) のテスト川を釣っていた。彼はハルフォード・パターンのドライフライ一式を購入してその日の釣りに備えていたところ、川面を流れる小さな羽虫の群れに目を奪われた。そのなかの1匹を捕らえ眺めてみると、青みがかった翅を身に着けたそのダンの脚部や尾部はほとんど色彩感を持たず、ごくわずかに蜂蜜色を帯びてはいるものの、ほとんど透き通った単色の腹部を備えていた。若者はそのイミテーションをハルフォードシリーズのなかに探したが、似た毛鉤がひとつも見つからないことに困惑するばかりだった。後に彼は、川辺で見かけた2種類のメイフライの特徴——もちろん、腹部の透明性も含んでいたであろう——を釣具店に伝えてそのイミテーションフライを注文したのだが、「そんな毛鉤はうちには置いてない」と断られる始末であった。

このフライフィッシャーの名はJ.W.ダン (John William Dunne)[94]。後に英国釣魚界きっての理論家として名を馳せることになる彼は、伝統的なドライフライのボディーのあり方に疑問を抱き、さまざまな素材を用いて試行錯誤を繰り返した。彼は鱒の視点に重きを置く当時最先端の議論から出発して、遂には羽虫の腹部に備わる透明性こそ重要な捕食トリガーであるとするアイデアに到達した。これについて、ダンはその著書「陽光とドライフライ」(SUNSHINE AND THE DRY FLY [1924]) のなかで、羽虫の色彩の捉え方をコペルニクス的に転換させる議論[95]を提起しているところ、その中核部分を引用してみよう。

第2図

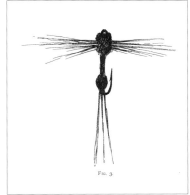

第3図

第4図

1904年に無尾翼飛行機を設計し、06年には英国空軍初の軍用機を設計・製造したことで有名となる一方、思想家として夢や時間概念の研究にも熱心に取り組み、THE SERIAL UNIVERSE [1934] など当時の世間を驚かせるような著作を遺して、49年没。

《註釈95》J.W.ダンの透明性理論は、J.オグデンやF.M.ハルフォードと同じく、色彩の効果を重視するものである。水面に貼りついて浮かぶ羽虫を鱒の視点から眺めると、その不透明部位は薄暗いシルエットとなってしまい、明確に色彩感を帯びるのは透明な部位だけとなる。この色彩感を再現することこそ、ダンの理論の核心であった。これとは反対に、不透明な部位が生み出すシルエットの効果を重視するJ.C.モットラムは、形態の効果を重視する立場にあったと整理することができよう。

221

第3部　ドライフライの歴史(後編)

『ハルフォード氏の著書「ドライフライの近代発展」』があるというのに、なんでわざわざそんな苦労までしなければならないのか、と問う人がいるかもしれない。正確な色彩を得るために骨折りを重ねた著者は、王立園芸協会が出版した記念碑的作品のなかから採録したいくつかの色彩表をこの著作に掲載した。そこでは18色が再現され、各色に4枚の明暗パターンが提示された。ハルフォード氏によれば、これらの色彩の記録は、彼が対象とする羽虫の色彩をそのままに示すものであり、将来あらゆるフライタイヤーが安心して参照することのできる永続的な規範となるはずであった。

さて、実際はどうだろうか。偉ぶって言う訳ではないが、私はハルフォード氏にまったく同意することができない。彼の記録は誤っているのだ。

しかしながら、私は彼の色彩感覚について異議を唱えているわけではない。それどころか、彼が示した色彩は彼が目にした色彩とまったく同じものであっただろうと思っている。問題は、彼がそれらの色彩を誤った環境の下で観察してしまったことなのだ。このことが彼の記録を役立たずにしてしまったのだ、と私は考えている。生きた羽虫を観察する際、彼はそれを載せた板ガラスを日差しに向けて掲げるのではなくて、日差しの下に置いて眺めてしまった。彼はほぼ正反対の設定を選んでしまったのだ。』

ダンはさまざまな素材をドライフライのボディーに試した。染色したハックルをストリップして得た羽根軸を巻いてはみたが、まったく使いものにならなかった。次に製作した、染色した羊毛の上にティンセルを巻いたボディーでも釣れないことはなかったが、そのときの疑い深そうな鱒の出方に彼が満足することはなかった。しかも、この羊毛のボディーはオイルを塗ったり水に濡れたりしてしまうと、ほとんど真っ黒になってしまうのだった。

数え切れぬほどのマテリアルを猟渉するうちに、ダンはある化学素材と出会う。セルライト (cellulite) と呼ばれるその人工繊維[96]は、シルクフロスよりもきらびやかな光沢を帯び、本物のメイフライのような透明感を備えていたという[97]。これにインスピレーションを得た彼は、早速そのフロス状の人工繊維を鉤軸に巻いてみたのだが、下地の暗色がそのまま映し出されてしまい、オイルを塗布するとやはり黒く変じてしまった。そこで鉤軸の暗さを取り除くため、下地にシルバーティンセルを巻いてみたのだが、結果は同じだった。なぜなら、反射材は光を反射する部分だけは光って見えるが、それ以外の部分はこの材質本来の暗い色彩を映し出してしまうからだ。それならば、とダンは考えた。本質的に明るい色彩とは何か。F.ウォード博士の研究成果が示すとおり、それが白色であることに気づいた彼は、鉤軸に白いペンキを塗ってみたところ、その上からセルライトを巻き上げたボディーは、オイルを得て遂に煌く透明感を実現したと伝えられる。

ダンはなぜこうまでしてボディーの透明感にこだわった

J.W.ダン

《註釈96》1880年代にフランスで開発された、植物繊維を原材料とするフロス状のレーヨン (rayon) 素材の英国における商標名。レーヨンは我が国では「人絹」とも呼ばれ、早くから衣服の素材として利用されたが、開発当時の素材は引火性が強く事故が多発した。現在では難燃性レーヨンが開発され、ワイシャツ等の素材として広く用いられている。

《註釈97》これに先立つ毛鉤への化学素材の使用例としては、1905年に英国のR.B.マーストンがセルロイド製のボディーを用いた毛鉤を特許登録したケースが挙げられる。

《註釈98》このJ.W.ダンの思想は、F.ウォード博士の『生物の視覚は、「概容」すなわち物の相似点を先に認知し、「特徴」すなわちその相違点を後で認知する。』という行動生物学の理論に影響を受けている。

のだろうか。それは彼が、鱒がある物体を餌であるか否か判断する際、餌との相違点よりもそれとの共通点のほうを優先的に認識する、と考えたからであった[98]。言い換えれば、鱒は毛鉤のあら探しをするのではなく、生きた羽虫をイメージさせる主要な共通部位さえ確認すれば安心して喰らいつくのだ、と主張するダンの理論は、R.ヴェナブルズやF.M.ハルフォードが唱えた思想の外殻を近代自然科学の酸で洗い流して表出させた核心部分にほかならない。

この理論に基づくダンの実験のようすは、同著のなかで次のように紹介されている。

『羽虫を下のほうから眺めてみると、腹部が視野の多くを占めることになり、その詳細が明らかとなる。まずは、琥珀のような高い透明性に気づくことだろう。腹部が、いわば内側から発せられる光に満ちていることに注目されたい。光の最も乏しい部分であってさえ陰ひとつみられない。この部位は望遠鏡のように複数の円筒が重なり合って繋がる構造となっており、段々をなす境界部は他の部位とは異なり、光の入射角に応じて微かに明度が変化する。しかし、クイルで巻いた毛鉤のボディーに特徴的に見られるような、強調された暗い輪郭などここには存在しない。

オリヴのスピナーを顕微鏡で観察すると、一層透き通った姿が確認できる。体節が明確になり、残照のなかでは繋ぎ目がかなり濃く見える。雌のスピナーの場合、それを模したハルフォード・パターンの毛鉤の特徴となっている白い後脚は、下から見ると他の部位よりもかなり暗く見える。スピナーが雄ならば、薄い体節は、上から観察すると白く透き通って見えるのに対して、下から空に向かって見上げると陰影のある光沢が確認できることに留意されたい。

（中略）

水上にある毛鉤の状態を再現する一番簡単な方法は、確かめようとする毛鉤を無色のガラスの上に置くやり方だ。それを真っ暗な室内に持ち込み、陽光が斜めに差し込む窓に向かってそのガラスと毛鉤を掲げ、明るい空を背景にして、拡大鏡を用いて下のほうから観察してみて欲しい。・・・（以下略）

まず、ハルフォードのブルーダン・パターンの鉤をフトコロのところで折り、ハックルの下のほうを軽く刈り込んで、水面上に座るのと同じ姿勢でガラスに載るよう加工する。それを本物のオリヴと並べてガラスの上に載せてみよう。クイルボディー製の毛鉤を、空を背景に下から拡大鏡を用いて見上げると、ほとんど真っ黒に見えることに注目されたい。このほとんど真っ黒なボディーの周囲にはらせん状に巻かれた絹糸の糸目がかすかに確認できるだけだ。琥珀色を帯びた本物のオリヴと比較すると、この人工物は何かまったく別の昆虫を模しているように思われる。

次いで、ゴールドリブド・ヘアーズイヤーとウィッカムズ・ファンシーという、謎に満ちたふたつの偉大なパターンを、先ほどと同様に鉤を折って用いてみよう。明るい空に向かって観察すると、これらの毛鉤もまたその歴戦の実績にもかかわらず、クイルボディーのお仲間と同じく真っ黒に見える。しかしながら、もしもガラスを窓の上の屋根裏近くに掲げ、横から陽光が当たるようにしながら見上げれば、これら3本の毛鉤のボディーの特徴をしっかりと確認することができるだろう。

（中略）

さてここで、白く塗った鉤軸の上に適切な色調の人工シルクを厚く巻いたボディーを備えた毛鉤を用意して、ボディーにオイルをしっかり塗ってからガラスの上に追加してみよう。そのガラスを、再び明るい空に向けて置けば、2本の真っ黒なボディーをした毛鉤の横に、2匹の透き通った琥珀色の「昆虫」が並んでいるのに気づくことだろう。もちろん、その一方が本物で他方は偽物であることは、ウイングやレッグ、ハックルの具合から明らかに判るのだが、もしこれらの部分を捨象してしまえば、ちょっと見ただけで両者の違いに気づくことは難しいのではないだろうか。なぜなら、私ですら本物と取り違えてしまうことが度々あったのだから。』

1930年代のハーディー社のカタログには、「J.W.ダン・シリーズ」(The "J.W. Dunne" Series)と銘打って、彼の指定による、メイフライから始まりブラックナットに終わる33のパターン群が紹介されている。読者はこの「33」という数字に見覚えはないだろうか。これがあのハルフォード・パターンと同数であったことは、おそらく偶然の一致ではない。ダンは同じ著作のなかで、『若いころから自分の行く先を示してくれたのはF.M.ハルフォードの著作であった』と告

白している。ハルフォードが、無数のパターンが乱立する過去の混乱した状況に秩序を与え、アングリング・エントモロジー上の価値順位に従ってひとつの簡素なシステムに整理したことを、彼は高く評価したのだ[99]。

この意味において、ダンはハルフォードの正統な後継者であったに違いない[100]。彼はフライ・パターンのさらなる体系化・標準化に向けて前衛的な取組みを進めていくことになる。一例を挙げると、毛鉤のボディーに実現すべき色彩を万人へ正確に伝えるため、ダンはマテリアル指定の徹底した記号化に努めた[101]。例えば雄のブルーウィングド・オリヴのボディー材を解説するのに、彼の著作のなかでは『1（384）＋2（308）』とだけ記されている。これは「メーカーが指定する色彩票第384番のセルライト繊維1条を、同じく第308番のセルライト繊維2条と混ぜ合わせて用いる」べきことを示している。

ここに到り、かつてハルフォードが夢見た色彩言語の理想郷がようやく実現された訳だが、ダンが創り出した前衛的ドライフライの人気も第二次世界大戦の終結後まもなくして廃れていくことになる。その大きな理由のひとつには、レーヨン・フロスは強度に乏しく、鱒の歯ですぐに千切れてしまいがちだった[102]ことが挙げられるが、これだけが理由ではあるまい。かつてH.T.シェリンガムがハルフォードに向けて言い放った体系化への痛烈な批判は、そのままダンの思想をも射抜くものであったに違いない。

とはいえ、戦間期に数多くの英国フライフィッシャーたちが彼の毛鉤に熱狂したことは事実であって、その痕跡が史料のあちこちに遺されている。そのなかから、彼の熱狂的信奉者であったA.ランサムが描くJ.W.ダンスタイル・ドライフライの活躍譚を紹介してみよう。

『土曜日の釣りはというと、日中のライズの具合は良くも悪くもないといったところだったが、大物の気配はまったくなかった。そんな調子だったものだから、お茶の時間が終わると、友人はチェスがしたいと言い出す始末で、私はせっかくの釣りの機会を守るために苦労して彼を説き伏せねばならなかった。彼はイヴニングライズというものをまったく信用しておらず、もう竿を畳みたくて仕方なかったのだ。しかし、私はその日のゲストであるという特権[103]を振りかざし、下流の橋のところまで行って釣る約束を勝ちとったのだ。そこでは、大型のペールウォータリィ・スピナーに対するものとおぼしき気まぐれで実に面白そうなライズが進行中だった。さて、この羽虫にあたる毛鉤はどれかな、とフライボックスのなかを覗き込むと、たった1本だけ、J.W.ダン氏の大型イミテーションフライが残っていた。この毛鉤のボディーは白く塗った鉤軸の上に巻いた人工シルク製で、オイルを塗ると、ク

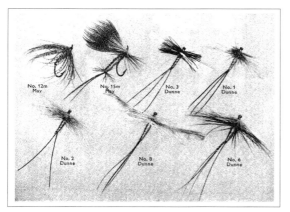

J.W.ダンのメイフライパターン[No.1,2,3,6,8]（ハーディー社カタログ）

J. W. ダン・シリーズ（ハーディー社アングラーズガイド[1934]に基づく）			
No.1	Pale May fly (♂)	No.17	Small Dark Olive Dun (♂)
2	同上 (♀)	18	同上 (♀)
3	Pale May Fly Spinner (♂)	19	Small Dark Olive Spinner
4	同上 (♀)	20	Blue Winged Olive (♂)
5	Dark May Fly (♂)	21	同上 (♀)
6	同上 (♀)	22	Blue Winged Olive Spinner (♂)
7	Dark May Fly Spinner (♂)	23	同上 (♀)
8	同上 (♀)	24	Pale Watery Dun (♂)
9	Olive Dun (♂)	25	同上 (♀)
10	同上 (♀)	26	Pale Watery Spinner (♂)
11	Olive Spinner (♂)	27	同上 (♀)
12	同上 (♀)	28	Iron Blue (♂)
13	Large Dark Olive Dun (♂)	29	同上 (♀)
14	同上 (♀)	30	Iron Blue Spinner (♂)
15	Large Dark Olive Spinner (♂)	31	同上 (♀)
16	同上 (♀)	32	Brown Ant
	-	33	Black Gnat

《註釈99》この点についてJ.W.ダンはF.M.ハルフォードのことを『唯一無二の存在』と激賞し、世のフライフィッシャーも彼と同じ方向に進まなければならないと説いている。ただし、それに続く一節では、『しかし、彼に同意できない論点については、絶対に従ってはならない。』と釘を刺してもいる。

《註釈100》J.W.ダンは「厳格なる模倣」主義を否定する一方で、スペシフィック・イミテーションの意義は堅持した。このような姿勢は米国のV.C.マリナロやP.ジェニングスにも引き継がれている。

《註釈101》このほか、J.W.ダンは毛鉤のボディーの太さを100分の1インチ単位で指定している。

《註釈102》G.E.M.スキューズはJ.W.ダンの透明性理論に強い関心を抱き、自らも同様のパターンを巻いて実験したが、ボディー素材が簡単に壊れてしまう問題に直面してその本格的な開発を断念したと伝えられる。

《註釈103》英国のかつての釣魚クラブでは、会員が知人（非会員）を紹介してクラブ所有の川で釣らせることができた。この場合、その会員が必ず非会員の釣りに同伴するという条件が課されるケースが多かった。また、場所によっては非会員が自分の竿で釣ることは許されず、同行する会員と一本の竿を共有しながら釣ること (rod sharing) が求められるケースもあった。

《註釈104》ARTHUR RANSOME ON FISHING (Jeremy Swift [1994])より引用。

イルボディーなんぞは恥じて赤面しそうなほどの素晴らしい透明感を発揮してくれるのだ。この毛鉤は、私がちょうどこの川で最後に使って以来、3年間もの永きにわたりフライボックスのなかに君臨し続けてきた結果、少々クタビレが来ている。それでも私はこの毛鉤の環に古いテグスを結びつけて、魚に向けて投じてみたのだ。すると鱒はそれを静かに飲み込んだのだが、あまりにしっかりと飲み込んだので、鉗子で摘み出さなければならないほどだった。この毛鉤をライズ中の鱒の傍に投げると、どの鱒も本当に落ち着いて、自分の注文した食事かどうかまったく疑うこともなく、まるで流れ作業のような調子で喰いつくのだ。毛鉤はあっという間にボロボロになったので、私は同じような色調の、とても淡いヴァリアントに換えてみた。しかし、そうなると鱒たちはちっとも振り向いてくれない。仕方がないので、私はさっきの古い毛鉤の環に残った結び目を取り外して再びテグスに結びつけた。もはや鉤軸の半分は剥き出しになって、人工シルクは綻び始めている。ハックルはすでに原型を留めていなかったのだが、そんな無残な姿になってさえ、この毛鉤は最後の2匹を追加してくれた。そのうちの1匹は深く静かな渕のなかで釣ったのだが、こいつには毛鉤をじっくりと観察するだけの充分な時間があったはずなのだ。

（中略）

鱒のことを色盲だと言った輩はやはり嘘つきだったという、これ以上の証拠がどこにあるだろうか。崩れかかった毛鉤にまだ本物の羽虫との共通点が残っていたとすれば、それはサイズと色彩だけだった。サイズは概ね合っていた。色彩は完璧だった。ダン氏が自らの経験に基づいて指定した、羽虫の体色を再現する人工シルクの絶妙な調合による色彩のおかげで、この有名な小渓で当世風の晩餐会を催せたことの喜びを大切に胸のなかに仕舞っておきたいとは思うものの、私の顔からはつい笑みがこぼれてしまうのだった。』(104)

以上解説した、ドライフライをめぐって百家が争鳴し続けた戦間期英国の議論は、1939年、第二次世界大戦の勃発によって中断を余儀なくされる。恐怖と窮乏の6年間を経た後、戦争は連合国側の勝利に終わり、やっと英国民にも釣りを愉しめる日常が戻ってきたのだが、どういう訳か、再開された議論の多くは前衛性と華々しさを失ってしまっていた。

筆者の知る限り、その理由について明解に語った釣魚史家は誰もいないが、敢えて議論を喚起するならば、この戦争を機に大英帝国そのものが世界覇権を失ってしまったことが背景にあったのではないだろうか。戦後、英国経済は低迷し、植民地も次々と宗主国から独立して、昔日の栄華は想い出のなかにしか残っていないという当時の厳しい現実は、少なからぬ国民を保守思想に回帰させたはずだ。このとき英国フライフィッシャーもまた、古きよき伝統の墨守に慰めを求めたのではないだろうか。

また、この仮説とは別に、英国ドライフライをめぐる議論が戦間期において遂に成熟をきわめてしまったという点も見逃せない史実であろう。J.C.モットラムやJ.W.ダンらによる精緻で科学的なイミテーション理論が、営々と築かれてきた輝かしい伝統の上にさらなる一塁を積み重ねた結果、戦後世代のフライフィッシャーは、自分たちが越えねばならぬ壁の高さを見上げて溜息を洩らすばかりとなったのだ。

かくして、20世紀ドライフライをめぐる物語は大西洋を越えて北米大陸へとその舞台を移す。戦間期に国力を蓄えて欧州列強と肩を並べ、第二次世界大戦後は超大国として名実ともに世界の覇権を握ることになった米国は、その過程で政治、経済、軍事、そして科学や芸術文化といったあらゆる分野において世界をリードし始める。そして、フライフィッシングもまたその例外ではあり得なかったのだ。

1930年ごろには早くもその兆候に気づいていた炯眼の師、G.E.M.スキューズは、老帝国の没落と新世界の勃興を次のように予言している。

『私はある確信をずっと抱いてきた。芸術であれ科学であれ、どんな分野においても新たなアイデアを得ようとするな

第3部　ドライフライの歴史(後編)

らば、白髪交じりの年長者に訊ねるのは適切ではない。貴方は聡明な素人の許を訪れなければならないのだ。それが自立心に富む人物であれば、なおよいといえよう。古風で頑固な御仁でもご承知のとおり、歴史の草創のころから、当時まだ若く聡明な素人であった者が中心となって発見し、再発見してきた無数の真実を、現代の素人がまた改めて発見し直すであろうことは間違いない。その多くは単に目新しいだけのものとして捨て去られることになるが、時折、なかから真に革新的なものがいくつか登場し、さらなる発展をもたらして、ルネサンスを産み落とすことになるのだ。ここで、チャールズ・ウォーカー博士の「古き毛鉤を新しき装いに」やJ.W.ダンの「陽光とドライフライ」を例にとってみよう。いずれの作品も、著者がドライフライのドレッシング技術についてまだ素人同然であったころの成果なのだ。

しかし、いずれのケースにおいても、英国スタイルのフライフィッシング技術やドライフライ・ドレッシング技術のなかで形作られてきた麻薬のごとき因習に影響されて、これらの著者はハンディキャップを負ってしまっている。もし本質的かつ際立ったニューコンセプトを欲するならば、海外に目を向けなければならない。しかもそれは欧州大陸ではなく、大西洋を越えてアメリカ合衆国に向けられるべきなのだ。この国では、個性の発展と英国スタイルからの独立の萌芽を確認することができる。注目すべきルネサンスが興りつつあるのだ。米国の釣具カタログをご覧頂きたい。もはやそのなかには、品揃えを旧宗主国に依存せざるを得ないような屈辱的状況は見受けられない。むしろそこには、使い古された英国流の実践法を脱ぎ棄てて、米国流のスタイルを身に着けさせるよう釣り人にアピールするものがある。・・・（中略）・・・美術の例でいえば、今日の印象主義やキュービズム、未来派、ヴォーティシズム、そしてその他あらゆる最先端の前衛絵画[105]に、お高くとまったビクトリア朝の人々は強い衝撃を受けたはずだ。これと同様、現在、米国において具現化しつつあるフライフィッシングの新技術に関するきわめて重要かつ大胆なアイデアは、それに初めて接することになる偏狭な島国根性の染み着いた英国フライフィッシャーの眼にはなんともショッキングに映るに違いない。』[106]

《註釈105》キュービズムは20世紀初頭にジョルジュ・ブラックやパブロ・ピカソによって唱導された絵画運動で、表現対象の姿をカンバス上で円錐や球体といった幾何学的な図形に還元する作風。未来派は同じころにイタリアで興った芸術運動で、絵画では伝統的な形式や題材を否定して工業化や機械化を躍動感あふれる姿で表現した。ヴォーティシズムも同時期にキュービズムや未来派に影響を受けて英国で発生した芸術運動。

《註釈106》「サイドラインズ・サイドライツ・アンド・リフレクションズ」[1932]より引用。

《註釈107》第5代合衆国大統領ジェームズ・モンローが1823年に発表した孤立主義政策。米国と欧州諸国との相互不干渉を提案し、欧州列強による南北米州大陸の一層の植民地化を拒んだ。90年のフロンティア消滅宣言以降、この政策方針は徐々に意義を失って、1917年、米国の第一次世界大戦参戦により完全に放棄された。

《註釈108》1862年生まれ。20世紀初頭の米国におけるドライフライ純粋主義者のひとりであって、いち早くキャッチ・アンド・リリースを唱えた。G.M.L.ラブランチとはライバル関係にあったと伝えられる。アングラーズクラブ・オブ・ニューヨークのメンバーであったが、1912年にクラブ内で論争をひき起こした結果、退会を余儀なくされた。18年没。

第10章 米国ドライフライの展開

【東海岸のアヴァンギャルドたち】

　1910年代中ごろ、バルカン半島で起きたある暗殺事件に端を発する世界大戦の勃発に騒然となる欧州諸国をよそに、アメリカ合衆国の人々はいまだモンロー主義[107]の残照のなかで国内発展を謳歌し続けていた。米国のフライフィッシング文化が大きな一歩を踏み出したのは、そんな時代においてのことだった。

　このころ、キャッツキルの渓流を渉る釣り人のなかに、急流においても巧みにドライフライを操る者たちが現われ始めた。彼らは毛鉤のイミテーション性に拘泥することなく、フリーストーンの激流のなかで狙ったポイントに向けていかに自然にドライフライを流し込むかという一点にかけて腕を磨き続けていた。

　毛鉤のプレゼンテーションを重視するこの思想は、19世紀のスコットランドで活躍したW.C.スチュアートの流れを汲むものである。歴代の釣り人たちによって繰り広げられてきたイミテーション学派とプレゼンテーション学派の飽くなき論争は、舞台を20世紀の米国東海岸地区に替えて両者再び相まみえることとなる。

　それでは、J.マクドナルドの「毛鉤釣魚大全」[1947]のなかから、彼が両陣営について語る一節を引用してみることにしよう。

『フライフィッシングには基本的にふたつの勢力、イミテーション学派とプレゼンテーション学派が存在するが、どちらも互いに閉じた思考パターンにより成り立っている。両者の理解は次のようなものである。イミテーション学派は、釣り人の技量が働く余地のあることは認めるものの、鱒が毛鉤に跳びつくのは外観の自然さに対してであると信じている。彼らは、プレゼンテーション学派の魚籠の中身は、鱒が彼らの用いるファンシーフライを何らかの実在する虫と見間違えた結果であると説明する。極端な場合、イミテーション学派はファンシーフライなるものの存在を認めないことさえある。すべての毛鉤は大なり小なりイミテーションだという訳で、プレゼンテーション学派がもう少し昆虫に注意を払うならば、彼らの魚籠はもっと重くなるだろうと考えている。他方、プレゼンテーション学派のほうはというと、敵方の魚籠の中身は用いる毛鉤ではなく彼らの腕前に依るのだと上手に分析する。どんなに大袈裟な釣りの体験談でも、両陣営の論理に綻びをもたらすことはできないだろう。』

　ドライフライにおけるプレゼンテーション学派の思想を初めて本格的に世に紹介したのは、エムリン・ジル(Emlyn M. Gill)[108]である。彼は米国で初めて全編ドライフライのみを論じる著作となる「実践的ドライフライフィッシング」(PRACTICAL DRY-FLY FISHING [1912])を発表し、独自のフライフィッシング論を展開した。後にA.ギングリッチからは、『ハ

E.M.ジル

第3部　ドライフライの歴史(後編)

ルフォードへの隷属をもう少し控えることができていたならば・・・(中略)・・・米国釣魚界の殿堂における彼の地位はもっと高くなっていたであろうに。』[109]と評されたが、彼は決してF.M.ハルフォードに盲従した訳ではなかった。

その証拠に、ジルは、ドライフライを用いて急流のなかに鱒の居どころを探る釣法が、英国の純粋主義者たちが信奉するライズ狙いの釣りと比べて何ら技術的に劣るべきものではないことを主張した[110]。また、米国の釣り人たちはキャスティングのなかに最大の愉しみを見出しているため、一日中ライズを待ち続けるような純粋主義者のスタイルは彼らの気質に合うものではないとも論じている。

この著作のなかから、流れを読みながらドライフライで釣る米国スタイルの意義を論じた一節を引用してみよう。

『我々米国の川を釣る者たちが提唱する釣法と英国の権威たちがチョークストリームで用いるのに推奨する釣法との相違点についてはさまざまに語られているが、なかでも、「ストーキングしてライズを釣る」方法に代えて、「流れを読んで釣る」方法を採用する釣り人は、ドライフライ純粋主義者と呼ばれるイングランド人の目にはまるで異教徒のように映るかもしれない。私は本著において、鱒が潜むと判断する場所であればどこでも探って釣るべきことを論じたい。ジョージ・A.B.デュワー氏が彼の優れた著作「ドライフライの書」のなかで『ウエットフライの釣りとドライフライの釣りの違いを端的に示すのは、前者が「流れを読んで釣る」のに対して後者が「ライズを釣る」点である。』と説いたことに、我々は承服いたしかねる。水に浮く毛鉤を用いて「流れを読んで釣って」はならないとする正当な理由などどこにもない。イングランド人はドライフライが穏やかで静かに流れる川においてのみ適切な手法であると考えているが、私はここで改めて、我々のより流れの速い、より波立った川においてもドライフライが同様に効果的に働いてくれることを証明すべく筆を尽くさねばならない。

(中略)

このような英国の釣り人と若干異なる見解は、ハルフォードの1889年の著作を読み、金科玉条として信奉する米国内のベテランアングラーたちから厳しく糾弾されるかもしれない。ドライフライをめぐって議論する際には、ハルフォード氏が23年前に書き記した理論を引用するのが慣例のようになっている。そして、その一節が登場すると、議論はそこで打ち止めとなる。つまり、最後は最高裁によって審理が決せられるという訳だ。我々はハルフォード氏を尊敬するが、彼の無謬性を唱えるような真似はしない。きっと彼自身も、特に米国の川での釣りにアドバイスを与えようとするならなおさらのこと、そんなことを望んだりはしないだろう。他方、1889年以来多くの歳月が過ぎていることを勘案すれば、彼が当初表明していた考えのいくつかを修整しているかもしれない、と想像するのも荒唐無稽とは言えまい。つい最近のことだが、1912年2月25日付でハルフォード氏が私宛てに送ってくれた手紙のなかで、彼は次のように書いている。

『米国の川ではライズが見られない、と貴方が論じられている点に、私は注目いたしました。私はイングランドにおいても同様の状況を経験したことがあります。そして貴方が発見されたのと同じく、私もまた、釣れそうな場所 (likely spot)に毛鉤を浮かべる手法が効果を発揮することに気づいたのです[111]。なかでも、大物がよい場所に定位しているのを確認できて、それが今にも餌を採りそうな場面では特に効きますね。』 』

20世紀初頭の米国で人気のあった伝統的ドライフライ各種 (TROUT FLY-FISHING IN AMERICA[1914])

他方、プレゼンテーションを最重要視するジルの思想は、

《註釈109》「鱒の愉しみ」[1973]より引用。

《註釈110》E.M.ジルはライズ狙いの釣りを批判して、『キャスティングの範囲内にライズを見つけてしまえば、この釣りの闘争の少なくとも半分は終わってしまったようなものだ。』と記している。

《註釈111》この一節のなかでF.M.ハルフォードが決して自説を曲げてはいない点に注目されたい。ライズしようとする態勢にある鱒に向けて毛鉤を投ずることは英国純粋主義者の作法に適ったものであり、米国流のブラインドの釣りを全面的に認めている訳ではない。彼はこの"likely spot"という一言でもって、玉虫色の解釈の余地を提供しているに過ぎない。

《註釈112》E.M.ジルは同著作のなかで、『最新のハルフォード・パターン全種類を遂に手に入れたので、1912年のシーズンにはその多くを実際に使ってみたい。私は、米国アングラーがこれらのイミテーションのみ用いることをためらう必要はないと確信している。』と記している。

《註釈113》E.M.ジルは自著のなかで、G.M.L.ラブランチとの対話を通じて得た情報を種に作品を書き上げたことを告白している。ラブランチ本人も、元々この釣りを文章に書き起こしたのはジルよりも自分のほうが先であった旨語ったという。T.ゴードンもまた、ジルよりラブランチのほうが先であったと記している。

《註釈114》1875年、ニューヨーク市内に生まれる。20代のころからNY証券取引所で株式ブローカーとして働いて、1912年に同取引所の登録業者となり、24年には今世紀末まで続いた名門投資会社LaBranche & Co.を設立する。その後も活発に株式投資事業を進めて資本を拡大した後、46年に引退。私生活の面では、キャッツキル地方に壮大な別荘を構え、休日ごとに野外スポーツに勤しんだ。ヨット競技やゴルフ、狩猟にも秀でたが、なかでもドライフライフィシングの名人芸にまつわる伝説は数知れない。E.R.ヒューイットの盟友としても知られる。晩年まで国内外のフライフィッシングを愉しんで、61年没。

論理の必然として、毛鉤のイミテーション性に重きを置くことを許さなかった。後のプレゼンテーション学派も基本的にはこの立場を踏襲していく訳だが、彼はその表現方法の面で後世の釣魚史家たちから糾弾されることになる。ジルは英国毛鉤の伝統を尊重するあまり、米国の渓流においてもハルフォード・パターンをはじめとする英国ドライフライ・パターンの利用を薦めたのだった[112]。ちょうど米国独自のフライフィッシング文化が芽生えつつあった時代に、あえてその愛国心を刺激する議論を提起したジルの著作は、当時、英国ドライフライ革命の影響力がいかに強大であったかを物語る、貴重な史料と評することができるだろう。それでは、彼の同じ著作のなかから、これらの論点をまとめて解説している次の一節を紹介しよう。

『我が国の釣魚作家にしてみれば、米国製の毛鉤を高く評価するよう心掛ける一方、それと同等の品質を備えた外国製の毛鉤を推奨するような野暮な真似はしない、というのが常識的な態度であろう。私は、フライラインであれば英国製のものを購入されるよう、ためらうことなく読者諸兄に助言するものである。しかし、毛鉤の購入となれば、私も少々慎重に考えながら書かねばならない。もちろん、英国は水に浮く毛鉤の本場、いわば生誕の地であって、ドライフライの利用者がまだ米国内では限られていることから、米国のフライタイヤーたちに対しては、品質面で英国製のドライフライと競争できるほどの製品を市場に供給するよう充分なプレッシャーが掛けられていないし、また、米国内の河川で見られる昆虫を模した毛鉤を巻かせるような状況にもなっていない。個人的な見解を言えば、我が国におけるドライフライフィッシングのエキスパートたちのほとんどは、これがために英国製の毛鉤を用いているのだ。近年、この国ではかつてないほどにドライフライに対する関心が高まっており、釣具業者たちは最高品質の英国製ドライフライを輸入し、手頃な価格で市場に供給している。彼らはその素晴らしい事業を継続できるよう、支援されるべきである。

（中略）

万人に愛用されている英国製のドライフライはカゲロウ類のイミテーションであるが、英国の川面で見られる多くのダンが米国の流れの上にもまた見られるものであることは疑いもない事実だ。確かに、英国原産の羽虫に似せて作られた英国スタイルのドライフライが、米国の流れで一般に見られる羽虫をあらゆる点で完全に模倣できているかどうかについては議論の余地がある。なぜこのように述べるかというと、米国にはエントモロジーの権威が存在しないからだ。それでもなお、これらの毛鉤がサイズや形態、全体的な色調といった重要な特徴において米国の羽虫をきちんと模倣できていることに異議を唱える余地はほとんどない。毛鉤の要素のなかで最も重要なもののひとつは「動作」("action")である。この「動作」とは、ドライフライがあたかも本物の羽虫のようにごく自然に流下することを意味するのだが、成否のすべては毛鉤の出来栄えにではなく、釣り人の腕のほうにかかっているのだ。』

「実践的ドライフライフィッシング」が刊行されたその２年後、米国流ドライフライフィッシングの基本スタイルを確立することとなる一冊の本が世に送り出された。この名著「ドライフライと急流」（THE DRY FLY AND FAST WATER［1914］）は、かつてジルが論じた急流におけるドライフライの戦術の焼き直しなどにあらず、むしろジルが自らの議論の拠りどころとした、本家本元の筆による作品であった[113]。

この著者の名はジョージ・ラブランチ (George M.L. LaBranche)[114]、ドライフライフィッシングの天才としてその名を全米中に轟かせた伝説のフライフィッシャーである。彼はフライフィッシングを単なる余暇と捉えず、自己鍛錬の一手

ラブランチ（左）とジル（右）

第3部　ドライフライの歴史 (後編)

段とみなして [115]、釣技の熟達は競技スポーツのプロが取り組むのと同じく、訓練の上にも訓練を重ねて初めて実現されるものだと説いた [116]。

　求道者たるラブランチは語る。ドライフライフィッシングの要諦は、毛鉤を正確かつ軽やかに狙ったポイントまで送り届けるのを可能とする竿とラインの捌き方にある。掛けた鱒との遣り取りは、確かにこのスポーツを構成する要素のひとつに違いないが、この愉しみも、毛鉤を巧みに操って老獪な大鱒に本物の餌であると思い込ませて喰いつかせる詐術から得られる愉しみに及ぶものではない。他の釣りと比べてドライフライフィッシングが大きく抜きん出て尊敬を集めているのは、この芸術、すなわち毛鉤を操る技術と魚の生態研究が理由なのだという。彼が追い求めたイミテーショニズムの神髄は、毛鉤の容姿ではなく、その演技のほうにこそあったのである。

　フライフィッシングほど獲物に関する膨大な知識の集積や技術・忍耐を要求するスポーツはほかになく、彼の言葉を借りれば、『いかなる目的であれ、易きところに真の愉しみはない。』のであって、1匹の獲物を毛鉤で釣り上げるところから最大限の愉しみを得ようとするならば、最も困難な状況下において挑戦されなければならない、と断言している。同作品のなかで紹介される各種テクニック論の合間に、ラブランチの徹底したストイシズムが見え隠れしているのは実に興味深い。それではこのなかから、急流におけるドライフライフィッシングの精髄を論じた一節を引用してみることにしよう。

『魚が餌を捕っている姿が見えなくとも、経験に基づいて魚が潜んでいることの想定される流れに繰り返しドライフライを投じ続ける戦術は、釣り人の観察力を飛躍的に高めてくれるように思われる。おそらくこれは、釣り人が自分の毛鉤に集中する結果として得られる能力なのだろう。私自身の経験を紹介すると、毛鉤を流下させている最中、いびつな形をした変わった色の大小の岩がいくつも川床に散らばっているようすに私は目を留めた。このとき、流れは実際よりもずっと浅く、澄んでいるように見えたのだ。私の毛鉤はまるで水面上のある小さな領域の中心に位置しているかのように感じられ、あたかも水の

入ったグラスを通して物を見るように、その領域の水面下にあるものすべてを明瞭に感じ取ることができた。水底に映る毛鉤の影さえはっきりと識別できるような場面も頻繁にある。ドライフライの釣り人は、鱒がもうあとひと流しでようやくライズしようかという最後の局面で突然毛鉤の下に翻す、あの活き活きとした魚影を見分けられるよう、あるいは鱒が岸の下からふらりと姿を現すときの魚影や、毛鉤が大岩をかすめるときに慌ててその隠れ家から飛び出してくる魚影を認識できるよう、学んでいくことになる。いずれのケースでも、釣り人は貴重な経験を積むことになるのだが、その経験は自制心というまことに不可欠な能力をも養ってくれるのだ。

（中略）

　かつて私は、最初の2、3投でライズが出ない場合はその後同じ場所を何度狙っても意味がない、つまり鱒は最初に出なければそれっきりだ、と教えられた。私は永い間この教えに従ってきたのだが、ある日、良型の獲物が浅場でじっとしている姿を見かけたので、しつこく何度も狙って10回以上投じた末にようやく釣り上げることができたのを機に、この迷信を捨て去ることにした。以来、私は獲物を見つけたら50回までは毛鉤を投じることにしている。そして、もし獲物がこちら側に気づいていないと確信できる場合には、この作業を繰り返すのを途中で止めることは滅多にない [117]。魚の姿が見えないときですら、辺りに居ることを確信している場合にはこの手法が有効であることは証明済みである。このように、かつて不可能と信じられていたものを達成したことに、私は充分な満足を得たのだが、手に入れたものはそれだけではない。私は忍耐力を養い、さらに重要なことに、熟考を重ねる習慣を身に着けることができたのだ。鱒川において急く者は自ら失敗を招く。釣れないばかりか、観察の機会さえ逸してしまっている。こうなると、経験は彼にとってほとんど価値を持たなくなってしまうのだ。

（中略）

　観察眼を養ったおかげで、私は狙うべき流れの筋の選定法や、私の友人が好んで「はばたき」("fluttering") キャスト、あるいは「跳ね返り」("bounce") キャストと呼ぶ投射手法を身に着けることができた。この投射法は、正直なところ、どうやって発展してきたのかよく解らないところもあるのだが、はばた

《註釈115》こうしたG.M.L.ラブランチの思想は、『釣魚とは結局のところレクリエーションであって、仕事なんぞではないということを肝に銘じておかねばならない。』との言葉を遺したT.ゴードンの思想と対照的である。

《註釈116》G.M.L.ラブランチは、テニスのプロ選手が一日に1ダース以上の球を打ち潰すほど壁打ち練習を繰り返した成果としてネット際ギリギリの高速ショットを連打できるようになるという話を紹介して、釣り人も常によいゲームをプレイしたいと思うならば、プロの競技者と同じ熱意を持って練習しなければならないと語っている。ただし、釣り自体のなかに競争を持ち込んではならないとも記している。

《註釈117》G.M.L.ラブランチはこの技法を「人造ハッチ」("artificial hatch")と呼んだ。なお、E.M.ジルも流れの筋に何度も毛鉤を流し続ける戦術を説いているが、彼はその技術をとある英国人フライフィッシャーから学んだと記している。

《註釈118》G.M.L.ラブランチは、鱒がスレている釣り場を狙っても魚が出ないのは、鱒が毛鉤を学習したからではなくて、毛鉤の不自然な動き、あるいは釣り人やリーダーの影が鱒を怯えさせるからだと説明している。

《註釈119》G.M.L.ラブランチが主張したドライフライの要素に関する優先順位は、①水面上の位置、②アクション、③サイズ、④形態、⑤色彩となっている。なお、有名

なデリーデイル出版社の創設者であるE.V.コネットもまた、自著ANY LUCK? [1933]において毛鉤のアクションを最重要視する議論を展開した。彼は、鱒が水面に投げ込まれたマッチ棒や煙草フィルターさえ咥えてしまうことを引き合いに出して、毛鉤の色彩や形状にはほとんど意味がないと論じ、獲物に色彩感をアピールするためにボディーを水面に貼りつけて浮かせるようなデザインのドライフライは、釣り人からの視認性を低下させてドラグ回避を難しくさせることから、『色彩のためにアクションを犠牲にする』ものとして否定し、本物と同様、ハックルの毛先だけで浮く視認性の高いドライフライの利用を勧めている。

く昆虫の動き、すなわち空中を降りてきて水面にタッチした羽虫が再び上昇した後にまた着水するという過程をせいぜい3、4回繰り返し、最終的には水面上に落ち着いてそのまま流されていく姿を表現しようとするものである。頻繁に起こる現象ではないが、いったん起これはその模倣はきわめて効果的となる。スポーツ性の面から言えば、読者には理解しづらいかもしれないが、その操作が困難であることを私は嬉しく思っている。実際のところ、魚を釣り上げること自体よりも、この技法を上手くやってのけることのほうがずっと愉しいものなのだ。投射するラインの長さはきわめて短く（25フィートを超えることは決してない）、毛鉤だけを着水させることになる。その毛鉤の動きは「ダッピング」として知られる手法の場合に酷似しているが、ラインが竿先からただぶら下がっているのではなく、毛鉤は実際にキャストされなければならない。フラッタリングやスキッピングの操作を終えた後は、できる限り長い距離を流下させるべきだ。初心者であれば、流れに対して直角に毛鉤を投じる形で練習してみるとよいだろう。そのとき、比較的速い流れで試してみるべきだ。流れの速さは毛鉤がスキップするのを助けてくれるし、流れの緩やかな場所よりもそのとき演じさせるべき動きを容易に再現することができるだろう。』

一方、ラブランチはドライフライ自体についてはどのような思想を持っていたのであろうか。彼は、ドライフライが備える要素について、どちらかといえば色彩よりもサイズや形態のほうを重視したと伝えられるが、いずれも決定的な要素であるとは考えなかった。彼もジルと同様、「厳格なる模倣」主義に与することはなかったが、多数のパターンを用意する必要性をまったく感じなかった点において、ラブランチは19世紀英国のドライフライ純粋主義の伝統から独立した、より米国的なドライフライ思想の持ち主であったと評価すべきであろう[118]。

色や形以上に、毛鉤の動きをこそ自分の腕前で模倣すべきとの立場[119]をとるラブランチは、あらゆる状況を想定したとしても毛鉤は手許に10パターンもあれば充分だと説いたが、実際のところ、それらが具体的にどのパターンでなければならないと盲信することはなかったに違いない。

彼は、フライフィッシャーが毛鉤をわざわざ選んで購入

キャッツキル地方の鱒川を釣るラブランチ

するのは、そのパターンで獲物を釣り上げたかつての記憶を引きずっているだけだと指摘する。また、そんな釣り人が他人の薦める毛鉤を手に入れたとしても、結局は実釣に用いることなくフライボックスに仕舞い込むだけで、遂には切手収集家と同様、価値あるコレクションを収集すること自体に大きな喜びを感じるようになるだけだ、と皮肉っている。

ラブランチは同著のなかで、次に引用するイミテーション学派への痛烈な批判を書き遺している。そこに展開される彼の思想は、代々受け継がれてきた米国アトラクター理論の源流を求めてフライフィッシャーが釣魚史の森をさまようとき、奥深きところまで分け入れば、17世紀のT.バーカーやR.ヴェナブルズが唱えた英国伝統の視認性理論へとたどり着くであろうことの、ひとつの確かな証左となる。

『（訳者注：A.ロナルズの）「フライフィッシャーの昆虫学」が発表される3年前、ジェームズ・レニー博士（Prof. James Rennie）は彼の著書「科学的釣魚入門」（ALPHABET OF SCIENTIFIC ANGLING ［1833］）のなかでイミテーション理論を嘲笑った。彼は次のように語っている。
『しかしながら、生きた本物を模したイミテーション、あるいはイミテーションもどき（"pretended imitation"）の疑似餌を用いることが釣り人の間ではいまだに通例となっている。私が「イミテーションもどき」という言葉で意味するものは、釣り人

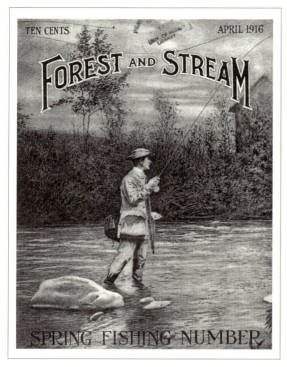

フォレスト&ストリーム誌[1916]の表紙を飾るラブランチ像

が毛鉤と呼んでいるものの大多数に該当する。なぜなら、これらの毛鉤は生きた羽虫や昆虫とほとんどまったく似たところが認められないからである。仮にこれらが「厳格なる模倣」を目的とするものであったとしても、その道の最高のエキスパートの手になる毛鉤でさえ、いくらでも改善の余地が残されていることは疑いようもない。実際のところ、釣り人が流す毛鉤に魚が喰いつくのは、生きた虫のような外観を備えているからであると考えられるが、それがどの種類の虫に似ているかなどということはまったく重要でない。というのも、魚にとってはどんな虫も歓迎すべき餌であって、特にバッタのように大きな餌であるほど、一層喜ばれることになるからだ。魚も食事を口いっぱいに頬張りたいのだ。したがって、釣り人は、特定の種類の羽虫を模倣するのにあくせくするよりも、魚の関心を惹くように形態と色彩を計算して毛鉤を作り上げることのほうに注力すべきであって、これにより成功を収める確率を高めることができるのだ。』

当時、この記述がかなりの論争を引き起こした――というのも、彼は動物学の教授であった――ことは明らかで、それはイミテーション理論の強力な唱道者であったウィリアム・シップリーとエドワード・フィッツギボン(Edward Fitzgibbon)の共著「フライフィッシング術等の正論」(A TRUE TREATISE ON THE ART OF FLY-FISHING, TROLLONG, ETC)が1838年に発表されたことからも窺える。彼らはこの本のなかでわざわざ一章を割いてレニー博士の理論を論駁し、ベインブリッジやベスト、テイラー、デイビー、ロナルズ、そしてその他大勢の著作のなかから自分たちの理論を正当化する文章を引用した上で、「我々の議論の正当性に100%の確信を得るに至った。」と結論づけた[120]。彼らは熱烈に論じたのだが、結局のところ、彼らが証明できたことは何ひとつなく、議論に値するレニー博士の記述に対して検討の場を与えてくれただけである。レニー博士の著述を注意深く読み進めば解るのだが、彼はただ、釣り人は特定種の羽虫を模倣するよりも、形態と色彩で魚の関心を惹くような毛鉤を製作すべきとの意見を表明しているに過ぎない。確かに、形態と色彩に関する博士のアイデアについて我々は何も知らない。しかし、その意味するところを想像するに、もし長さ4インチの赤い毛鉤で、黄と青のウイングと緑のテイルを備えたものが魚を誘い寄せるのであれば、博士はそれこそ選ばれるべき毛鉤だと考えていたに違いない。

(中略)

(少なくとも人間の眼から見て)どの虫にもまったく似るところのない、「アレグザンドラ」との名で知られる英国人の作品は、レニー博士の理論を強く支持する一例である。鱒に対する効果はてきめんであることから、英国では釣り場によってはその使用を禁ずべしと唱える釣り人が多数存在する。このアレグザンドラに相当する、米国の非模倣的な毛鉤としては「パーマシェンベル」を挙げることができる。・・・(中略)・・・パーマシェンベルは間違いなく鱒の腹鰭のイミテーションであって、魚の好物のイミテーションではない。獲物を誘惑するその強い力は、カナダやメイン州の湖や川を狙う釣り人の間ではよく知られているが、鱒はこれを食べ慣れた餌と認識して喰いつくのではない。鱒はおそらくそのまばゆい色彩に誘引されて喰いつくのだろう。この点において、パーマシェンベルはレニー博士のアイデアである「毛鉤」のあるべき姿を実現している。赤や白といった色彩からなる

《註釈120》該当部分の前後も含め、これを原典から正確に引用すると、『我々は本章を記すことが絶対に必要であると考えた。なぜなら、もしレニー博士の理論の誤りを証明することが叶わず、我々の議論の正当性に100%の確信を持つに至らなかったとすれば、前章であれほど緻密に練り上げた議論が時間の無駄に終わってしまうばかりか、一層悪いことに、偽りの理論を世に広めてしまうことにもなりかねないからである。』となる。

《註釈121》Whirling Dun, Pale Evening Dun, Pink Lady, Gold-ribbed Hare's Ear, Flight's Fancy, Silver Sedge, Willow, Mole

《註釈122》同じ著作のなかで、その1本はWhirling Dunであると記されているが、他方、このスポーツの喜びは「愉しき不確実性」に大きく依存するものである以上、一本主義のままで通していては、お気に入りの1本が無視されたときに次の1本を選び出す醍醐味を味わうことができないとも記されている。ちなみに、G.M.L.ラブランチは1919年6月のAMERICAN ANGLER誌において『もし好きな毛鉤を3本だけ選ばなければならないとすれば、私の着眼点は色彩でもなければ魅力的な呼び名でもない。それは、充分にハックルが巻かれウイングの立てられた、水面上で傾がず正しい姿勢でしっかり浮く毛鉤であることだろう。しかしながら、貴誌のご関心が毛鉤の名前のほうにあるとすれば、私は次の順番で選ばせて頂きたい。①Whirling Dun, ②Pale Evening Dun, ③Pink Lady』と記している。

《註釈123》薄いピンク色のシルクフロスの上から金色のフラットティンセルでリブづけし、鴨かムクドリ(Starling)のウイングを取りつけて、ジンジャーか明るい赤茶色のハックルを巻き、その同じハックルファイバーを3本用いてテイルとする、というのがG.M.L.ラブランチのレシピ。

《註釈124》H.スメドレーは、同パターンの生みの親はスコットランドのジョン・ウィルソン博士とその兄のジェームズ・ウィルソン博士であるとしている。

毛鉤は、おそらく他の地味な色彩の毛鉤よりもずっと多くの光量を反射することから、それだけずっと見やすくなっているのだ。』

ラブランチは同じ著書のなかで、参考として8種類のパターン(121)のドレッシングを紹介しているが、自身で使う種類は6つを超えることはほとんどなく、もし1本に絞って使い続けなければならないとしても、特段不都合は感じないとまで言い切っている(122)。

この8種のパターンのなかで唯一ラブランチ本人により開発されたのが有名なピンクレディー (Pink Lady)(123)であるが、その誕生にまつわる逸話が彼の同じ著作のなかに次のとおり記録されている。当時、まだ若かったラブランチは、自分の父親が愛用していたクイーン・オブ・ザ・ウォーターズ (Queen-of-the-Waters)(124)の効力を信じ切っていた。そんな彼が釣りに出かけたときの回想である。

『随分昔の話になるが、近くの川に釣りに行ったとき、毛鉤帳のなかにクイーン・オブ・ザ・ウォーターズが1本も入っていないことに気がついた。駅に向かう途中の釣具店に立ち寄り、このパターンを1ダースほど求めたのだが、あいにく、店員は在庫がないと言う。彼は代わりにキング・オブ・ザ・ウォーターズ (King-of-the-Waters)を使ってみてはどうかと持ち掛けてきた。名前を除けば、このふたつの毛鉤の間に共通点はほとんどなかったが、当時何も知らなかった私はそれもよかろうと思い購入したのだった。翌日、川に出て3本の毛鉤(そのころ、私はウエットフライマンだったのだ)を投げてみたのだが、取りつけていたキング・オブ・ザ・ウォーターズには獲物が1匹も掛からなかった。・・・(中略)・・・翌朝、自分の毛鉤帳を開くと、その毛鉤のシルクボディーを染めていた赤い染料が乾燥パッドのほうに大きく染み出していた。毛鉤のボディーは今や美しいピンク色となり、興味を持った私はその鉤を水に濡らしてみた。するとピンク色のボディーは鮮明な赤色に変わったではないか。・・・(中略)・・・この毛鉤は元々赤色であったので、水中でも鱒にはそのように見えるだろうと思っていた。しかし、元の色の毛鉤を水に浸すと、濁った茶色に変色したのだった。今度はボディーの色がほとんど抜け落ちたものを水に漬けると、色の深さを増して本当の赤色に変わって安定した。私は、これこそ鱒が欲しがっている色調ではないかと思い、毛鉤を半ダースほど流水に浸して、出来る限り色を洗い落した。それが終わると、毛鉤はすべてピンク色のボディーとなっていた。その日の記憶は、今も私の心にはっきりと焼きついている。私の毛鉤に、魚が狂ったように跳びかかってきたのだ。・・・

その後永い年月を重ねて、私は今もなお、形を若干修整したものの、ピンクボディーの毛鉤を愛用しているのだが、クイーン・オブ・ザ・ウォーターズのほうとはさっぱり縁遠くなってしまった。ただ、この毛鉤が私のほかのお気に入りであるホワーリング・ダン (Whirling Dun)(125)やペール・イヴニング・ダン (Pale Evening Dun)(126)よりもよく釣れると断言することはできない。ピンクボディーの毛鉤の喰いがよいときに、ただちにこれらの毛鉤に取り換えてみても、釣果に明確な差があると感じたことはない。このピンクボディーの毛鉤の現在の姿は、アップライト式のウイングとテイルを備え、全体の姿はレッドスピナーに似ていなくもない。これは、私の友人から「ピンクレディー」との渾名を頂戴したが、現在、釣具カタログの上でもそのように表記されていることを考えれば、その命名ももっともなことであったように思われる。』

晩年のラブランチが愛用したことで知られるもうひとつのドライフライ・パターンが、バイビジブル (Bivisible)である。このパターンを開発(127)したのはラブランチの盟友、エドワード・ヒューイット (Edward Ringwood Hewitt)(128)であった。

タイイング中のヒューイット

《註釈125》whirleとは「ぐるぐる回る」の意。古くから存在する英国の伝統的パターンで、カワネズミやモグラの毛のボディーにゴールド・ティンセルを巻き、ムクドリ (Starling)のウイングとジンジャー系のハックル&テイルを用いたもの。「釣魚大全」第二部〔1676〕のなかでは、この毛鉤の模倣対象とされる小型のダンは鱒の大好物と紹介されているが、それがどの種類の羽虫なのかは今もって定かでない。

《註釈126》そのオリジナルについて、かつてはPale Watery Dunと同種のカゲロウとされていたが、現在では別種のものと位置づけられている。ウイングにはムクドリの明るめのクイルフェザー、ボディーにはレモン色のモヘアをごく軽めに巻き留め、ハックルには光沢感あるプリマスロック種のコックハックルを、テイルにはその同じハックルファイバーを2, 3本用いる、というのがこの作者のレシピ。

《註釈127》E.R.ヒューイットは早くも1898年ごろにこれを開発したと伝えられる。

《註釈128》1866年、ニュージャージー州の富豪の家に生まれる。プリンストン大学を卒業後、科学研究の途を歩むが、フライフィッシング熱が嵩じた結果、釣具の発明を続ける傍ら1930年代からは養魚の研究にも取り組み、所有する4マイルのネバーシンク川流域を会員制釣り場として経営した。世界各地を釣り歩いて、57年没。

第3部　ドライフライの歴史（後編）

ラブランチを「求道者」と呼ぶとすれば、ヒューイットにはさしずめ「発明家」との称号が贈られるべきだろう。実際、科学者兼発明家を本職とする彼は、魚に見破られないよう水中の色彩に溶け込んで見えなくなる彩色リーダーやマルチプライヤー式のサーモン用フライリール、そして野外用防虫剤といった発明品を次々と世に送り出していった。そのなかで彼が開発したふたつの傑出したドライフライ・パターンのうちのひとつが、このバイビジブルである[129]。

バイビジブルは、基本的にボディーを茶色のハックルで密に巻き上げたあと、頭の部分を白いハックルで軽くフィニッシュしただけのシンプルな構造である。こうした構造からは、いにしえのパーマーとの繋がりが想起されるところだが、ヒューイットは関連性を明確に否定した。それでもなお、この名の由来となる茶と白の組合わせは、17世紀のT.バーカーが唱えた『暗き日には明るき鉤を、明るき日には暗き鉤を』との要請を1本ですべてカバーする高機能を備えている。また、それは同時に、釣り人にとっても常に視認しやすい毛鉤であることを意味しているのだ。

バイビジブルの機能はこれだけに留まらない。硬く分厚いボディーハックルのおかげで水面上に爪先立ちしたこの毛鉤を水面下から見上げると、波を通過する陽光のためにその立像の輪郭は歪められ、ハックルの毛先が創り出す水面の窪みが陽光を乱反射させて、鱒の好奇心を誘うのだ[130]。英国のネオ・イミテーショニストらが発見した原理も含め、さまざまな要素を取り込むことによって、シンプルなスタイルのなかにもきわめて高い機能性が凝縮された傑作と評すべきであろう。

それでは、ヒューイット晩年の作品となる「鮭鱒釣り人生の75年」（A TROUT AND SALMON FISHERMAN FOR SEVENTY-FIVE YEARS [1948]）のなかから、彼がバイビジブルについて語った一節を引用してみることとしたい。

『白いひと巻きを添えたブラウン・バイビジブル（Brown Bivisible）は、英国で古くから用いられているパーマーに多少似ていなくもないが、紛れもなく私が開発したものである。その白いハックルのおかげで釣り人は毛鉤を容易に見つけることができる。だから私はこの毛鉤にその名を与えたのだ。私にとっても

見やすいし、鱒にとっても見やすい──だからバイビジブルなのだ[131]。現在のあらゆるサイズの毛鉤のなかで最も汎用性に富むのがこのパターンであり、おそらくほかのどんなドライフライよりも頻繁に利用されていることだろう。さまざまな色のパーマーがバイビジブルと呼ばれて釣り具店で販売されているが、これらは正しくない。バイビジブルの本来の姿は茶色で、ヘッド部に白いフェザーをひと巻きしたものなのだ。

（中略）

獲物がしばらく餌の姿を見かけていない状況を想定してみよう。そのとき、釣り人は#12程度のスパイダーかバイビジブルを糸の先に取りつけるべきだろう。なぜなら、ハッチの見られない場面でも、これらの毛鉤ならば鱒を誘惑するものと考えられるからだ。鱒はこれらを水面に落ちた陸生昆虫だと思って喰いつくのに違いない[132]。彼らは、ハッチを予期していないときには、流れてくるものならば何にでも跳びつくのだ。とにかく、これが、水面で摂餌していないときに鱒がそんな毛鉤を喰らう行動を説明する私なりの理論なのである。』

もうひとつのヒューイットの傑作毛鉤がネバーシンク・スケーター（Neversink Skater）。サイズ#16程度の小型の鉤に信じられないほど毛脚の長いハックルを軽く巻いただけのドライフライだが、大物狙いの必殺パターンとして全世界にその名が知られた銘作である。彼はこの毛鉤でキャッツキルの大鱒たちを蹂躙するに留まらず、カナダの銘流として名高いアプサルキッチ川（Upsalquitch River）では25ポンドのアトランティックサーモンを征服し、イングランドのチョークストリームやスコットランドのロッホでは4ポンドを超える巨大な鱒を次々と釣り上げては地元のアングラーたちを驚かせたと伝えられる。ヒューイットが同著作のなかでこのドライフライの誕生の経緯について自慢げに語る一節を、次のとおり紹介したい。

『数年前[133]、私はある大物ブラウントラウトを狙うために新しいドライフライの釣りを開発した。この鱒は、ほかの普通の虫には目もくれず、白や黄の蝶だけを追って、水面の静まり返った広いプールのなかで時折ライズを繰り返していた。・・・（略）

多くの釣り人がこの大鱒が小さな白や黄の蝶を追って飛び跳

《註釈129》E.R.ヒューイットは、Quill GordonとHendrickson、そしてBivisibleの3種類があれば、好きなだけ鱒を釣り上げることができると嘯いた。また、J.R.バーグマンは著書「トラウト」[1966]のなかでこのパターンを『究極のドライフライ』と絶賛している。

《註釈130》E.R.ヒューイットは、ドライフライにとって最も重要な要素は水面上で毛鉤をきちんと屹立させられるだけの充分な硬さを備えたハックルを用いることであり、それに続く要素として順に色彩、サイズを挙げている。G.M.L.ラブランチはTHE SALMON AND THE DRY FLY [1924]においてドライフライによるサーモン釣りを論じたが、そのなかで彼は、サーモンは水面上に貼りついた形で浮くコルク製ボディーの毛鉤に興

味を示すことはないが、水面上に高く毛先で浮く毛鉤が陽光を受けて輝く姿には強く誘惑されると説いた。そのため、彼は必ずコックハックルで巻いた大型Palmerのドライフライ（Pink Lady Palmer等）をこの釣りに推奨した。

《註釈131》この毛鉤の名は、「双方（bi）から見える（visible）」との意。

《註釈132》他方、P.ジェニングスは同パターンをBrown Sedgeのイミテーションであると論じた。

《註釈133》この文章は「鱒について語る」[1926]のなかから再録したものなので、Neversink Skaterの開発はおそらく1920年代前半のことであったと推察される。

《註釈134》H.スメドレーはE.R.ヒューイット流のSkater操作法について、『きわめて長い細めのリーダーにこの毛鉤を取りつけて、着水と同時に水面上をスキップするようにピクピクと動かすのだが、これができる者はほとんどいない。』と記している。

ねるのを見たが、どんな毛鉤を送り込んでも鱒の興味を惹くことはできなかった。私には、どんなに大きなウイングを備えた毛鉤であっても、鱒には蝶のように見えることなどなく、無視されるだけだと思われた。この問題を慎重に検討した結果、私は次のような結論にたどり着いた。蝶は川面に乗ることはなく、たまに水面にタッチするだけで、常に動きまわっているのだ。彼らが水面にタッチするとき、それはほんのごく軽いものであり、再びすぐに空中に飛び上がっている。フライボックスのなかのどんな毛鉤を用いても、この動作を再現することは不可能だ。さて、いったいどうしたものか？宿に戻って何本か毛鉤を巻いてみたところ、最終的に出来上がったのが、今日ネバーシンク・スケーターと呼ばれているパターンなのだ。これは、大鱒を釣り上げるのに足る強度を備えた鉤のなかで最小のものだと私が信じる、パーフェクト型のサイズ#16軽量鉤に巻いたものであった。この大型毛鉤はウイングフライではなくハックルフライとして巻かれているのだが、それは、大型のウイングフライでは細いリーダーに取りつけて上手く投射することができないからであって、穏やかな広いプールではそのリーダーの細さが不可欠となるのだ。この毛鉤にはテイルがないが、それは、テイルの動きが水面に干渉するおそれがあるからだ。ハックルはまばらに巻かれているが、これは、空気抵抗をできる限り減らして、投射しやすくするためである。ハックルは一番ファイバーの長いものを使って、直径をできるだけ大きくとる。一番長いファイバーがなす直径は2インチにも達し、ほかのファイバーの径もそれよりやや短い程度にする。それでもなお実際には、魚が捕食している蝶ほどには大きくないのだ。

使えそうなものを何本か完成させると、私は大鱒がたくさん潜んでいるプールまで降りていった。私はここの鱒がいつも蝶に跳びついているのを知っていて、正しい毛鉤を作ればきっと鱒が喰いつくに違いないという確信があったので、どんな昼間でも釣れるような毛鉤を創り上げようと決心していたのだ。私の最初の試みは、ある7月の真夏日に決行された。この大型の毛鉤を投射するのには困難をきわめたが、ラインを空中に展開させて毛鉤を前方に送るのに必要なエネルギーを得るためには、十分な長さのラインを出して操作すべきであることをようやく発見した。40フィートの長さのラインを出して竿を振ると、毛鉤は簡単に、そして精確に投げられるようになった。このとき、毛鉤は羽毛のような軽やかさで流れの上に降りて、濡れたり沈んだりすることもなく、水面上を跳ねたり滑ったりした[134]。それはきっと、蝶に似たような印象を魚に与えたのではないかと思う。

その毛鉤をなんとか上手く操作できるようになるまで投射法を完成させたところで、プールのなかの、おそらく水深30インチ程度の流れの底に大きな岩が横たわっているところにできたさざ波の下に隠れている大魚を狙ってみることにした。毛鉤がほんの2度目のジャンプを演じたところで、4ポンド級の大鱒が毛鉤めがけてイルカのごとく水面に踊り出たが、鉤を咥えなかった。続いて小振りな鱒が同じ行動を繰り返した。どちらの魚も毛鉤に掛かることはなかったが、私は釣り場を休ませるのが得策と考えて、下流の魚の居そうな場所に移動した。

ネバーシンクスケーターに襲いかかる大鱒（「毛鉤と魚」[1951]）

第3部　ドライフライの歴史(後編)

今度は別の大鱒が跳び上がってわずかに毛鉤を咥えたのだが、鉤掛かりしなかった。このことから、魚は毛鉤で単に遊んでいるのではなく、咥え込もうとしていることが判る。もしこの毛鉤の操作が上手くいけば、釣り上げられそうなことは明らかであった。

　私はこの状況を誰かに見届けてもらいたかったので、いったん竿を置いて、昼寝中の息子を呼びに宿へ向かった。一緒に釣り場に戻ってくると、最初と同じ場所へ毛鉤を投げ込み、充分時間をかけてゆっくりと毛鉤を引き上げてみた。すると今度は、鱒がライズしてその毛鉤をしっかりと咥え、通常のファイトの後に仕留めることができた。息子は自信があるらしく、自分もやってみたいと言い出した。この釣り方がはたして鱒をスレさせるのかどうか確認するため、同じ流れの筋を1時間ほど攻め続けてみた。この釣り方が鱒を怯えさせることはなかったようで、流れの真ん中で我々は、真昼の最中というのに、1匹は逃がしたものの6匹を釣り上げて、最後にキャスティングに失敗してラインを水面に打ちつけてしまうまで、鱒をスレさせることはなかったのだ。翌日も、同じ魚たちがまるで何事もなかったかのように再びライズを繰り返した。このような出来事は、私の知る限りほかの鱒釣りの方法では決してみられるものではない。流れの筋を狙い尽くすと、今度は私が設置した堰堤の真下を狙ってみたが、大鱒が飛び出してくるのはそこからだけでなく、白波の泡立つ流れからも跳び掛かってくるのだった。このタイプの釣りは広い静かなプールでも有効であることが判ったが、そんな場所で上手く操作することは、わずかでも流れのある場所でやるよりずっと難しかった。私は、どんな時期のどんな流れにおいても、大鱒をライズさせて鉤掛かりさせるドライフライの釣法を開発したのだ。これこそフライフィッシングにおける真の進歩と呼ぶべきではないだろうか。』

　鼻高々にネバーシンク・スケーターの万能性を誇るヒューイットであったが、同じ著作の別の章では冷静さを取り戻して次のように論じている。常に魚に好まれる毛鉤などというものは存在しないが、最善の毛鉤とは、魚が頻繁に目にしているさまざまな種類の昆虫群を一番広くカバーしてその印象を模倣することができるものであり、

そんなパターンこそ往々にして一番効き目のある毛鉤となるのだという[135]。色彩は本物とまったく同じものである必要はなく、総体としての印象が模倣できていれば充分であるとし、サイズについては本物よりも若干小さめのものを選ぶよう勧めている[136]。

　このように論じる一方で、ヒューイットの面白いところは、抽象絵画にも擬すべき彼の前衛作品をあくまでイミテーションフライだと言い張った点にある。高く浮くことによって水面に曖昧な像を映しつつ、受けた陽光に色彩を乗せて水面下に送り込んで鱒を誘うという機能の点では英国のベイジェント博士と同じ着想に依っていたが、ヒューイットはその論理を一層突き詰めて、ベイジェントブラウンからウイングやボディーといった要素を一切取り払うことによってさらなる軽量化を図り、その骸(むくろ)が水面に落とす影を蝶であると嘯(うそぶ)いた。はたしてその主張は、彼が本当にそう信じていたためなのか、それともベイジェント博士の理論内に収まってしまうことを快く思わなかったためなのか。残念ながら、筆者はその理由を知る手掛かりにいまだ出会えていない。

　ヒューイットのために永年毛鉤を巻き続けたキャッツキル地方の名フライタイヤー、ハリー・ダービー(Harry Darbee)は、ネバーシンク・スケーターのイミテーション性とそのタイイング手法について次のように語っている。

『ヒューイットの毛鉤のなかでも一番よく知られているネバーシンク・スケーターは、昼の最中に大鱒が蝶に跳びついたことから着想を得て創り出されたパターンである。さて、スケーターが蝶に似ているなどというのは、goose(ガチョウ)がgod(神様)に似ているといった程度の冗談だと私は思うのだが、ともかく、彼がその毛鉤で大物を釣り上げているというのはまったくの事実なのだ。基本的にこのパターンはテイルのないスパイダーであって、軽量ワイヤーを使ったサイズ#16のオルコック社製パーフェクト型の鉤に、大振りな明るめのジンジャーハックルを巻いて直径2インチ以上のハックルを作る。釣り方についてみると、かの巨匠が解説するとおり、水面の上を常に乾いた状態のまま高い位置で動き回らせる[137]ためには、非常に精度の高いキャスティングが求めら

《註釈135》E.R.ヒューイットはこの例示として、Brown Bivisibleに加えQuill GordonやHendrickson、Pale Evening Dun、Little Marryat、Greenwell's Gloryなどを挙げている。

《註釈136》これは、毛鉤の色彩は本物の羽虫と比べると透明性を欠くことから、水中の視点から両者同サイズのものを観察すると、毛鉤のほうがより大きく見えてしまうからであるという。

《註釈137》J.アサートンは著書「毛鉤と魚」[1951]のなかで自己流のSkaterの釣り方を解説した。彼によれば、この毛鉤をアクロスあるいはダウン・アンド・アクロスに投射して、鉤先が沈んでハックルが水面上に貼りつ

く状態で浮かせるのではなく、ラインを少々引いてやってハックルの毛先で浮かせなければならないという。また、その毛鉤が流れを横切るように曳いてやると効果が高いとも説明している。

《註釈138》Spade Hackleとは、鶏の翼の外側などから採取される幅広のハックルで、羽根軸周辺に濃いスペード型の紋様を帯びることからそのように呼ばれている。

《註釈139》このようにハックルをなるべく鉤軸の後方に巻くのは、毛鉤がフトコロのほうから沈んでハックルが水面に貼りつく形で浮くことのないようバランスを考慮してのことであろう。

《註釈140》「キャッツキル・フライタイヤー」[1977]より引用。

《註釈141》「毛鉤釣魚大全」[1947]に収録された、1915年にT.ゴードンがR.スティーンロッドに宛てた手紙のなかの一節。

れる。ネバーシンク・スケーターはオイルを塗って用いる必要があり、濡れてしまったり、獲物を掛けたりした場合には、ヒューイットは必ず新しい鉤に交換していた。

　エルシーと私は、ヒューイットが使うスケーターのほとんどを巻いてきた。我々は彼のために、最も毛脚の長い、最も硬めのハックルを取っておいた。彼一番のお気に入りだったライトジンジャー・モデルを筆頭に、バイビジブル・スタイル（茶と白）やバジャー、ジンジャー、ダン、グリズリー・ブラウン、グリズリー・ジンジャー、そしてファーネスといった諸々のバリエーションまで巻いてきた。

　このパターンをきちんと巻くためには、特に幅広で硬めのスペードハックル[138]やサドルハックルを鉤先よりもほんの少しアイ寄りの位置に巻く必要がある[139]が、そのときハックルが鉤先に触れないようにするため、ある程度の隙間が空くように留めなければならない。アイ寄りに巻くハックルは光沢のある面を前方に向けて巻き、フトコロ寄りに巻くハックルのほうは光沢面を後方に向けて巻くようにする。その間にセンターハックルを巻く場合には、どちらの向きでも構わない。タイイング・スレッドはハックルの前方にもってきて、アイから充分に離した位置で巻きとめる。ハックルを巻いてフィップ・フィニッシュ（whip finish）で留める際には、ハックル基部の前後にスパー・バーニッシュやヘッドセメントを薄く塗布する。このとき、バーニッシュがハックルの毛並みにまで掛かることのないよう注意しなければならない。そうなると毛鉤が固まってしまい、ほとんど使い物にならなくなってしまうのだ。』[140]

　ラブランチとヒューイットという、20世紀前半の米国が生んだふたりの偉大なアヴァンギャルドたちが驚かせたのは、米国毛鉤の興隆を予言したG.E.M.スキューズばかりではなかった。お膝元のキャッツキル地方を釣るベテランアングラーたちのなかにさえ、このふたりの議論に追随することを拒む者は多かったのである。

　その最右翼がT.ゴードンであった。一例を挙げると、晩年のゴードンはラブランチから贈られたピンクレディーを『ピンク色の奇妙な毛鉤で、何のイミテーションだかさっぱり解らない。』とこき下ろし、『ラブランチがもう少し毛鉤のイミテーション性に関心を払ったなら、彼

ヒューイットが巻いたネバーシンクスケーター（CATSKILL RIVERS [1983]より）

の釣果はもっと増えるのだろうに。』と友人に漏らしたと伝えられる。

　他方、ラブランチのほうでも似たような違和感を覚えてか、ゴードンの死去に際して彼がフィッシング・ガゼット誌に投稿した追悼記事のなかには、『彼は最晩年になってようやく、水面上における毛鉤の見え方や形態・サイズに対して以前よりも関心を示すようになっていたが・・・それでも最後まで色彩模倣のアイデアを捨て去ることはできなかった。』と記されている。

　これら興味深い諸事例を史料のなかに見出すにつけ、米国ドライフライの伝統が必ずしもすべて同根の上に繁るものではないことを改めて思い知らされる。本節のおしまいに、ゴードンとラブランチ双方の言い分をそれぞれ次のとおり平等に紹介して、次節では我々の視線を大きく西のほうへと向けることにしよう。

『ラブランチとヒューイットは、シーズンを通じて１本の毛鉤だけで十分満足のいく結果が得られるだろうと放言している。このように触れ回るのは結構なことだが、それは彼らが釣る場所では、という条件つきでのことだろう。いくつかの色彩バリエーションを揃えた小型の毛鉤を用意していない彼らでは、立ち往生してしまうような釣り場がほかにいくつも存在するのだ。』[141]

晩年のラブランチ(左)とヒューイット(右)

同地がゴールドラッシュに沸いたことが大きな理由のひとつであったが、この新天地へ鉄路で送り込まれる人々のなかには、当然、フライフィッシャーも含まれていた。雄大な渓谷と清冽な流れ、そして大西洋沿岸部では見られない珍しい鱒類の噂を伝え聞いた開拓者が、荷物のなかに釣具と毛鉤を忍ばせないはずはなかった。かくして東海岸で育まれたフライフィッシング文化は大西部の開拓地にも根を下ろし、太平洋岸社会の自由で開放的な気風の影響も受けながら、独自の発展を遂げてゆくことになる。

インディアン討伐戦を完了した米国政府が1890年に「フロンティア消滅」を表明すると入植活動は最高潮を迎え、西海岸は名実ともに合衆国の領土へと組み込まれていく。20世紀に入ると、今度は自動車道路の整備が進み、東海岸の釣り人たちもシエラネヴァダ山脈の向こう側へ気軽に訪れることが可能となった。このころ、多くのフライフィッシャーたちもまた、いにしえのフォーティーナイナーズ[143]と同じく黄金を求めてこの地にやって来たのだが、驚くべきことに、彼らの探し求める黄金は、尾鰭を着けてカリフォルニアの山岳渓流を泳ぎ回っていたのだった。

『故セオドア・ゴードン氏と私の個人的関係について、各紙面ではさまざまに伝えられている。彼とは永い間文通を続けたが、実際に会ったのは3回だけでしかない。・・・(中略)・・・かつて私が彼に、ドライフライを静かなプールや緩い流れに限るのではなく、あらゆる種類の流れで用いて釣っていると伝えたところ、彼はそんなことはドライフライの理論を軽んじる行為だと私に詰め寄った。彼はG.A.B.デュワーやハルフォードの見解に同調して、私のやっていることは単なる格好つけでしかなく、ドライフライはゆったりとした流れでライズしている鱒にのみ用いられるべきだと言うのだ。私は心底驚いたのだが、それでも自説を曲げることはしなかった。』[142]

【ドライフライの西漸運動】

19世紀中ごろの米国人にとって、太平洋に臨む西海岸エリア全域はいまだインディアン勢力の残る危険地帯であった。そんな状況の下、1869年、大陸横断鉄道によって真っ先に東海岸と繋がったのはカリフォルニアの地であった。1840年代末にカリフォルニア金鉱が発見されて以降、

全身が黄金色に彩られたこの鱒のことを、人々は「ゴールデントラウト」(Golden Trout)[144]と呼んだ。世界でも類を見ないこの艶やかな鱒は、カリフォルニアのフライフィッシングを象徴するトロフィーとして、今もなお米国アングラーの羨望の的であり続けている。それでは、1920年代のフォレスト&ストリーム誌に掲載された記事のなかから、シエラネヴァダ山脈に深く分け入ってゴールデントラウトを追い求めた釣り人たちの姿を描く一節を引用してみることにしよう。

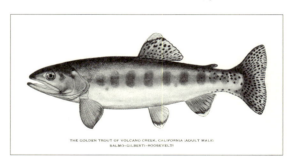

ゴールデントラウト

《註釈142》「米国のフライフィッシング」[1987]に収録された、およそ1950年代にG.M.L.ラブランチが書き遺したとされるメモの内容。

《註釈143》Forty-ninersとは、1849年の金鉱景気時にカリフォルニアへ押し寄せた、一攫千金を夢見る入植者たちの通称。

《註釈144》学名は*Oncorhynchus mykiss aguabonita*。ゴールデントラウト・クリークをはじめとするシエラネヴァダ山脈南部の水系に生息するニジマスの近縁種で、3つの亜種からなる。全身に黄金色をまとい、その雄魚は鮮明な婚姻色を帯びる。成長は遅く、通常は20cm程度までにしか成長しないが、稀に大型化する個体もある。近年、ブラウントラウトによる食害やニジマスとの交配による雑種化といった問題が指摘されている。1947年、カリフォルニア州の州魚に指定された。

『谷間に車を残して出発してから7時間後、我々はようやくコットンウッド・クリークの畔に広がるなだらかな草地に荷物を降ろした。そして火を起こして料理に取りかかった。

夕食を終えると、我々はゆったりと座って煙草を吸い、釣り具の仕度をした。そこからすぐ傍の川面を見遣ると、ほんの竿1本分の先を流れている、夕陽に照らし出された浅瀬のなかにはゴールデントラウトの姿をいくつも確認することができた。

馬たちは落ち着いて野の草を食んでいる。薪は豊富にあるし、気のいい牛飼いが木の枝で造ったベッドを我々に2台残しておいてくれていた。その上、彼は石組みの焚き火台まで造ってくれていたのだ。そよ風がさらさらと音を立ててカラマツの木立を通り抜けてゆく。山は我々に何とも素敵な場所を用意してくれたものだ。

ジミーは彼の人生初となるゴールデントラウトを宿営地近くで釣り上げた。ほんの10インチほどの小物だったが、彼は耀く眼を備えたその1匹を草の上に置いて熱心に見入っていた。

どんなに経験を積んだ釣り人でも同じことをするのではないだろうか。貴方もかつて感心しながらご覧になったことのある、書物のなかに収められたこの鱒の壮麗な彩色版画でさえ、本物と比べれば平凡で色彩感に乏しく感じられるに違いない。これらのゴールデントラウトは20年以上も前にコットンウッド・クリークに移植されたもので、後で我々が訪れることになる、元々彼らが棲息していたゴールデントラウト・クリーク（以前はボルケイノ・クリークと呼ばれた）の個体よりも遙かに鮮明な色彩を帯びている。同じことはコットンウッド湖沼群の大型ゴールデントラウトにも言えることで、私が釣ったほかの川や沼でも同様であった。これら水域の個体は、すべてゴールデントラウト・クリーク、すなわち北米大陸で唯一ゴールデントラウトの原産地として知られる流れから移植された末裔たちなのである。

（中略）

彼らがその色彩をまとうことになったシエラネヴァダ山脈に源を発する水系はきわめて標高の高い場所に位置し、主に白い花崗岩の川底を縫って流れていることから、おそらくこうした自然条件が彼らの体色を決定しているのだろう。

その日、我々は日没を迎えるまでに8〜11インチの鱒を夕食と朝食用に釣り上げていた。なんといっても今シーズン初釣行だったので、我々は魚に飢えていたのだ。我々はおよそ

カリフォルニアのフライフィッシャーたち［1904］

1/4マイルの牧草地帯を流れる早瀬やプールをドライフライで釣った。いつものことながら、ロイヤルコーチマンへの反応がよかったように思われる。

（中略）

翌朝、我々は荷物をまとめてゆっくりと川沿いを登り、上流の湖沼群を目指した。最初の3マイルはほぼ常に川面を眺めながら進んだところ、開けた流れのなかにはいつも平均でフライパン・サイズのゴールデントラウトが無数に見られた。それより上流に入ると、大きなミノウの群れに出くわしたが、どうやら産卵のために集まっていたようだ。

上流域には6つの湖があり、花崗岩の峰々に囲まれた細い盆地のなかを縦に連なっていた。一万フィートを超えるこの地の高度では、夜は寒さを増し、燃料の薪も乏しくなる。このため、我々は流れをずっと下ったところにある松林を宿営地に選んだのだ。

その日の午後、我々は3番目の湖を狙ってみたところ、15インチ級までの獲物を3匹釣り上げた。どれもが我々のウルトラライト・タックルを相手に善戦してくれた。餌にはヘビトンボの幼虫が一番効いたが、それに次いでイクラもよかった。純粋主義者が聞いたら怒り出しそうな話だが、とにかく、我々は魚を手にしたかったのだ。もちろん、我々は食糧のために釣っている訳ではないので、ほとんどの獲物は釣ったら傷つけずに逃がしてやった。というのも、コットンウッドの湖ではゴールデントラウトがどんな毛鉤も口にしてくれないことを前回の釣行で学んでいたからだ。

その後、ずっと北のほうにあるほとんど誰も知らない小さな湖で、一日中信じられないほどの素晴らしいフライフィッシングを愉しんだ。ある昔馴染みの老人がひと夏の間ずっとこの地をさまよい歩いた経験を基に、我々にこの湖のことを大まかな行き方と一緒に教えてくれたのだった。

続いて、我々はその上にあるより大きく深い湖で、5、6ポンド級の怪物を狙ってみた。というのも、その数日前には別のパーティーがそんな大物をここで仕留めていたからだ。たまにデッカイ奴が回泳してくるのを見かけはしたが、大物というのはどこでも賢くて、いつでも満腹状態のようだ。それでも、我々は15〜18インチ級を釣り上げて、なんとか溜飲を下げたのだった。

それにしても不思議でならないのは、このコットンウッドでの釣りが世間ではちっとも知られていないことだ。この湖沼群でも、リンカーン・ハイウェイ経由でローンパインというオーウェン渓谷の小さな町に入れば、そこから馬に乗り換えて8時間で到着できる。東海岸からやって来る旅行客は、この町に車を置いて馬を調達すれば、湖沼群の数マイル下のほうにある小さなサマーキャンプに宿営しながら、素敵なコットンウッドの散策を愉しむことが簡単にできるというのに・・・。』(145)

それでもなお、カリフォルニアの生み出した最も有名なゲームフィッシュがニジマス (Rainbow Trout) であることは論を待たない。英名はもとより、ドイツ語でレーゲンボーゲンフォレッレ (Regenbogenforelle)、スペイン語でトゥルチャ・アルコイリス (Trucha arcoiris) と呼ばれるとおり、その体側に映し出される鮮やかな虹色の帯は、見る者に鮮烈な印象を与えてくれる。しか

し、釣り人にとってはそれも二次的な要素に過ぎない。この鱒が備えるゲームフィッシュとして最大の魅力は、彼らが掛かった後に我々の眼前で披露する華麗な跳躍と激しい抵抗にある。この鮮やかな舞踏に魅了されぬ米国の釣り人など、西にも東にも居ようはずがなく、キャッツキルのT.ゴードンもまたこの鱒に賛辞を惜しまなかった。それでは、彼がニジマスのゲームフィッシュとしての魅力を讃えるふたつの文章を次のとおり紹介しよう。

『ニジマスは何度でも繰り返し跳ね、いつも下流に向けて疾走する。ブラウンとブルックは常に上流に走る、あるいは少なくとも最初のひと伸しは上流に向かう。しかしニジマスは、空中に舞い出た後はひたすら下流に向かってラインを引きずり出すので、サイズはどうあれ、釣り人はその後を追って走らなければならない。この鱒に慣れていない者は、得てして掛けた大物ニジマスに逃げられてしまいがちだ。この獲物は最後の最後まで闘い、釣り上げられてしまった後には鰭でキックする体力さえ残すことはない。水温が高い場合、大物ブラウンだとまったく走らないことがある。そんなとき彼は拗ねて、釣り上げられるまで居場所に留まろうと抵抗し、まるでピッカレル (Pickerel)(146)のようにみっともない争い方をする。私の経験上、ニジマスの場合は最後まで気を抜くことができず、その闘争はむしろサーモンに近いものだ。』(147)

『ニジマスは、私の知る限り釣り上げるのが最も難しい魚種のひとつであって、私はこの鱒の信奉者であるといってもよい。ニジマスは水深数フィートの強い流れのなかに棲息することを好むので、もし激しい流れがあれば、その大小を問わず、流れの終わるところまでしっかり探ってみなければならない。ビーバーキルやネバーシンクといった当地の大規模な鱒川の下流域でも、この魚は確実に繁殖するものと考える。というのも、この鱒は他の鱒と比べてより高水温に耐えられるからだ。この魚はドイツで非常に歓迎され、ニュージーランドの川でも移植に成功している。ドイツではもっぱら食用に養殖されているが、ニュージーランドでは、私が以前に解説したとおり、毛鉤にライズし、水面を割って跳ねるといったスポーツフィッシュとしての価値を完璧に体現する獲物として認められているのだ。』(148)

ニジマス

《註釈145》THE LAND OF GOLDEN TROUT (C.M.Kreider [FOREST & STREAM (February 1922)])より引用。

《註釈146》Chain PickerelやGrass Pickerelなど、北米大陸に生息するパイク類の小型種の総称。ただし、ときに大型種のNorthern Pikeを指すケースもあることに注意。

《註釈147》THE RAINBOW TROUT IN AMERICA AND A NOTE ON RODS (FISHING GAZETTE [December 1902])より引用。

《註釈148》JOTTINGS OF A FLY-FISHER---II (FISHING GAZETTE [March 1903])より引用。

《註釈149》ニジマスの人工孵化に成功した最初の事例をめぐっては論争があり、1870年のサンフランシスコ湾岸地区の事例であるとする異説もある。

《註釈150》1877年、マクラウド川で採取された一万粒のニジマスの発眼卵が、明治政府の水産技官を務める関沢明清によって初めて日本に輸入された。彼は東京四谷の井戸水を用いてこの卵を孵化させたと伝えられる。

《註釈151》キャッツキル地方のサリバン郡を流れるデラウェア川 (Delaware River) の支流のひとつ。

ニジマスの人工養殖に成功した最初の事例は、1870年代、カリフォルニア州のマクラウド川 (McCloud River) において確認される、と多くの釣魚史家が伝えている[149]。カリフォルニアの養魚場で用意された発眼卵は、欧州のみならずアフリカ、南米、オセアニア、果ては日本にも向けて送り出され[150]、無事定着したその末裔たちが今日も世界中のフライフィッシャーを愉しませている。

米国内においても1875年前後には、カリフォルニアから送られたニジマスの発眼卵が初めてニューヨーク州の養魚場に到着したと伝えられる。それ以降、東海岸のさまざまな釣り場へと移殖されていく訳だが、釣り味に優れ、温水への耐性も備えるこの鱒は、保守的な地においても広く受け入れられていった。

とはいえ、公共交通機関が今日ほど整備されていない時代のこと、移殖に際しては各地でさまざまな困難が待ち構えていた。この点について、一説にはキャッツキル・スタイルの銘パターンであるライトケイヒルの開発者とも伝えられる、エリー鉄道で機関夫を務めたダン・ケイヒル (Dan Cahill) にまつわる逸話の一節を、ハロルド・スメドレー (Harold Smedley) の古典「フライ・パターンとその起源」(FLY PATTERNS AND THEIR ORIGINS [1943]) のなかから次のとおり抜き出してみよう。

『1880年代に遡るが、当時、キャリクーン・クリーク (Callicoon Creek)[151]に大型ニジマスが定着したのはケイヒル氏のお陰であった。彼の説明によれば、ケイヒルが運転していた機関車が崖崩れのためにキャリクーン近郊でストップし、一日中足止めを喰らうであろうことが確実視された。たまたまその車両には、西海岸から東海岸のある地域へ向けて移送中の、2ポンド級と4ポンド級のニジマスを入れた缶がいくつも載せられていた。魚がこの遅延に耐えられないと判断したケイヒルは、彼らを無駄死にさせないよう、同僚の機関士2名の協力を得て、これらの缶を勝手に貨車から持ち出し、およそ1マイル先のキャリクーン・クリークまで人力で運んで放流してしまった。

このときの放流こそ、かつてジョージ・M・ラブランチが愛し、数とサイズの両面で一世を風靡したその流れの素晴らしい釣りの源となったに違いない。』

カリフォルニアの鱒川 [1902]

ニジマスの移殖が進められたのは東海岸だけでなく、西海岸地区の北方内陸部へも拡げられていった。この地域こそ、東海岸の伝統から遠く離れるがゆえ、まったく独自の毛鉤様式を確立することに成功した、米国フライフィッシング文化のもうひとつの核をなすエリアである。特に鱒釣りの観点からいえば、メッカとして全世界のアングラーたちが巡礼を切望する釣り場が、モンタナ・アイダホ・ワイオミングの三州境に位置するイエローストーン国立公園 (Yellowstone National Park) とその近辺に集中している。

代表的な河川を挙げると、モンタナ州を北上してミズーリ川に注ぎ込む大河イエローストーン川 (Yellowstone River) 水系、有名なファイヤーホール川を源流のひとつとする力強いマジソン川 (Madison River) 水系、そして大陸分水嶺の西側に源を発してスネーク川 (Snake River) へ穏やかに流れ込むヘンリーズフォーク川 (Henry's Fork) 水系といったように、日本の我々もいつか釣り歩くことを夢見る銘川の名がずらりと並ぶ。

これらロッキー山脈の銘流に棲む鱒族と、それを追い求めた19世紀アングラーたちの足跡について書き綴られた記録の一節を次に紹介してみたい。

『モンタナにおける釣魚史の黎明期について語るならば、まずは同地における魚種の解説から始めるのがよいだろう。かつ

てはモンタナの原産種だけで構成されていた野生魚たちも、人間の手による環境破壊や移入種との競争、そしてときには乱獲によって、今や存続の危機に瀕しているといえよう。

その鱒の名はカットスロート（Cutthroat, 学名*Salmo clarki*）。下顎の両側にひと筋の赤い帯をまとうことからその名がつけられている。この学名はというと、ルイスとクラーク[152]がミズーリ川で発見した同種を1803年から06年にかけて報告したことに由来する。この鱒はウェストスロープ種とイエローストーン種の2種類に分けられ、両者を区分する最大の相違点は体色のパターンにある。現在は大規模河川において限定的に残存するだけで、スポーツフィッシャーマンにとって重要な対象魚とはみなされていない。

アークティック・グレイリング（Arctic Grayling, 学名*Thymallus arcticus*）は、1805年、ルイスとクラークによって「ホワイトトラウト（White Trout）かシルバリートラウト（Silvery Trout）、いずれかの新種」と報告されているが、この種が科学的に認識・命名されるためには1872年まで待たねばならなかった。次に引用する一節は、メリウェザー・ルイス大尉が1805年8月22日の日誌に記した内容である。

『夕刻遅く、隊員たちに引き網を設置させたところ、2時間ほどで528匹の良型の魚を捕らえることができた。ほとんどは大鱒だったのだが、そのなかには十何匹かの白い鱒のような、これまで見たことのない魚がいた。総身が銀色で、背と頭の部分だけ青みがかっていた。鱗のサイズはブルックトラウトよりもずっと大きいが、それぞれの鰭や歯や吻部のつき方はその鱒とまったく同様であった。この魚はそれほど大きくはなかったが、同じく非常に美味であった。』

彼らは、現在クラークキャニオン貯水池となっている地区近辺を流れていたビーバーヘッド川（Beaverhead River）の上流域で漁を行っていたのだ。

カットスロートと同様、グレイリングもわずかに生き残ってはいるが、現在のモンタナのフィッシングシーンにおいてというよりは、むしろその過去の歴史のなかにおいてこそ重要な役割を担っている。

（中略）

ブラウン、レインボウそしてブルックといった鱒たちは、1889年、マジソン川水系に放流されて以降、モンタナ全土に広く移殖されていった。固有種の鱒たちはこれらの鱒によって次第に置き換えられていったが、ホワイトフィッシュ（Whitefish）[153]だけは勢力を温存した。なかでもニジマスはカットスロートとの交雑種を生み出したため、特に有害であった。これらの移入種のなかでも、釣り人のプレッシャーや厳しい自然環境への耐性という点で最も優れていたのはブラウントラウトだった。

1870年から1900年にかけてモンタナを訪れた初期の釣り人たちは、新天地の興奮を追い求める冒険者か、または川や湖の傍に居を構える野外生活者のどちらかであったろう。もしかすると、彼らは鉄道員や軍隊の将官であったかもしれないし、あるいは乏しい食糧を鱒の肉で補う入植者であったかもしれない。これらの者たちがその時代、純粋にスポーツのために鱒を釣ったかどうかは疑わしく、決してウォルトンが愉しんだような瞑想的で休養としての娯楽であろうはずがなかった。ハイイロヒグマやピューマといった肉食獣はまだいくらでも棲息しており、彼らは餌を求めてしばしば川や湖の近くに出没していたことだろう。また、ガラガラ蛇はいたるところで人々を脅かしていた。釣り自体は間違いなく素晴らしかったが、釣ったばかりの何匹もの鱒を背負ってキャンプ地に戻るのは、非常に危険な体験であったのだ。

西海岸アングラーの釣果［1915］

《註釈152》1803年、第3代合衆国大統領トーマス・ジェファーソンは太平洋北西岸地域への陸路探索のため、Meriwether Lewis大尉とWilliam Clark少尉に西部探検隊の編成を命じた。翌年5月、ミズーリ州を出発したおよそ40名からなる探検隊はインディアンとの戦いや列強諸国からの干渉、そして厳しい大西部の自然に悩まされながらも歩を進め、ついにはコロンビア川を下って大西洋に到達し、06年9月に帰還を果たした。これが合衆国政府の送った探検隊のなかで大西洋にたどり着くことのできた最初の例となるが、その過程で採取されたさまざまな植物や動物についても、政府に詳細な報告がなされた。

《註釈153》グレイリングと同じ*Coregonus*属の一種であるマウンテン・ホワイトフィッシュ（Mountain Whitefish）を指す。米国では釣りの対象魚として鱒より一段低く見られているが、その淡白な白身は優れて美味であることから、ダン・ベイリーも一時、毛鉤販売事業の収入を補うため、食肉販売用にこれを大量に釣っていた。

《註釈154》1875年、ニューヨーク市内に設立された有名な釣具店アビー＆インブリー（Abbey & Imbrie）の共同設立者の一人、Charles F. Imbrieの名を冠した米国伝統のウエットフライ。茶色のハックルに鼠色のウイングを合わせ、黄色のシルクフロスで巻き上げたボディーにゴールドリブを設けて、そのつけ根に黒いシェニール製のタグを取りつける。

《註釈155》19世紀後半にフォレスト＆ストリーム誌の編集者を務めたアルバート・チェーニー（Albert N. Cheney）が1870年代に開発したウエットフライ。後に彼の友人であったオービス社のC.F.オービスがこの毛鉤を量産して全米で販売した。ボディーの前半分は赤色、後半は黄色で巻き上げたところにシルバーティンセルで

1877年の晩秋のこと、今となっては「タマラック」("Tamarack")という名前しか遺されていないとある記録者が、ユタ州コーリンからモンタナ州ミズーラまで遠征する探検隊に参加した。所要41日、雪崩や寒波に往く手を阻まれる危険な行程であった。その途上、彼は柳の枝を切り取って釣竿とし、鉤に紅色のフランネル生地を取りつけて鱒を釣った。

後にミズーラに到着すると、彼は毛鉤を巻いた。それは鉤にガチョウの羽根と黄色い絹糸を巻いたもので、水に投じると『ウズラが落水するような音がした』という。おそらくこれがモンタナ最古の毛鉤に関する史料になると考えられるが、この記録は単に、どんな絹糸と羽根の組合わせでも簡単に騙されてしまうような間抜けな鱒がたくさん居たという史実を伝えているに過ぎない。

その腕に磨きがかかるにつれて、タマラックは東海岸にバンブーフライロッドの注文書を送り、サンフランシスコ製の毛鉤を近所の店で購入するようになった。彼が用いたパターンのなかにはコーチマンやプロフェッサー、グラスホッパーやインブリー(Imbrie)[154]、チェーニー(Cheney)[155]、キャプテン(Captain)、そしてホワイトミラー(White Miller)[156]といった毛鉤がみられる。コーチマンやプロフェッサーをリバースウイング・スタイルで巻いたものが彼のお気に入りであった。彼は色つきの6フィート・リーダーと、6インチのスネル[157]を取りつけた、おそらくは#8サイズの中型の毛鉤を薦めていた。

また、ジャック・V・ナイ(Jack V. Nye)というインディアンの老兵/罠師による記録も遺されている。彼は1880年ごろにイエローストーン川やローズバド川、スティルウォーター川を釣った。餌釣りが盛んな当時にあってもナイが毛鉤で釣っていた点は興味深い。彼が用いていたパターンのひとつに、彼が「イエローストーン」と呼ぶものがあったが、それは地元の昆虫を模したものであったという。後に、彼がその毛鉤のサンプルを東海岸のメアリー・オービス・マルベリーに送ってみたところ、後にそれは彼女の名著「愛される毛鉤たちとその来歴」のなかでサイズ#7の鉤に巻いたプロフェッサーとして整理されることになったのだと伝えられる。

初期におけるモンタナの発展は急速に進み、早くも1900年までの時点で数多くの町や都市が成立していた。もはやウィルダネス的雰囲気が支配する状況ではなくなってしまったが、

イエローストーンの釣りを紹介する広告 [1903]

なおもその面影は残されたまま、今日まで続いている。釣りは今やスポーツとなり、鉄道に乗った東海岸の釣り人たちが、このほとんど知られていない地域の魅力に引き寄せられているのだ。』[158]

モンタナ独自の毛鉤文化が最初に花開くのは、1915年、地元で最高のフライタイヤーの一人とされるミズーラ在住のジャック・ベーム(Jack Boehme)がドライフライ「ピケットピン」("Picket Pin")[159]を創作したときであったとされる。ベームはそのウイングを形作るために獣毛(hair：この場合はジネズミ[gopher]の尾)を用いた最初期の人物のひとりであったと伝えられる。もちろん、狩猟の盛んな同地で入手の容易な野獣の体毛をフライタイイングに用い

リブを設け、暗色系のテイルと深い黄色のハックルを取りつける。なお、チェーニーは85年にはニューヨーク州政府の遊漁・森林管理委員会の委員長に指名されるなど、19世紀末の米国釣魚界で重要な役割を担った。

《註釈156》全身に白一色をまとった古くからの伝統的ウエットフライで、その由来は不明。M.O.マルベリーは自著のなかで、この特に朝/タマズメに有効とされる古来の毛鉤は、ある種の蛾のイミテーションであると記している。

《註釈157》snellとは、ウエットフライのチモトに結束されたテグス製の連結器を指す。

《註釈158》THE HISTORIC MONTANA TROUT FLY ---FROM TRADITION TO TRANSITION (George F. Frank [THE AMERICAN FLY FISHER (Vol.1 No.2)])より引用。

《註釈159》この「馬留めの杭」という名は、大草原の上に直立しながら周囲を警戒するジネズミの容貌から西部のカウボーイが呼び習わした、この小動物の愛称をそのまま用いたもの。その獣毛をウイングに用い、フラット・ゴールドティンセルを巻いたボディーの上から茶色のボディーハックルと黄色いスレッドのリブで巻き上げて、これにゴールデンフェザントのテイルとピーコックハールのヘッドを加える。なお、米国で初めてウイング材に獣毛を用いたドライフライは、1901年、Carter H. Harrisonがアイダホ州の釣り場で、シカゴ在住の検察官Alfred S. Trudeのために巻いたTrudeであるとされるが、Picket Pinはこれを原型として開発されたと伝えられる。

PICKET PIN

第3部　ドライフライの歴史（後編）

ることは至極当然であったという評価もできようが、機能上重要であったのは、特にムースやエルクの身を覆う毛は丈夫な上に脂を含んでよく撥水し、しかもその内部が空洞構造となっていることから浮力に富んでいるという点である。

そのほかにも、一層の浮力を得るためにコルクボディーを採用するケース[160]まで登場するなど、モンタナの釣り人たちは激流のなかでもドライフライを浮かせるために最適なマテリアルとスタイルを探し続けた。これ以降、モンタナでは獣毛を主な素材とする独自の毛鉤文化が育まれていく訳だが、このスタイルのドライフライを機能的に発展させ、全米のみならず世界中に向けて発信する役割を担うことになったのは、1930年代にニューヨーク市内で新規事業を立ち上げようとしていたふたりの若きフライフィッシャーであった。

「暗黒の木曜日」に端を発した大恐慌が全米中に吹き荒れるなか、とある大学講師と商業デザイナーが共同でフライタイイング教室を開催した[161]。その前者はダン・ベイリー（Dan Bailey）[162]で、後者がリー・ウルフ（Lee Wulff）[163]。両人とも、後に20世紀の米国釣魚界を代表するフライフィッシャーとなるのだが、当時はまだ無名の青年でしかない。不況の影響もあり、この事業自体は不振のままに終了したが、ふたりの間に培われた友情は終生絶えることがなかった。

1936年、ベイリーは結婚すると新婚旅行の目的地にモンタナを選んだ。まだ東海岸から同地を訪れる者は少なかったが、そのとき体験した大きな空の下の自然に心奪われたベイリーは、あっさりとニューヨークでの原子物理学の研究職を捨て、リビングストンの街に定住する決心をした。38年、彼はこの街でメールオーダーによる毛鉤製造・販売事業を開始して[164]、これが今日まで続く高名なダン・ベイリーズ・フライショップ（Dan Bailey's Fly Shop）の出発点となる。

この社屋内に設置されたタイイング工房では、数十年にわたって地元の職業タイヤーたちが静かに、そして確実に注文の毛鉤を巻き続けた。米国の釣魚作家チャールズ・ウォーターマン（Charles F. Waterman）は、ベイリーの半生を描いた作品「川面の霧」（MIST ON THE RIVER [1986]）のなかで、彼とその工房で働く女性タイヤーたちの姿を次のように紹介している。

『有名パターンの発明者のほとんどは男性だが、それは単に釣り人のほとんどが男性によって占められているという理由でしかない。さる高名な釣魚の権威によれば、最高のフライタイヤーは自分の製品が実際に使われるのを決して目にすることのない女性たちであるという。この言葉を我々の世界に置き換えれば、最高の量産毛鉤を製作しているのはほとんど女性であるといえよう。力強い手と太い指で美しい毛鉤を巻くことのできる男性もいない訳ではないが、彼らの多くは時間の制約を受けていないし、そもそも男性には、毛鉤が合ってさえいれば魚は勝手に向こうから掛って来るものと信じ切っているとこ

ダン・ベイリー（「川面の霧」[1986]より）

《註釈160》1927年、モンタナ州在住のPaul Bunyanは細長いコルクボディーの両側に獣毛製のスペントウイングを取りつけた、Salmonflyの大胆なイミテーションであるBunyan Bugを発表し、これを商業的に生産した。

《註釈161》このとき参加した数少ない生徒のなかの一人に、当時駆け出しのライターであったJ.マクドナルドがいた。彼は1935年に初めてダン・ベイリーと出会って釣りを学び、以後、終生変わらぬ親交を続けた。

《註釈162》1904年、ケンタッキー州の農家に生まれる。大学院で物理学の修士号を取得して各地で忙しく教鞭をとりながらも、フライフィッシングの愉しみを忘れることはなかった。New York Universityの博士課程で勉強しながらBrooklyn Polytechnic Instituteで物理学を教えているころにL.ウルフやJ.マクドナルドと知り合う。研究職のキャリアを捨ててモンタナ州に移住して以降、毛鉤のメールオーダー事業を拡大して、80年代に同店はその分野で全米最

ろがある。

　どんなに才能のある男性でも、優れた量産タイヤーになれる者はほとんどいない。なぜかと議論し始めるとキリがないので、話はこのくらいにしておくが、とどのつまりは男の本性に由来する。要するに、ほとんどの男性は一事にずっと集中し続けることができない性分なのだ。・・・(中略)・・・魚が自作の毛鉤を咥えるのを見たいが為に毛鉤を巻きたくなるという欲求も、たくさん毛鉤を巻き続けていくと次第に薄れていくものだ。世界的な毛鉤の権威でタイイングのエキスパートでもあるダン・ベイリーでさえ、その晩年には、引き続きマテリアルや完成品の優れた目利きではあっても、自分で巻くことはしなくなったのだ。

　ダンは自分の農場で飼っていたアンテロープや鹿や牛に対してアレルギー体質だったので、もちろん、ほとんどのフライマテリアルに対してアレルギーがあった。彼は野生動物や家畜に対する自分のアレルギー体質を冗談交じりに嘆くこともあったが、日々の作業に向かうときには一切不満を漏らすことはなかった。病院に行ってみたところ、彼が「事業に関する物ほとんどすべて」に対してアレルギー体質であることが判明したときには、彼の引退を想像する者さえいた。もちろん、彼はそんなことはしなかったが、いつしか、ダンが働いているときには床を掃いてはならないとするルールができ上がっていた。・・・(以下略)

　ダン・ベイリー社タイイング部門の長を務めるルイーズ・モニカル (Louise Monical) 女史は世界最高のタイヤーの一人であるに違いないが、彼女は自分の巻いた毛鉤で釣りをすることもなければ、新パターンを発表することもないので、結果として有名にはなっていない。しかし、彼女は客からのカスタムオーダーを異様なまでの正確さでこなしており、いったいこれまでに何種類の毛鉤を彼女が巻いてきたのか、想像できる者は誰もいない。また、彼女はこれまでに何人のタイヤーを訓練してきたのだろうか？数百人か、あるいは千人にも達するだろうか？その彼女も今では、タイイングベンチではなく事務机に座っている時間のほうが長くなってしまっている。

　もちろん、彼女に比肩し得る者などまずいないだろうが、もしかすると我々の見知らぬ優秀なタイヤーがどこかに存在するかもしれない。職業量産タイヤーは特別な人種であるが、

ダン・ベイリーのタイイング工房内の風景。一番奥がダン・ベイリー。壁面に見えるのがウォール・オブ・フェイム。(「川面の霧」[1986]より)

その上、顧客の要望に応じて新しいデザインの開発——これをカスタムタイイングという——までできる者となればさらに希少種となる。毛鉤の製作というのは、芸術作品の創造行為か、あるいは釣り人の目から見てもまったく同一な数十もの作品を正確にかつ無駄な作業を一切省きながら量産する研ぎ澄まされた作業プロセスか、そのどちらかであるはずなのだが、モニカル女史はその両方を同時にこなすことができる。ここまでできる者は滅多にいない。

　エキスパートになると、同じ品質の毛鉤であっても、ひと目見ればそれがどのタイヤーが巻いたものか見分けることができるという。思うに、量産タイイングもまた芸術の一形態と呼ぶべきではないだろうか。

　誰もがエキスパートになれるという訳ではない。かつて、ダ

大規模な釣具店となる。後に自然保護活動にも尽力して、82年没。

《註釈163》1905年、アラスカ州に生まれる。幼少時にニューヨークに移り住み、長じてさまざまな職を経た後にプロアングラーとして活動を開始。釣魚雑誌に寄稿するだけでなく、自ら釣魚映画を撮影し、講演活動も行って全米中に名を馳せる。60年代にはインターナショナル・ファリオクラブの会員に選ばれ、世界的にも有名となる。66年にプロフライキャスターのJoan Salvato Cummingsと三度目の結婚をし、79年にはビーバーキル川の畔にふたりでWulff School of Fly Castingを創設してキャスティング指導を開始する。91年、セスナ機を操縦中に心臓発作に見舞われて墜落死。

《註釈164》1937年には、すでにニューヨーク市内でメールオーダーの毛鉤販売事業を立ち上げていた模様。

ン・ベイリーがより多くの職業タイヤーを求めたときがあったが、ルイーズはそれに応えて、この仕事に関心を示した街中のご婦人方を手当たり次第に試してみたという。

(中略)

ルイーズによれば、フライタイイングに関心を示す女性の4分の1程度が長時間のタイイング作業に耐えられる素質を備えているというが、問題は手の器用さなのだという。しかしこの器用さは特殊なもので、これと定義できないのだ。緻密な針仕事を器用にこなすことで名の知れた女性が、タイイングベンチでは苦戦するというのも珍しくない。』

リー・ウルフのほうはその後どのような人生を送ったのだろうか。1930年ごろからプロアングラーとして活動を開始していた彼は、後に世界各地で巨魚を釣り上げて名声を博し[165]、メディアを積極的に利用して釣りの愉しみを全米にあまねく伝えた。また、キャッチ・アンド・リリースを広く普及させたのも彼の功績とされている[166]。第二次世界大戦後、彼は巨大なアトランティックサーモンをドライフライとわずか6フィートの短竿で釣り上げる究極のウルトラライトゲームを提唱して、米国アングラーたちを熱狂させた。このとき彼の使っていたドライフライが、ウイングとテイルに大量のバックテイル(bucktail)、すなわち鹿類の尾の

毛を用いたグレイウルフ(Grey Wulff)であった。

このドライフライの開発にはダン・ベイリーが深く関わり、後にそのバリエーション・パターンであるホワイトウルフ(White Wulff)やロイヤルウルフ(Royal Wulff)が誕生したときも、背景にはこの旧友の助言があったと伝えられる。実際、これらのパターンはダン・ベイリーズ・フライショップが看板パターンとして大いに販売したことにより、着実にモンタナの伝統へと連なっていった。これら銘ドライフライ誕生の逸話について、ウルフ自身が次のように語っている。

『1920年代後半のドライフライを知る者であれば、そのころのリーダーは短いテグスを繋ぎ合わせたものであって、使用時に乾いて折れてしまわないよう、湿らせた小箱のなかに収納していたことを想い出すだろう。それは、スパイダーやバイビジブルがまだ新奇なオーラを発していた時代のことであったが、ちょうどこのころ、新たにファンウイング・ロイヤルコーチマンが多くの釣り人たちに受け入れられたところで、頑固な鱒もこのパターンには必ず降参すると喧伝されて、最先端を走るドライフライマンであれば欠かすことのできない毛鉤となっていた。

そのころのドライフライはほぼ例外なく、すべてウエットフライ・パターンのコピーであって、用いられるマテリアルも本質的には同一だった。毛鉤を浮かせるため、ハックルにはより一層の硬さが求められ、全体にケバ立ったスタイルとなったが、それ以上の変化はなかった。さらに驚くべきは、ウエットフライから作り換えられたドライフライの形態のほうには一切変化が見られなかったことである。色彩の違いもシルエットのなかでは重要性を失い、その輪郭はまったく別物のように見えてしまう(バイビジブル、スパイダー、ファンウイングは例外だが)。そんな毛鉤のボディは均等にスレンダーで、デリケートなハックル、まばらなテイル、そして軽めのフェザーで仕上げたウイング(それさえ無いこともある)を備えている。これらを魚が眺めるのと同じように、陽差しに向けて掲げて見ると、どれもほとんど区別がつかない。クイルゴードン、ダークケイヒル、ヘンドリクソン、タップス──どれも同じ影を落とすばかりだ[167]。

フェザーファイバーを使ったウイング・パターンは、魚を掛けて遣り取りをすると、水分や魚体のヌルが着いて使えなく

リー・ウルフ

《註釈165》彼は12ポンドテスト・ラインで148ポンドのカジキを、50ポンドテスト・ラインで600ポンド近いマグロを釣り上げている。

《註釈166》彼の処女作となるHANDBOOK OF FRESHWATER FISHING [1939]のなかには、キャッチ・アンド・リリースのモットーとして今もなお有名な、『ゲームフィッシュは、たった1回釣り上げるだけでは惜しいほど、貴重な存在である。』("Game fish are too valuable to be caught only once.")との一節が収められている。

《註釈167》この一節は、英国のネオ・イミテーショニストであるJ.W.ダンが書き遺した文章や、J.C.モットラムの

シルエット理論に極めて近い論法であることに留意する必要がある。

《註釈168》AMERICAN TROUT FISHING(A.Gingrich [1965])より引用。

《註釈169》「米国のフライフィッシング」[1987]より引用。

《註釈170》P.ジェニングスは1936年にダン・ベイリーの許を訪れてモンタナの釣りを愉しんでいるが、やはり水が合わなかったのか、以後再び同地を訪れることはなかった。

《註釈171》ダン・ベイリーは、多種類の毛鉤を収集する行為が『1割は魚のため、残り9割が釣り人のエゴイズムのため』であると喝破している。

なってしまう。ファイバーの軟らかい表面はヌルや水分を捉えやすいため、いったん魚をランディングしてしまえば、完全に乾いている毛鉤に交換して新たにオイルを塗りつけるのが通例となっていた。特にファンウイング・パターンはというと、とても使い難くて、魚の口に掛かるとウイングが捩れて滅茶苦茶になるし、キャスティング時にはどんなに奇麗な状態のものも回転してしまって、ティペットがひどく撚れて絡まってしまうのだった。これらのドライフライはハックルとハックルファイバー・テイルにより浮力を得ている。これらの乏しい浮力では重めのボディーを支えることができないので、初期のドライフライのなかにそんなボディーを備えるものは無かった。しかし、鱒やサーモンの棲む流れに落下する昆虫の多くは、通常の毛鉤よりもずっと重量のあるしっかりした体躯を持っているものだ。その一例が大型のカゲロウで、多寡の差はあってもおよそ一年中流れの上に見られるものである。1930年の勤労感謝の日のころのこと、オウサブル川での釣りから戻ってきた私は、自分のタイイングデスクに向かった。この日の私は、まだ多少ハッチしていた灰色っぽい大型カゲロウのきちんとしたイミテーションを製作する必要性に駆られていた。そのとき我々が使っていた細身のボディーの毛鉤では効き目が薄かったように思われたからだ。

昆虫のイミテーションに高い浮力を誇るバックテイルを用いるというシンプルな方法を通じて、重量のあるボディーを支え、充分に頑丈なウイングを実現することにより、何匹獲物を掛けても、1、2回鋭くフォルスキャストをして、たまに毛鉤にオイルを塗ったりラインにグリスを掛けてやったりするだけで、何度も繰り返し使うことのできるドライフライを創り上げることができたのだ。次の春には、このパターンが鱒に効くことを証明できたし、毛鉤を交換することもなく、たった1本で30匹の鱒を釣り上げられる耐久性も確認することができた。

この新しい毛鉤は、茶色のバックテイルでできたウイングとテイル、灰青色のハックル、そして灰青色のアンゴラかウサギのウールボディーを備えていた。命名の際に、当初、私は「オウサブルグレイ」（"Ausable Grey"）という名前を考えていたのだが、この毛鉤を使って最初にエソパス川やオウサブル川をともに釣ったダン・ベイリーがグレイウルフと呼ぶべきだと強く主張するものだから・・・、そうなってしまった。

そのバリエーションとして、白いバックテイル製のウイングとテイルに、クリーム色のアンゴラのヘアか薄色の狐のヘアで造ったボディーを組み合わせ、バジャーハックルを巻いたものは、イエロー・メイフライのダンかスペントのイミテーションとして効くことが分かったので、ホワイトウルフと命名した。また、ロイヤルコーチマン風の厚めのボディーと典型的なダークブラウンハックルに、茶色のバックテイルのテイルとふわり膨らんだ白いバックテイルのウイングを合わせたのがロイヤルウルフである。このパターンはファンウイング・ロイヤルコーチマンと同様の魅力を発揮するが、後者の壊れやすさや回転しやすさとはまったく無縁である。』[168]

ウルフが解説するように、浮力と耐久性こそがウルフ・パターンの本質である。特にテイルの強力な浮力は毛鉤を水面上に保持するだけでなく、水面下の鱒に強いアピールを送る機能を果たすことにもなった。ハックルを支点として、長く厚く取りつけたテイルの強い浮力が鉤先を水面上に押し上げるよう働く結果、ネオ・イミテーショニストのドライフライ理論が教えるとおり、その豊かなボディーは空中に押し上げられて魅力的な反射光を水面下に送り届けることができるからだ。

しかし、この独特のフォルムが万人に受け入れられた訳ではない。アングリング・エントモロジーの大家P.ジェニングスは、『このパターンはどの虫にも似ていない』[169]と公言して、その正当性を決して認めようとはしなかったと伝えられる[170]。この考え方に対し、ジェニングスの親友であったダン・ベイリーは彼本人に宛てた書簡のなかで、彼の模倣主義と対立する自身の経験主義的な立場を次のように明確に示した。実践のなかで鍛えられた彼の理論によれば、鱒の視界は人間のそれと大きく異なるため、本物の虫から学ぶべきことはほとんどないという。ドライフライは、それがよく浮いて、いくつかの昆虫をグループとして大雑把にまとめた姿にある程度似ている限り、魚を騙すことができるのだ、と主張した。ベイリー自身、毛鉤を交換することはあったが、それは川面を流れてくる本物に似た毛鉤を選んでいるのではなく、単に水面下の鱒の反応を窺いながら毛鉤を選んでいるに過ぎないのだ、とも記している[171]。

このような反対意見にも関わらず、優れたドライフライは自ずから愛好者を世界各地に見出していく。驚くべきことに、「厳格なる模倣」主義者の牙城たる南イングランドのチョークストリームにおいてさえ、グレイウルフはメイフライを模倣する代表的パターンとして定着することになった。もちろん、この地の釣り人は当初そのイミテーション性を疑い、ニンフ毛鉤の使い手として有名な英国のO.カイトなどは大振りなレッドウルフを評して『鷽（bullfinch）の厳格なる模倣』[172]と皮肉ったと伝えられるが、その着実な普及はイングランドで最も格式の高い釣魚クラブとされるホートンクラブにおいてさえ顕著であった。同クラブのリバーキーパーを務め続けたラン家の3代目ミック・ラン（Mick Lunn）は自著『ア・パティキュラー・ラン』（A PARTICULAR LUNN［1990］）のなかで、第二次世界大戦後のテスト川における真夏の釣り模様を次のように描いている。

『7月の昼間に釣り人と一緒に魚のライズを探し歩いてみても全然見つからない、という経験はいくらでも思い出せる。そんなときでも、流れに揉まれながら下ってくるニンフを、右へ左へと動きまわりながら喰っている鱒の姿を何匹も確認することができた。そんなとき私は、その鼻先にニンフを送り込む代わりに、大きなドライフライを試してみるよう釣り人に勧めたものだ。それはライズしそうな魚だけを狙ってやるもので、初めて試したその日から、そんな鱒もこの毛鉤には大口を開けて喰らいついたものだ。実に愉しいスポーツであって、私はこの釣りのことをスポーツマンシップに欠けるとか倫理的に認められないとか言う気は毛頭もない。残念ながら、私がお供した釣り人の全員が、私が「川のなかを覗き込む」能力と呼ぶ才能に恵まれていた訳ではない。若い人の眼はこの点で絶対に優れているはずだ。

この30年の間、私のこうした単純なドライフライのルールはいつでも効果を発揮してきた。クラブルームの釣魚日誌を覗いてみると、ケイパラーやリトルブラウンセッジが流行った後は、レッドウルフやグレイウルフに並ぶ人気を誇る毛鉤などほかにはなかったという事実が記されている。ウルフ・パターンを最初にクラブメンバーに紹介したのは、駐英米国大使を務めていたルイス・ダグラス（Lewis Douglas）[173]だった。ある日、彼はクラブルームに到着すると暖炉の上に彼のフライボックスを置いて、そのなかにあるウルフ・パターンを使ってみるようほかのメンバーたちに勧めた。するとこの毛鉤はメンバーからも、そしてまた鱒からも、あっという間に喜んで受け入れられたのだった。その後、クラブメンバーからこのパターンをずっと小さな鉤に巻くよう、私の父のところに注文が殺到したことをよく憶えている[174]。』

ジョージ・グラント（THE AMERICAN FLY FISHER[Vol.8 No.2]より）

西海岸地区を代表する釣魚史家、ジョージ・グラント（George F. Grant）[175]は、モンタナ流ドライフライの特徴を3点にまとめて解説している。

まず第1に、強い浮力を備えていることが重要とされ、精巧に作られたイミテーション・ドライフライの今にも沈みそ

《註釈172》「実践ニンフフィッシング」［1963］より引用。なお、こう語るカイトも、後にWulff Patternsの効果を認めるに至り、Red Wulff をテスト川で最高のドライフライと讃えて、Grey WulffをハンプシャーエイヴォンJII流域のTwo Lakesと呼ばれる止水域で最も効く毛鉤と評価した。

《註釈173》ギャリソンロッドをホートンクラブのメンバーに紹介したことでも知られる駐英米国大使［1947-50］。彼はテスト川下流域でサーモン釣りの最中、風に煽られた毛鉤を顔面に受けて片目を失うが、それでも釣りと縁を切ることはなかったと伝えられる。

《註釈174》L.ウルフ自身は、同パターンの肥えてジューシーな外観を維持するためには、#12より小さなサイズの鉤に巻くべきではないし、タイイングも難しくなる、と論じている。ちなみに、英国では同じパターンであっても、米国で用いられるものより一層小さなサイズの毛鉤が好まれる傾向がみられる。

《註釈175》1906年、モンタナ州に生まれる。33年に大恐慌のあおりを受けて失業すると、それから3年間にわたりビッグホール川（Big Hole River）の畔に住んで釣り三昧の生活を送る一方、毛鉤販売等により生計を立てる。40年代に開業した釣具店を廃業した後はスポーツ用品販売事業に従事して、67年に引退。以後は釣魚作家として活躍し、自然保護運動にも熱心に取り組む。2008年死去。

《註釈176》学名はPteronarcys californica。北米大陸西岸部に広く分布する超大型のカワゲラで、そのニンフは落ち葉や有機物を食んで3～4年で羽化する。成虫は全体的に暗褐色となるが、胸部や脚の関節などに鮮やかなオレンジ色を帯びる。

《註釈177》「モンタナの鱒毛鉤」［1972］より引用。

うなものよりも、まったく何の虫にも似ていないドライフライの高く浮くもののほうがよいとした。

2点目が釣り人にとっての視認性の高さであって、高く浮く毛鉤は見えやすく、陽光降り注ぐ波立った流れのなかでは白色よりもむしろ淡い灰色や茶色のほうが目立つのだという。

そして3点目が耐久性で、単に毛鉤が壊れ難いというだけでなく、繰り返しキャストしても元の姿勢が簡単には崩れず浮力を維持できることから、毛鉤交換の手間が省けるのだと語っている。

彼は、モンタナの流れの荒い大河川をこうしたドライフライで釣る場合には、きわめて大型のものを使わなければならないとした。その背景には、当地固有のエントモロジーがある。同地に特有な低水温の澄み切った流れはカワゲラ類の天国であって、カゲロウ類はむしろ脇役でしかない。7月から8月にかけてこの地で大量にハッチするカワゲラ類の代表格はサーモンフライ (Salmonfly)[176]と呼ばれる種で、体長2インチを超える成虫はその巨体を激しく水面上に踊らせるのだ。

英国チョークストリームの主人公がメイフライ（モンカゲロウ）によって演じられているのと同じように、ビッグスカイ・カントリーを流れるフリーストーンの大河の豊饒さはこの巨大なストーンフライによって象徴される。その成虫を模したドライフライを用いるモンタナの釣魚スタイル——19世紀のH.C.ペネルが説いた特殊なドロッパー釣法を彷彿とさせる様式——について、グラントが書き遺した次の一節を紹介してみたい。

『今日に至るまで、ドライフライの使い方が西海岸のフライフィッシャーたちに正しく理解されたことなど、あった試しがない。彼らの多くは、環つき鉤にスプリット・ウイングのついたウエットフライを見ればドライフライだと勘違いするような者たちだった。厳密な意味でのドライフライフィッシャーがモンタナの大河川でウェーディングしている姿に出会うことは少なかった。地元の釣り人たちがドライフライフィッシャーと呼ばれる場合、それは単に彼らのやり方が一般的なウエットフライフィッシングには該当しないという趣旨でしかなかった。彼ら

モンタナのサーモンフライ
(courtesy of Montana Angler [www.montanaangler.com])

の釣り方は、2本の毛鉤を同時に用いて、ポイントフライはほとんど沈ませた状態で流しながら、ドロッパーのほうを水面上で踊らせ続けるというもので、ちょうどふたつの釣法をミックスしたような方法だった。釣り人は下流に向かってラインを短く出しながら釣り下り、流れと反対方向に竿先を鋭く小刻みに震わせることで、流れを利用して毛鉤を踊らせ続けるのである。年季の入った釣り人だけができる難しい釣法で、いまやその技術は失われつつある。・・・』[177]

このきわめて特異なドライフライフィッシング・スタイルからも窺えるように、モンタナのフライフィッシャーたちが東海岸流の伝統的なイミテーション思想を顧みることは少なかった。彼らは形式や倫理に縛られることなく、各人が思いのままに毛鉤を巻いて、己の釣りを奔放に愉しんだ。もちろん、そのなかにはイミテーション技法のアイデアに優れるアングラーもいたが、少なくともそれをなにがしかの理論や体系と銘打って吹聴することを好しとしない気風があった。

歴史のなかに埋もれた彼らの挑戦の産物が何かの拍子で世に現れるとき、キャッツキルの釣り人たちは眼尻を吊り上げて非難し、ハルフォードの後継者たちは冷笑を洩らしたに違いない。しかし、西海岸のフライフィッシャーはこの兄弟たちの反応に、蚊が刺すほどの痛痒さえ感じなかったことだろう。なぜなら、西海岸の釣り人は己の釣りを自ら

第3部　ドライフライの歴史(後編)

の腕で切り拓いてきたという自負に満ちているからだ。伝統とは、それを信じる者にとっては道標となり得るが、信じない者にとっては単なるおせっかいに過ぎない。後者の道を選んだ西部開拓者の末裔に対して、余所者がとやかく言うのはお門違いというもの。彼らは自由と革新に満ちた、西部独自のスタイルを築き上げてきたのだ。

本節の締め括りにC.ウォーターマンの同じ著作のなかから、彼がイエローストーンの釣り場でめぐり会ったいくつかの独創的なドライフライについて紹介する一節を引用してみよう。おおらかな釣り人たちが創り上げた、思いもよらぬ珍パターンにドキリとさせられることもまた、この釣りの愉しみのひとつに違いない。

『私たちはバーニー・ブリッジの少し下流でサーモンフライのハッチに出くわした。私たちの釣った場所は通常とは異なり、なぜか魚は川の岸寄りではなく主に流れの中央で餌を摂っていた。それは7月初旬のマジソン川でのことで、大きな丸岩は水苔でヌルヌルしていた。

私たちはドライフライで始めてみたところ、ソファピロウ(Sofa Pillow)への反応がよさそうに思われた。その数日間を通じて、2、3ポンド級の鱒を何匹釣ったかなんて忘れてしまったのだが、毎回ベイリーの4ポンド級ウォール・オブ・フェイム[178]入りを期待しながら計量したものだった。結局、その願いは達せられなかったが、もしやと思わせるチャンスは何度もあった。——私の妻がロングキャストを身に着けたのもこの川でのことだった。ブラウンの大物は流芯近くに出ていて、デビーはマジソンの流れだとあまり先のほうまではウェーディングできなかったので、彼女は戦略を変えることにした。彼女はそれまでやらなかったダブルホールのような七面倒臭いことを始めたのだ。そのとき、大物を2、3匹ほど掛けた私の毛鉤の傍に、彼女の毛鉤が一緒に流れているのに気がついた。彼女の毛鉤も私のと同じくらい鱒に好かれているようだった。

ところが彼女は、我々のソファピロウではサイズが足りないと感じ始め、2インチサイズのサーモンフライが数千匹も流れ

マジソン川のフライフィッシャー(「川面の霧」[1986]より)

《註釈178》Wall of Fameとは、各地で釣り上げられた大鱒のプラークが貼りつけられたダン・ベイリー社屋内の壁面を指しており、Hall of Fame (殿堂) をもじった呼称。その登録基準は、河川の獲物は4ポンド以上、湖沼の場合は10ポンド以上とされていたという。

《註釈179》1950年ごろに開発されたオリジナルのSofa Pillowは、深紅のウールボディーに分厚い茶のサドルハックルと、深紅に染めたグースウィングのテイル、そしてリスの毛のウイングを取りつけたものであったが、後に原作者によってそのウイングがディアヘアに交換された。80年ごろにモンタナ州在住のJim Slatteryが開発することになる有名なドライフライStimulatorは、この改良パターンのほうを下敷きにして創作されたと伝え

られる。なお、後者のパターン名は当時人気のあったパンクロック・グループの名に由来するという。

《註釈180》haystackとは「円錐状に積んだ干し草の山」の意。

《註釈181》1937年、ミネソタ州在住のDon Gapenが加国オンタリオ州はニピゴン川 (Nipigon River) での釣りのため、大物ブルックトラウトの好物である淡水ハゼ (同地でMuddler Sculpinと呼ばれる種) を模したこのパターンを開発した。他方、その厚めに巻いたものはSalmonfly等大型羽虫のイミテーション・ドライフライとしても利用される。50年代にダン・ベイリーが、オリジナルのヘッド部をより密に巻いて刈り上げたものを量産して全米に紹介した。なお、ダン・ベイリーは髪を海兵隊風のクルーカットにしていた自分の息子をMuddlerというあだ名で呼んだと伝えられる。

てくるような場所にいる鱒には何かもっと大きなデザートが必要だと考えた。ベイカーズ・モーテルに戻ると、彼女は、泡立つマジソンの激流のなかでも決して沈むことのないソファピロウを巻けば、目の鋭い鱒はいつもの餌より美味そうなものだと思ってくれるに違いないと言い出した。

　さて、ソファピロウは元々、モンタナで釣師兼ガイドとして永年腕を鳴らしたウエスト・イエローストーンのパット・バーンズ（Pat Barnes）が創作したものだ。パットによれば、そのパターン名は、ある顧客がその大きくてフカフカと膨らんだリスの尾の毛（squirrel hair）でできたモノを見たときに、「これはレギュラーサイズのソファ枕（sofa pillow）だね」と言ったことに由来するという[179]。

　デビーは大型のロングシャンク・フックにありったけのハックルを巻きつけた。そのお陰で毛鉤はほとんど水に浸かりそうになく、マジソンの荒波の上をプカプカと浮いて流れるその姿は本物のサーモンフライも恥じ入りそうなほどだった。これはサーモンフライにちっとも似ていないのに、なぜだか鱒がガバッと音を立てて懸命に喰らいつこうとする、かなり不思議な物体なのだ。私はそれを「ヘイスタックフライ」（Haystack Fly）[180]と名づけて、解説記事をアウトドアライフ誌に投稿した。そのころ、私はまだ毛鉤の専門用語に疎かったので、どこかに別のヘイスタックフライなるものが実在することなど知る由もなかった。それでも私たちの毛鉤を気に入ってくれた人々は、この毛鉤のことを「マジソン・ヘイスタック」と呼んで窮地の私たちに助け舟を出してくれた。新しい毛鉤の命名というのは、新しく品種登録する犬種の命名と同じくらい難しいものなのだ。

　私たちはこのハッチを数日間にわたり釣り続けた結論として、国立公園の奥深くで羽化した個体が流されてくるタイミングでは、最終的には大型のマドラーミノウ（Muddler Minnow）[181]を中心に使うやり方に落ち着いた。マドラーは扱いやすかったのだ。私たちはこの毛鉤が乾いている間は浮くに任せ、沈み始めたらそのままスウィングさせて釣るようにした。

（中略）

　「まる呑み屋」釣り（"Gulper" fishing）というのはヘブゲン湖（Hebgen Lake）[182]で名づけられた釣り方だと思う。それは、通常早朝かイヴニングのころ、非常に小さな羽虫を静かに捕食しながら泳ぐ良型の鱒の姿を言い表した名前なのだ。ウェーディングして釣る者もいるが、ボートか何かに乗ってやると狙いやすい。私が初めて「まる飲み屋」を体験したのは、あるとても寒い日の早朝にこの湖へ行き、ジーン・デッカーと一緒に釣ったときのことだ。この「まる飲み屋」釣りの愛好家たちというのはちょっとした変人集団で、風変わりな毛鉤をいくつも巻いては、さまざまな戦術を捻り出していたのだが、これは、「まる呑み屋」の難問に誰も完璧な答えを出すことができないからであった。私たちはボートを使わずに釣り始めたところ、水中に足を忍ばせるジーンの表情はどうしたことか自信に満ちあふれていた。周囲のあちこちから蒸気が立ち上り、日の出前にはまったくフラットだった湖面にも、朝日が昇るとようやく何艘かのボートが滑り出してきた。

　ここの羽虫は小さく、釣りは技巧を要することを知っていたので、私は名誉と愉しみのためにバンブーロッドを使うことにしたのだが、この竿はそのときの状況にとってあまりに短く、あまりにも軽量過ぎるものだった。相当遠くのポイントを狙うことができなかったのだ。竿をたくさん持ってきていたジーンは、ボート釣師たちには思いもつかないような場所ですぐにかなりの大物を仕留めた。「まる飲み屋」の鱒たちが落ち着き払って喰っているのは、顕微鏡でも使わなければほとんど見えないほど微小な、湖面を埋め尽くす何千匹ものスピナーであることは明らかだったので、ジーンの当り鉤がまるでリント布（lint）[183]の塊のように不定形なモノであるのを知った私は少々驚いてしまった。そのとき彼はこう説明してくれたのだ。
「ここの魚はとても小さな餌を喰ってるもんだから、それを何匹もまとめてひと口でガバッとやるんだ。だから俺のこの毛鉤は、その虫が風に吹き寄せられて塊になった状態を再現したものなんだよ。」

　彼がそれを1本くれたので使ってみたところ、遂には私も良型を掛けることができた。そいつは岸辺間際の泥底の辺りを泳ぎ回っている奴だった。結局そいつには逃げられてしまったのだが、それで毛鉤が濡れそぼってしまうこともなかったので、朝方のうちに数匹かの釣果を収めることができた。このジーンの毛鉤の名前は忘れてしまったが、昼までには彼でさえ忘れてしまっていたことだろう。こんな羽根や獣毛をいいかげんに巻きつけただけのモノに「パターン」という言葉を用いるのは、少々いかがなものかと思われるのだ。』

《註釈182》1910年代、マジソン川が国立公園区域外に流れ出た場所を堰き止めて造った水力発電用のダム湖。

《註釈183》起毛させたリンネル製の柔らかい布地を指す。主に包帯や湿布の素材として用いられる。

【ネオ・イミテーショニズムの到達点】

　ここで視線を再び大陸の反対側に戻そう。東海岸の鱒釣り場は、キャッツキル地方にみられるようなフリーストーンの急流ばかりではない。その西方に位置するペンシルバニア州には石灰岩（limestone）地層帯の上に広がる起伏の緩やかな地形が確認されるが、この地域を貫流する銘川レトート川（LeTort Spring Run）を筆頭とする穏やかなライムストーンの流れもまた、豊かに鱒族を養い、この地の釣り人たちに愉しみを分け与えてきた。

　第二次世界大戦後、米ソの冷戦構造や国内の公民権運動を背景に社会情勢が騒然とするなかにあっても、この沃野に独りドライフライフィッシングの虜となって、釣魚史の新たな地平線を切り拓いた人物がヴィンセント・マリナロ（Vincent C. Marinaro）[184]である。

ヴィンセント・マリナロ（「現代のドライフライ規範」[1950]より）

　マリナロの議論の大きな特徴のひとつには、T.ゴードンやG.M.L.ラブランチらを始祖とする東海岸の伝統から距離を置き、彼独自の視点でドライフライの理想像を論じた点が挙げられる。彼は名著「現代のドライフライ規範」（A MODERN DRY-FLY CODE［1950］）において、『ゴードンはドライフライを米国にもたらした父ではあるが、英国ドライフライの構造を鵜呑みにしてしまった。』と批判し、『ラブランチはその貴重な才能を専ら毛鉤の操作法にのみ費やしてしまった。』と嘆いている[185]。

　マリナロはまた、毛鉤のスタイルと使い方を決定するのは、これが投じられる先の川と鱒の特性なのであって、釣り人自身ではないと説いた[186]。彼の主張によれば、キャッツキル地方の激しい急流とは条件が大きく異なるライムストーンの緩やかな流れでは、それに応じた固有のアプローチが要求されるというのだ。

　一例を挙げてみよう。流れのなかに棲む生物にとって、最小限のエネルギー消費によって最大限の餌を得ることは、生存のための最重要課題である。その意味において、待っていれば勝手に流されてくる羽虫は鱒にとって格好の餌であり、鱒の行動原理は自己の運動を最小限に留めようとするものになるはずだ。マリナロはこの著作のなかで、ライムストーンの流れに棲む鱒はそのために最適な流れの筋に定位して、一定のリズム・パターンに従って行動し、流下物が餌かどうかを確かめるチェック作業もそのリズムに乗って行われるのだと解説した上で、「イミテーション」という言葉が持つ意味の深遠さについて次のように論じている。もしW.C.スチュアートが三途の川辺でこれを読んだなら、再びいかなる反論を挑むことだろうか。

　『このような一連の動作は、穏やかで澄んだ流れにおいてより顕著に確認することができる。こうした流れは、速くて波立ちかつ養分の乏しい流れよりもずっと多くの魚や羽虫を養っている。もし後者の流ればかりを釣り続けたならば、どんな毛鉤を用いようといつでも釣りになるし、そもそもハッチなど無くとも鱒をライズさせられるであろうことは、容易に理解できよう。なぜなら、そんな鱒はいつも腹を空かせている痩せっぽち

《註釈184》1911年、ペンシルバニア州のイタリア系移民二世として生まれる。37年にロースクールを卒業して法人税務の専門家として働き始める。頭脳明晰で議論堪能であったが、独善的で他を寄せつけない一面もあったと伝えられる。長めのバンブーロッドを用いたドライフライフィッシングをこよなく愛し、ロッドビルディングにも励んだ。第39代合衆国大統領ジミー・カーターの釣友としても知られ、特にレトート川の流れを愛した。86年死去。

《註釈185》V.C.マリナロはこのほか、L.リードは英国F.M.ハルフォードの伝統を受け継いで米国のエントモロジー構築を実現しようとした挑戦者ではあるが、釣り人にとって重要な種類の昆虫に注目せず、分類体系の構築にも失敗した点を指摘し、E.M.ジルに至っては単に英国の伝統をそのまま紹介したに過ぎないと酷評している。

《註釈186》V.C.マリナロは、もしこの世に英国のチョークストリームのような穏やかな流れが存在しなければ、今日の我々が知るドライフライフィッシングの姿はなかっただろう、と語っている。

《註釈187》他方V.C.マリナロは、多数のドライフライ・パターンが未整理のままで混乱していた19世紀末の状況を、F.M.ハルフォードが33種に整理して標準化した成果を、『フライフィッシング界に秩序を与えた偉業』として高く評価している。

で、何か活き活きとした魅惑的なものが流れてくるのを全神経を研ぎ澄ましながら待ち受けているからだ。フリーストーンの鱒は空腹のあまり、消化できないようなもの——小枝や小石といったものまで——を胃袋のなかにいくつも収めているケースが頻繁に見受けられる。

そんな出来事など、ライムストーンの流れで育った野生の鱒たちにはまず見られることではない。そもそも彼らは、水面上にハッチを再現する釣り方に騙されるような類いの鱒たちではない。仮にこの鱒にそんな戦術を試してみたところで、彼らはおそらく疑い深そうに眼を吊り上げながら、嘲りの笑みを浮かべることだろう。というのも、彼らは実に世情にお詳しい方々で、日頃よりアンティパストからデザートまでフルコースをご堪能されているからなのだ。もちろん、彼らはラブランチやジルの著作などお読みになったことはないし、仮にお読みになったとしてもご納得されることはないだろう。したがって、羽虫のハッチも無しにこの鱒たちにドライフライで挑むことは、世界中で最も非生産的な行為に違いない。

（中略）

ところで、仮に「厳格なる模倣」を上手く解説することができたとしても、これを実現することはまったく別の難問である。この思想に否定的な人々にとって、イミテーション性の不要論を唱えるよりも、むしろその充分な実現がきわめて困難であることのみを論拠に批判するほうが戦術的に正しいのは、こうした理由によるものである。しかし、遙かに難しい問題は、「イミテーション」という言葉を定義することである。もし、この言葉が意味するところのすべてを理解する者がその定義に挑むことがあるとすれば、勇敢な人物と呼ぶに値する。それは辞書のようにはいかないものなのだ。とりわけ、ハルフォードやロナルズ、そしてその他釣魚史上の賢者たちが取り組んできたようなやり方では、これを成し遂げることはできない。なぜなら、彼らは人間の立場から眺めた視界とその認識に基づいて、エントモロジーのみを頼りにイミテーション性のあり方を語ったに過ぎないからだ。この手法だけに頼ることは大きな誤りであって、鱒の視界と水中世界の幾何学をも考慮に入れなければならない。そもそも、エントモロジー自体もいまだ発展途上にあるに過ぎない。イミテーションを成立させるために必要なこれらの課題を解決するた

レトート川の流れ（「現代のドライフライ規範」［1950］より）

めには、エントモロジー上のアプローチもまた、より一層深い検討が行われなければならないのだ。

我々が「イミテーション」を構成する要素のすべてを把握できている訳ではない以上、それは一切定義せずにおいたほうが無難である。むしろ、現代の者たちが発見し得たいくつかの要素に基づいてイミテーションを語るに留め置くのが適切だ。今後、新しい要素が見つかれば、検討項目のなかにその都度加えていけばよい。』

筋金入りのイミテーション主義者であったマリナロは、英国伝統のドライフライの構造に対してさえ疑問を投げかけた。代表例として最初にとり上げるべきは、カゲロウ類の亜成虫を模したダン・パターンの姿勢に関する議論であろう。

かつてF.M.ハルフォードらが開発したドライフライの構造について、マリナロは、ハックルやウイングがあまりにも前方寄りに設置されているため、テイルの浮力を借りなければきちんと浮くことができないと論じた[187]。しかも、仮にテイルの浮力を借りずに浮くことができている場合であっても、長いテイルが水面に貼りつく形となり、本物とは異なる不自然な浮き方が鱒を警戒させている、というのが彼の考えであった。

253

第3部　ドライフライの歴史（後編）

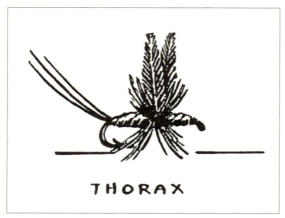

ソラックスダンの着水姿勢（「現代のドライフライ規範」[1950]より）

それではどうすればダン・パターンを本来の自然な姿勢で、すなわちテイルを水面に着けずにコックさせることができるのか。マリナロはこの問題を、ハックルとウイングの位置を鉤軸のずっと中央寄り、羽虫の体躯の構造からいえばソラックス（胸部）に当たる位置にまで後退させることによって解決しようとした。さらに彼は、ハックルをウイング周りにタスキ掛けで巻きとめる特殊なハックリング法によって、2枚のハックルを前後双方に傾けながら開かせ、これらが縦断面で見てX状に拡がるよう成型することを提唱した。これにより、ドライフライの座り具合が安定するだけでなく、本物のダンの脚の並び方を模倣することにもなる、というのが彼一流のアイデアであった。この理論の下に製作されたダン・パターンの銘品はソラックスダン（Thorax Dun）と名づけられ、今日に至るまで世界中のフライフィッシャーに愛用され続けている(188)。

こうした大胆な構造見直しの一方で、マリナロは新素材の導入については一貫して否定的であった。当時、すでに供給が進んでいた化学素材には目もくれず、身近な天然素材をいかに合理的かつ効率的に用いるかが、彼のパターン開発者としての至上命題となっていたのだ。例えば、英国でも問題となった昆虫の半透明な部位、例えばバッタの胴部を再現するために、彼は比較的入手が容易な七面鳥の羽根軸の根元を用いて対応した。このような姿勢は、

かつてJ.W.ヒルズが「鱒を狙うフライフィッシングの歴史」[1921]のなかに記した一節と響き合うものである。

これらの論点についてマリナロが端的に語った一節を、同じ著作のなかから次のとおり引用することとしたい。

『歴史的に見れば、ドライフライとは、ジュリアナ・バーナーズ女史やチャールズ・コットン、そして近いところではアルフレッド・ロナルズらが古くから用いていたウエットフライの応用の産物である。ドライフライはこれまで一度たりとも、真のオリジナリティを享受したことはなかった。ドライフライの各パターンがそれぞれに異なっているのは、種類の異なるウエットフライをそれぞれに水に浮かせるよう工夫したからであって、水に浮く各種ダンをドライフライとしてそれぞれに模倣しようとする努力の産物ではない。実際、最初期のドライフライフィッシングは、「パチンパチンと音を立てて水気を絞り出した」ウエットフライのドロッパー仕掛けによって試みられたのだ。もし仮に、ドライフライのほうがウエットフライよりも先に発明されていたならば、両者の形態は互いにまったく異なるものとなっていた可能性が高い。その場合、ドライフライは純粋に羽虫の観察に基づくものとなっていたことだろう。ウエットフライの発展自体が、釣魚史のなかで最も非合理的なものの一例である。なぜなら、ウエットフライは水中に棲む昆虫を模倣しようとするものではないからだ。現代のニンフ毛鉤のほうが遙かに正確なイミテーションであって、これこそ唯一にして真正なるウエットフライと呼ぶに値するものだ。

（中略）

もちろん、ドライフライの構造は、鉤の存在をはじめとするフライタイヤーに課せられたさまざまな避け難い障害のために、多くの点で妥協の産物とならざるを得ない。マテリアルの耐久性や入手しやすさといった諸々の現実的制約もあるだろうし、要求されるタイイング手法も一般タイヤーの技量の範囲内に収まっていなければならない。

それでもなお、これらの諸問題がフライ・パターンの発展を妨げることはなかった。というのも、対処に必要な措置は、特殊で高度に技術的な方法に頼らずとも、ごく一般的な容易に手に入るタイイングマテリアルを用いて達成することが可能であったからだ。入手できないような特殊なマテリアルを用いて

《註釈188》V.C.マリナロは、米国で見られる羽虫のイミテーションをハックルだけで自然に浮かせるためには、#14よりも大きなサイズの鉤を用いるべきではないと説いた。

《註釈189》例えば、通常のカゲロウのダンの場合には2本の光の列が並行するパターンが見られ、大型甲虫の場合には丸いシルエットの周囲に6つの点光が放射状に並ぶパターンとなると解説されている。

《註釈190》流されてくる羽虫が観察者に近づくにつれて、この翅の虚像は本来の位置に収束していくことが知られている。

《註釈191》一般に伝統的な英国ドライフライの釣りでhigh-riding（毛鉤が水面上に毛先で立って乗る姿勢）の重要性が指摘されるが、V.C.マリナロはこれこそ毛鉤のウイングの高さを本物の羽虫のそれと同じ高さに保つための条件であり、より正確にはhigh winged（翅の位置を水面上に高く保つ姿勢）と表現されるべきだと主張した。

《註釈192》他方V.C.マリナロは、ドライフライに巻かれたハックルの上半分の部位も実際には、その反射性や半透明性を活かしつつ、光の屈折でその像が歪められる結果、羽虫の翅のイミテーションとして機能しているのではないか、と指摘している。

複雑なタイイング技術で処理する必要に迫られることほど、プロ／アマの別を問わず、タイヤーの意欲を削ぐものはない。そんなパターンは一度チャレンジすれば二度と顧みる者はなく、フライフィッシング史の片隅に追いやられてしまうだけだ。これはハルフォードやリード、そして近年ではJ.W.ダンといった俊英たちがみな同じく犯した誤りであって、今後どんなに理論が進歩しようとも、このような失敗を絶対に繰り返してはならない。』

　マリナロの独創性はフィッシュウィンドウ理論の解釈についても大いに発揮された。英国のネオ・イミテーショニストたちが論じたとおり、フィッシュウィンドウの外側の完全反射域における水面情報がきわめて限られるなか、穏やかな流れに棲むセレクティブな鱒にとって、水面上を流れ来る羽虫がその早い時点でもたらす視覚情報が重要な捕食トリガーとして機能している、というのが彼の議論の出発点である。

　ここで、第9章で解説したふたつの捕食トリガーについておさらいをしておきたい。「第1の捕食トリガー」は、流下するカゲロウの脚部が水面に創り出す点光パターンであるとされた。足先の表面張力が水面に凸凹レンズを形作り、上から射し込む陽光を屈折・集中させることによって鱒の関心を惹く煌きを生み出すのだと解説された。この捕食トリガーによってスイッチの入った鱒が水面近くに泳ぎ上がったところに流下中の虫が徐々に近づくとき、フィッシュウィンドウのスクリーン上に真っ先に映し出されるカゲロウの身体部位は、真上に立てられた翅である。この翅の映像こそ、鱒を安心させて捕食行為を促す「第2の捕食トリガー」と考えられたのであった。

　「第1の捕食トリガー」を、マリナロは「光のパターン」（"light pattern"）と名づけ、昆虫の種類ごとにそれぞれ異なる光のパターンが存在すると説いた[189]。彼によれば、それはまるで人間の指紋のようなもので、鱒はその特徴を認識しながら自分の好みの餌を選択するのだという。脚部以外の体躯が水面に接している場合は、そのシルエットも相俟って水面下の鱒に信号を送ることになるのだが、他方、例えば小型カゲロウのダンのように小さな脚部しか水面に接しない場合、あるいはミッジと呼ばれる微小な昆虫の場合には、完全反射域に所在するこれらの虫の事前情報は鱒に伝えられ難くなるとも解説している。このため、マリナロはこの「光のパターン」理論の解説にはそれほど力点を置いていない。

　それに代えて、マリナロが全力を傾けて解明しようとしたテーマが、「第2の捕食トリガー」とされるカゲロウの翅の映像をめぐるミステリーであった。彼は、翅の姿が光の屈折によって本来よりも高い位置にある虚像として鱒の眼に映り、カゲロウの胴体が観察され始めた時点では、胴体から切り離された翅の像がまるで幽霊のごとく上空に浮かんでいるように見える現象を解説した[190]。後の研究者によって「ゴースト・ウイング」（"ghost wing"）と名づけられたこの虚像こそ、鱒に最終的な捕食行動を促すシグナルであると考えたマリナロは、彼のソラックスダンに取りつけるウイングの高さが本物の羽虫の翅の高さと同じくなるようタイイングすべきことを提唱した[191]。マリナロのこの議論は、大西洋の両岸においてウイングフライがハックルフライによって駆逐されていく大きな歴史の流れに抗い、ウイングフライの意義を科学的に立証せんとする反攻の一撃であったと評価することもできるだろう[192]。彼の理論を支える貴重な実験結果について、同じ著作のなかでは次のように解説されている。

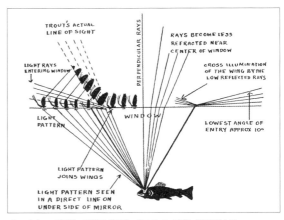

ゴーストウィング理論の解説図（『現代のドライフライ規範』［1950］より）

Hackle Wing Upright － Prone or Spent Wing － Spider － Bivisible

『流れ来るダンをまるで時計のように規則正しくついばんでいる良型の鱒が見つかるちょうどよい場面があった。その鱒はある細い流れの筋に定位して、流れ来るものを好みに応じてかすめ取ることができた。この就餌中の鱒が流れ寄るヘンドリクソンを見逃すことがほとんどないのを確認すると、私の釣友であるジェームズ・ケル氏は上流のほうに行き、魚の定位する場所へと羽虫を運んでいる流れの筋の上流に立ち込んだ。水面上のダンが彼の傍に近づくと、ケル氏はそれを摘み上げてできるだけ丁寧に取り扱い、下流で待ち構えている鱒のところへ送り届けられるよう注意しながら、その流れの筋に移し換えてやった。流れを移された羽虫はまだきちんと生きていて、胴体と尾部をしっかりと上空に向けるこの虫の特徴的な姿勢を保つことができた。この作業は何度も繰り返され、翅のついたヘンドリクソンの長い行列の合間に、時折、翅をむしり取った羽虫を混ぜ込んでみた。全部で37匹の翅のないヘンドリクソンをその同じ鱒に向けて流してみたところ、1匹たりとも鱒に喰われることはなかったのだ！一方、翅がついたままのヘンドリクソンが翅のついていない羽虫たちに囲まれようとも、それだけは必ず選んで喰われ、その周囲の羽虫たちは完全に無視されたままだった。

さて、フライフィッシャーにとって何と驚くべき実験結果であろうか。多くの示唆に富む結果であって、無為に忘れ去るのではなく、その真価が正当に評価されるよう適切に取り扱わなければならない。

このヘンドリクソンの場合に限って言えば、フィッシュウィンドウの辺縁の向こう側で起こる光のパターンを確認するだけでは鱒は餌に喰いつかないと結論づけることに充分妥当性が認められる。しかし、この結論は、同種の羽虫にとって光のパターンが重要でないことを意味するものではない。その後、澄んだ流れで行った調査では、翅のない羽虫によってウィンドウの外側で生み出される光のパターンが、この羽虫がウィンドウ内に入ってくるタイミングで鱒にその姿を視認するため浮き上がる行動を開始させるようすがはっきりと観察できたのである。

これらの事例を照らし合わせると、いずれの場合にも鱒の行動様式は同一であることに気づかされる。まず始めに、水面が乱されることによって鱒がライズ行動に移るよう刺激されるとき、各部位の尾の動きが少しばかり活発になるのが確認される。これに続いて、鱒は短い距離を緩やかにあとずさる行動を見せてから、スッと浮かび上がり、水面直下1フィート辺りのところで急停止するのだ。これらの事実に照らして最も妥当な結論は、ある種の虫が備える光のパターンはライズ行動の開始を促すものではあるが、それ以上の役割は担っておらず、最終的にライズしてそれを咥えるかどうかは、ウィンドウ内での鱒自身の視認によって決まるというものである。

この視認行為がいったい何を意味するのかという問題は、前に述べた深い示唆を含むものである。この実験結果から導き出される結論は、翅の有無こそが問題の核心であることにほかならない。なぜなら、欠けていたパーツは翅だけであったからだ。

この結論は、この世に多数存在する、羽虫の翅の価値[193]を軽視しがちな釣り人や、鱒は羽虫の翅など見ないのだと主張する釣り人にとってはショッキングなものかもしれない。この理論は、例えば、グリーンドレイクのような大型のカゲロウ類である場合を除き、基本的に翅の像は光のパターンほどには重要でないとしたハーディング大佐の結論と合致するものではない。彼は、一般に知られている、翅の像が徐々に見えてくるというイメージは、羽虫がウィンドウのなかに入ってくるときのその屈折して映る翅の高さのことを考慮に入れておらず、人々に誤解を与えるものだと主張した。

もし仮に彼の主張が正しいとすれば、彼の計算によればグリーンドレイクの大型の翅でさえ、ウィンドウの外縁部より1インチ離れた位置では光の屈折により歪められてほんの1/3インチしか上方に見えないのだから、ほとんど視認できないとい

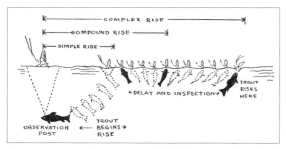

「羽化する羽虫に対する鱒のライズパターン」

《註釈193》V.C.マリナロは、Thorax Dunのウイングには本物の翅に似せて充分幅広なものを取りつける必要があると説いた。

《註釈194》Neversink Skaterを指す。

《註釈195》V.C.マリナロは別のケースとして、1886年、F.M.ハルフォードが釣行直前になって手持ちの毛鉤がないことに気づき、慌ててドライフライを巻いたところ、間に合わせとしてボディーを欠いたウイングだけ目立つものを作ってしまった例を挙げている。このGhostと呼ばれた未完成の毛鉤でもテスト川の鱒を存分に欺くことができたのだという。ただし、後にハルフォードはこのパターンを『趣味に合わない』として捨て去ったと伝えられる。

《註釈196》V.C.マリナロは一例に黒アリと赤アリの比較を挙げている。陽光を背にしながら両者を見ると共に似たような色に見えるが、これらを陽光にかざして見ると、不透明な黒アリは黒いシルエットにしか見えないのに対して、透明感のある赤アリのほうは内部から赤く発光しているかのように見えたことを報告している。また彼は、カゲロウ類のスピナーであっても光を通さない不透明な胴部を持つ種が存在することについても言及している。

《註釈197》V.C.マリナロは、ヤマアラシの針毛の先端にある針が指に刺さると激痛に襲われる危険性があるため、タイイングの前に先端部をわずかに切り取っておくよう勧めている。

《註釈198》同ハックリングについては、J.W.ダン流ドレッシング法を踏襲して、ハックルの上下部分をX字型に刈り込むよう指導している。

《註釈199》このためV.C.マリナロは、現代のフライフィッシャーも『自分たちの眼で認識した色彩をおおまかに再現することで満足しなければならない。色彩評価を厳密に実現しようとするあまり、過度な負担を背負い込むことのないよう注意しなければならない。』と読者を戒めている。

うことになる。しかしだ、ヘンドリクソンのようなずっと小型の羽虫を摂っている鱒がそんな仮説に納得するはずがないではないか！

現実の世界を見渡せば、フローティングダン・パターンのウイングにこそ最も重要な価値が備わっていることを示す例証はいくらでもある。例えば、ボディーやテイルを欠いたまま巻かれたきわめて効果的なハックル・パターン、すなわちヒューイット・スパイダー[194]の例を挙げてみよう[195]。このパターンは、スプリングクリーク (Spring Creek) や他のペンシルバニア州中央部を流れるライムストーンの流れを釣る大勢の人々によって愛用されている。このヒューイット・スパイダーのように面的に薄く広がるよう巻かれたハックルは、驚くほどに素晴らしい翅のイミテーションとなる。ヒューイット氏はご自身でお考えになったよりもずっと素晴らしい毛鉤を発明されたのだ！』

これまでの解説でも明らかなように、マリナロは毛鉤の形態に非常な関心を寄せていたのだが、それでは色彩についてはどのような考えを持っていたのだろうか。彼は17世紀のC.コットンと同様、羽虫を陽光にかざしながら見ると、胴部や翅といった半透明の部位の色彩が劇的に変化することを指摘している。このため、外観や色彩感が共通する同じ系統の近縁種同士であっても、透明度が異なる場合には、陽光に向かって眺めると両者の体色はまったく異なって見えるケースがあると説いた[196]。

こうした理由からマリナロは、種の遠近を問わず、すべての昆虫は等しく検分されるべきであり、いくつかの昆虫は種類や色彩感が近いからといって、陽にかざして確認することもせずにそれらのイミテーションをまとめて１本の毛鉤で済ませてしまうことがあってはならないと説く。逆に言えば、まったく違う種類の羽虫同士であっても、鱒の視点から眺めて似たような色彩感を確認することができれば、両者を１本の毛鉤で表現できるケースがあり得る、ということでもある。

透明度の高低に応じたマテリアルの選択こそ重要であると考えたマリナロは、高い透光性が求められるモンカゲロウのスピナー・パターンのボディーに、ヤマアラシの針毛 (Porcupine quill)[197]を用いることを提唱した。半透明で浮力と弾力を兼ね備えたヤマアラシの針毛の先端部を切り出したものを、特に短軸な鉤に用いてそのフトコロ近くに巻きとめ、エクステンデッド・ボディーとして活用するというアイデアは、J.W.ダンが悩み抜いた鉤軸による透明性阻害の問題を、彼とは別のアプローチによって解決せんとするものであった[198]。

このように透明度を考慮した色彩論を展開するマリナロであったが、色彩そのものを精確に模倣する必要性については懐疑的な立場をとった。色彩を評価する際、科学的知見の助けなくしては何も確定的なことは言えない、というのが彼の結論であった[199]。マリナロは同じ著作のなかで「厳格なる色彩理論」の是非について触れ、毛鉤の色彩を論じることは、科学者による魚の視覚の厳密な分析に基づかない限り困難であると説いた後で、次のような議論を展開している。彼が論じる迷宮のなかへ不幸にも迷い込んでしまったフライフィッシャーは、いったい何を拠りどころにバイスへ向かえばよいのだろうか。

『毛鉤の色彩論をそれ以外の方法で取り扱うことは、読者にとってまったくの誤りであるばかりか、アンフェアでさえある。それを画家が指導しようとしても、元から無理な話だ。なぜなら、訓練によって身に着けられた画家の色彩感覚が、魚の色覚と一致する保証などどこにもないからだ。かつて、各色彩は地上のあらゆる生物の眼に同一の現象として映っていると主張する科学者の説に、フライタイヤーたちが安心しきっていた時代もあった。このような理解は、ハルフォードや彼以前の時代の著作のなかに反映されているが、ときに現代の作品においてさえそのように描かれているケースもある。

現代の研究者によって進められている素晴らしい発見の積み重ねに助けられながら、フライタイヤーがどこまで色彩を再現できるのか、限界を見きわめる作業が続けられている。これら発見の大部分は、いまだ最終的に確定されたものではないが、なおも一層の研究を促し、終わりなき探究の迷路のさらに奥へと突き進むよう、研究者を導いてくれているのだ。

例えば、もし科学が魚に色覚のあることを証明できて、彼らが微妙な色彩のグラデーションさえ見分け得ることを明らか

257

第3部　ドライフライの歴史（後編）

水面上の獲物を見定める鱒（「現代のドライフライ規範」[1950]より）

にしてくれるのであれば、これほどフライタイヤーを喜ばせる発見はほかにないだろう。近年の研究成果によれば、あまりに波長が短いため人間の網膜では捉えられない紫外線であっても魚は知覚し、識別できるということが解明されている。

鱒が黄色いカゲロウを食べているときに黄色い毛鉤を投げてやることが、鱒がそれに反応するか否かは別として、判断として間違っていないと考えるならば、それは必ずしも正しい認識ではないのかもしれない。黄色い毛鉤の色素によって反射される色彩光が、鱒が見ることのできる波長と同じレンジのものかどうか、我々は科学の力を借りない限りこれについて確定的なことは何も言えないのだ。人間の視覚では波長400ナノメートル以下の色彩光が捉えられないことを勘案すれば、我々の眼には黄色く見える色彩も、これを波長300ナノメートルの視界で見る場合にはまったく別の色彩として見えているかもしれないのだ[200]。

この謎の解明は優れて物理学者の手腕に掛かっており、いつかは彼らによって成し遂げられることだろう。かくして鱒の視覚の限界が明らかとなり、彼らが虫を見るときに利用している色彩光の分布範囲を正確に把握して、どの虫の身体がどのレンジの色彩光をどれだけの分量で反射しているのか、そしてど

のような色素やマテリアルがその組成条件に合致するのか、といったことが解るようになるのだろう。

これらが明らかとなれば、写真家が使っている測光器のような計測機器が発明されて、可視光線のみならず赤外線や紫外線といったスペクトラムの両端部分についてまで、フライタイヤーが色彩精度の計測に用いることができるようになるのではないだろうか。こうした色彩把握の厳密さこそ、ハルフォードやダンが喉から手が出るほど欲しがっていたもので、この方法による以外それを得る手立てはない。しかし、もし仮に人間が可視域外の色彩を判別できるようになったとしても、それを我々の眼が正確に解釈することなどできようはずもない。なぜなら、さまざまな光の密度に対して自動的に調節を行う我々の視覚器官が、鱒の眼が行うのとまったく同じように色相と明度を調整できるとは決して考えられないからだ。』

今日もなおマリナロが米国で高く評価されるのは、彼がアングリング・エントモロジーにおけるテレストリアル（terrestrial：陸生昆虫）の重要性を提言した点に注目してのことである。彼の「現代のドライフライ規範」をもって「英国的伝統からの真の独立宣言」と評する米国アングラーが多いのも、これに因るところが大きい。実際、英国の伝統においてテレストリアルの存在感は希薄なものであった[201]。特にイングランド南部のチョークストリームでは、20世紀においてもなおバッタや甲虫の類いがフライ・パターンをめぐる議論の俎上に乗ることはほとんどなかった[202]。そこでマリナロはこの伝統に挑戦し、ドライフライフィッシングにおけるテレストリアルの価値がメイフライのそれにも決して劣らぬものであることを唱えたのだった。

マリナロは語る。ヘンドリクソンやペールウォータリィのハッチが終わってしまっても、釣り人が嘆く必要はない。大型カゲロウが姿を消してしまうシーズン終期にあっても、川面はさまざまな種類のテレストリアルで文字通り敷き詰められているからだ[203]。よりサイズが大きく身の詰まった彼らの体躯を考慮すれば、ある意味、鱒にとって大型カゲロウよりもずっと魅力的な餌であるに違いない。水生昆虫だけを模倣したT.ゴードンの轍を踏むことなく、あらゆる可能性を模索するのだと宣言する彼は、バッタのイミテーション

《註釈200》一般に、波長が360〜400nm未満の光は「紫外線」と呼ばれ、人間の眼では認識できないとされる。

《註釈201》英国の有名な伝統的パターンのなかで明確に甲虫のイミテーションと位置づけられているのは、Coch-y-bondduやGovernorといったものに限られる。

《註釈202》そもそも英語でflyとは「羽虫」を指す言葉であって、一般に陸生昆虫がこれに該当するかどうかは微妙なところである。例えば、F.M.ハルフォードがHalford Patternsのなかに採用したテレストリアルはアリ（Brown Ant）だけであったが、このパターンが模倣

するのはあくまで羽アリであって、これが川辺で群飛するときに同パターンが当り鉤になるとされた。

《註釈203》同著では、テレストリアルは気温が高くなってから活動するので、真夏日の日中にこそ鱒に喰われる機会が最も多くなり、特に植生が覆いかぶさっているような岸際の流れで大鱒が甲虫類にライズしていると解説されている。

《註釈204》同パターンには七面鳥の羽根軸の根元を切り取ってボディーとし、その切り口に嵌めたコルク栓をヘッドとする。これを鉤軸にスレッドで巻きつけて固定した上で、ボディーの両側に細い羽根軸を取りつけてレッグとし、コルク栓の上にはアンテナを取りつける。

《註釈205》元来米国には生息しない甲虫であったが、1912年の植物検疫制度導入以前に日本から輸出されたアヤメの根に紛れて入ったとみられる帰化生物の典型。成虫はダイズやブドウなどの葉を食害し、幼虫も農作物の根を食べて枯らすことから害虫として徹底的に駆除が行われた。V.C.マリナロはこの甲虫が真夏の昼間によく鱒に喰われてい

としてポンツーン・ホッパー (Pontoon Hopper)[204]を紹介し、当時、東海岸の農作物を荒らし回っていたマメコガネ[205]を模倣するドライフライ・パターンとしてジャパニーズビートル (Japanese Beetle)を開発した。それでは、このジャパニーズビートル・パターンについてマリナロが同作品のなかで解説した、甲虫を模倣する困難さに関する次の一節を紹介することとしよう。

『私の愛用するパターンは、幅広でやや厚みのある姿をした大型の昆虫を表現するように設計されている。このような体型を模倣するのに、ウールヤーンやシルクスレッドといった質量のあるマテリアルを何層にも巻き重ねるやり方は、往々にして毛鉤の重量を増して沈みがちにしてしまう。コルクやバルサ材、そしてコーヒー豆[206]といったマテリアルは鉤にしっかり固定することが容易ではないし、重くてキャストするのも難しくなる。これらの選択肢をひとつずつ吟味していった結果、私はすべてを捨て去り、むしろずっと間接的な表現法によってその嵩のある外観を実現するに至ったのだ。それは、大型のジャングルコック・ネイルを1枚、あるいは2枚を重ね合わせた形で、黒いハックルで薄く覆われた鉤軸の上に水平に取りつけるという方法であった。この構造は、鱒が水面下から毛鉤を見上げるとき、鱒が確認できるのは長さと幅だけであって、立体的に厚みを認識することはできないという理論に基づくものである[207]。その結果生み出されたのが、大型で平坦な卵形の毛鉤であり、おかげで本物そっくりに見えると同時にきわめて軽量にも作れるようになった。サイズ#16のドライフライ（実際、この毛鉤もそのサイズなのだが）と同じくらい楽に投じることができるし、美しく水面に浮く質量感のある生き物が再現できるようになったのだ。

（中略）

このパターンを創り上げる初期の過程で、私は鉤軸の周りにハックルを巻く下地にピーコックハールを巻きつけるという失敗を犯した。このマテリアルはまったく不要であるばかりか邪魔でさえあることが分かったのだ。ピーコックハールは水気を吸って、毛鉤が浮くのを阻害するからだ。ジャングルコック・ネイルの下側に毛脚の短い黒いハックルを巻き上げただけで素晴らしいアンダーボディーが出来上がる。これならば容易かつ速やかに水気を切って、毛鉤を浮かすことができるのだ。私が第3章で述べた、テレストリアル・パターンではボディーの再現が決定的に重要であるという原則を、いったんお忘れ頂きたい。このパターンの場合は、不要な容積を省略しただけであって、形の整ったジャングルコック・ネイルが不透明なシルエットを形作り、それを背景として手前側に広がるハックルは厚みと質量があるような印象を与える機能を果たすのだ。同じアイデアは後で紹介するヨコバエのイミテーションにおいても用いられる。最後に、脚部を組み上げることによって、最も説得力のあるイミテーションを追加することができる。ブラックオーストリッチ・ハールを数条、鉤軸の中央部にまとめて巻きとめておき、後でハックルを巻き上げる際にそれが拡がるよう、ハックルを各条の間に割り込ませればよい。』

独創的なテレストリアル・パターンの開発者としてマリナロに授けられた栄誉は、主として彼が極小テレストリアルの重要性を発見し、そのためのパターンを開発した功績に由来する。

あるとき、一日の釣りを終えて道具を仕舞っていたところ、マリナロは1匹の小さな鱒が足下の流れでライズしているのを見つけた。彼はその場に這いつくばってライズを観察してみたのだが、鱒が何を喰っているのかさっぱり判ら

ソラックスダン（左上）、ポーキューパイン・スピナー（右上）、ジャシッド（左下）、ポンツーンホッパー（右下）（「現代のドライフライ規範」[1950]より）

ると書いているが、同著作の第二版が出版された際、その序言において、ペンシルバニア州ではこの甲虫がほぼ完全に駆除されてしまったことを残念そうに記している。

《註釈206》V.C.マリナロと同世代の有名なフライフィッシャーであったチャールズ・フォックス（Charles K. Fox）は、コーヒー豆を耐水性接着剤で鉤軸に固定する方法により甲虫のイミテーションを作成することを提唱したが、この手法が釣り人の間に定着することはなかった。

《註釈207》V.C.マリナロはここでJ.C.モットラム流のシルエットフライ論を展開しているが、この議論は、鱒が流下する羽虫の翅を立体的に把握できるという自らの主張との間に矛盾を生じてしまっている。この意味において、現代の我が国において考案されたマシュマロボディー・スタイルは、透過光の問題はさておき、甲虫の立像を正確に模倣しつつ、同時に軽量化を実現して空気抵抗まで抑えることのできる、きわめて革新的な発明として高く評価されるべきであろう。

ビッグスプリングス川の風景(「現代のドライフライ規範」[1950]より)

なかった。なおも水面を凝視し続けたところ、彼は何かきわめて小さな虫、しかもさまざまな種類のものが流下している幻視を体験したという。そこで後に彼は2本の木の棒に目のきわめて細かいメッシュを張りつけた捕虫網をこしらえ、一見何も流れていない川面に差し入れてみたところ、網の上に無数の微小な虫たちを確認することに成功したのであった。

　この一件を契機として、マリナロは微小な甲虫やアリ、そのほか肉眼ではほとんど捉えられない小さい昆虫たち(208)がフライフィッシングの場面で果たす役割について研究し始めることになる(209)。彼はこれらの昆虫がマメコガネやバッタよりも遙かに多数、川辺の茂みに棲息し、鱒たちの常食になっていると考えた(210)。

　これらを模倣するために、マリナロは当時の一番小さなフックサイズであったサイズ#22の鉤にタイイングすることを推奨したが、それでも彼に言わせれば『まだまだ大き過ぎる』という評価であった。鉤に合わせてティペットも極細の製品が要求された。当時は4X程度が標準であったところ、マリナロは最低でも6Xの細さが必要だと説き(211)、当時珍しかった8Xのテグスを手に入れた彼の知人に対しては、なんとか分けてもらえるようしつこく拝み倒したと伝えられる(212)。

　マリナロが最も注目した微小なテレストリアルはヨコバエ(Jassid)であった。そのイミテーションとして彼が開発した、前出のジャパニーズビートルを一層コンパクトにまとめて、ジャングルコックのウイングの下に薄いハックルが3カ

《註釈208》このなかにはヒメカゲロウ属(*Caënis*)等きわめて小さなカゲロウ類も含まれる。

《註釈209》水面上の微小な流下昆虫を鱒が啄むスマッティングの攻略法については、F.M.ハルフォードも「ドライフライの近代発展」[1910]のなかで検討しており、その際には小型のBlack Gnatが効果的であると論じている。

《註釈210》V.C.マリナロは、鱒がフローティング・ニンフにライズしているものと釣り人が思い込んでいる小さなライズも、実はミッジへのライズである場合が多いと指摘している。

《註釈211》極細ティペットの効果として、①ドラグを可能な限り回避することができる、②それが水面下に落とす影を最小限にとどめることができる、の2点が挙げられている。

《註釈212》V.C.マリナロは獲物が掛ったときに極細ティペットを切らせないためには、竿を寝かせて竿先を獲物のほうに向けるのがよいと説く。

所に細かく分けて巻かれたドライフライ——いわゆる「ジャシッド」——を用いるのに最適なシチュエーションは、激しく風が吹き荒れている場面である、と彼は説いた。なぜ悪天候が必要なのか、その理由について解説する次の一節を、マリナロの同じ著作のなかから引用してみたい。

『数年前にニュービル地方の流れで目撃した光景を、私は一生忘れないだろう。そのころの私は、この流れにおける微小な昆虫たちの重要性にまだ気づいていなかった。私はふたりの釣友と一緒に、ビッグスプリングス川（Big Springs）でシーズン最後の一日を過ごしていた。この日、ほかの釣り人はほとんど見当たらず、魚が釣れそうな場所を自由に選ぶことができた。私たちは下流部にある、浅く砂礫底が広がった流れが丁度泥底に変わり始める、ディバイドと呼ばれる場所を狙うことにした。この辺りの地形は緩やかで開けており、岸辺の植生に邪魔されることなく周囲の風景を愉しむことができる。緑地帯のなかで私たちは、お互いの邪魔にならないよう散らばって釣り、ライズ中の魚を探して歩き回っても迷惑を掛けないよう気を使った。天気や水の状況は理想的だったのだが、魚の喰いのほうはというと実に渋く、動くものは何も確認できなかった。そしてイヴニングの時間になると、西のほうから突然強風がやってきて、流れの西岸にひどく吹きつけたものだから、木の葉やら小枝やらいろんなゴミが空中に舞い上がった。おかげで、私の額には帽子のつばが貼りついたり、目のなかには埃が入ったり、その上フライラインも私の背後で風の戯れに翻弄されるといった具合で、散々な目に遭った。突風が吹き荒れるなかではキャスティングなど望むべくもなかったが、しばらくしてその風は、吹き始めと同じように、突然ピタリと止んだ。その後に残されたイヴニングの時間、周囲は完全に静まり返って、流れも元の穏やかな状態を取り戻した。するとどうだろう、水面はにわかにライズで湧き返り、養魚場でもなければ見られない激しい摂餌活動が確認されたのだ。こんな状況はかつて体験したことがなかった。私の目が届く限り、その流れの数百ヤードにわたって川面はディンプル・ライズで敷き詰められ、時間が経つにつれてテンポは一層増していった。私の視野に収まる限り、控え目にいっても300から400匹の鱒が餌を摂っているようすだった。ほかの釣友も同じ光景を目にしていたはずだから、全体でおよそ千匹以上のブルックトラウトが一斉にライズしている計算になるのだが、問題は彼らがいったい何に対してライズしているのか、誰にも解らなかったことである。これは只事ではない。怪訝に思いながら上流や下流の岸辺を偵察してまわり、できる限り目を凝らして、薄暗がりのなかをあちこち覗き込んではみたものの、この不思議な自然現象の原因を解明することはできなかった。私は鱒を1匹だけ釣り上げたが、1ポンドだったので水に返さざるを得なかった。その日の釣りを終えて釣友たちと互いに疑問をぶつけ合い、彼らの記録と照らし合わせてみたところ、誰もが私と同じくフラストレーションの溜まる状況に置かれていたことが分かった。彼らもまったく釣れず、鱒にからかわれてしまったのだ。

その後私は同じ現象をレトート川でもう一度体験して、ようやくライムストーン・カントリーの緑地帯が育む生命——小アリやヨコバエ、微小な甲虫類、その他さまざまな小さな生き物たち——の存在を知ることになった。そして、同じ状況下においてこれらの昆虫と鱒とを結びつけて釣ることで、ようやく私は完全に理解することができたのだ。おかげで私は風にまつわる新たな発想へとたどり着くこ

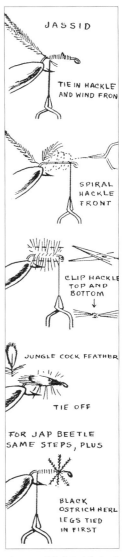

ジャパニーズビートル／ジャシッドの製作手順（『現代のドライフライ規範』[1950]より）

とができたのだが、それは太古の預言者たちが語った内容[213]とは少々異なるものであった。あらゆる風はよい風なのだ。そして釣魚の父なるアイザック・ウォルトンと同様、今後は私も；

"let the wind sit in what corner it will and do its worst, I heed it not."[214]

との心構えで臨むことだろう。』

　これまで解説してきたマリナロの偉大な研究成果も、1950年の「現代のドライフライ規範」出版時には米国アングラーたちの耳目を集めることはなかったと伝えられる。時代の最先端を往く彼の議論は、クイルゴードンやロイヤルコーチマンの伝統を愛する当時の釣り人たちにとって理解の及ばぬものだったのだろう[215]。ところが、70年にその第二版が出版されると、この著作は突如として全米から賞賛を浴び始めた。時代の進展がようやくマリナロの思想に追いついたのだ。T.ゴードンの呪縛に囚

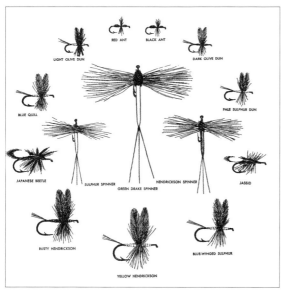

マリナロが開発した各種ドライフライ

われることなく、新しい米国ドライフライのイミテーション理論を打ち立てたマリナロは一躍、時代の寵児として脚光を浴びることになった。

　はたして、マリナロの偉業は彼一人の力でなし得たものだったのだろうか。第9章で解説した英国ネオ・イミテーショニストの議論を思い起こして欲しい。ダン・パターンのシルエットをめぐる議論やその翅の虚像をめぐる議論[216]、さらにスピナーの透明性をめぐる議論などは、いずれもE.W.ハーディングやJ.C.モットラム、そしてJ.W.ダンといった英国の先人たちがすでに検討に着手していた課題であった。マリナロの名声を不動のものとしたテレストリアルをめぐる議論でさえ、その微小な種の重要性の指摘も含め、モットラム博士がマリナロに35年も先んじて取り組んだテーマであったのだ。

　マリナロが英国ネオ・イミテーショニストらの議論を下敷きにしてこの著作を書き上げたことは明白で、彼自身も同著のなかで彼らの理論について詳細に解説している。彼はF.M.ハルフォードの後に登場した科学的精神あふれる英国フライフィッシャーたちの伝統に連なり、彼らの理論を整理・統合して、その上に彼独自の議論を展開したのだ。米国のとある釣魚史家は、マリナロをローマ神話に登場するヤヌス神[217]になぞらえた。革命家の貌と伝統継承者の貌を併せ持つ点こそ、フライタイイング理論家としてのマリナロの本質である。

　この晦渋で気難しい米国ドライフライの大家は、フライフィッシングの歴史を深く理解し、その伝統をこよなく愛して、晩年には南イングランドへと聖地巡礼に訪れた。そのときのマリナロのようすを、英国のゴードン・マッキー（Gordon Mackie）が「白紙のページと川辺のスケッチ」（FLY LEAVES AND WATERSIDE SKETCHES [1998]）のなかで活き活きと描いているので、その一節を次のとおり引用してみたい。

　『米国人のアクセントというのは我々英国人の耳にどうしても引っ掛かるもので、それがジュークボックスの絶え間ない騒音と重なるときには一層強く感じられる。「ヘイ、ここは何なんだい？ホンキートンク[218]みたいなモンか？」と響き渡るような調子で

《註釈213》一例を挙げると、古くから英国の釣り人の間では、東風は魚の活性を奪うものとして忌み嫌われた。

《註釈214》「釣魚大全」[1653]第一部第五章からの引用文で、曇天であってさほど寒い日でもない限り、『どの方角から吹く風でも、どんなに酷い強風でも、私はまったく気にしない。』との意。

《註釈215》他方、同著作はむしろ英国において初版から人気が高かったという。なお、V.C.マリナロの取組みに代表されるように、フライフィッシングを精緻な科学的視点から捉える傾向が強まった20世紀中ごろを、T.RogowskiはAMERICAN TROUT FISHING (A.Gingrich [1966])のなかで『実験室の時代』

("Laboratory-Age")と評した。

《註釈216》カゲロウのダンが流下するときに最初に鱒の視界に入る部位は、立てられた翅の先端部であることについて最初に言及がなされたのは、J.C.モットラムの「フライフィッシング：新技術と秘密」[1915]においてである。

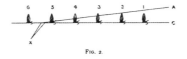

《註釈217》ローマ神話における扉の神Janus。事物の始まりと終わりを象徴する存在であることから、ふたつの貌を持つ像として描かれる。一年の始まりと終わりを区切る1月の守護神でもあることから、英語ではこの月のことをJanuaryと呼ぶ。

《註釈218》honkey-tonkとは、米国南部に広くみられるカントリーミュージックの生バンド演奏が行われる飲み屋の総称。

《註釈219》IN THE RING OF THE RISE [1976]はV.C.マリナロの第二作目であり、多数の写真を活用して鱒のライズ・フォームを徹底的に分析したことで知られる。

喋るこの声の持ち主は、かのヴィンセント・C・マリナロで、それは1976年の5月、彼が最初で最後のイングリッシュ・チョーク・ストリーム釣行のために英国を訪れたときのことであった。

実は、彼の釣行計画は最初から無残な状況に陥っていた。ヴィンスは不機嫌であったが、その気持ちは察するに余りあるものだった。まず、彼の旅行をアレンジし、最高の釣り場を案内するはずだったホスト役の人物が、突然同行できないと言い出したのだ。その釣り場では、クラブメンバーの同行無しにゲストが釣りをするのは認められないことであった。次に、かつてF.M.ハルフォードが信徒たちに教えを授けた場所であるウィンチェスターのジョージ・ホテルの住所を見つけ出してはみたものの、今はオフィス街の一角となってしまっていることに落胆していた。さらに追い打ちをかけるように、市街地のホテルはどれも満室だし、彼にはすぐに南イングランドの釣り場を紹介してくれるような知り合いなど一人もいないというありさまだった。

（中略）

そこで私に釣りの案内役として白羽の矢が立ったのだが、私としては願ったり叶ったりの大役であった。ヴィンスがどのようにチョークストリームを攻略するのかこの目で見てみたかったし、彼の幾分威圧的な容貌の裏側に何が潜んでいるのか確かめてみたかったこともある。彼と面識のない者たちも含め多くの人々が噂するように、本当に彼は渋い顔をした皮肉屋なのだろうか？私自身も彼の姿を写真のなかで見たことがあるが、口元をへの字に曲げて睨みつけるような表情を漂わせた彼の相貌には、憎しみの感情さえ感じられる。しかし実際に会ってみると、そうした姿は、ヴィンスが我々のスポーツの最良の部分に対して真摯に向き合う際の、あるいは彼の倫理的・環境的なルールにわずかでも抵触するようなことを拒絶する際の、彼なりの振る舞い方であることがすぐに分ってきた。

（中略）

（訳者注：ウィンチェスター市街地より下流域のイッチェン川にて）下流のほうに向かうと、対岸に立つ大きな柳の木の根元が流れに削られて出来た窪みの間隙で羽虫をついばむ1匹の鱒を見つけた。水面にしだれ掛るその枝が四方に数ヤードも張り出しているうえに、さらには真正面を奔る強い流芯がフライラインのベリー部をあっという間に押し流してしまうので、毛鉤が獲物の上に届く前にたちまちドラグが掛ってしまい、そのポイントを

鱒を釣り上げたマリナロ

攻めることは不可能であるように思われた。ここで私は、ヴィンスがその年の秋に出版することになる著書「ライズリングのなかで」[219]で解説されるパドル・キャスト（puddle cast）[220]の驚くべき予行演習を目撃することになった。このキャスティング技術は今日ではよく知られたものとなっているが、当時は私も自分の目がほとんど信じられなかった。というのも、毛鉤は緩やかな流れに留まって、そのまま留まり続けて、木の下の薄暗い穴の奥へと送り届けられた。ラインが伸び切って毛鉤が曳かれたのは、それがちょうど鱒の上流1インチのところに到着したときだった。突如水面が割れて水飛沫が上がったのだが、毛鉤は水面を横切って鋭く滑走した。

《註釈220》通常のオーバーヘッド・キャストでラインが前方に展開し切る直前に竿先を落とし、ラインに多数のスラックが入ったままの状態で着水させる手法。

第3部　ドライフライの歴史（後編）

　翌日、ヴィンスと私はテスト流域のストックブリッジまでドライブした。丘を越えて、かつて宿場町として栄えたこの小さな街に足を踏み入れたとき、彼は落胆の声を漏らした。「これがあのストックブリッジなのかい？」想像するに、彼はこの街のことをダラスかどこかの大都会のように思っていたに違いない。グロスヴェナー・ホテルの外観をカメラに収めてから、我々はホートンミル(221)へと向かった。この館は、かつてマリエットやフランシス、そしてハルフォードが愉しいひとときを過ごした場所である。傍にある橋を渡ってすぐの場所を流れるボッシントン・ビートで、我々はヘッドキーパーのミック・ランから歓待を受けた。彼はあるクラブメンバーに鱒釣りの仕方を教授している真っ最中だった。この紳士はもう7年間も名誉あるホートンクラブに所属していたくせに、それが初釣行だったそうだ！我々が観察していると、この紳士のミスキャストしたラインがこんがらがったまま3ヤード先の水面に落ちたとき、水底から3ポンド級のニジマスが浮かび上がってきて、ナイロンラインの塊の間に浮かぶ毛鉤を掠め取り、向こうアワセでしっかりと顎の横のところに鉤掛りしたのだった。後で我々ふたりは、彼はもう金輪際釣りなんかしないだろうという結論に至った──きっと、なんでこんなに簡単なのかと呆れ返っていたに違いない。

　かつてグレイ卿が釣ったアヴィントン地区のイッチェン川に戻ると、私はヴィンスを今は亡きサム・ホランドが経営していた養魚場の巨大ニジマス見物に連れて行った。厳格な種苗選別とペレット餌の集中投与によって、サムは記録破りの20ポンド級ニジマスを育て上げていた。ヴィンスはそれにまったく興味を示さなかったのだが、私の車を降りる前に「これじゃ養豚場だ」とだけ呟いた。その後、養魚場のなかを観て回ると、彼は「酷い」とか「こんなのは許されん」などと独り言を繰り返している。するとそこにサムが近寄ってくるのに気づいた。私は素早く両者の間に割って入り、ヴィンスの言動を掻き消すだけの大声を早口でまくし立て、彼を車のなかへと押し込んだ。我々が街に到着したときには、彼もようやく落ち着きを取り戻して、私が面倒な国際紛争が起きるのを未然に防いだことに感謝してくれたのだった。

　ウィンチェスター市街地より上流のアボッツ・バートン釣区はヴィンスにとって無上の愉しみであった。G.E.M.スキューズはいまや伝説となった人々とともにこの釣り場で56シーズンを釣った。この流れはテスト川と双璧をなす「ハンター向けの釣り場」であり、ウィリアム・シニアやその他の釣り人から南イングランドで最も難しい釣り場と呼ばれた場所である。ヴィンスは猫のように草原を縫って進みながら獲物に忍び寄り、釣り場を大いに満喫した。彼は獲物を発見し次第這いつくばり、完全な隠密行動によってアプローチした上で、綿密に戦略を立ててからゆっくりと獲物を狙った。彼は性急で派手なキャスティングとは無縁だった。しかも、彼は自分のほうに勝算があると踏まない限り、決して毛鉤を投じることはなかった。彼が投じるラインには必要にして充分な量のスラックがスムーズに掛けられており、精確で柔らかいプレゼンテーションには驚くべきものがあった。』

　聖地巡礼から戻ったマリナロは、まもなく2本の瓶を携えて通い慣れたレトート川を訪れる。川辺に到着すると彼はおもむろに栓を開け、テスト川とイッチェン川でそれぞれ採取した水を流れのなかに注ぎ入れた。マリナロがその著作を通じて英国の新たなる息吹(いぶき)を米国の同朋たちに語り伝えたときのように、彼の捧げるチョークストリームの滴(しずく)は穏やかなライムストーンの川面に小さな水飛沫を上げた。

レトート川に英国の水を捧げるマリナロ

《註釈221》Houghton Millは、F.M.ハルフォードがその何室かをテスト川釣行時の宿泊場所として借り上げ、釣友たちと夜なべでドライフライ談義を交わした歴史的建造物であり、『水車の館』("Mill House")との名でさまざまな釣魚本に登場する。

《註釈222》1882年、ロンダウト・ヴァレー生まれ。14歳から農夫として働き始め、後に陸軍兵士や刑務所の看守など職を転々とする。釣りは9歳のころから始めて、彼のウエットフライフィッシングの腕前はT.ゴードンも驚くほどであったと伝えられる。最後は農業に戻って、副業である自作毛鉤の販売を止めることはなく、その収入は本業を上回ったと伝えられる。T.ゴードンの死後は自分の農地に含まれるネバーシンク川の区画をE.R.ヒューイットに売却したことを契機に彼との親交を深め、ヒューイットの晩年にはそのギリー役を仰せつかったという。1975年没。

《註釈223》1892年、ニューヨーク生まれ。本名はAlfred W. Miller。ウォールストリート・ジャーナル紙の記者として働く傍ら、各釣魚雑誌のコラムを執筆した。米国釣魚文化の主要な担い手として活躍し、引退後にはアングラーズクラブ・オブ・ニューヨークが発行する定期刊行物の編集者を務めた。1983年没。

《註釈224》R.スティーンロッドはT.ゴードンの人となりについて、『もしゴードンが貴方を好いてくれたとすれば、ラッキーなことさ。もしそうならなかったら、彼を避けたほうが安全だよ。彼はかなりの気難し屋だったからね。』と証言している。

【キャッツキルの系譜】

　これまで解説してきたとおり、20世紀に入って以降、全米各地でドライフライの新たなコンセプトを模索する動きがさまざまに進められていった訳だが、E.R.ヒューイットやL.ウルフ、そしてV.C.マリナロといった米国の前衛たちが常に対峙し、乗り越えようと努めた対象こそ、ほかならぬキャッツキル・スタイル(Catskill style)に基づくドライフライ・パターン群であった。T.ゴードンの流れを汲むこのタイイングスタイルは、創始者が1915年に没した後も歴代のフライタイヤーによって継承され、米国ドライフライ発展の礎となって今日に至る。本節では、その伝統の盛衰について記すこととしたい。

　ゴードンからリレーの襷(たすき)を最初に受け取ったふたりのフライタイヤーのうち、まずはハーマン・クリスチャン(Herman Christian)[222]について紹介しよう。ゴードンがキャッツキル地方で隠遁生活を送るようになると、近所で農業を営んでいたクリスチャンが週に2、3回ゴードンの許を訪れては彼の身の回りを世話し、休みの日にはゴードンをとっておきの釣り場へと案内した。ふたりの交流の模様が、スパース・グレイ・ハックル(Sparse Grey Hackle)[223]の名著「釣れぬ日の釣魚夜話」(FISHLESS DAYS, ANGLING NIGHTS [1971])のなかで、クリスチャン本人による談話として収録されているので、その一部を次のとおり引用してみたい。

ハーマン・クリスチャン

『さて、私がいつごろからフライフィッシングを始めたかなんて憶えちゃぁいないがね、1897年か98年にはもうやっていたよ。1906年ごろの私は、なんとかしてセオドア・ゴードンに毛鉤をいくつか巻いてもらいたいと思ってたんだ——そのころの彼は知り合いの釣り人に気前よく毛鉤を分けてやっていたものさ。ブルース・ルロイに話したら、ゴードンは誰にでも毛鉤を分け与えたりしないから、奇麗な鳥の羽根でも贈ってみたらどうかと言うもんだから、私はゴードンさんにブルーやジンジャーのハックルを少々手土産に持って行って、それで知り合いになったんだ。』

『彼は私のことをクリスチャンとファーストネームで呼んでくれたよ[224]。彼がネバーシンク村のホテルからアンソン・ナイト邸の傍に引っ越してきたとき、あの屋敷の奴らはゴードン宛の手紙を持って行ってやらなかったもんだから、私が彼の小屋に毎日運んであげていたものさ。我が家はナイト邸から1/4マイルほど離れた場所にある橋を渡った先にあったんだ。彼は一日に10通や12通もの手紙を受け取っていたよ。ゴードンさんはうちにもよく来てくれてね、冬の間は滅多に外出しないんだけど、出るときは必ずうちに寄ってくれたんだ。彼は私たちと一緒に居たかったんだろうよ。でもうちには2歳と4歳の娘たちがいてね、家内は彼を家に入れたくなかったみたいだ。というのも、彼はタイイング中いつも床に唾を吐いていたし、何より結核持ちだったからね。』

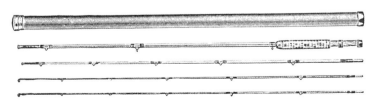

第3部　ドライフライの歴史 (後編)

『でっかい魚を見つけたときにゃ、次の日にはゴードンさんを釣りに連れて行ったものさ。私自身は竿を振らずに、そんなことよりも彼がその大物を釣り上げるところを見たくて仕方なかったんだ。でも、たいてい彼は自分が休憩するときに、彼の竿で私に釣らせようとしたのさ。彼は、自分の狙っている獲物が餌を咥えようとしない限り、ほかにどんなにたくさんライズがあっても、まったく竿を振らなかったね。しかも、いったん狙った獲物を釣ってしまえば、そこでもう竿を仕舞っちまうんだ。彼の釣果が3匹や4匹を超えることは決してなかったけれど、いつも良型ばかりだったよ。彼は仕留めた魚や野鳥を、近所の別荘に住んでいたスミス夫妻に好んで送り届けていたようだね。このスミス氏は地元の人ではなくて、確か関税評価の専門家だったらしい[225]。ゴードンさんと一緒に行く釣りで、昼間にプールを3つ以上渡り歩くことはなくて、いつもはひとつのプールで粘ったものさ。狙っていた獲物を逃したときには、もうそれ以上釣り続けることはなかったなぁ。』

『セオドア・ゴードンのフライタイヤーとしての特徴はなんだと思うかい？彼は決して誰にもタイイングを教えなかったのさ。彼は誰に対しても——この私にさえ——なんにも教えなかったんだ。私が彼の部屋に入ると、バイスに留められた製作中の毛鉤があるときには、彼はそれをバイスから外してテーブルの上に置いてしまったものさ。私が自作の毛鉤を彼に見せるときも、「これなら魚が釣れるね」と言う程度で、タイイング技術を語ることはなかったよ。彼は私のことを好いてくれたし、私に毛鉤を巻いてくれたりもしたけど、毛鉤を巻いているところを見せてくれたためしは一度もなかったのさ。』

クリスチャンはゴードンの巻く毛鉤を何本でも欲しがった。しかし、ゴードンは決して彼の注文に見合う数の毛鉤を供給することはなかったため、彼はゴードンの毛鉤を手本に見よう見まねでタイイングを始めることになる。ゴードンと釣行をともにしてドライフライフィッシングの愉しみに目覚めたクリスチャンは、得意のウエットフライに二度と戻らぬことを決心し、生来の器用さを活かしてドライフライ・タイイングの腕に磨きをかけたところ、一時はリール製造で有名なフルーガー社の毛鉤製作部門で監督者を任されるまでに熟達した[226]。

クリスチャンは自作のドライフライを用いてあらゆるシチュエーションを釣った。先行者たちがウエットフライで川面を叩きながら釣り上がった跡をわざとたどり、ドライフライを巧みに操っては彼らの眼前で大物ブラウンを掛け、悦に入ったと伝えられる彼の釣り姿は、往年のT.ボズワースを彷彿とさせる。彼が、ゴードンの葬儀で形見分けに受けたマテリアル類を用いて自ら製作するドライフライの特徴について語った一節が遺されているので、これを引用してみよう。キャッツキル・スタイルの本質を衝く言明である。

『毛鉤の色彩の重要性について、本物の羽虫の色に合わせることなど馬鹿げた骨折りだと放言してはばからぬ釣り人がいる。そこで私はこう言いたい。毛鉤を可能な限り本物の色彩に近づけるように、と。なぜなら、どんなに上手に巻けたとしても、結局それは本物の色彩の下手なイミテーションに過ぎないのだから。昔は色彩のことなどほとんど問題にされなかった。今でも、2、3日間遡行したぐらいでは入り込むことのできない深い奥地にある未開の釣り場に棲む野生の鱒であればそう言えるかもしれない。そんな条件下にある鱒だけが、水面上に出ている羽虫など関係なく、どんな種類の毛鉤にも掛ってくるのだろう。しかし、多くの釣り人が訪れる有名な川のなかに棲む教育された鱒に対しては、毛鉤を可能な限り本物の羽虫に似せて、賢いやり方で流してやる必要がある。こうやってこそ、最大の成功を収めることができるに違いない[227]。

また、本物の羽虫が備える細身の胴体を模倣することもきわめて重要だ。大きく肥えた派手な毛鉤が一番魚をよく捕らえると誤解している者がいる。酷いケースになると、そんな毛鉤を3本も4本もドロッパーに取りつけて釣れば効くなどと吹聴する者さえいる。この理論を信奉する釣り人も、場荒れした川で釣ってみれば考えを改めるかもしれない。そんな場所で釣った後には、ここには魚が居ないと捨て台詞を吐いて立ち去るか、あるいは手法を変え、きちんと巻かれた細身の毛鉤と細いリーダーを用いる正しい途を選んで成功するかのどちらかであろう。ほとんどの羽虫は、細身の胴体とおよそ6本の脚を持っている。なかには脚を8本持っている虫もあれば、10本の虫もいるが、その数にはおのずと限界がある。だから、グルグル巻いたハックルの脚が500本もあるような毛鉤を用いてはな

《註釈225》T.ゴードンは頻繁に英国からマテリアル類やタックルを輸入していたため、税関職員にコネを作る必要性があったことが、この厚遇の背景にあったのではないか。

《註釈226》H.クリスチャンは原則自分の指だけを用いて毛鉤を巻き、フィニッシュ時のみバイスの顎に毛鉤を留めていたという。

《註釈227》同引用箇所に続く文中でH.クリスチャンは、『どなたかの愛する理論に挑戦する気など毛頭ないのだが、私がこう申し上げるのは、特に居着きのブラウントラウトについて、「大物をたくさん釣るなら結局はウエットフライに限る」などと言う者はドライフライを充分

に使いこなせていないだけだ、と信じるからなのだ。』と語っている。

《註釈228》FLY FISHING FOR TROUT (FOREST & STREAM [July 1917]) より引用。

《註釈229》当初、T.ゴードンは指だけでタイイングしていたが、後にF.M.ハルフォードの著作に感化されてバイスを用いるようになった。1914年に彼がR.スティーンロッドに宛てた手紙には『申し訳ないが、私はもう指によるタイイングにこだわらない。バイスを使うほうがずっと簡単だからだ。』と記されている。

らないのだ。適当なサイズのハックルを2、3巻きもすれば、充分な脚の数となるだろう。』[228]

ゴードンの葬儀に際して、彼の遺したマテリアル類をクリスチャンと分かち合ったもうひとりの人物がいる。彼の名はロイ・スティーンロッド（Roy Steenrod）。幾人かの釣魚史家は、むしろこの人物をこそゴードンの正統な継承者と位置づけている。なぜなら、直接ゴードンからタイイング技法を学んだ唯一の人物が彼であったとされるからだ。彼もまたゴードンと釣行を重ねてドライフライの魔術に魅入られてしまった者たちの一人であり、オフシーズンにも互いに手紙を交わしながら、その交友関係はゴードンの死の直前まで続いた。スパース・グレイ・ハックルは「釣れぬ日の釣魚夜話」のなかで、スティーンロッド本人によるゴードン評を交えながら次のように記している。

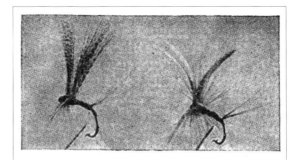
Blue quill Gordon and dun split-wing dry flies
(Tied by H. B. Christian)

クリスチャンの巻いたドライフライ

『生粋のリバティっ子であるロイは、1882年、独立戦争の時代まで遡ることのできる古い家系に生まれた。彼が最初に鱒を仕留めたのは5歳のとき、リバティ郡内においてのことだったが、まもなく一日中釣り浸りの生活を送り始めた。釣行の際には必ずフライパンとひと切れのパンを携えて、釣った獲物を必ず腹のなかに収めてから帰宅する毎日を過ごした。そんな生活だったものだから、1904年、彼が郵便局で働いていたときに、英国製のタイイングマテリアルを購入するのに必要な外国為替の手続きをとっていたセオドア・ゴードンと知り合いになるのは当然のことであった。

（中略）

ゴードンの数ある友人のなかでも、ロイはある一点において彼と特別な関係にあった。彼はゴードンによってフライタイイングの技術を叩き込まれた唯一の人物なのだ。ゴードンは折に触れてロイにタイイングのコツを教えたが、毎回、ロイは必ず「己の名誉にかけて、ほかの誰にもこの秘密を漏らさない」と宣誓させられたという。また、ゴードンはロイにバイスを使わずに毛鉤が巻けるよう指導した[229]。だから彼は必要なパターンを川辺でも巻くことができるようになったのだ。

ゴードンがあれほど執拗に隠し続けたフライタイイングの知識は、スティーンロッドの考えるところ、実際には、スキューズと

ロイ・スティーンロッド（「キャッツキル・フライタイヤー」[1977]より）

の文通で得た情報を除けば、すべて書物のなかから習得したものであったようだ。

ゴードンの死後、遺言執行人がスティーンロッドに譲り渡した彼の蔵書は、持ち主の無口さと秘密主義を物語っていた。そのうちの一冊を除くすべての書籍は、1913年の火事で焼失してしまった版を買い直したものだった。そして彼が1915年にこの世を去った結果、これらの書籍は用無しになってしまったのだ。しかしながら、彼の手垢にまみれた古色蒼然たるフランシス・フランシスの「釣魚の書」の一冊でさえ、何年にもわたって読み込まれているにも関わらず、どの頁にも個人的な注釈や鉛筆の書き込み、あるいはアンダーラインといった、持ち

第3部　ドライフライの歴史（後編）

主のパーソナリティを反映するものが一切見当たらないのだ[230]。これは、決して彼が潔癖症だったからではなくて、彼の特徴である秘密主義の顕れなのだ。「それがゴードンのひとつの特徴だった。彼はフライタイイング技術やパターンに関するものを、他人の目が届く場所に置くことなど決してしなかった。」というのがスティーンロッドの見立てである。

（中略）

タイヤーとしてのゴードンについて話をすると、技術面から見れば彼を今日最高水準のタイヤーたちと同列に論ずることはできないというのがスティーンロッドの見解だった。一方で彼は、ゴードンの毛鉤は効率性の面でほかのどんな毛鉤も及ぶものではないと語っている。なぜなら、その時代において、彼はドライフライの本質を理解する数少ない者のうちの一人であったからだ。彼はハックルと鉤の品質にはきわめて強いこだわりをみせた。そして、本物の虫の胴体の色を正確に再現するためであれば、いくらでも時間をかけて作業した。「彼は私の妹がリバティで営んでいる刺繍用品店でさまざまな色彩の絹糸や毛糸を手に入れるよう、いつも私に頼んできたものさ。」とロイは回想する。彼はゴードンが遺したマテリアルの相続人となり、今でもゴードンが愛用したホール氏の環付き鉤が詰

まった箱や、ロイもずっと愛用しているゴードンのバイス、そして色彩番号のついたクルエル・ウールが入った大きな袋といったものまで保存している。』

クリスチャンが自らのタイイング手法を決して他人に明かさなかったのとは対照的に、スティーンロッドは請われれば誰にでもタイイング手法を教授したことから、当時のキャッツキルで最も有名なタイイング・インストラクターの一人と評されるまでになった。彼はボーイスカウトのキャンプに参加して青少年向けにフライタイイング教室を開催することを愛した。その無償の奉仕は彼の晩年まで続き、爪の割れや腕の関節炎に苦しみ、視力や聴力が衰えてもなお、スティーンロッドの情熱は衰えることがなかったという。このようにゴードンの遺産を後の世代に広く伝えてくれた彼の功績に対して、米国の釣魚史家は篤い謝辞を贈っている[231]。

しかし、彼が人々に伝えたのはゴードンのパターンだけではない。彼自身も独自のタイイング技術を開発し[232]、いくつかのキャッツキル・パターンを考案している。そのなかで最も有名なのがヘンドリクソン（Hendrickson）であろう。後にP.ジェニングスによってエフェメラ・インヴァリア[233]の雌と同定されたこの人気パターンにまつわる逸話についてスティーンロッドが自ら語っているので、H.H.スメドレーの「フライ・パターンとその起源」[1946]からその一節を次のとおり引用してみたい。

『セオドア・ゴードンはA.E.ヘンドリクソン[234]のために毛鉤を巻いてやっていた。1915年にゴードンが亡くなると、A.E.――私はいつも彼をこう呼んでいた――は私に自分用の毛鉤を巻くよう依頼の手紙を送ってきた。そして1915年の5月、彼は私に会うためリバティ郡へとやってきた。彼はジョージ・ステファンソンとともに来訪したのだが、それからA.E.が亡くなるまでの間、我々3人は毎年一緒に釣りを愉しんだ。我々はエソパスやネバーシンク、ウィローイーモク、そしてビーバーキルといった川へ釣りに出掛けた。これらの川のみならず合衆国全域でドライフライに人気が出始めたのはちょうどこのころのことだった。

1916年のある日のこと、ロスコーを流れるビーバーキル川

スティーンロッドの巻いたヘンドリクソン

《註釈230》T.ゴードンが愛読していた他の蔵書には、A.ロナルズの「フライフィッシャーの昆虫学」[1836]やF.M.ハルフォードの「ドライフライの近代発展」[1910]といった英国の著作が多数含まれている。

《註釈231》P.シューラリーは「米国のフライフィッシング」[1987]のなかで『もし本当にゴードンの教えた相手がスティーンロッドであったならば、秘密主義者だったゴードンもよい選択をしたといえる。なぜなら、スティーンロッドはタイイングを他者に教授することを愛し、何百もの人々にその技術を広めたからだ。』と記している。

《註釈232》R.スティーンロッドが編み出したタイイング手法のひとつは、ハックリング作業を前後に分割し、前

方のハックルは前方向きに、後方のハックルは後方向きにと巻き分けることで、ハックルに広がりを持たせる方法である。なお、彼は毛鉤のネック（鉤の環とハックルの巻きとめ地点との間）を広く空けて、鉤軸が剥き出すように仕上げるのを常とし、以後このスタイルはキャッツキルタイヤーたちの間で広く普及した。

《註釈233》Ephemerella invariaは、流れの緩急を問わず東海岸に広く分布するマダラカゲロウ属の中型種。斑模様を帯びた尾を3本備えているのが特徴。そのニンフは葡萄型。

《註釈234》Albert Everett Hendricksonは1866年生まれのニューヨーク在住の実業家で、伝説的ロッドメー

カーのジム・ペイン（James A. Payne）を支援したことでも知られる。小型のターポンを毛鉤で釣るスポーツを開発したのも彼であるとされる。1936年没。

《註釈235》P.ジェニングスによれば、初代合衆国大統領ジョージ・ワシントンもゲームコックの飼育を愛好したという。

《註釈236》G.E.M.スキューズは1933年に書いた手紙のなかで、当時ロンドンで開催されていた養鶏博覧会を訪れたところ、米国から持ち込まれたプリマスロック種の毛並みの素晴らしさに目を奪われて、『これらを英国の鶏種と比べれば、英国産のほうが粗野でみすぼらしく見える。』と記している。

のジャンクション・プールの下を我々が釣っていたときに、ハッチが始まった。このときのハッチほど、鱒が盛んにライズする姿は見たことがなかった。私はその羽虫の一匹を捕まえてフライボックスのなかに押し込んだ。ファードンズで昼食をとると、私はその虫にできる限り似せた毛鉤を巻いてみた。我々はその毛鉤を使って昼も夜も釣り、何年にもわたって釣り続けた結果、必殺の毛鉤であることが判明したのだが、効き目は今もなお健在だ。私がこのパターンを初めて巻いたときからおよそ２年後のある日、この毛鉤を何と呼ぼうかという話になった。最高の友人であったA.E.のほうを向いて、私は「じゃあこの毛鉤の名は『ヘンドリクソン』でどうだい？」と言ってみた。すると、A.E.が喜んでくれているのがすぐに判った。ヘンドリクソンが誕生して以来、いくつかのパターンが市場に出回ってきた。ライト・ヘンドリクソンとかダーク・ヘンドリクソンとかいう名前のものがあるが、本当の色彩感を実現しているものはひとつもない。本物のヘンドリクソンは、ゴールデンフェザントのクレスト・フェザーをテイルに用い、ウイングにはウッドダック、ボディーにはアカギツネの腹部から採った淡黄褐色の毛、ハックルはほとんど透明、あるいは水色を呈したダン・カラーのものなのだ。』

アメリカンゲーム・コック

　米国ドライフライを代表するといっても過言ではないキャッツキル・スタイルの成り立ちは、この地域独特のタイイングスタイルのみに依るものではない。キャッツキルのフライタイヤーたちは自ら鶏を飼い、数多の鶏種を掛け合わせる試行錯誤を重ね、英国のオールドイングリッシュゲーム・コックにも匹敵し得る新たな鶏種を生み出すことによって、マテリアル面でも旧宗主国からの独立を果たそうとしたのであった。

　P.ジェニングスは、このアメリカンゲーム・コック（American Game Cock）の起源が植民地時代に持ち込まれた闘鶏用の英国系鶏種群にあると記している[235]。米国のフライタイヤーたちは、これにマレー半島から輸入したジャングルコックを掛け合わせて誕生させたロードアイランドレッド種（Rhode Island Red）と呼ばれる鮮やかな赤茶色のハックルを持つ鶏種を筆頭に、さまざまなアメリカンゲーム・コックを誕生させた。後にその最良の成果が英国にも送り届けられて、彼の地のフライフィッシャーたちを驚かせた史実は、そのいくつかが釣魚史家によって記録されている[236]。

　ジェニングスによれば、当時、東海岸のフライタイヤーたちが喉から手が出るほど欲したのが、クイルゴードン等のパターンに用いられる、ライトブルーダン（light blue dun）と呼ばれる色彩のハックルを備えた鶏種であったという。しかし、この鶏種はきわめて珍重され、そのハックルも一般の釣り人には手の届かない最高級品となっていた。20世紀中ごろの東海岸で名を馳せた釣魚作家アート・フリックがこの鶏種を生み出すための涙ぐましい苦労話を遺しているので、その一節を次のとおり引用してみたい。

『ナチュラル・ダンのハックルで巻かれた毛鉤を手に入れるのがどうしてこんなに難しいのか、そして、仮にそれを手に入れることができたとしても、どうしてこんなに多額の対価を支払わなければならないのか、ほとんどのフライフィッシャーはどうにも理解に苦しむところだろう。

　私の知る限り、我々が手にしているダン・ハックルを産む鶏種にきわめて近い色彩を持つ鶏の血統がひとつだけ存在する。それはブルーアンダルシアン（Blue Andalusian）との名で知られる血統であるが、残念なことに、この鶏種から得られ

るハックルの品質は劣り、通常、良質なドライフライに相応しいものではない。

　レグホーン (Leghorn) やプリマスロック (Plymouth Rock)、ロードアイランドレッドといった鶏種であれば、同種同士を交配させることでその血統を永く保つことができるのだが、我々がダン・ハックルを得ている鶏種ではその方法が上手くいかないのだ。

　一般論を言えば、ダン・カラーの鶏種は白色の雄鶏と黒色の雌鶏を交配させる(237)、あるいはその逆の掛け合わせによって生み出される。もし幸運の女神が貴方に微笑むならば、貴方はそこからダン・カラーの鶏を得ることができるかもしれない。

　ところが不思議なことに、ダン・カラーの雄鶏を同じ色の雌鶏と掛け合わせてみると、雛鳥たちはさまざまな色彩を帯びることになるだろう。何羽かは白色、その他は黒色、白黒のブチ、バジャーとなって、残りはダン・カラーのものが孵る。しかし、ダン・カラーのものは総じて稀少である。なぜなら、その血統は遺伝的にみて非常に劣性であり、子孫は元の色彩である白色や黒色に先祖返りしてしまうのが通例であるからだ。

　この鶏種にはもう一つ特異な性質がある。それは、ダン・カラーを帯びた鶏の大部分が雌鶏となることだ。したがって、ダン・カラーのヘンハックルを得ることはそれほど難しいことではないが、その良質な雄鶏となると、きわめて価値の高い存在となる。

　この鶏を生み出すためにねじ伏せなければならない見えざ

る敵の姿をここで解りやすく解説するために、私が昨年経験した幸運な事例を紹介しよう。私は孵卵器に60個の卵を置いた。それらはダン・カラーの雄鶏と雌鶏を交配させた卵であり、両親ともに私が常々理想的と考えるダンの色調を備えていた。

　48個の卵が孵り、そのうちの7羽がブルーの血統であった。ところが、彼らが成鳥となったところ、2羽のダン・カラーの雄鶏を得て、そのうちの1羽はまあまあのコンディションであったが、もう1羽は飼育するに値しないものであった。残り5羽のうち3羽はダン・カラーの雌鶏であり、その他の雛鶏はいずれもバジャーとなった。60分の1という確率は、この種の歩留まりとしては結構良いほうではないだろうか。』(238)

　このように自ら鶏種の改良に取り組むキャッツキルタイヤーの典型例として、ルーブ・クロス(Reuben R. Cross)(239)を挙げてみよう。野外スポーツ専門の出版社として知られるデリーデイル出版社 (Derrydale Press) の創設者ユージン・コネット (Eugene V. Connett III) (240) が『米国で最高の職業ドライフライ・タイヤー』と評したこの男の信条によれば、「厳格なる模倣」主義に基づくイミテーションフライは魚にからかわれるだけで鉤掛かりしないことが頻繁にあるという(241)。このため、彼は鱒が好む毛鉤の色を模索し続け、それがブルー系の色彩であるとの結論に至った。このため、彼は当初ブルーアンダルシアン種を重宝したが、この鶏種のハックルは軟らか過ぎて、色彩も黒に近かったことから、独力で工夫して品種改良を重ね、ついには自らの理想に最も近い鶏種を創り上げることに成功した。

　彼はこの貴重なハックルを惜しむあまりに、生きた鶏から年に4回だけ羽毛を摘み採るのを常としたという。彼の膝に乗せられた鶏は、ご主人様からフェザーを抜かれる度に、『コケコッコーと鳴いては羽根をバタつかせ、それが落ち着くと次の1本が抜かれるのをおとなしく待っていた』と伝えられる(242)。このようにして巻かれたクロスの傑作パターンとして知られるのが、クロススペシャル (Cross Special) と呼ばれるドライフライである。このパターンについてクロス本人が語った一節がH.H.スメドレーの同じ著作のなかに遺されているので、それを引用してみよう。

ルーブ・クロス

《註釈237》P.ジェニングスによれば、米国産の鶏種には、元来、黒い色素と赤い色素という2種類の遺伝的形質を有するものしか存在しないという。このため、前者の形質が優勢となる場合にはブルーブラックからブルーダンを経てハニーダンに至る各種のハックルを発現させ、後者の形質が優勢となる場合にはブライト・レッドからジンジャー、そしてクリームまでの各色彩を帯びたハックルを発現させることになるという。また彼は、ダン・カラーのハックルを陽にかざすと赤く発光しているように見えるのは、羽毛のなかに赤い色素が隠されているからだと説いている。このおよそ300年前、C.コットンが『釣魚大全』のなかで登場人物に語らせたハックルの魔法は、こうした原理に基づくものであったかもしれない。

《註釈238》「水生昆虫とそのイミテーションに関する川辺の指南書」[1947]より引用。

《註釈239》1896年、ネバーシンクの農家の生まれ。18歳のときに近所で買ったドライフライで釣っていたが、鱒に見向きもされなかったので自分で巻き始めたという。副業として毛鉤販売事業を続け、狭い自宅ゆえタイイング作業はキッチンテーブルの一角で行うことを余儀なくされていたことから、「キッチンテーブル・タイヤー」との愛称で知られた。彼の代表的著作である TYING AMERICAN TROUT LURES [1936] は当時のフライフィッシャーに大きな影響を与え、キャッツキル・スタイルの普及に貢献した。

《註釈240》1891年、ニュージャージー州の制帽工場を営む家庭に生まれる。幼いころから野外スポーツに関する書籍を収集し、大学を卒業して家業を継ぐ傍ら、自らもフォレスト&ストリーム誌等に記事を投稿した。趣味が嵩じて家業を売却し、1927年に野外スポーツ専門の出版社を設立。同社は数多くの名作を生み出したが、第二次世界大戦の最中に用紙の供給が得られなかったため42年に倒産。戦後は他の出版社に入って野外スポーツ関連書籍の発刊に尽力を続けた。69年死去。

《註釈241》ただしR.R.クロスは、Mayflyなどごく一部のパターンにだけは、絶対に「厳格なる模倣」が必要になると考えた。

『俺がフライタイイングを始めたのは1906年のころだと思うんだけど、それは俺が欲しいと思う10セントで売られていた毛鉤を買うことができなかったからさ。あのころはさ、ドライフライを巻くための秘密のコツをシェアできる奴なんて誰もいなかったね。そんなときのことさ、それが出来る奴だと認められたセオドア・ゴードンがネバーシンクに滞在し始めたものだから、俺たちは仲よしになったのさ[243]。お陰で俺は彼の毛鉤を2、3本もらって、コピーするために永い時間をかけてじっくりと分析したんだ。それでさ、自分で納得のいく毛鉤が巻けるようになるまで、多分、6、7年はかかったんじゃないかな。今でもいくつかのパターンを巻くときには、うんざりしちまうことがあるんだ。』

『クロススペシャルっていうのは、ゴードンクイル[244]とライトケイヒルを掛け合わせたものなんだよ。そもそも俺がこの毛鉤を初めて巻いたのは、そのふたつの毛鉤がキャッツキルで効き目抜群で一番人気だったからさ。だから、そのふたつの「掛け合わせ」("cross")ならきっとよい結果が出るに違いないと思ったんだ。実際、俺の知ってるほかの優れたパターンと同じような効き目があったよ。俺は、ゴードンクイルにライトケイヒルのボディーをくっつけて、「交配種」を生み出すことを試してみたって訳さ。なにも、俺の名前に引っ掛けてわざとつけた呼び名じゃぁないんだがね、すぐにそんな名前がついちまったんだよ。』

当然のことではあるが、歴史に名を遺す職業フライタイヤーは成功者ばかりではなかった。人徳と天運に恵まれなかったクロスの人生は失敗の連続であった。想えば、生きた鶏から羽毛を一本ずつ抜き続けたところには、クロスの近視眼・小心さといった性格が垣間見られる。厳選して育てていた数十羽の鶏を後に伝染病で全羽失うという悲劇[245]に見舞われた彼は、哀れにも病原菌の残留を恐れてそのケープを手許に遺すことさえできなかったに違いない。

彼はまた本業を転々として落ち着くことがなかった。体重300ポンド近い草丈夫であった彼は、ダンスホールの用心棒や銀行のメッセンジャーボーイとして働いたが、どれも永続きすることはなかった。さらに不幸なことに、彼は

クロスの巻いたライトケイヒル

1930年代に自宅を火事で焼失し、無一文のままキャッツキルを去らねばならなかった。こうした不運の連続の末、独身のまま亡くなった彼の許には、葬式を挙げる金さえ残っていなかったという。

彼のフライタイヤーとしての優れた技量[246]とは裏腹に、その生きざまは哀れなほどに不器用なものであった。クロスの人となりについて彼の友人が書き記したエッセイのなかから、次の一節を引用してみよう。職業フライタイヤーの隠された一面を衝く貴重な証言である。

『彼は才気あふれるフライドレッサーだった。彼の巻く毛鉤はいつもダブルウイング（ウイングを2枚重ねで対にするスタイル）で、ハックルも惜しみなく使っていた。私は彼の住むボルドーのアパートを何度か訪れては、タイイングを少しだけ教えてもらったものだ。彼はいつも他人にマテリアルを無心していた。彼に蓄えはなかったし、そんなに給料ももらっていなかったので、マテリアルはいつも人にねだるよりほかになかったのだ。私はキャリー・スティーブンスのグレイ・ゴースト[247]をたくさん巻かねばならなくなったので、彼に白のペキンダック・ウイングを渡す見返りに、ブルーダンのショルダーハックルを譲り受けた。それを見て驚いたことに、ループの使っていたハックルは染められているのが判ったのだ。彼はその染料につい

《註釈242》別の言い伝えによると、彼の愛した鶏の1羽は、郵便配達夫が顧客からの注文の手紙を持ってくると、主人の肩に上ってコケコッコーと鳴き声を上げたという。

《註釈243》H.クリスチャンは、R.R.クロスがタイイング技法をT.ゴードンから直接指導を受けたと周囲に触れ回ったことを虚偽の言明だとして大いに立腹していたと伝えられる。またクリスチャンは、Cross Specialもゴードンが開発したパターンのひとつであって、クロスが勝手に自分の手柄として吹聴しているに過ぎないという旨の証言を遺している。

《註釈244》Quill Gordonの古い呼称。

《註釈245》A.フリックによれば、ブルーダンの鶏種は他の鶏種と比べて格段に虚弱で、死にやすかったという。

《註釈246》R.R.クロスの最高記録は、1日に4ダースを巻き、1本につき所要時間2分半というものであった。通常の場合は1本巻くのに5〜10分をかけ、1日平均2ダース半から3ダースを巻いた。集中力を要するため、一度に1〜2時間しか作業できなかったという。

《註釈247》1924年7月、メイン州のとあるダム湖の畔に住む主婦Carrie G. Stevensは、家事の最中に突然閃（ひらめ）きを得てスメルト（ワカサギに似た小魚）を模倣したストリーマーを巻き上げ、そのまま家を出て向かいのダム湖に投じたところ、6ポンド13オンスの大物ブルックトラウトを釣り上げた。この獲物はその年のフィールド＆ストリーム誌上で開催された大物ダービーにおいて全米第2位を記録したという。後にこの毛鉤はGray Ghostと名づけられ、彼女の手からさまざまな派生パターンが生まれていった。

第3部　ドライフライの歴史（後編）

て絶対に明かさなかったが、うちの妻が灰色のティンテックス・アーマーだと教えてくれた。ループは、私がその処理法の秘密を解き明かしたことを知ると、今度は誰にもしゃべるなと口止めを迫ってきた。しかし私は、訊ねられれば誰にでも教えるよと答えてやったのだ。

ループはいつでもそんな調子だった。彼はほかの誰に対しても何も教えなかったのだ。一例を挙げると、ループが使っていたタイイング・スレッドの種類をめぐって、彼とレイ・バーグマンが互いに角を突き合わせたことがある。ループのスレッドは我々が知る一番の極細糸のさらに半分ほどの細さだった。さてこのときも、ループがこのスレッドの在庫を切らしたとき、遂に私たちはその銘柄名を知ることになった。彼は金が無かったので、自分だけでこのスレッドを箱買いすることができず、私たち仲間にこのスレッドをボビン1個につき1.5ドルで転売したのだ──しかも前払いで・・・。

私はループが私のために巻いてくれた毛鉤の数々を額装して自宅の壁に飾っているが、そのなかには、彼がサウスシーコンクの講習会で巻いてくれたファンウイング・ロイヤルコーチマンがある。最初に私がこれを巻いたとき、プロポーション設定に四苦八苦していたところへループがやってきて、私の巻き方を矯正してくれたのだ。ファンウイング・ロイヤルコーチマンというのは興味深いパターンで、私はこの毛鉤を通じて彼のスレッドさばきを学ばせてもらった。彼はウイングを固定するだけでスレッドを32回転もさせたのだが、後で見ると糸目の跡はまったく見えなくなっていた。

ループは、クロススペシャルだけでなくヘンドリクソンまで自分の発明だと言い張って、まるでスティーンロッドが盗作したかのように言いふらした。ループは優れたドライフライのタイヤー[248]ではあったが、他人の成功には嫉妬深かった。私は、もし彼がもっと信頼に値する人物であったなら、職を転々とすることなどなかっただろうし、ドレッサーとしても、また釣魚作家としても成功を収めていただろうに、といつも残念に思ってきた。しかし彼は、働かずして楽に暮らせる生活が目の前に転がり込んでくる幸運をいつも夢見ていたのだ。』[249]

これら歴代キャッツキルタイヤーの伝統を現代に引き継ぐ役割を果たしたのが、伝説のフライタイヤー、ハリー・ダービー（Harry Allen Darbee）[250]である。

幼き日のダービーは、彼の祖父チェスターがキャッツキル地方に経営するホテル[251]を度々訪れては、野山を駆けめぐって虫捕りに熱中したというが、昆虫に対する彼の関心が陸の上だけに留まることはなかった。ある日、彼はビーバーキル川の支流で一生のほとんどを水のなかで過ごす昆虫たちを発見し、水を張った皿のなかにニンフやカディス・ラーバを泳がせては目を瞠ったと伝えられる。かくして水生昆虫の生態に魅入られてしまったダービーが、鱒釣りへとその関心を移すことは時間の問題であった。

1919年、ダービーがミミズ餌を捨ててウエットフライの釣りに愉しみを見出し始めたちょうどそのころ、彼の通う中学校にひとりの転校生がやってきた。地理の授業中、この転校生、ウォルト・デッティ（Walt Dette）がダービーの手許を覗き込むと、彼の机の上に見慣れない羽根の塊を見つけた。彼がそれは何かと訊ねる紙切れをダービーにそっと差し出すと、ダービーは「鱒毛鉤さ！」と書きつけた紙片を寄こした。すると「なんて奇麗なんだ！それをどうするんだい？」と返ってきたので、ダービーが「じゃあ、学校の後で教えてやるよ。」と応えたところから、このふたりの生涯にわたる交友が始まる。

一緒に授業を抜け出しては駆け足で釣り場へ向かい、流れの畔で忍耐と興奮の刻を重ねたダービーとデッティは、まもなく釣り人として頭角を現し始め、1920年代には流行著しいドライフライの名手としてともに名を馳せた。だが、渓流で青春を謳歌するふたりも、やがては世間の荒波に揉まれることになる。30年代初頭、大恐慌の嵐がキャッツキルの田舎町でも猛威を振るうなか、職を転々とする日々に将来の展望を見いだせず思い悩むダービーの前に、再びデッティが現われた。28年に結婚したデッティは、まもなくロスコーの街の映画館の階上にある部屋を借りて毛鉤の製造／販売事業を立ち上げていたのだが、まったく人手が足りないのだという。「是非手伝って欲しい」という旧友の言葉に心動かされたダービーは、この申し出を快く受け入れる。企業は次々と倒産し、無数の失業者が路頭に迷う時代にあっても、熱意と希望にあふれるふたりの青年が固い握手を交わしたのは、33年のことであった。

《註釈248》R.R.クロスはドライフライしか巻かなかった。顧客からウエットフライやストリーマーの注文が入ると、専業タイヤーのH.ダービーに手紙を送り、『こいつらを巻いていると、俺は胃がひっくり返っちまって堪らないんだ』と訴えて代わりに巻いてもらえるよう懇願したと伝えられる。ちなみに、彼は生涯胃潰瘍に苦しんだ。

《註釈249》RUBE CROSS（Albert Brewster [THE AMERICAN FLY FISHER（Vol.21 No.1）]）より引用。

《註釈250》1906年、ロスコー生まれ。スパース・グレイ・ハックルから「世界最高のタイヤー」と絶賛されたキャッツキルきっての名タイヤー。竿の目利きとしても

知られ、伝説的ロッドビルダー H.S.ギラムの才能を見抜き、このビルダーにとって唯一の販売代理店となった。自らゲームコックの飼育に取り組み、ショットガン・ブリーディングと呼ばれる独自の選別的繁殖を導入して効率的な選別的繁殖を実践した。キャッツキル地方の自然保護運動にも積極的に関わった後、83年死去。

《註釈251》「米国釣師の書」[1864]の著者として知られるT.ノリスは、このボスコベル・ホテルに投宿してはチェスターとともに釣りを愉しんだという。

《註釈252》一例を挙げると、フォルソム・アームズ社は彼らに一回で千八百ダースもの毛鉤を発注したという。

《註釈253》他人の毛鉤を解きながらタイイングを学ぶこの方法は、歴代のキャッツキルタイヤーによって取り組まれた。H.クリスチャンはこのやり方を独力で編み出し、R.スティーンロッドが教え子にタイイングの手ほどきをする際に必ず体験させたのもこの手法であった。ちなみに、R.クロスに指導を断られたW.デッティも、後に彼の毛鉤を解いて研究したと伝えられる。

1920年代後半のハリー・ダービー（右）とウォルト・デッティ（左）
（「キャッツキル・フライタイヤー」[1977]より）

彼らの巻く毛鉤は早くから評判となり、まもなく彼らは大きな釣具問屋からの注文に応えるべく、がむしゃらに毛鉤を巻き続けることになった[252]。累増する顧客からのオーダーに応えるため、デッティは妻のウィニー（Winnie）を呼び寄せたがそれでも間に合わず、次いで近所に住む若い娘エルシー・ビヴィンス（Elsie Belle Bivins [1912-80]）を雇い入れた。当初はマテリアルの在庫管理を担当していたエルシーであったが、ウィニーが上手に毛鉤を巻く姿に憧れて、ダービーにタイイングを教えてくれるよう懇願した。就業時間が終わるとダービーはエルシーを呼び、ときにはエルシーの肩越しに彼女のボビンを持つ手をとりながら指導した。この親密な個人授業はいつしかふたりの間に愛情を育み、エルシーが優れた技術を身に着けて卒業するのを機に、ダービーは彼女にプロポーズしたのだった。1935年に晴れて結婚すると、ふたりはデッティとの共同事業から独立して、リビングストン・マナー（Livingston Manor）の地に自らの毛鉤製造・販売事業を立ち上げることになる。

かくしてデッティとダービーはそれぞれの道を歩み始める訳だが、彼らはどうやってキャッツキル・スタイルのタイイング技法を学んだのだろうか。両人とも、若き日にH.クリスチャンやR.スティーンロッドと出会う幸運には恵まれなかった。また、デッティは自らの事業を立ち上げる前に、なけなしの50ドルを手にR.クロスの許を訪ね、その金でタイイング技術を教えてもらえるよう懇願したが、けんもほろろに門前払いを喰らったと伝えられる。

キャッツキルの伝統を引き継ぐため、結局、ふたりは独力でタイイング技術を身に着けざるを得なかったのだが、このときふたりが選んだ方法こそ、実は歴代キャッツキルタイヤーたちのやり方そのものであったことを、はたして当時の彼らは知っていたのだろうか[253]。ダービーとオースティン・フランシス（Austin M. Francis）の共著「キャッツキル・フライタイヤー」（CATSKILL FLYTIER [1977]）のなかでダービー本人が語った、タイイング技術習得の裏技に関する次の一節を引用してみたい。

『毛鉤の構造を解き明かすため、私はそれを分解することを始めた。このおかげで、何回かキャストすると毛鉤が勝手にバラバラになってしまう問題の原因を突き止めることができたのだが、実を言うと、毛鉤の解き方を学んだからこそ、私はようやく毛鉤をきちんと巻けるようになったのだ。逆方向にさかのぼりながら学ぶ方法こそ、フライタイヤーとしての私の経歴に最も重要な貢献を果たしてくれた。読者の皆さんも時々やってみて欲しい。この作業では、毛鉤の巻き方を頭のなかで逆転再生することが求められる。ほかのタイヤーが巻いている姿を直

に観察するよりも、このやり方のほうがずっと理解しやすいし、自分の好きなスピードで自由に作業できるはずだ。

　私が敬意を払って最初に解いたドライフライは、セオドア・ゴードンお手製のいくつかのドライフライ・パターンだった。これらのスレッドを解いていく作業は、まさに荘厳な寺院のなかに足を踏み入れるような体験だ。フライタイヤーが披露するテクニックの好例で、本来ならばじっくりと落ち着いて観察すべきところだったのだが、ご本人と伝説の重みに圧倒されてしまってそれどころではなかった。

　私はロイ・スティーンロッドやループ・クロス、そしてハーマン・クリスチャンのドライフライも「解剖」させてもらった。私が初めてクリスチャンと顔を合わせたのは、彼の毛鉤を分解してから20年も経った後のことだったが、そのときでさえ、私はクリスチャンお手製の毛鉤と言われるものを解いてみて、本物か偽物かを見分けることができた。彼はいつもハックルを彼独特のフィギュア・エイトで巻きとめていたのだが、ほかの者がこんなやり方で巻いているのはかつて見たことがない。同じ方法で、私はほかにも20名ほどのタイヤーの作品を見分けられるようになった。いわば、彼らは毛鉤のなかに自分のサインを書き込んでいるようなものなのだ。そのひとつひとつから、私はシルクスレッドのトリック、ハックルの傾き具合、そしてウイングの取りつけ方といったものを学ばせてもらった。ゴードンが英国製の毛鉤を分解したときに試してみたのと同様、私もまたさまざまなタイヤーの手法を採用して、私自身のスタイルへと統合したのだ。』

　ダービーは、キャッツキル・スタイルを特徴づける要素について、次のように解説している。まず、ある程度大きな鉤(典型的には#12)の上に、H.クリスチャンが力説するとおり、きわめて細身のボディー(通常は獣毛のダビング材かピーコックハールを使用)を造成する。そこにウッドコックのフランクフェザーを用いて分けた状態に巻きとめられた斑入りのレモンカラーのウイングと、ほんの少しだけ巻かれたきわめて硬質で輝きを備えたコックハックル(多くの場合、色彩はブルーダンかジンジャー)を取りつける。このとき必ず注意すべきは、R.スティーンロッドが考案したとおり、ウイングとハックルを鉤の環からある程度離れた場所に巻きとめるようにする点である[254]。この少し短めに造られた構造のおかげで、キャッツキル・スタイルのドライフライはより重心に近い位置にハックルを置くこととなるため、激しい流れのなかでもテイルを濡らさずにハックルポイントだけで安定して浮くことができるのだという[255]。このようにして巻き上げられたドライフライの輪郭は淡く、きわめてシンプルな構造のなかにも各パターンがそれぞれに特徴的な色彩を帯びることになる。

　試しにこのキャッツキル・スタイルのイメージから色彩的特徴を取り払ってみよう。すると、このパターンのなかに残されている、全体として羽虫のイメージを印象づけるような簡素で輪郭の薄いシルエットと、ボディーやテイルを濡らさず水面上に高く浮く姿勢、というふたつの特徴に気づかされることになるのだが、これらの特徴こそ、英国のW.ベイジェントやJ.C.モットラムらが唱えた新型ドライフライの核心的要素にほかならない。歴代キャッツキルタイヤーの手によって研ぎ澄まされてきたジェネラル・イミテーションの傑作群が、実はネオ・イミテーショニストたちの創造物と同心円をなす関係にあることを、我々は充分に理解しておかなければならない。

　ダービーのよき理解者であり、自身も優れたフライデザイナーとして知られるJ.アサートンが、「毛鉤と魚」(THE FLY

ジョン・アサートン

《註釈254》P. シューラリーは「米国のフライフィッシング」[1987]のなかで、T.ゴードンがこのネックを空けるスタイルで毛鉤を巻くことはあまりなかったと記している。

《註釈255》このR.スティーンロッドの手法は、ハックルが前後に広がるよう2枚のハックルを互いに向きを変えて巻き分ける彼のもうひとつの手法と併せて、V.C.マリナロがThorax Dunに施したハックリング手法と同じ効果を狙ったものであることに留意されたい。互いに異なる立場にありながらも、同じ結論に至った興味深い事例である。

《註釈256》この「虫っぽさ」という概念は、昆虫の精確な模倣を意味するものではないことに留意されたい。むしろ昆虫の形態や色彩の特徴を強調し、デフォルメすることで生まれる、「実物以上に実物らしさを訴えるメタ・リアリズム」を指す。この概念は、ネオ・イミテーショニストらによる印象主義から出発して、晩年のP.ジェニングスが主張した「記号論」的な新しい象徴主義へと向かう議論の糸口となる。

《註釈257》H.ダービーによれば、1941年、ニューヨーク州政府はあらゆる野鳥の商業利用を禁止する規制の導入を決定したが、ダービーらの反対運動を受けて、翌年には毛鉤の商業生産を目的とする利用について例外措置が認められたという。しかしその後、連邦レベルで鳥の羽毛の輸入が厳しく制限されたことから、職業タイヤーへのマテリアル供給が細り、ダービーらは代替品の人造マテリアル等を利用したり、サーモンフライを巻くときにはドレッシングを簡略化したパターン(reduced pattern)にせざるを得なくなったりしたという。

AND THE FISH［1951］)のなかで語ったキャッツキル・スタイル論を次に引用してみたい。この引用文の行間に、第9章の冒頭で紹介したJ.W.ヒルズやG.E.M.スキューズらの声がこだましているのをお聴き取り頂けるだろうか。

『セオドア・ゴードンは、自らが模倣するのは「水面上にある羽虫の概観」であると言い、タイイングの際には常にこの点を強調するように作業をしたという。私は、クイルゴードンが印象主義的イミテーションの好例であると信じる。つまり、鱒の眼に生命感を訴えかけるような色彩のコンビネーションによって実現される、自然の模倣に成功しているのだ。

　ゴードンは「ドライフライとして、クイルゴードンはある系統のカゲロウの典型的な姿をしている。」と語っている。このひと言から、彼は何種類かのカゲロウをまとめて模倣する意図をもってこの毛鉤を作成したと結論づけられなければならない。また彼は、条件に応じてこの毛鉤の色調をさまざまに変更し続けたことが知られている。

　ゴードンが友人のガイ・ジェンキンス（Guy Jenkins）に宛てた1913年3月14日付の手紙のなかでは、『私は、ある羽虫の種族全体を満足に表現することのできる典型種を模倣した毛鉤を用いることを好む。己の毛鉤に自信を持つことが大切だ。水面の毛鉤が貴方にとって好く見えるということは、鱒の側でも好い見え方をしているということである。重要なのは効果であって、人間の眼から仔細にどのように見えるかなど、大した問題ではない。』と記されている。（傍点は私［訳者注：アサートンを指す］による。)

　非凡な観察眼を備えた釣り人のこの言明は、魚にとっての毛鉤の魅力が、特定の虫を厳格に模倣することではなくて、数種類の虫を近似値的に模倣することから生まれるものであるという私の信念を一層強めてくれた。こうした毛鉤のなかには、ある特定種の虫に形や色がきわめて似通ったパターンもあるかもしれない。しかし一義的には、そうした毛鉤も特定種ではなく一定のグループを模倣するよう作られているのだ。

　広く知られている有名なパターンのなかには、ある羽虫の系統をまとめて模倣すべく開発され、季節を問わず汎用性に優れた毛鉤がいくつかある。これらのなかには、ヘンドリクソンやライトケイヒル、クイルゴードン、そしてアメリカン・マーチブラウ

ビーバーキル川（「キャッツキル・フライタイヤー」［1977］より）

ンといったものがある。これらパターンのうちいくつかは、優れた毛鉤ならば備えていなければならないと私が信じる、ある条件を満たしている。つまり、それらは「虫っぽく」（"buggy"）[256]て、外観が印象主義的であるということなのだ。』

　とはいえ、英国ドライフライ・パターンの歴史が紆余曲折をたどったのと同様に、キャッツキル・スタイルもまた時代の変遷に応じて変化を余儀なくされ、緩やかにその黄昏を迎えていくことになる。

　いくつかの例を挙げると、川の流量の減少や生活排水の流入は水質悪化をもたらし、キャッツキルの川の生物相を変えてしまった。また、かつては全米各地で毛鉤のお手本とされたキャッツキル・スタイルの各種ドライフライも、今や各地で発達したさまざまなスタイルのフライ・パターンによる攻

第3部　ドライフライの歴史(後編)

勢に晒される立場となった。

そして何よりタイヤー自身にとって大きな痛手となったのが、野生動物に対する保護思想の高まりに応じて野鳥の商業利用が規制され始めたことであった[257]。従来のマテリアルが入手困難となるなか、ダービーはウッドコック等のフェザー・マテリアルに代えて、より入手が容易なディアヘア等の獣毛を用いるパターンに生産を切り替えざるを得なくなったのだが、一方でそれはキャッツキル・スタイルに新たな展開を促す好機ともなった。

ダービーは「キャッツキル・フライタイヤー」のなかで、こうした時代の趨勢を冷静に見つめながら、職業タイヤーの鋭い観察眼を遺憾なく発揮しているところ、その該当部分を次のとおり引用してみたい。

『毛鉤の流行という点で、我々は際立った3つの時代を経験してきた。1800年代後半から1915年ごろまでの時代はウエットフライが主流だったが、主にゴードンによるイニシアチブのお陰で、以後40年間近くにわたりドライフライ純粋主義者こそが川の王者とされた。この時代、キャッツキルのどこに行っても、釣り人がみな使っていたのはファンウイング・ロイヤルコーチマンや

ハリーとエルシー(LAND OF LITTLE RIVERS [1999]より)

ファンウイング・イエローメイ、ファンウイング・ブラウンドレイク、そしてファンウイング・ケイヒルといったものであった。それが1930年代のことだ。これらのパターンはすべて、陳腐化という名の病のために死に絶えて、取って代わる形で、ヘアウイングを筆頭にファイバーを束ねるスタイルのウイングを備えた一連のまったく新しい毛鉤──それでもまだドライフライだが──が登場した。その多くは今も広く用いられている。

鴨の胸に生えるフェザーに代えてディアヘアを用いて毛鉤のウイングとすることにより、我々は遙かに耐久性のある毛鉤を巻けるようになった。ファンウイングの場合、その1本の羽根軸が折れてしまえば、毛鉤はもう使いものにならない。これがヘアウイングの場合、好みに合わせてウイングの高さを調整することまでできる。化学素材製のリーダーが蚕の作るより太いガットリーダーを駆逐した際にも、ファンウイングがもたらす難題をヘアウイングが解決してくれた。ファンウイングの毛鉤を細身の化学素材製リーダーで投げると、毛鉤が回転してリーダーが撚れる結果、解くのに一日中かかりそうなライントラブルが生じてしまうのだ。

1950年代半ばのことだったと思うが、川辺のエントモロジーが科学として最高潮に達し、毛鉤の流行史における第3期の扉を開いた。その結果、すでに多数のパターンであふれ返っていた武器庫には、さらにニンフやカディス、テレストリアルといった新しい弾薬が蓄えられることになった。

フライ・パターンはふたつの根本的理由、すなわち釣り人の嗜好の変化と川の生物相の変化によって変化していく。泥や砂礫の堆積によって川の水深が浅くなったり、洗剤などによって水質が汚染されたりといった流れの物理的変化のために、川からカゲロウ類や大型のドレイクが姿を消し、代わりに新しく微小な昆虫類が徐々に勢力を増していくのを、我々もこれまでに経験してきたところだ。

つい1960年代の初めのころまでは、#10や#12といったところが毛鉤の標準的なサイズとされていた。多くの人々は#14より小さな毛鉤で釣ることなど決してなかったし、バイビジブルやファンウイングは#10以上のサイズのものを使うことが多かった。それが今では皆、#28などという極小パターンまで使うようになって、#24や#26は当たり前のことになっている。釣具店で売られている毛鉤の標準サイズも、特に夏場などは大きい場合でも#14に留まっているように思われる。

《註釈258》1922年ごろ、ミシガン州のLeonard Halladayが自宅近くの釣り場にやってきたオハイオ州で弁護士を務めるCharles F. Adamsにこのパターンを与えたところ、彼が大釣りしたことからこの名が授けられた。H.スメドレーは、この毛鉤には茶色と灰色という羽虫に備わるふたつの基本色が最も自然に配色されているだけでなく、目の粗いダビングボディーはクイル製のものより鱒にとって魅力的で、幅広のウイングはスペント状態を暗示すると同時に釣り人からの視認性も高めていると絶賛した。

《註釈259》H.ダービーが完全に自身のオリジナル作品と主張するこのパターンは、とある顧客から、着水時になるべく水面を乱さぬよう、小型の鉤に巻かれた大型カゲロウのドライフライ製作を依頼されたことがきっかけ。1960年、当時フィールド&ストリーム誌の編集者であったアル・マクレーン(Albert McClane)により紹介されて有名となる。

《註釈260》1926年、デンマーク生まれ。米国に移住してエンジニアとして働くが、69年に職を辞して職業フライタイヤーとなる。80年にキャッツキルのロスコーを通りかかったところ、ウィローイーモク川沿いに建つ一軒の小屋を大変気に入ったことからこの地に定住する。80年代以降に有名となった本物の羽虫と見紛うばかりの精巧な鱒毛鉤のみならず、サーモン毛鉤及びソルトウォーター毛鉤の大家としても知られる。73年以降、数々の毛鉤に関する著作を世に問うて、2004年死去。

《註釈261》根元側に向かってファイバーをなでつけて束ねた状態のハックルフェザーを鉤軸に巻きとめることによってエクステンディッド・ボディーを造成するTwo-feather Flyの手法は、後の前衛派タイヤーたちが羽虫の胴部や脚部を模倣する際にしばしば借用された。

《註釈262》H.ダービーが刈り込みスタイルのディアヘアボディーを初めて目にしたのは、ミシガンの雄、ポール・ヤング(Paul Young)が書いた小冊子MAKING AND USING THE DRY FLY [1933]のなかであったと伝えられる。

《註釈263》「ビーバーキル川の私生児」との意。

このような毛鉤の変遷を身をもって経験してきた私には、キャッツキル・フライタイイングの伝統が次第にそのアイデンティティーを失いつつあるように思われる。オリジナル・パターンの多くはすでに失われてしまったか、あるいは現在も急速に失われつつある。例えば、ロイ・スティーンロッドの2種類の毛鉤──グレイのものとタン・カラーのもので、ともにウイングを持たないミックス・ハックルのパターン──は効き目抜群で、私が子供のころには皆が競って使っていたものだ。私もいつだってそれで釣っていた。これらの毛鉤は、どんな釣り場でも昔と変わらぬ効果を発揮してくれるはずなのだが、現在、見かけることは一切ない。今日、昔と変わらぬキャッツキルの鱒が口に咥えているのは、ミシガン生まれのアダムス(Adams)[258]だったりするのだが、このパターンが選ばれる最たる理由は、「釣り人たちがそっちのほうを好きになってしまったから」なんていうものでしかない。』

タイング中のダービー(「キャッツキル・フライタイヤー」[1977]より)

ダービーは伝統の墨守に甘んじることなく、ドライフライの新たな領域を開拓していった。彼が編み出したドライフライ・パターンのなかで最も革新性を備えた作品は、間違いなくツーフェザー・フライ (Two-feather Fly)[259]である。たった2本のハックルフェザーだけで大型カゲロウのエッセンスを再現することに成功したこの驚くべきパターンは、毛鉤の軽量化を追求し尽した末に到達したドライフライ究極の姿であった。1本のフェザーでカゲロウの尾や翅、そして胴部の体節構造や透明性に至るまで模倣しようとするきわめて独創的なスタイルは、後に世界中で大流行することになる、ポール・ジョーゲンセン (Poul Jorgensen)[260]らが提唱したリアリスティック・フライ (Realistic Flies) にも大きな影響を与えたことが知られている[261]。

ダービーが研究し続けたもうひとつのテーマは、前掲の引用文にも明らかなように、ヘア・マテリアル利用の徹底であった。1935年に発刊されたダービー夫妻の毛鉤カタログには、サイズ#10前後の軸長鉤に太くて長いディアヘアボディー[262]をまとうドライフライが掲載された。強い浮力を備えたボディーにグリズリーのハックルポイント・ウイングとジンジャーハックルが巻きとめられた大型カゲロウのパターンは、まるでディアヘア製のバスバグとドレッシング過剰な鱒毛鉤のあいのこのように見えたことから、いつしかビーバーキル・バスタード (Beaverkill Bastard)[263]という酷い渾名がつけられた。

39年のある夏の日、タイング仲間であったパーシー・ジェニングス (Percy Jennings)がダービーのタイングルームにやって来て、このパターンを通常サイズの鱒鉤に巻けばきっとよく釣れるはずだと言い出したので、ダービーは試しに巻いてみるよう彼に促した。ようやく1本の試作品が出来上がったところ、傍を通りかかったひとりの少女がそれに関心を抱き、「可愛いわね。これ、なんて言うの?」と訊ねてきた。紳士たるふたりはその酷い渾名を口にする訳にもいかないので、彼女に「君の好きな名前をつけてごらん。」と持ち掛けてみた。その少女によってラットフェイスト・マクドガル (Rat-faced McDougall)[264]と命名されたこのドライフライは、後にダービーの作品のなかで最も息の永いベストセラーとなった。

キャッツキルの伝統を締めくくるこの銘パターンが、第二次世界大戦後、奇しくもある高名なフライフィッシャーの人生のラストステージをも飾ることになった釣魚史の妙について、ダービー本人が同著作のなかで哀悼の意を込めながら綴っているところ、その一節を引用して、米国ドライフライのメインストリームに係る解説を閉じることとしたい。

《註釈264》『ネズミ顔のマクドガル』との意。

第3部　ドライフライの歴史(後編)

『誰よりもたくさんの毛鉤を私から買ってくれたのは、おそらくC・オットー・フォン・キーンブッシュ(Carl Otto von Kienbusch)[265]だろう。彼の有名な釣魚に関する蔵書一式は、最近になってプリンストン大学に寄贈されたところだ。彼は私たちがとてもお世話になったお客様だが、私たちのほうでも彼にはいろいろお世話を焼いたものだ。ある年の8月、彼がその翌年3月の配送分となる毛鉤の注文のために私に書き送ってきた手紙のなかには次のとおり記されていた。

「昨晩は、これまで使ってみてとても効き目のあったドライとウエットの各種パターンを、サーモン、シートラウト、そしてブラウン用にそれぞれ選び出してみました。同封した注文リストをご覧下さい。現在、貴殿に巻いてもらう毛鉤の現物を別便にてそちらにお送りしているところです。これらの毛鉤には小さな紙片が刺してありますが、そこにはリストの記載内容に合致したアルファベットが書きつけてあります。ちょっと驚かれるかもしれませんが、注文本数は全部で43ダースになります。永い冬の間、奥様とお二人で力を合わせ、仲睦まじく時間をかけて巻いて頂ければ、ご夫婦仲が疎遠になることなど決してありませんよ。」

あるシーズンの終わりごろ、私たち夫婦はキーンブッシュから手紙を受け取ったのだが、その文面はこの人物の決心の固さや、すべてを鱒釣りに捧げた釣り人がこのスポーツに懸ける執念の深さといったものを感じさせる内容だった。彼は緑内障と脳溢血を患ったため失明に近い状態となり、もはや読み書きや川面の毛鉤を見ることがほとんどできなくなっていた。彼のお気に入りパターンのひとつにラットフェイスト・マクドガルがあったが、通常のフェザーウイングに代えてホワイト・ヘアを使い、毛鉤の色や形を変えてみて欲しいという依頼の手紙だったのだ。彼曰く、「ホワイト・ヘアを遠くからでも見えるよう真っ直ぐ上に立てて下さい。・・・そして今シーズンが終わるまでに私のところに送ってくれませんか。そうすれば、はたして来シーズンも釣りができるかどうか見定めることができるでしょう。」こうして、キーンブッシュ式「ラットフェイスト・マクドガル」——後に新たな定番パターンとして定着するのだが——は、彼が唯一使うことのできるドライフライとなった。完全に失明して釣りができなくなるそのときまで、彼はあと数年間にわたってこの毛鉤で釣り続けることができたのだ。』

C.O.V. キーンブッシュ

【米国における釣り人昆虫学のあゆみ】

これまで概観してきたとおり、米国のドライフライフィッシングは20世紀に入って以降、長足の進歩を遂げてきた。T.ゴードンを筆頭に革新的なフライタイヤーが次々と輩出され、米国発のドライフライ・パターンは旧宗主国の純粋主義者たちを幾度となく驚かせた。

もちろん、米国において研ぎ澄まされたのは毛鉤だけではなかった。この国で品種改良されたコックハックルの銘品が英国のG.E.M.スキューズをして嘆息せしめたことは前節で紹介したとおりである。また、毛鉤竹竿の歴史について見れば、それはむしろ米国を中心に発展し、19世紀末から20世紀初頭にかけてH.L.レナード社[266]をはじめとする米国ロッドメーカーが各国の市場を席巻した。フライリールの分野を見ても、エドワード・ヴォンホフが19世紀末に取得した特許を出発点として華やかに展開された両軸受けリールの

《註釈265》ニューヨーク市内のタバコ販売事業で財を成した富豪。アングラーズクラブ・オブ・ニューヨークの会長を務め、戦間期から第二次世界大戦後にかけて米国釣魚界をリードしたフライフィッシャーの一人。釣魚本の収集家としても有名で、そのコレクションは千五百冊を超える。1976年没。

《註釈266》同社は、メイン州バンガー出身のハイラム・レナード(Hiram L. Leonard)が1870年代初頭に立ち上げた竹竿製造事業を出発点とし、78年にウィリアム・ミルズ＆サン社がこれを買収して法人化された。100年を超える操業の過程でエドワード・ペイン(Edward F. Payne)やフレデリック・トーマス(Frederick E. Thomas)を筆頭に数々の名工を輩出したことでも知られる。その竿の性能は米国内のみならず欧州でも高く評価され、G.E.M.スキューズは愛用の9フィート・レナードロッドを"W.B.R."、すなわち『世界最高の一竿』と絶賛した。Model 50、38H、38ACMといった数多くの傑作モデルを世に送り出す一方、度重なる親会社の異動に翻弄された後、1985年、税金滞納のため内国歳入庁の資産差し押さえを受けて解散。

《註釈267》1870年代以降、ニューヨーク市の釣具製造職人エドワード・ヴォンホフ(Edward Vom Hofe)が、父フレデリックと兄ジュリアスの製造したリール・スタイルを継承・発展させて開発した両軸受けリールは、黒いハードラバーで覆われたプレートと優美な曲線を描くハンドルを備え、内部には高度なドラグシステムを搭載することで知られ、今日のリールコレクターにとって垂涎の的となっている。エドワードは1920年に亡くなるが、事業は息子のクラレンスらに引き継がれ、同様のスタイルは後にオットー・ツウォーグ(Otto Zwarg)やA.L.ウォーカー(A.L.Walker)といった名工たちにも継承されていく。

《註釈268》1855年、イングランドのウェイブリッジ生まれ。10歳のころから毛鉤を巻き、長じて釣魚関連の著述業を営み始めたところ、85年に米国に移住。バーモント州を拠点に著述活動を展開し、オービス社のC.F.オービスと組んで釣具製造業にも参入した。1907年死去。

伝統[267]は、今日もなお世界中のコレクターを魅了してやまない。それでもなお、20世紀初頭の米国フライフィッシング文化には、決定的に欠落したパズルの一片が残されていた。それが、これから本節で解説する、米国における「アングリング・エントモロジーの確立」という課題であった。

　そもそも、アングリング・エントモロジーと「厳格なる模倣」主義との間には親密な関係があった。当然のことながら、可能な限り羽虫に近い毛鉤を製作するためには、オリジナルの姿を精確に把握する必要があったからだ。英国におけるアングリング・エントモロジーの成熟は、F.M.ハルフォードらドライフライ純粋主義者による尽力の賜物にほかならない。そして、彼の著作はこの点で米国の釣魚作家たちにも少なからぬ影響を与えたことが知られている。

　有名な一例を挙げると、19世紀末の米国で活躍したハリントン・キーン（John Harrington Keene）[268]の「毛鉤釣りとその製作」（FLY FISHING AND FLY MAKING [1887]）は、その前年に英国で発表されたハルフォードの傑作「水に浮く毛鉤とその作り方」に触発された作品として知られているが、キーンはこのなかで、メイフライの「厳格なる模倣」例として、テグスを用いてデタッチボディーと6本の脚部を造り、ウイングには魚の鱗を使った独自の新型毛鉤（Keene's New "Scale" Wing Fly）について解説している[269]。その実用性については大いに疑問の残るところであるが、いずれにせよ重要なことは、ハルフォードの遺伝子が米国の釣り人たちにもしっかりと受け継がれていたという史実である。

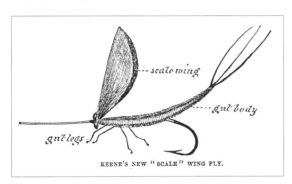

キーンの鱗製ウイング毛鉤

　このように「厳格なる模倣」を標榜する米国のフライフィッシャーたちが自国固有のエントモロジーを切望したであろうことは想像に難くない。前にも紹介したように、米国のファンシーフライ文化を愛したM.O.マルベリーも、その著書「愛される毛鉤たちとその来歴」[1892]のなかで、『米国の釣り人たちの興味を惹く水生昆虫について、アルフレッド・ロナルズの「フライフィッシャーの昆虫学」と同じやり方で精確なイミテーションが実現できるよう分類が進められることになれば、その成果は価値あるものとなるでしょう。』と記している[270]。また、「厳格なる模倣」主義に否定的であったT.ゴードンでさえ、米国独自のアングリング・エントモロジーの確立が不可欠であることを認めて、次のように語っている。

『少なくともニューヨークやペンシルバニアの数多くの渓流において、エントモロジーの研究がフライフィッシングに大きく貢献するであろうことは疑いようもない。現在のところ、私の知る限りでは、これを主題とする著作のなかで釣り人の役に立ちそうな作品はひとつも見当たらず、魚を魅了していると思しき羽虫を見つけた者も、それを同定しようとする際にはただ途方に暮れるよりほかにない。しかしながら、近年、ハッチしている羽虫に注目する慣習が生まれつつある。釣り人はその際、天候に恵まれればとても大きなハッチに遭遇して驚かされることも多いだろう。こうした経験を通じて、彼は色彩とサイズを判別できる鋭い観察力を身に着けるようになり、同じ地域を釣る限り、比較的少ない種類の毛鉤を用意しさえすれば、本物の羽虫たちを模倣するのに充分足りるのだということを発見するだろう。ラテン語表記の学名といったこの問題の科学的な側面は、釣り人にとって最重要の課題ではないが、近い将来、充分な素養を備えたナチュラリストによってこの水生昆虫の問題が採り上げられることを願っている。私は、米国中部の冷たく澄んだ流れのなかに生息する昆虫は4種類に大別できると考えている。一番目がエフェメリダエ（訳者注：カゲロウ類の意。）で、メイフライあるいはレッド／ブラウン／ゴールデン・スピナーと呼ばれるものがこれに当たり、それらとは異なる色彩を備えた数種類のダンも含まれる。２番目はペリダエ（襀翅目）で、ストーンフライやウィローフライ[271]などを含む。３番目の

《註釈269》H.キーンはこのパターンの販売をオービス社に依頼し、同社がシャッドや鯛の鱗を用いて商業生産したと伝えられる。結局、同毛鉤の売れ行きは芳しくなかったが、M.O.マルベリーは自著のなかでその原因が『キャスティングの際、わずかにヒューヒューと音を立てる』点にあったと記している。なお、キーンは同パターンついて『使用者の目には羽毛で作った毛鉤ほど美しくは映らないかもしれないが、少なくとも本物の虫をできる限り忠実に再現したものである。』と語っている。

《註釈270》M.O.マルベリーは自著のなかで、英国毛鉤の特徴として、きわめて小型かつ自然な色彩のものが用いられることを紹介している。なお、彼女はF.M.ハルフォードの初期ドライフライ・パターンもいくつか紹介しているが、それを論評することは慎重に避けている。

《註釈271》英国でいうWillow Flyはカワゲラの小型種（*Leuctra geniculata*）で、その名のとおり柳の葉のようにきわめて細身の体躯と赤茶色の翅を備える。カワゲラ類には珍しく、チョークストリームにおいても見かけられる種である。

第3部　ドライフライの歴史(後編)

ディプテラ(双翅目)はブラックナットの類いをすべて含み、4番目のトリコプテラ(毛翅目)はすべてのカディスを含む。・・・
(中略)
私はエントモロジーの事はほとんど解らないので、知ったかぶりをして誰かにこれを教える真似などしない。私はただ、鱒川に棲む昆虫の生態研究に取り組んでくれるであろう才気あふれる人物の登場を待ち望むばかりだ。』(272)

米国のフライフィッシャーによって初めてエントモロジーへの接近が本格的に試みられたのは、ルイス・リード(Louis Rhead)(273)の著作「米国の鱒川に棲む昆虫たち」(AMERICAN TROUT-STREAM INSECTS [1916])においてであった。当時、商業画家として名を成していたリードは熱心なトラウト・アングラーとしても知られ、7年の歳月をかけてビーバーキル川で昆虫採集を続けてきた成果として、同作品のなかに本職の腕前を活かして95種の水生昆虫を美しく描き出し、これらの特徴と生態を克明に記した。

さてここで、当時、米国フライフィッシャーの胸中には英国への憧憬が詰まっていた、と言えば訝しがる読者もあることだろう。しかし事実、20世紀前半の米国釣魚本を紐解いてみれば、著名な作家の記述のなかには英国チョークストリームの釣りが頻繁に登場する。かのT. ゴードンでさえ、『もしも過去の(訳者注：英国の)偉大なドライライマンに我が身を忠実なるギリー(274)としてお使い頂けるならば、私は喜んで彼らの傍観者を務めたい。』(275)と恥じらいもなく告白している。また、G. M. L. ラブランチやE. R. ヒューイットといった米国の前衛性を体現する釣り人たちも、度々英国を訪れては彼の地の名手たちと交流したことが知られており、歴史的チョークストリームに臨む彼らの心境が自他の作品中ときに誇らしく、ときに気恥ずかしげに書き遺されている(276)。これらの記録を読み進めば、その活字の裏側に、英国の重厚な伝統に対する米国アングラーの尊敬と羨望の念が渦巻いているのに気づかされることだろう。

特に、英国のアングリング・エントモロジーに対する米国アングラーの憧れは強かった。一例を挙げると、英国のメイフライに相当する大型カゲロウとされる米国のドレイク(Drake [*Ephemera guttulata*])は、この国のフライタイヤーが好んで模倣する水生昆虫のひとつである。しかし、新大陸のモンカゲロウは旧宗主国の流れに棲む同胞たちほど頻繁にハッチの宴を催すことがなかったため、陽気で派手好きなヤンキー気質も相俟ってか、この国の釣り人たちをいまひとつ満足させられずにいた。

「我が国にも是非メイフライを！」という米国フライフィッシャーたちの切なる願いに応えるべく、リードはこの著作のなかで、大量発生することで知られるシャッドフライ(Shad Fly)というトビケラの一種こそ、アメリカン・メイフライであると位置づけた(277)。これによって当時の米国アングラーたちは大いに溜飲を下げたに違いなく、その伝統は今日まで大切に引き継がれている(278)。リードの同じ著作のなかから、このトビケラについて解説した有名な一節を次のとおり引用してみよう。

『我々の住む東海岸や中西部あるいは西海岸の一部において、

ルイス・リード(CATSKILL RIVERS [1983]より)

《註釈272》FLIES THAT FEED THE TROUT (FISHING GAZETTE [April 1904])より引用。

《註釈273》1857年、英国スタッフォードシャーの陶芸家の下に生まれる。陶芸や絵画を学んだ後、83年に米国へ移住。90年代にはポスター画家として名声を獲得し、20世紀に入ると物語文の挿絵画家としても高く評価された。渡米後に鱒釣りに目覚め、数々の釣魚文学と釣魚絵画を発表した。1926年、鱒釣り場を荒らしていた大亀を駆除すべく、これを狙い続けてついに釣り上げた際、疲労困憊の末に心臓発作を起こして逝去。

《註釈274》gillieとは、釣り人や狩猟家のお供役を務める者を指すスコットランド流の呼称。

《註釈275》AMERICAN NOTES ON THE BUMBLEPUPPY, ETC. (FISHING GAZETTE [April 1903])より引用。

《註釈276》例えば、E.R.ヒューイットはJ.W.ヒルズと一緒にホートンクラブが管理するテスト川を釣り、5ポンドを超える大鱒をあと少しのところで釣り落とした失敗談を自著に記し、E.V.コネットはANY LUCK [1935]のなかで、英国へ出発直前のG.M.Lラブランチが現地の高名なアングラーたちと一緒に釣るのに緊張するあまり、ひどく神経質になっていたとのエピソードを紹介している。

《註釈277》六角竹竿の製法を広く世に紹介したことで知られるG.P.Holden博士は著書STREAM CRAFT [1919]のなかで、Lリードが『シャッドフライは最良のアメリカン・メイフライである。』と語ったことを記録している。

《註釈278》後にH.ダービーもこの羽虫をシーズン初期の好餌として高く評価し、そのイミテーションであるDarbee's Green Egg Sacと呼ばれるドライフライ・パターンを開発した。

《註釈279》コノシロに似た海水魚。遡河産卵の習性を持ち、50cmを超える大物もあってヒキが強いことから、"poor man's salmon"(「貧者のサーモン」)と呼ばれる。

シーズン初期にシャッドフライの大群飛が見られるとき、この時期の鱒の餌として最も豊富に存在するのがこの羽虫である。そのため、鱒の餌となる他の羽虫よりも一層詳細に解説することには意義が認められてしかるべきだろう。シャッドフライは常に鱒にとって絶好の餌となるのだが、かつて、この美しい羽虫の真のイミテーションフライが巻かれた試しはない。

　シャッドフライという名の由来には諸説がある。私の古くからの友人であるウィリアム・キーナーはロスコーに住む有名なフライフィッシャーだが、彼によれば、この典型的な水生昆虫は少なくとも70年間にわたってシャッドフライという名で知られてきたという。しかもその名は、デラウェア川の上流部にシャッド[279]が産卵のため遡上する時期に群飛が発生することに由来するというのだ。そのときシャッドはこの羽虫を貪り喰うことから、産卵を終えた後でも体躯には脂が乗って艶やかな姿を保つことができるのだという。

　その名の由来の第2の説は、「シャッドブロウ」("shad-blow")[280] と呼ばれる美しい花が森のなかで咲き、白い花弁が風に吹かれて川面に落ちるちょうどそのころに、この羽虫の群飛が起こるからだとするものである。

　また第3の説では、この虫の雌が抱える卵囊の形状が(緑色である点を除けば)シャッドの卵とそっくりであることに由来するという。

　しかし、もちろんのことながら、シャッドフライはシャッドが遡上しない川にも現われるし、シャッドブロウの木が見られない森のなかを流れる川でも見られる。

　この羽虫は雄雌ともに形状・色彩の両面できわめて美しい体躯を備えている。私の知る限り、水生昆虫のなかでこの種ほど雌雄間で色彩が大きく異なる虫はいない。両者を比較すると、雄は明るく黄味掛かった銀色を帯びて透明感のある大小2対の翅を持ち、それが他のダン(訳者注:「トビケラ類」の意)と同様、胴部を包み込んでいるが、雌の翅よりも高い位置に収まっている。胴部は7つの体節から成り、美しく柔らかな灰緑色を呈しているが、それがヴィエナ・ブラウンを帯びた肩や長くしなやかな触角との間に際立ったコントラストをなしている。頭部は小さくて、輝く黒い眼を備えており、両眼の間には茶色をした角のような感覚器があって自在に動いている。

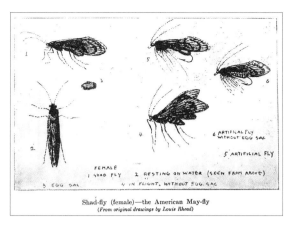

シャッドフライ♀とそのイミテーション(STREAM CRAFT [1919])

　より落ち着いた色彩をまとっている雌のほうは斑の入った灰茶色を帯びた4枚の翅を備え、それが尻のところまで覆っている。肩の上の部分は赤銅色と緑色の混ざったような色彩を帯び、それが胸部へ向かうに連れて濃い紫色へと変わってゆく。脚部は感覚器同様、茶色である。雌の黒い頭部と眼は雄のそれよりも若干大きい。胴部は焦げ茶色で、そこに黄土色の節が施されている。尻のへこんだ部分には明るい緑色をした卵囊がくっついているが、これは容易に外れるようになっている。・・・

(中略)

　私はその川にはシーズンの間ずっとご無沙汰してしまったので、卵囊を備えた雌と出会うためには1年も待たなければならなかった。しかしようやくそのとき、幸運にも私は前触れハッチ(preliminary hatch)とも呼ぶべきもの——すなわち、通常、本格的なハッチの直前に起こる最初の大規模なハッチ——に遭遇したのだ。シャッドフライの群飛が数時間にわたり川の上で大きな雲となって拡がり、そのようすはさながら激しい吹雪のごとく、ビーバーキル川とウィローイーモク川の合流点付近をおよそ20マイル以上にもわたって覆い尽くしたのだ。

(中略)

　ほとんどの羽虫が強風や冷風を避けて隠れる場所として大岩の裏や木の葉の裏側を選ぶのに対して、シャッドフライの場

《註釈280》バラ科の低木であるアメリカザイフリボクの英語名。June berryとも呼ばれる。白い花の後に生じる赤い実はジャムの原料に用いられる。

第3部　ドライフライの歴史(後編)

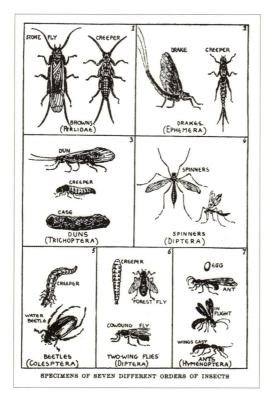

リードによる鱒川の昆虫分類図(「米国の鱒川に棲む昆虫たち」[1916])

合は、まるで蜂の大群のように、川岸の岩の側面に集まって大きな群れで休息するのが際立った特徴として知られている。もしその大きな塊を釣り人が手で払って水面に落とせば、彼らは川面に拡がりながら流下し、それが驚くほどたくさんの鱒やチャブを魅了してあちらこちらでライズを引き起こし、魚たちは望外の饗宴を堪能することになる。

5月の後半から6月を通じて、雌雄を問わずこの虫のイミテーションがグリーン／グレイドレイクを含む他の毛鉤よりも遙かに効き目のある毛鉤となることが、いずれドライフライマンとウエットフライマンの双方から認知されることになるだろう。シャッドフライが川面に現れるときには、必ず鱒のライズが確認されるものだ。そして、この大規模なライズが発生しているときには、現在の一般的な毛鉤で鱒を捕えることなど無理な話だ。』

このシャッドフライに関する一節を好例として、リードは彼独特のアプローチに基づき各種羽虫を解説した。英国の伝統に倣い、彼は鱒の好む羽虫を月ごとに特定している[281]が、この著作の最大の特徴は、敢えて学名を用いず[282]、独自の分類名称によって羽虫のグルーピングを試みた点である。リードは難解なラテン語の学名を、釣り人の役に立たないばかりか、平易な分類構造を創り上げるのに不向きであると断じ、英国の例[283]を参考に羽虫を7系統[284]に分類した。この点についてリードは同著のなかで、『ロナルズの「フライフィッシャーの昆虫学」においては、昆虫を分類する作業が行われていない。彼はただ、月ごとに最適だと思われる羽虫を列挙したに過ぎない。』と、偉大な先駆者の業績を一刀両断にしている。

また、F.M.ハルフォードの足跡をたどろうとするリードにとって、オリジナル・パターンの創出に挑戦しない選択肢はなかった。同著の原案となった彼の投稿記事がフォレスト＆ストリーム誌に連載されていたころ、彼は何人かのフライタイヤーに自身が描いた水生昆虫像に似せたパターンを巻くよう依頼したものの、全員に断られたという[285]。そこでいまだタイヤーとしては半人前であったリード自身が本職である芸術家としての才能を活かし、試行錯誤の末に創り上げたのが、ネイチャーフライ(Nature Flies)と呼ばれる100種近い一連のスペシフィック・イミテーションフライであった[286]。

ネイチャーフライをデザインする上で、リードはカゲロウ類のイミテーションを雄雌別に巻き分け、同一種の羽虫のイミテーションでも月ごとに色彩を微妙に変更するほどに、「厳格なる模倣」を徹底した。これらのパターンはリードの同著作のなかでも紹介され、後には有名なニューヨークのミルズ商会によってそのうち50種近くのパターンが独占販売された[287]。

これらパターンの背後にあるリード流「厳格なる模倣」思想の一端に触れるため、彼の同じ著作のなかから、ファインシーフライ批判とイミテーション思想に関する部分を次のとおり引用してみたい。

『もし貴方が、鱒が捕食している虫を見つけてこれに似せた毛

《註釈281》月ごとに選び出された羽虫のそれぞれについて、川面に現れる時期(上中下旬)、時間帯、天候等の情報が付記されている。

《註釈282》ただし、掲載された羽虫について、Ephemera、Trichoptera、Perlidae、Dipteraといった分類だけは付記されている。

《註釈283》この7つの系統分類はL.リードの創作であると主張する釣魚史家もいるが、実際は英国のヨークシャーで活躍した時期にMichael Theakstonが著作BRITISH ANGLING FLIES [1883]のなかで提唱した、羽虫をその身体構造上の特徴に従って区分する分類法に倣ったものである。この意味において、リードの分類法

は英国ノースカントリーの釣魚文化の流れを汲むものであるといえる。ただし、個々の種の命名は彼自身によるものとみられる。

《註釈284》①ブラウン(カワゲラ類)、②ドレイク(カゲロウ類)、③ダン(トビケラ類)、④スピナー(ガガンボ類)、⑤ビートル(甲虫類)、⑥ツーウイング・フライ(ハエ類)、⑦アント(アリ類)

《註釈285》L.リードはその理由について、『彼らの言い訳は可笑しくもあり、腹立たしくもあった。』と記すのみで、詳細については説明していない。

《註釈286》L.リードは同著作のなかで、自分が新パターンを開発できたのはF.M.ハルフォードのDRY-FLY ENTOMOLOGY [1897]に収録されたタイイング指南のおかげであると記し、この作品を『思慮深い米国の釣り人にとって必読の書』と絶賛している。

《註釈287》L.リードはNature Fliesのタイイング手法や指定マテリアルを一切公表しなかった。当初、彼は晩年のT.ゴードンにこれらを量産させて自ら独占販売しようとしたが、当のゴードンにあっさり断られたと伝えられる。

鉤で釣るよう努めるならば、その取組みはスポーツに向かう一層の励みを与えてくれる。貴方の興味が倍増するのは、鱒が精確なイミテーションには確実に反応してくれるからというだけではなく、釣り人が魚にも劣らぬほどに羽虫と親密に繋がることが許される魅惑の機会を得られるからでもある。

　ファンシーフライを使っている限り、魚が好むのはどんな餌なのかという我々の関心は意味を成さない。それはただ、束ねた羽毛で釣りをしているだけだ。さらに言えば、狙いどおりのライズがあるまで常に毛鉤を交換し続けるような場合、ファンシーフライを用いる限り、きっと魚が出てくるはずだと信ずべき根拠はどこにもない。

　大物を取り込んだときに、「毛鉤は何ですか？」と訊ねられることのなんと多いことか！

　そのとき飛んでいる羽虫をきちんと精確に模倣した毛鉤であれば、ファンシーフライが無力なときにも鱒のライズを誘き出すことができる、と私はこれまで主張してきたし、実際何度も証明してきたところだ。本物の昆虫の厳格なる模倣が魚に向けて投ぜられるとき――その昆虫が飛んでいないときでさえ――、ファンシーフライよりも遙かに容易く鱒たちを誘い欺くことは間違いない。』

『幾人かの名手たちは、シーズンを通して12のパターンだけで充分間に合うと語っている。しかし、このように過度にパターン数を制限することが、獲物を釣り上げたり、スポーツを愉しんだりするのに役立つとは到底考えられない。私の考えを申し上げれば、月ごとに6つのパターンを厳選しておけば、我々が望む成果――フェアなスポーツとフェアな釣果――を達成するのに充分な道具立てとなるだろう。

　全シーズンを通じて、5月だけは鱒が毛鉤の選択に五月蠅(うるさ)くない季節であるが、理由は実に簡単なものである。そのころは本物の羽虫がとても豊富できわめて種類に富むことから、鱒にはどんな虫でも同じように感じられるからなのだ。越冬して腹を空かせた鱒は何にでも喰らいつく。ところが季節が進むと、投じる毛鉤をどの種類にするかという判断が釣果を左右するようになる。

（中略）

　もし釣り人が釣具メーカーのカタログにカラー印刷された量産毛鉤を子細に分析するならば、どれもこれもウイングが同じように上に向けて開かれたスタイルで屹立し、ボディーも同じ形、サイズもすべて同じという単調さで、唯一違っているのはウイング、ボディー、ハックルの色彩でしかない。これらの毛鉤を、本書に掲載している月別に分類した羽虫たちの姿と比較してみて欲しい。読者は本物の羽虫たちが、種族間で大きく異なるのみならず、ひとつの種族のなかでも互いに著しく異なる種が多数存在していることに注目されることだろう。

　ドレイクの種族（訳者注：「カゲロウ類」の意）を例に採ってみよう。色彩感は別としても、胴部や頭部、尾部、翅、そして脚部の形状とサイズはどの種類でも互いに著しく異なっている。自然は決して同じことを繰り返さない（"Nature never repeats itself."）。羽虫たちを適切に分類して並べてみれば、形状と色彩は種類ごとに徐々に移り変わってゆく。実際、わずかずつの変化ではあるが、それは無限の美のパターンを構成するものとして確固たる相違を成しているのだ。』

ネイチャーフライ各種（「米国の鱒川に棲む昆虫たち」［1916］）

ところで、リードの「厳格なる模倣」主義は、単に鉤の上に精確な虫の姿を再現するに留まらず、プレゼンテーション・スタイルも考慮して、鱒の眼に映る毛鉤の姿勢が本物と違わぬように工夫するほど念の入ったものであったことが知られている。好例として、彼の有名なリバースフライ（Reverse Fly）を紹介しよう。その名からも判るように、これは鉤のフトコロ側に頭部が設けられたドライフライであるが、なぜそんなパターンが考案されたのか、由来をたどってみたい。

ドライ／ウエットの別を問わず、W.C.スチュアート以降の英国においてフライフィッシングはアップストリーム・アプローチが大原則(288)となっていたことはすでに解説したところだが、プラグマティズムを重んじる米国のフライフィッシャーたちがこのドグマに拘泥することはなかった。米国釣魚史をさかのぼってみれば、T.ノリスは『米国の荒い流れをアップストリームで釣るのは無理である』と唱え、かのヘンシャル（James A. Henshall）博士(289)は熱烈なダウンストリーム・ウエットフライの愛好家として知られており(290)、T.ゴードンもシーズン初期の水量が多いときにはドライフライを用いてダウンストリームで釣ることを読者に勧めていた、といった具合で、ダウンストリーム・アプローチは当時の米国アングラーにとってごく一般的な戦術であったようすが窺える。そしてリードもまた、この系譜に連なる者のひとりであったのだ。

リードはまず、ドライフライの伝統が育まれた英国南部の川とはまったく異なる米国の川の状況から論ずる。鏡のように穏やかな川面のチョークストリームに棲む鱒はフィッシュウィンドウを通じて外界を広く見渡すことができる。しかし、キャッツキル地方の波立つ流れは水面を乱し、外界に対する鱒の視野を大きく制約する。このため米国の渓流では、たとえ上流からであっても、より一層獲物に接近して釣ることが許されるとした。また彼は、下流側から上流に向けて毛鉤を投ずることは大物を選んで釣ることを難しくする(291)とも説いて、多くの米国ドライフライマンが信奉するアップストリーム・アプローチを、『ハルフォードを筆頭とする英国の釣魚作家たちが説教する理論への盲従』と呼んで糾弾した。

アップストリーム・アプローチによるドライフライフィッシングの弊害に関するリードの指摘はこれだけに留まらない。彼はこの釣り方に、ライズする鱒の吻部がティペットにぶつかって毛鉤が弾かれてしまうリスク(292)を認めて、これを回避すると同時に自然の「厳格なる模倣」をも貫徹するドライフライ、すなわち上流から流し込んだときに本物と同じく頭部が川下を向く毛鉤を開発したのだった(293)。

我が国には伝えられることのなかったこの米国の伝統について、リードが詳しく解説した投稿記事(294)が遺されているところ、そのなかの一節を次のとおり引用してみたい。

『複雑な流れをはらんだ波立つ川にみられる多くのプールには、より多くの、そしてより大型の鱒たちが必ず潜んでいるのだが、殆どの場合、釣り人が最善の努力を尽くしてもなお、この穴場を攻略することは難しい。というのも、こうした流れでは、魚の居る位置へ向けて毛鉤を精確にきちんと送り届けることが困難となるからだ。場所によっては、水深があり過ぎてウェーディングできないケースや、流れが激し過ぎて毛鉤を充分にコックさせた状態で流せないケース、あるいは複雑で速い流れのせいですぐに毛鉤にドラッグが掛ってしまい魚の潜む場所か

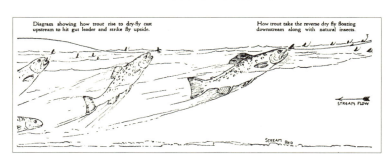

アップストリーム・アプローチではティペットが鱒の鼻先に弾かれてしまうリスクを示す図

リバースフライ

《註釈288》ただしF.M.ハルフォードも、川上から激しく風が吹く場合や、障害物に邪魔される場合に限っては、ダウンストリームでドライフライを流し込むことを容認している。

《註釈289》1836年、メリーランド州生まれの医学者。魚類学まで修めて、後にモンタナ州ボーズマンの養魚場監督官を務める。19世紀末から20世紀初頭にかけて米国を代表する釣魚作家として知られ、彼の代表作BOOK OF THE BLACK BASS［1881］はブラックバス釣りを体系的にまとめた初めての作品として高く評価されている。なお、同書作はレナードロッドの高性能を紹介した作品としても知られている。彼の釣り好きは有名で、医師を務めていたころ、彼の診療鞄のなかには

こっそりと釣具が忍ばせてあり、馬車用の鞭と偽って常に袋に入れた釣竿を持ち歩いたと伝えられる。1925年没。

《註釈290》J.ヘンシャル博士は、ドライフライが米国で流行らないのは『「ドライフライはアップストリームで投じられなければならない」という、米国人には絶対に馴染むことのできない制約が掛けられているためだ。』と主張した。

《註釈291》L.リードは、鱒の群れが流れの筋に沿って定位する場合、一番大きな鱒が先頭に定位して以下大きい順に並びながら餌の流下を待ち受ける習性を指摘し、この流れを下流側からアップストリームで狙う場合、上流に定位する大物に到達する前に小物に毛鉤を喰われ、上流の大鱒を警戒させてしまうと論じた。

《註釈292》アップストリーム・スタイルで上流に向かってドライフライを投ずると、ティペットの先端部が毛鉤に先行して流れることになる。これを狙って鱒が川下からライズすると、鱒の吻部がティペット先端部にぶつかって毛鉤を弾いてしまうリスクがある。他方、ダウンストリームで毛鉤を流せば、毛鉤先行で流下することになるので、鱒は毛鉤を咥えやすくなる、というのがL.リードの発想であった。

《註釈293》毛鉤を反対向きに巻いた毛鉤は以前にも存在し、一例を挙げれば、1880年代のアビー＆インブ

ら遠ざけられてしまうようなケースがある。試行錯誤の末、私はリバースフライを巻いて、我々の流れにふさわしい実践的な方法、すなわち英国ドライフライのスタイルとは真逆の、ダウンストリームで流すことによって一挙にこれらの問題が解決できることを発見したのだ。このとき釣り人は毛鉤をほとんどキャストすることなく、自然な形でコックさせ、流れに乗せながらまるで本物の羽虫のように軽やかに流下させる。現在製作されている一般的なドライフライではダウンストリームで流すと尻を川下に向けながら流れてしまうため、当然、これを私の釣法に用いることはできない。そこで私は、ドライフライを反対向きに巻くアイデアを思いついたのだ。毛鉤のヘッドを鉤の環向きにではなく、フトコロ向きに巻くという簡単な工夫によって、毛鉤の頭を下流側に向けさせながら、まるで本物の羽虫のようにごく自然に流下させることができるようになった[295]。

（中略）

フォルスキャストで毛鉤を乾かす際、リバースフライのウイングは壊れやすいのではと心配される方もあるだろう。しかし私はウイングを小型化し、ボディーにぴったりと接する形で巻きとめているので、とても使い勝手のよいものとなっている。そもそも、この毛鉤で遠投することはお勧めできないし、実際のところ、その必要もない。川面にそっと落としてやるだけで充分であって、流れの筋に沿って自由に流下させられるよう必要なラインを送り込み、鱒のライズしているところ、あるいはそれが潜んでいると思しきところまで注意深く誘導してやればよいのだ[296]。

（中略）

波立つ流れのなかでウェーディングしている最中、その傍らを大量の羽虫が一斉に流下するような場合には、釣り人はウエットフライのドロッパー仕掛けをすぐに仕舞い込み、代わりに一本のリバースフライを取りつけて、目の前の流れに落としライズのある位置へ向けてある程度の距離を流下させてみるべきである。反応がなければ毛鉤をピックアップして、また目の前の流れに落としてみるのだ。

また、先に述べたようなとても深いプールを片側の岸からウエットフライやドライフライで攻めてもまったく反応がない場合にも、釣り人はそのプール上流の流れ込み部分に陣取ってリバースフライを流し込んでやれば、長く送り出したラインのおかげで、より良い反応が得られることだろう。』

「米国の鱒川に棲む昆虫たち」は、美しい挿絵[297]にあふれ、独自の視点から羽虫の生態を切り取ろうとする野心作であったが、後の釣魚史家による評価は手厳しい。一例を挙げると、V.C.マリナロは、この著作に採り上げられた羽虫の多くはフライフィッシャーにはほとんど無用かつマイナーな種類のものであって、それらの命名も誤解を生じさせるものばかりであり、読後には後悔と欲求不満が残ると酷評している[298]。また、A.ギングリッチは『彼は芸術的な気質ゆえ、確立され広く用いられた昆虫学のラテン言語に従うという退屈な科学規範に我慢ならなかったのだ』[299]と半ば同情の言葉さえ遺している。

こうした批判を最初から覚悟していたリードは、同じ著作のなかにやや言い訳めいた記述を遺しているので、彼を擁護する意味も込めて、該当部分を次のとおり引用したい。

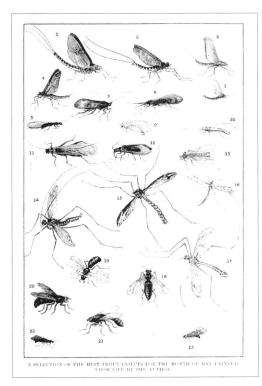

5月の鱒川の昆虫たち（「米国の鱒川に棲む昆虫たち」[1916]）

リー社広告に宣伝されたFluttering Flyが知られている。このなかでは、同スタイルは鉤掛りがよく、キャスティング時には空気抵抗がより少なくて済むと謳われている。

《註釈294》REVERSE DRY FLIES FOR DOWNSTREAM FISHING (OUTERS' RECREATION [April 1922])

《註釈295》H.ダービーは反対向きに巻いた毛鉤を要しない別のダウンストリーム釣法を実践した。彼の手法では、8フィート半以上の長竿と充分にグリースの施された低番手のフライラインを用いて毛鉤を対岸に向けてある程度の距離を投じる。メンディングを繰り返しながら、ラインが尽きるまでドリフトし続けて、バッキングにまで達したらそれも送り出す。魚がライズしたら、軽くライ

ンを張ってアワセるというものである。重要なのは、必ずリーダーとラインが毛鉤に先行するように流し、上流側に口を空けたU字を描くように操作する点である。このとき、アワセの力が下流向きに働くこと、つまり、鉤を魚の口から引き離す方向には働かないことに留意されたい。ダービーは水量の多いときや、遠くから獲物を狙わなければならないときによくこの釣法を用い、上流から釣り下った後、そのまま歩いて自宅に戻ることができたと伝えられる。

《註釈296》L.リードは1922年4月のフォレスト＆ストリーム誌への投稿記事のなかで、Reverse Flyの操作法としてside dry-fly castingという釣法を提唱している。これは、川岸から流れを横切る形で毛鉤を軽く投じ、

リーダーをなるべく川面に着けないよう竿先を高く保持しておいて、毛鉤の流下に応じて竿先を徐々に下流に向けていくという、我が国のテンカラ釣りにも似た方法であり、場合によっては釣り人が毛鉤と一緒に歩き下ってもよいとしている。

《註釈297》T.ゴードンはR.スティーンロッドに宛てた手紙のなかで、L.リードが釣魚雑誌に投稿した羽虫や毛鉤の彩色挿絵について、本物と違い過ぎてタイイングの参考にならないと批判した。そのなかで彼は、A.ロナルズ本人によって採色された「フライフィッシャーの昆虫学」[1836]初版と第二版の彩色挿絵こそ世界最高の傑作であると賞賛し、羽虫を描くのに『イングランドではひとりの職人が何年もかけて描くというのに、ビーバーキル

第3部　ドライフライの歴史(後編)

『私が描く生きた羽虫の絵に基づいてイミテーションフライを巻いた後で、私はそれらの羽虫の同定のため、それぞれの種に新たな呼び名を授ける必要性を感じるようになった。それは将来自分で用いるためであり、同時に、本物の羽虫の真のイミテーションを欲するほかの釣り人たちに助け舟を出すためでもあった。この実に厄介な問題を解決するために、私は、ある特定の形状や色彩に基づいて個々の種を分類することを試みた。羽虫の名を川や地域や人の名を用いて命名する方法は地域差をもたらし、陳腐かつまったくの悪趣味でしかない。英国の釣魚本に記された羽虫の名前を踏襲することもできないし、米国内で永く伝承されてきた古典的名称で呼ぶことも適切ではない。エントモロジーや釣魚に関する英国の著作に描かれた虫たちの絵が精確に描写されているとすれば、私は仔細にチェックした結果、米国の固有種とは形状・色彩の両面において異なるものであると言わざるを得ない。

　種々の理由により、もしこの重要な課題に対して簡略化された手法で応えようとするならば、少なくとも当分の間は、私が新たに編み出した独自の呼称で対応するほうがずっと好ましい。本物の羽虫を真摯に模倣すること、そして米国原産の羽虫類を明快に分類する共通の名称(そしてこの名称が一般に定着することを望む)を生み出すことこそ、分類のなかに系統と秩序を生み出す正しい方向に進むための出発点となるであろう。

(中略)

　徹底的な調査の結果、私は鱒を魅了する米国原産の水生昆虫に関する学術的著作がまだ存在しないことを確認した。そもそも、これらの水生昆虫に関する分類作業さえ行われていないのが実状である。ある優れた釣り人が私の著作の挿絵を観て、「これらの羽虫にどうしてラテン名をつけないのか。」と問い質してきたことがある。これに対して私は次のとおり答えた。「私もそうしたいのはやまやまなのですが、昆虫学者たちはいまだこれら鱒の好む米国産水生昆虫に目や属、科、種といった分類を与える努力を果たしてくれていないのです。フランスや英国ではすでに出来上がっているというのにですよ！」この完成のためには、ひとりの人間の全人生を費やしてもまだ足りない。我々の広大な国土の各地に広がる昆虫界に無数に存在する種類の羽虫をすべて捕獲し、分類するためには、多くの人々が取り組まなければならない。この広範な研究分野には昆虫

学の有能な研究生や教授が必要とされているのだ。』

　このL.リードの作品が発表されてから十数年後の1930年代初頭、ニューヨーク在住のプレストン・ジェニングス(Preston J. Jennings)[300]がアングリング・エントモロジーの体系構築を志して立ち上がる。己に昆虫学の充分な素養が備わっていないことを自覚していたジェニングスは、数名の昆虫学者に参画を要請して学術的見地から助言を得、標本調査にあたってはR.スティーンロッドを筆頭とする大勢のフライフィッシャーに協力を仰いで組織的な調査を実施した。ジェニングスは、リードが嘆いた孤独なアングリング・エントモロジストの無力感に苛まれることなく、周到な体勢準備のおかげで着実に研究を進めることができたのだった。彼らの3年間にわたる調査はエソパス川から始まり、次第にキャッツキル全域へと広まって、最終的には遠くペンシルバニアやニューイングランドにまで達したと伝えられる。

　やがて、その研究成果は「鱒毛鉤の書」(A BOOK OF TROUT FLIES [1935])と題する一冊に取りまとめられた。この作品は、ラテン語の学名を米国で呼び習わされてきた伝統的呼称やフライ・パターン名と結びつけることに成功したことが高く評価され、出版当初から「米国初の本格的アングリング・エントモロジー解説書」として各方面より激賞されることになった[301]。その第1章においては、米国でドライフライが流行するひとつのきっかけとなった、1880年代に行われたブラウントラウトの米国移植[302]について経緯が解説された後で、彼の調査の概要について記されているので、その一節を引用してみたい。

『米国の有名な釣り人であったルーベン・ウッド(Reuben Wood)[303]が訪英して、彼の地でブラウントラウトを釣ることの難しさを実感したのは、ちょうどそのころのことだった。ウッド氏は当時米国の川で使われていた典型的な毛鉤を用いて、ようやく1匹の小さな鱒を釣り上げたが、他方、その季節に出る羽虫を熟知する英国の釣り人たちはすでに型のいい獲物を何匹も釣り上げていたのだった。この時代、ハルフォードの「水に浮く毛鉤とその作り方」に刺激されてドライフライは勢力を強め、英国では地方在住の釣り人でさえ、そのとき鱒が喰って

で要されるのはたった2，3週間でしかない。」と嘆いている。

《註釈298》その他V.C.マリナロは、L.リードによるウイングの取りつけ方やエクステンデッド・ボディーの造りがF.M.ハルフォードの強い影響を受けている点を指摘し、英国のネオ・イミテーショニストたちもまたその影響から免れ得ていないと指摘している。

《註釈299》「鱒の愉しみ」[1973]より引用。

《註釈300》1893年、バージニア州に生まれる。冷蔵機器の製造会社に勤務する傍ら、フライフィッシングと毛鉤の研究に明け暮れた。ドライフライだけでなく、Iris

Seriesに代表されるイミテーション性の高いストリーマーの開発者としても知られる。1962年没。

《註釈301》同書は単に羽虫を分類して生態の解説を行うだけでなく、それぞれの羽虫に相当するパターンやそのマテリアルについても解説した。さらには、多地域調査の結果を活かして、同じ種であっても地域ごとに異なる羽化スケジュールまで収録している。

《註釈302》1883年、東海岸地区のコールド・スプリング・ハーバー養魚場の監督者を務めるフレッド・メイザー(Fred Mather)がドイツから取り寄せた八千個のブラウントラウトの発眼卵を孵化させたのが始まりとされる。その後英国からも重ねて輸入されたが、当初の経

緯から、米国では今もこの鱒のことをGerman Troutと呼ぶ慣習が残っている。

《註釈303》1822年、ニューヨーク生まれ。釣り好きが嵩じて釣具店を経営し、後にトーナメントキャスターとして名声を博す。83年にはロンドンで開催された国際釣具博覧会に参加して、ディスタンス競技のサーモンフライ部門で108フィートの大記録を打ち立てた。腕利きのフライタイヤーとしても知られ、白のシェニール製ボディーに赤いティップを着け、テイルやハックルには茶色をまとった自作の毛鉤(蛾のイミテーションとされる)を友人たちに紹介したところ、彼らはこのウエットフライを彼の名で呼ぶようになり、その呼称が全米で定着したと伝えられる。84年没。

いる生きたカゲロウの精確なイミテーションを用意することができるまでになっていた。

　ブラウントラウトが米国に移植されると、我が国固有の鱒[304]向けに用いられてきたアトラクタータイプの毛鉤には見向きもしなかったことから、釣法を変更する必要性が生じた。この魚をそれなりに釣ることができるようになったのは、小型で落ち着いた色彩を備えた、デシーバータイプ[305]の毛鉤を用いてドラグを回避しながら流す方法が登場してようやくのことであった。

（中略）

　我が国の河川でみられる野生昆虫を研究するフライフィッシャーにとって障害となっている一番の問題は、この分野を解説するきちんとした教科書の不在であろう。こうした問題がいまだに解決されず残っているのは、米国の国土が広範で、地理や気象の条件も多岐にわたるため、完全な情報を収集しようとすれば、それぞれ異なる地域で数多くの人員を要することになってしまうからだ。この分野全般について一冊の本を書くために、独力で充分なデータを収集し得た者はいない。

（中略）

　今日（1935年）に至るまで、米国に棲息するすべての羽虫グループを解説して、それぞれの種に名前を与えた著作は存在しない。しかしながら、ルイス・リードが1916年に彼の「米国の鱒川に棲む昆虫たち」のなかで、ニューヨーク州のビーバーキル川流域でみられる羽虫類について取り扱っている。リード氏は芸術家であって、彼の本に掲載された図表は美しく描かれている。しかし、採り上げられた羽虫たちはきちんと同定されておらず、リード氏自身による命名となっていることから、種を確認することはおろか、2匹の羽虫がまったくの別種なのかそれともライフステージが違うだけの同種同士なのかさえ判断できなくなっている。リード氏が、自らデザインし、ネイチャーフライと呼んだ一連の毛鉤の製造をコントロールしようとしていたのは明らかで、彼はそれらのドレッシング手法を著作のなかで一切解説していない。私はリード氏の毛鉤をいくつか所蔵しているのだが、外観は美しいものの、率直に言ってこれらのパターンがキャッツキル地方のプロ・フライタイヤーの標準的なラインナップに載ることはない。

（中略）

　羽虫の種の同定については、コーネル大学のニーダム博士及びベッテン博士、そしてニューヨーク市立大学のスピース博士[306]及びクレイトン博士にお願いした。各位のご厚情に深く感謝申し上げる。

　掲載種の選別については、最も川辺に登場する機会の多い水生昆虫をまず選定し、次いでそれらをロナルズの「フライフィッシャーの昆虫学」やハルフォードの「ドライフライの昆虫学」、そしてモズレーの「ドライフライ釣師の昆虫学」に掲載された標本と照らし合わせることによって、なんらかの理由によりブラウントラウトの食欲を刺激しないような種を除外していく方法をとった。

　米国原産の水生昆虫を英国でみられる種と比較してみて驚かされるのは、ランズエンドからスカパフロー[307]に至るまで、英国各地の鱒川で最も広く頻繁に観察される羽虫であるオリヴダンが、米国でみられる羽虫類のなかでは最も稀な種のひとつであるという事実だ。いくつかの水系で採取された数百体という標本のなかに、オリヴダンの系統（コカゲロウ属）に属するものはたった1体しか見つかっていない。

　北部イングランドの岩盤域に分布する流れの急な河川でみられる羽虫類のほとんどは、その近縁種が米国内にも棲息している[308]。しかし一般に、米国の羽虫は、同じような環境に棲む英国の羽虫よりも大型に成長するのだ。』

　「鱒毛鉤の書」のなかには、L.リードの作品のみならず多くの英国作品とも様相を異にする大きな特徴が2点確認される。

水生昆虫採集にいそしむジェニングス

《註釈304》ブルックトラウトを指す。

《註釈305》"deceiver type"すなわち『偽装タイプ』の意であり、「イミテーション・パターン」と同義。

《註釈306》H.T.スピース博士の説によれば、英国よりも米国のほうにより多様なカゲロウが棲息しているのは、氷河期において広大な北米大陸の北方に棲んでいたカゲロウが南方に追われ、その結果元々南方に棲んでいたカゲロウと交配して雑種化する一方、英国では国土が狭いためにこうした種の大移動が発生しなかったからであるという。

《註釈307》Land's Endはウエストカントリーに所在するイングランド最西端の岬。Scapa Flowはスコットランド最北部の洋上に浮かぶオークニー諸島の中心地。

《註釈308》一方P.ジェニングスは、F.M.ハルフォードが解説した羽虫類はキャッツキル地方とは地理条件のまったく異なる南部イングランドで採取したものであり、これらと共通する羽虫は米国にはほとんど存在しないと記している。

第3部　ドライフライの歴史(後編)

第1の特徴は、掲載種を真に鱒が好むものだけに厳選したことである。従来のアングリング・エントモロジストの多くは、いわば百科事典のように、鱒の腹のなかに収まっているあらゆる虫たちをくまなく採録した。これに対してジェニングスは、人間の眼から見た外観に囚われることなく、あるイミテーション・パターンに鱒が盛んに喰いついているときにハッチしている羽虫を採取して、そのなかの優勢種を同パターンが模倣しているはずのオリジナルとして同定する方式を採用した。研究対象とすべき種は大きく絞り込まれ、同書においてはカゲロウ類で13種、トビケラ類では3種についてのみ、掘り下げた評価が記されている(309)。

第2の特徴は、「厳格なる模倣」主義から距離を置いた点である。L.リードとは異なり、ジェニングスは自作の新フライ・パターンばかりを掲載種に割り当てるような行為を慎んだ。もちろん、アメリカン・マーチブラウン(American March Brown)(310)やグレイフォックス(Grey Fox)(311)といった彼自身の開発によるパターンも一部含まれてはいたが、ジェニングスはキャッツキルの伝統を尊重し、主に、この地で永く愛されてきたクイルゴードンやヘンドリクソンといった米国の伝統的ジェネラル・イミテーションがどの種の羽虫にあたるのかを検討した(312)。

さらに、2番目の特徴を一層際立たせているのが、なかに含まれる英国由来のパターンの存在である。この事実は、米国の釣り人がようやく偏狭な愛国主義から脱して、英国文化を咀嚼のうえ、米国流解釈を加えて自らの血肉とする消化プロセスを身に着けたことの証左でもある。なかでも特に読者の目を惹くのが、アトラクター性が強いとされるヴァリアント・パターンに対するジェニングスの強い関心である。この点に関連して、同著のなかからモンカゲロウの一種であるグリーンドレイク(Green Drake)について解説する一節を次のとおり引用してみたい。

『エフェメラ・グットゥラータ(*Ephemera guttulata*)は東海岸地域の鱒川に6月初旬から現れる大型カゲロウの学名である。この羽虫は釣り人にグリーンドレイクの名で知られ、特にそのスピナー段階の個体はコフィンフライ(313)と呼び習わされている。

(中略)

水面から羽化した後、通常グリーンドレイクは近くの手ごろな木のところまで飛んで行って、全身の殻を脱ぎ捨てるのだが、これはカゲロウ類全般に共通する習性である。脱皮を終えると、この羽虫はスピナー、すなわち科学的にはイマゴ(Imago)として知られる段階に進む。このとき、一般に知られているグリーンドレイクの姿は一変するのだが、実際のところ、グリーンドレイクとコフィンフライが同種の虫であるなどと、普通の人にはとても信じられないことだろう。

グリーンドレイクは大量に発生するが、フライフィッシャーにとって不幸なことに、この虫のハッチは1年のうちに通常1日か2日間、永くともせいぜい1週間しか続かない。このため、そのイミテーションフライは本物が川面に出ているときを除けばあまり頻繁に用いられることはない。

(中略)

この羽虫は英国や欧州大陸には棲息しておらず、ロナルズがグリーンドレイク、あるいはそのスピナーをグレイドレイクと呼んだ羽虫とはまったく別の種類である。それらはおそらくエフェメラ・ヴルガータ又はエフェメラ・ダニカのいずれかであって、いずれもブリテン諸島では一般的に見られる種である。フライフィッシャーにイエローメイ(Yellow May)との名で知られる一般的なカゲロウ・パターンは英国原産のカゲロウを模して造られた毛鉤であって、米国固有種のイミテーションではない。このパターンが我が国であまり効果を発揮していないのは、こうした理由によるのかもしれない。

本物の羽虫のサイズが大きければ大きいほど、精確に摸した毛鉤を製作するのは難しくなる。このためであろうか、この羽虫やその英国の親戚を示唆するよう創られたパターンの種類はきわめて多岐にわたる。

真昼にグリーンドレイクが現れるとき、流れのなかでも最大級の鱒が水面で餌をついばむ姿がしばしば見受けられる。これこそ、グリーンドレイクがフライフィッシャーの毛鉤メニューのなかで重要な位置を占めている理由なのだが、すべてのフライフィッシャーが釣り上げることを夢見る怪物は、通常、夜の間だけ流れに出てミノウを捕食するものだ。ところが、大物はときに大きく開けたプールのなかで休息し、運動に伴うエネルギー消費量を正当化するに足る充分な餌が川上から流れてく

《註釈309》P.ジェニングスはこのほかカワゲラ類やアリ類、そして双翅目の昆虫についても解説しているが、それらの記述は簡潔なものに留まっている。一部の釣魚史家は、ジェニングスの関心は専らカゲロウ類に注がれていたと指摘している。

《註釈310》*Stenonema vicarium*(ヒラタカゲロウ科)と呼ばれる大型カゲロウを模したドライフライ。そのニンフは接着型。この種は他のカゲロウ類と比べて、立てた翅が後方に深く傾く点が特徴とされる。P.ジェニングスはこの羽虫を模すために、英国版の柔らかいパートリッジハックルとフェザントウイングに代えて、明るい赤茶のコックハックルとグレイ・グリズルのコックハックルを合せてハックルに巻き、ウイングにはマラードドレイクのフランクフェザーを用いた。

《註釈311》*Stenonema fuscum*(ヒラタカゲロウ科)という大型カゲロウを模したドライフライ。American March Brownよりも明るめの色調デザインとなっている。

《註釈312》この配慮こそ、A.ギングリッチがA.ロナルズのことを賞賛したように、米国の保守的な釣り人たちにも安心して同書を参照してもらえるようP.ジェニングスが巧妙に仕組んだ安全弁であった。

《註釈313》Green Drakeが斑の入った濃い茶色に緑がかった体色をしているのに対して、Coffin(棺)Flyは

その名が示唆するとおり、喪服のように白と黒の体色をまとっている。またある説によれば、このスピナーの透き通るような白い体色が、棺に用いられる白木材の色に似ていることに由来するともいう。なお、この葬儀をイメージさせる呼び名は、当然、スピナーがそのライフステージで死を迎えることを含意する。

《註釈314》P.ジェニングスは、レンズとして働く、羽虫の脚部が水面に接してできる窪みの数を最小限に抑えるため、ハックルの厚みを出来る限り薄くする必要性を説いた。そのため彼は、ハックルを薄く巻いても浮力が維持できるよう、最高品質のハックルを用いるべきことを提唱している。

るときには、速い流れのなかに入ることがある。それゆえ、彼らがフラットなプールをクルージングしているとき、特にプールの流れ出しの辺りに散らばりながら流れ寄る羽虫を最小限のエネルギーで捕食しているときが絶好のチャンスとなる。魚がこのようなスタイルでグリーンドレイクにライズしているとき、私はゴールド・ヴァリアントやグレイフォックス・スパイダーといったヴァリアント・タイプの毛鉤を利用することを好む。なぜなら、これらの毛鉤はきわめてソフトに着水し、たくさん羽根を巻いた「厳格なる模倣」主義の毛鉤のように水面直下で摂餌中の獲物を驚かせることがないからである。今シーズンもグリーンドレイクが現れた場面では、私の釣友がヴァリアントを使って17-1/2インチや18-1/2インチのコンディション良好なブラウントラウトを含め、何本かの大物を釣り上げている。いずれの獲物も、どんな流れであれ毛鉤で狙うにふさわしく、特に開けた水域をドライフライで狙うのに値するトロフィーである。』

　ジェニングスのヴァリアント・パターンに対する強い関心は、とりもなおさず当時の英米釣魚界を席巻していたネオ・イミテーショニズムの影響を強く受けたことに由来する。実際、彼自身もその枢要な理論家の一人として知られ、同著においても鱒の視覚に関する議論のためにわざわざ一節を割いている。
　そのなかで彼は英国のF.ウォード博士の文献を紹介しながら、フィッシュウィンドウの理論を説き、後にV.C.マリナロが提唱することになる「光のパターン」理論と同じ結論を、簡潔にではあるが、その15年も前に導き出している(314)。また、鱒は立体像を三次元ではなく二次元的概念でしか捉えられないことから、人間から見た毛鉤の姿と鱒から見たその姿とは大きく異なるはずだと主張した点は、すでに解説したとおりである。
　ジェニングスは単に釣魚に関する英米の研究成果を紹介するだけでなく、当時最先端の科学理論を自ら解釈して釣魚分野に応用することさえ試みた。一例として、彼の遺稿のなかから、赤色の毛鉤が魚にアピールする理由を推察する次の一節を引用してみたい。太古の時代、スズメバチの色彩を持つ羽虫を模倣したはずのアエリアヌスの毛鉤は

キャッツキルの代表的羽虫(「鱒毛鉤の書」[1935])

なぜ緋色をまとっていたのか、そして19世紀末、英国ノースカントリーのT.E.プリットを悩ませたウエットフライのタグはなぜ紅色に染められていたのか、さらには20世紀初頭、T.ゴードンを呆れさせたG.M.L.ラブランチのドライフライはなぜ敢えてピンク色に脱色されていたのか。これらの謎を解き明かさんとする、ひとつの興味深い仮説である。

『科学者たちは網膜の上に、桿体細胞(Rods)と呼ばれる構造体を特定することに成功した。これに含まれるヴィジュアル・パープル(visual purple)(315)と呼ばれる物質は、光を受けると簡単に漂白される。これと同じ物質は魚の網膜にもみられるが、人間よりも魚のほうがより多くの桿体細胞を備えている。ヴィジュアル・パープルは光によって漂白されるだけでなく、暗くなるとその色彩を回復する。言い換えれば、あらゆる生命プロセスと同様、組織や物質の崩壊と再生が繰り返されてい

《註釈315》日本語では「視紅」と呼ばれ、一般に「ロドプシン」(Rhodopsin)との名称で知られる、視神経に含まれる特殊な蛋白質の英語名。1870年代にドイツの化学者がカエルの網膜から発見した。光の認識の初期段階を担う桿体細胞のなかに存在し、光の色彩変化よりも光の強弱変化のほうに一層強く反応することから、特に夜間視力はこの物質の反応に負うところが大きいとされる。

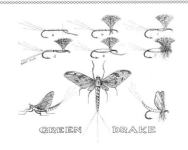

第3部　ドライフライの歴史（後編）

るのだ。ヴィジュアル・パープルはさまざまな波長の光に反応するのだが、人間の場合はより波長の短い光、すなわち紫寄りの色彩光に敏感である。他方、魚の場合はより波長の長い光、つまり赤寄りの色彩光に敏感となっている。

色覚に関わっているのが一般に網膜上の錐体細胞（Cones）のほうであるとする説は、おそらく真実であろう。しかし、ヴィジュアル・パープルの反応と実際の人間の色覚反応とを比較してみることは興味深い。一例を挙げると、フランス国旗である三色旗は、元々、幅を同じくする赤、白、青の帯を3本並置する構成であったが、これを見る者は皆、青い帯のほうを他の2色の帯よりも幅広に感じたという。この問題を調査するために検討委員会が立ち上げられた結果、それぞれの帯の幅を、青30％、白33％、赤37％の比率とするよう決定された。現在のフランス三色旗の構成もこのとおりとなっているのだが、人間の眼にはどの色も同じ幅に映っている。

魚の眼におけるヴィジュアル・パープルの光学反応を考慮すれば、魚は赤寄りの波長の光に反応しやすいと推測することができるだろう[316]。』[317]

固定観念を廃し、当時最先端のあらゆる知識を取り込んで独自の理論を展開するジェニングスであったが、彼にはただひとつ絶対に譲れない一線があった。それは彼が自著の冒頭に掲げたフライフィッシングの定義[318]からも明らかなように、「毛鉤は昆虫の姿を暗示するものでなければな

らない。」という要件であったが、この論点に関して、ジェニングスの姿勢はときに教条的・独善的と批判されることもあった。それでもなお、彼にとってドライフライは、鱒の眼に見慣れた昆虫の姿として映っていなければならなかったのだ。彼が、ウルフ・パターンは何にも似ていないとして、ダン・ベイリーと激しく論争したことは前節に記したとおりであるが、そのような頑迷さは、この筋金入りのアングリング・エントモロジストがT.ゴードンの功績さえほとんど評価しなかったところにも現われている[319]。

こうしたいくつかの批判はあれど、釣魚史上におけるジェニングスの地位が揺らぐことはなかった。1970年に再出版された同書の序文において、アーネスト・シュイーバート（Ernest George Schwiebert Jr.）[320]はこの名著を、『米国の正統なアングリング・エントモロジーにとっての創世記（Genesis）』と位置づけた。また、ジェニングスの名声は大西洋を越えて轟き、英国のG.E.M.スキューズからも、『100年前のロナルズが我々のために果たしてくれた業績を、今回、貴方がそちらの釣り人のためにしっかりと成し遂げられたことに深く敬意を表します。』[321]との賛辞が寄せられたと伝えられる。

ジェニングスの功績を讃える釣魚史家の記述のなかから、彼と交友のあったA.ギングリッチが著書「活字のなかの釣り」[1974]のなかに記した献辞を次のとおり引用することとしたい。

「鱒釣りの書」[1935]で示されたフライフィッシングに有用なカゲロウ類の主な同定結果

一般呼称	学名	該当するドライフライ	【参考】英国近縁種の一般呼称
Hendrickson	*Ephemerella invaria*	Hendrickson (♀) Red Quill (♂)	Blue-winged Olive
Pale Evening Dun	*Ephemerella dorothea*	Little Marryat	Pale Watery Dun
Quill Gordon (Quill)	*Iron pleuralis banks*	light Quill Gordon (♀) dark Quill Gordon (♂)	—
American March Brown	*Stenonema vicarium*	American March Brown	March Brown
Grey Fox	*Stenonema fuscum*	Grey Fox	—
Light Cahill	*Stenonema ithaca, etc*	Light Cahill	—
—	*Isonychia bicolor*	Leadwing Coachman [wet pat.]	—
Green Drake	*Ephemera guttulata*	Green Drake (dun) Gold Variant (dun) Grey Fox Spider (dun) Coffin Fly (spinner)	Mayfly

《註釈316》魚が赤色に反応しやすいもうひとつの理由としては、他の色彩光と比べて、より波長の長い赤色光は水中で吸収され難く水底まで届きやすい、という点が挙げられる。グレイリングを例にとってみよう。水面直下あるいは中層で餌を待ち構える習性を持つ鱒とは異なり、「川の淑女」は常に深く川底に定位しながら水面上の獲物を窺うことが知られている。こうした習性を踏まえれば、第2章で紹介した、グレイリングに強くアピールするRed Tagの事例は、この赤色光の効果を示すものではないだろうか。

《註釈317》VISION——ON SIGHT AND SEEING (THE AMERICAN FLY FISHER [Vol.10, No.2])より引用。

《註釈318》『フライフィッシングとは、鱒が日頃より食べ慣れているなんらかの昆虫の姿を暗示する毛鉤を用いてこれを捕らえる技術である。』(「鱒毛鉤の書」[1935]より)

《註釈319》P.シューラリーは「米国のフライフィッシング」[1987]のなかで、P.ジェニングスが、T.ゴードンの書いた記事にもし評価に足る内容があるとすれば、ひとつは米国にもフライタイヤーが存在することを英国人に伝えた点、もうひとつは毛鉤に有名人の名前をつけたがる米国人の悪癖を嘆いた点だけである、と皮肉ったことを紹介している。その上でジェニングスは、特に2番目の点についてはゴードン自身も自ら開発した毛鉤にQuill

GordonやGordonといった名をつける愚を犯したと厳しく批判しているという。

《註釈320》1931年生まれ。ニューヨーク市で建築家として世界各国の大規模プロジェクトに携わる。77年に引退して以降は釣魚の研究に専念。MATCHING THE HATCH [1955]を皮切りにさまざまな釣魚作品を世に送り出し、78年には千八百頁近い大著TROUT [1978]を発表する。画才に恵まれ、彼の著書はその素晴らしい線描画であふれている。2005年没。

《註釈321》CATSKILL RIVERS (A.M.Francis [1983])より引用。

『プレストン・ジェニングスの米国釣魚界における立ち位置は、ロナルズの英国釣魚界におけるそれと同じものである。両者とも、釣魚と昆虫学を結びつけることを考えた最初の人物ではなかったかもしれないが、少なくともその与えられた役回りにきちんと取り組み、正しく演じた最初の人物であったといえるだろう。

両人とも、百科全書的な書き振りはしなかった。彼らは来るべき時代の作品のために充分な余白を残しておいてくれた。ふたりはほかの者ならば怖気づくような仕事を喜んで引き受けて確固たる基盤を造り、その上に後の人々が新たな成果を築き上げられるよう準備してくれたのだ。

J.W.ヒルズが「鱒を狙うフライフィッシングの歴史」のなかで指摘しているように、ロナルズはその作品のおかげでナチュラリスト・アングラーとも呼ぶべき人々の始祖となった。こうした者たちの登場こそ、フライフィッシングの近代を特徴づける現象である。そして、英国の毛鉤がそのイミテーショニズムを次第に高めていくに従い、観察と分類がより詳細なものとなり、これをモデルとするパターンの開発が進むにつれて、英国の毛鉤はこの新世界において効力を失っていくことになった。なぜなら、米国産の昆虫は英国の自然界に存在するものとは基本的に異なるからである。このため、英国にロナルズが必要とされたのと同様、我々にはジェニングスが必要となったのだ。それはロナルズが自著を出版してからほぼ100年後のことであった。いずれのケースにおいても、新時代に突入する近代フライフィッシングのために歴史が要請し、かつ待望したものとは、不正確ではあるが実り豊かなフライフィッシングの伝統を修辞する英語と、昆虫学に用いられる精密で厳密なラテン語という、ふたつの言語を操ることができる人物の登場であったと論じることは、あまりにも大雑把な評価かもしれないが、本質的には真実である。ロナルズとジェニングスは、それぞれの時代と状況下において、たまたま適格者として見出されたのだ。両者の登場は、古くから期待されていた。ふたりはゼロから出発して忍耐の限りを尽した訳だが、なにより重要なのは、この忍耐の才に恵まれていたことだったのだ。』

P.ジェニングスを語るとき、彼の正統な後継者として知られるアート・フリック（Arthur B. Flick）[322]の功績に

タイイング中のフリック（CATSKILL RIVERS［1983］より）

ついて記さないことは、F.M.ハルフォードを解説した後にM.E.モズレーの功績を紹介しないのと同じく、アングリング・エントモロジーの系譜を見誤らせるものである[323]。

元々、フリックはジェニングスが1930年代に組織した川辺の調査団の一員であった。その経験からエントモロジーの愉しみに目覚めた彼は、第二次世界大戦中の重苦しい世相に背を向けながら、独り静かにキャッツキルの水生昆虫を研究し続けて、その成果を「水生昆虫とそのイミテーションに関する川辺の指南書」（STREAMSIDE GUIDE TO NATURALS AND THEIR IMITATIONS［1947］）と題して取りまとめた[324]。わずか110頁の小冊子ではあるが、その内容はジェニングスの議論をさらに推し進めて、新たな境地を切り拓いた名著と評されている。彼の議論に立ち入る前に、まずはフリックが著作のために自ら単独で行った採集調査の労苦を綴る一節を、同著のなかから引用することとしよう。このなかでは、19世紀英国の釣魚作家によって繰り返し描かれた釣り人の悲喜劇が、20世紀のキャッツキル地方に舞台を換えて再び演じられることになる。

『いくつかの川で調査を行った最初の数年間で、調査対象となったいずれの川でもカゲロウが明らかに毎年決まって同じ時期に現れることを私は発見した。

これが普遍的な現象であることを証明するために、私は3シーズンのすべてを、ニューヨーク州を流れる典型的な鱒川で

《註釈322》1904年、ニューヨーク市内に生まれる。キャッツキル地方を流れるスカハリー・クリークの傍で民宿を営んで釣り客をもてなす一方、ニューヨーク州環境保全審議会のメンバーとして自然保護活動に熱心に取り組んだ。スカハリー・クリークに同州初のキャッチ・アンド・リリース区間が設置されたのは彼の尽力によるところ大とされる。タイイングの名手としても活躍して、85年死去。

《註釈323》A.フリックは自著の冒頭でP.ジェニングスに対する感謝の念を綴っているが、ジェニングスのほうではフリックが自身のアイデアを盗用したとみなし、終生、彼に対する恨み事を周囲に漏らしていたと伝えられる。

《註釈324》当初、A.フリックは同著の執筆をためらっていたが、ニューヨーク・タイムズ紙のアウトドア担当編集者を務めるRaymond Campの強い勧めを受けて出版に漕ぎつけた。なお、カゲロウ類の同定に際しては、P.ジェニングスの著作にも登場するH.T.スピース博士の協力を得た。

標本採集を行うためだけに費やした。調査はスカハリー・クリーク(Schoharie Creek)で行ったのだが、この目的には絶好の川だった。

この川は流れのあらゆる典型例を備えていて、流速が速く大岩の連なる区間から平坦な流れの続くプール区間まで多種多様であった。これはきわめて重要な要素なのだが、なぜかといえば、ある種のカゲロウがある種の流れに棲息するのに対して、別種のカゲロウはそれと正反対の性格の流れに棲息するからである。

釣りという意味では、この作業に費やした3年間はまったくの無駄であった。しかし、記録を完璧なものとするためには、毎日標本採集を行う必要があったのだ。すべての種を洩らすことなく捕捉するために、出来る限りたくさんの羽虫を捕らえるよう熱心に取り組んだ。発生するハッチの日付を記録することも重要な作業であった。

流れのなかで出会った釣り人たちが、魚の喰いが立っている最中に「あの虫ケラども」を追いかけている私のことをクレイジーだと思うのは当然のことだ。他人に平謝りすることも多々あったが、それは私が羽虫を追うのに夢中になるあまり、釣り人が期待する川辺でのマナーを逸脱してしまっているのではないかと恐れたからだ。

そんな作業の際にも、どうして私が釣竿やその他の釣具を携行しなければならなかったのか、理由は私自身にもよく解らない。しかし、釣り人の格好でもしていなければ、私が行う採取調査など、周囲の人々の目には間抜け者のお遊戯しか映らないに違いない。

こうした調査に励むのがときどき馬鹿らしく思われて、すべてを放り出したくなるときもあった。そんな折のある一日のことを私は鮮明に憶えている。久し振りに釣りを堪能していると、私の目の前で1匹のダンが水面から飛び立った。羽虫はスピードを上げながら徐々に上昇していく。私は堪らず駆け出して、帽子でその虫を捕らえようとジャンプしたのだ。はたして捕らえることができたのかどうか、今日に至るまで真相は明らかになっていない。というのも、足が水底に戻ってきたとき、とても滑りやすい底石を踏んでしまったのだ。次の瞬間、私の身体は水中に倒れ込んだ。ずぶ濡れになったことは全然構わないのだが、折れた竿を眺めるのはまったくもって愉快なことではなかった。』

フリックにとって最大の目的は、鱒川で必要とされる羽虫の種類を絞り込むことによって、必携パターンの数を最小限にとどめる点にあった。同著のなかで彼の関心が注がれるのは、彼が真に価値あるものと信ずる8種のカゲロウ類に尽きるのであって、これ以外の羽虫としては極小のカゲロウ類とカワゲラ類が簡単に触れられているに過ぎない。この極限まで簡略化された構成のおかげで、同著の実用性が高く評価され、記録的な販売部数を達成することとなった[325]。

またフリックは毛鉤の同定に際してもP.ジェニングスの手法を踏襲し、いくつかの伝統的キャッツキル・パターンを中心に選び出しているが、掲載パターンの数が減った分だけ、引き続きリストに残ったヴァリアント・パターンの存在感が高まることになった。フリックの言を借りれば、高品質ハックルで巻かれたヴァリアントは、一般的なウイングフライよりもずっと軽やかに優しく着水することが

「水生昆虫とそのイミテーションに関する川辺の指南書」[1947]で示されたフライフィッシングに有用なカゲロウ類の主な同定結果

学名	該当するドライフライ	備考
Iron fraudator	Quill Gordon	－
Ephemerella subvaria	Hendrickson(♀) Red Quill(♂)	古くから伝わるWhirling Dunもこのカゲロウ(♀)のイミテーション。
Stenonema vicarium	American March Brown	－
Stenonema fuscum	Grey Fox	－
Stenonema canadensis	Light Cahill	Red Foxと呼ばれるパターンもこのカゲロウのイミテーション。
Ephemera guttulata	Green Drake(dun)	大型のGrey Fox Variantもこのダンのイミテーション。 そのスピナーのイミテーションにはCoffin Fly。
Isonychia bicolor	Dun Variant	そのニンフのイミテーションにはLead-wing Coachman。
Potomanthus distinctus	Cream Variant	－

《註釈325》同著は当時の釣り人の熱烈な支持を受け、釣魚本としては異例の八万五千の発行部数を達成したと伝えられる。こうした根強い人気を受けて、1969年には同著を改訂したNEW STREAMSIDE GUIDEが出版された。

《註釈326》過去のVariantの提唱者が#16程度の小さな鉤を利用したのに対して、A.フリックは高品質の硬めのハックルを用いて#12や#10といった大型の鉤に巻くことを提唱した。また、英国のVariantに取りつけられている小型のウイングは意義に乏しく、不要であると説いた。なお、フリックはVariantにフロータント塗布は不要と考えていた。

《註釈327》英国のVariantとは大きく異なり、A.フリックのドレッシング指南では、Grey Fox Variantにはハックルをできるだけ厚く巻くよう指示されている。

《註釈328》1903年、ミシガン州生まれ。本名はJohn Donaldson Volker。裁判官として働く傍ら、作家としてさまざまな作品を生み出した。代表作は推理小説ANATOMY OF A MURDER [1958] (邦題:「錯乱・ある殺人事件の分析」)とされるが、釣魚文学の分野でもいくつかの名作を遺して、91年死去。

出来、水面でもよく浮き、視認性も遥かに良好であるという(326)。数あるヴァリアント・パターンのなかでも、フリックに世界的名声を与えた傑作とされるのが、彼のグレイフォックス・ヴァリアント(Grey Fox Variant)である。

グリーンドレイクのイミテーションとして彼が強く推奨したこの大型ドライフライ・パターンは、ライトジンジャーのクイルボディーにダークジンジャー、ライトジンジャー、そしてグリズリーという3色のコックハックルを厚く巻き合わせたもの(327)で、テイルにもジンジャーを用いて、ウイングは設けない。

20世紀後半の米国を代表する釣魚作家であるロバート・トレイヴァー (Robert Traver)(328)の釣魚エッセイ集「トラウト・マジック」(TROUT MAGIC［1974］)のなかに、この自作パターンを愛用するフリックの釣り姿を活き活きと描いた一節が収められているので、それを紹介することとしよう。トレイヴァーがフリックをとっておきの穴場であるビーバーが作った古い堰き止めダムに連れて行った際の出来事について描かれているが、このパターンの原型を開発したベイジェント博士に敬意を表してか、博士の主張がさりげなく織り込まれた一節には、ほのかなユーモアが香っている。

『「アーサー！」と声をかけながら、私は、2本の轟々と流れる水の吐き出し口の間にあり、周りの木立の枝が覆い被さっているために影が差して護られている、インクのように暗く静かな流れのほうを指差した。「その流れはこの溜まりのなかで一番深い部分だけど、とびきりの大物が暮らす穴場なんだ。まあ、毛鉤をキャストするのが一番難しい場所でもあるんだけどね。」と、まるで仕事中の不動産屋みたいな口調で喋りながら、言葉を継いだ。「だからこそ、素敵なブルックトラウトが棲んでいるんだろうけどさ。」

私が息を継ぐ間にアートは「ふーん」と呟きながら、最適なキャスティング・ポジションを静かに確かめていた。

「底には積み重なった倒木が敷き詰められているんだ。」私は続く形容句を探して少々考え込んだ。「僕がこれまで見てきたなかでも、とびきり別嬪さんのネイティブ・ブルックトラウトが好んで隠れている流れだぜ。さあ、やってみなよ、アーサー。」

私が熱弁を振っている間に太陽が顔を出してしまったので、次の雲がやって来るのを待ちながら、私は2回目の講義を始めた。今度はこの溜まりで極小パターンと極細リーダーを用いることの重要性についてだ。それはまるでスカハリー・クリークの賢人にお説教するようなものだったが、そんなことをする気になったのも、私がもう100年もこの溜まりに張りついている——彼にもそう言ってやった——ような気えする永い間に、萎びて割れた豆粒ほどのサイズより大きな羽虫がハッチしている場面など一度も目撃したことがなかったからなのだ。

次々と繰り出される私の釣魚指南に、アートは時々納得した風情で頷きながら、真剣に聴き入っていた。そうこうしているうちに、再び太陽が雲のなかに隠れ始めたので、私は自分の私心の無さをアピールしながら彼の傍を離れ、アートに主役を譲ったのだが、「さあ、やってみてごらん、アーサー。」と最後までしつこく喋っていた。

アーサーが時間を無駄にせず早速ラインを送り出し、波打つラインを徐々に伸ばしていくと、私は、小鳥のようなモノが彼の前後を飛び交っている幻覚に襲われた。「ヒュー、ヒュー」という鳴き声まで聞こえてくるので、私はいったいどの種類の鳥だろうかと考え込んだりする始末だ。

「アーサー、君はいったいどんな毛鉤を使っているんだい？」

「あぁ、たまたま手許にあった可愛いやつだよ。」彼は小声で知らせてくれたが、彼の視線はそのボールみたいなやつに釘づけだった。「小さな毛鉤でやってみる前に、ちょっとだけこいつを使ってみたかったのさ。」

突然、私は以前にも同じ化け物のけたたましい鳴き声を聞いたことがあるのを思い出した、確かに、アートのほかのパターンでは聴かれない音だったはずだ。それでようやく答がひらめいた。

「そうだ、君のグレイフォックス・ヴァリアントなんだろう？」そう訊ねると、私は気が滅入った。彼のパターンのなかでもおそらく最大級のものなのだ。私がさっき褒めちぎった極小毛鉤と比べたら、まるで獲物に襲い掛かろうとするコンドルをラインの先に着けているようなものだ。

「大正解！」と、アートは最後のシュートに向けて腕を振り

第3部　ドライフライの歴史(後編)

アート・フリック(CATSKILL RIVERS [1983]より)

上げたままで答えた。「俺、本当にこいつが好きなんだ・・・。君がそんなチッコイやつを好きなのと同じことさ。」

「エフェメラ・グットゥラータ」と呟きながら、アーサーがシュートする姿を眺めていると、私はひざまずいて胸に十字を切りたいような気分になった。

私は身じろぎもせず、ダムの上をラインが鞭のように伸びていくのを目で追っていると、一瞬、それが魔法のポイントで静止したかに見えたが、その直後にリーダーの輪が前方に向かってフニャと解けていった。毛鉤は、まるで夢見心地の落ち葉のように漂いながら目標地点に向かってゆっくりと流されていく。

すると突然、稲妻のような閃光が走ったかと思うと、巨大な化け物が水飛沫を上げながら躍り出て、アートのお気に入りにしっかりと喰らいついて身を翻した。抜け目ない釣り人が優しくもしっかりとアワセを入れたそのとき、微かにピンッという音を聞いた私は、目をつむり天を仰いだ。この音は、我が友アーサーが1週間にわたって追い続けた最上の鱒と

の繋がりが断たれたことを知らせる無情な宣告であった。

「やっちまった！」と叫ぶと、アートはニヤニヤしながら言った。「君の言いたいことは判ってるよ。」

「とにかく、僕の言ったことの半分は正しかったって訳さ。」と、私は言った。「そこには本当に大物が居たってことだよ。君の毛バタキなんかに跳びつくような間抜けな奴だったかもしれないけどさ。」

「この場所はしばらく休ませて、別のポイントを狙おう。」アートはこう言ってから大きなフライボックスの蓋を開けると、なかはすべて蠢く毛バタキたちで敷き詰められていた。

「上流に行ってみるよ。」といって彼を見遣ると、アートは先ほど失ったのと瓜ふたつの毛鉤を結びつけている最中だった。

「みんな釣り上げちゃダメだよ。」と、アーサーが新しい毛鉤が切れないかどうかリーダーを確かめながら社交辞令を言った後で、私は彼と握手を交わし静かにその場を離れた。

「アート、」私は途中でふと振り返り、プライドをかなぐり捨てて彼にこう訊ねてみた。「もし余分があったら、そのグットゥ

《註釈329》A.フリックは同著書のなかで、上手く巻かれたハックルフライはファンウイングフライやバイビジブルなどよりもよく浮き、よりしっかりと水面を掴むことから風に流され難く、そして視認性も高いと説いた。

《註釈330》ドイツの作曲家カール・オルフ［1895-1982］が書き上げ、1937年にフランクフルト歌劇場で初演された、大編成管弦楽と合唱による20世紀カンタータの傑作。バイエルン地方のとある修道院で発見された11～13世紀ごろの写本に収録される、ラテン語及びドイツ語から成る詩文をテキストとして用いた作品で、世俗の人々の悦びと哀しみを、そして世界を統べる「運命の女神」(Fortuna)への畏怖を、おおらかに謳い上げる。

《註釈331》ラテン原詞は"O Fortuna, ／ velut luna statu variabilis, ／ semper crescis aut decrescis; ／ vita detestabilis nunc obdurate ／ et tunc curat ludo mentis aciem,"

ラータを分けてはもらえないだろうか？」
「もちろんだとも」彼はそう言うと、大きなフライボックスを投げて寄こした。「でもちょっと誤解してることがあるぜ。」
「なんだよ？」それをジャンプしてキャッチながら、私は訊ねた。
「エフェメラ・グットゥラータってのはグリーンドレイクのことだと思うんだけどさ、」彼はラインをリールから引き出しながら言った。「タイイングが一番難しいのは、そのきちんとしたイミテーションだと個人的には思うんだよね。」
「こいつはヤラレタ！」今度は私のほうが教えを授かる番になったのだ。
「大型のグレイフォックス・ヴァリアントっていうのは必ずしもグリーンドレイクのイミテーションじゃあないと思っていてね——何かには似せたのかもしれないけど——、こいつは優秀な万能アトラクターフライで、グリーンドレイクのハッチのときには、代用品としても素晴らしく働いてくれることが解ったんだ。」彼はキャスティングの腕を少し止めて、ニヤリと笑みを浮かべた。「しかもだよ、グリーンドレイクがハッチしていないときにも効き目があることまで解ったんだぜ。」
「よく解ったよ。」と言うと、私は彼のアルミ製の宝箱を覗き込んだ。
「自分の欲しい分だけ取って、ボックスはそこら辺に置いといてくれ。」アートはキャスティングのほうに意識を集中させながらそう言った。「1ダース分も持って行ったっていいんだぜ。気に入ってくれたんだろ、な？」』

フリックは、P.ジェニングスの手法を踏襲しながらキャッツキルの鱒が好んで食べる昆虫を選び出し、それらのイミテーションを解説した訳だが、彼の議論はそれだけに留まらなかった。この著作の後半で彼はさらに検討を進め、同著最大の目的が『パターン数を最小限に抑えること』にあると宣言した上で、他の一般的なドライフライに対するヴァリアント・パターンの優位性[329]を説き、すべてのカゲロウ類は原則、ブルーダン、クリーム、グレイ・ジンジャーの3色だけで表現できると主張した。このためフリックは、使用すべきドライフライはダン・ヴァリアント、クリーム・ヴァリアント、そしてグレイフォックス・ヴァリアントのたった3種類で十分足りると論じたのだった。

アングリング・エントモロジーが百数十年の歳月を経てようやくたどり着いたこの到達点を、我々はいかに評価すべきなのか。イミテーション理論の仕掛けバネが伸び切ろうとするその最後の瞬間に選ばれたドライフライが、英国ノースカントリーの地で鱒のライズを誘うために編み出されたアトラクター・パターンの姿を借りることのなんたる矛盾。イミテーションのためにはわずか3色で足りると説く彼の色彩論が、かつて「厳格なる模倣」論を嘲笑ったH.C.ペネルの主張ときれいに重なることのなんたる皮肉。形態論と色彩論の両面において、アングリング・エントモロジーの歴史はここにひとつの終焉を迎えたのだ。

しかし、この結末を嘆くことはない。数世紀にわたって繰り広げられた鱒毛鉤の歴史のなかでは、いくつもの運命の環が閉じられ、そしてまた開かれてきたのだ。なればこそ、運命の歯車が現在も、そして将来も回り続けんことを祈ろうではないか。その連鎖のどこかで、再び未知の扉が開かれんことを願おうではないか。こうした歴史のめぐりを想うとき、近代ドイツが生んだ世俗カンタータ「カルミナ・ブラーナ」（CARMINA BURANA）[330]の冒頭で劇的に唱和される歌詞の一節が、ふと筆者の脳裏に浮かんでは消えてゆく。

　　おお、フォルトゥナ！
　御身は月影の変ずるがごとく
　満ちては欠け、欠けては満ちる。
　非情なる現世は気まぐれに
人々の営みを打ち砕き、そしてまた救い給う。[331]

第3部　ドライフライの歴史（後編）

とはいえ、模倣性主義の盛衰とは別の文脈において、フライフィッシングにおけるエントモロジーの重要性それ自体は、今日に至るまで増しこそすれど些かも減じることはなかった。水生昆虫の研究は、単に毛鉤のイミテーション性向上のみを目的とするものではない。そもそも、羽虫の生態を理解し活動を観察することを通じて、これを餌とする鱒の行動を推測する愉しみは、フライフィッシングの醍醐味そのものではなかったか。アングリング・エントモロジーへの理解が深まるほどに、その知見を釣りの戦略上に活かす新たな余地が生じていくことは間違ない。我々はこれまで以上にエントモロジーを使いこなしていかなければならないのだ。この点に関して、フリックが同著のなかで雄弁に語った次の一節を引用してみたい。

『羽虫の生態研究に費やした時間のすべては、川をより一層理解するのに大いに役立つことになる。我々が釣っている川に棲息する水生昆虫の生態を研究すれば、それは同時に、釣り人としてより成功するために不可欠な観察の機会を必ずや得ることになる。そこで我々が学ぶであろうことは、釣りの達人となる前に必ず身に着けなければならない知識と密接に関わるものである。

鱒の行動は川のなかのカゲロウ類の生態に大きく左右されるものだ。彼らはカゲロウがいつ、どの辺りでハッチするかを知っているように思われる。もしカゲロウが早瀬のなかでハッチする種類のものであれば、鱒はそれをその場所で捕食するだろう。同様に、止水域だけで生活し同じ場所でハッチする種類のものであれば、鱒はこれをこの場所で捕食することになる。

こうした行動の完璧な事例として本書で挙げたのが、マーチブラウンの章に記した出来事[332]である。魚は流れのなかでも特殊な場所で捕食行動をとっていた。ところが、それには充分な理由があった。鱒たちは餌が豊富に集まる場所を熟知していて、それを利用したのだ。

つまり、釣り人は鱒の餌とその捕食行動を学べば学ぶほど、釣りの際に遭遇するさまざまな状況に一層的確に対応することができるようになる。

これは釣りだけの話ではなく、狩猟にも同じく当てはまることだ。獲物が何を食べていて、捕食場所がどこにあるのかを知っているウズラ撃ちは、その鳥について何も知らない狩猟家、あるいは「ただ猟に出ているだけ」の狩猟家よりもたくさんの獲物を仕留めることだろう。後者も、やがては何匹かの鳥に遭遇するだろうが、それまでの時点で貴重な時間の多くを無駄にしてしまっているのだ。

生きた羽虫の厳格な模倣に取り組むべきか否かといった論点など、昆虫を同定してその生態を明らかにすることから得られる知識と比べれば、さして重要な問題ではない。』

本節を締め括るにあたり、米国アングリング・エントモロジー史のエピローグ――それは20世紀のドライフライ思想が到達したひとつの頂点の記録――として、「鱒毛鉤の書」出版以降にP.ジェニングスがめぐらせた思惟の変遷について紹介することにしよう。

アングリング・エントモロジストとしての名声を獲得したジェニングスは、世界中の著名なフライフィッシャーに手紙を送り、各国の毛鉤について調査を進めていったが、その過程で「芸術的視点に立った自然物の再構築」なる課題へと次第に関心を寄せていく。彼にとって、芸術とは自然の本質を把握しようとする手法のひとつであって、アプローチの違いはあれど、求めるところは科学を通じた自然の理解と本質的に同じものと考えたのだった。

ある羽虫の姿を構成要素ごとに分解して個々に理解した後、精緻に組み立て直す表現論が科学的アプローチだとすれば、ジェニングスの唱える芸術的アプローチとは、羽虫の姿を全体的・直観的に把握し、その核心部分――その虫を象徴する要素、いわば「虫っぽさ」――を鱒の眼に訴える幻視として再構築しようとする表現論であったと説明できるだろうか。彼の遺稿のなかから、この点について論じた次の印象深い一節を引用してみたい。

『フライフィッシングはしばしばアート（art）に例えられるが、私にはこの比喩がもっともなことのように思われる。ウェブスター英語辞典によれば、「アート」という言葉はさまざまな意味を含んでいる。ウェブスター氏が選び出した最初の意味は、経験、訓練、そして観察によって身につけられた技術や手腕、と

《註釈332》A.フリックは、川の主立ったポイントにハッチがほとんどなく鱒の水面直下での行動もまったく見られないなか、じっと流れの全体を凝視していたところ、普段は気にも留めない、つまらぬ浅瀬のごく岸際の流れに魚体の煌きを確認した。その流れをよく見るとMarch Brownが流れていて、鱒たちがそれを静かについばんでいたのだった。このため魅力的な流芯のポイントは無視してこの岸際の流れだけを攻めてみたところ、良型の鱒を次々と釣り上げることができたのだという。

いったものである。これはつまり、コツやテクニックといった意味である。しかし、彼はさらに筆を進めて、アートとは単なるコツやテクニックに留まるものではないと解説する。それは、自然の法則を研究すること、そしてこの法則を人のために役立てるよう応用する営みまで包摂するというのだ。

　また、技術や手腕といった意味は別にしても、「アート」は多義性に富んでいる。かつて、この言葉が自然の単なる模倣を示唆する時代があった。芸術家、特に画家といった者たちは、彼らが見たままの自然の姿を模倣した。しかし、彼らは単なる模倣から次第に離れてゆき、その構図を改良するため、眼に映る自然を再構築し始めた。彼らは、一幅の絵が見る者の眼を喜ばせるよう、自然が提示する主題の構造を組み替えるようになったのだ。

　フライフィッシャー、そしてアマチュアのフライタイヤーは皆、彼らが自然から学ぶべき者であるという意味において、本質的に芸術家であるに違いない。彼らの獲物が咥えようとする餌こそが、彼らの芸術作品のモデルとなるべきものである。確かに、この世には精確な模倣となっていない芸術作品が存在する。しかし、それにもかかわらず、これらは立派なアートであることに相違ないのだ。・・・(以下略)

　「アルルの野辺」("Fields of Arles")と呼ばれるヴァン・ゴッホの名画を研究すれば、この画家が自然の法則に囚われず自由に描いている部分があるのに気づくだろう。一種の騙し絵ではあるものの、許容し得る範囲内で、それによって面白い幻視効果が生み出されているのだ。遠くにあるものほど小さく見える、という自然の法則(これを線形遠近法という)は絵画の素人でも知っている。また、遠くのものほど光と影のコントラストが不明瞭になる(建物を遠くから眺めるとき、その日向側と日陰側で見え方がほとんど違わない)、という法則もある。この二つめの法則はあまり知られていないが、ヴァン・ゴッホはこの傑作のなかで、彼のペテン──彼の幻視──のすべてを光と影の操作に注いだのだった。この絵を詳細に観察すると、描かれている建物の群れは、遠近法に従って、遠いものほど小さくなっている。しかし、もう一方の法則についてみると、ヴァン・ゴッホは通常の視覚と正反対の描き方をしている。鑑賞者に最も近く見える建物が陰陽のコントラストを完全に失っているのに対して、最も遠景にある建物は一番はっきりしたコン

P.ジェニングス

トラストで描かれている。ほんのわずかなアート、単純に仕掛けられた幻視こそが、この作品を偉大な傑作に仕上げているのだ。数々の幻視のなかからどうやって適切なものを選び出すかというのが、芸術家とフライフィッシャーがともに直面する課題である。カメラの発明と、特に近年における撮影技術の高度な発展のおかげで、芸術家は自然の外観を模倣するだけの単純作業から解放された。今や芸術家は、あらゆる芸術の根幹を成す広範なファンダメンタルズ──自然の不変なる実相──の研究・観察に専念できるようになったのだ。

　我が家の近くに建つ劇場の壁面には、"Ars longis, vita brevitas."とのラテン文が彫り込んである。「芸術は永く、人生は短い」というのがその趣意だ。それゆえ、芸術家は本質的なパーツとみられるもの──すなわち世代を超えて引き継がれるべき実相──を捜し求め、解釈しようと努めるのだ。他方、素

第3部　ドライフライの歴史（後編）

人の場合は、彼の眼前にあるものを眺めるに留まり、漫然とその外観を模倣するだけで、永続性を備える価値に気づいてこれを強調することはない。

（中略）

私の友人であった故フランク・デイモンドは、かつて全米最古かつ最高の美術大学で教授を務めていた。彼は死の間際、私に次のように語ってくれた。「画学生にとって一番厄介な問題は、彼らが自然物（"things of nature"）の模倣に努めようとするばかりで、物事の本質（"nature of things"）を研究するまでには至らないことだ。我々はフライフィッシングに対して後者のスタイルで臨まなければならない。早晩、我々は物事の本質に迫らざるを得なくなるのだ。』[333]

このようなジェニングスの思想が端的に示された例として、釣魚史上に名高いロイヤルコーチマンをめぐる議論を紹介したい。第1部でも解説したとおり、おそらく世界で最も有名であろうこのフライ・パターンは、1878年のニューヨークで生まれた典型的なアトラクターフライである。根強い人気のため、後にこの毛鉤からはファンウイング・ロイヤルコーチマン（Fan-wing Royal Coachman）[334]やロイヤルウルフなど、さまざまな派生パターン[335]が誕生していったことが知られている。

他方、このきわめて装飾的なドレッシングについては、イミテーショニズムの重要性を唱える歴代のフライタイヤーたちから懐疑的な意見が寄せられてきた。例えば、T.ゴードンは、『鱒はロイヤルコーチマンを何だと思って喰いつくのかさっぱり解らない。』[336]と告白し、若き日のジェニングス自身も『鱒毛鉤の書』のなかでファンウイング・ロイヤルコーチマンのことを『どの特定の羽虫にも似ていないファンシー・パターン』と困惑している。A.フリックに至っては自著のなかで、ファンウイング・ロイヤルコーチマンにこれほど人気が集まるのは、『フライフィッシャーが釣り具屋の宣伝に踊らされているからに過ぎない』と酷評しているほどである[337]。

ところが、そうした悪評など一顧だにせず、どう見てもアトラクター性に満ちあふれるこの伝統的パターンのなかに、老境を迎えたジェニングスはイミテーションの幻視を見つけてしまったのだ。1956年、彼はエスクワイア誌上で

「ロイヤルコーチマンは実在する」（"There IS a Royal Coachman"）と題する投稿記事を発表し、全米中の釣り人たちを驚かせて、賛否両論の嵐を巻き起こした[338]。

「存在しないはずのものが存在する」と主張するこの小論は、A.ギングリッチの「活字のなかの釣り」[1974]に再録されているところ、その核心部分を次のとおり引用してみよう。読者のなかには、この老人の議論を一笑に付す向きもあるかもしれない。しかし、思い返して欲しいのだ。今日のドライフライの隆盛が、非難され嘲笑されながらも真実を希求し続けた純粋主義者たちの血と汗によって購（あがな）われてきた史実のことを。

「鱒毛鉤の書」において英国流エントモロジーの伝統と米国流イミテーションフライの伝統を融合させることに成功したジェニングスが、残りの生涯を賭けて、フライフィッシングに遺された究極の課題、すなわちイミテーションフライとアトラクターフライをめぐる対立の構図を新たな次元へ昇華させようと、ドン・キホーテさながらに孤軍奮闘する姿をじっくりとご覧頂きたい[339]。

『我々は紫煙に満たされた薄暗い一室にいるとしよう。その向こう側の一角には小さなバーがあって、ディック・ケイヒルが愛想よくバーテンダーを務めながら、トニック・ウォッカのグラスをマドラーで3回かき混ぜているところだ。その日はずっと熱暑が続いて、たまに鱒の稚魚がリーダーの結び目にライズする以外、魚の動きは一切見られなかった。今でこそ釣り人たちはバーに座ってスピリッツなど啜っていられるのだが、昼間にはありがたくもウェーダーのなかを汗でびしょ濡れにして頂くという神の恩寵に浴していたのだ。彼らが飲みを切り上げようとしたちょうどそのとき、突然ドアが開いて、暗くなっても釣りを続けることくらいしか能の無いようなしつこい釣り人のひとりが入ってきた。彼はバーカウンターの空席に歩み寄り、革製の椅子にそのくたびれた身体を預けて、1杯のベルモット・オンザロックを注文した。

最初の1杯がすぐに飲み干されたところ、2杯目をかき混ぜながらディックは遠慮がちに彼に訊ねた。「釣りのほうはどうでしたか？」

2杯目が出来上がるのをじっと待った後で、彼はこう答えた。

《註釈333》FLY FISHING AND ART（THE AMERICAN FLY FISHER [Vol.9 No.1]）より引用。

《註釈334》この純白で幅広のフェザーポイント製ウイングを優雅に拡げたドライフライは、T.ゴードンが顧客の依頼に応じて創り出したものとされる。彼にこのパターンを巻いてもらっていたガイ・ジェンキンスは、ゴードンの死後、同パターンをウィリアム・ミルズ＆サンズ社に製作するよう依頼したが、ゴードンが使っていたほど上質なフェザーポイントが在庫にないという理由でいったんは断られたと伝えられる。後に同会が代用マテリアルを開発し、大々的に販売して人気を博した。

《註釈335》ボディー中央に巻くシルクスレッドやウイン

グの色彩をさまざまに変えることが流行（例：黄色に統一したのがCalifornia Coachman）し、ドライ・ウエットのみならず、スティールヘッド狙いのストリーマー・パターンまで開発された。

《註釈336》1913年にT.ゴードンがR.スティーンロッドに宛てた手紙のなかの一節。このほかにも、1914年10月のフィッシング・ガゼット誌において、ゴードンはこのドライフライ・パターンをlureと呼び、『恐ろしく目立つパターンだから、これを見た魚は怯えてしまうはずなのに、それでもよく釣れる毛鉤なのだ。』と不思議がっている。

《註釈337》A.フリックは同パターンの視認性の高さや浮力の強さは認めつつも、使用するマテリアルはほかの

パターンと比較して安価なものばかりであることから、販売側に利益が出やすくなっている点を指摘している。

《註釈338》これ以外にもP.ジェニングスは同年、川を遡上中のサーモンも実は普通に餌を喰っていると主張する記事を発表して、多くの釣り人たちから反発を買った。

《註釈339》特定種の羽虫を象徴するいくつかの部位を誇張して模倣し、それらをある種の「記号」として的確に配置した毛鉤は、水辺の光学というフィルターを通すことによって、形態と色彩の両面で実物以上に実物らしいイミテーションになると論じるP.ジェニングスの主張は、アトラクターフライとイミテーションフライの関係を対立構造として捉える伝統的な思想を超えて、シルエット論

The History of Trout Flies

「まあ、お若いの、そんなに悪くはなかったよ。陽が沈んだ後に型のいい奴が2, 3本、揚がったかな。あんたが教えてくれたポイントでさ。どの魚もファンウイング・ロイヤルコーチマンで釣れたんだ。実際、今夜はロイヤルコーチマンの本物がいっぱい空を飛び交っていたからね。あんなにたくさんのロイヤルコーチマンを見たのは、1951年に水位が上がったとき以来のことじゃないかな。」そう言い終わると、彼はこの辺りで釣れる典型的な素晴らしい体躯をしたニジマスの束を掲げて見せてから、バーを出て行った。

彼が退出した後、部屋のなかでは爆笑が沸き起こった。

「ロイヤルコーチマンがハッチしたなんてヨタ話で俺たちを引っ掛けようとするとは、とんだ法螺吹き野郎だぜ。」と、男たちのひとりが言った。「俺はあの野郎が生まれる前から釣ってんだ。イギリスのチョークストリームだって知ってるし、チリやニュージーランドにも何度か釣りに行って、アメリカじゃそれこそ全州くまなく釣ってんだ。それでも、ロイヤルコーチマンみたいな羽虫にお目にかかったことなんてありゃしない。さっきの野郎はみんなをからかおうとしたんだろうが、俺はそうはいかないぞ・・・あれ、ちょっと待てよ。でもだぜ、たった一度だけ、ロイヤルコーチマンの本物がブンブン飛んでいるのを見たような気もするなぁ。俺がビーバーキル川にピクニックに行ったときのことさ。夜中にビルの奴のコテージでドンチャンやってたら、停電のせいで真っ暗闇になっちまった。そしたら、ロイヤルコーチマンの本物が群れになってそこらじゅう飛び回ってるのを見たんだ。誓って本当だぜ。でも電気が復旧したら、その群れはきれいさっぱりいなくなっちまったんだ・・・。だから、なにがなんだかさっぱり分らなくて。」

さて、この話の面白味は、ふたりの言っていることがどちらも正しいかもしれない点にある。ロイヤルコーチマンのオリジナルとなる羽虫は実在する。しかもそれはかなりの数で、合衆国の両沿岸部全域のみならず内陸部にまで広範に生息しているのだ。しかしながら、この羽虫は日没直後にしか川面の上に姿を現わすことはない。飛行能力に優れていることからフライフィッシャーによって目撃されることは滅多になく、昆虫研究者によって捕獲されることなどまずあり得ない。この昆虫が持っている緑色の卵嚢——まさにロイヤルコーチマンを特徴づける要素——は腹部と緩く繋がれていて、この虫が川の特定の位置に到達すると簡単に産み落とすことができるようになっている。このため、もし幸運にも貴方がこの羽虫を手で捕まえることができたならば、その場で卵嚢は放出されることになるだろう。この虫の正確な姿を保ったままで捕獲するためには、捕虫網と標本を瞬時に殺すことのできる青酸カリの入った薬剤瓶の助けが必要となる。

ロイヤルコーチマンの種族はおよそ25種類のカゲロウによって構成され、イソニキア（Isonychia：チラカゲロウ属）という属名の下で互いに少しずつ異なる種として分類されている[340]。この学名が「同じサイズをした一対の脛当て」を意味しているとおり、この虫のニンフの6本脚のうち4本には肉の隆起が確認される。

（中略）

遅めのイヴニングを釣るとき、ウエットであれドライであれ、ラインにはロイヤルコーチマンを結ばれよ。されば幸運の女神は貴方に微笑むことだろう。もし貴方が純粋主義者であったとしても、悩む必要はない。なぜなら、オリジナルは確かに実在するのだから。

コーチマンとガバナーはともに19世紀英国からの輸入品であった。そして、このコーチマンとトム・ボズワースとの関係はあまりにも有名なので、ここで改めて披露するまでもない。これに対して、ロイヤルコーチマンは生粋の米国生まれであるが、そのウエットフライ・バージョンは大なり小なり偶然の産物であった。より耐久性を備えたコーチマンを巻こうとした、とあるニューヨーク市在住のフライタイヤーが、そのボディーの真ん中を赤いシルクフロスで補強したところから、ロイヤルコーチマンの名がつけられたのだ。その後永い年月を経て、このウエットフライはドライフライへと作り換えられた。それはおそらく故セオドア・ゴードンの功績であろう。

米国においてはコーチマンよりもロイヤルコーチマンのほうが優れた存在であるというべきだ。なぜなら、元々のコーチマンの場合は、ボディーがその亜成虫（dun）段階を模倣している一方で、ウイングのほうは成虫（spinner）段階のものとなっている、すなわち正確ではないからだ[341]。これに対して、ロイヤルコーチマンの場合はというと、自然のあり方にきちんと従っているのである。』

や幻惑効果論を核とするネオ・イミテーショニズムのさらに先を見据えた、いわば「新象徴主義」とも呼ぶべき新たな思想として、その重要性が認められるべきではないだろうか。それでもなお、この新理論の背後には、19世紀に「飛び抜けて特徴的な、全体を象徴する色彩」の模倣だけで足りると説いたH.C.ベネルや、20世紀初頭に『鱒は本物の虫との主要な共通部位さえ確認できれば安心して喰いつく』と論じたJ.W.ダンの亡霊たちが見え隠れしていることを、現代の我々は知っている。ちなみに、このジェニングスの議論と類似のものを絵画史上に求めるならば、垂直と水平に区切られた構造のなかにいくつかの原色をリズミカルに配置したピエト・モンドリアン[1872-1944]の絵画を挙げることができよう。

《註釈340》東海岸地区における優勢種はIsonychia bicolor、西海岸地区における優勢種はIsonychia velmaとされる。なお、前者の種小名bicolorは、このカゲロウの脚部の色彩が、前肢一対が茶色であるのに対して後肢二対は明るい黄色となっていることに由来する。

《註釈341》伝統的な英国のCoachmanにはピーコックハールのボディーと白色のクイルウイングが用いられるが、米国のチラカゲロウ属のダンは赤黒い胴部と濃い灰色の翅を、そのスピナーは透き通ったルビー色の胴部と透明な翅をそれぞれ備えている。つまり、Royal Coachmanはこのスピナーの正確なイミテーションとなっているが、他方Coachmanでは、胴部はダンを、翅はスピナーを模してしまうことになる、というのがP.ジェニングスの主張である。なお、彼は「鱒毛鉤の書」[1935]において、同種のダンのイミテーションにはLeadwing Coachmanを推薦している。

第3部　ドライフライの歴史(後編)

　最晩年のP.ジェニングスは、次回作「魚と毛鉤」(THE FISH AND THE FLY［仮題］)の出版に向けて着々と準備を進めていたが、ケネディ大統領が暗殺される前年の1962年、突如心臓発作に襲われてこの世を去り、新作の出版計画も水泡に帰した。ところが幸いなことに、彼の死後、いくつかの遺稿が発見され、これまでに同作品の一部が米国フライフィッシング博物館 (The American Museum of Fly Fishing)[342]の定期刊行物によって公表されてきたところである。断片的ではあるものの、科学的視点と芸術的視点が渾然一体となって読者を深い知的探求へと誘うジェニングスの毛鉤論は、今後さらに研究が進められ、広く世に紹介されるべきものであろう。

　一時は米国全土の水生昆虫を総覧する大作に着手することも検討したジェニングスであったが、結局その大望を成就させることは叶わなかった。まだ誰も足を踏み入れたことのない未知の領域を目前にして、彼の無念さはいかばかりであったろうか。この偉大な釣り人が遺した草稿の終結部に記されている、「見果てぬ夢」への想いを綴った次の一節を紹介して、水に浮く毛鉤の歴史舞台に幕を降ろすこととしたい。

『私が提供できるのは最終的な結論ではなく、仮説や実践の試行錯誤の末に得られた個人的な印象論に過ぎない。それでもなお、私の議論が、ゴールさえ見えぬ茫漠たる世界にわずかなりとも知の領域を広げようと奮闘する人々の糧とならんことを祈る。フライフィッシングの魅力を知り尽くしたいと願うその意志こそが、英知へ向かうスタートとなるのだ。

　既知と未知とを分かつ壁を突き崩そうとする作業のなかに、私の苦闘の跡を遺すことがもし許されるならば、次の一文が心優しき人々の目に留まらんことを願う。

"Jennings fished here ── he didn't catch much, but he tried ── God, how he tried."[343]』[344]

オウサブル川を釣るジェニングス(鱒毛鉤の書[1935])

《註釈342》バーモント州マンチェスターに所在するフライフィッシングの歴史博物館。元々はオービス社が社史を紹介するための展示施設であったところ、1965年に同社社長に就任したLeigh Perkinsが同施設の独立事業化を決定。各方面から釣具や資料の寄贈を受けて、68年に開業した。歴代の名フライフィッシャーが愛用した釣具を展示するだけでなく、釣魚にまつわるさまざまな特別企画展も開催する。74年から継続的に発行している会員向け定期刊行物THE AMERICAN FLY FISHER誌は、釣魚史に関する優れた論文や希少な画像を掲載するきわめて価値の高い史料集となっている。

《註釈343》『ジェニングスここに釣れり──かの者釣果多からずとも、奮闘せり──主よ、その奮闘いかばかりと思し召すや。』との意。

《註釈344》THE FASCINATION OF FLY FISHING (THE AMERICAN FLY FISHER [Vol.9 No.1])より引用。

The New Insight Underwater

ふたたび水中へ向かう
Into The Water Again

本家のお手巻きになる、いわゆる「ソーヤーニンフ」各種。左から、キラーバグ、フェザントテイル・ニンフ、グレイグース・ニンフ、ソーヤー・スウェーディッシュ・ニンフ。遊泳中のニンフや藻に隠れるヨコエビを、外観と機能の両面において模倣することに成功したニンフ毛鉤の傑作。余分な要素を削ぎ落していく過程のすえに現れた姿は、ごく限られたマテリアルのみで構成されるミニマリズムの極地。ここより先の世界には、ベアフック・ニンフだけが存在する。

The New Insight Underwater

「チョークストリームの小戦術」[1910]より

Rough Spring Olive.
No. 1.

Iron Blue Dun.
No. 00.

Greenwell's Glory.
No. 0.

Greenwell's Glory.
No. 00 Double.

Watery Dun.
No. 00 Double.

Pale Summer
Greenwell's Glory.
No. 1.

Pale Summer
Greenwell's Glory.
No. 00 Double.

Black Gnat.
No. 00.

Tup's Indispensable.
Wet. No. 0.

Tup's Indispensable.
Wet. No. 00 Double.

Olive Nymph.
No. 0.

Dotterel Hackle
Tied Stewartwise.
No. 00.

Tup's Indispensable.
Floater.
No. 0.

「チョークストリームの鱒を狙うニンフの釣り」[1939]より

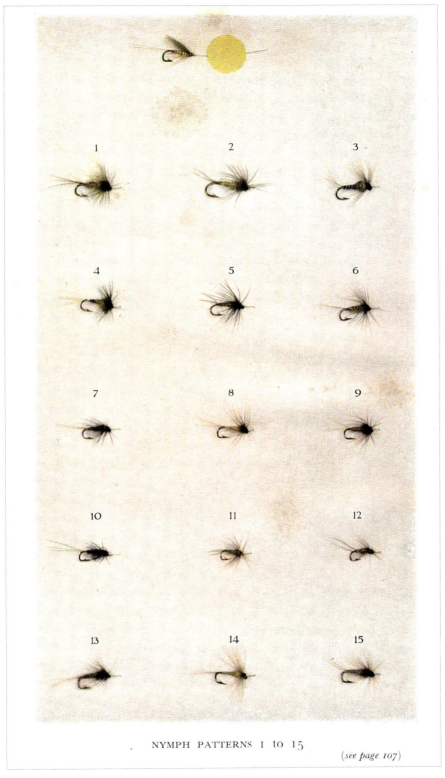

NYMPH PATTERNS 1 to 15

(see page 107)

この2冊の間には、およそ30年の歳月が流れている。さまざまな思索を経てG.E.M.スキューズが到達したのは、いかなる境地であったのか、ふたつの写真をじっくりと見比べて欲しい。

The New Insight Underwater

Tup's Wet

Tup's Nymph

"The Way" Nymph

Pale Waterly Nymph

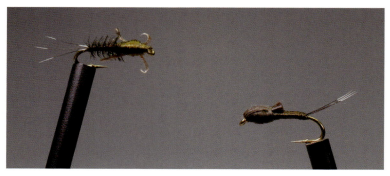

伝統的ウエットフライから出発したスキューズの冒険は、ニンフの「厳格なる模倣」を経て、遂には晩年の「新象徴主義」へとたどり着く。彼の人生のなかには、フライフィッシング500年の歴史がそのまま詰め込まれている。
左の写真は他に先駆けてニンフ・フィッシングのイミテーション理論を完成させたモットラム博士が提唱する、「休憩中のニンフ」と「遊泳中のニンフ」。G.E.M.スキューズのフローティング・ニンフやフランク・ソーヤーのスイミング・ニンフも、この天才が1915年の著作で予言していたものであった。

歴史を早送りして生きた男
The Condensed History of Sunk Flies

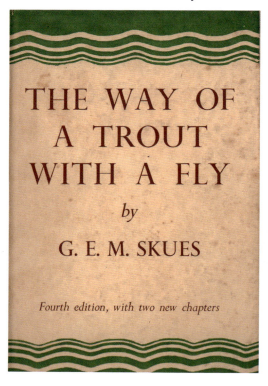

この記念碑的作品は「沈む毛鉤の再評価」であり、「アングリング・エントモロジーにまつわる世界観の拡張」でもあるが、なにより「ハルフォードへの挑戦状」であった。

American Pragmatism
より頑丈に、より目立つように

Montana Nymph

Wooly Worm

Royal Coachman Nymph

Mossback Nymph

Sandy Mite

観る者が息をのむ生々しさと存在感を持つアメリカン・ニンフ。分厚いハックルやフレアさせた獣毛、シェニール、ナイロン糸などの組合せが生み出す濃厚な「虫っぽさ」に、修羅場をくぐり続けた鱒でさえ欲望をたぎらせるのだろう。晩年のプレストン・ジェニングスがこだわり抜いた「幻視」は、これらの毛鉤のなかにもしっかりと再現されている。

BROOK TROUT

BROWN TROUT

RAINBOW TROUT

The New Insight Underwater

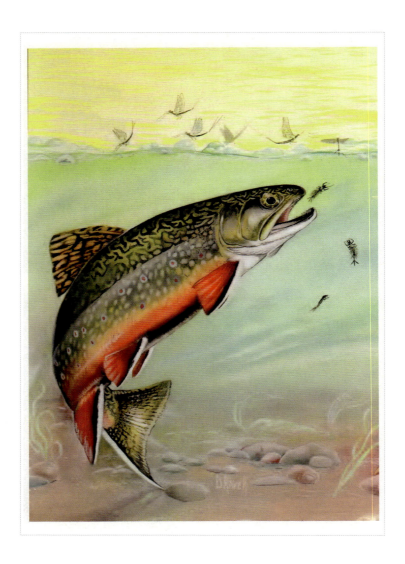

第4部
ニンフの歴史
Part 4: Nymphs

THE BOOK OF THE PISCATORIAL SOCIETY 1836-1936[1936]

第4部 ニンフの歴史

第11章 ニンフvsドライ論争

Myself when young did eagerly frequent
Doctor and Saint and heard great Argument
About it and about, but evermore
Came out by the same door wherein I went. [1]

若き日には勉めて博士や聖人の許を訪ね
彼らの清談に耳を傾けど
あれこれ拝聴せしその末に
抜け出でし扉は我の入り来たる扉

G.E.M. Skues (THE WAY OF A TROUT WITH A FLY [1921])

【古き酒を新しき革袋に】

　ニンフ毛鈎[2]はどこから来て、どこへとたどり着いたのか。20世紀初頭に突如脚光を浴びることになったこの釣法は、水生昆虫の幼虫段階(nymph)を模倣して魚に喰わせることを目的とするものだが、そのイミテーショニズムの発展は、ドライフライが歩んだ道筋と並行しながら、多種多様なスタイルを生み出して今日に至る。この過程でニンフフィッシングの開拓者たちは、ときに既存の方法論を借りつつも、独自の観点から新たなコンセプトを打ち出して、世のフライフィッシャーたちの耳目を惹いた。これらのコンセプトこそ、水中世界への理解を拡げ、釣魚の愉しみを一層深める原動力となってきた訳だが、それは同時に、釣り人の間に混乱と論争をもまき起こした。20世紀の英米紳士たちを夢中にさせ、心惑わせたこの沈む毛鈎が演じる名舞台のいくつかを、時代を追いながら紹介していくこととしよう。

　そもそも、幼虫段階の水生昆虫に関心を抱く釣り人は古くから存在した。一説によれば、17世紀のR.ヴェナブルズは「熟達した釣り人」第三版[1668]において、鉛製のウエイトを巻きつけた毛鈎を川底に沈ませ、アクションを加えて獲物を誘い寄せることを指南したという[3]。また、ノースカントリーのT.E.プリットがソフトハックル・パターンを水生

昆虫のピューパ(pupa：蛹)のイミテーションだと論じたことは第3章で紹介したところだが、釣魚史上、ニンフフィッシングの可能性について初めて明確に言及したのは、19世紀中ごろの英国ウエストカントリーで活躍したH.C.カットクリフであるとされる。彼は著書「急流における鱒釣りの技法」[1863]のなかに、『羽虫となった水生昆虫とそのイミテーションについてたくさんのことが語られているのに、その成虫に達する前の段階についてはほとんどなにも語られていない。幼虫やピューパを模倣する者のなんと少ないことか！』という嘆きの一文を遺している。

　実は、このニンフへの関心が近代ドライフライの革命家たちにも確実に引き継がれていた、と言えば驚かれる読者も多いことだろう。F.M.ハルフォードが名著「ドライフライフィッシング──その理論と実践」[1889]で、メイフライ(モンカゲロウ)のライフサイクルについて解説するなかに、次の記述が遺されていることはきわめて興味深い。

『ニンフの群れの第一陣が水面に向かって一斉に泳ぎ上がると、前年の記憶を失ってしまっていると思しき鱒たちは、その大型で奇妙な生き物を目にして怯えることだろうが、しばらくすると、おそらくは好奇心から喰えるかどうか試してみる鱒が現れる。するとどうだろう、一口味わってみて旨いと判れば、ほかの鱒たちもこれに続き、遂には川のいたるところで鱒たちが肉汁

《註釈1》セルジューク朝ペルシア(現イラン)の詩人、オマル・ハイヤーム(Omar Khayyám [1048-1131])の代表作とされる四行詩集「ルバイヤート」の第27番から、G.E.M.スキューズが自著の掲題文として引用した一節。

《註釈2》水生昆虫の幼虫段階を模した毛鈎は、英国では一般にnymphあるいはartificial nymphと呼ばれ、nymph flyとの呼称が用いられることはまずない(逆に、米国ではそう呼ばれることが多い)。これは、flyという言葉が本来「羽虫」(成虫段階)を指すことに由来する。以下本稿では、便宜上、本物の幼虫と区別するためにそのイミテーションを「ニンフ毛鈎」と称す。

《註釈3》A.HerdはTHE FLY [2003]において、R.ヴェナブルズが、ヘッドは黒色、ボディーは黄味がかった蝋の色を帯びたこの毛鈎を緩やかな流れのなかに投じて、川底辺りを上げ下げしながら魚を誘うべし、と説いたことを指摘している。

《註釈4》G.S.マリエットはウィンチェスターの釣具商J.ハモンドと共同でニンフのイミテーション開発に取り組んだが、その体軀の透明性や微細な構造を模倣することが困難であったために諦めたと伝えられる。また、ニンフ毛鈎を水中で自在に操作することが困難であったことも、研究を頓挫させる一因であったという。

滴る栄養満点のニンフを貪り喰うことになるのだ。この状況は見間違いようもない——水音を立てつつ水面が盛り上がる現象があちこちで繰り返され、腹を空かせた鱒が泳ぎ回るニンフを追いかけて右往左往するからだ。しかし、ニンフが水面に達して殻を脱ごうとするその瞬間に魚が喰いつく場合、あるいはその後に生じるダンかシャック（訳者注：shack［抜け殻］）のどちらかに魚が喰いつく場合でもない限り、実際に鱒が水面を突き破ってライズすることは滅多にない。さらに奇妙なことに、鱒は往々にしてニンフ本体よりもむしろそのシャックのほうを好んで咥えるのだ。

　川のなかで起きているこうした出来事は、残念ながら釣り人に見落とされてしまっている。この羽虫の第一陣の到来は、熱心なリバーキーパーにより手紙や電信を通じて都市圏へ急ぎ伝えられ、スポーツ新聞によってさらに広く遠くへと配信される。すると全国各地で「羽虫が出た！」（"The Fly is up!"）との歓声が沸き起こるのだ。釣り場を契約している者や、クラブや個人所有の釣り場で釣る機会に恵まれた者たちは次の列車に飛び乗り、果たして釣り場に一番乗りできるだろうかとやきもきする。そのころになると鱒たちの喰いも落ち着いて——実際のところ、もう鱒たちはニンフの味に飽きてしまっていることも多いのだが——、やっと到着した釣り人たちは、彼らに向けて毛鉤を散々投げ込み、アワセそこなって魚の口を引っ掻く失敗を繰り返してもなお、それなりの釣果を上げることになる。すると鱒たちは、普段は人気のない川岸に釣り人たちが殺到する光景を恐れるあまり、当然のことながら激しくスレ切って、命惜しさに川面の餌を喰わなくなってしまうのだ。

（中略）

　ニンフを喰っているときの鱒用に最も有効な新型パターンが、最近、マリエット氏によって開発されたところだ。この毛鉤はウイングを持たず、エジプトガチョウのハックルと、トウモロコシ風の極めて薄い黄褐色をしたシルクフロスの上から根元が薄いシナモン色を帯びたピーコックハールでリブづけしたボディーを備えたものである。このピーコックハールの色の薄い部分が毛鉤のショルダーとして働き、他方、ボディーの後ろのほうに3回転ほど捲いた部分のその鈍く金属的に光るブロンズ色は、本物のニンフの同じ部分にある濃い紋様を上手く再現している。テイルにはブラウン・マラードか、あるいは同じ

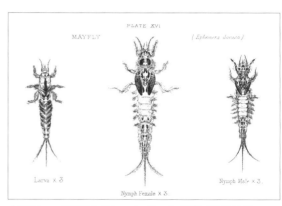

メイフライ・ニンフ（『ドライフライフィッシング——その理論と実践』［1889］）

色調に染めたガッジーナを用いる。しかしながら、エジプト・ガチョウのハックルの羽根軸は取扱いが難しいことから、これはドレッシングがきわめて困難なパターンとされている。』

　このハルフォードの記述のなかで、ニンフの生態はもとより、後にニンフ学派の釣り人たちが究明することになるバルジングの意味についてまで言及されているという事実は、彼の観察眼の確かさを証明している。加えて、かのG.S.マリエットがニンフのイミテーションに取り組んでいたという史実は、当時まだ駆け出しであったドライフライ純粋主義の始祖らが偏見に囚われない自由な探究心の持ち主であったことを示す証拠として、正当に評価されるべきものであろう。

　ところが、この記述を境に、以後ハルフォードとその協力者たちがニンフの可能性を追求する姿は史料のなかに一切登場しなくなる。一説によれば、マリエットはニンフ・パターンの研究に取り組んではみたものの、その「厳格なる模倣」が実現不可能であると判断して諦めたという[4]。しかしながら、純粋主義者たちがニンフフィッシングの開発に二の足を踏んだ背景には、ほかにもいくつかの理由があったことが知られている。

　第4章で解説したように、19世紀末の南部イングランドを流れる多くのチョークストリームでは、ウエットフライの釣りが厳しく禁じられた。その大きな理由のひとつが、ウエットフライの釣りは鱒の口を引っ掻くだけで、釣れても小物ば

第4部　ニンフの歴史

F.M.ハルフォード

　いわゆるドライフライの釣りが、沈む毛鉤を用いて流れを手当たり次第に狙う釣法に取って代わったのは、こうした条件下においてであった。しかし、私が強調しておかねばならないのは、この釣りにおける真の発見が、水に浮く毛鉤の利用ではなく、アップストリームで毛鉤を投じることに大きなメリットがあるという点だ。ロングパリッシュの有名なスポーツマンであったホーカー大佐[5]は、かつて馬の背に乗りながらテスト川を釣っていた。このとき、彼は明らかにラインを長く出してダウンストリームで釣っていたに違いなく、この釣法でも魚籠を満たすことのできる悪天候の日も多かったことだろう。しかしながら、仕留めるに値する一匹の良型を釣るまでには、何匹かのとるに足らぬ小物を掛けなければならなかっただろうし、それ以上に多くの鱒の口を鉤で引っ掻いては釣り落としていたことだろう。管理のよく行き届いたチョークストリームの所有者やクラブがドライフライ・オンリーの規則を制定する理由は、まさにこの点にあるのだ。彼らは決して公言しないのだが、実のところ、問題視されているのはダウンストリームの釣りであって、ウエットフライの利用そのものではない[6]。もっと言えば、一匹の良型の鱒を狙っている限り、ダウンストリームの釣りであっても厳しく咎められることはないだろう。沈む毛鉤を用いてダウンストリームで川のなかを辺り構わず探るような釣りは、ちょうど一羽のウズラを狙い撃ちするのではなく、ウズラの群れのど真ん中に散弾を撃ち込むようなものなのだ。』

　かりとなることから釣り場が荒れてしまう、という風説であった。後にニンフ毛鉤もまた、ウエットフライと同じく沈む毛鉤であるというだけで、同じ理由によってチョークストリームでは敬遠されることになる。しかし、こうした非難がやや的外れであることを、H.ラッセルは著書「チョークストリームとムーアランド」[1911]のなかで次のように指摘している。

　『チョークストリームはいくつかの点で他の鱒川とは異なっている。その流れは穏やかで、川面も滑らかでガラスのようだ。水は水晶のように透き通っている。湧き出す源泉によってその水位は一定に保たれ、干ばつや降雨の影響をほとんど受けることがない。川床には水草が繁茂し、そこに棲む鱒は巨体を擁する気難し屋で、かつ狡猾な美食家でもあり、多くの場合釣り人から頻繁に狙われている。・・・（以下略）

　それでもなおハルフォードは、その他大勢の純粋主義者たちと同様、チョークストリームでのウエットフライフィッシングを徹底的に非難した。この穏やかな流れにおいてウエットフライをダウンストリームで流す者どもはドライフライの好機が到来するのを待つことができない未熟者であって、彼らに釣れる獲物はすべて釣り場の規則に引っ掛かるような小物でしかない。そればかりか、フライラインで水面を鞭打ち続ける結果、流れのなかの鱒を怯えさせて、友人たちの釣りを邪魔してしまうに違いない、というのがハルフォードの主張であった。これは釣りの実践に関する批判であるが、他方、彼の著作の行間を読めば、ハルフォードが気に入らなかったのは単に実践上の問題だけではなかったことが思い知らされる。純粋主義者はむしろ倫理上の

《註釈5》英国陸軍竜騎兵隊の一員としてナポレオン戦争を戦ったホーカー大佐 (Peter Hawker [1786-1853])は、19世紀前半のテスト川流域で活躍した伝説的フライフィッシャー。常に2本鉤のドロッパー仕掛けを用い、馬上から優雅にダウンストリーム・スタイルで釣ったと伝えられる。

《註釈6》H.ラッセルは同じ著作のなかで、G.E.M.スキューズ流アップストリーム・ニンフの釣りを正当に評価し、バルジング中の鱒を小型のSoft-hackled flyで狙うことは、羽虫にライズしている鱒をドライフライで狙うよりも遙かに難しく、それに成功したならば釣り人は誇るべきである、と記している。

《註釈7》英国の狩猟では、カモやキジなどの獲物をgameと呼ぶところから、鱒やサーモンもそれに倣ってgame fishと呼ばれるようになった。これ以外の淡水魚はコースフィッシュ (coarse fish：雑魚)と呼ばれ、フライフィッシャーから蔑まれてきた。しかし、I.ウォルトンに代表されるとおり、英国では古くからコースフィッシュを狙う釣り人が数多く存在し、ゲームフィッシングにも劣らぬ豊かな釣魚文化を培ってきた歴史がある。このため同国では、「コースフィッシュは存在しても、コースフィッシャー（雑な釣り人）などというものは存在しない。」とも言われる。

《註釈8》闘いに敗れ馬上から転落した騎士は、多くの場合、相手からの最後のひと突きを待つまでもなく、身動きのできない状態──中世の甲冑はそれほど重い──のまま、勝者側の従者にナイフで首を掻き切られることによってとどめが刺された。これは、キリスト教では自殺が禁じられているため、敗者に永く恥辱感を味わわせないための配慮であったと伝えられる。この伝統に則ってか、英国のフライフィッシャーは釣り上げた獲物をプリースト (Priest：「司祭」の意)と呼ばれる小型の棍棒で即座に撲殺することを習わしとしてきた。

310

問題にこそ五月蠅(うるさ)かったのだ。

　いにしえの時代より、英国の貴族や紳士たちは鱒やサーモンを毛鉤で狙う釣りを、狩猟と並ぶ洗練された野外スポーツ (field sports) と位置づけてきた。階級社会が確立されたこの国に暮らすフライフィッシャーは、これらの獲物をゲームフィッシュ (game fish) [7] と呼び、ほかの淡水魚よりも一段高貴な存在とみなした。尊敬に値する獲物と駆け引きの妙を愉しむスポーツにルールが必要とされるのは当然の帰結であって、アーサー王時代の騎士道精神 [8] と同様、ルールに従いフェアに闘うことこそがスポーツマンにとって最も重要な価値であるとされた。そして、このような倫理に従うことは、とりもなおさず、当時の英国男性が一般社会のなかでジェントルマンと認められるための必要条件でもあったのだ。

　ハルフォードは晩年の著作において、ニンフフィッシングを倫理面から露骨に糾弾することになる。その主張はおよそ不寛容かつ不誠実なものであるため、今日のフライフィッシャーが読めば憤慨する向きも多いことだろう。しかし、こうした中世以来の野外スポーツ文化をよく知る者は、ハルフォードの論法の是非はともかく、ドライフライの釣り場でウエットフライの釣りを認めてしまうことの問題点を冷静に理解していたに違いない。

　これを理解する者のひとりであったE.A.バートン博士は、著書「流れゆく川」(RUNNING WATER [1943]) のなかで、ドライフライウォーターでニンフ毛鉤の使用を認めてしまうことの危険性について次のように解説している。英国の釣りはかくのごとく七面倒臭く、そして愉しい。

E.A.バートン博士

『ドライフライフィッシングとは、キジ撃ちと同様、厳格なルール──たとえそれが明文化されていなくとも──が課せられたゲームなのだ。溝のなかに駆け込んだキジを狙って撃つのはルール違反だし、群れのなかに向けて発砲したりすれば言い訳は効かない。もしもこの世にルールが存在しなければ、あらゆるゲームは成立しなくなるだろう。釣りも同じことで、我々はゲームを愉しんでいるのだ。もしそうでないとすれば、獲物に飢えた我々にとって、条件はガラリと変わってしまう。その場合、我々は血を求めて野をさまよい、食糧を得るためであればあらゆる手段が正当化──否、推奨さえ──されてしまうのだ。なぜなら、法とは欲望の預かり知らぬものだからである。かつて、ムル [9] の野山で過ごしたとき、宿屋の女主人が外で何か食糧を調達してきて欲しいと私に頼むので、私は走っているキジを撃ったときに負うはずの良心の呵責などまったく感じることはなく、座っているノウサギまで仕留めたものだ。しかし、川釣りにおいて、我々は食糧を求めている訳ではない。我々が取り組んでいるのはゲームである以上、ルールは遵守されなければならないのだ。

　ところが、ボウズの日々を耐え忍ぶことのできない者たちがいる。彼らは獲物を手に入れなければ気が済まないのだ。だから、空っぽの魚籠を肩にかけながら何も動きの見られない

《註釈9》Isle of Mullはスコットランド西岸地区に位置する島。

水面に向かうとき、彼らはウエットフライに手を伸ばし、岸の下にそれを「放り込んであとは運任せ」にするルール違反を犯しながら、これを「ニンフフィッシング」と呼んで嘘をついても、なんら胸の痛むところがない。私はこのような輩に対して容赦などしないし、こうした類の釣りはすべて間違っていると思う。ニンフフィッシングというものは、そのごく一部は正直なスポーツとして行われているかもしれないが、残りの大多数は率直に言ってアトラクターフライの釣りでしかない。そして、この好ましからざる釣法は、ごく少数の真っ当な釣り人たちによる嘆願のせいで生き残ってしまっているのだ。』

これまでにも紹介したように、ハルフォードの著作は、そのなかに沈む毛鉤に対する高慢で不寛容な記述が少なからず見受けられるとの謗りから免れ得ない。それでもなお、大英帝国が空前の繁栄を謳歌するパクス・ブリタニカ(10)の時代にあって、名誉を望む男性ならばジェントルマンらしく振舞わねばならぬという社会の要請に合致する、「ドライフライの倫理」という十字架を背負ったこのユダヤ人アングラーが、沈む毛鉤を受け入れられなかったのはごく当然の成り行きであったというよりほかにない。

時代背景のまったく異なる我々現代の釣り人が、この問題についてあれこれと論評することは難しい。当時の純粋主義者たちの理想と情熱を共有せずにこの議論に立ち入ったところで、多面的な議論のほんの一面しか見ない中途半端な論評にとどまることだろう。そこで、ハルフォードとほぼ同じ時代を生きたJ.W.ヒルズが「鱒を狙うフライフィッシングの歴史」[1921]のなかで語った次のハルフォード評を引用することを通じて、「ドライフライのガマリエル」が遺した功罪をみつめてみたい。

『釣魚史におけるハルフォードの位置づけはきわめて明快である。彼はひとつの大変革を記録した歴史家であり、それゆえ、彼の作品は将来にわたって読み継がれていくことだろう。彼の性格はその任に最適であった。彼はバランス感覚に富み、合理的精神を持ち合わせた人物であり、何事も鵜呑みにせず、ただ観察と実験のみを頼りに議論を進めていった。また、彼はその主題に適したスタイルの名人でもあった。というのも、彼は初期の著作のなかで、決して尊大な態度をとることはなく、適切かつ率直な、本質的に彼独自の理論を展開することができたからである。今日我々の知るドライフライを築き上げたのは彼である。彼がペンを執って以来、この分野に大きな変化は起きていない。今やタックルにはさらなる改良が重ねられ、釣竿、リール、そしてラインは能うる限り洗練され、毛鉤もより精緻な模倣が可能となり、特にニンフやスペントスピナーといった新分野まで登場している。しかし、釣り方そのものは昔のままだ。ライズ中あるいはライズしそうな鱒を見つけ出さなければならないし、精確かつ繊細に毛鉤を投射しなければならないことは、今日も変わらない。ハルフォードの教えは、それが書き記された時代と同様、現代においてもなお正当かつ有効なのである。

もし彼が批判されなければならないとすれば、それは、他の改革者と同じく、ハルフォードも自説を誇張した点にある。彼は、ドライフライがあらゆる状況において他のどんなスタイルのフライフィッシングよりも優れていると考え、それを否定する者は無知かヘタクソに過ぎないとみなした。水に浮く毛鉤が登場したからといって、以前から蓄積されてきた経験や知識が無に帰す訳ではないということに、彼は気づいていなかったし、その意味を理解せよと説いたところで、彼にはおよそ無理な話であった。彼の時代以降、フライフィッシングの潮流は大きく二つに分かれていく。この二つの潮流はそれぞれ別のものだが、ともに並行して流れ、ときには分流でつながり合いながら、今日まで続いている。』

そしてここに、G.E.M.スキューズ(George Edward Mackenzie Skues[1858-1949])が登場する。彼こそはニンフフィッシングの創始者にして、ネオ・イミテーショニズムの理論家、そして米国レナードロッドの熱烈なる愛好家(11)として歴史に名を刻む伝説のアングラーである。20世紀前半、英国釣魚界の論壇はスキュージアンとハルフォーディアンによって二分され、激しい論争が繰り広げられることになるのだが、その詳細は後の節で解説することとして、まずは彼の若き日の記録を覗いてみよう。

1883年、ロンドンで若き事務弁護士として活躍していたスキューズは、彼の顧客であったアーヴィン・コックス

《註釈10》19世紀半ばからおよそ半世紀にわたり英国が享受した安定期を指す専門用語で、古代ローマ帝国時代を"Pax Romana"(「ローマによる平和」)と呼んだことにちなむ。ビクトリア女王の治世下、英国は強大な軍事力と産業力を背景に他国を圧倒し、欧州に大戦乱を起こさせなかった。

《註釈11》1905年、G.E.M.スキューズは弁護士業務の報酬として顧客から9フィート／5オンスのレナードロッドを貰い受けた。彼はこの竿を終世愛用し続け、自著のなかで誇ったことから、"W.B.R."(World's Best Rodの略称)との愛称が後世に伝えられている。

《註釈12》ウィンチェスター郊外の北東部に位置する、F.フランシスをはじめF.M.ハルフォード、G.S.マリエット、W.シニアといった錚々たる顔ぶれが竿を振った歴史的釣り場。1マイルの本流といくつかの分流を合わせて流程計3マイルの釣区を成す。水深は相当なるが、高い透明度のおかげで陽光が川底まで届くため、藻床の繁茂を促して無数のニンフを育む。

《註釈13》Macawとは、南北アメリカ大陸に生息する大型インコ類の総称で、我が国ではコンゴウインコと呼ばれる。

《註釈14》G.E.M.スキューズは同著の別の記述のなかで、この藻の山の周りにはさまざまな種類のニンフが棲み着いて、それを鱒たちが狩っていたと語っている。

《註 釈15》Marrow Spoon (or Scoop)とは、G.E.M.スキューズが発明した細長いスプーン状の器具。これを鱒の口から挿し入れて、胃の内容物を採取する。ちなみに、わざわざ鱒の腹を裂いて胃のなかを確認する従来の方法を、スキューズが煩わしく感じるようになったことが、その発明のきっかけであったと伝えられる。

(Irvin Edward Bainbridge Cox)の招きにより、当時、彼の管理下にあったイッチェン川のアボッツ・バートン釣区(Abbots Barton)[12]で釣ることを許される。以後、56年間にわたりこの流れはスキューズによるニンフフィッシングの実験場となり、数々の逸話を生み出すことになるのだが、この釣り場に毛鉤を投じ始めたばかりのスキューズはファンシーフライを用いるウエットフライマンで、まだドライフライを操ることもままならぬ若者であった。1880年代の末にこのイッチェンの畔で体験したとある出来事を、スキューズは後に口惜しくも懐かしく振り返ることになる。彼の死後にまとめられたアンソロジー「イッチェンの想い出」(ITCHEN MEMORIES [1951])のなかから、彼がこの出来事について記した「ニンフ毛鉤への道すがら」("ON THE WAY TO THE NYMPH")と題する小品を次のとおり紹介してみよう。

『かつて、私がウエットフライからニンフ毛鉤に鞍替えする過渡期の時代があった。そのころのパターンについて説明したことはなかったが、ついにはここで明かさなければならないと思う。当時、鉤先の研ぎ澄まされたブルースチール製の小さな環付き鉤と、ブルーマコウやレッドマコウ[13]といったさまざまな鳥の羽根がたまたま一緒に手に入ったときのこと、私はこれらを用いてたくさんのファンシー・パターンを巻いたのだが、なかでも多分一番魅力的に見えたのが、ブルーマコウに黄色のクイルを添えて、明るい赤色のテイルを着けたものであった。そのころ、幸いなことに(と、理解しなければならないはずなのだが)、我々の釣り場の上流の区画を所有する隣人が、毎週末、刈り取った藻の塊を次から次へと川に捨てて流すのを習慣としていた。藻は我々の釣り場の岸際に引っ掛かって溜まり、山のように積もっていたのだが、この山の周囲を鱒が何匹かうろつくようになった[14]。これらの鱒にはまだ教育がゆき届いていなかったらしく、ブルーマコウ製ボディーのヤツが本物のニンフでないことを知らないようすだった。その結果、山の際ギリギリに流し込まれたこのファンシーニンフに、不注意な鱒が何匹も掛ってきたのだ。しかし当時、私はまだマーロウスプーン[15]を開発していなかった。もしそのときマーロウスプーンがあったなら——あぁ、本

若き日のG.E.M.スキューズ

当にあったらなら！その藻の山は私にもっとたくさんの恩恵をもたらしてくれたはずだったのに、と今でも口惜しく思い返されるのだ。』

1887年にハルフォードの「水に浮く毛鉤とその製作法」を手に入れて以降、スキューズはドライフライの研究に真剣に取り組み始め、その2年後に貪り読んだ「フライフィッシング——その理論と実践」のことを『福音書』("gospel")と呼んだ。ハルフォード手づからの指導[16]も受けながら、彼はチョークストリームをドライフライで釣るようになっていったが、なおも彼が水面下への興味を失うことはなかった。スキューズが本格的に沈む毛鉤の研究に着手したのは、1890年代に仕事の都合でドイツに滞在した折、この地のドライフライウォーターをウエットフライで狙い、期待以上の釣果を上げたときのことであったと伝えられる。このときの経験を基に、彼は古風なダウンストリームのウエットフライフィッシングは下流に向けて強い風が吹くときにしか有効たり得ないと論じて[17]、近代ドライフライフィッシング

《註釈16》G.E.M.スキューズは「イッチェンの想い出」[1951]のなかで、彼の若かりしころ、F.M.ハルフォードがあまりにも粗末なテグスを使っているのを見てショックを受けたことを告白している。

《註釈17》G.E.M.スキューズは「チョークストリームの小戦術」[1910]において、伝統的ウエットフライフィッシングでは13〜14フィートの柔らかい長竿と細い馬素製のリールラインを用いるため、キャスティング時には下流に向けて吹き下ろす風にラインを乗せながら毛鉤を打ち返さなければ釣りにならない旨記している。

の理論に則った、新たなアップストリーム・スタイルによるウエットフライの釣りを提唱することになる[18]。

このようにして進められたスキューズの初期の研究成果は、1910年、後に多くの釣魚史家によって時代を画す記念碑的作品と絶賛される、「チョークストリームの小戦術」(MINOR TACTICS OF THE CHALK STREAM)のなかに結実する。同著で紹介されたパターンの多くは既存の伝統的ウエットフライそのものであり、彼はこれらを引き続き『ウエットフライ』と表現するに留めるものの、彼の意図するところ、それらはまさに幼虫段階にある水生昆虫のイミテーションをも包摂するものであった。さらに当時の人々を驚かせたのは、毛鉤を一本だけガットリーダーに取りつけて、水中に定位している獲物を狙ってアップストリームで投じるというスタイル、すなわちドライフライ純粋主義者たちが唱える教理をそのまま沈む毛鉤に応用しようというアイデアであった。

J.W.ヒルズはこの点について、『スキューズはスチュアート[19]の功績に多くを負っている・・・(中略)・・・そのことはスキューズ自身も十分に自覚している。』[20]と指摘している。確かに、スキューズは英国ウエットフライの伝統の延長線上にある。しかし、この歴史解釈はスキューズの功績をいささかも貶めるものではない。ヒルズの解説にもあるとおり、ドライフライ革命という圧倒的な歴史の流れに直面しつつも、スキューズは怯むことなく、当時失われつつあった技法に新しい装いを与えて、チョークストリームの戦術としてなんらドライフライフィッシングに劣るものではないことを見事に証明してみせたのだ。

このとき、すでに古びた革命へと変質しつつあったドライフライフィッシングが、スキューズの唱える新しき伝統と衝突することは誰の目にも明らかであった。フライフィッシン

イッチェン川のアボッツ・バートン釣区

《註釈18》G.E.M.スキューズが、チョークストリームにライズが見られないときには水面下をウエットフライで狙う方法が有効であるとの主張を初めて公の場で明らかにしたのは、1899年のフィールド誌上においてであったという。

《註釈19》「実践的釣り人」[1857]を著してアップストリーム・スタイルによる伝統的ウエットフライの釣りを確立した、スコットランドのW.C.スチュアートを指す。なお、G.E.M.スキューズは1899年1月のフィッシング・ガゼット誌上で、同著を『小渓の釣りを解説したかつての作品のなかで最高の傑作』と絶賛し、スチュアートがほんの数種類の毛鉤しか紹介しなかった点についても、『とはいえ、彼はドグマティックな人間ではなかった。

ほかのパターンでも魚が釣れることを、彼は否定しなかったのだ。』と好意的に論じている。

《註釈20》「鱒を狙うフライフィッシングの歴史」[1921]より引用。

314

グの新たな領域を切り拓くニンフの釣りを擁護する立場にあったヒルズは、「テスト川のひと夏」［1924］のなかでドライフライマンの旧弊を難じ、沈む毛鉤の復活を歓迎した。その核心部分を次のとおり引用してみたい。

『水に浮く毛鉤が登場したのは、沈む毛鉤の釣りが難し過ぎたせいである。この毛鉤は、鱒をより簡単に捕らえるために発明されたのだ。古い釣法よりも多くの釣果が得られるからこそ、この毛鉤は推奨されたのだ。ところが、近代の釣魚作家たちは巧妙な詭弁を弄して、それをまったく反対の議論へと導いた。彼らは、あたかもウエットフライよりドライフライのほうが鱒を捕らえるのが難しいかのように論じ、ドライフライが創り出されたのはまさにそれを目的としていたからだと主張するのだ。彼らは、ドライフライが導入されたのは玄人以外の者たちから鱒を守るためであるかのように記し、そのせいで、ウエットフライはドライフライよりも簡単な釣りであるという奇妙な真反対の認識が世に広まってしまった。ウエットフライは禁じられなければならない、と彼らは騙る。なぜなら、どんな愚か者でもそれで鱒を仕留めることができるから、というのだ。ウエットフライはミミズやサシ餌と同レベルだとさえ言う者もいる。なんたる歴史の誤解、滑稽な空論であることか！

（中略）

ドライフライは釣りをより難しくするために開発されたのだとする不思議な伝説は、誰が唱え始めたのかまったく不明であることは言うまでもない。プルマンが釣り人たちに使用を薦めたのは、そのほうがたくさん釣れるからであった。ストッダートは、釣り始めの際に毛鉤がまだ乾いた状態で水に浮かんでいるときには良型の鱒を誘い出すが、その後は鱒が同じ毛鉤に見向きもしなくなることに言及した。フランシス・フランシスはイッチェン川の釣りに用いたが、それは他の釣法よりも多くの獲物を仕留められるからだった。先の神話を創作して、今日まで言いふらし続けたのは、これら偉大な釣り人たちの後の世代、沈む毛鉤について何も知らない世代の者たちだったのだ。これは真実ではない。ドライフライよりもニンフ毛鉤のほうが難しいのだ。

（中略）

ドライフライは、それが導入される川という川を征服した。沈む毛鉤は一掃され、叩きのめされ、嘲笑された。むしろ、人間の弱みに訴えるブロウラインのほうがより生き永らえる結果となった。「ホートン年代記」は1884年の記述のなかでさえそれに言及している。この釣法は1890年代まで各地に生き残った。しかし、私自身はこの釣りを目にしたことはない。なぜなら、あるときドライフライがやってきて、あっという間にブロウラインと沈む毛鉤の両方を征服してしまったからだ。釣り人は皆、ドライフライが未来永劫支配するものと考えた。この釣りの利点は明らかで、人々の想像に訴える力は実に強烈であった。もし1880年代のドライフライ愛好家に対して、「貴方が生きているうちに、沈む毛鉤がテスト川に戻ってきますぞ。」などと言おうものなら、笑い物にされたことだろう。

それでもなお、沈む毛鉤は本当に戻ってきた。水面下の毛鉤、即ちニンフ毛鉤は日を追うごとに普及しつつある。ニンフフィッシングはなにも新しいものではない。マリエットはニンフ毛鉤を巻いた。さらに時代をさかのぼれば、いにしえの毛鉤の多く──特にソフトハックル・パターン──は間違いなく水生昆虫の幼虫段階を模したものであった。しかし、水に浮く毛鉤の夜明けを迎える時代にあって、沈む毛鉤は不遇を運命づけられていたのだ。大型のマーチブラウンやオールダーを模した毛鉤がダウンストリームで用いられることもあったが、それを操る釣り人の顔にはバツの悪そうな、恥ずかしげな表情が浮かんでいた。十中八九、釣り人は水に浮く毛鉤だけを頼りにしていたのだ。毛鉤のイミテーション技術は着実に改善されていった。スペントスピナーが開発され、毛鉤はどんどん小型化されていった。しかし、そのどれもが水に浮くことを前提としていたのである。水面下の釣りが再び体系化されるためには、G.E.M.スキューズ氏の「チョークストリームの小戦術」（1910年）が刊行されるのを待たねばならなかった。彼は古いドレッシング・スタイルを用いていくつかのパターンを開発したが、まもなく彼とその同志たちは古いハックルフライやウイングフライから、ニンフのより一層の「厳格なる模倣」へと関心を移していった。かくして、近代ニンフフィッシング学派が登場する。これはまぎれもなく沈む毛鉤への回帰であるが、同時に、より進化したスタイルを備えるものであった。古き課題を新しき舞台へ。転変する鱒釣りの歴史のなかに、溌刺として魅力的な一章が新たに書き加えられたのだ。』

第4部　ニンフの歴史

【スキューズ・スタイルのニンフフィッシング】

「チョークストリームの小戦術」のなかでG.E.M.スキューズは、新しいウエットフライフィッシングの意義を次のように説いた。鱒が水生昆虫を捕食するのには3つのステージがある。第1のステージは、鱒が水面近くに定位しながら、水中を流下するニンフを捕食する場面であるが、このとき鋭く魚体を翻す鱒の動きがあたかも魚雷のようにモワッと川面を乱す現象は、一般に「バルジング」(bulging)と呼ばれる[21]。第2のステージは、ニンフが水面で自らの殻を破り、羽虫の姿を現わすタイミングに鱒がライズする場面である。そして第3のステージが、ハッチの終了後にも「水中に沈んだ羽虫」(submerged fly)[22]や遊泳中の残りのニンフが鱒たちを魅了する場面である。ドライフライ純粋主義者はもっぱらこの第2ステージに注目して釣っている訳だが、第1と第3のステージにも鱒を狙おうとするならば、フライフィッシャーは新しいウエットフライフィッシングを活用すべきである、とスキューズは主張した[23]。

前にも述べたとおり、狙った獲物に向けてアップストリームでアプローチするという方法論は純粋主義者の流儀そのものであったが、決定的にこの新しい釣法を特徴づける要素は、アタリの把握方法にある。毛鉤を目視できない状況において微かなアタリを間接的に感知する技法は、この釣りの苦しみであると同時に歓びでもある。スキューズが「チョークストリームの小戦術」のなかでこれについて解説する一節を次のとおり引用してみたい。

『私がチョークストリームにおけるアップストリーム・ウエットフライの釣りを説明すると、友人たちは次のように訊ねてくることが多い。「でもどうやってアタリをとって、アワセるのかね？」実に真っ当な疑問で、それにひと言で答えることはできない。アワセをくれてやるべきアタリはとても微かで目立たないものなので、もし上手くいって、その証拠に竿が曲がりリールの逆転音が掻き鳴らされるときには、釣り人はまるで奇跡でも起こったかのように茫然とすることだろう。しかしながら、どんなに波立った流れであっても、釣り人にアワセの行動をとらせるなんらかの要素が存在するのだ。・・・（中略）・・・魚が毛鉤を捕らえるときに身を翻す煌きが視界に入ることも多い。ただし、その煌きはわずか一瞬のことなので、注意していないと見逃してしまいがちだ。他方、水面が陽光を乱反射しているような場合には、それが暗い影のように見えることも多い。・・・（以下略）

対岸の真下を狙っているとき、光の具合で毛鉤やリーダーが視認できない場合には、鱒が突然水面近くまで泳ぎ上がり、そのまま踵を返して水底に戻る行動を目にしてアワセを入れれば、十中八九、貴方の毛鉤はしっかりと鱒の顎を捉えることだろう。この予想外の出来事に自由を失った鱒は、貴方の視界のなかで狂ったように頭を振り、最初のダッシュを試みることになる。

魚がバルジングしているとき、毛鉤を捕らえる一瞬は水面に現れるモジリによって感知できる場合がよくある。このとき、釣り人は即座にアワセなければならない。幸いなことに、もし勘違いかタイミング誤りのためにアワセがカラ振りとなって

バルジング

《註釈21》古くからドライフライマンの間では、バルジング中の鱒に対してドライフライを投じても釣れないことが知られていた。F.M.ハルフォードも「ドライフライの近代発展」[1910]のなかでバルジングの意味についてはほぼ正確に記した上で、『一般に、バルジング中の魚にこだわり続けるのは得策ではなく、水面に浮いているダンの捕食に熱中している鱒を探したほうが釣果は上がるものだ』と指摘している。なお、浅場の鱒が下を向いて藻床を漁る場合、尾鰭が水面を叩いて生じる波紋はテイリング(tailing)と呼ばれる。

《註釈22》水中で羽化に失敗したり、羽化後に波に呑まれたりした羽虫を指す。一般に、この状態にあるカゲロウの亜成虫はdrowned dunあるいはtrapped dun

と呼ばれるが、「チョークストリームの小戦術」[1910]著作時のG.E.M.スキューズは、「水中に沈んだ羽虫」のなかにはダンだけではなくスピナーも含まれるとした。なぜならば、沈みかけたスペントスピナーの存在はもちろんのこと、ほかにもカゲロウ類のなかには水中に潜って産卵する種族が存在することまで彼は認識していたからである。こうした認識のためであろう、スキューズは「小戦術」のなかでこの釣りを「近代ウエットフライフィッシング」と呼ぶにとどめ、まだ「ニンフフィッシング」という言葉を用いていない。

《註釈23》G.E.M.スキューズがここで提示したもうひとつの重要な主張は、鱒の各捕食ステージは時間軸上で重なることなく順を追って発生するもの以上、

第1と第3のステージで沈む毛鉤を用いても、第2のステージの釣り（ドライフライの釣り）に悪影響を与えることはない、というものであった。

《註釈24》R.B.マーストンは1910年3月の同誌において、この作品をF.M.ハルフォードの名著「ドライフライフィッシング――その理論と実践」[1889]に比肩すべきものと評し、それに続いて伝統的ウエットフライフィッシングの大家E.M.トッドによる好意的な書評記事を紹介している。ちなみに、このマーストンの書評記事には、同年発刊されたハルフォードの「ドライフライの近代発展」[1910]に対する同誌書評記事よりも圧倒的に広い誌面が割かれている。

The History of Trout Flies

も、鱒の口を引っ掻いていない限り、ウエットフライが鱒を怯えさせる可能性はドライフライの場合よりも低い。なぜなら、ウエットフライが水面から抜き上げられる地点は鱒の位置よりもずっと下流側で、水面上を引き摺ることもないからだ。

鏡のように静まり返った川面——こういう流れは常に速い——では、魚の身の翻りを目視するか、あるいは光の加減にもよるが、微かな水面の乱れを確認してアワセることができる。浮いているリーダーが水面下に引き込まれるのもしばしばで、陽光や月光に照らし出されたリーダーを浮子として利用することもできる。毛鉤を深く沈ませているような場合、ほかの要素では感知できなくとも、この方法によって遅れずにアワセることができるのだ。よく語られているように、急流のなかにアップストリームでウエットフライを使う場合、ガットリーダーにオイルを塗って浮かせている聡明な釣り人もいる。そういう状況では、この方法はきわめて効果的となるのだ。

しかしながら、ゆったりとした流れで水面下のアタリをとるために最も一般的なやり方は、鱒の背の上に生じる、見分けのつかないほどわずかな水面のモジリを視認する方法であろう。・・・（以下略）』

1910年に発表されたこの著作は、20世紀フライフィッシングの新たな幕開けを象徴する啓示であり、少なからぬ釣り人がこの古くも新しい「小戦術」の登場を歓迎した。フィッシング・ガゼット誌の主筆を務めたR.B.マーストンは同誌の書評欄でこの作品を絶賛し[24]、スキューズの議論に刺激を受けた他の釣魚作家たちは、それぞれに独自の理論を展開していくことになる。いくつかの事例を挙げれば、ホートンクラブの名キーパーとして知られるW.J.ランや、ネオ・イミテーショニズムを集大成したE.W.ハーディングらも独自のニンフ・パターンを編み出したことが知られており、あの気鋭のドライフライ理論家J.W.ダンでさえ、スキューズの記念碑的著作に惜しみない賛辞を贈っている[25]。そして、これら抜きん出た釣り人たちのなかでも特筆すべき論者が、20世紀英国の鬼才J.C.モットラムであることに異議を挟む釣魚史家はない。

モットラム博士はその著書「フライフィッシング：新技術と秘密」[1915]のなかで、スキューズの1921年の著作に先んじてフローティングニンフの重要性を指摘し、スキューズもまた彼の議論を高く評価した[26]。彼のこの研究成果は、鱒の捕食フォームを観察することによってニンフのライフステージを判別するという、後のV.C.マリナロやJ.ゴダード&B.クラーク（John Goddard & Brian Clarke）[27]らによる研究の先駆的事例として知られている。それでは、モットラム博士の著作からその該当部分を次のとおり引用してみよう。

『さて、ここではカゲロウ類の幼虫にバルジングしている鱒に焦点を当てて考察してみたい。釣り人ならば誰でも、ニンフが藻や川底から浮かび上がり、水面に到達するやいなや殻を脱いで亜成虫すなわちダンに変態することを知っている。ニンフは水中を素早く遊泳するものとされているが、私に言わせればこれは現実から大きくかけ離れた解説だ。ニンフが水中を泳ぐのは特殊な条件下においてのみであり、そうした姿を見かけることは稀である。浅場に生えた暗色の藻床の上に定位しながらバルジングしている鱒を見つけて、この鱒がついている藻床の真下の流れのところまでウェーディングしてみることにしよう。できれば、ペールウォータリィのダンがハッチしているタイミングにこれをやってみて欲しい。というのも、そのニンフの明るい体色は、暗色の藻床の上で明確なコントラストをなすからである。天気は明るければ明るいほどよい。

ニンフが川上から流下してくるのを確認することになるが、それがたどる流れの筋はまちまちで、ゆっくりと水面まで昇ってくるのが判るはずだ。この動きはゆったりと一定のスピードで上がってくるもので、少なくともピンピンとした素早い動きではない。

藻床の上をさらに仔細に観察すると、あたかも危険な旅路へ出発するタイミングを見計らっているかのように、藻床の表面には2、3匹のニンフが待機している。もし観察者が幸運に恵まれるならば、このニンフがゆっくり水中へと滑り出す姿まで見られるかもしれない。バルジング中の魚を注意深く観察すれば、ニンフの行動を説明づけることができる。この魚の動きは素早いものだが、明らかに遊泳中のニンフを追いかけ回すようなものではなく、あるときは鋭く右のほうへ、またあるときはサッと左のほうへと、ニンフの流下に合わせて移動している

《註釈25》J.W.ダンは1940年代のファーロー社カタログに寄稿した短編THE FLY ON THE WATERのなかに、ニンフを捕食中の鱒を狙う方法に関する次のユーモラスな一節を遺している。
『本来、このような状態の獲物に対する効果的な道具はヤスであるのだが、品位あるドライフライウォーターでこのような漁具を用いることは許されていない。この場合、私が初心者の皆さんにお勧めすべき選択肢は次の3つである：
①己の狩猟本能の赴くままに、この漁具で魚を突く。
②事情を知らないほかの素人ドライフライマンにこの魚を狙わせて、からかう。
③テイリング中の鱒を狙う唯一無二の方法を愉しく解説するG.E.M.スキューズの著作を読む。』

《註釈26》G.E.M.スキューズは1910年3月のフィッシング・ガゼット誌のなかで、J.C.モットラムが同年1月のフィールド誌上で発表したバルジング中の鱒の攻略法について、『ある意味、私の理論よりも科学的な手法である。』と苦々しげにその価値を認めている。

《註釈27》第二次世界大戦後の英国を代表するこのふたりのフライフィッシャーが著したTHE TROUT AND THE FLY [1980]のなかでは、ネオ・イミテーショニストらの諸論点について写真画像を用いた検証が行われ、捕食フォームについても緻密な検討が行われた結果、キールタイプのパラシュート・ドライフライの利用が提唱されている。

第4部　ニンフの歴史

のだ。バルジングしている魚は藻床のすぐ傍で見られ、しばしば藻と水面との間がとても浅い流れのなかに定位していることもある。このような魚は、ほかにも藻床の後ろ側や、いくつかの藻床に囲まれたプールの流れ出しのなかに定位するのがお好みのようだ。魚のバルジング行動は、ハッチが起こる直前、つまりニンフがハッチに備えて活動し始めるタイミングに多発することが知られている。

どんな流れでも、バルジングが起こりやすい水域というものがある。それは、魚がスレて場荒れした水域や、陽差しの加減で水面上に流れる羽虫を視認することが難しいような水域である。

しかしながら、魚によるニンフの捕食スタイルはこれだけではない。魚が盛んにダンを捕食しているとき、水面上に羽虫もいないのにライズリングが生じるのを目撃することがある。そしてこのカラ振りライズがきわめて頻繁に生じることもあるのだ。もし、捕食中の鱒を詳細に観察することができたならば、カラ振りライズの意味を知ることができる。この魚は水面直下に定位して、流下しながら今まさに脱皮してダンに変わろう

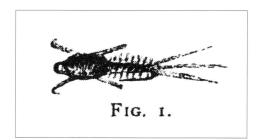

図1

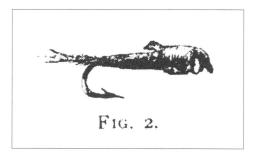

図2

とする状態のニンフを喰っているのだ。ここで、就餌中の魚を2種類に区分することがきわめて重要となる。第1の区分が真のバルジャー、つまり遊泳中のニンフを喰らう鱒で、第2の区分がディンプリング・フィッシュ（dimpling fish）、つまりフローティングニンフを喰らう鱒である。この分類がなぜ重要かというと、それぞれの区分に応じて用いる毛鉤や、そしてその釣り方も異なってくるからである。

バルジャーはプールの流れ込みで見られ、ディンプリング・フィッシュはその少し下流に位置することとなり、本物のライズをしている魚はさらにその下流にいる、ということになる。バルジャーが就餌中の場所では、水面上に羽虫を見ることはない。ディンプラーが餌を獲っている場所では、わずかながら水面上に羽虫が見られ、ライジング・フィッシュのいる場所ではたくさんの羽虫が確認される。バルジング・フィッシュの胃のなかにはニンフだけが入っているが、ディンプリング・フィッシュの胃にはニンフとダンが半々で、ライジング・フィッシュの場合はダンだけということになる。

まず、ディンプリング・フィッシュについて考えてみよう。彼は水面直下を流下するニンフを獲っている。この位置において、ニンフは動きを止めて、その脚部や尾部は伸ばされて開き、「休め」の姿勢をとなる。この状態を模倣した毛鉤の姿を図1に紹介しておく。「休憩中のニンフ」（resting nymph）とも呼ぶべき毛鉤である[28]。

（中略）

この毛鉤はディンプリング・フィッシュに向けて、ドライフライと同様、アップストリームで投じられるのだが、ただ一点だけ、毛鉤に取りつけたテグスの先端数インチ分のみを沈ませるのがドライフライの釣りと異なるところだ。ニンフの種類に応じて、鉤のサイズやシルクフロスの色を変えたりすることで、容易にさまざまなパターンを巻き分けることができる。脱皮直前のニンフは通常よりも幾分体色が暗くなることを憶えておくとよいだろう。

真のバルジング・フィッシュについては、これとまったく異なる毛鉤とアプローチを用いたほうがより効果的となることを、私は発見した。この毛鉤には「遊泳中のニンフ」（swimming nymph）を模倣したものが用いられるべきであって、それは脚部を備えていない。なぜなら、ニンフは遊泳時に脚部を胴体

《註釈28》同パターンでは、ホロホロ鳥（Guineafowl）のフェザーファイバーを3本抜いてテイルとし、腹部はピーコックハールで巻き上げてリブを立てて、胸部には濡れるとそれと同じ色調となる幅細のシルクフロスを丸く巻きつけ、雌キジ（hen Pheasant）のしっかりした初列風切羽のフェザーファイバーを用いて脚部を造成することとされている。

《註釈29》同パターンには脚部を設けず、ホロホロ鳥のフェザーファイバーを3本抜いてテイルとし、適切な色彩のシルクフロスを腹部から胸部にかけて太めに巻き上げて、胸部の上に濃い灰色のコックハックル・フェザーを後方に向けて2本突き出させて、これをウイングケースのイミテーションにすることとされている。

《註釈30》G.E.M.スキューズは「毛鉤に対する鱒の振る舞い」［1921］のなかで、ダウンストリーム・アプローチで用いるJ.C.モットラムのニンフ毛鉤について、『彼のパターンはダウンストリームで流してドラッグをかける釣法のために作られたものであって、それが鱒にアピールするのは、曳き釣りの小魚餌やダウンストリームのウェットフライが鱒を誘惑するのと同じ原理でしかない。』と批判している。

《註釈31》1938年、養殖池で育てた成魚の鱒をアボッツ・バートン釣区に導入するとのシンジケートの方針に真っ向から反対したことをきっかけに、G.E.M.スキューズはシンジケートからの脱退を余儀なくされた。

《註釈32》G.E.M.スキューズは9歳のときに手術の後遺症のため左目の視力をほとんど失い、20歳のときにはサッカーの試合中の事故のために両手首を骨折し、生涯完治することはなかったと伝えられる。しかし、後に彼は、これらの障害があったからこそ精確かつ繊細に釣ることの愉しみを知ったと述懐している。

《註釈33》Aunt Sallyとは、元来、英国のボールゲームで標的として用いられる木製のカカシを指すが、これが転じて「皆が狙っている獲物」、「憎っくきあん畜生」といった意味で用いられている。英米の釣魚文学では、アプローチの難しい場所に陣取る気難しい獲物のことをこの愛称で呼ぶケースが散見される。

に密着させ、尾部を激しく震わせて遊泳力を得ているからである。そのタイイング法は非常に簡単で、きわめて効果的なパターンとなる[29]。(図2を参照)

(中略)

　この疑似餌、スイミングニンフは、次の要領で用いられる。テグスは、狙う魚のサイズと藻の量を勘案した上で、可能な限り細めのものを使わなければならないし、急テーパーの掛けられたものや、水に充分浸していないものを用いてはならない。このような仕掛けを獲物に向けて自然に送り込むのは容易ではない。下流側から釣る場合、テグスが魚の視界に入るのは不可避である。しかし、獲物の下流45°の位置から毛鉤を投じれば、テグスをある程度魚から離れた位置に置くことになり、それでいて毛鉤をごく自然な動きで流下させることができるのだ。上流側から流し込む場合、毛鉤のプレゼンテーションは上手くいくかもしれないが、水流の抵抗が強過ぎるためにラインのテンションが高くなり、毛鉤が鱒の口から弾かれてしまうケースが多くなる。このため、上流から流し込む場合も、斜め45°の角度で送り込むことが適切となる[30]。』

　このモットラムの作品をはじめとする数々のニンフフィッシング関連著作のなかでも、スキューズの作品にひときわ高い評価が与えられているのには理由がある。彼の著作の素晴らしさは、実践に裏づけられた技術論だけにとどまらない。乾いたユーモアと諧謔に満ちた彼の釣行記は、時空を超えて読む者に釣魚の歓喜と哀刺をしみじみと伝えてくれる。

　彼は、近代ニンフフィッシングの指導者として脚光を浴びながらも、多くのドライフライ純粋主義者たちからは冷遇され続けて、その晩年には愛するアボッツ・バートン釣区から追放の憂き目に遭った[31]。一生を独身で過ごし、左目と両腕に障害[32]を抱えながらも、私生活のすべてをチョークストリームの釣りに捧げた彼の生きざまは、我々現代のフライフィッシャーの目にどのように映ることだろうか。

　それでは、「チョークストリームの小戦術」に収録された逸話のなかでも特に有名な「サリーおばさんの化けの皮」("THE UNDOING OF AUNT SALLY")の一節を紹介してみよう。この文章のなかで紹介されているのがダウンストリーム・アプローチによるものであるのはご愛嬌として、攻略し難い場所に潜む鱒を狙う釣りの雰囲気をご堪能頂ければ幸いである。

『彼女は「サリーおばさん」[33]と呼ばれていた。なぜなら、彼女に対しては皆がカリカリと神経質になっていたからだ。地の利を生かした彼女の棲家はその釣区の最下流部にあって、彼女が潜んでいる暗渠のなかに流れ込んでくる羽虫を次から次へと食んでいくときに発する「ピチャ、ピチャ」というライズ音ほど、釣り人をイラつかせるものはなく、10人のうち9人は頭にきているはずだった。そのため、彼女をどうにかして出し抜こうと、釣り人のまったくバカバカしい努力が日々繰り返されていた——例えば、ある者はアップウィング・スタイルのダン毛鉤を暗渠の入り口のほうから流し込むのだが、その結果、あっという間にどうしようもないドラッグが掛かってしまうのだ。また別の者は暗渠の吐き出し口のほうから奥へ毛鉤を押し込もうとするのだが、その結果はというと、折れた竿先であったり、鉤先を失った毛鉤や、煉瓦製の壁面に弾き返された毛鉤であったりといった諸々の失敗であって、すべては彼女に対する冒涜行為の報いなのだ。

　locus in quo[34]は南イングランドの川で、15ヤードほどの川幅全体にわたり均等な速さで流れている場所であった。この川はサラサラと気持ちのよい音を立てながら、農夫の子供たちが水遊びをする深い渕を通り過ぎていく。その渕の左岸をなす一角から、幅1ヤード、長さおよそ4ヤードのこの暗渠がかなりの量の流れを取水して新しい用水路に流し込み、下流の市街区にある水車を稼働させていた。この速い流れこそ、サリーおばさんが自分の棲家をそこに決めた大きな理由であって、その春から夏にかけて、彼女を外に引き摺り出そうと苦心惨憺する皆の努力を無駄にしてしまった原因でもある。

　私が初めてこの川を訪れたのはちょうどその年のことであって、8月の好日を午前9時から午後3時まで釣っても釣果は乏しかった。午前10時以降は羽虫のライズも見られなくなり、一度大きなライズがあったかと思えば、それはカワネズミの水浴びだった。その間に釣り上げたのは3匹で、このうち私のバッグのなかに収まったのは1ポンド2オンスの1匹だけであった。もう何時間もライズする魚が見られなかったので、

《註釈34》ラテン語で『現在位置』の意。英国の法廷ではこの言葉が『報告によれば、事件現場は』との趣旨で用いられる。事務弁護士であったG.E.M.スキューズならではのユーモア。

319

第4部　ニンフの歴史

ニンフ毛鉤で鱒を狙うスキューズ

私はうんざりとして失望感に苛まれながら右岸側を下流に向かって釣区の境界線まで歩き、その渕の遊泳客が川から上がるために設けられたステップのところに腰を掛けた。

　そのときのことである。「ピチャ」という音がどこからともなく聞こえてきた。私が手前側の岸辺の流れを見回しても、ライズの痕跡は見当たらない。すると再び「ピチャ、ピチャ！」とある。そしてついに、屈み込んで暗渠のなかを覗き込むと、そのなかの2ヤードほど下流にライズリングがあるではないか。そのなかをしばらく眺めていると、やはりライズが繰り返されている。私は俄然、やる気が湧いてきた。私の使っていたティペットは細いものだったので、それを切り取り、1ヤード程の強いレフィナ（Refina）・サイズのテグスに交換した。また、その先にはピーコックハールのボディーと赤いレッグを備えたブラウンビートルを取りつけた。私はこの毛鉤を充分に水に浸して、水面上でドラッグが掛り難くした。そして、私がキャストに移るその瞬間まで、その毛鉤とガットリーダーを川の本筋のほうへ流されるままに保っておいた(35)。毛鉤とリーダーは暗渠の煉瓦製の壁面に打ちつけられ、取水口の辺りに落水した。すると、たちまち毛鉤とテグスは流れに導かれて、暗渠のなかへと伸びていった。ところがそれとほぼ同時に、暗渠のなかの本流筋に乗ったリールラインが引かれてドラッグが掛り始め、このビートル毛鉤が暗渠のなかに2ヤードくらい入ったところで完全にラインは伸び切ってしまい、もはやドラッグは明白となった。しかし、サリーおばさんにとってはそれで充分だった。というのも、彼女がその毛鉤を頬張ろうとした瞬間に毛鉤が突然走り出したものだから、毛鉤が取水口へと戻ろうとするその直前に、彼女は追い喰いしてきたのだ。反転する力でしっかり鉤に掛ったものだから、一瞬頭から引きずられるような形になった

《註釈35》これはスキューズ流ニンフフィッシングの特徴のひとつで、絶好のタイミングが到来するまで、ラインを下流に流したままで待機する行為を指す。このとき、ダウンストリームのウエットフライの釣りと同様の効果が発生するため、そこに鱒が跳びついてしまう弊害が指摘された。

《註釈36》邦訳に「フライに対する鱒の行動」（訳：川野信之［2015］）がある。

《註釈37》G.E.M.スキューズは、鱒の眼球構造と人間のそれとが基本的に異ならないという当時の研究成果を踏まえて、鱒には人間と同程度の色覚があると考えた。

320

ものの、すぐに踵を返して下流に向かった。彼女は懸命に抵抗したが、鉤はしっかりと掛かっていた。私は彼女に一切弁明の機会を与えなかったので、彼女の15インチの魚体はすぐに草の上に横たわることになった。彼女の名声を知らぬ私は、彼女の1ポンド11オンスの重量だけで充分に満足していた。しかし、後で彼女の評判を私に聞かせてくれたある釣り人は、彼女はもっと大きな魚のはずだと言う。そこで私は、その1時間後に再び暗渠のなかを覗き込んでみたのだが、水位が数インチも下がっていて、とても釣りができるような水量ではなかった。私がサリーおばさんの正体を明らかにできたのは、あの絶妙なタイミングのおかげだったのだ。』

「チョークストリームの小戦術」発表後もスキューズはニンフフィッシングの研究を続け、モットラムらの理論家が繰り広げる議論に触発される形で、ニンフ毛鉤のイミテーション性をめぐる議論の精緻化を推し進めていく。その過程で、彼は1910年代の英国釣魚界を席捲していたある論争の虜となった。このときの議論こそ、数々のネオ・イミテーショニストを生み出した、フィッシュウィンドウ理論をはじめとする鱒の視覚に関するものであった。

ニンフフィッシングのあり方をネオ・イミテーショニズムの視点も加味しながら再検証した成果を、1921年、スキューズはその第二作目となる「毛鉤に対する鱒の振る舞い」(THE WAY OF A TROUT WITH A FLY)[36]のなかに結実させた。この彼の最高傑作のなかで論じられた模倣思想を概観してみよう。まず、鱒のふたつの眼球は、人間のそれとは異なり、体側の左右に離れて位置することから、非常に広い視野を持つことになる。このため、鱒は餌や外敵を即座に発見することができるが、その分、単眼で物を見がちとなるため、網膜上に詳細な映像を結ぶことができない。これを根拠にスキューズは、鱒の視覚はサイズと色彩[37]には鋭く反応するが、その近視眼のせいで形態に対しては反応が鈍いと解説した。

また、フィッシュウィンドウ理論を踏まえれば、鱒の視点から見て、川面に浮く羽虫は水面膜のレンズに遮られて見難くなるが、水中を遊泳するニンフは水面膜に邪魔されることなく、常に鱒の鋭い観察眼に晒されることになる。このためスキューズは、ドライフライよりもニンフ毛鉤のほうにこそ精確なイミテーション性が求められるのだと論じた。

ここに見られる、ネオ・イミテーショニズムと「厳格なる模倣」主義の融合こそ、1920年代のスキューズの思想を特徴づける要素のひとつである。そしてもうひとつの重要な要素が、フローティングニンフ理論の精緻化であった。従前はニンフだけでなく流れに呑まれたダンやスピナーまでも模倣対象としていたスキューズは、自らの標榜する釣りをニンフの釣りであると定義し直し、ニンフ——しかもその水面直下に浮かぶ姿——の精確な模倣こそ真のスポーツ性に富み、近代ニンフフィッシングの名に値すると公言したのであった。

ここにきてスキューズはようやくモットラムの議論に追いついたことになるのだが、スキューズは歩を緩めることなく、モットラムの論域のさらに先に広がる沃野を開拓していく。彼は、ニンフの各ライフステージを通じて鱒の目に最も魅力的に映るのが、脱皮を直前に控えて水面直下で仮死状態のまま浮かんでいる姿であると主張したのだ。彼はこの姿勢を正しく表現するため、ニンフがかろうじて水面膜に引っ掛かった状態で浮いている「半沈状態」(semi-submerged)というコンセプトを新たに提唱した。それでは「毛鉤に対する鱒の振る舞い」のなかから、半沈状態のイミテーションの解説と、そのフィッシュウィンドウ理論上の意義を解説する一節を次のとおり引用してみよう。

『5月も終わりのある日曜日の午後のこと、私はケネット川でメイフライのハッチを観察したのだが、それはきわめて貴重な体験となった。陽光の具合や、私の立ち位置、そして私の足元に流れくる強い流れ、そして永かった干ばつの後での水の澄み具合といった諸要素のすべてが私の観察を助けてくれたのだ。おかげで、この小さくも優美な水の奇跡が幾度も繰り返されるのを見届けることができた。水のなかで揺れる水草の房から鈍く茶色がかったニンフが押し流されてきて、徐々に水面に向かって登っていくのだが、その過程で彼らの頭部と背部は弾けんばかりに膨らんでいく。そして、背部の茶色い殻が破けると、曲げられた尾部が水面を割って入り込んではいるものの、薄い緑色を帯びた6本の脚がしっかりと水面を捉えて立ち、まるで

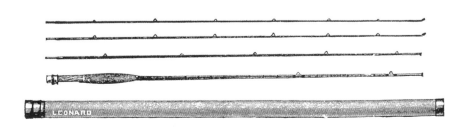

流れの力を借りて殻を脱ごうとしているかのようだ。すると同時に、翅が伸ばされて、脱ぎ捨てられた殻は遥か下流へと押し流されていく。やがて、妖精のような生き物が翅を立て、尾を空に向けて反り返らせながら川面を流下していくのだが、その状態になってから野原を目指して飛び立つまでの流下距離は、2、3ヤードかもしれないし、ほんの数インチでしかないかもしれない。この数インチから数ヤードの距離こそ、彼らが死に瀕しながらスペント状態で水面を漂うようになるまでの間、鱒やデイス、チャブにとって翅のついたメイフライを頬張ることのできる唯一の機会となる。したがって、この昆虫がニンフの状態でいるときのほうが、明らかに魚にとって喰らいつくチャンスはずっと大きく、水面で活動を停止して半沈状態となった羽化直前のニンフは、波に呑まれて既死あるいは瀕死の状態となったスペントスピナーと同様、鱒にとってずっと簡単な獲物となるのだ。他方、落ち着くことなく翅を震わせている、羽化したばかりのメイフライはといえば、鱒が咥えようとするその瞬間に飛び立ってしまうことから、彼にとっては失望させられる獲物となる場合も多いだろう。

　仮に、こうした推論がグリーンドレイクやそのスピナーにおいて正しいとすれば、ほかの種類の小型カゲロウ類においても同じく通用するのではないだろうか。これらの小型カゲロウもまた、羽化、産卵、そして死へとめぐるライフサイクルのなかで、メイフライと同様の過程をたどるのだ。この事実こそ、ニンフ

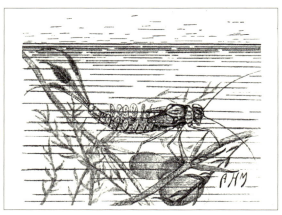

遊泳型ニンフ（カゲロウ）

段階やスペント段階のカゲロウに似せた、タップス・インディスペンサブルのような毛鉤を半沈状態で流す方法が効果的であることの、重要な理由のひとつであるのだろう。毛鉤のボディーに巻くダビング材には水をよく含み陽光を得て輝く性質のものを用いて、毛鉤がしっかりと水面にしがみつくことができるだけの分量のハックルを巻いておけば、こうしたパターンは、羽虫のライフサイクルに合わせて、頭部を水面上に露出させている羽化中のニンフのイミテーションとして、あるいは最後のライフステージにおいてほとんど沈み込むような姿で浮いているスペントスピナーのイミテーションとして、それぞれ認められるのではないだろうか。落水した直後のスピナーやスペントスピナーに対して、鱒たちは静かに落ち着いた捕食行動を示す。これは、水中を泳ぎ上がるスイミングニンフに対して鱒たちがバルジングするときの、ニンフが羽化して逃げてしまうのを彼らが恐れるからこそ見せるのであろう、あのせわしなく激しい捕食行動とは大きく様相を異にする。

　さて、これまでの議論において、我々は「水面膜に挟まれた状態の羽虫」についてのみ取り扱い、水面下あるいは水面上にある羽虫、すなわち「完全に乾いた状態の羽虫」と「完全に濡れた状態の羽虫」については議論してこなかった。半沈状態の議論に加えて、これらの状態についても検討課題とする場合には、フランシス・ウォード博士の水中観察室（フィールド誌の1912年5月4日号や本著の38-43頁に掲載されている実験報告を参照）を利用した実験が多少なりとも解決の糸口を与えてくれる。この観察室のなかから水面を見上げると、垂直方向に見て一定の角度の外側にある水面の裏側は鏡面として働き、上に広がる風景を見ることができない。人間が観察するとき、その角度は48-½°となるが、もしかすると鱒や他の魚が見る場合にはこの角度は違っているのかもしれない。しかし、角度がどうあれ、鏡面部分において鱒がその視界に捉え得る毛鉤の姿は、水面膜を割って入ってきた部分だけである。したがって、沈む毛鉤はどんなに離れていても鱒の目に映るものであり、半沈状態の毛鉤も相当な距離から目視することができるはずだ。他方、水面上に浮くラインは水面膜に窪みを作り、完全に水面上に浮いているドライフライはまったく鱒の視界には入らないことになる。鱒がドライフライを目にするのは、唯一、鱒の頭上にある水面に開かれた円形の窓のなかにおいてのみである。』

《註釈38》G.E.M.スキューズはこの文章のなかで、F.M.ハルフォードはチョークストリームを釣る上でウエットフライを『非効率』("ineffective")であると評価したものの、『邪道』("wicked")であるとは決して言わなかった、と記している。

《註釈39》なお、ここに見られるスキューズのハルフォード批判はまだ手ぬるいもので、これ以降の著作においては一層激しい個人批判へとエスカレートしていく。その事例を引用しようとすれば枚挙にいとまなく、どれも憤怒と嘲笑に満ちた長文となり、読むだけで疲労困憊してしまうので、本稿でこれ以上紹介することは差し控えたい。

《註釈40》これはMauriceではなく、Michaelの誤記。あるいは後述する「ドライフライマン指南」[1913]のなかでF.M.ハルフォードから受けた侮辱への意趣返しか。

《註釈41》この"I'm not arguing, I'm telling you."との一節は、F.M.ハルフォードのAN ANGLER'S AUTO-BIOGRAPHY [1903]のなかに登場する。

フローティングニンフと伝統的なドライフライとの間を隔てる水面膜は、ふたつの意味で決定的な相違を生み出した。ひとつは前述のとおり、鱒の視野のなかで両者はまったく異なる見え方となっている点であるが、もうひとつはドライフライ純粋主義者の目にもまったく違う姿——ただし物理的ではなく倫理的意味において——として映っていた点である。スキューズがこのスタイルのニンフフィッシングは本質において純粋主義者の手法となんら変わることがないと信じたのに対して、F.M.ハルフォードら純粋主義者は、この釣りを依然ドライフライの規範を犯すものとして言下に否定した。

想えば、「チョークストリームの小戦術」の序文においてスキューズは、『古いウエットフライの技法をチョークストリームにおける現代的なスポーツの形式へと組み換えて、これをF.M.ハルフォード氏が唱えるドライフライの技法の補完手段として用いることを解説するものであって、ドライフライと対立させることを意図するものではない。』と、慎ましく己の立場を弁明している。また彼は「毛鉤に対する鱒の振る舞い」において、ハルフォードの著作のなかから沈む毛鉤について言及している部分を引用しながら、このドライフライの大権威が記したウエットフライに対する認識を検証したが、スキューズはそれも穏便な論評に留めて、亡き人に対する礼を失することはなかった[38]。

ところが、ハルフォードの死後もなおその教理を墨守してニンフフィッシングを認めようとしない純粋主義者たちの頑迷さに業を煮やしたスキューズは、次第に議論を先鋭化させていった結果、ついには故人の人格批判にまで踏み込むこととなる。墓の下で眠る者に鞭打ってまで自らの正当性を主張するその激烈な態度は、この二人の巨匠のどちらが正しくてどちらが間違っている、などといった安直でステレオタイプな捉え方がまったくの的外れであることをはっきりと教えてくれる。スキューズにとっても、そしてハルフォードとその残党たちにとっても、互いにプライドをかけて譲ることのできぬ「ニンフVSドライ論争」は、かつての闘鶏の試合にも似て、どちらかが血を噴き出して倒れるまで傷つけ合う闘争にほかならなかったのだ。

それでは、スキューズがハルフォードに対する個人批判を初めて明らかにした1929年の雑誌投稿記事のなかから、該当部分を次のとおり引用してみよう[39]。

『フレデリク・モーリス[40]・ハルフォードがフライフィッシング界の巨匠として支配を続け、誰も彼に対してノーと言えなかった時代はもはや過去の話である。我々はいまや反撃の時を迎えているのだ。彼の教義には疑いの視線が注がれて、フライフィッシングに捧げられた彼の多大なる貢献と偉大な釣り人の殿堂に占める彼の地位を軽んじようとする者まで現れ始めているが、こうした行為は慎まれるべきである。彼が我々の許を去ってから15年の歳月が過ぎたところだが、本稿の目的は、まだ彼のことを記憶している世代が生きているうちに彼の成し遂げた偉業の本質を検証し、それをさらに前進させようとする点にある。

彼には、愛するチョークストリームの傍で釣魚の研究と実践のために割くことのできる充分な時間的余裕があった。彼の精神は緻密で力強く、優れた観察力と底知れぬ精力に満ちていた。彼は、フライフィッシング史上最も幸運な時代に家業を引退し、彼に課せられた使命を達成する光栄に浴することになった。というのも、彼はその使命を通じて、傑出した男たちの一団——すなわちフライフィッシングの技術面のみならずその思想面でもおそらく史上類を見ないほどの優れた業績を遺すことになる人物たちと厚く親交を重ねる幸運に恵まれたからである。

（中略）

ハルフォードは寛容な人物ではあったが、愚者の戯言（たわごと）にも優しく耳を傾けてやるような広い心を持ち合わせてはいなかった。しかるべき経験を経た後でひとつの確信に至るとき、彼は優れた知性を用いて、その信念に疑問を呈する者たちを徹底的に論駁し倒す傾向があった。それは、『私は貴方と議論しているのではない、貴方に教えてあげているのだ。』[41]という姿勢だといえばお解り頂けるだろうか。その見解はまったく正直な彼の性格に由来するもので、彼自身が疑問を抱く余地など一切なかったのだ。ウエットフライの伝統に一切触れることなく育ち、それを用いたことさえなかったのは、彼にとって不幸であった。これが彼の意見を歪めてしまったのだ。

それでもなお、彼のドライフライに対する信念がこれ程までに強固なものであったことは、結局のところ幸いであったと言うべきかもしれない。というのも、もし仮に、今日のチョークスト

リームにおいて適切と認められるようになったウエットフライの釣りに対して彼の熱意と精力の多くが注がれてしまっていたならば、現代の我々がこの完成されたドライフライを享受することはできなかったかもしれないからだ。』[42]

G.E.M.スキューズは「チョークストリームの小戦術」のなかに「ウエットフライの倫理」("ETHICS OF THE WET FLY")と題する一章を設けた。彼はこのなかで伝統的なダウンストリーム・アプローチによるウエットフライの釣りの問題点を率直に認め、そのチョークストリームにおける実践を否定した。これに代えて提唱されたのが、彼のアップストリーム・ウエットの釣りである。狙った特定の鱒に対して沈む毛鉤を一本のみを投じるこの釣りは、繊細とスポーツ性の点でドライフライフィッシングとなんら変わるところなく、アタリの感知が一層難しいところなどは、むしろゲーム性をより高めてくれているのだ、と彼は論ずる。同章のなかで『フライフィッシングは、とにかく獲物を捕らえさえすればよいというものではない。その目的は、ドライフライとウエットフライのいずれを用いようとも、洗練されて純潔な、繊細で、芸術的で、そして獲物と釣友の双方に対してフェアに向き合うことのできるスポーツマンシップを備えた手法で鱒を捕らえるところにあるのだ。』と高らかに謳うスキューズの信念には、ハルフォードがそうであったのと同様に、一点の曇りもなかったことだろう。

同作品の出版を機に始まる純粋主義者たちとの闘争の過程で、この隻眼の弁護士が感じていたのは怒りでもなければ哀しみでもなかった。彼はその駆け引きを心から愉しんでいたに違いないのだ。事実、この慎ましやかな処女作のなかにおいてさえ、スキューズは純粋主義者との論争を待ち侘びて、逸る心情を隠しきれずに漏らしている。次に引用する、同作品の冒頭に掲げられた献辞[43]の行間には、彼の不敵な面構えと、旧体制と一線を画さんとする矜持、そして荒ぶるゲームコックの闘争心を垣間見ることができる。

DEDICATED TO MY FRIEND
THE DRYFLY PURIST,
AND TO MY ENEMIES, IF I HAVE ANY [44]

G.E.M.スキューズ

【ハルフォーディアンとの抗争】

さて、それでは当のハルフォードはというと、生前、彼が直接スキューズについて言及したり、その釣法を公の場で批判したりすることはきわめて稀であった。もちろん、ハルフォードの著作のなかにも読むべき者が読めばニヤリと笑いを誘われるスキューズへの皮肉が隠されていることはあったが、彼はいわばドライフライ教会の法王であり、その玉座にあって世に威を示す役柄にある以上、異教徒征伐は彼の務めにあらず、下々の僧兵たちの任務であった。にもかかわらず、ハルフォードがたった一度だけ、スキューズ流のアップストリーム・ウエットの釣りについて記したことがある。次に引用するこの史上有名な「ドライフライの倫理」("THE ETHICS OF THE DRY-FLY")と題する一節は、彼の最晩年の作品となる「ドライフライマン指南」[1913]に収録されたものである。この議論こそ、本来、スキューズが「チョークストリームの小戦術」のなかで描いた「ウエットフライの倫理」の向こうを張る大一番となるはずであった。

《註釈42》「サイドラインズ・サイドライツ・アンド・リフレクションズ」[1932]に収録された雑誌投稿記事"F.M.H."(SALMON AND TROUT [January, 1929])より引用。

《註釈43》この作品と同じ年に発表されたF.M.ハルフォードの「ドライフライの近代発展」[1910]の巻末に記されている、『これまで多くの見知らぬ人々と、我々の愛するこのスポーツをめぐって何度も意見を交わしてきたが、その際、自らのことを私の仇敵だと称した者など誰一人としてなかった。』との一節が、G.E.M.スキューズのこの献辞と好対照をなしているのは、単なる偶然だろうか。

《註釈44》『我が友ドライフライ純粋主義者へ捧ぐ／そして我が仇敵へも／もし本当に(敵が)いるとすれば、の話だが。』との意。
ちなみにG.E.M.スキューズは、親友N.マッカスキーの遺作「釣りこそ我が生涯の愉しみ」[1950]に寄せた序文のなかで、かつてある純粋主義者から『もし君がこの献辞をまじめに書いたというのなら、これは実に可笑しい。だが、ふざけて書いたのであれば、これは実に深刻な問題だぞ。』("If these headings are meant to be serious they are very funny, but if they are meant to be funny it is very serious.")と詰め寄られたエピソードを披露している。

《註釈45》彼はスキューズ流ニンフフィッシングのことを『厳格なるウエットフライフィッシング』("exact wet-fly fishing")と呼んだ。

しかし残念なことに、ハルフォードは釣敵とがっぷり四つに組む途を選ばず、代わりに最も冷淡な、そして最も侮蔑的なやり方でスキューズを愚弄したのだった。

『チョークストリームにおいて、アップストリームのウエットフライフィッシングがダウンストリームのウエットフライフィッシングほど害をなすものでないことは、私も直ちに認めるところだ。しかし、私見を申し上げるならば、常にラインで水面を打ちつけたり、川岸を絶えず往来する釣り人の姿を鱒たちに晒したりする行為は、ダウンストリームの釣りとほとんど同様、鱒の警戒心を一層強くすることになるだろう。また、常に水面を打ち続ける釣り人がカバーするポイントは非常に広範囲となるため、通常の私有釣区であればそこを一日に何往復もされてしまうことだろう。沈む毛鉤でドライフライストリームを釣るというエチケット違反を犯す者がよく使う弁解として、「フライフィッシャーの目的は、ウエットであれドライであれ、毛鉤で魚を仕留めることだ」という言い訳がある。しかしこの弁解も、完全にドライフライのためだけに保全されている釣り場では認められるべきでない。

F.M.ハルフォード

しかしながら、就餌中あるいは就餌のために定位している魚に狙いを限定して、それが水に浮く毛鉤を喰わない場合にのみ、沈む毛鉤を用いて釣るフライフィッシャーの流派が存在すると伝え聞く。彼らは自らの流派を第三のウエットフライフィッシングと呼び、ほかの二つの「流れを読んで釣る」流派、つまりアップストリーム学派やダウンストリーム学派とは一線を画しているという。率直に申し上げると、私はこの流派が実際に釣っているところを見たことがなく、効果についても深く疑いを抱いている。

セントアンドリュースのゴルフ協会は、先日、競技ルール集を編纂して違反ペナルティーを改訂したところだが、これとは別に「ゴルフのエチケット」と題する附則文書を発表している。この文書に記された規範を犯したとしても、違反ペナルティーは科せられない。しかし、真のゴルファーならば、可能な限り、競技ルールの遵守以上にそのエチケットの実践のほうを重んじることだろう。もしゴルフクラブのメンバーがスポーツマンとしての気構えを欠くか、あるいは単に軽率であるがゆえに、頻繁に競技のエチケットを軽視するような不謹慎な行為に及ぶ場合、彼はほかのクラブメンバーと仲良く競技をさせてもらえなくなるだろう。そこで私は、ドライフライのみが許されている釣り場ではゴルフと同様の扱いがなされるべきという、「ドライフライの倫理」を提言するものである。』

かつて釣魚史上において、これほどまでに非礼で高慢に満ち、そして理不尽な批判があっただろうか。もちろん、チョークストリームに通い続けたハルフォードがスキューズ・スタイルのニンフフィッシングを目にしなかったなどとは到底考えられないし、エチケットと称しながらも実質的にはそのルール化を慫慂して他人に強制しようとする論理のすり替えは、それこそスポーツマン精神にもとる行為ではないか。当時、少なからぬ純粋主義者はこの一節に大いに溜飲を下げたことだろうが、同時に、この文章は良識ある多くの釣り人の間に拒絶反応を呼び起こした。その典型例として、若きスキューズを励まして「小戦術」の出版を勧め、多くの助言を与えたと伝えられるH.T.シェリンガム[45]による批判を次のとおり引用してみたい。

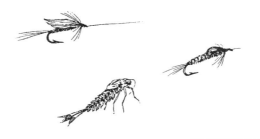

第4部　ニンフの歴史

『この小戦術に対する反論は、大別すればふたつある。まず、そんな手法は有効でないとする反論があり、次いで、仮に有効であったとしても、それは作法に反しているとする反論がある。私にしてみれば、第一の反論は的外れなものであって、第二の反論は馬鹿げた言い掛かりでしかない。これらを順に論じてみよう。私自身の慎ましい経験に照らして申し上げるならば、アップストリームあるいはアップ・アンド・アクロスのスタイルで慎重にウエットフライを投げてチョークストリームの鱒を釣り上げることは確かに可能であって、しかも、（一定の条件下において）ちょうど水に浮く毛鉤を用いる場合と同様、餌を摂っている最中の魚を一匹ずつ狙い分けて釣ることができるのだ。だがしかし、五月蝿い純粋主義者のなかには、チョークストリームにおいても頭の弱い小物の鱒であればウエットフライに釣られてしまうかもしれないが、大物がそんな恥を晒すことなどない、と言う者もいる。

　私が経験する限り、このような説は決して事実ではない。適切に投じられたウエットフライに鱒が跳びつくのは、2ポンド級でも1ポンド級でも同じことであって、そのような見方は単に釣り人側の気持ちの問題でしかない。私がイッチェン川で釣り上げた最大の獲物2匹（どちらも2ポンド半級）がいずれもウエットフライに掛かってきたという事実は、もしかすると重要なことではないのかもしれないが、私にとっては非常に重要な意味を持っている。確かにその一匹を掛けたのは、多分にアクシデントの産物であった。というのも、当初、私はハックルフライを浮かせて彼の鼻先に流し込もうとしたのだが、この毛鉤は着水と同時に沈んでしまったのだ。しかしもう一匹のほうは、水面上を流した2, 3のパターンには関心を示さなかったことから、わざわざウエットフライで狙ってみた成果だった。大物で知られるテスト川やケネット川でも、私はウエットフライで同じような良型の鱒をたくさん釣ってきたのだ。

　スキューズ氏の説得力あふれる著作「小戦術」を誰しも手に入れることができるようになった以上、わざわざ私がこの新しいニンフフィッシングの方法論について詳細を語るまでもない。この手法がチョークストリームの釣り人の「奥の手」のひとつに追加されるべきとの彼の主張に私は激しく賛同する、とだけ申し上げておけば充分であろう。

　もうひとつの"Non placets"[46]、つまりチョークストリームにおいてウエットフライを用いるのは適切でないとする説は、私に言わせれば、この特別な手法のなんたるかを知らぬ者の世迷言でしかない。しかも、なかには意図的に無知を装って批判を行う者もあり、こうした者たちが議論の際に示す超然とした姿勢は、ある釣り人が最近発表した自叙伝[47]のなかに記された一節、『私は貴方と議論しているのではない、貴方に教えてあげているのだ。』という言葉によって、可笑しくなるほど的確に言い表されている。このような者による批判の場合は、何を言ってもまず無益だ。なぜなら、どんなに意義深い会話であっても、聴く耳を持たぬ者にとってはなんの役にも立たないからである。しかし、それ以外の人々は明らかに選択を躊躇しているところであって、彼らはこの小戦術がはたして、大きなウエットフライのドロッパー仕掛けを雨風のなかで川面に打ちつける古臭い釣りの一種なのだろうか、あるいは我々の祖先がミノウやミミズの餌釣りよりはまだマシだろうとしか認めなかった釣法なのだろうか、と思い悩んでいるところなのだ。』[48]

　ハルフォードの惹き起した波紋は、大西洋を越えて遠く米国にまで及んだ[49]。かつて彼の議論にインスピレーションを得て独自のドライフライ論を展開したT.ゴードンは、「ドライフライマン指南」を読んでハルフォードの頑迷さに悲憤慷慨した。

　1913年5月、ゴードンはフォレスト＆ストリーム誌に「ドライフライマン指南」と題する一文を寄稿し、その「ドライフライの倫理」について論じたが、イングランドでは高い金をかけて良質な鱒を大事に育てている以上、釣りの最良の部分をドライフライフィッシングのために確保しておきたいというハルフォードの立場を『我々は充分理解する』（"we quite understand"）と記した。しかし、この同じ記事のなかで、ゴードンが米国の釣り人たちに向けてスキューズ・スタイルのニンフフィッシングを紹介し、これをドライフライの釣りにも劣らぬ『良質なスポーツ』（"fine sport"）と称賛していることは、彼の真意がハルフォードの議論を『充分理解する』ものであろうはずがないことを如実に示している。

　このようにドライフライ勢力の顔色を窺いながら記事を書かねばならぬゴードン[50]ではあったが、永く文通を続けていたスキューズ本人に対しては、彼に宛てた手紙のなか

《註釈46》ラテン語で『反対投票』の意。

《註釈47》AN ANGLER'S AUTOBIOGRAPHY (F.M.Halford [1903])を指す。

《註釈48》「鱒釣り　記憶とモラル」[1920]より引用。

《註釈49》アングラーズクラブ・オブ・ニューヨークにおいては、1912年にドライフライとウエットフライそれぞれの優位性をめぐって公開討論会が開催されたとの記録が遺されている。

《註釈50》一例を挙げれば、同じ記事のなかでT.ゴードンは、スキューズ・スタイルの名人の一人が『ウエットフ

ライのほうが適切だと感じるシチュエーションでない限り、私は本能的にいつもドライフライを使う。』と語ったことを敢えて記している。

《註釈51》またT.ゴードンは、1915年、R.スティーンロッドに宛てた手紙のなかでスキューズの「小戦術」について触れ、『ハルフォード氏はこれに烈火のごとく怒り、彼の最後の著作のなかにスキューズ氏（もちろん、実名は伏せてはいるものの）へ向けた呪いの言葉を遺した。ハルフォード氏はこの20年間ずっとフェアだったのに、実に残念なことだが、しかし彼も歳をとってしまったのだ。』と嘆いている。

《註釈52》ウエットフライの釣りを指す。

《註釈53》「毛鉤釣魚大全」[1947]より引用。

《註釈54》The Flyfishers' Clubは、1884年、R.B.マーストンらによってロンドンに設立されたフライフィッシャーの親睦団体。その会合にはF.M.ハルフォードやG.E.M.スキューズをはじめとする著名な釣り人が集い、釣魚をめぐる熱い議論を交わしてきた。今日もなお英国内のみならず各国のフライフィッシャーまで会員に迎えて活動を続け、パリのインターナショナル・ファリオクラブやニューヨークのアングラーズクラブ等とも交流を重ねている。

で自らの胸中を次のとおり赤裸々に告白している[51]。

『　　　　　ネバーシンク, リバティ県, サリバン郡　N.Y.
　　　　　　　　　　　　　　　　　1913年5月1日

親愛なるスキューズ様

　ハルフォード氏もほかの者たちと同じ穴のムジナだったのですね。いまや彼はドライフライフィッシングの大権威に祭り上げられて、「ドライフライの倫理」の虜となっています。挙句の果てには、自分の知らない分野[52]についてまで偉そうにのたまっている始末です。テスト川やイッチェン川のようなゆったりして澄み切った流れの川面を、「鞭打ち」ながらダウンストリームで釣る愚かな粗忽者などいるものでしょうか？それは低能な釣り方のように思われますが、他方、ライズ中の鱒やバルジングしている鱒に身を隠しながら這って近づき、小さなウエットフライを投じる釣りはそれとはまったくの別物です。優れた釣り人ならば、ドライフライと同様に、ウエットフライでも獲物を怯えさせることなく釣るものです。

（中略）

　マリエットが本を書き遺してくれていれば、どんなに素晴らしかったことでしょう。ハルフォードでさえ、彼のことを「巨匠」と呼んだのですからね。』[53]

　しかし、ニンフ学派の側でスキューズに反旗を翻す者が登場したことは、この論争を一層混乱させる原因となった。1937年、J.C.モットラム博士はフライフィッシャーズクラブ[54]のジャーナルに投稿記事を発表して、それまでのニンフフィッシングを擁護する立場を完全に撤回した。一時はむしろスキューズの議論をリードするかたちで、ニンフフィッシングの可能性を明快に論じてきたはずのモットラム博士であったが、彼はこの記事のなかで、ニンフフィッシングはドライフライよりも安易な釣法であって、スポーツ性に劣るものであると論じるほどに節を曲げてしまったのだ。

　この記事はスキューズを大いに狼狽させることになった。彼自身もニンフフィッシング理論のライバルとして一目置いていたモットラム博士の翻心が、英国釣魚界に与える影響は計り知れぬものであった。この記事を読んだスキューズはすぐさまペンを執り、その次号のジャーナルに「ニンフ毛鈎で釣ることの倫理」（"THE ETHICS OF FISHING THE NYMPH"）を投稿した。このなかから、彼がこみ上げる怒りを押し殺しながら綴った一節を紹介しよう。

『J.C.モットラム博士が本稿と同じ表題でジャーナルの夏期号に投稿した小論文を読んで、私は皮肉の効いた愉しみを少なからず満喫させてもらったことを告白しなければならない。彼の著書「フライフィッシング：新技術と秘密」（15年前くらいの作品だったろうか）のなかの「ニンフとバルジャー」と題する章では、彼は今とまったく異なる意見を表明している。以下はその引用文である。

『ドライフライマンがその王座を他の釣法の人々に明け渡さなければならなくなる日はそう遠くないものと信じる。そのときドライフライマンは、鱒を欺くために用いる上で、ニンフ毛鈎がドライフライより難しいと認めずとも、ニンフ毛鈎がこれと同等の難しさを有するものであることは認めざるを得なくなるだろう。私は「ウエットでは釣れるがドライでは釣れない」という川をいまだ知らないが、「ドライでは釣れるがウエットでは釣れない」と言われる川はいくらでもある。そこで私見なのだが、私はドライフライで釣るほうがより簡単だと思うのだ。ただし、この考えの背景にはウエットフライマンとドライフライマンの間の確執といったものを含まない。ドライフライ純粋主義者は、ウエットフライが水面に叩きつけられるために鱒が臆病になってライズしなくなると信じることから、この釣法を問題視している。彼は間違いなく正しい。しかし、それは古風なウエットフライマンのやり方に限っての話であって、現代のウエットフライマンに当てはまるものではない。』

（中略）

彼は転向してしまったのだ。さて、どうしてこんなことになってしまったのだろう。"Doth not the appetite alter. A man loves the meat in his youth that he cannot endure in his age. Shall quips and sentences and these paper bullets of the brain awe a man from the career of his humour?"[55]とでも言うのだろうか。

《註釈55》『しかし、食事の好みさえ変わるもの。若き日に愛した肉料理も、歳をとれば敬遠する。頭が生み出した皮肉やことわざなどの紙つぶてを恐れて、思いどおりに生きることを避けてよいはずがないではないか？』との意。シェイクスピアの戯曲「から騒ぎ」第二幕第三場から、それまで恋愛に無関心で通してきた初老の貴族ベネディックが、その主君ドン・ペドロ大公とクローディオ伯爵の計略に騙されて、淑女ベアトリスに突如恋心を抱く場面で漏らす独白の一節。

第4部　ニンフの歴史

G.E.M.スキューズ

（中略）
　ニンフフィッシングのほうがより簡単な釣りであるとするモットラム博士の見解には同意いたしかねる。確かに、ニンフフィッシングにおいてドラグの問題は完璧にではないにせよ相当程度解消されているところだが、魅力的なニンフ・パターンを選び出すのはまったく容易な作業ではないし、気づけぬほどの微かなアタリのタイミングを捉える技は素人の手に負えるものではない。

（中略）
　ノースカントリーの釣り人たちが使うスパイダーが『水中のニンフと実にそっくりに見える』とするモットラム博士の見解にも同意いたしかねる。このパターンは、元々想定されているとおりアップストリームに投ずれば、羽化に失敗して波に呑まれた状態の羽虫のほうにずっとよく似ている。あるアイルランドの釣り人は、私が送ったニンフ毛鉤を彼が獲物の胃のなかから取り出した虫と比較して、そこに鉤先がついていなければ毛鉤を見分けることはできなかっただろうと語っている。はたして、同じことがノースカントリー・スパイダーのいずれかについても言えるだろうか？イッチェンの魚がニンフ・パターンの好みに五月蠅いのは、ほかの川の魚が水に浮かぶダンやスピナーを選り好みするのと同じことだ。

（中略）
　私の知り合いのある傑出した釣り人——ドライフライにその身を捧げた者——などは、ニンフフィッシングがフライフィッシングではないとさえ断じた。彼の理解するところ、ニンフが羽虫（fly）でないのはイモムシが蛾や蝶でないのと同じことであるとして、この釣りをサシ餌の釣りと同列に扱った。しかしながら私は、コットンやスメドレーのチェサム[56]をはじめ、その他ドライフライが支配する以前の時代における往年の偉大なフライフィッシャーたちの系譜へと連なることに心から満足している。そのなかにはフランシス・フランシスも含まれるのだが、彼が遺した『ドライ、ウエット、そしてミッドウォーターを賢明かつ完璧に使い分けるは、熟練フライフィッシャーの腕前の証しなり。』という歴史的名言を、ここに今一度引用しておきたい。』

　はたせるかな、モットラム博士の投稿記事は燻り続けていた因縁の論争に再び油を注ぐ結果となった。両陣営の論客たちが勢い堰を切ったように互いに非難し始めたところ、フライフィッシャーズクラブの重鎮たちは騒動の収拾を図るべく、ついに公開討論会の開催を決断した。1938年2月10日、ロンドン所在のクラブルームには双方の論客たちが集結し、彼らの議論を聴き逃すまいと大勢のフライフィッシャーが詰め寄せたという。後世の釣魚史家が「ニンフ討論」（"The Nymph Debate"）と呼ぶ討論会の模様は、同クラブのジャーナルに掲載されて今日まで伝えられている。本稿ではそのなかから、印象的な議論のいくつか[57]を紹介することとしたい。

　美学をめぐって論じ、難じ、競い合うことこそ英国釣魚史の精華。咽返るほどに濃密なフライフィッシングの伝統を擁するこの国の釣り人たちが追い求めてきたのは、水のなかに泳ぐ獲物だけではなかった。英国釣魚の美学は純朴なる自然の産物にあらず。徹頭徹尾、人間が黙考と狂騒の末に創り上げてきたものだ。このバベルの塔を一層積み上げんと励む者にとって、ときに目的と手段は逆転する。彼らの愉しみは竿を仕舞ってからが本番で、川辺に竿を振る行為はその実証作業に過ぎなかったのかもしれない。次に引用する議事録のなかに彼らの熱い息遣いを感じてしまった読者の方々は、幸か不幸か、彼らの血筋に連なる

《註釈56》James ChethamはTHE ANGLER'S VADE MECUM [1681]の作者。鱒の腹を裂いてなかの羽虫を拡大鏡で観察すべしと説いた点で、「厳格なる模倣」学派の先駆者とも評される。J.W.ヒルズは「鱒を狙うフライフィッシングの歴史」[1921]のなかで彼のフライドレッシングの先進性（例：ムクドリ [Starling]の羽根を初めてウイングに利用）を高く評価し、『彼の同世代のなかでチェサムのドレッシングは群を抜いて優れている。』と記している。ちなみに彼は、魚を釣り餌に跳びつかせるための秘薬として、人骨や人の脂、果ては墓場の土まで用いるのを勧めたことでも知られている。

《註釈57》FLYFISHERS' CLUB JOURNAL [Spring 1938]から引用。

《註釈58》仏語で『似非』あるいは『なりそこない』の意。

者であるに違いない。

≪ウォルシュ博士≫
『…ニンフ毛鉤に反対する議論とは、実際、どのようなものであろうか？まず、ハルフォードによる反論が挙げられるが、これはスキューズ氏によって完膚なきまでに論破された。こうした批判はいまや打ちのめされて、賞味期限切れとなっている。ところが先日のクラブジャーナルでは、スキューズ氏がそのすでに死に体となっていた議論に、再びこれでもかというほどのとどめを刺したところだと承知している。

さてそこで、釣り人たちに多大な貢献を遺したハルフォードが、なぜニンフフィッシングについてはあれほど道理の通らぬことを語ったのだろうか？確かに、我々は皆その答えを知っている。彼は開拓者であったが、齢を重ねるにつれて次第に頭が固くなり、議論を許さぬ王国を創り上げて、学究の徒ではなくなってしまった。自らの苦労や貢献のことを過大に評価して、もはや語るべきことも学ぶべきことも残っていないなどと勝手に思い込むような愚を、彼もまた犯してしまったのだ。貪欲な若い世代の者たちは我々の世代を踏みつけようとする。そのとき、我々は彼らとその新しい思想に腹を立てることになるだろう。だからこそ、我々は権威を笠に着て彼らの息の根を止めようとするのだ。我々は自分たちの王座に誰一人近づけようとはしないだろう。

スポーツマンというものは、他の人種以上に挫けやすい者たちであって、権威に対しては実に脆い。彼らは独裁者を愛し、これを手に入れようとするのだ。

ニンフフィッシングなど決して認めないといったん決心すれば、独裁者の僕たちは迷信を墨守する口実探しのために躊躇わず策謀することになる。ニンフフィッシングは、「釣れないからけしからん」と言う者もあれば、「釣れ過ぎて釣り場を台無しにしてしまうからけしからん」と言う者もいる。もちろん、そんな論理矛盾を突いてみたところで、このしぶとい者たちはまったく聴く耳を持たない。こんな詭弁家たちが冒険心に富む者を黙らせることに失敗するとき、今度は戦術を変えて、ニンフフィッシングのことを格好の悪い釣りでスポーツマンシップに欠けると言い掛りをつけ始めるのだ。

かつて、反逆者に脅かされた聖職者たちは、その者を極刑をもって脅迫した。Manqué (58)な聖職者である現代のドライフライ純粋主義者諸君は、頑固なニンフフィッシャーを脅迫するのに、彼からスポーツマンの称号を剥奪するという手段を用いる。我々釣り人とは臆病なもので、「ニンフの釣りに淫する限りジェントルマンではない」と宣告されることほど、我々の勇気を萎えさせるものはない。そのとき我々に与えられる選択肢は、気取り屋になるか、ジェントルマンでなくなるかの二者択一となる。ここにお集まりのメンバー諸兄におかれては、私の例に倣って、ジェントルマンであることを捨ててニンフフィッシングを続けられるよう、切に願う所存である。』

≪G.E.M.スキューズ≫
『私にとってニンフフィッシングとは、水面近くで就餌のため定位する鱒に向けてニンフ毛鉤をプレゼンテーションする試みを意味し、その毛鉤は鱒が直ちに咥えるよう、可能な限り精確に本物のニンフに似せたものでなければならない。

ニンフ毛鉤は、適切に選ばれる限り、ウイングフライやハックルフライなどよりもずっと本物の鱒の餌に近いイミテーションとなる。水面下で餌を摂っている鱒に対してニンフ毛鉤を用いることは、チョークストリームを釣るアングラーの技術を大きく進歩させるものであって、鱒の関心を水面でハッチした羽虫から奪うものであると私は断言する。この毛鉤が水面下の餌を摂るべく定位中の鱒を仕留めるのに効果的であることを、私は何度も繰り返し証明してきたところだが、これらの獲物はどれも型が揃い、ほとんどが釣り場の平均サイズを超えるものとなっている。

（中略）

さて、ここでハルフォードについて語ることとしよう。30年を超える観察の結果、成熟したニンフが流れに乗って下流の鱒のところまで来ると、このときのニンフは実質的に休眠状態に陥っており、ハルフォードが饒舌に語っているような鱒から逃れようとする行動をとることはできない。

それにもかかわらず、彼は最後の著作において、従来から繰り返されてきたチョークストリームにおけるウエットフライの釣りに対する批判の総ざらえを展開し、チョークストリームでの近代ウエットフライフィッシングに対する深刻な無知をさらけ出した上で、『しかしながら、就餌中あるいは就餌のために定

第4部　ニンフの歴史

位している魚に狙いを限定して、それが水に浮く毛鉤を喰わない場合にのみ、沈む毛鉤を用いて釣るフライフィッシャーの流派が存在すると伝え聞く・・・（以下略）』（訳者注：本稿既訳の「ドライフライマン指南」からの引用文に同じ）と結論づけた。

彼はこの釣りに挑戦したことがなかったのにもかかわらず、それをふさわしくないと決めつけて、試しもせずに非難したのだ。

チョークストリームをアップストリームで狙う場合、ニンフの釣りはウエットフライの釣りと相通ずる部分も多いが、水面下で摂餌中の魚が喰っている餌のより精巧なイミテーションを用いるという一点において大きく異なる。そうだとすれば、ニンフの利用はチョークストリームの釣り人にとって決定的な、一段水準の高い技術だと考えられるのであって、それにもかかわらずこれを禁ずることは、歴史の後退とも呼ぶべき所業ではないだろうか。

あるクラブメンバーが他の大勢のメンバーを前にして語ったところ、彼はクラブウォーターにおける水面下の釣りを全面的に禁止したいというのだが、それはニンフフィッシングが正当な釣法であることを認めないからではなく、ニンフを騙って怪しげな釣りをする者が現れることこそ問題なのだという。私はこの議論に衝撃を受けたものだ。視点は確かに面白いものではあるが、そんな理由に基づいて、互いに顔見知りの信頼に足るメンバーに対して制約を課すことは適切ではないし、スポーツマンシップを備えたゲストがこの釣りを行うのを禁ずることも慎むべきではないか。仮にその禁止が認められたところで、クラブメンバー諸氏は、水面下で餌を摂っている鱒の頭上を、まず咥えられることのなさそうなドライフライでずっと打ち続けるだけであろうに・・・。

私がこれまで述べてきた立場から言えば、チョークストリームの釣りに倫理など存在しないとするウォルシュ博士の意見には同意いたしかねる。これは、線引きをどの辺りにするかという問題だと私は理解している[59]。水面下で定位しながら餌を摂っている一匹の魚に狙いをつけて毛鉤を投じる行為は、許されるべき範疇に入るのだろうか？入らないのだろうか？純粋主義者ならば許容範囲外とみなして、その釣り人を怠惰だと非難するか、あるいは彼に毛鉤を取り換えさせて、傍らを流下する本物のダンなど無視している鱒に向けてドライフライを打

ち据えさせることだろう。

最後になるが、モットラム博士が彼の信条を撤回して純粋主義に転向したのは、誰かに「買収」されたせいなのか、いずれにせよbonâ fide[60]以外のなんらかの理由によるものに違いない、と私が確信していることを申し添えておきたい。』

≪ジョセフ・ボール卿≫

『・・・すでに紹介したように、彼（訳者注：ハルフォードのこと）はニンフを追っている鱒がドライフライを咥えることはありそうにないと明示的に解説しているのだが、実は彼はそこからさらに一歩先へと進んでいた。彼自身、早くも1884年──「小戦術」の発刊に先立つこと実に四半世紀も前のこと──にはニンフ・パターンで釣っていたのだ。

おそらく彼は、チョークストリームの釣り人のなかで最も早い時期にニンフ・パターンを巻いた者のひとりであっただろう。そして彼はこれを巻いただけでなく、グラノム・ニンフと名づけて釣友たちに配ったのだ。このパターンはトビケラの水面下における最終段階の姿を模倣したものであって、残念ながらカゲロウのイミテーションではなかったが、そんな史実はまったく取るに足らぬことだ。

私はハルフォード本人が巻いたこの毛鉤を収蔵した「ドライフライの昆虫学」[1897]のデラックス版を持っているのだが、この毛鉤の歴史はもっと古く、「水に浮く毛鉤とその作り方」[1886]にまでさかのぼることができる。彼はこう書いている。

『もう何年にもわたって、ホートン地区の鱒たちはグラノムのラーバを飽食してきた。彼らは成虫に一切関心を示さなかったので、私は失敗を繰り返した末に、1884年、鱒の胃袋のなかから発見したグラノムのラーバを模倣して、ついにこのパターン（第6番）を完成することができたのだ。』

もし彼がホートン地区の鱒たちに対してこの釣りを実際に試すことがなかったとすれば、彼がこのパターンを巻くことも、そして釣魚界にこれを紹介する──最初は1886年、2回目が1897年──こともなかったに違いない。アップストリーム・アプローチとライズ中の獲物だけを狙うアプローチに対する彼の執心ぶりも併せて考えれば、彼がこの毛鉤をホートン地

《註釈59》我が国には、G.E.M.スキューズがチョークストリームにおける自由な釣りを認める立場にあったとする俗説もある。しかしながらこの発言からも明らかなように、彼はチョークストリームにおける伝統的なウエットフライの釣りを認めない立場にあり、ニンフフィッシングはあくまでドライフライフィッシングの発展形であって、その倫理から外れてはならないとの強い信念の持ち主であった。

《註釈60》ラテン語で『心からの』あるいは『真意の』の意。

《註釈61》これは「1910年」の誤記。

《註釈62》純粋主義者によるこの議論は、一見つまらぬ難癖のようにも思えるが、実はG.E.M.スキューズのニン

フフィッシング理論が内包する重大な矛盾を指摘するものである。スキューズはドライフライとの親近性を強調するあまり、水面直下に浮かぶSkues Nymphとそれ以外の沈める毛鉤との間に明確な線引きをした。スキューズは、水面上の羽虫よりも水面直下のニンフのほうが豊富に存在する場面では、Skues Nymphの利用が正当化されると説いた。その意味において、ハッチの有無に関係なく鱒が常に大量に捕食している水中のヨコエビ等を模倣することにはより一層の妥当性が認められてしかるべきであるにもかかわらず、スキューズはヨコエビ等のイミテーションによる釣りを認めなかったのだ。後にスキューズの次世代を担うニンフフィッシングの理論家たちは、この矛盾の解決に取り組むことになる。

《註釈63》『私はカエサルを讃えるためではなく、葬るためにここに来たのだ。』との意。シェイクスピアの戯曲「ジュリアス・シーザー（ユリウス・カエサル）」の第三幕第二場において、ブルータスに殺害されたカエサルの盟友アントニウス（Marcus Antonius）が、大衆に向かって追悼演説を始める際の有名な一節。このシーンでは、冒頭、アントニウスはカエサルを冷淡に弔い、ブルータスへの批判を抑えていたが、次第に言葉巧みに大衆を操り始め、知らぬ間に聴衆の心にブルータスへの憎悪を掻き立てさせて、ブルータス派を窮地に追い込んでゆく。扇動政治家の面目躍如たる名場面である。

区の鱒たちに向けてそのとおりに投じたであろうことを疑う余地など、いったいどこにあるというのだろうか?
　　　　　　　　　(中略)
　改めて言おう。1899年に再出版された「ドライフライフィッシング――その理論と実践」において、彼は次のとおり記している。

『水に浮く毛鉤が有効となるような一日に、沈む毛鉤を用いることを真剣にアドバイスする者などあろうはずもない。』

　そのとおり、そんな者などあろうはずがない！ハルフォードの遺した文章から察するに、1909年[61]に「小戦術」の初版が刊行されるよりずっと以前のこと、彼はニンフフィッシングを検討し、実践し尽した結論として、これを放棄したのだ。
　　　　　　　　　(中略)
　最後に申し上げておきたいことがある。イモムシが蝶や蛾でないのと同じく、ニンフが羽虫 (fly) でない以上、ニンフフィッシングはフライフィッシングではないと主張する意見に対して、どうやって答えることができるというのだろうか?
　スキューズ氏はこの質問に答えたフリをしているが、実際には何も答えていない。
　私の理解するところ、ニンフフィッシャーは、鱒が水面上に浮く羽虫よりも水面下のニンフをより頻繁に喰うことを根拠として、ニンフ毛鉤の利用を勧めている。これはまったく正しい指摘かもしれないが、他方、イッチェン川を含むチョークストリームにおいて彼らの常食となっているのはニンフよりも淡水エビのほうであり、それに次いでよく捕食されているのが巻貝類やトビケラのラーバであることも、これまた真実なのである。
　水面下で疑似餌が用いられるべきだとすれば、なぜそれをニンフ毛鉤だけに限定しなければならないというのか?淡水エビや巻貝類、それにトビケラの幼虫といったものを模したパターンを使ってはならないとでもいうのだろうか?[62]
　スキューズ氏のような巨匠の手腕をもってすれば、そういったものたちの正しいイミテーションを巻くことなど、ニンフ毛鉤を巻くのと同様、たやすいことに違いない。
　紳士諸君、"I came to bury Caesar, not to praise him."[63]。ただしこの場合、"Caesar"とはニンフ毛鉤のこと

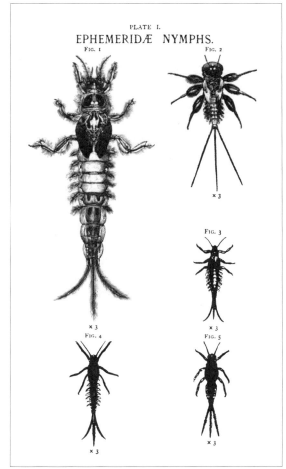

「ドライフライの昆虫学」(F.M.Halford [1897])

であって、我が旧友スキューズ氏のことではない！
　私はその試みに成功したものと考えているが、願わくは、我らのクラブに「ニンフフィッシャーズ・クラブ」なんていう渾名がつけられてしまうことのないように！』

≪モットラム博士≫
『私の議論は、ニンフフィッシングの場合には制限サイズ以下の小物が釣れてしまうという一点に絞って行うこととしたい。

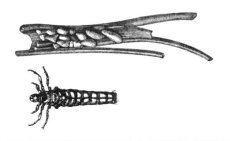

第4部　ニンフの歴史

最近発表されたピスカトリアル・ソサエティの年次会報では、ニンフ毛鉤によって大量の小物が釣れてしまうことが釣り場に与える悪影響について論じられている。委員会は来期にこうしたリスクが顕在化しないよう特別な措置を要請し、もし状況が変わらなければ、サイズに関わらずランディングした鱒はすべて再放流してはならないとする新たなルールを検討すべき旨勧告している。さて、ここで私が提起したいのは、ニンフ毛鉤を利用する限り小物の鱒を鉤に掛けてしまうことが避けられないという問題である。ドライフライの場合、通常、魚が毛鉤に近づく姿が目視できる。そのとき、もし魚が小物ならば、釣り人はすぐに毛鉤にドラッグを掛けさせて回避するか、あるいは魚が喰いついてもアワセを入れないことで、獲物を鉤掛りさせないようにすることができる。

　さらにドライフライの場合、魚を狙うために必要以上永い間毛鉤を水面に置いておくことはしない。水面上に置く時間が長いほど、毛鉤を乾いた状態で維持することは難しくなっていくからだ。ところがニンフフィッシングの場合、状況はまったく異なる。小物が掛ってしまいそうになるのを目視してわざとドラッグを掛けることで回避できるケースは滅多にない。また小物がニンフ毛鉤を喰ったとき、アワセず鉤掛りさせないようにすることも難しい。小さい魚はすぐに走るので、向こうアワセになってしまうのだ。そしてまた、ニンフフィッシングでは、テグスの濡れた状態を維持し、次の一投でも毛鉤がすぐ沈むようにするため、毛鉤をできる限り長時間水中に流しておく必要がある。ニンフフィッシャーたちは毛鉤が魚の前を通り過ぎても、なおずっと下のほうまで流し切る。それは、なるべくテグスを濡れた状態に置いておきたいからであって、彼らは再び獲物に向けて投げ返すチャンスが到来するまで下流に流したままの状態でじっと待機するのだが、この流しっ放しのテグスこそ、小型の鱒たちにとって最も危険な状態を作り出しているのだ。ニンフフィッシャーのなかには、獲物に向かって手返しよく毛鉤を頻繁にキャストすることによってこの問題を解決しようと試みる者もあるが、この手法はある程度小物が掛るリスクを軽減させるものの、結局、大物を狙うのには効き目の薄いやり方であることが知られている。私の見解では、これがニンフフィッシングの唯一の欠点であるが、きわめて重大な欠陥であることは否定し難い。』

≪パーシー・シェリフス牧師≫

『この神聖なる討議の場においてフライフィッシングの錚々（そうそう）たる権威の方々が、ニンフ毛鉤を用いて鱒を捕らえることの倫理について議論を交わされるという夕べに、ワシのような者が口を差し挟むことにつきお許しを願いたいのじゃが、実を言うと、ワシは1868年の昔からニンフ毛鉤の釣りをやっておったのですぞ。とはいえ、ワシらは当時それをウエットフライと呼んでおったがね。水に浮く毛鉤のほうはというと、1890年からラインに1本か2本取りつけて釣っとったもんじゃ。スキューズ氏とウォルシュ博士のよく練られた報告——どちらも釣魚の知識にあふれ、辛辣なユーモアが効いておりましたな——を拝聴して興味を持ったところじゃが、ニンフフィッシングを「我々の美しい芸術の先に待ち受けているもの」として肯定するヒルズ氏の主張 [64] にも傾聴すべきもんがあった。他方、ハルフォードを筆頭とする偉大なドライフライフィッシャーや釣魚作家たちの足元にはべりながら、ドラフライ純粋主義の熱烈な信奉者とともにその摂理を説く者たちのご議論もしかと拝聴させてもらいましたぞ。そこでワシは声を大にして次のように申し上げたい。"a plague on both your houses." [65] であると！「我々の美しい芸術をさらに先へと推し進めて」などと能天気に吹聴している場合ではないのですぞ。鱒を捕らえるあれこれの手法——ワシはこれを新しい手法などとは呼ばぬ。なぜなら、これはフライフィッシングの歴史それ自体と同じくらい昔から存在しておるからじゃ——を発明してこれを擁護などしている暇などあるのなら、ここにおわす皆さま方は、サルモ・ファリオ [66] の釣りをもっと難しくするために、自禁令 [67] でも採択されるべきところなのですぞ。なぜかって？それは、どんなに鈍感な釣り人でも、今や鱒の数が圧倒的に少なくなっていることに気づかん訳にはいかぬような状況に陥っているからじゃ。もしまかり間違って、明日にもワシが独裁者——鱒釣りの世界のムッソリーニやヒトラーといったところかのぉ——になるとすれば、ワシは、ノースカントリーやウエストカントリーの多くの川で5月15日から6月末までドライフライを用いるのを禁ずることじゃろうな。ワシが幸いにも釣らせてもらっとるウエストカントリーの川では、この時期——いわばカーニバルの季節——、男女を問わずドライフライフィッシャーたちにその最良の部分が掠め取られちまっておる。メイフライや大型のレッドスピナー

《註釈64》J.W.ヒルズはこの討論の場で、自分はかつてAlexandraを用いてダウンストリームで釣るような蛮行に手を染めたことはなかったと宣誓した上で、ニンフフィッシングはドライフライフィッシングよりも遥かに高等な釣りである、と弁舌を振るった。

《註釈65》『両家に災いあれ！』との意。シェイクスピアの戯曲「ロミオとジュリエット」第三幕第一場より、ロミオの親友マキューシオがキャピレット家の剣士と一戦交えて敵刃に倒れ、死の間際に発する台詞の一節。この「両家」とはもちろん、ロミオ側のモンタギュー家とジュリエット側のキャピレット家を指す。

《註釈66》Salmo farioとは、この当時用いられていたブラウントラウトの古い学名。

《註釈67》清教徒革命の時代、従来は議会メンバーが直接に議会軍の指揮権を握っていたところ、生兵法のため王党派に苦戦したのを反省し、1645年に自禁令(Self-Denying Ordinance)を採択して、議員が軍隊の指揮官となることを禁じた。これが近代常備軍の発祥とされる。以後、同指揮権は職業軍人に委ねられたが、その軍事的才能ゆえ例外的に議員のまま指揮官の地位を保持したオリバー・クロムウェルは後に全軍を掌握し、独裁者への途を歩むことになる。この一節は、ドライであれニンフであれ、鱒を釣り過ぎてしまうような手法はすべて禁じるべき、との趣旨か。

《註釈68》第一次世界大戦終結後、敗戦国ドイツには過重な制裁措置が課され、オーストリア・ハンガリー帝国は解体された。これにより欧州域内ではポーランドやチェコスロバキア等の民族国家が新たに成立する一方、欧州域外での民族独立運動は封殺され、各地の権益は英国やフランスなどによって独占された。これらの新しい国際秩序は、同大戦の講和条約の締結会場となったヴェルサイユ宮殿にちなんでヴェルサイユ体制と呼ばれる。なお、同体制が崩壊を迎えつつあった1938年9月、ミュンヘン会談を開催し、ヒトラーに対してナチスドイツのチェコスロバキア領有を容認する見返りに束の間の平和を演出したことでのちに評判を落とした英国首相ネヴィル・チェンバレンは、熱心なサーモン釣師としても知られている。

が降りてくるとき、奴らは1ポンド近い良型を何ブレイスも釣り上げて自惚れくさっておるのだが、それは、この可愛らしい獲物たちもその時期だけは簡単に釣り人の餌食になっちまうからなんじゃ。こうしてドライフライを禁じておいて、今度は返す刀で、ワシはチョークストリームでウエットフライやニンフ毛鉤を使うことも禁止してしまうことじゃろう。そこで、この会議を開いてそれらの禁令を認めさせねばならぬ、などとワシは夢想するのじゃ。どうしてワシがこんな風に言わねばならぬかといえば、それは、ウエットとドライのどちらが愉しい釣法かという議論に無関心だからではなくて、皆が引き続き釣りを愉しむことのできるよう、鱒類を保護していく必要があるからこそなのですぞ。』

ドライフライとニンフ毛鉤をめぐる議論が一層深められていくかと期待された矢先の同年3月、ナチスドイツがオーストリアを併合して、欧州ヴェルサイユ体制[68]は風雲急を告げる。そして翌39年、ドイツ軍のポーランド侵攻を受けて、遂に英国はドイツに宣戦布告し、第二次世界大戦が勃発した。英国の釣り人たちにとっても、悠長に毛鉤の議論などしている場合ではなくなってしまったのだ。

かくして突然に幕が下ろされ、決着のつけられることがなかったニンフ討論であるが、そこに至るまでの永い年月をかけて、チョークストリームの銘流にはニンフフィッシングが徐々に定着していった。この釣りをめぐって賛否両論が渦巻く南イングランドで、膠着状態に一石を投じてニンフ容認へと道筋を拓いたのが、27年、伝統あるピスカトリアル・ソサエティが激論の末にスキューズ・スタイルのニンフフィッシングを公式に認めた事件である。同ソサエティが創立百周年を記念して編纂した「ピスカトリアル・ソサエティ百年史」(THE BOOK OF THE PISCATORIAL SOCIETY 1836－1936 [1936])のなかには、この釣りを愛好したことで知られる同ソサエティの名物会長、ホレイス・ブラウン (Horace H. Brown)[69]にまつわる逸話が次のとおり遺されている。

『1927年はソサエティの歴史にとって画期的な年となった。このとき、ニンフ毛鉤の使用が初めてソサエティで公式に認められたのである。メンバーのなかでも年配層のほぼ全員が、いと高きところにおわしますドライフライ学派の指導下にあった。この流派こそ、「ウエットフライではチョークストリームの鱒に歯が立たない」というハルフォード元来の主張を、「ウエットフライは不道徳なものである」という主張にすり替えた張本人たちの集団である。しかしながら、ホレイス・ブラウン氏がこの教義を信奉することはなかった。彼がケネット川のハンガーフォード地区（Hungerford）で大鱒を釣り上げた武勇伝を意気軒昂に語るとき、彼の旧友であったA.C.プール氏（A.C.Poole）はしばしば、「もちろんドライフライで、ということですな、ブラウン閣下？」と訊ねたものだ。すると、ブラウン氏はいつもコホンと軽く咳払いをしてから、おもむろに次のとおり応ずるのであった。

"Well—er—perhaps a trifle damp."[70]』

ホレイス・ブラウン

【スキューズ・ニンフの変遷】

戦間期の英国釣魚界をかくも賑わせたスキューズのニンフ毛鉤とは、一体どのようなものであったろうか。彼の一連の著作をたどっていくと、これが著しい変貌を遂げてきたことが明確に読み取れる。本節ではこうしたスタイルの変化と、その背後にあるスキューズの思想の変遷について解説したい。

《註釈69》53年間の永きにわたってピスカトリアル・ソサエティに在籍し、1904年から突然の死を迎える22年まで同ソサエティの会長職を務めた人物。草木や鳥類に明るく、穏やかな人柄が多くのメンバーに愛された。開明的な釣り人としても知られ、浮力増強のために毛鉤のボディーの前後2カ所に分けてハックルを巻くFore and Aft Flyの開発者であり、また、M.E.モズレーが開発した毛脚の長いドライフライをVariantと命名したのも彼であったとされる。若いころより、その老けた容貌から「ブラウン爺さん」（Old Brown）との渾名で親しまれ、彼の実年齢を知る者は少なかったと伝えられる。享年78歳。

《註釈70》『うーん、まあ、ちょっと湿気（しっけ）ておったかのぅ。』との意。

スキューズの処女作となる「チョークストリームの小戦術」[1910]のなかでは、いまだニンフと「溺れたダン」(drowned dun)等との間に明確な線引きはなされず、沈む毛鉤の多義性が許容されていた。この点は、彼が著作のなかでいくつかの伝統的ウエットフライ(71)を推薦していたことからも明らかであるが、スキューズはそのドレッシング・スタイルについてさまざまな議論を提起した。

一例を挙げると、彼は英国各地でそれぞれに発達した地方色豊かなフライドレッシング文化のなかから、この小戦術に用いるべき毛鉤のスタイルとして、スコットランドのツイード地方やクライド地方(Clyde)に根づいたウイングフライ、そしてヨークシャーのソフトハックルフライといったものを選び出した(72)。

スキューズがなかでもスコットランド風のドレッシング・スタイルを強く推薦したのは、真上にピンと立てられたアップライト式の幅細ウイング(73)と、薄く巻かれたハックルに着目してのことであった。また、ウエットフライのボディー素材には、クイルに代えて薄く巻いたダビング材や絹糸といった、水を含みやすい素材が用いられた。これらの構造は、彼がウエットフライに求める『流れへの馴染みやすさ』("good entry")(74)のために不可欠なものであったという(75)。

ここで、我々はひとつの疑問に思い至る。ウエットフライならばどれも沈むように出来ているではないか。しかも、彼の釣りは水面直下を狙うものであって、敢えて沈みやすさを強調する必要もなかったはずである。だのになぜスキューズは毛鉤の「流れへの馴染みやすさ」を重視したのだろうか。彼の著作を読み進めると、彼がこだわり続けたニンフ毛鉤のイミテーション・コンセプトのなかに、その答えの糸口が隠されているように思われる。

スキューズが生涯を通じて、ニンフを模倣する上で最も重要と考えた形態上の要素は、「細身さ」(slightness)と「簡素さ」(lightness)であった(76)。後に彼がチョークストリームで観察することになるカゲロウのニンフはどれも微小で細長くかつシンプルな体躯を備えていたことから、そのイミテーションもまたサイズが小さく(77)、細身で簡素なものとなることは当然であったが、それと同時に、これらの要素

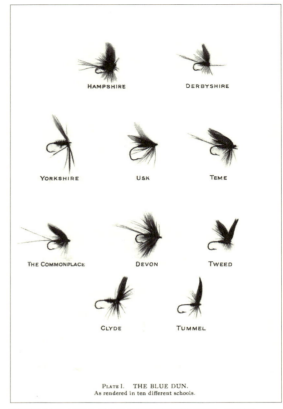

英国各地のウエットフライ・スタイル(「毛鉤に対する鱒の振る舞い」[1921])

はスキューズの沈む毛鉤が果たすべき機能上の要請まで満たすものであったのだ。

この「機能上の要請」とは何か。スキューズが沈む毛鉤に用いる小さな鉤(78)の重量では、一般的なウエットフライのぶ厚いドレッシングがもたらす強い表面張力に負けてしまい、着水後ただちに水面膜を割って沈下させることは難しかった。しかも、激しく波立つ山岳渓流ならいざ知らず、チョークストリームの鏡面のごとき流れでは、この問題の解決は一層困難であったに違いない。だからといって、重量のある鉤に換えれば、毛鉤は狙うべき水面直下より深く沈み過ぎてしまう。重量増に頼るのではなく、表面張力を最

《註釈71》「チョークストリームの小戦術」[1910]のなかでレシピが紹介された各種伝統的ウエットフライは、Rough Olive, Greenwell's Glory, Blue Dun, Iron Blue, Watery Dun, Hare's Ear, Black Gnatである。G.E.M.スキューズは同著作において、これらのパターンを、それぞれ程度の差はあれど、本質的にはどれも羽虫やニンフのジェネラル・イミテーションであると規定した。

《註釈72》G.E.M.スキューズは「毛鉤に対する鱒の振る舞い」[1921]の冒頭に、英国各地に伝わるドレッシング・スタイルで巻かれた各種Blue Dunパターンの画像を掲げて、ウエットフライの豊饒な伝統文化を讃えた。

《註釈73》G.E.M.スキューズは「チョークストリームの小戦術」[1910]のなかで、フェザーファイバーを細くまとめて束ね上げたウイングは、毛鉤の着水時の衝撃を弱める機能を果たすだけでなく、高い保水力も発揮すると説明している。

《註釈74》G.E.M.スキューズは「鱒の振る舞い」のなかで、good entryの要件として、着水後すぐに水中に沈むだけでなく、流れのなかでも暴れることなく安定して泳ぐ上に、その身に気泡をまとい難い性質まで備えるべきことを提唱した。このため、硬いウイングや大きなヘッド部といった構造を避け、左右対称な造りにすべしと説いた。

《註釈75》G.E.M.スキューズは、デヴォンシャーに伝わる、ハックルを厚くボディーに巻き上げるスタイルのウエットフライは水に浮きやすく、ダウン・アンド・アクロスで釣

るときに流れの抵抗を利用して毛鉤を震わせ魚を誘うものであり、新しいウエットフライフィッシングとは理念を異にするものであると論じている。

《註釈76》この2点の重要性については、19世紀スコットランドのW.C.スチュアートも指摘している。

《註釈77》G.E.M.スキューズは「小戦術」のなかで、通常用いるウエットフライのサイズは#0あるいは#00であって、大きくとも#1に留めるべきと指摘している。

《註釈78》G.E.M.スキューズは、ウエットフライ用の鉤にはラウンドベンド型で軸に捻りの入っていないものが適していると記している。なお、環付きの鉤に巻く毛鉤はヘッド

小限に抑えるための構造、すなわち、細身で簡素なドレッシングこそ、スキューズの連立方程式を満たす解であったのだ[79]。毛鉤をすみやかに沈ませつつも水面直下にとどめ置くことを可能とするのが、このふたつの要素の絶妙なコンビネーションだったのである。

ニンフフィッシングの創始者は、色彩論にも深い関心を寄せたことが知られている。ここではその最も有名な例を挙げてみよう。伝統的ウエットフライ・パターンに飽き足らなくなったスキューズは、次第に目覚ましい創造性を開花させていく。ある夏の一日、彼はそれまでドライフライとして利用してきたウエストカントリーの銘パターン、タップス・インディスペンサブル(Tup's Indispensable)[80]を乾かさずに流れへ投じたところ、毛鉤はすぐ流れに馴染み、その艶めかしい色彩が忽ち鱒たちを魅了したという。さまざまな羽虫やニンフのイミテーションとして働くその汎用性の高さ[81]に確信を得たスキューズは、これをウエットフライに巻き直したものを用いて釣った。当時、ボディーに巻かれたダビング材が何種類かの繊維の混合物であることは知られていたが、その正確な配合を知る者はほとんどいなかった。この秘伝のブレンドについてスキューズが記した文章を次のとおり紹介しよう。

『1900年にティバートンの故R.S.オースティン(R.S. Austin)[82]によって初めて開発されて以来、タップス・インディスペンサブルとの名で知られる鱒毛鉤のパターンは、ブラウントラウトが見かけられる場所であれば世界中どこでもその名が知れわたり、盛んに利用されている。しかし、用いられるマテリアルが、開発者の認めるところとまったく違うものになってしまっているケースのなんと多いことか。今日に至るまでその配合の秘密はしっかりと守られてきたのだ。

この毛鉤の効果を際立たせ、大きな特徴となっているダビング材の特殊な配合をオースティン氏が密かに伝授したのは、彼の家族を除けば、故C.A.ハッサム(C.A. Hassam)と私のふたりだけであった。ハッサムは忠実にこの秘密を守り通して、墓場まで持っていった。そしてまた私も彼に負けぬほど愚直にその約束を守りながら今日を迎えている。しかし私は内心、この配合が一般の釣り人にとって非常に貴重なものであることから、この

まま失われてしまうのはあまりにも惜しいと常々思ってきた。そのため、私が生きている間は無理かもしれないが、好期が到来すればこの記録を公開しようと心に決めていたのだ。

そしてついに機は熟した。この毛鉤の偽物を真正パターンだと宣伝して乱売する釣具店主らの悪行をもはや看過できなくなった今、永く守秘を強いてきた道義上の義務感から、私はようやく解放されるのだ。

この魔法のダビング材を最初に使わせてもらったのは私であると信ずる。そのころ、私はオースティン氏と頻繁に手紙をやり取りしていた。正確にいつのことであったかは思い出せないのだが、オースティン氏の手書きメモからすると、1900年6月のことであったと思う。彼は手紙のなかに鉤軸の折れたリマリックの環付き毛鉤を同封して送ってよこした。彼によれば、彼はその毛鉤を用いて、ティバートンでエクス川(River Exe)に流れ込むローマン川を釣り、地元民から難攻不落と謳われていた巨大な鱒たちを次から次へと釣り上げてしまったのだという。一匹は5ポンドを超え、ほかにも3ポンド半、2ポンド半そして2ポンドと続くのだった。もちろん、私はその毛鉤に興味を覚えて、ダビング材はなんなのかと問うてみた。すると彼は寛大にも配合を教えてくれたばかりか、同じ毛鉤をいくらでも巻けるほど大量の配合済みダビング材まで私に送ってくれたのだ。

私はオースティン氏に、この毛鉤には名前が必要だと伝えた。すると彼は私に候補をいくつか求めてきたのだった。私は彼に、「何々のインフォーリブル」だとか「なんとかのイレジスティブル」だとかいった名[83]を提案した末に、「それじゃ、タップス・インディスペンサブルでどうだろう?」と持ち掛けてみたところ、彼は名前なんかどうでも構わないというので、一件落着となった。その年の8月か9月、そのころはまだ鱒の棲んでいたウォンドル川で私がこの毛鉤を試してみたところ、ある木の覆いかぶさったポイントから、障害物のせいで多数アワセ損なったにもかかわらず、18匹もの鱒を釣り上げることに成功したのだった。この釣果に興味をそそられた私は、次のシーズンの4月末にイッチェン川でもう一度試すことになった。その日、タップス・インディスペンサブルだけを使って、ほんの100ヤードの距離を一日中かけて狙い、この気難しい釣り場で7ブレイスもの釣果を上げることができたのだ。そのときのリバーキーパーが私の釣果を毛鉤の名前と一緒に翌週のフィールド誌上で記事にしたものだか

部が大きくなる結果、水流の抵抗を受けて振動してしまうため、小型毛鉤の場合はスネル・スタイルの鉤に巻いた毛鉤のほうがスムーズに安定して流れるとも解説している。

《註釈79》ただしG.E.M.スキューズは、流れの速い川で毛鉤を即座に沈下させる必要がある場合には、1本の鉤軸から2本の鉤先が45°〜60°程の角度に拡げられているダブルフックに巻いた重めの毛鉤を用いるべきと説いた。

《註釈80》このパターンがどの羽虫のイミテーションであるかをめぐってはさまざまな議論があった。R.S.オースティンはこれをRed Spinnerのイミテーションと位置づけ、黄色がかった明るいブルーのハックルを用いて#00の鉤に巻いたこのドライフライはシーズン初期（4月中旬か

ら6月まで）に用いる毛鉤と解説したが、C.ウィリアムズはオースティンの昆虫学的見識を疑い、この毛鉤はむしろPale Watery(♂)のスピナーに似ていると論じた。なお、A.ランサムはこのパターンを『ダンにもスピナーにも、あるいはニンフにまで似ている万能ファンシー・パターン』と評している。

《註釈81》G.E.M.スキューズは「毛鉤に対する鱒の振る舞い」[1921]のなかで、『肩の部分だけに明るめのコックハックルを巻いて、Tup's Indispensableのボディーを取りつけた毛鉤を水面に貼りつくように浮かせると、しばしばスペントスピナーのイミテーションとして最強のものとなる。』と解説している。

《註釈82》デヴォンシャーでタバコ屋を営む傍ら、副業で毛鉤を巻いた職業タイヤー。Blue Uprightをはじめとするデヴォン・スタイルの各種ドライフライ・パターンを洗練させた功労者として知られる。Tup's Indispensableに用いるダビング材の秘密を公表しないまま、1911年死去。この秘伝のレシピは彼の娘に引き継がれ、彼女はそのパターンだけを巻き続けて生計を立てたと伝えられる。

《註釈83》infallibleは「絶対確実な」、irresistibleは「抗し難い」の意。なお、indispensableは「不可欠な」との意。

第4部　ニンフの歴史

ら、同誌の編集部にはその毛鉤の特徴と販売先を訊ねる手紙が殺到したという。私が編集部にオースティン氏の名前を伝えたことから、早速そのシーズンよりタップス・インディスペンサブルはスタンダード・パターンの仲間入りを果たしたのだ。

　このダビング材の配合の根幹をなす材料は、「雄羊の大事なところ」("the indispensable part of a Tup")(84)に生えた透明度の高い羊毛を、獣の油でよく洗浄したものである。この羊毛は、アザラシの体毛と同様、やや加工が難しく、タイング・スレッドに付着させ難い性質なのだが、ノウサギの頭から採ったほかにピンク色を帯びた薄毛と一緒に混ぜ合わせて用いると、スレッドへの載りが格段によくなるのだ。このオリジナル素材には、さらにクリーム色のアザラシの毛(seal's fur)とスパニエル犬から採ったレモンイエローの毛も混ぜ合わせる必要があり、仕上げとしてその望ましい彩色のために赤いモヘアをわずかに加える。私は通常、モヘアに代えてアザラシの毛で済ませることにしているが、オースティン氏自身もそうすることがあったと承知している。雄羊の毛は濡れると、アザラシの毛やモヘアの色彩を受けて光り輝き、そのボディーの色彩は驚くほどに虫のような光沢感を生み出すのだ。』(85)

　しかし、どの羽虫やニンフにも等しく似ているということは、どの種のスペシフィック・イミテーションでもないことを意味する。「厳格なる模倣」理論と相容れることのないこのパターンの人気が急速に広まっていく状況を、チョークストリームの純粋主義者たちは苦々しく受け止めていた。スキューズを公然と批判することは滅多になかったF.M.ハルフォードだが、この釣敵が愛用するタップス・インディスペンサブルについては、「ドライフライの近代発展」[1910]のなかに皮肉の一筆を遺しているところ、それを次のとおり引用してみることにしよう。

『スマットをついばんでいる最中の鱒やグレイリングを狙うときには、私の新しいブラックナットの雄パターン(86)や雌パターンを使えばまず間違いない。この２種類のうち、雄パターンのほうが私の好みなのだが、それは同じサイズの鉤に巻いても、雄パターンのほうがより簡素なドレッシングとなっているため、雌パターンよりずっと小さく見えるからなのだ。

（中略）

　ウィリアムソンが誰かから聞いた話だったか、あるいはどこかで読んだのかもしれないが、彼は「タップス・インディスペンサブル」と呼ばれるス레た鱒によく効く特効薬があることを知った。薄いブルーのコックハックルと灰色を帯びた獣毛のボディーを備えたファンシーハックル・パターンなのだが、そのボディーには羊のある部位から採ったものが使われているという――ゆえにその名がつけられたのだ。そこには、アカアザラシの煌く体毛が混ぜられるのが通例とされている。さて、ウィリアムソンは最初の一匹を仕留め、次の一匹に逃げられていたが、その後、タップス・インディスペンサブルを使って３ポンドの雌魚を釣り上げたものだから、彼はこのパターンに夢中になってしまった。そこで私は彼に、私の新しいブラックナットやブラウンアントにはいずれもタップスに劣らぬ効果がありますぞ、と敢えて勧めてみたところ、ウィリアムソンは私のフライボックスのなかからブラックナットの雄パターンを取り出して、毛鉤をつけ換えた。すると彼は雄魚の大物を２匹たて続けに釣り上げたので、以後、彼はこのパターンの篤い信奉者となったのだ。

　この一例からもお分かりのとおり、あるパターンが評判になるきっかけなどというのは、実に安直なものなのだ。このタップス・インディスペンサブルは、あらゆる点においてさまざまなスピナーに似たところのあるパターンであって、もちろん名手が用いれば、それなりの成果を挙げることだろうし、事実それは証明されている。もし私の友人がこのとき意固地になってほかのパターンを使わなかったならば、彼はファンシー・パターンの信奉者に堕するだけでなく、この日この場所の鱒はほかのどんな毛鉤を使っても喰わせることができなかったに違いないと一生固く信じ切ってしまったに違いない。そうなれば、この新型ブラックナットの雄パターンの力量など、決して信じてもらえなかったことだろう。』

　ここで読者にはご理解頂きたいのだが、ハルフォードのこの皮肉は、単に彼の個人的な苛立ちにのみ由来するものではなく、多くの純粋主義者たちが揃って危惧した、なんでもありの風潮を恐れるがゆえのことであった。イミテーション・パターンの名を騙るアトラクター・パターン、あるいはニンフ毛鉤の名を隠れ蓑にするウエットフライの登場は、ゲームの伝統を護り続ける英国ドライフライマンにとって許し難い

《註釈84》この雄羊の睾丸周りに生えた体毛が選ばれる理由を、尿で濡れて黄色に着色しているからだとする俗説もあるが、筆者は寡聞にして、G.E.M.スキューズ自身がそのように書き記した文章を確認できていない。

《註釈85》FLYFISHERS' CLUB JOURNAL [Summer 1934]から引用。

《註釈86》F.M.ハルフォードが「ドライフライの近代発展」[1910]のなかで指定したレシピによれば、ウイングは淡いブルーダンのコックハックルを２枚取りつけ、光沢のある黒いムクドリ(Starling)の羽根２枚をハックルに巻いて、ピーコッククイル製のボディーの上から馬の黒いタテガミの毛で４回密に巻き上げてリブづけし、仕上げ

としてヘッド部を明るい栗色に染めた馬素で留める。鉤のサイズは#00。

《註釈87》ANGLING LETTERS OF G.E.M. SKUES [1956]より引用。

《註釈88》G.E.M.スキューズは同じ出典のなかで、彼自作のニンフ毛鉤を釣具屋に渡したところ、ひと月のうちにそのサンプルとは似ても似つかぬニンフとは名ばかりのアトラクター・パターンが店頭に並び、しかも考案者として自分の名前まで使われてしまったことを嘆いている。

存在であるばかりか、恐るべき脅威でさえあったのだ。

　事実、ニンフフィッシングが各地で浸透するにつれて、巷の釣具店ではニンフ毛鉤とは名ばかりのアトラクター・パターンがショーケースのなかを賑わせていった。当のスキューズ自身もそうした風潮には当惑を隠さず、『これらの失敗作や怪物たちを使って何匹かの鱒を釣るのに味をしめてしまった無知蒙昧なる大衆というのは圧倒的な洪水のごときもので、はたして真のニンフフィッシャーはこれに太刀打ちできるのだろうか。』[87]と半ば諦めがちに記している[88]。

　それでは、この問題について「厳格なる模倣」主義の立場から論じたN.マッカスキー博士の言葉を、彼の佳作「釣りこそわが生涯の愉しみ」[1950]のなかから引用してみたい。

　『もし釣り人が本物のニンフの姿をもう少ししっかりと理解できていたならば、チョークストリームでニンフ毛鉤を用いることがこれほどまでに論争の的となることはなかっただろうし、反対の声も少なかったはずだ。今日みられる「ニンフ毛鉤」のデザインはしばしば曲解され、あきらかにウエットフライでしかないものまで含んでしまっている。釣具屋たちは、どの羽虫のニンフにも似ていないものであってもとにかく「ニンフ」と名づけてやろうと、どんなチャンスにも跳びついているありさまだ。もし仮に、これら釣具屋たちが彼らのいわゆるニンフ毛鉤に「ウエットフライ」だとか「ルアー」だとかと名づけようものなら、そんなものは決して売れないだろう。ところが、「ニンフ」という名をつけさえすれば、単なるウエットフライでしかないという事実が覆い隠されることになるのだ。ほとんどのチョークストリームにおいてウエットフライはタブーとされている。前に述べた怪物のような毛鉤がニンフのイミテーションとみなされるようになれば、釣り人は良心を押し殺してそのルアーに手を出してしまうことだろう。だが、そのとき釣り人は、その川で認められた釣りのルールに違反してしまっているのだ。

　ニンフ毛鉤を巻くのは難しいことではない。それに、ダンをきちんと模倣する毛鉤のドレッシング法があるのと同様、ニンフ毛鉤のドレッシング法も種類ごとにそれぞれきちんと用意されているはずだ。どんなに時代が移り変わろうとも、釣り人がブラッディーブッチャーのハッチを目撃することなどおよそあり得ないと思うのだが、現実には、ブラッディーブッチャー・ニンフやら、グリーンウェルズグローリー・ニンフ、そしてタップ・ニンフなん

ぞといった滅茶苦茶な毛鉤が販売されている始末だ。そんな毛鉤で釣るのをニンフフィッシングと呼ぶことはもはや許されず、ミミズの餌釣りとなんら変わるところがない。これらファンシーニンフのなかには、色彩が淡水エビに似たものもあるのだが、テイリング中の鱒にこれを投じればよく喰いついてくることだろう。特に、エビ毛鉤を竿先で軽くシャクリながら操作してやれば効果抜群だ。しかし、それは「シュリンプフィッシング」というものである──それ以上でも、それ以下でもない。』

　こうしたニンフの名を騙る毛鉤が跳梁跋扈するに到り、スキューズは理論的要請としてのみならず、社会的要請としても、「厳格なる模倣」主義に基づくニンフ毛鉤の開発を余儀なくされていった。これ以降、彼は開発する沈む毛鉤の模倣対象をニンフ──特にイマージング状態のもの──一本

「毛鉤に対する鱒の振る舞い」[1921]で紹介された
ニンフ毛鉤のタイイング手順

第4部　ニンフの歴史

に絞り込み、スキューズ・ニンフ (Skues Nymph) と呼ばれる一連のイミテーション・パターンを開発していくことになる。

「毛鉤に対する鱒の振る舞い」[1921]のなかで、スキューズはニンフ毛鉤のドレッシング法について詳細に解説している。ニンフの体躯が帯びる煌きを模倣するため、ダビング材には必ずアザラシの体毛を混ぜる。この光の効果を増強すると同時に、ダビングボディーを鱒の歯から守るためにも、その上からシルバーワイヤーでリビング処理する。ニンフの脚部を模倣するために小さなハックル[89]をヘッド部に設け、鉤軸に沿って巻きとめたハックルフェザーの根元側の部分を前方に折り返してソラックス（胸部）の上にウイングケースを造成する[90]。こうしたスタイルは、紛れもなく今日我々が用いているニンフ毛鉤の原型を成すものである。

こうした、スキューズの「厳格なる模倣」主義者としての一面[91]を如実に示す史料として、「毛鉤に対する鱒の振る舞い」のなかから、ニンフ毛鉤のドレッシングについて解説する次の一節を紹介することとしたい。

『私は各種のニンフ毛鉤をチョークストリームで使い続けてもう15年目になるが、鱒が水面上で餌を摂っていないときにも幾度となく成功を収めてきた。私はこれらの毛鉤を、摂餌中の鱒に向けてアップストリームで投じてきた訳だが、観察の結果、ハックルを省略した裸のニンフ毛鉤が、短いハックルを軽く巻いたニンフ毛鉤ほどの効果を挙げることはなかった。ソフトハックル（小鳥か雌鶏のもの）を軽く巻いたニンフ毛鉤は、本物のニンフがハッチする姿として鱒の眼に映っているに違いない。また、青味がかった明るい色彩を備えた雄鶏のハックル——ほとんど水の色と同化する——を軽く巻いたニンフ毛鉤の場合は、そのボディー周りにしっかりと開かれたハックルによって沈下速度が緩められ、さらには生命感を暗示するアクションをこの毛鉤に与えているのではないか、というのが私の信ずるところである。

さて、私が実際に使っている毛鉤のうち、柔らかいフェザー製のハックルが巻かれていないニンフ毛鉤には、ダビング材としてアザラシの体毛をたっぷり用いている。このダビング材が、毛鉤に輝きと透明感を与えてくれるのだが、これを細めのゴールドワイヤーでリビングしてやれば、その効果は一層増すことになる。

もちろん、これらのイミテーションはなおも精緻なものではない。あのF.M.ハルフォード氏が水に浮く毛鉤で取り組んだのと同じくらいの「厳格なる模倣」を、是非ウエットフライ愛好家のどなたかにニンフやラーバのイミテーションで実現してもらえないものか、という大勢の人々の嘆きに、私もまた心から共感する[92]。そして、こうした毛鉤の製作は、ひとりの釣り人だけではなく、多くの名手たちによって試されるべきであろう。

（中略）

ニンフの形態を模倣することはたやすい。しかし、その色彩をフライドレッサーが正確に再現できるよう文章できちんと説明することは難しい。その手始めとして、最も古くからあるニンフ・パターンのひとつ、ハーフストーン (Half-stone)[93] を例に挙げてみよう。この毛鉤には、明るく、ほとんど水と同じ色で、下から見上げる魚にはほとんど見えなくなるようなハックルが巻かれ、ニンフの体躯と同じ形状のボディーが形作られて、モグラの体毛で作ったソラックスの後方には黄色のシルクフロスが巻き上げられる。このボディーの後ろ半分を覆う黄色いフロスは、水に濡れると緑色に変わる。

色彩について「厳格なる模倣」を標榜する釣り人は、生きたニンフにあたらなければならない。モスリン生地製の手網で藻の間を浚ってみれば、さまざまな色彩の各種ニンフを採取できることだろう。それは薄い黄色から濃いオリヴ色、さらにはニンジン色のものまで多岐にわたる。』

20世紀ドライフライを産み落とした陽光と水面のマジックも、水中を流れるニンフ毛鉤には魔力が及ばない。鱒が水面膜のレンズを介さず直視することのできる沈む毛鉤において、そのイミテーションは精確でなければならない、というのが当時の理論家たちの見解であった。この例に漏れず、1920年代には熱心にニンフの「厳格なる模倣」論を提唱するスキューズであったが、さらなる経験の蓄積は、彼の思惟を再び移ろわせてゆく。

スキューズはその晩年に、「チョークストリームの鱒を狙うニンフの釣り」(NYMPH FISHING FOR CHALK STREAM TROUT [1939]) と題する著作を発表する。しかしながら、かつてのF.M.ハルフォードがそうであったように、齢を重ねたスキューズ翁もまた、この最後の作品のな

《註釈89》G.E.M.スキューズは、流れを受けて蠢くこのハックルのようすが生命感を醸し出して鱒を魅了する効果は、W.C.スチュアートのSpiderやノースカントリーのSoft-hackled flyの効果と同じ理論に基づくと説いた。

《註釈90》同著において、これとは反対に、前に伸ばしたフェザーを後方に折り返すドレッシング法についても解説されている。

《註釈91》ただし、この偉大なネオ・イミテーショニストが単なる「厳格なる模倣」理論に収まるはずはなく、彼と同時代の革命児たちが提唱する理論を自らのニンフ・パターンに織り込んでいった。その一例を挙げるならば、彼は「鱒の振る舞い」のなかでJ.W.ダンの透明性理論を応用

して、鉤軸の上にそのままシルクフロスを巻きつけ、それが水に濡れればニンフ同然の輝く透明感が再現できると主張した。なお、その際に彼は、ダンが行ったように鉤軸を白く塗る必要はないと説いている。またこれとは別に、透明感を得るためにセルロイド溶液に浸した白いシルクスレッドをニンフのボディーに用いる実験も行っている。この例からも明らかなように、同著のなかでは「厳格なる模倣」主義とネオ・イミテーショニズムというふたつの相異なる思想がせめぎ合っているようすが確認される。

《註釈92》他方G.E.M.スキューズは、同引用文に続く一節において『模倣というよりも、象徴あるいは暗示という要素こそ、ニンフ毛鉤のドレッサーが追うべきものである。』とも論じている。

《註釈93》デヴォンシャーに伝わる伝統的ウエットフライ。ウエストカントリーでは早春のパターンとされる。その名の由来について、C.ウィリアムズは『そのボディーの後ろ半分がストーンフライの体色と同じ色彩を帯びるからではないか。』と記している。

《註釈94》同著のなかで彼は自身のニンフ毛鉤像を定義した。それはカゲロウ類のイマージングニンフのイミテーションでなければならず、アトラクターやファンシーフライであってはならないのはもちろんのこと、「沈んだ羽虫」のイミテーションとされるノースカントリー・スタイルのハックル・パターンであってもならないと説いた。このように厳格なスタイルの指定には、晩年のF.M.ハルフォードの頑迷さに相通ずるものがある。

338

かでは新たなフライフィッシング像を提示するのに窮し、な
おも古きスキューズ理論の回顧に拘泥して[94]、亡き仇敵の
あら探しに終始した。それでもなお、この内容に最後の輝
きが認められるとすれば、それは「厳格なる模倣」思想から
の解放という一点に尽きよう。
　スキューズはこの著作において、精緻な技巧を凝らした
各部位のドレッシングを盛りつけるほどに、ニンフ毛鉤から
はその「簡素さ」や「細身さ」といった、ニンフを象徴する本
質が失われてしまうリスクを指摘した。あらゆる付加的な
要素を削ぎ落し、イミテーションの本質を顕現させようと
苦闘するスキューズがバイスの先に夢見たものは、米国の
P.ジェニングスがあのロイヤルコーチマンのなかに見出し
た幻視と変わらぬものであったに違いない。
　それでは、晩年のスキューズがニンフ毛鉤のイミテー
ショニズムについて言及した一節を次に引用してみよう。

『「毛鉤に対する鱒の振る舞い」の出版当時、私はウイングケー
スや脚部の位置や形状を調整することでそれらの部位を暗示
しながら、精緻にニンフを模倣することの重要性を認めてい
た。しかし、さまざまな体験を経て、こうした「厳格なる模倣」
が、特にある程度の流れがあるような場所であれば、必ずしも
さほど頻繁に必要とされるものではないことに、私はようやく
気づいたのだ。

（中略）

今シーズン初めのころ、私は春季のペールウォータリィ・ダン
の小型ニンフを模倣するために、従来よりもずっとシンプルな
パターンを使ってみた。数年前から、このニンフを模倣するもの
として、プリムローズ色のシルクフロスの上に青味がかったリスの
毛を軽く載せたボディーに黄色いシルクスレッドでリブづけし、
リスの毛と同系色となるブルーダン・コックのごく短いハックル
を頭部に設けて、テイルには似た色彩のヘン・ハックルから2,
3本のファイバーを切り出して作る、極めてシンプルなパターン
を用いてきたところだ。ところが今年に入って、マーロウスプーン
を使って鱒の胃のなかから取り出したニンフを白い小皿の上に
浮かばせてみたところ、そこに現れたニンフの体節が描きだす紋
様の鮮やかさに、私はすっかり心奪われてしまったのだ。私はこ
のパターンに、黄色いシルクに代えてゴールドワイヤーを巻いて

《註釈95》アオサギのしなやかな羽根軸を指す。

晩年のスキューズが巻いたニンフ毛鉤
(G.E.M.SKUES: THE WAY OF A MAN WITH A TROUT [1977] より)

観察用小皿に取り出したニンフ
(「チョークストリームの鱒を狙うニンフの釣り」[1939])

みたのだが、このスタイルよりもヘロン・ハール（Heron herl）
[95]を巻きつけたほうが、多少は釣果につながることが分かった。

（中略）

私はニンフ毛鉤をいくつかのパターンに標準化するような
真似はしない。その代り、飽きもせず鱒の口にマーロウスプーン
を差し入れては、胃の内容物を小皿の上に浮かべ、新しいニ
ンフが見つかれば、最新のドレッシング法でこれを再現するよ
う努めているところだ。

今日に至るまで、鱒の胃袋のなかに翅を着けたダンが2％ほ

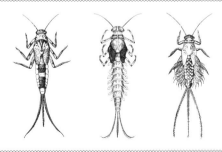

第4部　ニンフの歴史

ども入っていた光景など、私はお目に掛ったことがない。その中身は、ニンフ、ニンフ、ニンフ。すべてニンフで満たされていたのだ。』[96]

　かくしてスキューズが到達したのは、必要最小限のイミテーションが施された、ニンフ毛鉤のごくシンプルな姿であった。鉤軸を透明なワックスのかけられたシルクスレッド[97]で巻き上げ、本物よりもやや長めのテイルを取りつける[98]。必要とあらばボディーにはダビング材[99]やワイヤーリビングを施すが、これらは無くとも構わない。あとは、ウイングケースを暗示するため、胸部に色の濃いダビング材[100]をひと摘み分だけ巻きつけて、その前方にハックルを1、2巻きだけすれば完成、というのが「チョークストリームの鱒を狙うニンフの釣り」のなかで示されたスキューズ・ニンフの最終型であった。

　簡潔な構造のなかにも重要な特徴点を際立たせるという抽象性の高いスタイルを完成させたスキューズであったが、彼はふと想う。あらゆる可能性を突き詰めた結論であるはずのこのパターンが、過去の優れた伝統的ウエットフライから出発して、はたしてどれだけ進歩し得たというのだろう？スレッドを巻く手を止めた彼の胸中に去来するのはいかなる想いであっただろうか。それは失意の諦観か、それとも得意の達観か。

　スキューズがその思想の最終段階にたどり着くほんの少し前、「印象主義的ニンフ毛鉤」[101]とも呼ばれるパターンの可能性についてようやく思案を始めた1929年のこと、彼はフィールド誌上に「円は閉じられた」(THE WHEEL FULL CIRCLE)と題する記事を発表する。そのなかから、スキューズが人生を振り返りながら己の成し遂げた業績の歴史的意義について自問自答する一節を紹介して、この偉大な釣り人の冒険譚を終えることとしたい。

　『ある6月の朝、私はイッチェンの畔でスポーツを満喫した[102]。風下となる岸際のあらゆる小さな窪みでは鱒たちが面白そうなライズを執拗に繰り返していたのだが、水に浮かぶ羽虫にも、そしてまたその模倣物にも、彼らが喰いつくことはないようであった。それにもかかわらず、私のニンフ毛鉤には喜んで跳びついてくれたのだが、釣りを堪能しているうちに、私の心は53年前の少年時代へと逆戻りしていた。そのころ、私は伝統校に通う学生であって、私が初めて毛鉤で釣ったのもこの学校でのことだった。そこで私は、今朝のこの釣りのようすと、ドライフライが登場する以前のチョークストリームで人々が追い求めていた釣りのようすとを比べてみようと思いついた。そのころは、13、14、あるいは15フィートもあろうかというベナベナした長竿の時代であった。対岸でライズする鱒に向けて馬素と絹糸で出来た軽量な混紡ラインを投じるためには、そんな竿が必要とされていたのだ。もちろん、これらの釣り人もライズ中の魚を狙っていたには違いない。それと比べれば、9フィート／5オンスのスプリットケーン・ロッドでライズ中の鱒めがけて、サイズ#00のごく小さな我がニンフ毛鉤を投じる釣りというのは、まったくの別物だ。ところがである。オイルの施されたシルクラインを投じるのに必要な竿の構造を別とすれば、はたして私の釣法は、ドライフライ時代より前の釣法とそんなに大きく違っているのだろうか？

　私のニンフ毛鉤は、羽虫ではなくその幼虫を模倣すべく製作したもので、鱒の胃袋のなかからマーロウスプーンで取り出した本物のニンフを白い小皿の上に置いて観察した成果である。ところがこれを、1875年にジョン・ハモンド翁がドライフライとして私に販売してくれた何本かの毛鉤と、記憶のなかで比べてみたところ、両者の間にほとんど違いが見られないことに、私は強いショックを受けたのだ。

　これら古いパターンのなかにはウィッカムズファンシーが含まれており、確かにこれは水に浮くよう設計されていた。しかし、残りの8〜10パターンは、細身でテーパーの掛けられたダビングボディーを備え、ウエットフライの釣りでよく言われる、「流れに馴染みやすい」スタイルとなるよう、ヘッドから後方に向けた絶妙な角度でハックルとウイングが取りつけられていた。これらの毛鉤は、ドライフライと称して販売されていたものの、古くから伝わるウエットフライそのものであったことは明らかだ。H.S.ホール氏が環付き鉤を発明する以前の、あの「水に浮く毛鉤とその巻き方」の内容がまだその作者の頭のなかに眠っていた時代のこと、ドライフライに鞍替えし始めた当時の釣り人たちが我先に跳びつくように買い求めたのが、これらの毛鉤だったのだ。さらに言えば、幅の細いウイングをボディーの上にしっかりと固定して、ボディーの下側にハラリとハックルが巻かれたその毛鉤をウエットフライとして用いれば、一般的なウイングフライ

《註釈96》「サイドラインズ・サイドライツ・アンド・リフレクションズ」[1932]より引用。

《註釈97》G.E.M.スキューズは同じ作品のなかで、シルクスレッドの色彩は模倣対象となるニンフの体躯の下側の色を用いるべきことを説き、胸部や腹部だけ色彩が変わる場合には、その部分を別色のシルクスレッドで巻き換えることを勧めている。

《註釈98》これは、ニンフ毛鉤が尻を下に向けて不自然な姿勢で沈下するのを防ぐよう、テイルにパラシュートの役目を果たさせるための工夫であった。

《註釈99》後に米国オレゴン州のポリー・ロズボロー(Ernest "Polly" Rosborough [1902-1997])はその著書TYING AND FISHING THE FUZZY NYMPH [1965]のなかで、輪郭の曖昧(fuzzy)な印象主義的ニンフ毛鉤を提唱した。そのボディーは、毛脚の長い獣毛を大量に撚ってまとめた麺状のダビング材を鉤軸に巻きつけることにより成型されるが、ボディーの輪郭を一層曖昧にするために、ハサミの刃先でその表面を掻き出して毛羽立たせるよう指示されている。同処理は本来、起毛が水中に揺れて獲物を誘うことを意図したものであるが、他方、このニンフ毛鉤がSkues Nymphと同様、羽化直前のニンフを表現するものとして、基本的に表層域を狙うよう設計されていた事実は、薄い起毛が背後から照射された陽光を透過させて、川底から眺める鱒

の視覚に魅力的な色彩感を訴えている可能性を示唆しているようにも思われる。

《註釈100》G.E.M.スキューズは同作品のなかで、ニンフの胸部は腹部と異なり、光を通さない不透明な構造体である旨記している。ポリー・ロズボローも羽化直前のニンフはそのようになると記している。

《註釈101》幾人かの釣魚史家はG.E.M.スキューズが到達した作風をこのように評しているが、筆者にはむしろ、米国のP.ジェニングスがその最晩年に論じた、「新象徴主義」とも呼ぶべき一層抽象性の高い表現形式であるように思われる。ちなみに、毛鉤の新象徴主義とは、「革新的スタイルの創造論」であると同時に、「伝統的スタ

などよりも遥かに精巧なニンフのイミテーションとなったことまで、私は今もはっきりと憶えている。

　釣具の機能上の発展は別として、いわゆる「進歩」目覚ましいこの30余年の間に、我々がウエットフライの釣りにおいて真に成し遂げることのできた成果は何かと問えば、それは鱒に向けて投じられるのが羽虫のイミテーションの代わりにニンフのイミテーションとなったことである、と広く認められるようになっ

たのは実に感慨深い。さて、ここで我が身中に巣食う皮肉の蟲が騒ぎだすのには我ながら困ったものだが、過去を想像するに、ジュリアナ女史の時代よりずっと大昔の、おそらくはフライフィッシング黎明期のこと、人々は鱒の腹を裂いて取り出したニンフを真似て、あれこれ思案しながらジョン・ハモンドの毛鉤の出来損ないみたいなものを巻いていたのではなかろうか。世の廻(めぐ)りとはかくのごとし。("So the world goes round.")』[103]

アボッツ・バートン釣区を釣るスキューズ

イルの再評価論」でもある点に留意したい。いにしえのフライ・パターンに篤く想いを馳せた点において、スキューズは、Royal Coachmanのイミテーショニズムを読み解いたジェニングスと深いところで繋がっている。

《註釈102》1949年8月9日、G.E.M.スキューズは90歳で天寿を全うした。遺言に従い、彼の遺灰は愛するアボッツ・バートン釣区のイッチェン川に撒かれた。

《註釈103》「サイドラインズ・サイドライツ・アンド・リフレクションズ」[1932]より引用。

第12章 スキューズの申し子たち

【ニンフの福音】

　ドライフライの法王たるF.M.ハルフォードが著作を通じてその教義を新世界に伝道したように、ニンフ毛鉤もまたG.E.M.スキューズの記した福音書を通じてこの若き大陸へともたらされた。現代の米国フライフィッシャーたちは忘れている——あるいは知らんぷりを決め込んでいる——かもしれないが、今日、彼らが世界中に移植を進めているアメリカン・フライフィッシングの文化も、源をたどればその種子は大西洋の向こう岸に住む兄弟たちからの贈り物であったことを、いくつもの史料が克明に記録している。このとき米国の釣り人たちは、福音の到来を諸手を挙げて迎えたのだった。その歓声は次のように響き渡ったに違いない。

<blockquote>
来たれ、創造主よ、聖霊よ、
天上より降臨し給え。
民草の魂をば御手(みて)に取り、
その御業(みわざ)にて我らを満たし給え。(104)
</blockquote>

　米国において、沈む毛鉤をニンフのイミテーションと位置づけ、アップストリームで釣ることを提唱した最初の人物は、あのセオドア・ゴードンであった(105)。彼が好んで行ったウエットフライフィッシングは、毛鉤を水面膜に割り込ませながら半沈状態で流下させる、ウエットとドライの中間的な手法であったと伝えられる(106)。ゴードンの記すところによれば、こうした釣法は古くから米国で愛されてきたというが、実のところ、それがG.E.M.スキューズと書簡を交わすなかでゴードンが大いに感化された結果であったことは言うまでもない(107)。釣魚を司る聖ペテロは、またしても伝道の先陣をゴードンに託されたのだった。

　ゴードンは早くも1903年のフィッシング・ガゼット誌上において、英国ノースカントリーのT.E.プリットが説いたのとは反対に、『きちんと巻かれた毛鉤というものは、いったん濡れると形が崩れてしまうが、再び水のなかに入れるとハックルはすべてピンと起き上がり、まるで乾いた状態と変わらぬ姿態を取り戻す。』と論じて、沈む毛鉤のアピール力を説いた。米国アングラーが愛用する硬めのハックルを薄く巻いたクイルゴードン(108)等を水面直下にドラッグフリーで流すこの釣りのスタイルは、ドライフライフィッシングとほとんど変わるところがなかったに違いない。この記事のなかに記された『米国でドライフライを用いて最も巧みに釣っているのは、優れたウエットフライの使い手たちである。』との彼の指摘は、このスタイルの釣りの場合、至極当然であると言えよう。

　それでは、こうしたゴードンの信条が明確に読み取れる一節を、彼の投稿記事(109)のなかから次のとおり引用してみたい。

　『米国で最も腕の立つ釣り人たちが行っているウエットフライの釣りは、英国の大勢の人々やドライフライ学派の人々が語る「水に沈む毛鉤」や「放り込んであとは運任せ」といったものとはまったく似ていないことが何度も指摘されてきた。我々のやり方は、アップストリームで釣り、しばしばライズ中の鱒を狙うものだ。1回あるいは複数回フォルスキャストをして、毛鉤から水気を飛ばしてハックルを広げさせる。その毛鉤はドライフライではないかもしれないが、水面上あるいは水面下ギリギリのところを流れるのだ。ライズはドライフライと同様、目でしっかりと確認することができるし、そこですぐにアワセないと鉤に掛らない。通常、英国の人々が「ウエットフライ」と言うときに

《註釈104》ラテン原文は"Veni creator spiritus, / Mentes tuorum visita; / Imple superna gratia, / Quae tu creasti pectora."。グスタフ・マーラーが作曲した交響曲第8番「千人交響曲」の第一楽章において、パイプオルガンと大オーケストラが鳴り響くなかで唱和される歌詞から冒頭の一節。

《註釈105》L.リードは「各種ニンフ毛鉤の用い方」[1921]のなかで、19世紀末に活躍したA.N.チェーニーを、ニンフ毛鉤の可能性について米国で最初に言及した一人と位置づけ、彼が『釣りのエキスパートたちはもう何世紀にもわたって鱒を誘惑するために羽虫にばかり注目し続けてきたが、鱒の餌となっている川底の虫たちに関心を払うことを忘れてしまっているか、あるいは多分気

づいていないのだ。その本物を餌にしてもいいし、上手に造ったイミテーションでも同じくらい使えるはずだ。』と語ったことを記録している。

《註釈106》T.ゴードンはまた1903年のフィッシング・ガゼット誌において、『英国のチョークストリームで用いられているような、#00や#000といったサイズの極小毛鉤をわざわざ使って、流れの激しい大川を釣る必要はない。』とも説いている。

《註釈107》スパース・グレイ・ハックルは「釣れぬ日の釣魚夜話」[1971]のなかでR.スティーンロッドの証言を引用して、当初、T.ゴードンはウエットフライを使う際にはいつもダウンストリームで釣っていたのが、G.E.M.ス

キューズと知り合ったのを契機に『半分ウエット半分ドライ』風のアップストリームの釣りに目覚めたことを記している。事実、ゴードンがスキューズから受けた影響は、1913年のフィッシング・ガゼット誌においてゴードンが記した『古くからドライフライの聖地であったイングランドのチョークストリームでは、小型のウエットフライやニンフのイミテーションの利用が定着しつつあるところだ。鱒が幼虫を狙って水面直下で餌を摂っているときに、これを見逃す手などあろうはずがない。鱒の腹を開けば、幼虫やその抜け殻が頻繁に見られることだろう。我々がドライフライで釣るのは、それが最も面白いからなのであって、最も優れているからではない。ウエットフライマンのなかにも素晴らしく優秀な人々が昔から存在するのだ。』との一節のなかにも明確に認められる。

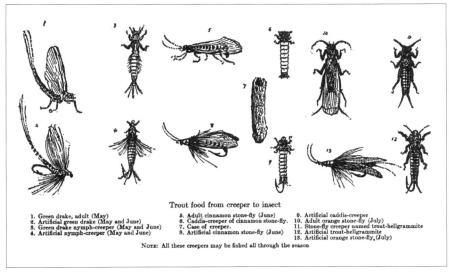

オリジナルとイミテーション(「釣り人の疑似餌とゲームフィッシュの食性」[1920])

は、2本以上の毛鉤を十分に沈めるダウンストリームの釣りを意味しているようだが、私が何人かの文通相手とやり取りした内容から察するに、どうやらこの釣りでは自分でアワセるにせよ、向こうアワセで掛ってくるにせよ、ライズを自分の目で確認することはしないものらしい。ドライフライを美しく完璧に使いこなす米国の釣り人を何人も知っているが、彼らはドライフライを崇拝している訳ではないので、その釣りだけにこだわることはない。』

T.ゴードンがこのように伝えたウエットフライの釣りは、間違いなくスキューズ・スタイルに基づくものであった。しかし、F.M.ハルフォードの贈った英国ドライフライがゴードンの手を経て独自のスタイルへと進化していったのと同様──否、それ以上劇的に──、ニンフ毛鉤は新大陸の自然条件に順応しながら、驚くべき変貌を遂げていくことになる。その最初期における事例のひとつは、1920年代の東海岸において確認することができる。

米国アングリング・エントモロジーの先駆けとなる「米国の鱒川に棲む昆虫たち」が発表されたその4年後、ルイス・リードは再び野心作を世に問うた。この作品、「釣り人の疑似餌とゲームフィッシュの食性」(FISHERMAN'S LURES AND GAME-FISH FOOD [1920])において、彼はカエルやザリガニを模した疑似餌を紹介するのに併せて、ニンフ段階やピューパ段階にある水生昆虫のイミテーション論を展開した[110]。当時の先進的な英国フライフィッシャーでさえ、彼のニンフフィッシング論を聞けば仰天したに違いない。リードが提唱したのは、ニンフ毛鉤を枝素状に複数取りつけ、リーダー先端には捨石式の錘を結びつけるという、鮎のドブ釣りと同様のスタイルであった。およそ伝統的フライフィッシングのあり方からかけ離れた釣法[111]ではあったが、彼の理論のなかには目を瞠るべき論点が示されていたこともまた事実である。

翌年に発行された小冊子、「各種ニンフ毛鉤の用い方」(HOW TO FISH VARIOUS NYMPHS [1921])のなかで、彼は前作の理論を一層研ぎ澄まし、今日の我々でさえ驚くほどに仕掛けの機能性を高める一方で、羽化のために水面近くまで泳ぎ上がるニンフの行動を模倣する必要性を説いた。この後段の主張こそ、後に英国のF.ソーヤーが編

《註釈108》同パターンを水面に流すと、水の色と同化してほとんど見えなくなることから、T.ゴードンはこれを"Silvery"(『銀色に光るもの』)と呼んだ。

《註釈109》LITTLE TALKS ABOUT FLY-FISHING (FISHING GAZETTE [June 1907])

《註釈110》L.リードは幼虫段階の水生昆虫にも独自の呼称を用い、カゲロウの幼虫 (drake-creeper)やトビケラの幼虫(caddis-worm creeper)、カワゲラの幼虫(trout-hellgrammite)のイミテーション・パターンを開発した。彼はこれらにNature Lureという商品名を与え、ニューヨークのウィリアム・ミルズ&サンズ社に独占販売させた。

《註釈111》この著書においてL.リードが『簡単に言えば、この釣法は餌釣りとフライフィッシングを融合させたものであって、これをフライフィッシングのように投げて、後はミノウの曳き釣りのように引っ張ってやるのだ。』と語ったところには、彼がこの釣法によって餌釣師をフライフィッシングに転向させようとしていたフシが窺える。

第4部　ニンフの歴史

み出すことになる「誘い喰い」(induced take) 理論を先取りする議論であり、その一点だけとっても、ニンフフィッシングにおけるリードの貢献は高く評価されるべきであろう[112]。

それでは、この小冊子のなかから、特に印象的な文章のいくつかを抜き出してみよう。

『英国の釣り人がチョークストリームで実践しているこの最新式の釣法について詳細を知ることは、トラウトアングラーたちを間違いなく喜ばせるだろう。私は、有名なロンドンのフィールド誌で釣魚を担当するシェリントン氏[113]から、このニンフフィッシングの新技術について若干教えを受けたところだ。この釣法こそ、ドライフライの釣りとウエットフライの釣りを融合させた、釣り人の技術の最高峰に位置づけられるべきものである。では、その知られざる姿を簡潔に記すこととしよう。

（中略）

まず理解しておくべきことは、英国のチョークストリームが流れているのは、水をまるで水晶のごとく透明に濾過する石灰質豊かな丘陵地帯に恵まれた南イングランドであるという点だ。こうした緑地帯を流れる川は水深があってゆったりと流れ、大量の水草類を繁茂させて、なかに豊かな鱒の餌を育んでいる。その最も有名な流れはイッチェンやテスト、そしてエイヴォンであるが、これらはすべてハンプシャーの大地を潤し、エキスパートと呼ばれる英国の鱒釣師たちにドライフライフィッシングの場を提供しているのだ。

アメリカやカナダの鱒川はこれと完全に性格を異にする。流れはどこもほとんど一様に速く、通常水深は浅く、岩盤や砂礫の上を流れていて、川底は植生に乏しい。こうした理由から、鱒を狙うニンフフィッシングのスタイルは、米国の鱒川の条件とそこに棲む水生昆虫たちに適合するよう修整されなければならないのだ。・・・（以下略）

ドレイクのクリーパーをはじめすべての水生昆虫は、泥底や砂礫底の下3インチから18インチのところまで穴を掘って生活しているので、幼虫段階では鱒の目から逃れ、餌となる機会は少ない。

したがって、鱒が待ち構えている層で捕らえられるニンフとは、鱒釣りのシーズンを通じて、川底を離れ、頻繁に水面近くまで泳ぎ上がる個体なのである。こうした事実を考慮すれば、

我々が投じるドライフライや水面直下を流れるウエットフライに鱒がほとんど反応を示さないようなケースは、まったくもって驚くに値しない現象なのだ。

（中略）

水底近くをニンフ毛鉤で釣るためには、ダウンストリームで狙う必要がある。ポイントとしては、3フィートから4フィートの深さで流れる瀬のなかを釣るのが最適だが、水深があればあるほど、魚とめぐり会う可能性が高くなる。特に流れが速い場合、クリーパーは決して浅瀬にはいない。毛鉤を投じるにはゆったりと流れる瀬を選ぶのがよいが、25フィートを超える遠投は必要ない。

ドライフライスタイルのニンフフィッシングをやるのであれば、同様のポイントにおいてアップストリームで釣らなければならない。ドライフライスタイルのやり方に不慣れなウエットマンは、前章で解説したキャスティング法を少し練習すればすぐに慣れることだろう。

前にも述べたとおり、ニンフフィッシングは近い将来、餌釣りに取って代わることになるだろう。しかし、この釣りはそれ以上の価値を持つものであって、ミミズ餌でも羽虫のイミテーションでも釣れない鱒を魅了し得る、きわめて重要な手段となることだろう。底を狙う場合、リーダーに取りつける毛鉤は1本だけに限定する必要はない──2本でも、あるいは4本ものニンフ毛鉤を同時に用いることができる。その場合、サイズや色彩がそれぞれに異なる毛鉤を取りつけるようにすべきである。そのように釣ることは、さまざまな種類のクリーパーが一斉に水中に現れることも多い自然の実態に適っているといえよう。

私が英国流のニンフフィッシングを学んだのは短期間に過ぎず、結論めいたことを申し上げるのにはまだ実験が足りないというのが実情だ。鱒釣師各位におかれては、これまで私が努めてやってきたように、我が国においてこの釣法を完成させるべく取り組まねばならない。私は本物のクリーパーを摸した完璧な毛鉤を製作することに成功したところであって、最大級の鱒を狙うことのできるカナダやメイン州の釣り場でこれを試してみなければならない。英国流のニンフ毛鉤は極度に小型であって、私の嗜好からすればあまりにも小さ過ぎるように思われる。

（中略）

《註釈112》L.リードは、夏日の暑い昼間に同スタイルのニンフフィッシングを行うことを目的として、羽化直前のニンフのウイングケースを再現するために羽毛を軽くカールさせた状態で背に留めるHumpback Nymphを開発している。これが、今日loop wingと呼ばれるスタイルの最初の一例となろう。

《註釈113》これはシェリンガム (H.T. Sheringham) の誤記。

《註釈114》R.C.ハントからこの小冊子を贈られたG.E.M.スキューズは彼に謝辞の手紙を書き送り、そのなかで『ヒューイットの手法は私が永年イッチェンやテストで試してきたやり方とはかなり違うようですが、それは

貴国との条件の相違によるのでしょう。彼は数年前に私のゲストとして2日間イッチェンで釣った体験を書いているようですが、私の技法も当時と比べると随分と進歩しておりまして、それ以来、さまざまなイミテーションを開発しているんですよ。彼の著作は非常に興味深いものです。ニンフフィッシングの実践にかける彼の意気込みは相当なもののようですね。』と記している。

最後に、ニンフフィッシングの仕掛けについて若干説明しよう。良質なテーパーつきリーダーを必ず用いて、複数のニンフ毛鉤をしっかりと取りつけるように。仕掛けには、大きな錘を1個か2個取りつけるよりも、きわめて小さな錘を何個も取りつけるようにしたほうがずっとよい――なぜなら、大きな錘は底石に引っ掛かりやすく、また獲物を怯えさせるからだ。鱒が居そうな流れにニンフ毛鉤を流すように。毛鉤を一カ所に留めたままにしてはならない。この仕掛けをゆっくりと川底から浮き上がらせる作業を何度か繰り返すのだ。2, 3回やっても鱒が反応しないようであれば、魚に喰い気がないか、そもそも魚が居ないかのどちらかである。シーズン初期には小さめの、ピンクや黄色といった明るい色彩のニンフ毛鉤を用いるように。5月の初旬であれば、より大型の、黄色や濃いめの色彩の毛鉤が用いられるべきである。私の友人のひとりは手紙のなかで次のように語っている。『僕はどちらかというとアップストリームでニンフ毛鉤を使うようにしています。なぜかというと、そちらのほうが鱒により接近することができるからです。実際、ほんの9フィート先にいる鱒のちょうど鼻先に、毛鉤をそっと落とすことだってできるのですからね。』

個人的な趣味をいえば、私はウェーディングしながら釣り下り、両岸沿いに毛鉤を投じて、川の真ん中の方に向けてゆっくりと曳いてやる方法を最も好む。流れの緩やかな川の場合、軽めの浮子を使えば、ウェーディングできないほどの深さの流れでも、あるいはキャスティングの届かない流れでも、底をとりながら簡単に狙うことができる。また、湖で釣るときには、浮子を使えばラインを水面近くに保持することも簡単だ。もちろん、浮子下をきちんと水深に合わせて、ニンフ毛鉤が水底より6インチから12インチほど上の層を流れるように用いることが重要である。汚いミミズとは永遠にオサラバして、より良いスタイル――すなわちニンフ毛鉤や他の疑似餌を用いた底釣りを試されてみてはいかがだろうか。』

さて、スキューズ理論の米国における正統な継承者とは誰であったか。確かにT.ゴードンは手紙を通じてスキューズから直接の教授を受けていたし、L.リードは1900年代の早い時点から自らデザインした「厳格なる模倣」によるニンフ毛鉤を販売していた。しかしながら、米国におけるド

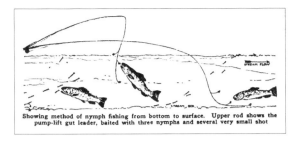

底に沈めたニンフを引き揚げて鱒を誘う手法

ライフライの受容過程でT.ゴードンが果たした役どころ、すなわち英国の理論を米国の自然条件に順応させるよう再構築する役回りをニンフフィッシングの分野で演じたのは、1930年代のE.R.ヒューイットであったというべきであろう。

第3部でも述べたとおり、ヒューイットは英国巡礼を繰り返しては、各地で気難しい鱒たちを征服し続けた。南イングランドのチョークストリームではスキューズと交流してニンフの釣りを堪能したことが知られている。その際、彼は各種スキューズ・ニンフを手土産に帰国したのだが、東海岸の鱒たちは最新式の英国毛鉤にまったく興味を示さなかったと伝えられる。ヒューイットによるアメリカン・ニンフフィッシングの探究はそこから出発することになった。

それではまず、ニンフ毛鉤に関するヒューイットの主張がまとめられた小冊子「ヒューイットのニンフ・フライフィッシング」（HEWITT'S NYMPH FLY FISHING [1934]）[114]のなかから、彼のニンフフィッシング理論の根幹について触れた部分を次のとおり引用してみたい。

『英国ではニンフフィッシングについて数多くの著作が発表されている。スキューズ氏は法王の御座にあり、この釣りの技術をチョークストリーム――このような流れにおいてこそ、ニンフの釣りは鱒を狙う最高の方法となる――向けに完成の域にまで高めたと考えられている。しかし残念なことに、我が国にはチョークストリームは存在しないし、水草が大量に繁茂するような流れもほとんど見られない。ゆえに、我々の流れには英国と同じ種類のニンフが棲息している訳ではないので、英国の友人たちが成功裏に開発した毛鉤をそのまま用いたところでほ

第4部　ニンフの歴史

とんど役に立たない。我が国の川の多くは砂礫や岩肌の上を流れており、水生昆虫の性質もまったく異なるのだ。この点こそ、我が国でこれまでニンフフィッシングがほとんど発展してこなかった最大の理由である。英国パターンのニンフ毛鉤を使う釣り人は釣果に恵まれなかったため、その釣法を我が国の条件に適応させるのに必要な研究を行うこともせずに、放棄してしまっているのだ。

　私はこれまで3回にわたり、かの有名なホートンクラブが管理するテスト川で釣りを愉しみ、この釣法が実際に試されているところを実見する栄誉を賜った。また、私はスキューズ氏の招きによりイッチェン川で2日間を過ごしたが、この流れは川底一面、藻床に覆い尽くされていた。もし川底を子細に観察したならば、微小な水生昆虫の幼虫たちであふれ返っていることが解っただろう。幼虫たちは、我が国のニンフよりもずっと小型であって、体色もより多彩なものとなっており、ほとんどの個体の体型はずんぐりとしている。そこに棲む鱒たちの主食はもっぱらこれらのニンフであって、水面上の羽虫が捕食されるのは一日のうちほんのわずかな時間帯においてでしかない。』

　東海岸のフリーストーンの流れに広く確認されるカゲロウの幼虫は、我が国のヒラタカゲロウと同様の接着型ニンフである(115)。ヒューイットは、英国のチョークストリームではほとんど目にすることのないこのタイプのニンフに着目して、独自のニンフ・パターンを編み出すことになる。

　まず、彼はその体型に注目した。石に貼りつくことで流水の抵抗を最小限に留めるための扁平な体型を、鉤軸にダビング材を巻きつけただけの一般的なタイイング手法で実現することは難しい。この平べったい姿をどのように実現すべきか。次に注目したのが、ニンフの体色である。その種のニンフは、背部の色彩は濃い一方、下から見ると腹部は明るい色彩を帯びていることが知られている。このツートーンの色調を薄く扁平な毛鉤のボディーの上にどうやって再現すべきか。

　ヒューイットのニンフ研究を永年にわたり補佐してきたジョン・オールデン・ナイト (John Alden Knight)(116)はその著書「淡水魚釣り小冊子」(FIELD BOOK OF FRESH-WATER ANGLING [1944])のなかで、ネバー

シンクの発明王が有名なハードバックト・ニンフ (Hard-backed Nymph)を生み出した際の裏話と、その技術的問題の解決策について、興味深い記述を遺しているので、それを次のとおり引用してみたい。

『合衆国の釣り場で広くニンフ毛鉤が使われるようになってまだ日が浅い（正確に言えば1933年以来）が、これは決して新しい発明品ではない。英国の鱒川においては、もう何世代にもわたりニンフ毛鉤が用いられてきたのだ。実際のところ、この毛鉤が英国で何年に誕生したのかも定かではない。我が国においては、ルイス・リード氏が早くも1902年にはこの毛鉤について記し、彼のアメリカン・ネイチャーフライがウィリアム・ミルズ＆サンズ商会によって販売され始めたのは、1908年あるはそれ以前のことであった。

　1933年よりも前に好評を博していたニンフ毛鉤の欠陥は、ただ一点に尽きる。すなわち、それ以前のニンフ毛鉤はすべて胴体の断面が丸いものだったのだが、模倣対象となった水底の川虫たちは実は平べったい体躯をしていたのだ。しかも、下から見上げた姿は明るい色調であるのに対して、背の上から眺めると暗い色調を帯びていた。その結果、胴の丸い毛鉤では普通の釣り人を満足させられるほどの釣果がもたらされることはなかった。

　1930年、エドワード・ヒューイット氏がニンフに関する実験を開始した。彼がニューヨーク州キャッツキル地方に所有するネバーシンク川の一区画は、彼にとって理想的な実験場であった。1930年から31年にかけて、彼は文字通り何百種類ものニンフ・パターンを巻いて実釣に供したが、すべては胴が丸いものであった。そのどれもがきちんとした釣果を上げることはできなかったようだ。なかには、例えばミッジ・ニンフのように、一定の成果を挙げるパターンもあったが、それでも何かが欠けていたのだ。1932年シーズンのある夕方、私たち3人──ヒューイット氏と、当時、アングラーズクラブ・オブ・ニューヨークの会長を務めていたリチャード・C・ハント氏(117)──はニンフについて話し合った。3人がそれぞれの観察結果を持ち寄ったところ、我々が実験に使ったニンフ毛鉤の問題点は、その姿が丸いのに対して、オリジナルとなる川虫のほうは扁平であることなのではないか、との結論に至った。私はそ

《註釈115》P. ジェニングスは「鱒毛鉤の書」[1935]のなかで、米国における接着型ニンフ (clinger)の代表種はStenonema vicarium（いわゆるAmerican March Brown)であると紹介している。

《註釈116》1890年生まれの銀行家。1936年、鱒の捕食活動が月の満ち欠けに影響を受けるというソルナー理論 (Solunar Theory)を提唱して全米中に論議を巻き起こした。ロッドアクション理論に造詣が深く、30年代にパラボリックアクションを提唱した一人でもある。また、有名なストリーマー・パターンMickey Finnを開発したのも彼の功績である。60年死去。

《註釈117》Richard C. Huntはニューヨークの法律家。特にサーモンフィッシングに造詣が深く、SALMON IN LOW WATER [1950]の著者として知られる。彼の名は、彼がH.L.レナード社に注文して製作させた濃い褐色をまとう竹竿の銘品Hunt Patternのなかにも遺されている。1954年没。

《註釈118》H.ダービーは「キャッツキル・フライタイヤー」[1977]のなかで、同毛鉤のタイイング手法について詳細に解説しているが、自身でそれを用いたことはないと告白している。彼曰く、『私は、柔らかくて噛みごたえのあるニンフ毛鉤が好きだ。そんな毛鉤は魚にずっと咥えられたままとなるので鉤掛りがよい。硬いニンフ毛鉤はすぐに吐き出されがちだ。』とのこと。西海岸

のままヒューイット氏の作業机に座って、3本のニンフ毛鉤を巻いてみせた。これは、オルコック社製パーフェクト・モデルのサイズ#13の鉤を使い、ボディーとソラックス（訳者注：胸部）にはミンクの毛の赤味がかったものを巻いて、そのアブドメン（訳者注：腹部）には細い金糸でリビングを施す。ハックルとテイルは濃い色調のロードアイランドレッド種から採ったネックハックルを用い、巻き上げたところを上下に刈り込んで横に伸びるハックル──これぞ遊泳中の証（あかし）──だけが残るようにする。どのニンフ毛鉤も透明色のドゥコ・バーニッシュに漬け込んだあと、生乾きのところを上下にプライヤーで押し潰（つぶ）してやる。その後、毛鉤の背部に茶色のドゥコ・バーニッシュを塗ってやれば、作業は完了。扁平ニンフはこうして出来上がったのだ[118]。』

スキューズの理論から出発したヒューイットにとって、ニンフ毛鉤とは徹底的にイミテーションの産物でなければならず、極彩色や反射光によって獲物を刺激することは許されるものではなかった。またヒューイットは、この釣りにはドライフライフィッシングに並ぶ、いや、それ以上に深い知識と高い技術が必要であるとも説いたが、彼はチョークストリームのニンフ理論を墨守した訳ではなかった。

彼の説によれば、日中は岩底にしがみついていたカゲロウのニンフたちも、夕闇が到来すると足場を離れて自由に遊泳するのだという[119]。このとき、ニンフは頭を上流に向けながら泳ぐため、ニンフ毛鉤はアップストリームではなくダウン・アンド・アクロスで流すほうが自然であると説いた[120]。その際、ウエットフライのように竿から出すラインを短く保つのではなく、釣り人や竿の動きを獲物に悟られぬよう遠投することを勧めているが、同時に、遠くからニンフ毛鉤を操作するのがきわめて困難な作業であることについても記している[121]。

ニンフ毛鉤のタイイングのみならず、操作法についても独自の理論を展開するヒューイットは、本職である発明家の名に恥じぬ己の業績に鼻高々であったに違いない。このときヒューイットが上機嫌で吹聴した大風呂敷の自画自賛について、A.ギングリッチは「活字のなかの釣り」[1974]のなかで皮肉交じりに次のように紹介している。

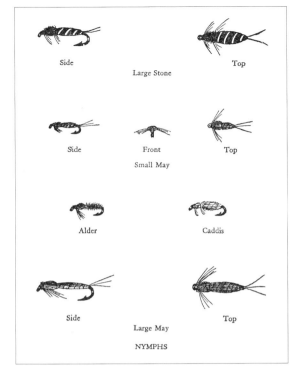

ハードバックト・ニンフ各種（THE MODERN ANGLER[1936]）

『1930年代初頭のこと、ヒューイットが初めてニンフフィッシングの驚異を世に説いた際、彼は自分の創り出したニンフ毛鉤が川のなかから獲物を根こそぎ釣り尽くしてしまうのではないかと本気で心配した。彼が最初にこの毛鉤で釣った川のいくつかでは、今日、本当に鱒が一匹残らず居なくなってしまったのだが、その理由が彼のニンフ毛鉤とはまったく関係のないものであったことは言うまでもない。

それでもなお、彼の派手なパフォーマンスにもかかわらず、当時は「また大風呂敷を広げて！」と受け止められていた彼の主張も、時が経つにつれ、今ではそれなりに妥当なもののように聞こえてくるようになった。彼がニンフの釣りを提唱したのは、人々がドライフライの釣りを盲信していた時代のことであって、そのころ、この毛鉤は異端でしかなかったのだ。ヒューイットは次のように語っている。

のポリー・ロズボローも同旨を語っている。

《註釈119》E.R.ヒューイットは、イヴニングに鱒の活性が上がるのは、このニンフたちの遊泳行動がひとつの誘因になっていると主張した。なおヒューイットは、鱒が餌となる小魚がたくさん泳ぐ流れにおいてもニンフのほうを偏食する傾向があることに気づき、両者の脂質含有率を計測してみたところ、乾燥時の体重比で小魚が1.5～3%でしかないのに対して、ニンフは11～18%にも達することを発見した。小魚よりも水生昆虫のほうが脂濃かったのだ。

《註釈120》E.R.ヒューイットは、プールの流れ込みにある速い流れでは毛鉤をドラッグフリーで流下させ、それが流れの緩やかなプールに入ればラインを曳いて毛鉤を流芯脇に沿って手前に引き寄せる作業を何度か繰り返すのが、理想的な操作法であると説いた。

《註釈121》E.R.ヒューイットは、ニンフ毛鉤の移動スピードは一定に保つべきであり、ラインやリーダーが水流の影響を受けてニンフ毛鉤の移動スピードに急激な変化を生じさせれば、獲物を警戒させてしまうと論じている。

第4部　ニンフの歴史

E.R.ヒューイット

『熟達したフライフィシャーは、餌のイミテーションで欺いて獲物を捕らえることを願うものであって、ほかの方法で鱒を捕らえるところから満足を得ることはない。真のスポーツマンが、理想とするスタイルと相容れないほかの釣法を見下すことの理由は、こうした点に由来するのだろう。もしそうであるとするならば、ニンフフィッシングは真のスポーツマンの序列のなかでも極めて高い位置を占めるべきものである。

　ニンフフィッシングは餌釣りのようなものでなんら技術を要さない、という議論をよく耳にするのだが、そんな発言は水面下の釣りに関する己の無知をさらけ出しているようなものだ。水のなかに吊り下げられているだけのニンフ毛鉤など、鱒の関心を誘わぬ小枝のようなものだ。鱒がそんなものを咥えるはずがない。鱒が口を開くのは、毛鉤が虫のように見え、水中でそのように動いているときだけの話である。もし純粋主義者なるものが実在するとすれば、ドライフライだけでなくニンフ毛鉤にも存在するはずだ。

　きちんとしたニンフフィッシングには、それ以外の鱒釣りよりも遙かに大量の知識が必要となるが、その知識は永い経験を積んだ者のみが体得できるものだ。これがドライフライの場合、とにかくキャスティングができて、毛鉤を水面に浮かべて流すことができる者である限り、それに鱒がライズしさえすれば誰でも釣りになる。鱒に食欲がある場面で見受けられるこの釣りの簡単さこそ、ドライフライフィッシングの大きな魅力のひとつである。ドライフライフィッシングには、魚の習性に関する知識はほとんど必要とされず、羽虫の自然誌と生態に関する知識に至ってはまったく必要とされない。この釣法では、キャスティングさえできればいくらでも鱒を釣り上げることができるのだ。ニンフフィッシングの場合はまったく違う。釣り場の性格に応じたニンフを模した毛鉤、あるいはそのとき鱒が捕食しているニンフを模した毛鉤というものが確かに存在する。しかも、正しい位置に着水させられなかったり、正しいコースで泳がせられなかったり、あるいは鱒の目につきやすいような不適切なリーダーを用いたりする場合には、ニンフ毛鉤を用いてドライフライよりもずっと多くの獲物を釣ることのできる上手な人と同じタックルを使ってもなお、やはりその釣り人が釣果を挙げることは難しいだろう。

（中略）

　私は、ニンフフィッシングをドライフライフィッシングよりも遙かに技術を要する釣りであると考えている。この釣法は、比べものにならないくらい高度な知識と技術を要求するのだ。ドライフライの釣り人をかなりの腕前に育て上げるのには2、3日あれば足りる。しかし、ニンフの釣り人をこの水準にまで引き上げようというのであれば、私はその役目をたった1年の期間では引き受けたりしないだろう。本当に素晴らしい腕前を発揮できるようになるまでには、数シーズンを要するはずだ。鱒の食糧の大半はニンフなのであって、ゆえに大釣りをするためにはニンフの釣りが最適であることを、釣り人は肝に銘じておかなければならない。我々の流れに鱒が残っているのは、まだニンフフィッシングが的確に行われていないことの証拠でしかないのだ。この釣りに必要な技術と知識を充分に備えた者がほんの少数しか存在しないことは天恵であると感謝すべきだが、そもそもこうした者たちは川からたくさんの鱒を抜いてしまうようなマネなど決してしない。』　』

　かくして米国に定着していったニンフ毛鉤ではあるが、その発展は必ずしもヒューイットの望んだ途をたどるものばかりではなかった。東海岸のドライフライが西海岸へと伝えられて、イミテーション性よりも機能性を重視した独特のスタイルへと大きな変貌を遂げたことは第10章で解説した

《註釈122》「米国のフライフィッシング」[1987]より引用（続く引用文も同じ）。なおこのほか、D.マルチネスはWoolly Wormを止水域か流れの緩やかな場所においてベタ底でピンピン曳きながら釣るための毛鉤であると記している。

とおりだが、これと同じプロセス、否、むしろそれ以上にドラスティックなニンフ毛鉤の革新が西海岸の地で進められたことは、多くの釣魚史家も指摘するところである。

　大西部の釣り人たちがドライフライに強い浮力を求めて、フェザーハックルからヘアハックルへとマテリアルを変更していったのと同じように、この地のニンフ毛鉤には耐久性を求めて獣毛製のボディーが重宝されるようになった。しかし、この機能性の追求は単に構造の頑強さのみを志向するものではなかった。野心に胸を燃やしたかつての開拓者の末裔たちは、表層的なイミテーショニズムを超えて、抽象概念としての「虫っぽさ」を強く意識した、まったく新しいスタイルのニンフ毛鉤を生み出すことになったのだ。

　こうした毛鉤のスタイルに関する北米大陸の地理的分布について、J.マクドナルドは「毛鉤釣魚大全」[1947]のなかで次のように述べている。

『我が国における毛鉤の勢力地図は、あらゆる理論を顧みることなく展開している。4月の雪代が落ち着くと、東海岸ではドライフライが優勢となるが、それが西のほうへ進むにつれて、毛鉤は次第に濡れそぼっていく（"flies grow wetter and wetter."）。イミテーションフライはニューヨーク州のビーバーキル川に始まり、以後50年の歳月をかけてペンシルバニア州のブロッドヘッド川にまで普及したが、そこから先のメイン州やカナダといった北方の海に面した地域ではそれがファンシーフライに切り替わる。他方、ロッキー山脈の麓に住むフライタイヤーたちは、常識に囚われない驚くべき発想力に富んでいる。ときに彼らは、鳥の羽根や小獣の柔毛の繊細さを捨て去ってまでも、代わりに大型獣の体毛 (hair) やリスの尻尾 (squirrel tail)、そして鹿類の尻尾 (bucktail) といったマテリアルの耐久性にこだわるところがある。大型で荒々しく、そしてその過激さゆえに見る者を驚かせる彼らの毛鉤は、ワイルドカントリーの釣りで体験される小細工無しの直球勝負や狂おしいほどの情熱といったこの土地柄をそのままに体現しているのだ。』

　20世紀前半、ウエスタンニンフ揺籃の地となったのは、ロッキー山脈に源を発する流れが豊かにめぐるモンタナ州

であった。ここで開発されたニンフ毛鉤の銘品の数々は全米を席捲し、後に世界各地へと普及して、極東の釣り人が持ち歩くフライボックスのなかにも鮮やかな彩りを与えてくれている。その代表的な例をいくつか挙げてみよう。

　モンタナが生んだ最もポピュラーなニンフ毛鉤がモンタナニンフ (Montana Nymph) であることに異論を挟む余地はないだろう。E.R.ヒューイットがフィールド＆ストリーム誌上でニンフフィッシングを論じていた時代から当地で用いられていたと伝えられるこのパターンは、黒と黄のシェニールを組み合わせて肉感豊かに巻き上げられたボディーが特徴であり、そのボリュームは巨大な体躯を誇るサーモンフライの幼虫を彷彿とさせる。

　リビングストンで成功を収めた釣具商ダン・ベイリーの代表作とされるのは、奇怪な容貌で知られるモスバックニンフ (Mossback Nymph)。これもまたサーモンフライ・ニンフのイミテーションとされる毛鉤であるが、グースファイバー製のテイルとレッグが水中で妖しく蠢き、色違いのナイロン・モノフィラメントやムースヘアを丹念に編み込んで造成されたボディーは昆虫の体節を生々しく表現しており、今にも身をくねらせそうな迫真性に満ちている。

　真っ赤なタグを尻に着け、黒いシェニール・ボディー全体をグリズリー・ハックルで巻き上げただけのシンプルな構造で知られるのが、ウーリーワーム (Woolly Worm)。いにしえのパーマーと同様、何にでも似ていそうで何にも似ていないこのアトラクター・パターンは、1930年代、カリフォルニアからウエスト・イエローストーンに移住して釣具店を営んでいたドン・マルチネス (Don Martinez) によって開発されたと記録されている。40年代、彼は全米の毛鉤を調査中であったP.ジェニングスにこの毛鉤を送り、同封の手紙のなかに『私はこの毛鉤の容貌を好きにはなれず、毛鉤というよりもルアーに近いものと考えています。それでも、このパターンは過去2シーズンを通じて他のパターンよりずっと抜きん出た売り上げ実績を誇っているのです。』[122] と記している。

　しかしながら、筆者がここでモンタナ産ニンフ毛鉤の代表例として選ぶのは、フランツ・ポット (Franz B. Pott [1877-1956]) を開祖とする一連の編み込みニンフ毛鉤

MONTANA NYMPH　　　MOSSBACK　　　WOOLLY WORM

第4部　ニンフの歴史

（woven nymph）である。このニンフ・パターンこそ、西海岸の釣魚文化を象徴する獣毛を精緻に編み込んで高い耐久性を実現するのみならず、同時に独特の生命感を宿すことにも成功した、傑作と呼ぶに値する作品だ。我が国ではほとんど知られていないパターンではあるが、一見すれば忘れることのできない異様なその姿は、不思議な魅力を醸し出している。

　ポットが自らの手で商業生産したニンフ・パターン群はマイト・ファミリー（Mite Family）[123]と名づけられ、その多くは雄牛やアナグマ、そしてスカンクといった獣の尻毛を、薄めのハックルと紡錘形のボディーの両方に用いるものであった[124]。このニンフ毛鉤の構造については、当初、批判を公言する者も多かったと伝えられる。いくつかの例を挙げると、獣毛製のハックルは硬すぎて感度が低く、水中で魅力的に動かないのではという声もあったが、西海岸の釣魚史家として知られるジョージF.グラント[125]はこの批判を、激流のなかを狙うモンタナのフライフィッシングを考慮すればちょうど良い硬さであるとして退けている。また、硬すぎるハックルは獲物の鉤掛かりを悪くするという批評もあったが、グラントは、『同じ鱒川の住人である、おちょぼ口のマウンテン・ホワイトフィッシュでさえ、硬いヘアハックルの毛鉤で問題なく釣れることが解ってからは、その非難は当たらないことが明らかとなった。』と記している。

　本来、精確なイミテーションを意図したニンフ毛鉤ではなかったが、この全体に漂う生々しい「虫っぽさ」はどこから来るのであろうか。編み込まれたボディーの獣毛は体表に畝を形作って、独特の生命感を醸し出している。そしてまた、ボディーを編み込む際には補強のため、シルクスレッドを用いて腹の下側で獣毛を締めつける構造となっているが、スレッドに明るめの色調[126]を用いることによって、ヒューイッ

マイト・ファミリー（THE AMERICAN AN FLY FISHER [Vol.7 No.2]より）

《註釈123》G.F.グラントは、この名（Mite）の由来がHellgrammiteにあると推測している。ただし、ここで言うHellgrammiteとは、本来の意であるヘビトンボの幼虫ではなく、大型カワゲラ類の総称を意味する西海岸独特の呼び名を指す。

《註釈124》編み込まれるのはボディーだけでなく、ハックルもまた獣毛をその先端を出しながらリース状に編み束ねた状態でフックシャンクに取りつけることによって強度を確保している。

《註釈125》F.B.ポットの業績を高く評価したグラント自身も編み込みニンフ毛鉤の伝統を引き継ぎ、彼独自の手法で特許を取得し、魅力的なニンフ毛鉤を世に紹介した。

《註釈126》このシルクスレッドにはオレンジ色のものを用いることが慣例とされていた。

《註釈127》G.F.グラントはその一例に、F.B.ポットのニンフ毛鉤のボディーの先端部が肉厚となっている点を問題視した。この部分にハックルを巻きとめようとすると、径が太過ぎてスレッドに力が入らず、ハックルがしっかり固定できなくなるのだという。また、この状態でボディーが鉤軸周りにわずかでも回転すると、ハックルが外れやすくなるとも記している。

《註釈128》F.B.ポットは決して自製の毛鉤を安売りしなかった。あるとき、某ディーラーが密かにこれを安売りしたところ、彼は調査のため、見当をつけていたディー

トのハードバックト・ニンフ同様、下から見ても本物のニンフのような色彩感を再現することに成功している。

グラントがモンタナ州の毛鉤について総覧した「モンタナの鱒毛鉤」(MONTANA TROUT FLIES [1972])のなかから、マイト・ファミリーについて解説した部分を次のとおり紹介しよう。

『1920年から25年までのいずれかのころ、一連の獣毛製手編み毛鉤が、モンタナ州ミズーラ (Missoula)在住のフランツ・B・ポットによって初めて世に送り出された。それ以降今日に至るまで、モンタナ西部の川や湖で用いられる毛鉤のなかで、これほど人気のある、また効果的なものなど、ほかには存在しなかった。

フランツ・ポットは元々理髪店を営んでおり、カツラの製作も行っていた。彼はその後者に関する職業上の知識を活かして、獣毛を編み込んで作るハックルを思いついた。ポットの毛鉤と似たようなイミテーションはほかにもいくつかあったが、ポットのパターンがこれらの毛鉤と一線を画す明白な特徴は、まさにこの一点にあるのだ。

獣毛を編み込んで作るボディーの発明者を名乗る者はほかにも何人かいた。モンタナで活躍した最初期の職業タイヤーのひとりであるビリー・ビーティー (Billy Beaty)は、ポットの毛鉤が登場するよりもずっと前から編み込みボディーを製作していたと私に語っている。また、名前は忘れてしまったのだが、あるタイヤーなどはこの毛鉤を開発したのは自分であって、ポットはそれを盗用し、編み込みハックルをつけ加えただけだと裁判に訴えて、ポットと争っていたのだ。

真相を知る者は、当時でさえほんのわずかしかいなかったし、今となってはもう誰もこの世に残っていないのではないか。しかし、当時においてさえ、そんなことを議論する価値はなかった。というのも、ポットはボディーの編み込み方法とそれに編み込みハックルを結合させる処理法について、1934年に特許(1,949,582号)を取得していたからだ。

（中略）

この毛鉤にはいくつかの欠点[127]も認められる（そもそも欠点の無い毛鉤などあるのだろうか？）が、それでもなお、きわめて効果的であることから、欠点に気づいた釣り人はほとんどい

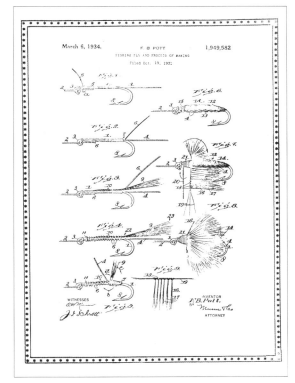

F.B.ポットの特許書類

ない。実のところ、そのボディーがささくれ立ち綻び始めると、むしろ鱒の喰いはよくなるのだ。そこからさらに、もしハックルが緩んで少しずつ抜けていったとしても、それがほとんど無くなり、ボディーにわずかに残った獣毛の色彩感しか元の姿を留めていない状態になるまで、この毛鉤は魚に喰われ続けることだろう。数え切れぬ大鱒に噛まれ続けてボロボロになった毛鉤に文句を言うようなフライフィッシャーなど、もとよりあろうはずもない。

（中略）

こうした完成度と実用性、そして素晴らしい販売実績[128]にもかかわらず、故フランツ・B・ポットの名は今日のフライタイイング界ではほとんど認知されていない。よく知られたマドラーミノウのように世界中にその名を轟かせる数多くの毛

ラーに向けてハックルのうち1本のファイバーにだけ赤毛のヘアを混入させた毛鉤ばかりを卸した。果たせるかな、釣具店で安売りされていた彼の毛鉤にはこの赤い目印があったことから、彼はこのディーラーへの販売を中止したと伝えられる。

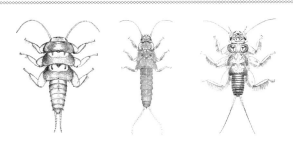

第4部　ニンフの歴史

鉤でも、汎用性高くどんな状況でも獲物を捕らえる能力という点ではポットが創り出した「サンディーマイト」（"Sandy Mite"）[129]の後塵を拝さざるを得ないだろうし、モンタナの釣り場に限っていえば、「レディーマイト」（"Lady Mite"）[130]にさえ及ばない。』

英国初のノーベル賞詩人ラドヤード・キプリングは、『東は東、西は西。共にまみゆることもなし。』[131]と詠ったが、北米大陸の両岸に見られるこの著しい釣魚文化の相違は何処に由来するものであろうか。北米大陸の東西ではそれぞれに河川の規模も、フライフィッシングの対象魚も異なることは当然だが、現代米国の釣魚史家ポール・シューラリー（Paul Schullery）[132]はその著作「米国のフライフィッシング」（AMERICAN FLY FISHING［1987］）のなかで、こうした自然条件の違い以上に、次のような社会的・制度的な条件の違いが大きな影響を与えてきたのだと指摘している[133]。

そもそもフライフィッシングが発展した英国社会では、河川や湖沼の私有管理を許容する社会制度が確立されており、鱒を狙う者はフライ・オンリーの規則に従うことが多くの釣り場で義務づけられていた。古くから英国人が入植し続けた米国東海岸でも同様の制度が導入された結果、資産価値の高い鮭鱒類の棲む釣り場は私有化され、その釣りはフライフィッシャーによって独占されることが多かった。これに対して、西部開拓の歴史は浅く、20世紀に入ってようやく同地へ入植した者たちの眼前にも、「誰のものでもない川と湖」（"no-man's water"）が尽きることなく広がっていたのだ。開拓者たちは誰でも自由に、餌釣りやルアー釣りといったあらゆる方法で獲物を狙うことが許された。言い換えれば、西海岸のフライフィッシャーは、他の釣法との競争に負けぬよう、より効率的・効果的なアプローチで釣ることを余儀なくされていたというのだ。

西部のフライフィッシャーがドライフライよりもむしろニンフ毛鉤のほうを好んで用いる背景には、こうした経緯があったからではないだろうか。そもそも、これまで紹介した米国ニンフ毛鉤の開発者たちも、この毛鉤を特に大釣り・大物釣りのために開発していたことが知られている[134]。

東の兄弟たちが狙うキャッツキルの獲物よりもずっと大きな怪物を血眼になって追い求める西の釣り人たちが、大鱒の潜む川底まで素早く沈めることのできる毛鉤を欲するのは当然の帰結であったといえよう。また、この地のフライフィッシャーがニンフ毛鉤に高い耐久性を求めたのも、たくさんの鱒を効率的に釣ろうとしたからだと考えるのが妥当な結論であるように思われる。

しかし他方、古くから釣り人の間で呼び交わされる"Piscator Non Solum Piscatur."[135]との諺どおり、数を釣り、サイズを求めることだけがフライフィッシングの目標ではないことは、これまでにも繰り返し触れてきたとおりである。獲物の質・量ともに恵まれた西海岸のフライフィッシャーでさえ、ときには自らの釣りを振り返って物想いに耽ることがある。もちろんそれは、どれが正しくてどれが間違っているというような単純な話ではない。釣りとは己の生きざまを映し出す鏡。釣り人が何を獲物として求めるかは、各人が己の信念に基づいて決しなければならない。人の生き方が経験を重ねるごとに移いゆくのと同じように、釣り人もまた、一生をかけて「我が釣り」探しの旅を続けてゆくべき存在なのかもしれない。

それでは、C.ウォーターマンの「川面の霧」［1986］のなかから次の一節を引用して、このモンタナ・フライフィッシャーの揺れ動く心の様相を眺めてみたい。

『マジソン川はきわめて大型の鱒を養っている。大物のほとんどは、何匹かのレギュラーサイズの仲間たちと一緒に、川底の大きなニンフを漁りながら泳ぎ回ることを学んでいる。だからニンフ毛鉤はシーズンの初期と終期だけに留まらず、ドライフライで釣れる条件下においてさえ効果を発揮するのだ。この分野の釣りを解説する最も啓発的な著作のいくつかを書いたチャールズ・ブルックス（Charles E. Brooks）[136]は、川底を突いて餌を摂る鱒の専門家である。そのなかで大型ストーンフライの幼虫のイミテーションとして最も頻繁に紹介されているのが巨大なニンフ・パターンであるが、これとはまったく姿形の異なる毛鉤が効き目抜群となることもある。大鱒たちは、ただ大きいものに慣れているというだけで、ファジーなボディーとラバーレッグが取りつけられたあらゆる種類の化け物

《註釈129》Mite Familyのなかで最もポピュラーなパターン。雄牛の黄褐色の尻毛をボディーとハックルの両方に用いる。

《註釈130》アナグマの白っぽい尻毛をボディーとハックルの両方に用いる。なお、G.F.グラントはモンタナで最も一般的なドロッパー仕掛けとして、この毛鉤をドロッパーに、Sandy Miteをリードフライに用いる方法を紹介している。

《註釈131》Rudyard Kipling［1865-1936］は彼の代表的詩作THE BALLAD OF EAST AND WESTの冒頭に同引用文を置いた。これが彼の東洋蔑視観の顕れだと非難する意見もあるが、同作品の終結部では東西融和の可能性が示唆されている。ちなみに、彼は熱心な

フライフィッシャーとしても知られ、その作品群のなかに一点だけ、DRY COW FISHING AS A FINE ARTという釣りを主題としたコミカルな小品を遺している。

《註釈132》1948年、ペンシルバニア州生まれ。72年以降イエローストーン国立公園で森林保安官等の職を重ねた後、77年から82年までの間、米国フライフィッシング博物館の館長を務めた歴史家。現在はモンタナ州立大学等で歴史研究を続けている。

《註釈133》P.シューラリーはこのほか、東海岸から地理的に遠く離れているため、西海岸には従来の伝統に縛られない開放的な精神的土壌があったことも重要な要因であると論じている。

《註釈134》L.リードは「各種ニンフ毛鉤の用い方」［1921］のなかで『これら底釣り用の疑似餌で釣ることの大きなメリットは、ほかの釣法よりも大物を釣りやすい点であり、・・・（中略）・・・ほかの釣りよりもずっと簡単に魚籠を鱒で満たすことができる点だ。』と語り、E.R.ヒューイットは「ヒューイットのニンフ・フライフィッシング」［1934］において『私はどちら（訳者注：ドライとニンフ）の釣りも、状況に応じて愉しむことができる。しかし鱒をたくさん釣りたいと思うときは、必ずニンフ毛鉤で釣る。』と記している。

《註釈135》ラテン語で『釣りは漁（すなど）るのみにあらず。』との意。英国フライフィッシャーズクラブのモットーとして知られる。

大釣りに沸くフライフィッシャーたち［1904］

を歓迎してくれるのだ。
　かつて私がジョージ・アンダーソン（George Anderson）——釣具商兼ガイドで、底を探る釣りが大の得意——とマジソンを釣ったときのことだ。ジョージはほかのモンタナの釣り人たちと同じく、デコボコで足場の悪い川底でも喜んでウェーディングするので、スライド・イン付近の流れを選んだが、その流れにはクライスラー車ほどのサイズはあろうかという巨岩が立ち並び、川幅は狭く急傾斜であった。そのとき羽虫のハッチは乏しかったので、ジョージがニンフ毛鉤を使って川底をどう攻めるのか観戦するために、私はこの流れへとやってきたのだ。彼の仕掛けはというと、ニンフ毛鉤のずっと上のほうにスプリットショットを1個だけ噛ませたもので、このラインをごくわずかだけ出して、テンションを相当掛けながら釣っていたが、そのリーダーにはさまざまな色がつけられ、小さなオレンジ色のマーカーも通してあった。彼の釣果は物凄いものであった

し、この私でさえ同じやり方で鱒を1、2匹釣り上げ、さらには、実のところ目にしたくもないホワイトフィッシュの大漁にさえ恵まれてしまったのだ。流れのなかの小さなポケットや流れ込みを釣るのに、ショートラインで狙うアンダーソンのアプローチは完璧だった。ジョージとしばらく一緒に釣ってそろそろ陽が傾き始めるころになると、何人ものドライフライ・アングラーたちが竿を振る手を止めて、川面に見入っていたものだ。
　マジソン川の多種多様な釣りは、おのずとさまざまな哲学を生み出すようになった。いつもソルトウォーター用に使っている竿で大きなマドラーミノウを操ったあの日のことを思い出すと、今の私は顔がまっ赤に火照ってしまうような少々恥ずかしい気持ちに囚われるのだ。その日、私はかなり釣れていたし、当面の目標としていたベイリーの「ウォール・オブ・フェイム」入りに足る4ポンド級に迫る獲物を揚げていた。
　「意気揚々と」というのが勝ち戦の表現としてよく用いられる

《註釈136》1921年生まれ。64年、米国空軍を退役した後、ウエスト・イエローストーンに移住してフライフィッシングを中心とした生活を送る。代表作NYMPH FISHING FOR LARGER TROUT［1976］をはじめとする多数の著書を遺して、86年没。

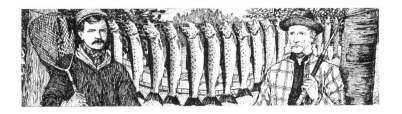

353

言葉だが、川のど真ん中で独り勝利の雄叫びを上げていたちょうどそのとき、ひとりのベテランらしき釣り人が目に入ったので、私はすぐに口をつぐんだ。彼は慎重に川岸沿いをウェーディングしながら、水面下の岩が作り出す流れのヨレの横に小さなドライフライを優美に投じていた。私は小さな世界で遊ぶこの釣り人に親近感を覚えたので、彼のところまで波をジャブジャブ立てながら近づいてゆき、釣りの調子はどうかと訊ねてみた。ところが彼は言葉少なで、私がしたのと同じ質問を私に訊ねるだけだったので、私は彼の問いに答えて、まるで野球のボックススコアを解説するように自分の釣果を誇ってみせた。

そこで私は、彼にこの必殺釣法のことを説明して、もう少し深い場所にウェーディングしてもっと大きな毛鉤と竿を使えば、その場所よりずっと大物が釣れることを教えてやった。彼は丁重に礼を言って、柔らかな笑みを浮かべた。私のやり方が本物のマジソンスタイルだってことも、彼にはよく解っていた。しっかりと使い込まれた英国製のリールが取りつけられている細身のバンブーロッドを持ち換えたとき、彼はさらりとこうつけ加えた。

「情報をくださって本当にありがとうございます。ただ、私はもうあの大きな鱒たちを釣らないことにしているものですから。」

彼が、巧みなウェーディングで一歩ずつ上流へ進みながら、ラインにスラックを入れて軽やかに操作している姿を見送る

P.ジェニングス

と、突然、私のなかにある感慨が湧き起こった。「誰もが世界記録を破りたいと思ってる訳じゃないんだなぁ。」その日を境に、私も時々はその小さな毛鉤で釣るようになったし、このときの出来事を胸に刻んで、寡黙に釣る習慣まで身に着けたのだった。』

第二次大戦後から今日に至るまで取り組まれてきた米国ニンフフィッシングを特徴づける要素は何であったろうか。筆者はこれを、ダウンストリーム・アプローチの積極活用であると考える(137)。そもそも、北米大陸に初めて入植したピューリタンの釣り人たちが、F.M.ハルフォードはおろかA.ロナルズやW.C.スチュアートの著作さえまだ見ぬ古き時代の人々であったことを思い起こせば、米国のフライフィッシャーには建国のころから自由と冒険が約束されていたことは明らかだ。三途の川辺でも律儀にアップストリームで釣っているはずのG.E.M.スキューズが、もしそんなヤンキーアングラーの取組みを聞けば、怒りに打ち震え、彼の禿頭の上では湯も沸かせるに違いない。しかし、旧世界の教条に縛られぬ米国アングラーたちが、一体何を恐れることがあろうか。川の流れが一様でないように、歴史の流れもまたときに逆巻き、思いもよらぬ方向へと進んでいく。

ただし、ニンフ毛鉤を単にダウン・アンド・アクロスで流し込むだけであれば、それは「放り込んであとは運任せ」との批判を免れ得ない。英米の別を問わず、フライフィッシングの美学は常に科学と芸術文化の二本柱によって支えられてきた。大釣り・大物釣りの分野においてさえ、ニンフ毛鉤の美学を維持するためには、その釣法に科学的根拠が認められなければならなかった。合理的なよりどころのない方法では、魚を引っ掛けることはできても、フライフィッシャーの心を引っ掛けることなど出来はしない。だからこそ、ニンフに一定の遊泳能力を認めたヒューイットでさえ、急流のなかではニンフ毛鉤を流れに逆らわぬよう自然に流下させなければならないと説いたのだった(138)。

ところが1960年代に入ると、ダウン・アンド・アクロスでニンフ毛鉤を扇状に展開させて、急流に逆らって毛鉤を泳がせることを是とするひとりの米国人フライフィッシャーが登場する。彼こそは誰あろう、米国アングリング・エントモロジーの泰斗、P.ジェニングスその人であった。もちろ

《註釈137》L.リードは「各種ニンフ毛鉤の用い方」[1921]のなかで『川底を狙うためにはダウンストリームに投じる必要がある。』と記し、カナダの釣魚作家R.ヘイグブラウン(Roderick Haig-Brown [1908-76])はA RIVER NEVER SLEEPS [1946]のなかで、『激しい流れのなかをダウン・アンド・アクロスで探るという一番シンプルなウエットフライの釣りも、「放り込んで後は運任せ」と批判されるような、同じ作業を繰り返すだけのおよそ想像力に欠ける釣りからは程遠いものだ。釣り人は計算ずくで毛鉤をリズミカルに流れへ投じることになる。やや機械的になる部分もないではないが、常に自身が選んだペースと動きによって毛鉤を操作しなければならない。』と論じている。

《註釈138》アップストリーム・ニンフの釣りを提唱したG.E.M.スキューズ自身も、ある種のニンフの遊泳能力を認めない訳ではなかった。彼は「毛鉤に対する鱒の振る舞い」[1921]においてドロッパー仕掛けを用いた伝統的アップストリーム・ウエットの釣りを紹介するなかで、ウエットフライマンは必ずしも真上の上流に投ずるばかりではなく、アップ・アンド・アクロスで流すことのほうが多いと説いた。彼の説明によれば、その際ドロッパーが先行して流れるため、水流の強い抵抗を受けて毛鉤のハックルがボディーを完全に包み込む姿になるとき、『これは流れに逆らって泳ごうとするニンフの姿を漠然とではあるが暗示することになる』のだという。

《註釈139》P.ジェニングスは彼の投稿記事「ロイヤルコーチマンは実在する」[1956]のなかで、このニンフ毛鉤のレシピを次のように紹介している。テイルにはヤマウズラ(Partridge)の茶色の羽根を用い、ボディーにはルビー色と濃い赤色のアザラシの毛を混ぜて巻いた上から丸みを帯びたゴールドティンセルでリブづけする。ピーコックハールでソラックスを型造り、ハックルには赤かファーネスのコックハックルを2、3巻きする。なお、この毛鉤全体を覆う誇張された色彩のコントラストは『水位が上がり掻き回された流水のためで視認性が低下することによって中和される。』と解説されている。

ん、彼は模倣思想上のタブーを犯してまでこの釣法にこだわった訳ではない。否、むしろこの操作法を通じて、彼はイミテーショニズムの徹底を企図していたのだ。そして、このときジェニングスが用いたニンフ毛鉤こそ、釣魚史に新たな1ページを書き加えた伝説的パターン、ロイヤルコーチマン・ニンフ(Royal Coachman Nymph)である。彼が「ロイヤルコーチマンは実在する!」と宣言したことで、新たな価値を授かったこの有名なアトラクター ──否、イミテーション・パターンには、水面上のみならず水面下においてまで活躍の機会が与えられることになったのだ。

このニンフ毛鉤の釣りについては、A.ギングリッチが「穏やかなる釣り人」(THE WELL-TEMPERED ANGLER [1965])のなかに、「プレストン・ジェニングスを大統領に──あるいは『ロイヤルコーチマンは実在する』」と題する一章を書き遺している。そのなかから、ギングリッチが真夏のエソパス川で渋い釣りに苦しめられたある日、イヴニングの釣りに備えて早い夕食をとるため宿に戻ってきたときの体験談を紹介して、米国ニンフ毛鉤の発展史を締め括ることとしたい。

『私が一本の毛鉤にこだわり続けた時代は突然終幕を迎えた。それは1953年のある8月のイヴニングのこと。私が朝から12時間ぶっ続けでファイブ・アーチ・ブリッジを釣ってはみたもののボウズに終わり、ようやくレインボー・ロッジに戻ったときのことだった。

私がダイニングに座って夕食を待っていると、ディック・ケイヒル(Dick Kahil)が「どうだったか聞いてもいいかね?」と訊ねてきた。

「さっぱりだ。かすりもしなかったよ。」と、つまらないありきたりの答えを返したような気がする。

そのとき、「何をお使いになったのでしょう?」と話しかけてきたのが、となりのテーブルに座っている血色のよい痩身で白髪の男だった。その男は優しい眼をした女性を同伴していた。

「彼はいつでもライト・ケイヒル(Light Cahill)を使うんですよ。」と、ディックが私に代わって答えた。「私はちょっと嬉しいんです。彼は決して認めようとしないけれど、きっと私に義理立てしてそうしてるんだろうと・・・。」

私も、「まあ、そんなところです。ケイヒルさんのレインボー・ロッジを宣伝しているようなもんでしょう。」と応じながら、もう少しマシな切り返しができないものかと思って、言いよどんだ。

その男は、ウェーダーを履きながら食事をとる私の恥ずかしい習慣を如才なく見抜いて、「そうですか、これからまた釣りに出られるんですよね?」と問い掛けた上で、「では、いつも通りということであれば、これをお試し下さい。」と言って、ポケットに手を忍ばせ、小さなプラスチックのフライボックスのなかから、サイズ#10の鉤に巻いた、ゴールドリブをまとって虫っぽい触角のついた濃い緋色のニンフ毛鉤[139]を私に手渡した。

「この毛鉤はあまりに大き過ぎるし、魅力的には見えませんね。」と言う訳にもいかないので、私は「ニンフで釣れた試しはないんですがね。」とコメントしてその場を取り繕おうとした。

「このニンフをウエットフライのように使うんです。」[140]と男は言う。「なぜなら、これが唯一の遊泳型ニンフだからです。」加えて、彼は自分で巻いたと言うが、それは私の目から見ても明らかだった。

彼は、私が口ごもりながら礼を言うのを確認すると、席を立って、「これはイソニキア・ビコロル(Isonychia bicolor)といいます。ロイヤルコーチマンの幼虫段階を模したものです。」と言った。

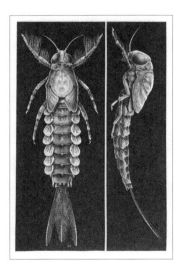

イソニキア(チラカゲロウ属)のニンフ

《註釈140》P.ジェニングスは同じ記事のなかでこのニンフ毛鉤の操作法について言及し、これを流芯に投じて流れのなかでドリフトさせつつも、左手で少しずつリトリーブするよう勧めている。これは、鱒に毛鉤がニンフの抜け殻でないことを気づかせるためだという。また、ジェニングスはこの毛鉤が流芯から岸際へと弧を描くように竿を操作すべきことを説いているが、その理由は、本物のIsonychiaには水際の岩に這い上がって羽化する習性があることから、このニンフが岸辺に向けて遊泳する行動を模倣するためであるという。

第4部　ニンフの歴史

こりゃまた驚いた。彼は私より年配なのだから、こちらから喧嘩を吹っ掛ける気など毛頭無いのだが、私をからかおうとしているに違いない。確かに私は世間知らずかもしれないが、幼虫段階だろうが何段階だろうが、ロイヤルコーチマンが模している虫なんてこの世に存在しないことぐらい先刻承知だってことを、こいつに思い知らせてやらねばならない。

「そりゃ、スイスの海軍提督みたいなもんですかね？」

彼は「まあ、そんなところでしょうか。」と言うと、微笑みながら彼の優しそうな奥方の後を追ってその場から去った。

しかし、いくら冗談であるにせよ、ファイブ・アーチ・ブリッジの下に居る強情な鱒たちにも是非聞かせてやらねばならぬ冗談ではあった。昼の間ずっと苦しめられたことに対する最後っ屁の一発として、この毛鉤を奴らにぶつけてみよう。川辺に戻ると、この毛鉤が巻かれた巨大な鉤を見て笑いだすようなフライフィッシャーが周囲には誰も居ないことを確認してひと安心し、早速その一本を投げ込んでみた。#14でも大き過ぎて魚は見向きもしないというこの8月に、本当に#10の鉤でやってみたのだ[141]。その毛鉤が、ポチャンと飛沫を上げて水面に落ちると、日中はずっと小さなライトケイヒルをアザミの綿毛のようにそっとプレゼンテーションし続けていた自分の姿を思い出し、あまりの恥ずかしさに身の縮む想いがした。しかしその直後、答えはドカンというアタリでやってきた。14インチのブラウンである。

それからの40分間で、6匹のレインボーと1匹のブルックを含む計14匹の鱒を釣果に加えて、しかもブルック以外はすべて11インチ・オーバーの良型揃いとなった。昼間は12時間粘ってもボウズだった私が、たった30分そこらで大物ばかりを1ダース分も釣り上げるとは！しかも、そのころは猛暑日が続いていたのだ。これほどの大漁は、6月の週末ひとつを丸々費やしても望めるものではない。私はディック・ケイヒルのところに駆け戻り、このニュースを息せき切って報告した。「教えてくれ、あの爺さんはいったい何者なんだい？釣り人の守護神、聖ペテロじゃあるまいし。」

「え？君は知っているものとばかり思ってたよ。」とディックは言った。「だって君はいつもいろんな本を読んでるじゃないか。彼の本もそのなかに入ってるはずさ。プレストン・ジェニングスだよ、あの『鱒毛鉤の本』を書いた。ここにも一冊あったんだ

けど、誰かが持って行ってしまったみたいだね。」

「プレストン・ジェニングスを大統領に！」と私は叫んだ。「今この国に必要なのは彼のような人物なんだ。アイク[142]みたいなのは居なくていい！」

（中略）

さて余談だが、このニンフ毛鉤がこれほどの威力を発揮するチャンスは、その後一度もめぐってこなかった。そもそも、万能の毛鉤なんてものは存在しないのだ。DDTを発明した奴だって、きっと同じ想いのはずだ。ヒューイット氏のニンフ毛鉤も、最初のころは彼が自慢したとおりの活躍をネバーシンクでみせていたに違いないだろうが、後に彼が同じ釣り場で使ってみてもさっぱりダメだったときのことを、私ははっきり憶えている。・・・（以下略）

哀れなプレストン！彼ほど釣魚に己が人生を捧げた者はないというのに、彼でさえハート・スティルウェル（Hart Stilwell）[143]が語った次のような究極の叡智に到達することなくこの世を去らねばならなかったのだ。

"The only safe theory to hold about angling　is that there is no safe theory　to hold about angling."[144]』

【ウエイテッドニンフの登場と毛鉤の終焉】

前節で解説したとおり、ニンフ毛鉤は米国に渡ってさまざまな可能性を開花させたのだが、同じころの英国においても、ハルフォーディアンとスキュージアンの抗争の陰で、ニンフ毛鉤の新たなる姿を模索する取組みが静かに進められていた。これは英米においてさえ知られることの少ない史実であるが、その初期段階においては、主に模倣対象種の拡大に向けた検討がネオ・イミテーショニストらの手によって行われていたのだった。以下、実例のいくつかを挙げてみよう。

19世紀末、C.E.ウォーカーは「古き毛鉤を新しき装いに」[1898]のなかで、沈む毛鉤についても革新的な提言をおこなった。彼は、ダウン・アンド・アクロスで流されたウエットフライが自然な形で流れることはない以上、決して羽虫のイミテーションではあり得ず、もし近い存在がある

《註釈141》P.ジェニングスは同記事のなかに、このニンフ毛鉤を＃4の大型鉤に巻いたものは西海岸のスチールヘッド釣りに効果を発揮すると記している。

《註釈142》第二次世界大戦のノルマンディー上陸作戦で指揮を執った連合軍総司令官ドワイト・アイゼンハワーの愛称。1953年、第34代合衆国大統領に就任して冷戦下の諸課題に当たる。61年の退任時に軍産複合体の問題を率直に指摘したことで知られる。熱心なフライフィッシャーとしても知られ、大統領時代には夏の公邸となるキャンプ・デービッドで時間を見繕っては鱒釣りに興じたと伝えられる。69年没。

《註釈143》1902年にテキサス州で生まれた文筆家。新聞記者として活躍する一方、47年には彼の代表作となる小説UNCOVERED WAGONを発表した。また、エスクワイア誌やフォレスト＆ストリーム誌などに数多くの釣魚ノンフィクションを寄稿して名声を博した。75年没。

《註釈144》『ただひとつ確かな釣魚理論とは、釣魚理論に確かなものなどあり得ない、というものである。』との意。かつてH.T.シェリンガムがF.M.ハルフォードに投げかけた呪詛の言葉と同趣旨。

《註釈145》F.M.ハルフォードは「ドライフライマン指南」[1913]のなかの鱒の胃の内容物を解説する一節において、『そのなかに、これら水に浮かぶ昆虫がほんのわずかしか含まれていないことに、そして、実に多種多彩な種類の昆虫が含まれていることに、釣り人は驚いてはならない。各種の小型甲殻、アブラムシ、そして水棲甲虫のマツモムシといったものを大量に発見することだろう。』と語っている。

《註釈146》このドレッシング法について、まず頭部を設ける部分の鉤軸を長く空けておいて、その後方に明るい黄色のベルリンウールでボディーを巻き、シルバーティンセルでリブを巻く。次いで、ボディーの前方にマツモムシの姿を象徴する一対の長いオール状の脚（ムクドリ[Starling]のクイルフェザー製）をボディーに対して直角に取りつける。ウイングはウッドコックのクイルフェ

とすれば、それは流れに逆らって遊泳することのできる水棲甲虫のイミテーションであると論じた。彼は、ドライフライにまったく反応しなかった鱒の胃から大量のマツモムシ(Corixae)が確認されたことを記し、『ハルフォード氏は「ドライフライの昆虫学」において鱒の胃のなかにマツモムシを頻繁に確認したと書いているのに、そのイミテーションの可能性についてはひとつも言及していない。』[145]と批判した。この昆虫のイミテーションとしてウォーカー博士が開発したパターン[146]は、今日の我々が「コリクサ」という名で知るウエットフライの原型となっている。

また、J.C.モットラムは沈む毛鉤の分野でもその鬼才振りを発揮し、「フライフィッシング：新技術と秘密」[1915]のなかで、ユスリカ類をはじめとする双翅目(Diptera)の幼虫・蛹化段階のイミテーションを発表した。彼は、湖沼や緩い流れの川ではユスリカ類が水面直下に定位しているときに鱒の常食となっていることを指摘し、この毛鉤に浮力を与えるためにコルク製のボディーを用いるよう提唱している[147]。この議論の背景には、当時、各地で造成されつつあった人造湖での鱒釣りが脚光を浴び、止水域向けのドライフライフィッシング論が議論され始めていたという史実がある[148]。

さらに、今日の我々も多用するセッジ(カディス)・ピューパ、即ちトビケラの蛹化段階を模倣しようとする試みの最初期の一例は、J.W.ヒルズの「リバーキーパー」[1936]のなかにも確認できる。陽が沈んだ直後のテスト川で、激しいライズにもかかわらずヒルズが投じるセッジ・アダルトには魚が関心を示さないとき、リバーキーパーのW.J.ランが彼に手渡したのがこのイミテーションであった。ヒルズはこれを川面に投じて波立つほどに激しく曳き、首尾よく大鱒を誘い出したと伝えられる。

これらの取組みは、英国フライフィッシング界において必ずしも議論の俎上に大きく載ることはなかったが、それでもなお、水面下の豊饒さを世の釣り人たちに知らしめたという点で正当に評価されるべきであろう。これらの研究成果を土台に、次なる世代のフライフィッシャーたちがニンフ毛鉤のフロンティアを押し広げ、より一層の深みへと探究を進めていくことになるのだ。それでは、「鱒を狙うフライフィッ

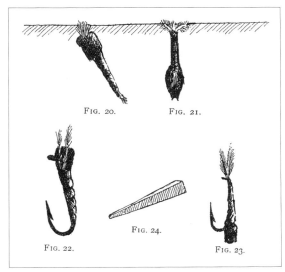

モットラムによるユスリカ類ピューパ(左上)／ラーバ(右上)のイミテーション

シングの歴史」[1921]のなかでヒルズがニンフ毛鉤の発展について予言した、示唆に富む一節を引用してみよう。

かくして舞台には最後の幕が上がる。

『「小戦術」が出版されて以降、注目すべき動きが確認されつつある。イミテーション・ニンフの活用だ。羽虫類の水面下における生活段階については、以前と比べれば随分多くの事実が明らかとなっているが、実は、その多くがハルフォードの功績なのである。オリヴ・ダンやブルーウィングド・オリヴ、アイアンブルー、そしてペールウォータリィ・ダンといった羽虫のニンフが分類され、模倣されてきた。これらのコピーが伝統的な沈む毛鉤の姿をとることはなかった。ヘッドやテイル、そしてウイングやハックルといったスタイルを踏襲することはせず、新たなコンセプトに基づいて、より一層精緻にオリジナルの姿を模倣することになったのだ。今やこれらの毛鉤は広く各地で用いられ、最も魚の警戒心が強いチョークストリームにおいてさえ成功を収めている。こうした毛鉤が古くから親しまれてきた沈む毛鉤よりも効果的であることが最終的に証明される段階にはまだ達していないが、多くの釣り人たちは必ずやその日が到来することを確信している。とこ

ザーを2枚ひと重ねにしたものをボディーに沿って水平に取りつけ、最後にスレッドを頭部に大きく巻き上げて完成させる。C.E.ウォーカー博士はこの毛鉤の使用法について、必要な深さまで沈ませたところを、手でラインを少しずつ段曳きするよう説いている。

《註釈147》J.C.モットラムはDipteraを観察した結果、幼虫段階では尾部を水面に向け、蛹化段階では逆に頭部を水面に向けて定位することを確認し、それらのイミテーションについても鉤の環が常に水面に向くよう巻き分けるべきことを説いた。彼は同パターンをドライフライと同様に一切動かさずに用い、浮力を補うためにティペットにグリースを塗布することや、小さなコルク片を何個か分けてティペットに通しておくことを提案している。なお、彼はほかにも、ミッジやカディスの幼虫段階についてイミテーションを発表している。

《註釈148》1905年にイングランド西部のブリストル近郊に造られたブラグドン貯水池は生息する鱒が急激に巨大化することで有名となり、全英各地から釣り人が押し寄せたのがきっかけとなって人造湖の釣りが流行し始めた。晩年のF.M.ハルフォードも「ドライフライマン指南」[1913]のなかに、湖沼におけるドライフライの釣りを解説する一章を設けている。

第4部　ニンフの歴史

フランク・ソーヤー

ろが、その論者の最重鎮であるはずのスキューズ氏はというと、そうはならないと考えているのだ(149)。この論争を決するものは永い試行錯誤をおいてほかにないが、もしかすると、未来のパターンはこの両論のいずれとも異なる姿をとることになるのかもしれない。』(訳者注：傍点は訳者による)

　物語の場面は、1920年代後半の英国南部ウィルトシャー(Wiltshire)。この地を豊かに潤しながら流れるハンプシャー・エイヴォン川(Hampshire Avon)(150)の最上流部には「将校ドライフライ釣り協会」(Services Dry Fly Fishing Association)と呼ばれる釣魚クラブが存在

した。同クラブはこの川のおよそ6マイル半を釣区とし、英国軍人のフライフィッシング愛好家が集う社交の場となっていた。このころ、同協会の新しいリバーキーパーにひとりの青年が採用される運びとなった。彼の名はフランク・ソーヤー(Frank Sawyer)(151)。同釣区の所在するブルフォード村(Bulford)で育った彼は、幼いころから慣れ親しんだ自然のなかで鱒と水生昆虫を観察し続け、やがては釣魚史を動かすニンフフィッシングの理論家へと成長していく。

　ソーヤーが初めてニンフの釣りと出会ったのは1927年(152)のこと、当時、将校ドライフライ釣り協会の事務局長を務めていたH.E.ケアリー(H.E. Carey)准将(153)がソーヤーを捕まえてフライフィッシングの手解きをした。彼は熱烈なスキュージアンのひとりであり、アップストリーム・ニンフの釣りとニンフ毛鉤のタイイング技術をこの新米キーパーに叩き込むことになるのだが、後年、ソーヤーはこのときの教授に感謝しつつも、『ケアリー准将のニンフが深場に潜ったときにだけ、大きなグレンリングが反応していた。』と述懐している。

　1930年代、水生昆虫に魅入られたソーヤーは、薄給をはたいて本格的な顕微鏡を手に入れた上、当時のカゲロウ研究の第一人者であったA.E.イートン博士の研究書である「モノグラム」まで買い揃えて、仕事の合間を見つけては学術的な調査に勤しんだ。彼はその研究成果を基にさまざまなアイデアをケアリー准将にぶつけてはみたものの、このスキューズの使徒が部下のアイデアに関心を寄せることはなかったと伝えられる。

　そんな不遇をかこつソーヤーの前にひとりの紳士が現れる。この男、グリムウッド・メアーズ卿(Sir Grimwood Mears)(154)はすぐに彼の真価を見抜いて、釣魚界のさまざまな方面にソーヤーを紹介してまわった。ソーヤーのほうもこれに応えて、多くの人々と水生昆虫分類の議論を重ねながら、次第に頭角を現してゆく。そのなかの一人であった晩年のG.E.M.スキューズがソーヤーと交わした書簡の数々は、フライフィッシングの伝統が次の世代に承継された証として、今日もなお輝きを放ち続けている。その書簡集のなかから、1949年、ソーヤーがスキューズからの依頼を受けて同定を検証した謎のカゲ

《註釈149》この一文は、晩年のG.E.M.スキューズが「厳格なる模倣」主義を離れて到達した、印象主義的、あるいは新象徴主義的な立場を指すのではないか。

《註釈150》この川の公式な名称はRiver Avonである。しかし、英国内各地には同名の河川がいくつも存在することから、その流域が所属する州の名が冠される風習がある。このため、同河川の上流域は所在州にちなんでWiltshire Avonと呼ばれることもある(下流域がHampshire域内)が、ここでは解りやすさを優先して、最も一般的なこの川の呼び名で表記を統一する。

《註釈151》1906年、ウィルトシャーの貧しい水車守りの家庭に生まれる。28年より将校ドライフライ釣り協

会のリバーキーパーとして働き、川辺のエントモロジーについて深い洞察を体得する。釣りの名手としても高く評価され、フランスのC.リッツはニンフ毛鉤のアタリを感知する彼の第六感を賞賛した。終生リバーキーパーとして慎ましく働き、80年、彼が管理したチョークストリームの畔で静かに息を引き取る。

《註釈152》F.ソーヤーがリバーキーパーとして働き始めたのは1928年のことなので、『ニンフと鱒』[1958]に記されたこの年代表記は誤りか。

《註釈153》英国海軍の軍人。退役後、将校ドライフライ釣り協会の事務局長を務める。同協会の釣り場紹介とその釣りの愉しみを謳った作品ONE RIVER [1952]

を発表。彼はこの巻末でF.ソーヤーの釣りについて触れ、『彼は良く釣れる一流の毛鉤を巻き、ラインを素晴らしく投じ、ドライでもニンフでも狙った鱒は絶対に外さない。』と絶賛しているが、ソーヤーの新しいニンフフィッシングについてはなんら言及していない。

《註釈154》1869年、ウィンチェスター生まれ。オックスフォード大学を卒業後、法曹界に入る。主にロンドンで活躍して、1917年に爵位を受ける。19年にインドに渡ってアラハバッド高等裁判所の裁判長を永く努め、32年に引退。その後英国に戻って悠々自適の生活を送る。63年没。ちなみに、G.E.M.スキューズ愛用のレナードロッドを最初に"W.B.R."と呼んだのは彼であったとされる。

358

ロウに関する論文を釣魚雑誌に投稿したところ、このとき齢90歳——彼の享年——を迎えたスキューズ翁が、感謝の念を込めて彼に書き送った手紙の内容を次のとおり引用したい。

『1949年1月22日　サーモン&トラウト誌の1月号が今日になってようやく届いたのですが、貴方がお書きになったスパーウイング[155]に関する記事について、私は貴方に心からの謝辞をお送りして、御礼申し上げなければなりません。それにしても、モズレー氏がこの記事を待たずに亡くなってしまったのは、誠に残念でなりません[156]。私は、まだすべての昆虫が同定され記録され尽してしまっている訳ではないと、ずっと永いこと信じてきたのです。貴方はご自分の観察結果をスイスの研究者[157]のものと比較されましたか？グリムウッド・メアーズ卿もさぞかしお喜びのことでしょう。ただ、かく言う私がもうこのゲームから脱落してしまっているのは、残念でならないのですがね。』[158]

若きアングリング・エントモロジストが提案する新説を、最晩年のスキューズが一抹の寂しさを湛えつつも穏やかに受け止めるその姿に、我々が強く胸打たれるのはなぜだろう。ニンフ毛鉤の正統性をめぐって純粋主義者たちとあれほど激しい論争を重ねた革命家も、老境には好々爺となって時代の推移を静かに眺めていたところ、無名のリバーキーパーが記した論文のなかにフライフィッシングの輝かしい未来を垣間見た。スキューズが何百年も続くリレーのバトンを次なる世代に託した歴史的瞬間が、この手紙のなかにはっきりと読み取れるからではないだろうか。もちろん、ソーヤー自身もまたその負託を肝に銘じていたに違いない。まもなく彼はスキューズの到達点を越えて、新たな領域へと足を踏み入れることになる。

ソーヤーが提唱した新しいニンフフィッシングの様式は、彼の結婚後の居所の地名を冠して、ネザーエイヴォン・スタイル(Netheravon style)と呼ばれる。この釣法は、餌を待ち受けている一匹の鱒に狙いを定めて[159]アップストリー

ニンフ毛鉤で釣るソーヤー（「ニンフと鱒」[1958]より）

《註釈155》*Centroptilum pennulatum*という学名のウスバコカゲロウ（G.E.M.スキューズが自著のなかでC.P.と呼んだ種）に対して、スキューズは新しく英語の一般名称を充てようとSpurwingとの名を提案した。この提案には、F.M.ハルフォードがこの種をPale Wateryの一種だと分類したことに異議を唱える意図があったものとみられる。スキューズから種の同定を依頼されたF.ソーヤーは詳細な調査の結果、やはりこの種はハルフォードが論じたとおりPale Wateryの一種であると結論づけたのであった。それでもなお、Spurwingという通称自体はその後も用いられ続けることになる。

《註釈156》M.E.モズレーはこの種をBlue-Winged Oliveの一種と考えていた模様。

《註釈157》19世紀中ごろの高名なスイスの水生昆虫学者F.J.ピクテ博士を指す。C.キングスレーやF.M.ハルフォードも同博士のカゲロウに関する研究書を参照した。

《註釈158》ANGLING LETTERS OF G.E.M. SKUES（C.F. Walker [1956]）より引用。

《註釈159》F.ソーヤーはニンフ毛鉤で釣る場合、鱒の姿が視認できることが原則とする一方、鱒が居る場所を確実に把握している場合には、ブラインドで流し込み、ライン等に現れるアタリでアワセる方法も容認し、むしろブラインドの釣りのほうがドライフライの釣りに匹敵する技術と集中力を要する釣りであるとして高く評価した。

第4部　ニンフの歴史

ムあるいはアップ・アンド・アクロス・アプローチによって
ニンフ毛鉤を投じるという点では、スキューズ流アップスト
リーム・ニンフの釣りと軌を一にするものの、その毛鉤を積
極的に沈下させることで水底に潜む鱒を誘い出そうとする点
において、スキューズの方法論とは大きく様相を異にする。

　さらには、ニンフ毛鉤を効率的に沈下させるために、水
流の抵抗を受けにくい構造が選ばれ、充分な重量が得ら
れるよう工夫が凝らされることになった。スキューズが多
用した小振りのハックルは省略され、全体的に凹凸の少な
いスムーズなシルエットが好まれるようになって、大胆にも
そのボディーには鉛線や銅線が厚く巻き込まれた[160]。こ
うしたスタイルのニンフ毛鉤は、一般にウエイテッドニンフ
（weighted nymph）と呼ばれ、ソーヤーとその後継者に
よって各種スタイルが開発されてゆくことになる。

　さて、ソーヤーは彼の最初の著作となる「ニンフと鱒」
（NYMPHS AND THE TROUT ［1958］）のなかで、ス
キューズに対して賛辞を尽くす一方、その理論に同意でき
ない部分については明確に反意を表して、ニンフとそのイ
ミテーションにまつわる自らの体験談を記しているところ、
そのなかから次の一節を引用してみたい。伝統に対する
尊敬と挑戦、そのいずれもがバトンを受け継ぐ者に課せら
れた使命なのだ。

『故G.E.M.スキューズ氏と直接お会いしたことは、彼の晩年に
一、二度しかないのだが、彼が釣りの最大の喜びを獲物を欺く
実践のなかから得ていたことを私は知っている。彼はまさに
その名人だったのだ。彼はさまざまな種類の昆虫を研究する
ために何年も費やし、多くの専門家から教えを受けてきた。彼
は毛鉤を美しく巻き、その膨大なコレクションを所蔵していた。
これらの毛鉤は、サイズ、色彩、概観といった点について細心
の注意を払いながら製作されたものであり、彼はそれを用い
て川辺で大成功を収めてきた。彼は、鱒の視点について深く
理解する人物であった。彼は毛鉤のボディーに大きな関心を
払い、彼のパターンが巻き過ぎたハックルで覆われることはな
かった。釣行の際には、彼は川面から羽虫――魚が喰っている
と彼が信じる種――を採取し、徹底的に検査した後で、その最
も精確なイミテーションを彼のフライボックスのなかに探し求

めるのだった。彼は50年間にわたり、自分で巻いたもの以外
の毛鉤を鱒に投じることはまずなかったものと私は信じてい
る。この点こそ、彼の愉しみの大部分を占めていたに違いない。

　スキューズ氏はどのポイントに獲物を求めるべきかを知って
いたが、それ以上に重要なのは、獲物がどんな餌を求めている
かを知っていたことである。この点においてこそ、詐術の真価
が問われることになるのだ。それは、一匹の魚がある場所であ
る一定の種の昆虫の姿を見るのを期待していることを理解す
る技術であり、魚に疑念を与えることなく毛鉤をその場所まで
送り届ける技術であり、そして、送り込んだ毛鉤に対する魚の
反応をしっかりと自分の目で観察する技術なのだ。

（中略）

　故G.E.M.スキューズ氏の著作「チョークストリームの鱒を狙
うニンフの釣り」についてもう一度触れてみたい。このなかで
彼は、休眠状態で水面膜にからんでいるニンフについて記して
いる。「休眠状態」（inert）という言葉の意味は、まったく動き
が見られない状態であると理解するが、私はこれまで水面膜
に浮かぶ生きたニンフを観察して、脚や胴体を震わせていない
ものに出会ったことなどありはしない。摂餌中の鱒の興味を
惹くためには、ほんのわずかな動きで充分なのだ。

　私の場合、いわば水面スレスレのところに浮かばせたニンフ
毛鉤によって鱒を誘う釣りで上手くいった試しはほとんどな
い。これまでのところ、その望ましい動きを再現する毛鉤を創
り出すことに私は成功できていない。微妙にモゾモゾする動
作を伴わないパターンには、抜け殻程度の魅力しか備わってい
ない。スキューズ氏のいわゆる「休眠状態」ニンフの成功は、
おそらく私のドライフライの製作手法に極めて近い、ある方法
で彼がニンフ毛鉤を巻いていたことによるのだろう。彼の毛
鉤にはすべてハックルが巻かれている――それは脚部を暗示
するファイバーを備えている。毛鉤が水面近くを漂うとき、ハッ
クルを薄く巻いたドライフライと同様に、ファイバーになんらか
の動きが発生するのだ。

（中略）

　彼の著作「チョークストリームの鱒を狙うニンフの釣り」の
なかで、スキューズは15本もの異なるパターンを掲載した一
覧を紹介し、それぞれに用いるマテリアの詳細についても記し
ている。折に触れ、それ以外のパターンも発表されてきたが、

《註釈160》古くから英国では、伝統的ウエットフライに
鉛線等の錘を巻き込んだり、毛鉤のヘッドに噛み潰し
錘を留めたりすることで深く沈める手法は下品な釣り
とされてきた。実例を挙げると、F.フランシスはこのよう
に沈めたウエットフライを水中で上下にシャクリながら
誘う釣り方を『スポーツマンシップに欠ける』と批判し、
R.B.マーストンも『毛鉤に錘をつけることは餌をつけるこ
とと変わらない。それは餌釣りであって、フライフィッシ
ングではない。』と酷評している。

《註釈161》F.ソーヤーは、ニンフフィッシングをほかの
フライフィッシングと比較したとき、大きくテンポが異なる
のはアワセの瞬間だと論じた。鱒は咥えたニンフ毛鉤
に違和感を覚えれば瞬時に吐き出すことから、釣り人は

反射神経を研ぎ澄ましてアワセに備えなければならな
い。しかし、竿の反射神経が遅い場合には釣り人のほ
うが早めに竿を動かしてやらなければならない。彼はこ
の問題を回避するため、ファストアクションを備え、かつ
軽量な竿を用いることを推奨している。この要請に
応えてC.リッツがフランスのペゾン・エ・ミシェル社と
共同で開発したスプリットケーン・ロッドが、Parabolic
Sawyer-Nymphである。

《註釈162》魚の姿が視認できるときには、鱒の口の動き
が見えたり、魚が少し横に動いて頭を振るような動き
が見えたりしたらすかさずアワセ、魚の姿が視認できない
ときにはラインの動き等で感知することができる。さら
にF.ソーヤーは『第六感とも呼ぶべき認知能力を研ぎ澄

ます者がいる。何も見えていなくても、何も感じていなく
ても、何かが竿先を動かすよう指示するのだ。』とも述べ
ている。

《註釈163》F.ソーヤーはニンフ毛鉤を一定の速度で移
動させるべきことを説き、これがニンフのイミテーション
である以上、毛鉤自体が流れの抵抗を受けて震えるよう
な動きや、毛鉤が水中で背部を下に向けて泳ぐような
ことがあってはならないと主張した。

《註釈164》F.ソーヤーは、この時期は風がほとんど吹か
ないために水面が凪（な）いで、釣り人も魚も互いの姿を
視認しやすくなることから、ゲーム性が一層高まると解
説している。

360

それらは多くのカゲロウ類の小型ニンフを模したものであって、そのドレッシング開発者の指示どおり正確に巻けば、きちんと釣れる毛鉤が出来上がるに違いない。しかし、自分自身でドレッシングを模索する釣り人のほとんどは自ら本物の昆虫を学び、己の信念に基づいて選び出したその虫の特徴を自作の毛鉤のなかに具体化するものだ。私が、野外に出てそこに棲む昆虫たちを自分で研究することを勧めるのは、このためなのだ。後になって、他人のドレッシング法――おそらく私のレシピも含まれることだろう――を使うようになるかもしれないが、こうした人々は、他者とは一線を画すちょっとした要素、独自の物の見方を持つ者にのみ備わる何かを、そのニンフ毛鉤のなかに盛り込むことができるようになっている。・・・（中略）・・・ニンフ毛鉤を製作するにあたって、考慮すべき重要な点がいくつかある。第1がその概観、サイズ、色彩感、そして透明性である。第2に、特段の処理をしなくても着水後すぐに水中に沈むように作られていなければならない。そして第3の点が最も重要なのだが、状況の変化に応じつつ常に精確かつ繊細にプレゼンテーションできるものでなければならないのだ。』

　それでは、ネザーエイヴォン・スタイルの実践像を少し詳細に見てみよう。ソーヤーは同著のなかで、心に留めておかなければならないふたつの鉄則を挙げている。第一は、獲物がニンフ毛鉤を捕らえようとする決定的瞬間において、釣り人は一定のテンポに乗って行動する必要がある[161]が、いったんこのテンポに遅れてしまえば、決してその場で修正はできないということ。第二に、獲物が毛鉤を咥えることを示す信号の顕れ方が、ドライやウエットの場合よりもずっと多彩であって、これに的確に反応しなければならないということである。これらの条件を満たすためには、釣り人は常に一歩先の状況を頭の中で明確に予測できていなければならず、同時に、自分の予測している行動を、狙っている獲物に取らせるよう誘導することまで求められるのだ。

　狙っているのは野生動物であることを忘れてはならない、とソーヤーは諭す。身をかがめながら、陽光の向きを考慮に入れて、獲物の頭部とその2フィート上流地点の両方をしっかりと視認できる位置まで慎重に忍び寄る。流れの速度と深度を計算した上でキャストして、水面を乱すことなくニンフ毛鉤を上流のほうに着水させると、毛鉤は流れに馴染みながら、目標地点まで自然に押し流されていく。毛鉤が獲物の傍にさしかかるとき、釣り人はその魚の頭部に全神経を集中させなければならない。このとき、獲物の姿やアタリの信号[162]が把握できなければ、ゲームの愉しみは無に帰してしまうのだ。

　獲物に向けてニンフ毛鉤をプレゼンテーションするとき、ナチュラルドリフトのためのメンディングに熱中するあまり、アワセの竿構えに入る準備を怠ってはならない。もしラインやリーダーが流れの抵抗を受けて毛鉤を動かしてしまったとしても、急激なスピードの変化をもたらすものでない限り、ニンフの遊泳を模倣するものとしてむしろ肯定的に評価されるべきである[163]、というのが彼の主張であった。ニンフの遊泳能力を積極的に認めるソーヤーのこの見解こそ、水面直下のフローティングニンフに焦点を当てたスキューズの議論を塗り替える、新しいウエイテッドニンフの釣りの理論的支柱となったのである。

　同著のなかから、以上解説したこの釣りの魅力とニンフの生態について触れた一節を次のとおり引用してみたい。

『ニンフフィッシングの技術が適切に行われるならば、ドライフライフィッシングの愛好家から非難されるべき点など決してあろうはずがない。私の理解するところ、両者のシーズンはまったく違うのだ。一般論として、私はニンフフィッシングのシーズンは7月から8月にかけてであると理解している[164]。この2ヶ月間こそ、早朝と遅いイヴニングを除き、ドライフライフィッシングが一番役に立たない時期となるのだ。この数週間のうちにチョークストリームの流れは完全に澄みきって、魚は警戒心を強くしてはいるが、彼らのほとんどは水面下における昆虫たちの動きを探しまわっている。晴れわたる空に陽は高く輝き、釣り人が注意深く行動すれば、餌を求めて泳ぐ鱒の姿を発見することもできるだろう[165]。

　ニンフフィッシングにおける釣果の多寡は、貴方の注意深さにかかっている。この釣りは、獲物の居そうなあらゆる場所にニンフ毛鉤を放り込んでアタリを待つ、などという性格のもの

《註釈165》F.ソーヤーは、背の高い人（つまり視点の位置が高い人）は水中のようすを観察しやすくなると説いているが、他方、視点が低いときにだけ水中が見える環境もあると記している。

ではない。貴方はご自身の機知と視力を存分に働かせながらハンターへと姿を変え、鹿を追うディア・ストーカーの執拗さでもって野生魚の察知能力に対抗することになるのだ[166]。これは、1シーズンやそこらで身に着けられる技術ではない。習得のためには12シーズンもの期間が必要であり、真のニンフフィッシャーマンとなるためには鱒の習性を知り尽くすだけでなく、さらには彼らが水面下で餌とする生き物たちの習性をも理解しなければならない。ドライフライのプレゼンテーションを上手くこなせる釣り人のなかでも、ニンフ毛鉤に生命感を与えるようなスタイルで投射することがすぐにできる者は少ない。また、私が見かけた第一級のウエットフライマンでさえ、釣り上げた鱒の数より怯えさせて逃がしてしまう鱒の数のほうが多かったのだ。実に、ニンフフィッシングとは固有のテクニックを要求する釣りであって、魚を魅了しつつ怯えさせることのない毛鉤の投じ方というのは、経験を積み重ねなければ体得できないものなのだ。

（中略）

鱒が喰う羽虫のほとんどは、1年あるいは2年の間、ニンフやラーバの状態で水中生活を過ごし、この間、魚によって頻繁に捕食される。幼虫は多種多様であり、習性も大きく異なる。川底に穴を掘りそのなかで水中生活を過ごす種もあれば、一枚貝のように底石の裏に貼りついて過ごす種[167]もある。ほかにも川底や水草の間を這いまわる種がいれば、小魚のように泳ぎ回って広範に移動する種まで存在する。種ごとに最適な生活圏は異なるし、シーズン初期にハッチするものもあれば終期にハッチするものもあるが、その両端の間にはさまざまな羽虫の羽化期が散らばっている。彼らはサイズも違えば色や形も違う。ハッチの際に水面へ向かうスタイルにもそれぞれ種の特徴がある。例えば、水生昆虫のなかでも最大級に位置づけられるメイフライ（訳者注：モンカゲロウ）のニンフは、川底から直接泳ぎ上がって水面上でハッチする。メイフライのニンフが水面に接近して羽虫へと脱皮する以前の段階では、鱒たちがその姿を見かけることはまずない。ところで、だからといって私はメイフライ・ニンフのイミテーションを用いることを推奨するものではない——それはとんだ誤解というものだ。鱒たちが羽化中のメイフライを捕食しているそのとき、彼らはメイフライのダンをも喰っていることだろう。したがって、メイフライ・ニンフを模した毛鉤で釣ることは、簡単に言えば、密漁とほとんど変わらぬ行為でしかないと私は考えている[168]。

しかしメイフライとは違い、オリヴやスパーウイングについてはニンフフィッシングを愉しむことが許される[169]。これらの羽虫はいくつかの種に分かれるが、いずれも習性は似たものである。それらの幼虫は遊泳型（swimmer）と呼ばれるタイプで、つまり魚のように自由に水中を泳ぎながら移動することができるのだ。彼らは主に川底や藻床に生息するが、その他どこにでも、どんな水深の流れにも見かけられる種である。だが、オリヴは基本的に溶存酸素量の多い激しい流れを好み、スパーウイングは流れの澱みを好む。彼らは羽化の準備が完了するずっと以前から、水面近くに浮上しては川底に戻るという遊泳運動を何度も繰り返す。また、彼らは摂餌のために場所を転々とするなど、水中を泳いで渡る姿がしばしば見受けられる。そんなニンフの行動は鱒にとって堪えられない誘惑となるのだ。鱒はこれらを含めあらゆる虫の習性を知っていて、どこで待っていればこれらの虫を容易に捕らえることができるのかまで熟知しているのだ。』

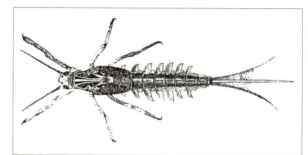

オリヴ（コカゲロウ属）のニンフ（上）とフェザントテイルニンフ（下）

《註釈166》O.カイトもまたニンフフィッシャーをディア・ストーカー（鹿追い猟のハンター）になぞらえつつ、『ニンフフィッシャーの一投はディア・ストーカーの一撃と同様、その第一投で獲物を仕留めるべきだ。しかもその事前段階には、獲物への接近に要する肉体運動とそれ以上に重要な心構えの徹底という困難な作業が彼らを待ち受けている。しかし、ニンフフィッシャーにはストーカーよりも絶対的に有利な点がひとつある。後者は射撃地点から標的に向けた唯一本の弾道にすべてを賭けなければならないが、ニンフフィッシャーは鱒の目が届く範囲内であればどこにでも毛鉤を投射して、その獲物を誘い出すことができるのだ。』と語っている。

《註釈167》F.ソーヤーは、Yellow May Dunをはじめとする接着型ニンフは匍匐行動によって川岸近くまで到達し、岩や植物の水面上に突き出た部分にしがみついた状態で羽化するため、鱒の目に留まり難く、その動作もフライフィッシングでは再現が困難なことから、ニンフフィッシングの模做対象として認め難いと論じている。

《註釈168》「ニンフと鱒」の初版においてF.ソーヤーは、ニンフフィッシングがドライフライフィッシングを邪魔することがあってはならないと強く戒めている。この記述の背景には、ドライフライフィッシングに最適な条件の下ではニンフフィッシングは慎まれるべきだとする考え方がある。O.カイトもMayflyのニンフ毛鉤を用いることを「精神的な買春行為」と表現した。

《註釈169》F.ソーヤーがこう主張するのは、Mayflyのニンフが砂底に掘った穴のなかにずっと隠れながら生活するのに対して、Olive等のニンフは頻繁に流れのなかで自由遊泳して常に鱒の目に触れることになるので、後者のハッチが見られないときにはニンフ毛鉤をイミテーションとして用いることが許される、と解するからである。

《註釈170》ニンフ毛鉤にウエイトを取りつけるその他の事例としては、H.ダービーが「キャッツキル・フライタイヤー」［1977］のなかで紹介したスパース・グレイ・ハックルのBead-chain Nymphが挙げられる。彼は営巣しない葡萄型カディス（*Rhyacophila*）のラーバを模倣するため、電灯のスイッチやバスタブの栓

こうした理解の下、遊泳型ニンフの姿を鉤の上に再現することがソーヤーのライフワークとなっていくのは当然の成り行きであった。彼の経験によれば、特定のダンが偏食される場面が存在するのと同様に、ニンフでも特定の種が鱒によって選別的に捕食される場面がある以上、ニンフ毛鉤は各種カゲロウのイミテーションとして正確に巻き分けられねばならなかった。しかし、彼にとってその正確性はジェネラルな意味合いのものであって、主にサイズと色彩の再現を重視した結果、汎用性の高いニンフ毛鉤が誕生することになったのだ。

ソーヤーが編み出した各種のニンフ毛鉤はきわめてシンプルな外観を呈し、遊泳型のニンフが脚部を畳んで体側に貼りつけているのを模倣して、敢えてハックルは設けられていない。また、重量を得る目的とニンフの光沢感（透明性）を得る目的の両方を同時に達成する素材として──またシルクスレッドの代用品としても──銅線が積極的に活用されている[170]。ソーヤーは「ニンフと鱒」のなかで、こうした構造に基づく、オリヴ、ペールウォータリィ[171]、そしてスパーウイングという3種のニンフ毛鉤を紹介しているが、このなかのオリヴ・パターンこそ、今も世界中で用いられるフェザントテイル・ニンフ（Pheasant Tail Nymph）のオリジナル版である[172]。

シンプルな構造のなかにも各種マテリアルの効果的な配置が計算し尽されたこの傑作パターンについてソーヤーが語る一節を、同じ作品のなかから次のとおり引用してみたい。

ニンフ毛鉤を巻くソーヤー

『オリヴを模倣するため、私はひとつのパターンを3つの異なるサイズ──#00、# 0、そして# 1──の鉤に巻くことにしているが、このフェザントテイル・パターンのドレッシングが私の発案によるものだと主張するつもりはない[173]。これは私のお気に入りのパターンであって、巻くのがとても簡単なのだ。鉤をしっかりとバイスに固定し、赤味がかった細い銅線で鉤のフトコロから環のところまで均等に巻き上げる。私が用いる銅線は人の髪の毛よりも若干太めなもので、無線修理店や自動車修理場に行けば安価で手に入るが、これは変圧器の部品としても使われていると思う。銅線で鉤軸を覆ったら、今度はソラックス（訳者注：胸部）を設ける位置でこれを太く巻き上げて瘤を造り、その後改めてフトコロの辺りまで巻き通して、そこで銅線を垂らしておく。この赤い銅線はドレッシングの基礎を成すと同時に、鉤に重量を追加する役目も果たす。この際、私はシルクスレッドを一切用いず、この細い銅線でドレッシングのすべてを処理する。銅線は鉤のフトコロからぶら下げておこう。赤茶色をした雄のキジの尾羽（Pheasant tail）から4本のフェザーファイバーを切り出す。先端部を指で摘みながら、これが鉤のフトコロから1/8インチほど突き出た状態で巻きとめる。この先端がニンフの尾部となる。そして、このキジの尾羽を補強のため銅線に巻きつけながら、銅線と尾羽を一緒に鉤軸を環のところまで均一に巻き上げる。そこまで来たら、張った銅線から尾羽をほぐして分離し、銅線だけソラックスとなる部分の後ろ側まで巻き戻しておく。尾羽のファイバーを折

《註釈170》……に用いられるビーズチェーンを4玉分の長さに切って鉤軸に沿って取りつけ、緑に着色して用いたという。

《註釈171》ガチョウから採られる灰色のウイング・フェザーを用い、Pheasant Tail Nymphと同様の手法によって作られるこのイミテーションは、後にGrey Goose Nymphと名づけられた。

《註釈172》O.カイト手製のPheasant Tail NymphはF.ソーヤーのそれよりも若干尾が長く、より太い造りとなっていた。このパターンは米国に渡ると銅線に代えて通常のタイイング・スレッドが用いられるようになり、ペンシルバニア州のA.トロスはそのソラックスの両側に脚部を広げるスタイルのバリエーションを発表した。

カイト手製のPheasant Tail Nymph

《註釈173》他方、O.カイトはPheasant Tail NymphがF.ソーヤー自身の創造力の産物であると語っている。

第4部　ニンフの歴史

り返して銅線で留め、その銅線を再び環のところまで巻き上げたところで、改めて折り返したファイバーを銅線でしっかりと6回転して巻きとめ、余分なファイバーを切り取る。

さて、これでニンフ毛鉤は完成となる。この毛鉤を遊泳中のニンフに似せるのに、脚部を暗示する何らかのドレッシングを設けるのは不要であることを、私は発見した。我々のパターンはきわめて明確なソラックスを備え、ボディーはテイルに向けてきれいにテーパーが掛けられている。このようにしてニンフ毛鉤を巻いた者は、ウイングケースを模倣する背部が他の部分よりもずっと濃い色調を帯びているのに気づくことだろう。この効果は、フェザントテイル・ファイバーの根元の部分を2回折り返すことによって得られたものだ。銅線とファイバーを一緒に均等に鉤に巻く限り、その終わりの部分のほうが濃い色調を帯びるはずである。これこそソラックスのごく自然な外観を再現するものだ。フェザントテイルのファイバーは、羽根の先端の部分と根元の部分とでは長さが違う。だから、ニンフを巻くときには、ボディーを造る際にフェザーの暗い色調の部分が活用できるかどうかを念頭に置きながら、鉤のサイズに合わせて最適な長さのファイバーを選ぶことになる。

このパターンが水に濡れると透明性を暗示する効果が現れ、フェザントテイル・ファイバーの隙間から銅線の赤味を確認することができる。この毛鉤はとてもよく水に馴染み、必要ならば充分深くまで沈めることもできる。鉤先がハックルに覆われていないので、竿先をわずかに上げさえすればしっかりと鉤掛りさせることができるだろう。』

こうした機能性に富むニンフ毛鉤の発案者として知られるソーヤーは、同じく――否、それ以上に――ニンフフィッシングの実践者として世界中にその名を轟かせることになる。魚に悟られることなくアプローチできる密行力、水中を正確に見通すことのできる鋭い視力、毛鉤とラインを意のままに操ることのできる確かな竿捌き、そして獲物を掛ければ闘争のすべてを自らの主導権の下に管理できる支配力。そのいずれの資質も、決して誰かに教えられたものではなく、ソーヤーが自らを鍛え上げることで身に着けたものであった。彼の釣りを実見するためにパリから遠路はるばるやってきたC.リッツを驚嘆させ、H.マーシャルが自著のな

かで彼のために一章を割いて賛辞を惜しまなかったのは、まさにこれらの能力なのである[174]。

傑出した腕前と豊かな自然誌の知識を兼ね備えたソーヤーは、故郷を流れるチョークストリームの畔でさまざまなドラマを紡ぎ出していく。釣り場を訪れるクラブメンバーとの邂逅、鱒川に暮らす多種多様な生命との交歓、そして母なるハンプシャー・エイヴォンの変遷に寄せる想い、これらを主題に淡々と綴られる彼の文章は、「ニンフと鱒」を単なる指南書に終わらせることなく、味わい深い文学作品へと昇華させている[175]。なかでも特に釣り人の感興をそそるのが、彼の釣行記の部分であることは言うまでもない。このなかから、彼が偶然出くわした珍しい川辺の情景を記した次の一節――ニンフ毛鉤の限りない可能性を示唆する一文――を引用してみたい。以前から大物が潜んでいることを知っていた水車小屋の放水プールを訪れたソーヤーが、ドライフライで狙おうとライズ待ちをしているところから物語は始まる。

『周囲の自然を愛でながら1時間を過ごしたところ、私の視界に魚の動きはひとつも映らなかった。そこで、時間を無駄にしてしまったものと諦めて、私が座っている場所からプールの向こう側に位置する、可動堰の吐き出し口の左岸側にあるコンクリート岸壁の辺りの水面下を観察してみた。するとそこに1匹の魚の動きを認めたので、流れのなかをじっと覗き込んだ。ちょうどそのとき、太陽が雲の背後から姿を現して陽射しが変わったので、私の胸は高鳴った。私の確信どおり、あの魚はずっとそこに残っていたのだ。彼は私が探し求めていた大鱒で、岸壁際の水面下で忙しそうに餌を摂っているところだった。私がライズ待ちをしている間も、おそらく彼はずっとそこに居たのだろう。

さて、この獲物を仕留めるまでは決して興奮すまい、と私は自分に言い聞かせたのだが、こんな大物がたやすく手の届くところで餌を追い掛けている姿を目の当たりにして、身ぶるいを覚えずにはいられなかった。実際、私の手は激しく震えたので、毛鉤をフェザントテイル・ニンフに交換するのにさえ大層な時間が掛かる始末だった。もちろん、この魚は新記録サイズというほどではなく、以前にもっと大物を釣ったこともあるのだが、

《註釈174》C.リッツは後にF.ソーヤーを幾度となくパリに招待し、彼の主催するインターナショナル・ファリオクラブのメンバーとして厚遇した。またH.マーシャルは「リフレクションズ・オン・ア・リバー」[1967]のなかで、特にソーヤーの密行力に注目し、彼がキャスティング能力よりも獲物に気づかれぬよう忍び寄ることのできる能力のほうがずっと重要であると論じ、『密行性に気を使わぬ釣り人の何と多いことか。』と嘆いたことを記録している。

《註釈175》このほか、F.ソーヤーの主な著作としては、彼のナチュラリストとしての側面を中心に描かれたKEEPER OF THE STREAM [1952] が挙げられる。この邦訳版には「イギリスの鱒釣り」（訳：倉本

護 [1990]）がある。また、ソーヤーの生きざまを描いた作品としては、FRANK SAWYER: MAN OF THE RIVERSIDE (Sidney Vines [1984]) がある。これについても「伝説の鱒釣り師　フランク・ソーヤーの生涯」（訳：能本功生 [1991]）と題する邦訳がある。

可動堰の岸壁沿いを狙うソーヤー(「ニンフと鱒」[1958]より)

それでも4ポンドくらいはありそうだ。

　太陽は相変わらず燦々と照り続けたので、私は彼が岸壁に沿ってゆったりと泳ぎ回るのをしっかり確認することができた。そのとき私は、彼が壁面についているニンフを叩いて、流されたところを追い喰いしているのだろうと思っていた。私は身じろぎもせず徐々にラインを伸ばしていって、フィニッシュの態勢に入った。しかしこのとき、まず背後を確認しておくべきだった。慌てていないときには、私は必ずそうしているのだが、毛鉤は草叢の上のほうに引っ掛かってしまい、それを外すために私は屈みながらいくつかの障害物を潜り抜けていかなければならなかった。おまけにあと2回も同じ失敗を繰り返した後で、ようやく私の望む場所にニンフ毛鉤を送り込むことに成功した。水面下およそ2フィートのその魚が居る位置までニンフ毛鉤を沈下させると、私の期待どおり口を開けて喰いつくかと思いきや、彼はそれを避けて壁面のハンティングに戻ってしまった。再度試してみたものの、彼は同様に振舞った。私は、彼がさっと身を翻し、ニンフ毛鉤を追い掛けて白い閃光が現れるのを待っていたのだが、同じ行動を繰り返すばかりだったので、別のパターンのニンフ毛鉤に交換することを余儀なくされた。このフェザントテイルはとても魅力的に作られたはずなのだが、何かが足りなかったのだ。新しいパターンを投じてはみたものの、やはり反応は無い。さらに毛鉤を交換してみても、彼の反応は同じものだった。

　私は開始時よりも一層緊張してしまったのだが、このとき突然、彼が追っているのはニンフではなくて、もしかすると産卵のため水中に潜っているオリヴのスピナーなのではないかと閃いた。私のフライボックスのなかには、フェザントテイルで巻いた胴に白いテイルを着けたニンフ毛鉤があった。しかし、この3本の白いテイルが私の不安を鎮めてくれるかどうかは定かではなかった。というのも、この毛鉤はそれ以外の点では最初に用いた毛鉤とまったく同じだったからだ。ところが、この毛鉤が大鱒の横を通り過ぎようとすると、彼は壁から離れてこ

第4部　ニンフの歴史

れを追い、口を閉じたではないか。私はアワセをくれてやった。彼は狂ったように上流に向けて走ったので、私はリールを逆転させながら橋を渡り、彼を追って岸辺を走った。この辺りの水深はおよそ6フィートで、川底には藻が繁茂していた。彼は力強く闘った。時折彼はこの藻床のなかに突っ込んだが、それでも私はなんとか彼を引き摺り出した。こんなやりとりを続けながらも、私の頭のなかでは、あのときグリムウッド卿やBBCのテレビクルーたちと一緒にこんな光景をずっと待ちぼうけしていたなぁ、などと回想していたのだ[176]。あのとき実現していれば、どんな番組になったことだろう。5分が過ぎて、ようやくその魚にも疲れが見え始めた。彼は2、3度跳び跳ねて、川面で水飛沫を上げた。やはりそうだ、こいつは4ポンド級で、体高のある、コンディションのよい魚だ。

彼はついに横腹を見せた。竿を左肩越しに後ろへ倒しながら獲物の寄せに入っていた私には、「彼の敗北だ。ランディングネットのほうに寄って来たぞ。」という空耳まで聞こえてくる。しかし、釣り人はこの重要な局面でそんな余計なことを考えてはならない。「さあ、ネットに入るぞ。」という声を聞くには、私はあまりにも夢中になり過ぎてしまっていたのだ。ようやく彼を捕らえたと思ったその瞬間、小さな鉤が彼の口から外れてしまった。私は竿を一方の手に、もう片方の手にはネットを握りながら呆然と立ち尽くし、この打ち負かされた魚が私の視界から遠ざかり、ゆっくりと沈んでいくのを眺めるよりほかなかった。

彼を失ったのは不運によるものだが、彼を欺き抜いたことには大いに満足できた。また、この事例から、大鱒を取り込むときには熱中し過ぎないよう気をつけなければならないという教訓も得たのだった。・・・（以下略）

このとき大鱒が可動堰にある水面下のコンクリート壁に卵を産みつけているオリヴの雌のスピナーを摂っていたのではないかという私の推理に関していうと、もし私が彼を釣り上げていたならば、その腹のなかを調べて正解だったと確認できたことだろう。というのも、後でその水中の壁を観察してみたところ、水中に潜ったスピナーたちが壁面を這いまわり、新たにやってきたほかの虫たちも彼らに続けと水面を割ってその下に潜り込もうとしている最中だったからだ。これらの虫の大多数は小さなジュライ・ダン（July dun）[177]だったが、より詳細

に調べてみると、夏や秋に現れる3種類のオリヴたちもすべてそこに揃っていた。これらの羽虫は、もっとシーズン後期になると大量発生する、大中小さまざまなものたちであったが、彼らの色彩は実に共通しており、いずれも真っ白なテイルを備えていたのだった。』

このようにニンフフィッシングの新たな境地を切り拓くソーヤーであったが、またしても世間の風は彼に冷たく当たった。脚光を浴びたとはいえ、彼は一介のリバーキーパーに過ぎない。南イングランドの地では当時もなおドライフライが君臨を続けており、将校ドライフライ釣り協会の釣り場でこの釣りを堪能する純粋主義者たちに仕えることはソーヤーの仕事そのものであったのだ。もちろん、彼はドライフライの釣りを理解し、実践し、そして尊敬していた。それゆえ、ソーヤーは「ニンフと鱒」のなかで、言葉をひとつずつ選びながら、慎重にニンフ毛鉤の愉しみを謳わねばならなかったのである。

ソーヤーはこの作品の冒頭章で弁明を尽くし、己の釣りを擁護する。限られた時間にしか釣りを愉しむことができない者にとって、ハッチのない日にも慰めを求める手段は不可欠であると。ドライフライマンの訪れが減るハッチの少ない7月から8月にかけてこそ、ニンフフィッシングが最高に難しく――そして最高に愉しく――なる時期[178]であり、いにしえの名人ホーカー大佐がもしこの釣りを知っていたならば、彼が堪能していたものより乏しい釣果であってもなお、遙かに大きな歓びを得たことだろう。また、大型化した鱒は水面に出てこないのでドライフライの対象とはなり得ず、これを狙うためには水底付近に毛鉤を送り込んでやらねばならない。そもそもリバーキーパーの立場からすれば、こうした活性の低い魚は、水に毛鉤を浮かせるスポーツの邪魔であり、取り除かねばならぬ存在なのだ、と。

ゆえに、ニンフフィッシングはその意義とスポーツ性を充分に備えた釣りであって、ドライフライ・オンリーの川においてもこの釣りには敬意が払われるべきである、と結論を導くソーヤーの議論のなかに、微かな綻びを読み取る者もあるだろう。しかし筆者はソーヤーの意図を理解したい。こうまでして擁護しなければ、新しい釣りが伝統あるチョー

《註釈176》1950年代、BBC（英国放送協会）はF.ソーヤーの釣り姿を実況中継するテレビ番組を放送し、そのコメンテーター役を担ったのがグリムウッド・メアーズ卿であった。

《註釈177》通常は春と秋に現れるOliveだが、夏期にその小型のダンが現れる場合にはこの呼称が用いられる。

《註釈178》F.ソーヤーは同じ文章のなかで、ニンフ毛鉤にはサイズ＃1より大きな鉤を用いるべきではないと強く説いた上で、『（この時期にこんな小さな毛鉤で釣ると いう）そんなルールこそが、ドライフライウォーターではニンフ毛鉤の使用を禁じるべきと考えている人々の意見を変えるのに大きく貢献することだろう。』と説いている。

《註釈179》一例を挙げると、ピスカトリアル・ソサエティは議論の末にいったんはSawyer nymphの釣りを認めたが、1970年代には再び禁止する措置を取っている。なお、その際に同クラブメンバーの間で交わされた議論の概要は、THE SECOND BOOK OF THE PISCA-TORIAL SOCIETY 1936-2000 [1999]のなかに収録されている。

《註釈180》ハンティング用の鳥類を飼育したり、猟場の管理を行ったりする職業を指す。

《註釈181》同著の初版に掲載されたこれらの一節も、後の版[1970]では削除されている。時を経てニンフフィッシングの普及が進んだことを考慮し、弁解めいた

記述は不要と判断したのであろうか。

《註釈182》本稿でいう「淡水エビ」とはヨコエビ（Gammarus）の系統であって、スジエビなどの淡水に棲む小型エビ類とは異なる。

《註釈183》同ドレッシングは、明るめのジンジャーハックルの毛先を切り取って尾部に取りつけ、インドゴムの細長い一片を延ばして薄く半透明となった状態で鉤軸にスレッドで固定し、その上からオリジナルに近い色彩の毛糸を巻きつけて、さらにその上にインドゴムを同様の状態で載せ、両端部分に出たゴム生地同士をスレッドで巻きとめ、その全体をティンセルでリブづけして、最後にその頭部に下方と前方に向いたジンジャーハックルを

クストリームで認められることは難しかったのだ。事実、これ以降ソーヤー流のニンフフィッシングは全英各地で広まりをみせるのだが、頑なに拒み続ける釣り場も少なくなかったのである[179]。

こうしたソーヤーの苦しい胸中を代弁する一節を、同じ著作のなかから次のとおり引用することとしたい。

『ニンフフィッシングがいかに面白く、魅力的なスポーツとなり得るかをどれだけ熱心に説いてみたところで、鱒やグレイリングを捕らえるこの手法を疑わしげな眼差しで冷ややかに眺める者たちがいる。世間ではいまだに数多くの論争が交わされている。そして、いくつかの釣り場では、いかなる種類のニンフ毛鉤であってもスポーツマン精神に欠けるものとみなされ、使用が禁じられている。あらゆる観点から検討しても、こうした状況は私には理解し難い。そもそもリバーキーパーを本職とするこの私が、釣獲資源に大きなダメージを与え得る釣りや、魚に対して圧倒的に釣り人が有利となるようなアンフェアな釣りを熱心に説くはずがないことは明らかだ。

ゲームキーパー (gamekeeper)[180]が自ら育て上げた鳥たちでもって狩猟家の銃に最善のスポーツを提供できるよう努力を尽くすのと同じく、私もまた川から得られる限りの最高の愉しみを釣り人たちの竿に提供したいと思う。当然のことながら、鱒釣りのシーズンを通じて、ドライフライが釣り人に最上の満足感を与えてくれる日々は多いことだろう。実際のところ、そのような日には水面下よりも水面上を狙ったほうが一層多くの釣果に恵まれるものだ。そんな場面でニンフ毛鉤を欲する者など誰もいない。しかし、こうしたドライフライの日があるのと同様に、魚が水面上ではなく水面下に餌を期待する日もある。こんな場面でもスポーツを堪能したいと願うのであれば、ニンフ毛鉤を正しくプレゼンテーションすることこそ、鱒たちを魅了して鉤に掛けるための唯一の手段となるのだ。』[181]

かつて英国釣魚界を騒がせた「ニンフ討論」の折、純粋主義者たちがこぞってスキュージアンに問い掛けた難題がある。「ニンフを模倣するならどうして淡水エビ[182]も模倣しないのか？」という彼らの主張は、永い間ニンフの理論家たちを悩ませ続けた。

淡水エビ（ガマルス属）（上）とキラーバグ（下）

ドライフライ革命吹き荒れる19世紀末、革新的な毛鉤の数々を提唱したC.E.ウォーカー博士は「古き毛鉤を新しき装いに」[1898]のなかで、独自のシュリンプ・パターン[183]を提唱したが、他方、その同じ文章のなかで、厳密な意味での「トラウトフライ」の定義とは何かと自問した。彼の結論は『一本の鉤の上に通常のマテリアルで形作られる、飛翔能力ある昆虫のイミテーション』（注：傍点は訳者による）というものであったが、これは彼が自作のコリクサ・パターンを正当化するための苦肉の策であった。結果として淡水エビを「トラウトフライ」と呼ぶことを断念したのは、彼ほどの開明家でさえ「フライは羽虫 (fly) のイミテーションでなければならぬ」という暗黙の了解を無視できなかったからにほかならない。英国のフライドレッサーにとって、歴史の蓄積がどれほどの重圧であったかを如実に示す一例である。

また、G.E.M.スキューズも「チョークストリームの小戦術」[1910]のなかでこの生き物について若干触れている。彼はあるとき淡水エビに大層興味を持ち、イミテーション[184]を作成してはみたものの、『どういう訳か自分でこれを

取りつけて完成となる。C.E.ウォーカー博士はこの毛鉤の利用法として、水中に沈めた上で短く刻みながらダウン・アンド・アクロスで流すよう指南している。

《註釈184》同ドレッシングについてG.E.M.スキューズは、緑がかったオリヴ色に染めた小鳥のクイルを裏返しで巻きつけ、これを濡らして上から押し潰したところに絹糸かゴールドワイヤーでしっかりとリブづけする、と記している。

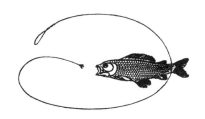

第4部　ニンフの歴史

使ってみようという気にはなれなかった。』と言葉を濁すその一文が、彼の心情のすべてを物語っている[185]。

ところが、ソーヤーだけはどういう訳か、この「フライ」という言葉の頸木（くびき）から辛くも逃れることができた。彼は鉤軸に毛糸を卵状に巻きつけただけのごくシンプルな毛鉤を開発し、特にグレイリングに効果を発揮するパターンとして紹介した。人々から「キラーバグ」(Killer Bug) と呼ばれたこの淡水エビのイミテーション[186]は後に全世界で愛用されることになるのだが、その姿には古代ローマ帝国時代のアエリアヌスの毛鉤にも通ずる簡潔さが宿っている。期せずして歴史をさかのぼる旅へと出掛けることになったのは、何もスキューズに限った話ではなかったのである。

それにしても、ソーヤーはなぜ恥じることなく淡水エビのイミテーションを世に問うことができたのだろうか。実は、その鍵は彼の職業のなかにあった。鱒川からグレイリングを駆除することを日常業務のひとつとするリバーキーパー

であったソーヤーが、その手段を自ら開発することは当然の職務であって、これを咎めだてする者など、たとえ純粋主義者のなかにもあろうはずがなかったのだ。この職務上の立場を奇貨とするソーヤーは「ニンフと鱒」のなかで、ニンフ毛鉤のドレッシング法を解説する章の末尾に、キラーバグに関する次の一節を目立たぬようにそっと置いている。

『私の3種類の本番パターンはニンフフィッシングのハイシーズンで用いられるために進化したものだが、もちろん、それ以外の時期にもよく働いてくれる。これらの毛鉤は鱒だけでなくグレイリング対しても効果的だ。しかし、グレイリングを捕えるためには、何か別のもののほうが適切となる場面もあるのだ。こうした場面についても、そろそろ解説しておくべきだろう。これは、私自身の開発による疑似餌(lure)であって、厳密な意味でのニンフ毛鉤ではない。しかしながら、鱒川においてグレイリングは駆除されなければならない。仮に、そのためにルールを曲げることになったとしても、この魚の駆除は徹底されなければならないのだ。グレイリングが淡水エビを好んで食べることを知っている私は、この生き物についてずっと研究を重ねてきた。このため、私が淡水エビのイミテーションを創り上げようとした際、毛鉤が川のなかでグレイリングの眼にどのように映るべきかということはもう解っていた。私はこのエビが活動するようすをじっくりと観察し続けた結果、彼らが流れのなかに泳ぎ上がるときにはグレイリングが実に貪欲にこれを喰らう姿を確認していたのだ。淡水エビは尾部に備えた水掻きを絶えず動かして水中で櫂（かい）を漕ぐことによって後ろ向きに泳ぐ。こうした方法で、彼らは藻床や川底から上方に向かって尻のほうから泳ぎ上がる。淡水エビは大きく弧を描いて移動し、その軌跡はしばしば半円を成す。このとき彼らは川底から2フィート以上の高さまで泳ぎ上がることもあり、その動きの魅力に対して我慢できるグレイリングはまずいない。

私が使う疑似餌の作成法はきわめて簡単だ。サイズ#2か#3の鉤に銀色のヒューズ・ワイヤーを巻きつけて、重量を与えるとともに背部に顕著な盛り上がりを造る。ヒューズ・ワイヤーを鉤のフトコロの手前側でフィニッシュするが、このときヒューズ・ワイヤーは垂らしたままにしておく。今度は鉤の環のところから、一般的な編み物用の毛糸をワイヤーの上に均等

フランク・ソーヤー

《註釈185》G.E.M.スキューズはこの引用文に続くくだりで、同シュリンプ・パターンを譲り受けた友人が、気難しいことで知られた有名な大鱒に向けてダウンストリームで流し込んでみたところ、この鱒は即座に毛鉤を引きちぎって逃げてしまったと述懐している。

《註釈186》後にF.ソーヤーは、このパターンをダム湖で自由に泳がせればトビケラ・ピューパのイミテーションにもなると論じた。

《註釈187》F.ソーヤーが勧めるこの毛糸はChadwick 477という商品名であるが、今や製造停止となって久しい。このため、稀に釣具オークションで見かけるこの毛糸には法外な呼び値がつけられている。

《註釈188》J.W.ヒルズは「テスト川のひと夏」[1924]のなかで『「沈む毛鉤は沈めなければならない」という真理を看過してはならない。沈めなければならないときには、躊躇せず必ずそうしなければならない。毛鉤は鱒の居場所に届けられなければならないのだ。』と記している。

《註釈189》狙った鱒が定位する流れの筋に乗せるという意味において、伝統的なドライフライフィッシングも線的なアプローチに基づく釣りであると理解できる。一方、ダウン・アンド・アクロスによるウエットフライフィッシングは、毛鉤の深度を操作することは難しいものの、扇状に広く探ることができるという意味において、面的なアプローチと評価することができる。

《註釈190》ただし、これを「遊泳運動のイミテーション」と認めることについては議論の余地がある。同釣法の効果は、静止した物体よりも運動する物体のほうが観察者の目に留まりやすいという意味において、かつてTバーカーやW.C.スチュアートが唱えた視認性理論を支持するものでもあるのだ。

《註釈191》毛鉤を水底で上下に踊らせる手法は、古くはR.ヴェナブルズの著作にも確認され、20世紀米国のL.リードやJ.E.レイゼンリングも同様の手法を解説しているが、この技術を初めてイミテーション理論として精緻に体系化したのは、F.ソーヤーとその弟子O.カイトのふたりの功績と評価すべきであろう。ただし、J.C.モットラムがフライフィッシャーズクラブの会報[1935]にお

獲物を誘うカイト

に巻きつけていく。最後は垂らしておいたワイヤーを使ってこの毛糸をハーフヒッチで留め、余分なワイヤーと毛糸を切り取るのだ。このなかで最も重要な作業は毛糸の選択である。淡い黄褐色の生地にはっきりとしたピンクの色合いが混じっているようなタイプの毛糸[187]が最も効果が高いことを、私は発見した。これを濡らすと、まるで淡水エビのような色彩に変じるのだ。脚部を暗示するようなドレッシングを施す必要はない。』

さて、ネザーエイヴォン・スタイルの本質とはなんであろうか。これまでに紹介したとおり、ソーヤーはニンフ毛鉤に充分なウエイトを巻きつけ、これを水底に向けて沈ませた。しかし、毛鉤を沈めて釣るというだけであれば、熱烈なスキュージアンであったJ.W.ヒルズも著書のなかでこの手法を積極的に評価[188]し、当のG.E.M.スキューズ本人でさえ、必要とあれば重量のある小型のダブルフックに巻いた毛鉤をテグスの先に結んだのだ。彼らの戦略は線的なアプローチに終始した。任意の層に定位する獲物に向けて一直線に毛鉤を沈めて送り届けることが、彼らの戦術のすべてだったのだ[189]。他方、ソーヤーが提唱したのは、空間的アプローチとも呼ぶべきものであった。ウエイトは毛鉤を川底に沈めるためだけのものではない。毛鉤は重量を得て初めて水中に飛翔する自由を獲得するのだという、あたりまえの原理を我々は再確認する必要がある。オリヴのニンフが水面に向かって羽化の練習を繰り返すように、あるいは淡水エビが捕食者から逃れるために円弧を描いて泳ぎ上るように、水底近くに潜航させたニンフ毛鉤を竿先で軽く操作することにより浮き上がらせる、この縦方向への遊泳運動のイミテーション[190]こそ、フライフィッシングの新たな扉を開くカギとなったのだ[191]。

逃れようとする毛鉤を目にして鱒は思わず口を使う。これが「誘い喰い」(induced take)と呼ばれる技法である[192]。この技術を開発したのはソーヤーであった[193]が、

いて簡潔ながらも同手法について解説した史実を忘れてはならない。

《註釈192》F.ソーヤーがこの技術をアップストリームあるいはアップ・アンド・アクロスのアプローチに限定して用いたのに対して、O.カイトはダウンストリームによるアプローチ(downstream line tightening)も容認した。同手法の導入により、ウエイトつきのニンフ毛鉤は初めて流れのなかのあらゆる層を自由に攻めることができるようになった。

《註釈193》F.ソーヤーはこの技術を鱒やグレイリングに用いるばかりか、流れに定位中のサーモンにKiller Bugを送り込む際にも用いて、見事にこれを釣り上げている。

その詳細を理論化し、さまざまな機会に実践することで世界中に普及させる役回りを担ったのは、オリバー・カイト (Oliver Kite)[194]であった。1958年、ソーヤー宅の近所に引っ越してきた釣り好きのカイトは、ソーヤーの手解きを受けながらニンフフィッシングの技術を着実に身に着けていった。人見知りで口数の少ないソーヤーとは対照的に、カイトは社交的で天性のショーマンシップを備えていた。彼は自ら体得したこの釣りの技術を「実践ニンフフィッシング」(NYMPH FISHING IN PRACTICE [1963])と題する一冊のなかに詰め込んだ。このなかから、カイト——彼こそは「沈む毛鈎のG.M.L.ラブランチ」——がニンフ毛鈎のイミテーショニズムをその運動のなかに求める議論を解説する一節を紹介しよう。

『ニンフ毛鈎が魚を魅了する際に、その外観が果たす役割はほんの一部でしかないことを肝に銘じられよ。ニンフ毛鈎で釣るときには、本物のニンフが運動しているように見せかけることのほうがずっと重要である。ニンフフィッシングで成功を収めることの成否は、一義的には、釣り人が毛鈎をあたかも生き物であるかのごとく操作できるかどうかにかかっている。

フライフィッシャーのなかには、鱒がそのとき喰っていると思しきニンフに似せた毛鈎の外観上のイミテーション性をより重んじる人々もいることだろう。私はその考え方を尊重する。なぜなら、ドライフライフィッシングにおいて多種多様なパターンを揃えることがこの釣りの愉しみを増すのと同様に、そうしたニンフフィッシングのあり方もまた釣り人の心を豊かにするからだ。しかしながら、最も信頼すべきドライフライでさえ、どんなに注意深くプレゼンテーションしても鱒に喰わせられない場面があるのだ。

（中略）

私の経験からすると、2種類以上のニンフ毛鈎を持ち歩く必要はないと思われる。もちろん、このとき私は同じニンフ毛鈎のサイズ違いを揃えておき、狙う流れの状況に応じて潜水能力を選べるようにしている。確かに、特に基本パターンでしくじったときに変化が必要となるケースでは、追加のパターンを手許に用意しておくことには明らかに利点が認められる。しかし、このとき失ったチャンスを回復するためには、別の方法もあるのだ。

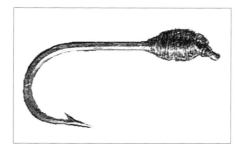

カイトが巻いたベアフックニンフ

（中略）

「誘い喰い」への反応は、ニンフ毛鈎をずっと無視し続けている魚に対して、釣り人が竿先を短く横に振ってニンフ毛鈎に動きを与えてやることで、意図的にこの獲物の関心を惹くときに生じるものである。この操作が毛鈎をわずかに引き上げたり、泳がせたりして、その動きがまるで本物のように見えることから、魚はほとんど無意識のうちに喰いつかずにはいられなくなってしまうのだ。

（中略）

「誘い喰い」の手法が必要となる場合には、まず流れの強さに応じてニンフ毛鈎を獲物よりもずっと上流の位置に投じる必要がある。これは、毛鈎が獲物のちょうど真上の位置に来るタイミングで、その毛鈎を獲物の居る深さまで沈ませるための技術だ。その時点で釣り人の竿先が運動を毛鈎に伝えるのだが、タイミングが正しければ、鱒でもグレイリングでも無意識のうちに、操作されたニンフ毛鈎に喰いつくことになるのだ[195]。』

ある日のこと、カイトはソーヤーから製法を伝授されたフェザントテイル・ニンフの一本をずっと使い続けた。鱒の歯に噛まれ続けてそのキジの尾羽は次々と抜け落ち、ついには剥き出しの銅線が残っているだけの無残な姿を晒すようになった。しかし驚くべきことに、それでもまだ鱒たちは喜んで喰いついてくるではないか。これにヒントを得た彼は、自宅へ戻ってバイスに向かった。彼が巻いたのは、川底まで沈めるためチモト付近に小さく銅線の山を盛っただけの鈎。これが後世に語り継がれる、ベアフックニンフ (Bare-hook Nymph)[196]誕生の

《註釈194》1920年、ウェールズのモンマスシャーに生まれる。学生時代に独学で10カ国以上の言語を習得。41年に英国陸軍に入隊してウルドゥ語通訳係を務め、第二次世界大戦時にはインドやマレー半島で日本軍と戦いながら、熱帯の釣りを愉しんだ。53年に英国本土勤務に戻った後、病気療養のため65年に除隊。父方の故郷であるウィルトシャーで生活するなかでF.ソーヤーと交流を始める。新しい釣具に対しては慎重で、彼がガットリーダーを捨ててナイロンリーダーを使うようになったのは57年に入ってようやくのことであった。フランスをはじめ欧州各国の釣り人たちと交流を重ね、60年代初頭にはインターナショナル・ファリオクラブの会員となる。テレビの釣り番組で披露する彼独特の訛りと人懐っこい笑顔が視聴者の人気を集め、国民的フライフィッシャーとして名声を得る。68年、鱒釣りの最中に持病の心臓発作を起こして死去。

《註釈195》O.カイトはこの一節に続けて、ニンフフィッシングにおけるアワセの難しさを語る。警戒心の強い野生鱒は自らの失敗をきわめて短時間のうちに察知し、ニンフ毛鈎の鈎先が閉じられた鱒の頭のどこかに当たっていない限り、これを目にもとまらぬ速さで吐き出すことができるという。また野生鱒のなかには、『ニンフ毛鈎に対して咥える動作と吐き出す動作を短いインターバルで何度か繰り返す』ほどの繊細な個体さえ存在すると解説している。

《註釈196》bare-hookとは『カラ鈎』の意。鈎のサイズは#14〜16。O.カイトは晩年、水面下を狙うときにはこのニンフ毛鈎ばかり使うようになったと伝えられる。なお、カイトはいくつかのドライフライ・パターンを開発したことでも知られ、その代表作は、ハニーダンのハックルとゴールドワイヤーでリブづけしたヘロン・ハールのボディーを紫色のシルクスレッドで巻きとめたKite's Imperial (Large Oliveのイミテーション)であるとされる。

《註釈197》今日普及しているレシピでは、この銅線の瘤を鈎の環のやや下のほう、ちょうどソラックスの位置にそのイミテーションとして造るよう指南するケースが多いが、「実践ニンフフィッシング」のなかで示されたO.カイト本人による作例をみると、その瘤は鈎の環に接する形

北イングランドの川辺にて

瞬間であった。

　もしもこのパターンにまだわずかなりとも外観上の模倣性が認められるとするならば、鉤軸に巻きつけられたウエイトの瘤のような形状とその位置[197]、そして銅線の塊が光を反射して生み出す煌き[198]、の2点を指摘することができよう。しかし、これらの点を考慮してもなお、ベアフックニンフの際立った非模倣性はいくら強調してもし過ぎることはない。なぜなら、史料に遺された記録を見る限り、これほどまでに空疎な毛鉤が創られた試しはかつてなかったからだ。果たしてこれが魚の眼にはニンフの姿と映るものか。模倣性主義と視認性主義をめぐる永い論争の歴史はここに極まった。

　カイトはその人生を通じて百回以上もテレビ番組に出演し、カメラの前でベアフックニンフを用いながら巧みに「誘い喰い」のテクニックを実演してみせた。グレイリングの群

れに向かってカラ鉤を投じると、まるで魔法でも掛けられたように次から次へとグレイリングが釣り上げられていった。1960年代、彼は一躍時代の寵児としてもてはやされ、英国中のお茶の間にその名を知られるようになったが、師匠のソーヤーは彼のパフォーマンスを苦々しく見つめていたと伝えられる[199]。

　このふたりの人間関係はさておき、究極のパターンを用いてカイトが釣魚史上に遺した足跡を確かめてみよう。鱒を欺くのに、色彩や形態のイミテーションなど不要であることを証明するため試みられた限界寸前の表現が、ベアフックニンフのなかに凝縮されている。歴代のフライフィッシャーによってあらゆる可能性が突き詰められた結果、誰かが取り組まねばならなかった最後の課題を、カイトは臆することなくやり遂げたまでのことだ。彼の演じた役どころはそれ以上のものではないが、この着想は釣り人のイミテーション観を根底から覆すアンチテーゼとして、永く記憶に留められるべきものであろう。

　それでは同じ著書のなかから、ベアフックニンフについて語るカイトの独白を次のとおり引用することとしたい。

『鱒を欺きニンフ毛鉤を咥えさせるためにはどうすればよいのか、私は毛鉤のディテールに細心の注意を払いながら、そのための方策を練り上げてきた。であるから、どこで釣りをするにしても、ニンフを捕食している鱒たちが私からの贈り物——たとえそれがサイズ#0のカラ鉤同然のものであったとしても——を喜んで受け取るのは当然のことではないか。彼らにはニンフ毛鉤の姿を、操作された動きを、そしてその日のうちにすでに何匹かがこれを咥えていればその旨味まで、ご堪能頂くことになる。しかしながら、かく言う私も矛盾に陥ってしまった。なぜなら、私が使っているのは、どこから見ても一片の鉄クズでしかないからだ！』

　道化のようにカラ鉤を讃える軍人崩れのフライフィッシャーが狙った真の獲物は、水のなかの鱒ではなく、テレビカメラの向こう側にいる視聴者だったのかもしれない。しかし、だからといって「そんな釣りは不純だ」と非難する

で設けられている。この位置はイミテーション性よりも重心バランスを重視した結果（つまり重心を後方に置くと毛鉤は尻のほうから沈みがちとなり、操作時に毛鉤がお辞儀してしまう）ではなかろうか。

《註釈198》戦後のヨークシャーを代表するフライフィッシャーのひとりであったR.V.Righyniは、著書 GRAYLING [1968] のなかでベアフックニンフの機能性について言及し、このパターンは沈みやすく、これを生き物のように操作すればグレイリングは喜んで喰いつくだろうと解説する一方、もうひとつの要素として、『グレイリングが明るく光る色彩を好むことを知る私も、できるだけそのような色彩を利用するよう常に努めているのだ。』と記している。このコメントがニンフ毛鉤の模倣性向上を意

味するものか、それとも視認性向上を意味するものなのか、解釈には余地が残されている。

《註釈199》元々師弟関係にあったF.ソーヤーとO.カイトだが、1960年代に入ると両者の関係は悪化し、互いに口も聞かない間柄となってしまった。S.ヴァインズによれば、63年の「実践ニンフフィッシング」の出版を機に、カイトはソーヤーを無視するようになったという。他方、異説によれば、釣りをショービジネスの種にするカイトのやり方をソーヤーは容認できなかったとも伝えられる。テレビ出演等のおかげで手に入れることのできた白いジャガーを自慢げに乗り回すカイトの振る舞いも、ソーヤーの目に障ったという。

声があるとすれば、それはいささかナイーヴな議論に過ぎはしまいか。釣りは漁るのみにあらず。読者諸兄もこれまでご覧になったとおり、古代マケドニア人が鉤に緋色の毛糸を巻きつけた時代からというもの、毛鉤の創作に頭を悩ませる釣り人たちがたゆまず追い続けたのは、実のところ魚ではなく、「驚き」であったに違いない。毛鉤の新たな可能性が釣り人の胸中に呼び起こす鮮やかな感興こそ、本稿で紹介したフライフィシングの先人たちが追い求めたものの本質ではなかったか(200)。

鱒毛鉤の歴史は、あるときは自然の摂理に導かれ、またあるときには釣り人の想像力に導かれて、帰納と演繹を幾度となく繰り返したその末に、ついに終着点へとたどり着いた。かくして毛鉤は毛鉤であることをやめ、一粒の金属塊となり果てたのだ。

おお、フォルトゥナ！
これもまた、かつて演じられた
終幕のひとつに過ぎないというのか？

さて、物語はこれにてお仕舞い。永らくお付き合い頂いた芝居の余韻を彩るカーテンコールに代え、当時、人気の絶頂にあったカイト——その数年後、テスト川で釣っていた彼は心臓発作のため、突然この世を去ることになるのだが——が北イングランドは真夏の川辺にて演じる、可笑しくもやがて哀しき道化師の独演会をご覧に入れて、鱒毛鉤をめぐる歴史舞台に最後の幕を降ろすこととしたい。

『昨日はもうひとつあるシートラウトの穴場を訪ねてみた。この日は招待主が、背の高い葦原に隠された河口部のビートに私を案内して、流れ出しのところで釣りをさせてくれる予定だったのだ。ところが、彼といつもの橋の上で落ち合うと、その橋の4番目のアーチの真下では13匹のシートラウトが、倒木みたいに川底でじっと固まっているのを見つけたのだ。私は下流側から彼らを狙ってみたけれど、その反応もまったく倒木同然だった。

（中略）

このとき、手許にはサイズ＃0のカラ鉤にワイヤーを巻いたものがあったので、なるべく水面を騒がせないようにと思って、この鉤を投げてみた。私は、世の魚のなかでシートラウトの知能をあまり高く評価するほうではないのだけれど、狙った魚の警戒心を見縊ってみたところで、得することなどありゃしないのでね。

橋の上では、釣り人の結末を見届けようと、大勢の見物客たちが列をなして欄干越しに川を覗き込み始めた。でも、そんなことされたら下のシートラウトたちに丸見えじゃないか！やがて橋の上には車が停まり、男も女も、子供やキャンキャン喚くペットまで、みんな車窓から首を突き出し始めた。周囲はまるでサーカス小屋の雰囲気なものだから、川のなかのピエロはその役回りを演じさせられるハメになった。私はアップストリームで狙い、サイズ＃0の鉤が彼らの溜まっている深みまで届くよう、4フィートほどの細いティペットを可能な限り繊細に群れの上へと跨がせた。彼らが自分から喰いつくのを待ってみたり、あるいは「誘い喰い」の技術を披露してみせたりしながら何度もキャストを繰り返して1時間も経ったころだろうか、「誘い喰い」の最中にリーダーがスッと前に引かれた。私がソレッとアワセると、結果やいかに？するとどうだ、1匹のシートラウトが銀鱗を煌めかせ、鋭く水面に躍り出るではないか！私のほうに向かって来ては、はたと踵を返し橋脚へと遁走するのを繰り返しているうちに、だんだんおとなしくなってきた。ところが突然、鉤からポロリと外れちまったじゃないか！戻ってきた鉤をよくよく見れば、カエシの部分でポッキリ折れてやがる。そして逃げた魚のほうは、群れのなかのもと居た場所へ、まるで何事もなかったように、そ知らぬ顔して戻っていった。』(201)

《註釈200》この意味において、カラ鉤同然のモノを「ニンフ」と名づける行為は、20世紀の美術界を震撼させたマルセル・デュシャン[1887-1968]の問題作、「泉」[1917]への最接近であったと評することはできまいか。ニューヨークで開かれた展覧会の片隅に放置されたこの男性用便器は審査員の失笑を誘ったが、オブジェと題名との間に散るインスピレーションの火花は多くの前衛芸術家たちを奮い立たせた。彼の芸術とは、作品のなかではなく、想像力逞しき鑑賞者の心のなかにこそ美を結ぶものであった。

《註釈201》A FISHERMAN'S DIARY [1969] (O.カイトの死後、彼の投稿記事をまとめて再編集した作品)より引用。

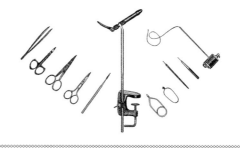

THE END

ある釣魚史家の独白 —— 作者あとがきに代えて

　長い作業がようやく終わった。本来ならばここに作者の感想をひとくさり記すべきところだが、私の想うようなことなどすでに先達が書き尽しているので、ある本の一節を引用してあとがきに代えたい。事程左様に、私たちは彼らが毛鉤を流したあとを釣っているに過ぎないが、そこにはまだ、鱒がいる。

　『「鉤による釣魚論」が世に出て以来、4世紀余の歳月が過ぎた。私が取り組んだのは、これらの時代を解説することであった。関心を寄せる読者のあることを願うが、私は本稿を書き終えて、というよりむしろ自分が書いたものを何度も読み返すうちに、誰も興味を持ってくれないのではないかという恐ろしい不安に襲われた。確かに、そうなるのかもしれない。
　しかし一方で、この世には釣魚に関するありとあらゆる書物を読破する人々がいるものと考える。というのも、かく申す私がその一人であって、かような者が私以外にいないというのはおよそあり得ないからだ。それが、私にとってせめてもの慰めとなる。
　ならば私と同様、この趣味の歴史に魅了される人々が、昔日の釣具に想いを馳せる人々が、そして、いにしえの作家たちを振り返っては彼らの著作に飽かず読み耽り、活字に込められた真意を汲み取ったうえで、先人たちが将来の世代に何を期待し、我々の時代において何が実際に成し遂げられたのかを知りたいと願う人々が必ずや存在することを、私は固く信ずるものである。』

ジョン・ウォラー・ヒルズ
（「鱒を狙うフライフィッシングの歴史」[1921]より）

Its Patron Saint Izaak Walton
THE IDYL OF THE SPLIT-BAMBOO [1920]

「事」としてのフライを集積する

　お会いになったことがある方はご承知と思うが、錦織さんはつねに控えめな人だ。気心の知れた仲間が集まる酒の席でも大声で持論を展開するようなことはなく、いつも微笑みながら「それもそうですね」とおっしゃっている印象がある。月刊「フライフィッシャー」誌で一部連載された内容を完結させ、図版の挿入と徹底的な編集作業をへて世に送られることになったこの大冊を手に取る人は「いったいどんな学者さんがこの本を書いたのだろう？」と思われるかもしれない。しかし錦織さんはしっかりとしたご職業に就かれている、きわめてまっとうな社会人でいらっしゃる。自由になる時間が限られているはずのそんな人がなぜ、これだけの本を読破し、自在に引用できるまでにテクストを理解し、さらにはそれぞれのフライタイヤー／フィッシャーたちの通史的な役割解釈ができるのか、いったいこの人の一日は何時間あるのか、いまだに謎ではあるが、私たち読者にとって、地理的・歴史的にさまざまなところで生まれてきたフライパターンやセオリーを、これほどわかりやすく整頓して説明してくれる本は、古今東西において存在しなかった。少なくとも私が知る限り、日本では初めての試みである。プロダクトデザイナーとしてメイド・イン・ジャパンにこだわり、フライフィッシング関連のモノ作りにたずさわっている私という人間にとって、この釣りの世界観をより深く理解するための貴重な一冊となることは間違いなさそうだ。

　この本は、彼の博識と趣味にしっかりと根ざした、ぶ厚い注釈も魅力的だ。時に本論から逸脱してゆく文章は、時代や文化的背景とリンクして、私たちを豊かな世界へと誘う。誰しも、年を取ると歴史のことが好きになってくると言われるが、まさにフライフィッシングは、過去を踏まえて現代を知ることによって楽しみが深くなる、そんな趣味だと実感する。スキューズ、ハルフォード、ソーヤー、ゴードン、ジェニングス、ダービー……これまでは本の中の名前に過ぎなかった才能たちが、文化史すらもすくい取ろうとする筆者のテクストによって頭の中で結びつけられ、彼らの信念や愛情さえも分かるような気がしてきた。

　毛鉤には、時として創案者の呪詛にも近い思いが込められる。記念碑的な位置を確保したフライの背景にあるそれを掘り起こし学び直すことこそ、フライフィッシングの世界に豊かさをもたらしてくれるアプローチなのだと、私は信じ始めている。和歌山の巨魁、南方熊楠は「心」と「物」が交わるところに「事」が生ずると看破したが、この本は、開発者たちの思いに満ちた「事」としてのトラウトフライを集積する、豊かなカタログであるともいえるだろう。大著「フライタイヤーズ・ベンチサイド・リファレンス」の翻訳に続き、このような大きな意義のある本の出版に、発売元として関わる機会を与えていただき、感謝に堪えない。また、カラー図版のために歴史的なフライのタイイングに挑戦していただいた長田規孝くんには、この場を借りて深くお礼を申し上げたい。

株式会社シーアンドエフデザイン　代表
米ノ井　公夫

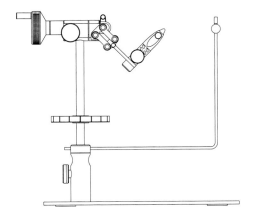

索引（主な登場人物・毛鉤）
人物編

［あ］
アヴェリル (Averill, J.O.); 18-20
アエリアヌス (Aelianus, C); 13,14,289,368
アサートン (Atherton, J.C.); 201,202,210,236,274,275
［い］
イートン (Eaton, A.E.); 60,116,117,125,145,358
［う］
ウィッカム (Wickham, T.C.); 64,106
ウィリアムズ (Williams, C.); 42,55,75,159,218,335,338
ウィリアムソン (Williamson, E.); 108,336
ウィルソン (Wilson, J.); 32,37,41,232
ウェスト (West, L.); 215
ヴェナブルズ (Venables, R.); 25,26,30,31,44,45,50,59,62,64,114,220,223,231,308,368
ウェルズ (Wells, H.P.); 70,146
ウォーカー (Walker, C.E.); 122,206-208,226,356,357,367
ウォーターマン (Waterman, C.F.); 244,250,352
ウォード (Ward, F.); 203,204,211,222,289,322
ウォルシュ (Walshe); 329,330,332
ウォルトン (Walton, I.); 26,28,30,44,108,125,134,172,242,262,310,375
ウォルブラン (Walbran, F.M.); 42,172
ヴォンホフ (Vom Hofe, E.); 184,194,278
ウッド (Wood, R.); 286
ウルフ (Wulff, L.); 244,246-248,265
［え］
エドモンズ&リー (Edmonds, H.H. & Lee, N.N.); 53,55,133
エドワーズ (Edwards, O); 118
エルダー (Elder, F.); 152,219
エングルフィールド (Englefield, J.); 158
［お］
オースティン (Austin, R.S.); 215,218,335,336
オービス (Orvis, C.F.); 68,70,242,278
オグデン (Ogden, J.); 34,92,94,95,98-100,105,115,220,221
［か］
カーライル (Carlisle, A.); 108,131
カイト (Kite, O.); 44,248,362,363,368-372
カットクリフ (Cutcliffe, H.C.); 33,46,308
［き］
キーン (Keene, J.H.); 279
キーンブッシュ (Kienbusch, C.O.von); 278
ギルビー (Gilbey, A.N.); 198
キングスレー (Kingsley, C.); 77-79,94,128,129,160,359
ギングリッチ (Gingrich, A.); 24,60,140,210,227,285,288,290,298,347,355
［く］
グラント (Grant, F.G.); 248,249,350-352
グリーン (Greene, H.P.); 132,158,159
グリーンウェル (Greenwell, W.); 36,37
クリスチャン (Christian, H.); 144,265,266,268,271-274
クリンケン (Klinken, H. van); 213
グレイ (Grey, Lord of Fallodon); 50,110,111,120,157,264
クロス (Cross, R.R.); 270-274
［け］
ケアリー (Carey, H.E.); 358
ケイヒル (Cahill, Dan); 144,241
ケイヒル (Cahill, Dick); 298,355,356
ケイン (Caine, W.); 151,152
［こ］
ゴードン (Gordon, T.); 21,22,71,74,134,138-147,186,190,196,216,228,230,236-238,240,252,258,262,264-268,271,274-276,278-280,282,284,285,289,290,298,299,326,342,343,345
ゴダード&クラーク (Goddard, J. & Clarke, B.); 204,317
コックス (Cox, I.E.B.); 312
コットン (Cotton, C.); 16,20,24-28,32,34,44,47,61,64,72,76,92,100,125,131,156,175,254,257,270,328
コネット (Connett, E.V.); 230,270,280
［し］
ジェニングス (Jennings, P.); 144,145,191,193,199,200,205,210,216,218-220,224,234,246,247,268-270,274,286-292,295-300,305,339-341,346,349,354-356
シェリフス (Sheriffs, P.); 332

シェリンガム (Sheringham, H.T.); 49,94,109,126,157,158,168,173,210,224,325,344,356
シップリー (Shipley, W.); 68,69,232
シニア (Senior, W.); 48,79,108,113,173,176,264,312
シューラリー (Schullery, P.); 140,268,274,290,352
シュイーバート (Schwiebert, E.G.); 290
ジョーゲンセン (Jorgensen, P.); 118,277
城東 (Joutou, G); 17
ジル (Gill, E.M.); 227-231,252
［す］
スキューズ (Skues, G.E.M.); 14,23,24,30,42,48,50,52,55,56,62,72,80,114,118,128,132,139,160,172,196,200,202,204,206,210,212,218,224,225,237,264,267,268,275,278,290,303,304,308,310,312-347,354,358-360,367-369
スコッチャー (Scotcher, G.); 58,59,93,94
スコット (Scott, Sir W.); 10,74
スチュアート (Stewart, W.C.); 44,45,47-53,63,75,77,79,100,102,103,114,135,151,218-220,227,252,284,314,334,338,354,368
スティーブンス (Stevens, C.G.); 271
スティーンロッド (Steenrod, R.); 236,264,266,268,272,274,277,285,286,298,326,342
スティルウェル (Stilwell, H.); 356
ストッダート (Stoddart, T.T.); 36-38,94,315
スパース・グレイ・ハックル (Sparse Grey Hackle); 138,142,265,267,272,342,362
スメドレー (Smedley, H.); 144,198,216,232,234,241,268,270,276
［そ］
ソーヤー (Sawyer, F.); 161,162,304,343,358-371
［た］
ダービー (Darbee, E.); 237,273,276
ダービー (Darbee, H.A.); 236,272-274,276,277,280,285,346,362
タヴァーナー (Taverner, E.); 33,115
タヴァーナー (Taverner, J.); 59
ダグラス (Douglas, L.); 248
ダン (Dunne, J.W.); 27,196,211,212,221-226,246,255-258,262,299,317,338
［ち］
チェーニー (Cheney, A.N.); 242,243,342
チェサム (Chetham, J.); 44,328
［て］
デッティ (Dette, Walt); 272,273
デッティ (Dette, Winnie); 273
デニス (Dennys, J.); 23
デュワー (Dewar, G.A.B.); 127,132,133,135,156,157,228,238
［と］
トッド (Tod, E.M.); 48,54,79,111,136,316
トッド (Todd, H.); 212
トレイヴァー (Traver, R.); 293
トロス (Troth, A.C.); 161,363
［な］
ナイト (Knight, J.A.); 346
［ね］
ネルソン (Nelson, W.); 50,58
［の］
ノリス (Norris, T.); 66,68,138,146,272,284
［は］
バーカー (Barker, T.); 12,25,28-31,44,215,231,234,368
バーク (Bark, C.V.); 206,212
バーグマン (Bergman, J.R.); 213,214,234,272
ハーディー (Hardy, J.J.); 218
ハーディング (Harding, E.W.); 196,204,210,215,256,262,317
バートン (Barton, E.A.); 129,311
バーナーズ (Berners, J.); 15,21,24-26,28,31-34,56,62,81,156,160,254,341
バーンズ (Barnes, P.); 251
バスールト (Basurto, F.); 15
ハモンド (Hammond, J.); 64,108,156,173,308,340,341
ハルフォード (Halford, F.M.); 24,34,36,42,48,52,56,60-63,72,76,79,80,91,99-101,106-116,118,120-127,129,131,132,135,136,138-141,146,148,150-152,154-158,160-164,166-168,172-181,196,197,204,206,215,218,220-224,227,228,238,249,252,253,255-258,260,262-264,266,268,279,282,284,286,287,291,304,308-313,316,322-327,329-333,336,338,342,343,354,356,357,359
ハント (Hunt, R.C.); 344,346
ハンフリー (Humphrey, W.); 154

378

[ひ]
ヒューイット (Hewitt, E.R.); 68,142,186,201,202,204,206,210,214,219,228, 233,234,236-238,257,264,265,280,344-350,352,354,356
ヒルズ (Hills, J.W.); 14,23-27,30-32,34,44,53,56,59-62,68,76,79,92-94,100, 101,105-107,116,118,129,155,162,169,170,196-198,210,215,216,254,275, 280,291,312,314,315,328,332,357,368,369,374
[ふ]
プール (Poole, A.C.); 218,333
ファーニー (Fernie, F.); 135
フィールド (Field, B.); 80
フィッツギボン (Fitzgibbon, E.); 232
フォックス (Fox, C.K.); 259
藤田 (Fujita, E.); 16
ブラウン (Brown, H.H.); 208,218,333
ブラッシュ (Brush, W.A.); 212,214
フランシス (Francis, A.M.); 273,290
フランシス (Francis, F.); 28,32,76,78,79,99-103,105,108,110-112,115,123, 141,156,173,218,264,267,315,328,360
フリック (Flick, A.B.); 191,269,271,291-296,298
プリット (Pritt, T.E.); 43,54,55,114,133,289,308,342
ブルック (Brook, C.E.); 352
プルマン (Pulman, G.P.R.); 93,94,315
ブレイン (Blaine, D.P.); 68,69
ブレック (Breck, E.); 142-144
[へ]
ベーム (Boehme, J.); 243
ヘイグブラウン (Haig-Brown, R.); 354
ベイジェント (Baigent, W.); 136,197,217-220,236,274,293
ヘイリー (Haily, J.); 69
ベイリー (Bailey, D.); 22,242,244-247,250,290,349,353
ベスト (Best, T.); 156,232
ペネル (Pennell, H.C.); 6,48,50-53,79,110,249,295,299
ベルガラ (Bergara, J.de); 15,16
ヘンシャル (Henshall, J.A.); 284
ヘンダーソン (Henderson, W.); 37,42
ヘンドリクソン (Hendrickson, A.E.); 268,269
[ほ]
ホーカー (Hawker, P.); 310,366
ホール (Hall, H.S.); 6,110,114,115,126,139,150,268,340
ボール (Ball, Sir J.); 330
ボウルカー (Bowlker, R.); 34,37,44,59,60,82,158
ボズワース (Bosworth, T.); 42,266,299
ポット (Pott, F.B.); 349-352
ホフランド (Hofland, T.C.); 68,69,75,100
[ま]
マーシャル (Marshall, H.); 150,161,166,364
マーストン (Marston, R.B.); 36,136,137,139,142,210,214,222,316,317, 326,360
マクスウェル (Maxwell, Sir H.); 20,64,94,121-123,149
マクドナルド (McDonald, J); 22,44,47,138-140,146,227,244,349
マクレーン (McClane, A.); 276
マッカスキー (McCaskie, N.); 118,324,337
マッキー (Mackie, G.); 262
マリエット (Marryat, G.S.); 99,107,108,110,114,115,118,122,123,152,160, 177,264,308,309,312,315,327
マリナロ (Marinaro, V.C.); 27,188,189,196,204,210,224,252-265,274,285, 286,289,317
マルチネス (Martinez, D.); 348,349
マルティアリス (Martialis, M.V.); 12
マルベリー (Marbury, M.O.); 55,69,76,243,279
[み]
ミルズ (Mills, A.C.); 214
[め]
メアーズ (Mears, Sir G.); 358,359,366
[も]
モズレー (Mosely, M.E.); 62,114,116-118,176,218,287,291,333,359
モットラム (Mottram, J.C.); 79,197,208-210,220,221,225,246,259, 262,274,304,317-319,321,327,328,330,331,357,368
モニカル (Monical, L.); 245,246
[や]
ヤンガー (Younger, J.); 52,53
ヤング (Young, P); 276

[ら]
ライト (Wright, J.); 36,37
ラッセル (Russell, H.J.H.); 38,110,120,128,131,310
ラドクリフ (Radcliffe, W.); 12,13
ラブランチ (LaBranche, G.M.L.); 71,142,158,186,206,210,226,228-234,237, 238,241,252,280,289,370
ラン (Lunn, M.); 196,248,264
ラン (Lunn, W.J.); 55,56,93,155,160,166,196-198,317,357
ラング (Lang, A.); 149
ランサム (Ransome, A.M.); 50,53,224,335
[り]
リード (Rhead, L.); 65,252,255,280,282,284-288,342-346,352,354,368
リチャーズ&スイッシャー (Richards, C & Swisher D.); 208
リッツ (Ritz,C.); 148,150,151,158,358,360,364
[れ]
レイゼンリング (Leisenring, J.E.); 54,368
レナード (Leonard, H.L.); 278
レニー (Rennie, J.); 231,232
[ろ]
ローロ (Rollo, W.K.); 136,217
ロズボロー (Rosborough, E.); 340,347
ロナルズ (Ronalds, A.); 44,48,54,55,60,69,86,87,94,114,116,125,202,203, 231,232,253,254,268,279,282,285,287,288,290,291,354

379

毛鉤編

[あ]

アイアンブルー (Iron Blue); 34,35,42,88,98,123,137,156-160,174,179,200, 215,334

アイリス・シリーズ (Iris Series); 286

アエリアヌスの毛鉤 (AElian's Fly); 13,289,368

青ライオン (Ao-Raion); 16

アダムス (Adams); 277

阿弥陀 (Amida); 16

アメリカン・マーチブラウン (American March Brown); 191,216,275,288

アレグザンドラ (Alexandra); 41,83,89,232

[い]

イエローサリー (Yellow Sally); 147

イエローダン (Yellow Dun); 24

イエローボーイ (Yellow Boy); 196

イエローメイダン (Yellow May Dun); 23,288

イタリヤ中金 (Itariya-Chukin); 16

インブリー (Imbrie); 243

[う]

ウーリーワーム (Woolly Worm); 305,348,349

ヴァリアント (Variant [British]); 118,158,181,182,218,225

ヴァリアント (Variant [American]); 191,219,288,289,292,295

ウィッカムズファンシー (Wickhams Fancy); 62,64,108,115,156,178,223,340

ウィットチャーチ (Whitchurch); 156

ウェルシュマンズボタン (Welshman's Button); 23,34,160,161,179

ウッドラフ (Woodruff); 199

[え]

エクストラクター (Extractor); 198

エルクヘアカディス (Elk Hair Caddis); 161

エンチュビエルタスの毛鉤 (Enchubiertas Fly); 15

[お]

オールダー (Alder) ; 23,24,68,78,80,86,156,315

オグデンズファンシー (Ogden's Fancy); 94

お染 (Osome); 17

オリヴダン (Olive Dun); 23,152,156,160,174,179,209,220

[か]

カイツインペリアル (Kite's Imperial); 370

カウダングフライ (Cow-dung Fly); 16,34,70

カディス (Cadis Fly [R. Bowlker]); 34,35

ガバナー (Governor); 78,80,258,299

カリフォルニア・コーチマン (California Coachman); 192,298

[き]

キールフライ (Keel-style Fly); 30, 214,317

休憩中のニンフ (Resting Nymph [Mottram]); 304,318

キラーバグ (Killer Bug); 301,367-369

キング・オブ・ザ・ウォーターズ (King-of-the-Waters); 233

[く]

クイーン・オブ・ザ・ウォーターズ (Queen-of-the-Waters); 70,233

クイルゴードン (Quill Gordon); 140,145,146,186,190,216,234,236,246,262, 269,271,275,288,290,342

グラノム (Grannom); 24,34,106,138

グラノム・ニンフ (Grannom Nymph [Halford]); 330

グリーンウェルズグローリー (Greenwell's Glory); 37,75,88,137,236,334

グリーンドレイク (Green Drake [British]); 27,34,86,121,160,178,220

グリーンドレイク (Green Drake [American]); 191,216,288

グリズリーキング (Grizzly King); 40,71

クリンクハマー・スペシャル (Klinkhåmer Special); 212

グレイウルフ (Grey Wulff); 154,187,246-248

グレイグース・ニンフ (Grey Goose Nymph); 301,363

グレイゴースト (Gray Ghost); 271

グレイフォックス (Grey Fox); 191,216,288

グレイフォックス・ヴァリアント (Grey Fox Variant); 191,292,293,295

クロススペシャル (Cross Special); 190,270-272

[け]

ケイパラー (Caperer); 160,196,215,248

[こ]

ゴースト (Ghost); 256

コーチマン (Coachman); 41,42,68-70,80,83,158,243,299

ゴードン (Gordon); 145,186,290

ゴードンズファンシー (Gordon's Fancy); 145

ゴールドリブド・ヘアーズイヤー (Gold-ribbed Hare's Ear); 150,178,223,232

コッシーボンドゥ (Coch-y-bonddu); 24,34,87,258

コフィンフライ (Coffin Fly); 191,288

コリクサ (Corixae); 357

[し]

ジェイ・ダブリュ・ダン・シリーズ (J.W. Dunne Series); 181,223,224

ジェニースピナー (Jenny Spinner); 138,220

シェリースピナー (Sherry Spinner); 198,179

シナモンセッジ (Cinnamon Sedge); 162,163

ジャシッド (Jassid); 188,259,261

シャッドフライ (Shad Fly); 281,282

ジャパニーズビートル (Japanese Beetle); 188,259

シルエットフライ (Silhouette Fly); 181,209

シルバーセッジ (Silver Sedge); 145,163,164,232

シルバードクター (Silver Doctor); 32,70,71

ジンジャークイル (Ginger Quill); 132,157,158,160

[す]

ズールー (Zulu); 39,41,83

スカーレット・アイビス (Scarlet Ibis); 71,90

スキューズニンフ (Skues Nymph); 100,304,330,338-340,345

スケールウイング・フライ (Scale Wing Fly [Keene]); 279

スティミュレーター (Stimulator); 187,250

スナイプ・アンド・パープル (Snipe and Purple); 54,55,88

スパイダー各種 (Spiders [Stewart]); 19,50,51,63,74,88,219,328,338

スペントナット (Spent Gnat [Marryat]); 114

スモールダークセッジ (Small Dark Sedge); 160-162

[そ]

ソファピロウ (Sofa Pillow); 187,250,251

ソラックスダン (Thorax Dun); 188,254-256,259,274

[た]

ダービーズ・グリーンエッグサック (Darbee's Green Egg Sac); 280

ダーラムレンジャー (Durham Ranger); 36

タップス・インディスペンサブル (Tup's Indispensable); 118,246,304,322,335,336

ダンケルド (Dunkeld); 32

[ち]

チェーニー (Cheney); 243

チャンピオン (Champion); 108

[つ]

ツーフェザー・フライ (Two-feather Fly); 190,276,277

[て]

ティール・アンド・クラレット (Teal and Claret); 39

ティール・アンド・レッド (Teal and Red); 41

[と]

透明スピナー (Transparent Spinner); 220

ドッテレルハックル (Dotterel Hackle); 200

トルード (Trude); 243

[な]

ナット (Gnat); 79

[ね]

ネイチャーフライ (Nature Flies); 282,283,287,346

ネイチャールアー (Nature Lures); 343

ネバーシンク・スケーター (Neversink Skater); 186,210,214,219,234-237,256

[の]

ノーハックルダン (No-Hackle Dun); 208

[は]

ハーディーズ・フェイバリット (Hardy's Favorite); 218

ハードバック・ニンフ (Hard-backed Nymph); 346,347

パートリッジ・アンド・イエロー (Partridge and Yellow);54

パートリッジ・アンド・オレンジ (Partridge and Orange); 23,54-56,58,64,88

バーナーズの12本の毛鉤 (Berners' 12 flies); 22,23,81

ハーフストーン (Half-stone); 338

パーマー各種 (Palmers); 20,23,28-30,39,50,53,61,68,75,83,87,215,234,349

パーマシェンベル (Parmacheene Belle); 69-73,89,90,232

パイビジブル (Bivisible); 186,233,234,236,246,276,294

蜂かしら (Hachi-Kashira); 17

パナマ (Panama); 151

パラシュートフライ (Parachute Fly); 153,182,212-214

ハルフォード・パターン (Halford Patterns); 124-126,168,172,198,207,221, 223,228,229,258

ハンプバック・ニンフ (Humpback Nymph); 344

バンヤンバグ (Bunyan Bug); 244

[ひ]

ビーズチェーン・ニンフ (Bead-chain Nymph); 362

ピーターロス (Peter Ross); 41

ビーバーキル (Beaverkill); 145,186

ビーバーキル・バスタード (Beaverkill Bastard); 277
ピケットピン (Picket Pin); 187,243
久松 (Hisamatsu); 17,150
ビッグ・オレンジ・パートリッジハックル (Big Orange Partridge Hackle); 55
ピンクウィッカム (Pink Wickham); 156
ピンクレディー (Pink Lady); 186,232,233,237
【ふ】
プールズ・ロングハックル (Poole's Long Hackle); 218
ファジーニンフ (Fuzzy Nymph); 340
ファンウイング・ロイヤルコーチマン (Fan-wing Royal Coachman); 192,199, 246,247,272,276,298,299
フィッシャーマンズ・カース (Fisherman's Curse); 154,159
フェザントテイル・ドライフライ (Pheasant Tail Dry-Fly); 200
フェザントテイル・ニンフ (Pheasant Tail Nymph); 162,301,362-365,370
フェブラリーレッド (February Red); 23,32
フォア・アンド・アフト・フライ (Fore and Aft Fly); 333
ブッチャー (Butcher); 41,83
フライツファンシー (Flight's Fancy); 156,232
ブラウンアウル (Brown Owl); 17
ブラウンアント (Brown Ant); 174,258,336
ブラウンハックル (Brown Hackle); 19,68,70
ブラウンビートル (Brown Beetle); 320
ブラックナット (Black Gnat); 27,34,70,72,74,76,98,154,174,215,223,260, 334,336
フランシス (Francis); 76
フリンフ (Flymph); 54
ブルーアップライト (Blue Upright); 215,335
ブルーダン (Blue Dun); 23,27,34,42,62,98,178,223,334
ブルーホーク (Blue Hawk); 58
プロフェッサー (Professor); 41,70,71,83,243
【ペ】
ペール・イヴニング・ダン (Pale Evening Dun); 186,232,233,236
ペールウォータリィ (Pale Watery); 124,156,174,179
ヘアーズイヤー (Hare's Ear); 100,156,157,334
ベアフックニンフ (Bare-hook Nymph); 301,370,371
ベイジェントブラウン (Baigent Brown); 181,216-218,236
ヘイスタックフライ (Haystack Fly); 251
ペネルハックル (Pennell Hackles); 52,88
ヘンドリクソン (Hendrickson); 190,216,234,236,246,268,269,272,275,288
【ほ】
ポーキューパイン・スピナー (Porcupine Spinner); 188,257,259
ホートンルビー (Houghton Ruby); 196,197
ホフランズファンシー (Hofland's Fancy); 75
ホワーリング・ダン (Whirling Dun); 156,186,232,233
ホワイトウルフ (White Wulff); 187,246,247
ホワイトミラー (White Miller); 74,243
ポンツーン・ホッパー (Pontoon Hopper); 188,259

【ま】
マーチブラウン (March Brown); 23,37,39,74,75,88,98,178,315
マイト・ファミリー (Mite Family); 305,350-352
マドラーミノウ (Muddler Minnow); 187,251,351,353
【み】
ミッキーフィン (Mickey Finn); 346
ミディアムセッジ (Midium Sedge); 161,162
【め】
メイフライ (Mayfly [traditional]); 24,28,29,48,64,95,97,121,122,139,156, 157,163,169,204,223,224,270
メイフライ (Mayfly [Halford]); 116,154,168,172,176,179
メイフライニンフ (Mayfly Nymph [Marryat]); 309
【も】
モスカ・アオガーダ (Mosca Ahogada); 16,83
モスバックニンフ (Mossback Nymph); 305,349
モンタナニンフ (Montana Nymph); 305,349
モントリオール (Montreal); 70,71,90
【ゆ】
遊泳中のニンフ (Swimming Nymph [Mottram]); 304,318,319
【ら】
ライトケイヒル (Light Cahill); 145,186,190,216,241,271,275,355,356
ラットフェイスト・マクドガル (Rat-faced McDougall); 190,277,278
ランズ・パティキュラー (Lunn's Particular); 181,196-198
【り】
リアリスティック・フライ (Realistic Flies); 118,277
リトルマリエット (Little Marryat); 156,236
リトルレッドセッジ (Little Red Sedge); 160,179
リトル・レッド・パートリッジハックル (Little Red Partridge Hackle); 56
リバースフライ (Reverse Fly); 284,285
リフラクタ・シリーズ (Refracta Series); 219
【る】
ルーベン・ウッド (Reuben Wood); 286
【れ】
レッドウイング・コーチマン (Lead-wing Coachman); 67,299
レッドウルフ (Red Wulff); 248
レッドクイル (Red Quill); 64,156-158
レッドスピナー (Red Spinner); 23,33-35,41,76,80,88,118,156,233
レッドセッジ (Red Sedge); 160-162
レッドタグ (Red Tag); 43,83,115,134,143,290
【ろ】
ロイヤルウルフ (Royal Wulff); 192,246,247,298
ロイヤルコーチマン (Royal Coachman); 69,70,74,76,89,90,192,239,262,298, 299,339,341,355,356
ロイヤルコーチマン・ニンフ (Royal Coachman Nymph); 305,355

381

［著者プロフィール］

錦織 則政 (にしこり のりまさ)

1969 年、島根県生まれ。幼少の頃より海川の釣りに親しみ、
在英時にフライフィッシングと出会う。海外勤務の機会を活
かして釣魚本や釣具の収集にも熱中。帰国後は慎ましく月
一釣行を愉しむ傍ら、川辺に立たぬ週末は釣魚史の調査・
研究にいそしむ。近年通いつめている長野の川でよく使う毛鉤
はモスカ・アオガーダ、エルクヘアカディス、ゴダードカディス、
そしてテポドン (マドラーミノウのヴァリエーション)。
東京都世田谷区在住。

ザ・ヒストリー・オブ・トラウトフライズ
The History of Trout Flies
鱒毛鉤の思想史

2018 年 3 月 15 日　発行

著　者　錦織則政
発行者　米ノ井公夫
発行所　株式会社シーアンドエフデザイン

〒 224-0061　神奈川県横浜市都筑区大丸 9-4
TEL 045-949-2301
www.c-and-f.co.jp
印刷・製本　小宮山印刷株式会社
ISBN978-4-909415-01-1　C2075

乱丁・落丁などありましたらお取り替えいたします。

本書の内容の一部あるいは全部を無断で複写、複製 (コピー／スキャン) することは、法律で認められた場合を除き、著作者および出版社の権利侵害となります。
必要な場合は、あらかじめ小社まで許諾を申請してください。